En otra voz
Antología de la literatura
hispana de los Estados Unidos

Recovering the U.S. Hispanic Literary Heritage
Board of Editorial Advisors

En otra voz
Antología de la literatura hispana de los Estados Unidos

Editor General

Nicolás Kanellos   University of Houston

Co-Editores

Kenya Dworkin y Méndez   Carnegie Mellon University

José B. Fernández   University of Central Florida

Erlinda Gonzales-Berry   Oregon State University

Agnes Lugo-Ortiz   Dartmouth College

Charles Tatum   University of Arizona

Coordinadora

Alejandra Balestra   George Mason University

Arte Público Press
Houston, Texas

Esta publicación ha sido subvencionada con fondos de la Fundación Rockefeller, cuyo apoyo hace posible el proyecto Recuperación de la Herencia Literaria Hispana de los EEUU. Nuestro más sincero agradecimiento a la fundación, en especial a Tomás Ybarra-Frausto y a Lynn Swaja. Fondos adicionales fueron provistos por la Ciudad de Houston por medio del Houston Arts Alliance y el Fondo Nacional para las Artes.

Recuperando el pasado, creando el futuro

Arte Público Press
University of Houston
452 Cullen Performance Hall
Houston, Texas 77204-2004

Diseño de la portada por Ken Bullock
Arte de la portada por Juan Sánchez, "Bleeding Reality:
Así estamos", 1988

En otra voz: Antología de la literatura hispana de los Estados Unidos /
    Editor general, Nicolás Kanellos; co-editores, Alejandra Balestra . . .
    [et al.].
        p.cm.—(Recovering the U.S. Hispanic Literary Heritage)
    ISBN 978-1-55885-346-1 (pbk. : alk. paper)
    1. Hispanic American Literature (Spanish)   I. Kanellos, Nicolás.
II. Balestra, Alejandra.   III. Recovering the U.S. Hispanic Literary
Heritage Project publication.
    PQ7075.H39 2002
    810.8′0868073—dc21   2001045739
                                                           CIP

∞ El papel utilizado en esta publicación cumple con los requisitos del American National Standard for Information Sciences—Permanence of Paper for Printed Library Materials, ANSI Z39.48-1984.

9 0 1 2 3 4 5 6 7 8   10 9 8 7 6 5 4 3 2

ÍNDICE DE CONTENIDOS

vi

vii

Panorama de la literatura hispana de los Estados Unidos

troducción

La literatura hispana de los Estados Unidos ha acrecentado su presencia en los últimos años, como lo evidencian tanto las publicaciones de las casas editoriales más importantes como los programas de estudio universitarios. Se tiende a asociar este fenómeno, repentino sólo en apariencia, con el incremento de la población hispana de los Estados Unidos, que es resultado de la numerosa inmigración y de la alta tasa de natalidad que se da en este grupo. Debido a la escasez de textos escritos antes de 1960, la mayoría de los estudiosos se han limitado en sus investigaciones y en la enseñanza a la literatura chicana, puertorriqueña y cubana publicada en los últimos cuarenta años en los Estados Unidos. De allí surge la errónea idea de que la literatura hispana de los Estados Unidos es nueva, joven, y que ha surgido principalmente con las generaciones hispanas nacidas o criadas en los Estados Unidos después de la Segunda Guerra Mundial, generaciones bilingües y biculturales que, no obstante su bilingüismo, han preferido expresarse en inglés.

Pero un examen sistemático y más completo de la vida de los hispanos en los Estados Unidos revelará una contribución a la literatura y la cultura mucho mayor y más antigua y consistente de lo que se creía. Históricamente, todos los diversos grupos étnicos que por facilidad y conveniencia llamamos "hispanos" o "latinos" crearon una literatura en Norteamérica aún antes de que existieran los Estados Unidos. El volumen de su escritura a través de más de cuatrocientos años es tan cuantioso que habría que emplear a miles de estudiosos por muchos años para investigar y recuperar, analizar y hacer accesible la totalidad de las expresiones hispanas que merecen ser preservadas y estudiadas. Debido a su variedad y perspectivas múltiples, lo que llamamos literatura hispana de los Estados Unidos es mucho más compleja de lo que demuestran los textos producidos en los últimos cuarenta años. Esta literatura incorpora las voces del conquistador y del conquistado, del revolucionario y del reaccionario, del nativo y del desarraigado de su tierra. Es una literatura que proclama un sentido de lugar y pertenencia en los Estados

Unidos mientras que también elimina fronteras y es transnacional en el sentido más posmoderno posible. Es una literatura que trasciende conceptos de etnicidad y raza, mientras que lucha por una identidad chicana, nuyorriqueña, cubanoamericana o simplemente hispana o latina. *En otra voz: Antología de la literatura hispana de los Estados Unidos* es el primer intento de recuperar artefactos interesantes del fondo histórico de esta literatura. Es también el primer proyecto que se propone interpretar y entender este legado cultural tan diverso y a veces contradictorio. Es la primera antología que incluye un gran número de textos en español, hasta ahora fuera de nuestro alcance, ocultos, como lo ha estado la cultura hispana de los Estados Unidos, en las sombras de la historia.

Antecedentes históricos

La introducción de la cultura occidental en las tierras que eventualmente pertenecerían a los Estados Unidos fue obra de gente hispana: españoles, africanos y amerindios hispanizados, mestizos y mulatos. Para bien o para mal, España fue el primer país que introdujo una lengua europea escrita en el área que llegaría a ser la parte principal de los Estados Unidos. Desde 1513, con los diarios de viaje a la Florida de Juan Ponce de Léon, la práctica de la escritura en los registros civiles, militares y eclesiásticos se volvió habitual en los lugares que se convertirían en el sur y el suroeste hispanos de los Estados Unidos. La cultura escrita no sólo facilitó los registros de la conquista y la colonización, sino que hizo surgir las primeras descripciones y los primeros estudios de la flora y la fauna de estas tierras nuevas para europeos, mestizos y mulatos. Hizo posible la formulación de las leyes para su gobernación y facilitó su explotación comercial al mismo tiempo que creaba una historia de estos territorios —una historia oficial que no siempre concordaría con la tradición oral.

A Ponce de León le siguieron otros exploradores, misioneros y colonizadores. Uno de los más importantes fue Álvar Núñez Cabeza de Vaca, cuya *La relación*, publicada en España en 1542, se puede considerar el primer tratado antropológico y etnográfico de lo que llegó a ser los Estados Unidos. En él, Cabeza de Vaca documenta sus ocho años de observaciones y experiencias entre los indios. Algunos eruditos han calificado sus memorias como el primer libro de literatura americana escrito en un idioma europeo.

La lengua española se extendió al norte de la Nueva España y hacia las tierras que para mediados del siglo diecinueve llegarían a ser parte de los Estados Unidos como resultado de conquista, anexión y compra.

Todas las instituciones del mundo letrado —escuelas, universidades, bibliotecas, archivos del gobierno, tribunales y muchas otras— fueron introducidas en Norteamérica por gente hispana a mediados del siglo dieciséis. La importación de libros en México fue autorizada en 1525, la imprenta se introdujo en 1539, y los periódicos empezaron a publicarse en 1541. Durante los años de la colonia, España fundó alrededor de veintiséis universidades en América, además de numerosos seminarios teológicos. En el siglo diecisiete, la Universidad de México alcanzó gran distinción en América en todas las áreas, desde la ley canónica y la teología hasta la medicina y las lenguas azteca y otomí. El primer naturalista que estudió la región de Texas y las costas norteñas del Golfo de México fue un profesor de la Universidad de México: Carlos de Sigüenza y Góngora (1645–1700), quien emprendió en 1693 una expedición científica a estas zonas norteñas.

Con respecto a las comunicaciones y a las publicaciones, las poblaciones de la frontera norte de la Nueva España prosperaron después de la independencia de España, cuando bajo el gobierno mexicano se secularizaron las misiones y la responsabilidad de la educación pasó a manos del gobierno liberal que luchaba por establecer la educación pública y la democracia. Fue en el período mexicano que finalmente se introdujo la imprenta en California y Nuevo México, en 1834. La imprenta de California pertenecía al gobierno, mientras que la de Nuevo México era privada. La dirigía el Padre Antonio José Martínez, quien imprimió catecismos y otros libros, así como el primer periódico de Nuevo México, *El Crepúsculo* (1835). La imprenta ya había llegado a Texas en 1813 como parte del movimiento de México para independizarse de España. De este modo, se había progresado bastante en el establecimiento de una población letrada antes de que el norte de México llegara a formar parte de los Estados Unidos.

Los hispanos que se establecieron en las trece colonias británicas en Norteamérica tuvieron acceso inmediato a la imprenta. A mediados del siglo diecisiete se establecieron las primeras comunidades de habla hispana por judíos sefardíes en el noreste del actual territorio de los Estados Unidos. A ellos les siguieron otros inmigrantes hispanos de España y del Caribe, quienes hacia 1780 ya estaban publicando sus libros y periódicos en las primeras imprentas de los Estados Unidos. Editaban centenares de libros políticos, así como libros de literatura creativa, muchos de ellos en apoyo a los nacientes movimientos de independencia en Hispanoamérica. En Louisiana y más tarde en el suroeste y hasta parte del noreste, las publicaciones bilingües llegaron a ser a menudo una necesidad de comunicación, primero para las comunidades hispano-francesas y más tarde para las poblaciones donde convivían hispanos y angloamericanos, ya que dichas publicaciones, incluyendo las publicaciones literarias, reflejaban cada vez más la vida bicultural de los Estados Unidos.

La cultura letrada hispana en los Estados Unidos, sin embargo, no respondía meramente a la necesidad de comunicación con gente no hispanoparlante. Al principio del siglo diecinueve, las comunidades hispanas en el noreste, sur y suroeste eran capaces de mantener relaciones comerciales y por lo tanto necesitaban comunicarse entre sí en forma escrita e impresa en el idioma español. Los periódicos en español de los Estados Unidos datan de principios del siglo diecinueve. *El Misisipí* fue publicado en 1808 y *El Mensagero Luisianés* en 1809, ambos en Nueva Orleáns; *La Gaceta de Texas* y *El Mexicano* fueron publicados en 1813 en Nacogdoches, Texas/Natchitoshes, Luisiana. A estos les siguió el primer periódico en español en Florida, *El Telégrafo de las Floridas* (1817); el primero en el noreste (Filadelfia), *El Habanero* (1824); y muchos otros en Luisiana, Texas y el noreste. A través del siglo diecinueve, a pesar de la existencia de editores e impresores, la empresa editorial en español principal en los Estados Unidos y el norte de México (actualmente el oeste y suroeste de los Estados Unidos) era la publicación de periódicos, desde Nueva York a Nueva Orleáns y San Francisco. Había literalmente cientos de periódicos: el proyecto Recuperación de la Herencia Literaria Hispana ha documentado y descrito alrededor de 1,700 periódicos de los 2,500 que probablemente se publicaron entre 1808 y 1960. Éstos incluían noticias sobre el comercio y la política, así como poesía, novelas por entregas, cuentos, ensayos y comentarios de las plumas de escritores locales, al igual que reimpresiones de trabajos de los más renombrados escritores e intelectuales de todo el mundo hispano, desde España hasta Argentina. Cuando el norte de México y Luisiana fueron anexados a los Estados Unidos, esta producción periodística, literaria e intelectual, en lugar de disminuir se intensificó. Los periódicos se dieron a la tarea de preservar el idioma español y la cultura hispana en los territorios y en los estados donde los residentes hispanos eran rápida y ampliamente superados por números elevados de inmigrantes angloamericanos y europeos; o "pioneros", si se prefiere, aunque difícilmente eran pioneros, ya que los hispanos, amerindios y mestizos habían residido y habían establecido anteriormente instituciones en esas regiones. Los periódicos llegaron a ser foros para la discusión de derechos civiles y culturales, anunciándose como "defensores de la raza" en las grandes ciudades. Muy a menudo servían como los únicos libros de texto para aprender a leer y a escribir en español en las zonas rurales; y eran excelentes libros de texto que proporcionaban los mejores ejemplos de la lengua escrita en artículos, poemas y cuentos de los mejores escritores del mundo hispano, del pasado y del presente. Muchos de los más exitosos periódicos se convirtieron en casas editoriales a finales del siglo diecinueve y principios del siglo veinte.

Desde la fundación de *El Misisipí* en 1808, la prensa hispana de los Estados Unidos ha tenido que cumplir funciones que jamás había tenido en la ciudad de México, en Madrid o en La Habana. Aunque no todos los periódicos se constituyeron necesariamente en baluartes de la cultura inmigrante, debieron al menos proteger el idioma, la cultura y los derechos de una minoría dentro de la estructura de una cultura hegemónica que, en el mejor de los casos, estaba desinteresada de los barrios hispanos y, en el peor de los casos, les era abiertamente hostil. Los periódicos inmigrantes reafirmaron la cultura de la tierra natal y consolidaron su relación con los Estados Unidos. Los periódicos que concebían a sus comunidades como minorías reforzaban su identidad nativa, protegían sus derechos civiles y se ocupaban de promover la economía, la educación y el desarrollo económico de sus comunidades. Sea que sirvieran a los intereses de los inmigrantes o de una comunidad étnica minoritaria, siempre fue importante para la prensa dar ejemplo de los mejores escritos en español, apoyar altos valores culturales y morales y, por supuesto, mantener y preservar la cultura hispana. También, con frecuencia, los periódicos de los hispanos y la literatura que publicaban tomaban actitudes contestatarias, ofreciendo puntos de vista opuestos a aquellos publicados por la prensa mayoritaria en inglés, especialmente en lo que concernía a sus propias comunidades y al suelo patrio.

Al principio del siglo diecinueve, la cultura literaria de los hispanos empezó a poseer las funciones de expresión que la han caracterizado hasta el presente. Se distinguen tres tipos de expresión, correspondientes a los nativos, los inmigrantes y los exiliados. Estas categorías se relacionan con los procesos sociohistóricos que los hispanos han experimentado en los Estados Unidos. No solamente reflejan las tres identidades generales de los hispanos en los Estados Unidos a través de la historia, sino que también nos permiten entender sus expresiones literarias. Por esta razón, la presente antología ha sido organizada de manera que refleje las distintas realidades y manifestaciones culturales de los nativos, inmigrantes y exiliados hispanos. Estos tres procesos y patrones históricos de manifestación cultural echaron raíces profundas en el legado oral y escrito de los exploradores y colonos de las vastas regiones que llegaron a formar parte de los Estados Unidos. Esta base fundacional incluyó descripciones de la flora y la fauna, de encuentros con los amerindios, de la evangelización y de la vida diaria en la frontera, como la percibían los españoles y la gente hispana (incluyendo a africanos, amerindios, mestizos y mulatos), incorporadas en crónicas, diarios de viaje, etnografías, cartas y en la tradición oral. Los primeros textos fueron escritos por los exploradores que crearon los mapas de este territorio y escribieron tratados sobre su gente, como Álvar Núñez Cabeza de Vaca y Fray Marcos de Niza; también escribieron los primeros poemas épicos en lengua europea, como los del soldado Gaspar Pérez de Villagrá en su *Historia de la Nueva México* y el misionero Francisco de Escobedo en *La Florida*. Más tarde, colonizadores y misioneros como Fray Gerónimo Boscana y los autores anónimos de las obras de teatro popular "Los tejanos" y "Los comanches" y las canciones *Indita* y *Alabado* desarrollaron una literatura mestiza, mostrando muchos de los modelos culturales que sobrevivirían hasta la actualidad. Este fermento literario, tanto escrito como oral, se manifestó en los territorios del norte de la Nueva España, después México, sin acceso a la imprenta.

Aunque el mundo de los libros, las bibliotecas y la educación había sido introducido por los españoles en Norteamérica, la estricta prohibición de la imprenta por la Corona Real en sus territorios del norte impidió el desarrollo de la impresión y de la publicación entre la población que vino a ser la base hispana nativa más grande y fuerte de los Estados Unidos de hoy día: la cultura méxicoamericana del suroeste. No obstante la falta de acceso a la imprenta, el legado de expresión oral y popular ha persistido en estas tierras, reforzando no sólo la cultura en general sino también creando una base muy rica para la expresión literaria escrita. Irónicamente, el uso extendido de la imprenta y la publicación por hispanos en los Estados Unidos se desarrolló en un medio ambiente de habla inglesa, en el noreste de los Estados Unidos.

Literatura hispana nativa

La literatura de los hispanos nativos nace primero de la experiencia del colonialismo y la opresión racial. Los hispanos fueron sujetos a más de un siglo de "racialización," la cual resultaba de la visión que tenían los anglosajones de los hispanos como una raza fisiológica, cultural e intelectualmente inferior a la suya. A través de doctrinas como la Leyenda Negra española y el Destino Manifiesto (doctrinas racistas que justificaban la apropiación de tierras y recursos naturales por los ingleses y los angloamericanos), los hispanos fueron subsecuentemente conquistados y/o incorporados a los Estados Unidos como resultado de la compra de sus territorios; posteriormente fueron tratados como sujetos coloniales, como en los casos de los mexicanos en el suroeste, los hispanos en Florida y Luisiana, los panameños en la zona del canal y en el mismo Panamá, y los puertorriqueños en el Caribe. Por otra parte, los cubanos y los dominicanos también se desarrollaron como pueblos a principios del siglo veinte, sometidos a muchas formas de dominación del gobierno colonial de Estados Unidos.

Durante los cien años que siguieron a la expansión estadounidense en el siglo veinte hubo grandes inmigraciones provenientes de países de habla hispana. Estas olas de inmigrantes estuvieron directamente relacionadas con la administración colonial practicada por los Estados Unidos en sus tierras natales y el reclutamiento de mano de obra para mantener la máquina industrial de los Estados Unidos a un ritmo galopante. Así se creó una nueva población hispana con ciudadanía estadounidense: los cientos de miles de hijos de inmigrantes hispanos, cuyas perspectivas culturales sobre la vida en los Estados Unidos han sido fundamentalmente diferentes de las de sus padres, inmigrantes y exiliados.

La literatura nativa hispana se desarrolló primero como una literatura de minoría étnica entre los hispanos que ya residían en el suroeste de México cuando los Estados Unidos se apropiaron de este territorio. Hasta ahora no se han encontrado los textos hispanos de Luisiana y Florida de la época colonial de los Estados Unidos y de sus inicios como estados. La literatura nativa hispana se ha manifestado específicamente en una actitud de reclamo de derechos civiles, políticos y culturales. Desde sus orígenes en el siglo diecinueve, los editoriales de Francisco Ramírez, las novelas de María Amparo Ruiz de Burton y la literatura nativa hispana en general se han ocupado del estado racial, étnico y minoritario de sus lectores. Haciendo uso de ambos idiomas, el español y el inglés, la literatura nativa hispana ha incluido a los inmigrantes entre sus intereses y ha mantenido una relación con las distintas tierras de "origen", como Cuba, México, Puerto Rico y España. Pero la razón fundamental para la existencia de la literatura nativa hispana y su punto de referencia han sido y continúan siendo las condiciones de vida de los latinos en los Estados Unidos. A diferencia de la literatura de inmigrantes, la literatura nativa no tiene un pie en una supuesta tierra natal y otro en los Estados Unidos, ya que la mayoría de los nativos nacieron en los Estados Unidos o en territorios que fueron incorporados a esta nación. Esta literatura no comparte esa doble mirada que siempre contrasta la experiencia en los Estados Unidos con la experiencia en la tierra natal. Para el pueblo hispano de los Estados Unidos, la tierra natal *es* los Estados Unidos; no tienen la intención de regresar al México, Puerto Rico o Cuba que recuerdan con nostalgia.

Por lo tanto, esta literatura muestra un firme sentido de lugar, a menudo elevado a un estatus mítico. Los chicanos, por ejemplo, adoptaron en los años sesenta y setenta a Aztlán, el legendario lugar de origen de los aztecas, supuestamente ubicado en lo que es hoy el suroeste; este concepto les dio —como mestizos— prioridad en estas tierras sobre los europeoamericanos. Lo que era para los inmigrantes el "Trópico en Manhattan" o la "Pequeña Habana", en los años sesenta y setenta se transformó en un lugar donde reinaban culturas nuevas, sintéticas y sincréticas, como en "Loisaida"(el barrio bajo sureste de la ciudad de Nueva York), tan elogiado por el poeta-dramaturgo *nuyorican* Miguel Piñero en "Lower East Side Poem" y otros trabajos, y "El Bronx" de Nicholasa Mohr en *El Bronx Remembered*. Este sentido de pertenencia a una región o lugar donde su cultura ha transformado el medio ambiente físico y cultural es una manifestación entre otras del sentimiento general de que estaba surgiendo una cultura nueva derivada de la síntesis de las viejas culturas hispana y anglosajona, inicialmente enfrentadas antitéticamente.

Los chicanos y riqueños aparecieron en los años sesenta, al igual que el movimiento de los derechos civiles, para reclamar una identidad nueva y distinta de la de los mexicanos (y hasta de los mismos méxicoamericanos) y los puertorriqueños de la isla. Proclamaban su bilingüismo y biculturalismo, mezclaron y combinaron el inglés y el español en su habla y escritura, y crearon una nueva estética que funcionaba entre dos idiomas y culturas: una que a veces para "los de afuera" parecía inscrutable debido a las propias limitaciones lingüísticas de "los de afuera". La construcción de esta nueva identidad fue a menudo explorada en obras literarias que examinaron la sicología de personajes atrapados entre culturas, preocupados por las grandes preguntas existenciales: la autobiografía de Piri Thomas, *Down These Mean Streets* (1967), novelas del tipo *Bildungsroman* como ... *y no se lo tragó la tierra* de Tomás Rivera (1971), *Bless Me, Última* de Rodolfo Anaya (1972) y *Nilda* de Nicholasa Mohr (1973). Pero la búsqueda de identidad y el deseo de crear un lugar positivo para sí mismos en una sociedad antagónica muchas veces fueron facilitados por un nacionalismo cultural que, como en la literatura de inmigración, promovía un estricto código de lealtad étnica; el estereotipo del *vendido* reemplazó a los del *pocho, agringado* y *renegado* como modelos negativos. Ningún otro artista exploró más a fondo la cuestión de imagen e identidad que el dramaturgo Luis Valdez a lo largo de su carrera y especialmente en su alegoría de los estereotipos *Los vendidos* (1976), en la que vuelve a abordar la historia de los estereotipos mexicanos, los productos de la discriminación y el choque de culturas. Ningún otro dramaturgo trazó los arquetipos de la familia y de la cultura en general como lo hizo Valdez en *The Shrunken Head of Pancho Villa* (1963), *Soldado Razo* (1971) y *Zoot Suit* (1979).

Muchas de las publicaciones que aparecieron en el suroeste después de la guerra de los Estados Unidos con México (1846–1848) sentaron las bases para que los hispanos de los Estados Unidos se conceptualizaran como minoría étnica en este país. Como resultado de esta guerra, la población mexicana en los recientemente adquiridos territorios de California, Nuevo México y Texas se convirtió en colonia, primero externa y después interna. En su literatura, los miembros de estos grupos reclamaron sus derechos como colonizados y más tarde como ciudadanos "racializados" de segunda clase, de los Estados Unidos. Había una incipiente literatura nativa en español en Florida y en Luisiana en el momento de su adquisición por los Estados Unidos, pero la población hispana no era suficientemente grande para mantenerla hasta el presente; sólo más tarde, en el siglo veinte, ha surgido nuevamente una población hispana nativa en la Florida como resultado de las inmigraciones cubanas y españolas de fines del siglo diecinueve, con autores como José Rivero Muñiz, Jose Yglesias y Evelio Grillo.

La población hispanomexicana del suroeste había mantenido la tradición de la lectura durante la época colonial a tal punto que, después de la introducción de la imprenta en Texas (1812), California (1834) y Nuevo México (1834), fomentó un amplio mercado de publicaciones. Cuando los anglos inmigraron a estos nuevos territorios después de 1848, difundieron la imprenta y la edición aún más. Más tarde introdujeron el telégrafo y el ferrocarril, y mejoraron las comunicaciones, lo cual hizo posible que los nativos hispanos se asociaran unos con otros y consolidaran su cultura más fácilmente a pesar de las distancias. A pesar de sus intentos de formar la opinión pública y ejercer el control social sobre los hispanos por medio de periódicos y otras publicaciones bilingües, el establecimiento colonial anglo-americano irónicamente trajo los medios para que los hispanos realizaran y controlaran hasta cierto grado su propia expresión; naturalmente, el poder comunicarse entre sí los llevó al desarrollo de identidades e ideologías diferentes de las impuestas por la creciente mayoría anglosajona y su máquina propagandista, centralizada a más de mil millas de distancia en el noreste. Subsecuentemente, los intelectuales hispanos fundaron un número cada vez mayor de periódicos en español que servían a poblaciones de hispanos nativos. Entre 1880 y 1890, estas imprentas también comenzaron a publicar libros, aunque cabe notarse aquí que los libros escritos en español se imprimían desde el inicio de la imprenta. Así es que en el último tercio del siglo se vio en el suroeste una explosión de publicaciones independientes en español por hispanos. Aparecieron autobiografías, memorias y novelas que expresaban el sentimiento de dislocación y desarraigo, la pérdida del patrimonio y, debido a su estado de minoría racial en los Estados Unidos, el miedo a la persecución y a la discriminación.

En 1858, Juan Nepomuceno Seguín publicó *Personal Memoirs of John N. Seguín*, la primera memoria escrita por un méxicoamericano en inglés. Seguín fue una figura política desilusionada con la República de Texas que él mismo había ayudado a fundar; experimentó gran desilusión con la transformación de su Texas por los angloamericanos que llegaron a despojar a los mexicanos de sus tierras y derechos. En 1872 se publicó la primera novela escrita en inglés, *Who Would Have Thought It?*, por una hispana de los Estados Unidos, María Amparo Ruiz de Burton. Un romance que reconstruía la sociedad estadounidense antes y durante la Guerra Civil y examinaba los mitos dominantes de la sociedad estadounidense —el excepcionalismo, el igualitarismo y el consenso—, haciendo una crítica amarga del racismo y el imperialismo del norte de los Estados Unidos. En 1885, Ruiz de Burton publicó otra novela, ésta desde la perspectiva de la población mexicana conquistada: *The Squatter and the Don*, que documenta la pérdida de las tierras por ocupantes ilegales, los bancos y por los magnates del ferrocarril en California poco después de pasar a ser estado. En 1881 se publicó la primera novela escrita en español, la aventura romántica *La historia de un caminante, o Gervacio y Aurora* de Manuel M. Salazar, que ofrecía una descripción llena de colorido de la vida pastoril en Nuevo México, quizá como un medio de contrastar el pasado idílico con el presente colonial. Mientras fueron territorios y luego, cuando se convirtieron en estados de la Unión, hubo varias manifestaciones orales no sólo de resistencia sino de rebelión abierta. Pueden encontrarse ejemplos en las proclamas de Juan Nepomuceno Cortina y en los *corridos fronterizos* de rebeldes sociales como Joaquín Murieta, Gregorio Cortez, Catarino Garza y otros; el mismo Cortina, líder de un levantamiento masivo conocido como "La Guerra Cortina", fue también tema para estas canciones.

Pero donde más se fomentó el concepto de minoría étnica hispana fue en el periódico en español. Francisco P. Ramírez en *El Clamor Público* (1855–1859) estableció claramente que los euroamericanos en California trataban a los hispanos como una raza aparte. Además de cubrir las noticias de California y los Estados Unidos, *El Clamor Público* también mantenía contacto con el mundo hispano fuera de California e intentó presentar una imagen refinada y educada que demostrara el alto nivel de civilización alcanzado en todo el mundo hispano. Fue en parte una reacción defensiva a la propaganda negativa del Destino Manifiesto, que había estereotipado a los mexicanos y a otros hispanos como bárbaros sin inteligencia y sin educación, incapaces de desarrollar sus tierras y los recursos naturales en sus territorios, lo que justificaría que las tierras y los recursos fueran arrebatados violentamente de sus manos por la raza superior recién llegada. Ramírez y su periódico fueron firmes partidarios del aprendizaje del inglés; consideraban que era importante no sólo para los negocios, sino también para proteger los derechos de los californianos. Ramírez desde un principio asumió una posición editorial en defensa de la población nativa; el 14 de junio de 1856, escribió: "ha sido nuestro intento servir como un órgano para la perspectiva general de la raza hispana como un medio de manifestar los atroces agravios de los que han sido víctimas en este país, en el que nacieron y ahora viven en un estado aún más inferior que el más pobre de sus perseguidores". Llegó a ser un crítico asiduo y consistente, intentó inspirar a los hispanos para unirse en su defensa e imploró consistentemente a las autoridades que protegieran a los residentes hispanos de California, víctimas de despojos y hasta de linchamientos. Ramírez usó su periódico como un instrumento para elevar la conciencia de que la injusticia y la opresión no eran sólo fenómenos aislados y locales, sino también tendencias notadas en todo el suroeste y también en la política expansionista hacia Hispanoamérica. En suma, Ramírez parece haber sido el primer periodista méxicoamericano en establecer una perspectiva hispana nativa y en demandar los derechos civiles para su pueblo.

Después de que Texas fuera admitida en la Unión Americana, aparecieron muchos escritores y periodistas, como el famoso y perseguido Catarino Garza —mencionado antes como sujeto de corridos—, quien ayudó a fomentar un sentido de identidad en la población nativa hispana. Nacido en la frontera en 1859 y criado en Brownsville o sus alrededores, Garza trabajó en periódicos de Laredo, Eagle Pass, Corpus Christi y San Antonio. En el área de Brownsville-Eagle Pass, llegó a comprometerse con la política local y publicó dos periódicos, *El Comercio Mexicano* (1886–?) y *El Libre Pensador* (1890–?), los cuales criticaron la violencia y las expropiaciones sufridas por los méxicoamericanos. Fue en 1888, cuando confrontó a agentes aduaneros de los Estados Unidos por el asesinato de dos prisioneros mexicanos, que Garza atacó militarmente a las autoridades de ambos lados de la frontera, dirigiendo un grupo de seguidores que incluía agricultores, obreros y antiguos separatistas de Texas. Un cuerpo especial de Texas Rangers eventualmente reprimió esta insurrección, y Garza se dirigió a Nueva Orleáns en 1892, y de ahí a Cuba y Panamá, donde se supo que perdió la vida en la lucha por la independencia de Panamá. Las hazañas de Garza fueron seguidas en detalle por los periódicos en español del suroeste, los cuales también imprimían sus discursos y escritos, fomentando los sentimientos comunes creados por la explotación y el desposeimiento que sufría la población méxicoamericana.

Mientras Garza se convirtió en un rebelde militante, la familia Idar de sindicalistas y periodistas reunió al final del siglo a nativos e inmigrantes mexicanos en su lucha por los derechos civiles y humanos. Año tras año ejerció el poder de la palabra escrita por medio de sus editoriales y promovió la organización política de los mexicanos en Texas. *La Crónica* (1909–?) de Laredo, dirigida por Nicasio Idar y escrito mayormente por sus ocho hijos, se instaló en la vanguardia del pensamiento ideológico y la organización política del pueblo méxicoamericano. Idar y sus hijos se pusieron al frente de muchas organizaciones políticas y laborales. Jovita Idar, en particular, fue pionera en la reflexión sobre el papel de la mujer en la sociedad. *La Crónica* censuró públicamente desde el racismo y la segregación en las instituciones públicas hasta los estereotipos negativos en teatros de carpa y salas de cine, como puede apreciarse en los editoriales que se incluyen en esta antología. Con una base en la clase trabajadora y la organización sindical, Nicasio Idar predicaba que el hombre en general, y específicamente los mexicanos en Texas, necesitaban educarse a sí mismos; sólo mediante la educación llegaría el progreso social y político; guiar el camino y facilitar esa educación era el papel especial de los periódicos. Sólo con el avance educativo podrían los mexicanos de Texas salir de su pobreza y su miseria, y se defenderían a sí mismos del abuso de los anglotexanos. Las familias mexicanas fueron exhortadas a mantener a sus hijos en la escuela para que la situación de los mexicanos en el estado mejorara gradualmente de una generación a la otra (*La Crónica*, 11 de octubre de 1910). Para facilitar esta educación, la familia Idar fundó un movimiento para importar a maestros mexicanos y establecer escuelas mexicanas. Con esta estrategia trataron de solucionar dos problemas: muchas escuelas de Texas no permitían la asistencia de niños mexicanos, y la lengua española y la cultura mexicana corrían peligro de perderse en la nueva generación.

En Nuevo México, que nunca recibió tantos inmigrantes como California y Texas, floreció una prensa nativa. Debido a que el territorio nuevomexicano no se inundó de colonizadores y empresarios angloamericanos, como sucedió en California y Texas, y dada la mayor proporción de población hispana —sólo en Nuevo México los hispanos mantenían una superioridad demográfica a finales del siglo diecinueve y a principios del veinte—, Nuevo México fue el territorio que desarrolló primero una amplia prensa de hispanos nativos y la mantuvo vigente hasta el siglo veinte. Los nuevomexicanos pudieron retener más tierras, propiedades e instituciones que los hispanos en California y Texas. Los intelectuales y los líderes hispanos consideraban esencial controlar sus propios periódicos y sus publicaciones para poder desarrollar la identidad nuevomexicana, sobre todo durante la fase de ajuste a la nueva cultura que les fue impuesta durante el período territorial. Los nuevomexicanos estaban viviendo bajo el filo de la navaja. Por un lado, querían controlar su propio destino y preservar su propia lengua y cultura mientras que disfrutaban de los beneficios y derechos que la civilización avanzada de los Estados Unidos les podría brindar cuando el territorio se incorporara como estado de la Unión. Por otro lado, los nuevomexicanos se daban cuenta de los peligros de la invasión cultural, económica y política de los angloamericanos. Numerosos líderes intelectuales, especialmente los editores de periódicos, creían que la población nativa sólo avanzaría y podría ganar la categoría de estado después de un proceso educativo. Para ellos los periódicos eran la clave para la educación y el progreso de los nativos, así como también para la protección de sus derechos civiles y de sus tierras. Los nuevomexicanos sintieron la necesidad de ganar poder político en el nuevo sistema, pero Washington retrasó la declaración de estado por más de cincuenta años, esperando que los anglos alcanzaran superioridad numérica y electoral en el territorio.

Después que se introdujo el ferrocarril en Nuevo México en 1879, el periodismo y la creación literaria por los hispanos nativos entró en un período de verdadero florecimiento. De esa fecha a 1912, año en que Nuevo México fue admitido como un estado de la Unión, se publicaron más de noventa periódicos. ¿Cómo y por qué ocurrió esto? Meléndez plantea la exigencia política de preservar la lengua, la cultura y los derechos civiles (30). La nueva tecnología que los nuevomexicanos adoptaron de los angloamericanos no representó un cambio cultural fundamental; al contrario, facilitó la expresión por escrito del ideario político-cultural que tenía profundas raíces en la expresión oral de la región y en los libros y periódicos que siempre se habían importado de México y España. En su libro, Meléndez documenta ampliamente cómo los periodistas empezaron a tomar control de su destino social y cultural, construyendo lo que para ellos era una cultura "nacional" por medio de la preservación del idioma español y la formulación de su propia historia y su propia literatura. Irónicamente, creían que este fortalecimiento nacionalista les proporcionaría una entrada altiva a la Unión como otro estado. En efecto, por medio de este llamado nacionalista surgió un cuerpo cohesivo e identificable de escritores, historiadores y editores nativos que fue elaborando una tradición intelectual indígena y nativa, que puede ser considerada como base para el trabajo intelectual y literario de los méxico-americanos de hoy. La trayectoria de la prensa en Nuevo México se diferenciaba así de la de la prensa hispana del noreste. En Nueva York y otras ciudades costeñas se recibió un cuerpo de literatos y editores que había sido educado en sus tierras natales, y éstos se veían a sí mismos como exiliados e inmigrantes. Este mismo patrón de la prensa inmigrante surgiría en las ciudades más grandes del suroeste con el arribo masivo de refugiados políticos y económicos de la Revolución Mexicana después de 1910.

Es evidente que el nacionalismo cultural de estos periodistas nativos surgió de la necesidad de defender su comunidad del violento ataque cultural, económico y político de los "fuereños". La empresa de los nativos era nada menos que combatir el mito anglosajón de que estaban civilizando el *Wild West*, es decir, conquistando y pacificando a los bárbaros y racialmente inferiores indios y mexicanos para que una raza superior pudiera venir a explotar sus recursos con su civilización tecnológicamente avanzada. Bien sabían que el mito y su ideología racista podrían alentar y justificar la invasión anglosajona y el despojo de sus tierras y patrimonio. En defensa propia, los escritores nuevomexicanos empezaron a elaborar su propio mito, el de la introducción gloriosa de la civilización europea y sus instituciones por los españoles durante el período colonial. Las hazañas previas "civilizadoras" de los antepasados españoles legitimaron su posesión de las tierras, así como la protección y la preservación de su lengua y cultura. En su retórica, los editorialistas nuevomexicanos fueron capaces de invertir la retórica de los colonizadores angloamericanos y los hombres de negocios que habían invadido el territorio; los nuevomexicanos reivindicaban su propia superioridad y su religión católica frente a lo que ellos consideraban la inmoralidad, el oportunismo vicioso y la hipocresía de los angloprotestantes intrusos y aventureros. En la construcción de su historia, los editores incluyeron regularmente materiales históricos y bibliográficos, cubriendo toda la gama de la historia hispana, desde la exploración y colonización hasta las biografías de importantes figuras históricas, como Miguel Hidalgo y Costilla, Simón Bolívar y José de San Martín. También empezaron a publicar libros de historia y biografías para documentar su propia evolución como pueblo.

Esta "herencia imaginaria" de la superioridad española, tan ficticia como el mito del "Destino Manifiesto", continuó plenamente durante el siglo veinte por ensayistas, cuentistas, poetas y por un grupo de escritoras que elaboraron esta "herencia" en inglés como un último intento de recordar y preservar la cultura y las tradiciones de sus ancestros hispanos anteriores a la llegada de los angloamericanos a Nuevo México. Nina Otero Warren, Fabiola Cabeza de Vaca y Cleofás Jaramillo cultivaron esta herencia idealizada en un intento de retener un pasado grandioso que les recordaba a ellas mismas, así como a sus supuestos lectores angloamericanos, la gran cultura y los privilegios que precedieron a las transformaciones traídas por los migrantes del este. Hasta el historiador y poeta religioso Fray Angélico Chávez ha dejado memoria del pasado hispano y del panorama inalterado de Nuevo México. En Texas, también, Adina de Zavala y Jovita González examinaron profundamente la historia y el folclor en un esfuerzo por preservar la herencia hispana de su estado para que no se olvidara totalmente que ahí había vida y cultura antes de la llegada de los angloamericanos. Todo el esfuerzo de estos escritores por idealizar la vida en los ranchos y las misiones también tuvo el efecto de dignificar la cultura del hombre común, no sólo la del privilegiado. Ésta era una perspectiva distinta a la de los californianos del siglo diecinueve, como José Guadalupe Vallejo, Angustias de la Guerra Ord y María Amparo Ruiz de Burton, quienes habían privilegiado la vida de los hacendados y grandes terratenientes hispanos por encima de la de los humildes peones, vaqueros e indios.

Irónicamente, a principios del siglo veinte, tanto autores nativos como inmigrantes y refugiados comenzaron a publicar obras en inglés. A los inmigrantes —tales como María Cristina Mena, Salomón de la Selva y Luis Pérez— se les abrió un pequeño espacio en las grandes editoriales comerciales, pero la mayoría de los trabajos de los escritores nativos fueron publicados por pequeñas imprentas o permanecieron inéditos. Mientras que Miguel Antonio Otero y Adina de Zavala (antes de ellos, María Amparo Ruiz de Burton) tenían recursos para la publicación de sus propios libros, un escritor nativo tan importante como Américo Paredes, de Brownsville, no logró que se publicaran sus primeros trabajos en inglés (había publicado en español previamente en periódicos de Texas e independientemente editó un pequeño poemario); su novela de 1936, *George Washington Gómez*, no se editó hasta 1990. Aún más tarde, en 1953 cuando el manuscrito de su novela *The Shadow* ganó en un concurso nacional, Paredes tampoco logró encontrar un editor. De la misma manera, Jovita González no vio impresas sus dos novelas en el curso de su vida: *Caballero* y *Dew on the Thorn*, novelas que pretendieron preservar el pasado cultural hispano de Texas. Recién en la década de 1960, escritores como los nuyorriqueños Piri Thomas y Nicholasa Mohr, el cubanoamericano José Yglesias y los chicanos José Antonio Villarreal (Doubleday publicó su *Pocho* en 1959) y Floyd Salas (descendiente de los primeros colonizadores hispanos de Colorado), vieron sus trabajos publicados por las grandes casas comerciales de Nueva York. Estos fueron los primeros autores que, como generación, encabezaron la transición al inglés, y su resistencia a la cultura de masas estadounidense estuvo apoyada por los movimientos hispanos de derechos civiles y la entrada de un amplio sector de hispanos a las universidades.

El movimiento hispano de los derechos civiles que surgió en los años sesenta había heredado un legado de resistencia contra el colonialismo, la segregación y la explotación; este legado tenía raíces en los escritos de los editorialistas, organizadores de sindicatos y defensores de la cultura a principios del siglo veinte, especialmente en los esfuerzos de Nicasio y Jovita Idar de elevar la conciencia de los lectores de *La Crónica* y de fundar organizaciones culturales y políticas. Desde 1920 a 1940, Alonso Perales publicó cientos de cartas y editoriales en periódicos en defensa de los derechos civiles de los méxicoamericanos antes de unirse con otros para formar League of United Latin American Citizens (LULAC), que todavía sigue en la lucha por los derechos civiles. Aurora Lucero y Eusebio Chacón de Nuevo México presentaron un sinnúmero de discursos en defensa del idioma español y los derechos culturales. En San Antonio, la líder sindicalista Emma Tenayuca movilizó a miles de personas con sus discursos apasionados en la primera gran huelga en la industria de la nuez. En los 1930, Tenayuca e Isabel González crearon una firme base ideológica en sus ensayos en favor de la lucha por los derechos civiles. La poesía y la narrativa de Américo Paredes, tanto en inglés como en español, a mediados de los años treinta, articularon la devastación económica y cultural que sentía su generación bilingüe-bicultural de nativos; Paredes supo captar los matices de la lengua y la sicología de un grupo oprimido. Paredes fue un líder que logró transmitir esa visión al Movimiento Chicano de los años sesenta y setenta como profesor en la Universidad de Texas y como autor de importantes estudios académicos. En efecto, un amplio grupo de escritores, estudiosos y hasta compositores de canciones, como Tish Hinojosa y Linda Rondstat, mencionan a Paredes como su mentor cultural.

Desde fines del siglo diecinueve, Nueva York ha servido como puerto principal de entrada de inmigrantes de Europa y del Caribe, amparando y apoyando la integración de inmigrantes en la economía y en toda la cultura. Dentro de este cuadro general, como veremos en la sección dedicada a la literatura de inmigración, florecieron muchos periódicos de inmigrantes, que facilitaban esta transición a un nuevo país y una nueva cultura. Algunos de esos periódicos reflejan la evolución de sus comunidades hacia la ciudadanía o naturalización americana al reclamar los derechos y garantías de la ciudadanía. Aún el periódico *Gráfico* —que en muchos aspectos era de inmigrantes— empezó a reconocer la ciudadanía americana de sus lectores, principalmente puertorriqueños y cubanos que residían en el este de Harlem, exigiendo los derechos garantizados bajo la Constitución y atacando la discriminación. Gracias al Acta de Jones de 1917, que extendió la ciudadanía a los puertorriqueños, no tuvieron que aprender inglés, aculturarse o asimilarse para ser y sentirse ciudadanos: la ciudadanía fue automática. Desde 1917, los puertorriqueños en el continente han mostrado caracteres clásicos tanto de inmigrantes como de nativos. Han tenido la confianza y el derecho a la expresión libre de los nativos, sin perder, sin embargo, la doble visión, la doble perspectiva del allá y el acá de los inmigrantes.

Con la llegada de la Depresión, Nueva York no experimentó la repatriación masiva de hispanos que ocurrió en el suroeste. Ocurrió lo contrario: los tiempos económicos difíciles en la isla empujaron a más puertorriqueños a la metrópoli, tendencia que se intensificaría durante la Segunda Guerra Mundial, cuando la manufactura del noreste y las industrias de servicios reclutaban en gran escala en Puerto Rico. El retorno masivo de los puertorriqueños después de haber servido en la guerra intensificó su sentido de ciudadanía. Los periódicos en Nueva York, por la misma razón, los motivaron a organizarse políticamente y a votar. En 1941, un nuevo periódico, *La Defensa*, apareció en el este de Harlem específicamente para promover los intereses de los hispanos, anunciando en un editorial que estaban ahí para quedarse: "no somos aves de paso".

En 1927, se formó una liga en Nueva York para aumentar el poder de la comunidad hispana por medio de la unificación de las diversas organizaciones. Uno de los objetivos específicos de la Liga Puertorriqueña e Hispana era promover el voto entre ellos. En el mismo año, la Liga fundó el *Boletín Oficial de la Liga Puertorriqueña e Hispana* para mantener a sus organizaciones y miembros informados de los intereses de la comunidad. Sin embargo, *El Boletín* pasó a ser más que un boletín, común y corriente, para funcionar como periódico de la comunidad, publicando noticias, ensayos y artículos culturales. Mientras que los artículos culturales dominaban en el *Boletín* durante los primeros años, no era así más tarde bajo la dirección de Jesús Colón, cuando eran más notables los reportajes sobre problemas sociales y políticos de la comunidad y se discutía la ideología de la clase trabajadora. Al igual que Américo Paredes en el suroeste, Jesús Colón fue una figura que hizo la transición del español al inglés y sentó las bases para una literatura más militante durante los años 1960 y 1970. En realidad, se debe considerar a Colón como uno de los escritores inmigrantes más importantes de principios del siglo veinte, pero ya para los años cincuenta y sesenta —la época en que escribió en inglés para el *Daily Worker* y publicó su primera colección de ensayos, *A Puerto Rican in New York* (en 1963)— ya había expresado muchas de las perspectivas nativas sobre raza, clase y estética que pronto adoptarían los *nuyoricans*.

Las generaciones de chicanos y nuyorriqueños pudieron aprovechar estos modelos de estética de la clase trabajadora cuando empezaron a definir su etnopoesía bilingüe-bicultural. Estos modelos no sólo provenían de educadores como Américo Paredes y cronistas como Jesús Colón, sino también de poetas y activistas de la comunidad que eran productos de la tradición oral, como Abelardo Delgado de El Paso y Jorge Brandon de Loisaida

(Lower East Side) en Nueva York. Los historiadores fijan el inicio del Movimiento Chicano en 1965, fecha en que César Chávez organiza la unión de campesinos en Delano, California. La lucha de los campesinos sirvió como catalítico a toda una generación de méxicoamericanos inspirados por el movimiento afroamericano de derechos civiles y por la protesta contra la guerra de Vietnam. Ésta fue la primera generación de hispanos de los Estados Unidos que tuvo mayor acceso a la educación superior, debido principalmente a las garantías de educación para los veteranos de las últimas guerras y gracias también a las iniciativas de los Presidentes J. F. Kennedy y L. B. Johnson para democratizar la educación. Para la literatura chicana, la década de 1960 fue un momento de cuestionamiento de todas las verdades comúnmente aceptadas en la sociedad, pero principalmente la cuestión de la igualdad. Los primeros escritores de literatura "chicana" comprometieron sus voces literarias al desarrollo político, económico y educativo de sus comunidades. Sus obras inspiraban al oyente o al lector a tomar acción social y política; frecuentemente, los poetas declamaban sus versos en juntas de organización, en boicots y antes o después de las marchas de protesta. Necesariamente, muchos de los primeros escritores que alcanzaron lugares prominentes en el movimiento fueron los poetas que podían conectarse con la tradición oral hispana de recitar y declamar. Rodolfo "Corky" Gonzales, Abelardo Delgado, Ricardo Sánchez y Alurista sobresalieron en esta fase inicial, componiendo poesías para ser leídas ante grupos de estudiantes y obreros con el propósito de alentarlos en sus faenas organizativas y elevar su nivel de conciencia. Los dos acontecimientos literarios que más motivaron el movimiento se relacionaron con el activismo. En 1965, el actor-dramaturgo Luis Valdez formó una compañía teatral *agitprop* de miembros de la recién nacida unión de trabajadores agrícolas de California: El Teatro Campesino. En 1967, el poema épico *Yo soy Joaquín* fue escrito y publicado por el mismo "Corky" Gonzales, fundador de la organización militante La Cruzada para La Justicia (The Crusade for Justice).

Bajo la dirección de Valdez y el poderoso ejemplo de El Teatro Campesino emergió un movimiento teatral popular que duró casi dos décadas, con cientos de compañías teatrales escenificando las preocupaciones políticas y culturales de las comunidades mientras recorrían casi todo el país.

El movimiento, en su mayoría de estudiantes universitarios y obreros, con el tiempo llegó a tener un carácter profesional, produciendo trabajos para Broadway, Hollywood y los teatros regionales de los Estados Unidos y estableciendo el estudio de Teatro Chicano como parte del currículo en las universidades. Para 1968, Valdez y El Teatro Campesino habían dejado los viñedos y los campos de lechuga en un esfuerzo consciente dirigido a crear un teatro para la nación chicana, un pueblo que Valdez y otros organizadores e ideólogos chicanos imaginaron como exclusivamente de clase obrera, hispanohablante o bilingüe, de orientación rural y con una muy fuerte herencia de la cultura precolombina. (En realidad, la palabra "chicano" es derivada de la pronunciación del nombre de las tribus aztecas "mechicas" [así, "me-chicano"] que también dio el nombre de México.) Por medio de las giras constantes de El Teatro Campesino, la creación de una organización nacional para los teatros chicanos (TENAZ—Teatro Nacional de Aztlán), las convenciones anuales y talleres, la publicación de una revista y la colección de los *Actos de El Teatro Campesino* con un prefacio de Valdez sobre la ideología y la dramaturgia chicanas, Valdez pudo dirigir la difusión y solidificación del movimiento teatral, que a la larga dio origen a una generación no sólo de teatros y actores bilingües y biculturales, sino también de dramaturgos, directores y profesores que aún hoy en día se mantienen activos.

Yo soy Joaquín de Gonzales siguió una trayectoria similar al diseminar no sólo una estética nacionalista, sino también al proveer un modelo formalista para los poetas, fuera en el medio popular o en las universidades. El poema, que resume la historia mexicana y méxicoamericana, recuenta la historia de explotación de los indígenas y mestizos desde la época colonial hasta el presente y hace un llamado al activismo militante, usando el modelo del rebelde social del siglo diecinueve, Joaquín Murieta (ver *El corrido de Joaquín Murieta* en esta antología). La edición corta del folleto bilingüe del poema literalmente se pasó de mano en mano en las comunidades, se leyó en las reuniones políticas, se escenificó en teatros chicanos y hasta se realizó como película con lectura por el mismo Luis Valdez. La influencia y el impacto social de *Yo soy Joaquín* sobre los activistas y los otros poetas en la etapa militante del Movimiento Chicano es inestimable. Fue una etapa de euforia, poder e influencia para el poeta chicano, visto casi como un sacerdote que daba la bendición en todos los eventos culturales y políticos chicanos. No es sorprendente que tres de los grandes líderes del movimiento chicano empuñaran la pluma para escribir poesías, obras teatrales y hasta biografías: Rodolfo "Corky" Gonzales, José Angel Gutiérrez y Reies López Tijerina.

Al movimiento popular se unió pronto el de la academia, al formarse revistas y editoriales universitarias y al institucionalizarse los estudios chicanos y los departamentos de educación bilingüe. Compartiendo una estética nacionalista-indigenista similar a la de Valdez y Gonzales, estudiosos como Octavio Romano y Herminio Ríos fundaron y dirigieron la revista más exitosa, *El Grito* (título que recuerda la declaración de independencia mexicana), y su editora afiliada, Quinto Sol (título basado en el renacimiento de la cultura azteca). Además de introducir la poesía bilingüe de Alurista y la prosa trilingüe de Miguel Méndez (en idioma yaqui, además de inglés y español) a una amplia audiencia por medio de su revista y su primera antología, *El espejo*, Quinto Sol concientemente emprendió la construcción de un canon chicano. Continuó esta construcción con el establecimiento del Premio Quinto

Sol y la publicación de los trabajos ganadores. Está demostrado que las tres primeras obras premiadas fueron fundacionales para la literatura chicana e hispana de los Estados Unidos: . . .*y no se lo tragó la tierra/. . . And the Earth Did Not Devour Him* (1971) de Tomás Rivera, *Bless Me, Última* (1972) de Rudolfo Anaya y *Estampas del Valle y otras obras* (1973) de Rolando Hinojosa. Este canon predominantemente masculino tardíamente admitió una escritora feminista de cuentos y dramas en 1975, con la publicación de *Rain of Scorpions* de Estela Portillo Trambley. Pero su influencia no ha sido tan duradera como la de otras mujeres escritoras de mediados de los años setenta, las que para los años de 1980 tomaron las riendas de la literatura chicana y para 1990 constituyeron la primera generación chicana que tuvo acceso a las grandes editoriales comerciales con sus obras en inglés: entre ellas, Ana Castillo, Lorna Dee Cervantes, Denise Chávez, Sandra Cisneros, Pat Mora, Helena María Miramontes, Evangelina Vigil. Estas autoras ya habían sido presentadas por la *Revista Chicano-Riqueña*, fundada en 1973, y la editorial Arte Público Press, fundada en 1979, ambas publicadas por la Universidad de Houston. Además de continuar la labor de Quinto Sol, después de que ésta concluyó a fines de la década del setenta, con la edición de obras de Alurista, Tomás Rivera, Rolando Hinojosa y Luis Valdez, Arte Público ha seguido presentando a nuevos escritores, no sólo chicanos sino también de las otras comunidades étnicas de la hispanidad en los Estados Unidos, convirtiéndose en la editorial hispana más importante del país. De hecho, Arte Público y la *Revista Chicano-Riqueña* (que a mediados de los ochenta cambió su nombre a *The Americas Review*) han sido las mayores y más duraderas promotoras de una cultura y literatura latina nacionales; fueron las primeras empresas editoras que abrieron sus puertas a escritores de todos los grupos étnicos hispanos en los Estados Unidos. Arte Público Press también es la que ha lanzado y administra el proyecto en curso de recuperación del legado literario hispano, Recovering the U. S. Hispanic Literary Heritage, y el proyecto de publicación de esta primera antología integral de nuestra literatura en español.

La escritura *nuyorican* hizo su aparición en los Estados Unidos con una identidad definitivamente proletaria y urbana, emergiendo de los puertorriqueños inmigrados a Nueva York —(el término *nuyorican* se derivó de "New York Rican"). Apareció como una literatura oral dinámica basada en el folclor y la cultura popular en los barrios de una de las ciudades más cosmopolitas y posmodernas del mundo: New York. La autobiografía en múltiples tomos de Piri Thomas, narrada en el lenguaje enérgico de las calles, la poesía de jazz y salsa de Víctor Hernández Cruz y *Nilda*, el *Bildungsroman* de Nicholasa Mohr —obras publicadas todas por las principales editoriales comerciales— abrieron el camino hacia el establecimiento de una nueva cultura e identidad literaria *nuyorican*, brotando de los barrios urbanos como la música salsa, que tanto inspiró a los poetas nuyorriqueños, y como los gritos de los campos de labor y las prisiones, que también inspiraron a importantes miembros de esta generación creativa. El más importante entre ellos era Miguel Piñero, ex convicto y ex líder de pandillas callejeras, que con Miguel Algarín encabezó un grupo de poetas y dramaturgos en desafío contra la sociedad burguesa establecida. Piñero tuvo éxito en llevar su estética *outlaw* (fuera de la ley) hasta los escenarios de Broadway y las películas de Hollywood. Sin embargo, no sólo Piñero sino toda la escuela de literatura nuyorriqueña representaba un reto para las editoriales comerciales y la academia, cuyo fin estético era complacer a la clase media blanca y su concepto de civilización occidental. Los *nuyorican* crearon un estilo y una ideología que todavía domina la escritura hispana urbana de hoy, que se enorgullece de ser obrera y no pide disculpas por su falta de educación formal. Poetas como Tato Laviera, Víctor Hernández Cruz, Sandra María Esteves y Pedro Pietri no buscaron modelos escritos para sus obras. Al contrario, buscaban inspiración y estaban mucho más a tono con la lírica de la música salsa y los trovadores populares que siempre habían cantado las noticias, la historia y las canciones de amor en las plazas públicas y en los festivales de los pueblos en Puerto Rico, a menudo con la versificación y los ritmos populares prevalentes en la isla. Capturar la visión y los sonidos urbanos en su obra pastoril fue un paso fácil y natural, como lo era cultivar la poesía bilingüe y reflejar la realidad bicultural que los rodeaba. Su meta era reintroducir el arte en la comunidad que lo había producido mediante la declamación oral, y esa comunidad exigía una ejecución de gran virtuosismo, ya que estaba acostumbrada a la técnica sofisticada de las grabaciones de salsa, la televisión y el cine. Se requería autenticidad, excelencia artística y agudeza filosófica y política. Laviera, Hernández Cruz, Esteves y Pietri reinaron como maestros durante casi dos décadas. Dado que sus poesías eran accesibles y vivas ante un público, la ejecución era mucho más importante que la publicación. Además, la oralidad y las idiosincrasias culturales de los barrios eran difíciles de representar por escrito. Su meta era desarrollar y solidificar su comunidad, no necesariamente darse a conocer ante extraños. La oralidad no representaba falta de sofisticación; por el contrario, representaba su misión literaria, su postura política y económica. En realidad, fue Miguel Algarín, profesor de la Universidad de Rutgers, aunque criado en los barrios puertorriqueños, quien estimuló la publicación de poesía *nuyorican* en antologías, revistas y por medio de la editorial Arte Público Press. En su papel de promotor, ha auspiciado por casi treinta años la literatura *nuyorican* en vivo en su Nuyorican Poets Café en Loisaida y ha llevado compañías de escritores en giras nacionales. Además de ser él mismo un destacado autor de poesía vanguardista, Algarín se ha esforzado por consolidar la identidad literaria *nuyorican* y la ha introducido en el ámbito más extenso de la poesía americana contemporánea.

Desde la década de 1980 al presente, con la ayuda de casas editoriales como Arte Público Press y Bilingual Review Press, ha surgido una nueva ola de escritores hispanos, no de los barrios, campos, prisiones o movimientos estudiantiles, sino de los programas universitarios de Escritura Creativa. Casi todos los representantes de esta ola sólo escriben en inglés (y algunos sólo hablan inglés): Julia Álvarez, Denise Chávez, Sandra Cisneros, Judith Ortiz Cofer, Junot Díaz, Cristina García, Oscar Hijuelos, Alberto Ríos, Gary Soto, Virgil Suárez y Helena María Viramontes. (La sobresaliente poeta chicana Lorna Dee Cervantes es una figura transicional que aparece en los años setenta como parte del Movimiento Chicano, pero después regresa a la universidad en los años ochenta para hacer estudios de doctorado.) La mayoría de ellos son nativos de Estados Unidos, aunque algunos llegaron, cuando niños, de Puerto Rico, Cuba o la República Dominicana. Los que no cultivan el género de novela autobiográfica en estilo étnico —es decir, nativo étnico de los EUA— producen una nueva clase de novela de inmigración, sobre la dificultad que tiene el inmigrante en ajustarse a la sociedad estadounidense. Esta literatura de inmigración se distingue de otras porque se expresa en inglés, se concentra en la sicología angustiada de sus personajes y, en lugar de suponer o promover el retorno a la tierra natal, que siempre es vista en términos más negativos que los Estados Unidos, promueve la creación de un espacio permanente para los personajes dentro de los Estados Unidos. Como muchas de estas autoras son feministas, tienden también a identificar el país natal con el machismo y militan en favor de la liberalización de las relaciones entre hombres y mujeres, a la manera estadounidense. Otras autoras contemporáneas, principalmente poetas y ensayistas que tienen preparación universitaria, aunque no sea en programas de literatura creativa, como Gloria Anzaldúa, Cherríe Moraga y Aurora Levins Morales, han explorado más a fondo la relación entre género e identidad étnica o minoritaria, inclusive entrando a reinos considerados tabú por generaciones anteriores de escritores hispanos, tales como el de la identidad sexual. De esta generación reciente surgió el primer ganador hispano del premio Pulitzer: el cubanoamericano Oscar Hijuelos, por *The Mambo Kings Play Songs of Love*.

La literatura de esta generación es una de las más conocidas hoy por un amplio segmento de lectores en los Estados Unidos y tiene las mayores posibilidades de entrar e influir la corriente principal (el muy mentado *mainstream*) de la cultura. Sin embargo, ésta es también la literatura hispana que ha surgido de la corriente principal y sus instituciones y ha recibido de ellas la mayor influencia. Por lo tanto es la más accesible a un amplio segmento de lectores de habla inglesa y tiene más oportunidades para la publicación comercial. Por otro lado, ésta es una literatura creada por una pequeña minoría de escritores hispanos; representa la punta de un témpano cuya masa todavía está sumergida y fuera de la visión de la mayoría de los lectores y las instituciones académicas. Ese gran cuerpo de la literatura hispana de los Estados Unidos cultivado por siglos en español proviene de las tres tradiciones identificadas en esta antología: nativa, de inmigración y de exilio.

La literatura de inmigración

Mientras que la literatura de inmigración plantó raíces en los periódicos a mediados del siglo diecinueve en California y en Nueva York, recién a fines del siglo surgió una expresión inmigrante bien definida. Aunque Nueva York había sido el puerto de entrada de millones de europeos y centenares de miles de hispanoamericanos, las ciudades más grandes del suroeste recibieron un flujo de aproximadamente un millón de mexicanos de clase trabajadora durante la Revolución Mexicana de 1910. La política exterior de los Estados Unidos para con el Caribe hispánico aseguraba un influjo constante de obreros puertorriqueños, cubanos y dominicanos. Los Ángeles, San Antonio y Nueva York, por ende, recibieron el mayor número de inmigrantes y consecuentemente pudieron apoyar al mayor número de instituciones culturales, entre ellas teatros, asociaciones de escritores, periódicos y editoriales. San Antonio llegó a ser la sede de más de una docena de casas editoriales hispanas, más de las que existían en cualquier otra ciudad de los Estados Unidos. Los Ángeles produjo casi una veintena de casas teatrales y numerosas compañías dramáticas y líricas que hacían giras constantes por el suroeste. En Nueva York, Los Ángeles, San Antonio y en muchas otras ciudades, apareció un tipo de empresario hispano, refugiado o inmigrante, con suficiente capital para establecer negocios de todo tipo para servir a la creciente población en los barrios hispanos. Construyeron de todo, desde fábricas de tortillas hasta teatros y cines, y por medio de su liderazgo cultural en las organizaciones mutualistas, las iglesias, los teatros, los periódicos y las editoriales, difundían una ideología nacionalista que aseguraba tanto la solidaridad como el aislamiento de sus comunidades, o, si se prefiere, de su mercado. Los refugiados económicos y políticos se asentaron en estas ciudades porque tenían tradición y población hispanas, y porque sus bases industriales se estaban expandiendo, experimentando una rápida industrialización y modernización, tan necesarias para crear oportunidades de trabajo para los refugiados económicos y oportunidades de inversión en nuevos negocios para los empresarios. Nueva York ofreció muchas oportunidades en las industrias de manufactura y servicios, mientras que Los Ángeles y San Antonio eran también buenas bases para el reclutamiento de obreros industriales y campesinos migratorios.

Desde su llegada a los Estados Unidos, los inmigrantes hispanos habían usado la imprenta y la literatura en su lengua nativa para mantener un vínculo con la tierra natal, mientras intentaban adaptarse aquí a una sociedad y una cultura nuevas. La literatura inmigrante hispana comparte muchos de los rasgos distintivos que Park identificó en 1922 en un estudio sobre la prensa inmigrante. Entre esas características mencionó: 1) el usar en forma predominante la lengua de la tierra natal, 2) el servir a una población unida por esa lengua, sin importar su país de origen y 3) el fomentar y solidificar el nacionalismo (9–13). La literatura de inmigración sirve a una población en transición desde la tierra natal a los Estados Unidos y refleja las razones para emigrar al recordar las vejaciones y las tribulaciones del inmigrante; también facilita el ajuste a la nueva sociedad, mientras conserva un vínculo con la patria.

Implícitos en los rasgos que señalan Park y otros estudiosos de la inmigración están los mitos del "sueño americano" y el "crisol de razas": la creencia de que los inmigrantes vinieron para encontrar una vida mejor de la que tenían en la patria, incluyendo una mejor cultura, y que ellos o sus descendientes rápidamente se volverían estadounidenses y que entonces no habría ya más necesidad de una literatura en la lengua del "país viejo" (*old country*). Estos mitos y muchas opiniones de Park acerca de los inmigrantes europeos no nos ayudan en absoluto a comprender la literatura hispana de inmigración; el inmigrante hispano nunca vino a asimilarse a la población angloamericana ni a "fundirse" con los otros grupos en un "crisol de razas". Al contrario, la historia de los grupos hispanos en Estados Unidos ha mostrado lo infundible y poco asimilacionista de las etnias hispanas. La inmigración de hispanoamericanos ha sido constante desde la misma fundación de los Estados Unidos hasta el presente, y ni se atisba el final de este fenómeno ni se puede anticipar en un futuro previsible.

En general, la literatura hispana de inmigración muestra una doble perspectiva: compara el pasado con el presente, la tierra natal con el país nuevo, su propia cultura con la del angloamericano, y equipara la resolución de estos conflictos con el retorno a la patria del narrador, los personajes, el lector o la comunidad de inmigrantes. La literatura de inmigración trata de preservar y fortalecer la cultura de la tierra natal mientras que facilita el acomodamiento a la tierra nueva. Además de ser fervientemente nacionalista, esta literatura busca representar y proteger los derechos de los inmigrantes, protestando contra la discriminación, el racismo y los abusos de los derechos humanos. Como mucha de esta literatura surge de la clase trabajadora, frecuentemente adopta los dialectos de la clase rural y trabajadora inmigrante; hoy en día la literatura temprana de inmigración puede considerarse como un museo de la oralidad de sus tiempos. Entre los temas predominantes de la literatura de inmigración están: 1) la descripción de la metrópoli, a menudo en términos satíricos o críticos, como se ve en los ensayos de José Martí, "Pachín" Marín y Nicanor Bolet Peraza; 2) la descripción de las vejaciones y las tribulaciones de los inmigrantes, especialmente cuando llegan a los Estados Unidos, y una vez llegados, desde la explotación como trabajadores hasta la discriminación como extranjeros y gente de "raza", como en las obras de Daniel Venegas y Conrado Espinosa; 3) el conflicto entre las culturas anglosajona e hispana; 4) la resistencia a la asimilación y la correspondiente promoción del nacionalismo, siempre presentes en esta literatura; y 5) el conflicto entre las clases sociales. Los autores más politizados, incluyendo los de la clase trabajadora, lanzan su discurso literario bajo la premisa de un retorno inminente a la tierra natal y con una advertencia para sus paisanos, que todavía no han emigrado, de que no vengan a los Estados Unidos porque enfrentarán la desilusión y la explotación. Estas advertencias a sus compatriotas de los peligros que los esperan son un pretexto, pues en realidad se están dirigiendo a su barrio o "colonia" de inmigrantes aquí en el vientre del monstruo, para usar el término de José Martí. Ello permite a los autores establecer causa común y solidaridad con sus lectores; así, el escritor y el lector u oyente juntos dan testimonio a los no iniciados, los novatos potenciales, los destinados a sufrir en el futuro como han sufrido los protagonistas de las obras literarias de inmigración. Por supuesto, esta fórmula y los temas dependen de la premisa fundamental de la literatura inmigrante: el regreso a la patria. Para realizar ese retorno, se necesita preservar la lengua, la cultura y la lealtad a la patria. Casi invariablemente, las narrativas de inmigración terminan con los personajes principales regresando al suelo patrio; quedarse en la metrópoli conduce a la muerte, la justicia poética más severa, como nos lo muestra la primera novela de inmigración, *Lucas Guevara* (1914) de Alirio Díaz Guerra y, casi medio siglo más tarde, *La carreta* (1953) de René Marqués. Debido a las migraciones masivas de mexicanos y puertorriqueños de clase trabajadora durante la primera mitad del siglo veinte, mucha de la literatura de inmigración se encuentra en la expresión oral, en las canciones del pueblo, en el teatro popular y otras expresiones literarias y artísticas de la clase trabajadora. El corrido anónimo "El lavaplatos" reproduce el mismo ciclo de la clase trabajadora que se ve en la novela de Daniel Venegas, *Las aventuras de Don Chipote, o cuando los pericos mamen*: dejar el hogar para buscar trabajo en los Estados Unidos, desilusionarse al trabajar aquí como una bestia de carga y regresar a la patria. Las canciones de desarraigo y añoranza por la tierra natal pueden escucharse en "Lamento de un jíbaro", décimas puertorriqueñas (en estrofas cantadas con diez versos y una rima como de soneto). Pero la última desilusión y vergüenza para el inmigrante es ser deportado, como lo documentan los versos melancólicos del corrido de "Los deportados" y el editorial "A los que vuelven" de Rodolfo Uranga. Muy a menudo, el desarrollo de esta literatura se da en el lugar de trabajo, ya sea en las calles recorridas por Wen Gálvez como vendedor de puerta en puerta, en la fábrica de *La factoría* (1925) de Gustavo Alemán Bolaños, o bajo el sol en los campos de cultivo en *El sol de Texas* (1926) de Conrado Espinosa. Pero también son frecuentes los temas domésticos, aún en las obras contemporáneas, tales como *La carreta* de René Marqués y *El súper* (1977) de Iván Acosta, que enseñan el conflicto entre niños aculturados y su padres.

En efecto, el conflicto cultural tipifica esta literatura, y de este conflicto nacen algunos de sus personajes típicos, como el agringado, el renegado y el pitiyanqui, que niegan su propia identidad latina para adoptar las costumbres "americanas". Pero más que cualquier otro arquetipo de la cultura estadounidense, los autores predominantemente masculinos han escogido a la mujer estadounidense para personificar el erotismo y la inmoralidad, la codicia y el materialismo que perciben en la sociedad. La Eva inmoral de la metrópoli, identificada como Sodoma, de Alirio Díaz Guerra ha evolucionado y se ha convertido en la joven "pelona" de 1920 en Jesús Colón, Daniel Venegas y Julio B. Arce ("Jorge Ulica"); esta atractiva pero traicionera Eva conduce a los modestos Adanes hispanos a la perdición. Estos autores asignan la responsabilidad de preservar la lengua y costumbres hispanas, para proteger la identidad, a las mujeres latinas; así, las castigan severamente cuando aquéllas adoptan las costumbres liberales de las anglosajonas o se atreven a comportarse como "pelonas".

A pesar de esta propaganda conservadora y misógena, surgió un cuadro de periodistas hispanas que se negaron a limitar el papel de la mujer al ámbito designado por la retórica nacionalista expresada elegantemente en el "México de afuera" (1923) de Nemesio García Naranjo, o en la sátira mordaz de "La estenógrafa" de Jorge Ulica. En palabras y en hechos, activistas políticas tales como Leonor Villegas de Magnón y Sara Estela Ramírez inspiraron la acción social a través de sus discursos, poemas y periodismo. Con sus elocuentes y apasionados discursos, la maestra Ramírez inspiró a obreros, en su mayoría hombres, a formar sindicatos; Villegas, también maestra en Laredo, Texas, organizó a anglosajonas, mexicanas y méxicoamericanas para entrar en la Revolución Mexicana como enfermeras, y luego quiso registrar para la posteridad sus contribuciones en sus memorias, *La rebelde*. María Luisa Garza, como *cronista* que escribió bajo el seudónimo de Loreley, publicó numerosos artículos intrépidos y elegantemente razonados, en defensa de la mujer. Hicieron esto a pesar de tener que sobrevivir en el ambiente hostil predominantemente masculino de la prensa de los 1920 en Texas. En Nueva York, Consuelo Lee Tapia trató de documentar las contribuciones históricas de las mujeres a la nacionalidad puertorriqueña. En las mismas páginas de *Pueblos Hispanos* de Tapia, una de las grandes poetas líricas de las Américas, Julia de Burgos, unió sus versos íntimos al movimiento nacionalista puertorriqueño. No sólo en el elitismo de la escritura, sino en los géneros más populares se sintió el impacto de las artistas y pensadoras; en el vaudeville muchas veces presentado en carpas, Netty Rodríguez, mediante su personaje de agringada, resistió vigorosamente las exhortaciones de su compañero Jesús a aceptar el papel femenino prescrito por la cultura mexicana de la clase trabajadora. Pero el ejemplo más claro de feminismo hispano data de principios del siglo veinte, cuando la sindicalista puertorriqueña Luisa Capetillo diseminó en sus escritos y en la acción social su rechazo a todas las represiones de la mujer. Todas estas escritoras-activistas presentaron poderosos modelos de pensamiento y expresión que más tarde inspirarían a sus herederas espirituales.

Para las comunidades de inmigrantes hispanos la defensa de los derechos civiles y humanos se extendió a la protección de sus barrios en contra de la influencia de la cultura angloamericana y de los verdaderos peligros que se presentaban en el lugar de trabajo, en las escuelas y en la política pública. El descontento editorial ha dominado las publicaciones de los inmigrantes en las ciudades mayores desde principios del siglo veinte. Joaquín Colón, presidente de la Liga Puertorriqueña e Hispana y hermano de Jesús Colón, utilizó el *Boletín* de la liga durante los años 1930 para castigar a la comunidad hispana por sus fallas. Los editoriales en los periódicos hispanos resonaron constantemente con los reclamos de igualdad y en contra de la discriminación y la segregación; la defensa de la comunidad no era un tema visible solamente en los títulos. Editorialistas en el suroeste, también, desde Nemesio García Naranjo a la familia Idar y Rodolfo Uranga, atacaron el maltrato por los capataces y las autoridades de las comunidades de hispanos inmigrantes y nativos. Uranga censuró una de las mayores injusticias perpetradas contra los inmigrantes mexicanos (y también contra muchos nativos): las deportaciones generales que se llevaron a cabo durante la Depresión. Actualmente los periódicos en español continúan con la misma tradición, criticando repetidamente la discriminación y las deportaciones por el Servicio de Naturalización e Inmigración, y los autores inmigrantes a su vez siguen erigiéndose como un baluarte de vigilancia y defensa de sus comunidades. (Como los puertorriqueños han sido ciudadanos estadounidenses desde 1917, la deportación no ha sido parte de su imaginario. Mientras que los puertorriqueños en el continente han tenido la inmigración y la migración profundamente grabadas en su memoria colectiva, el miedo a la deportación como una forma de discriminación y opresión ha estado mayormente ausente.)

Desde los comienzos de la literatura de inmigración, los autores se sentían obligados a aislar a su comunidad de la influencia de la cultura angloamericana y la religión protestante. Esto explica en parte el ataque moralista de Díaz Guerra a la gran metrópoli (Nueva York) y a la Eva estadounidense como representantes de todas las enfermedades de la sociedad. Los editores y escritores mexicanos en el suroeste, además, casi unánimemente desarrollaron y diseminaron la idea de un "México de afuera", o sea una colonia mexicana existente fuera de México, en la cual el deber de los individuos era mantener el idioma español, mantener la fe católica y aislar a sus hijos de la inmoralidad de los angloamericanos. Escritores y editorialistas expatriados, como el intelectual mexicano Nemesio García Naranjo, pusieron de relieve una y otra vez que no sólo los inmigrantes y exiliados eran parte de este "México de afuera", sino que también incluía a la población hispana nativa del suroeste, la que por tanto tiempo había resistido la influencia perniciosa de los anglos. Sin embargo, esta ideología postulaba un objetivo que los nativos no podían aceptar: el retorno a México como una premisa para su nacionalismo. Esta premisa mantenía que la cultura nacional mexicana debía preservarse mientras se estaba en el exilio en medio de los inicuos protestantes anglos cuya cultura se veía como inmoral y agresivamente discriminatoria contra los hispanos. La ideología fue expresada y diseminada igualmente por escritores inmigrantes y exiliados, algunos de los cuales eran refugiados políticos y religiosos de la Revolución Mexicana. Representaban el segmento más conservador de la sociedad mexicana en la tierra natal; en los Estados Unidos su liderazgo cultural fue impuesto en todos los foros de expresión vigentes en la "colonia", consolidando un sustrato conservador para la cultura méxicoamericana que duraría décadas. Mientras muchos de los escritores habían sido educados en el seno de la clase media o media alta en México, el público más grande para sus obras teatrales, novelas y poemas constaba de inmigrantes de la clase obrera amontonados en los barrios urbanos; era un público hambriento de entretenimiento y productos culturales en su propia lengua. Gracias a la expansión de la economía estadounidense, los miembros de este público tenían suficientes billetes verdes para pagar por estas representaciones culturales de sus vidas.

Entre los varios tipos de literatura que se publicaron en los periódicos de los inmigrantes hispanos, había un género literario esencial para la formación de actitudes y opiniones en la comunidad. La *crónica,* una columna semanal corta, que se refería humorística y satíricamente a temas del día y costumbres sociales en la comunidad local. Llena de color local e inspirada en la cultura oral de los inmigrantes, la *crónica* se narraba en primera persona desde la perspectiva enmascarada de un seudónimo. Los cronistas examinaban la vida en el barrio y servían de testigos de las costumbres y el comportamiento de la colonia, cuya existencia era amenazada, según los cronistas, por la cultura dominante anglosajona. Influidas por chistes y anécdotas populares, sus columnas registraron la tónica del ambiente social en que se producían. La misión de los *cronistas* era nutrir el nacionalismo y sostener las ideologías del "México de afuera" y del "Trópico en Manhattan", las cuales significaban la transformación del paisaje metropolitano en algo parecido al lugar de origen de los hispanos, ejemplificado en los escritos de Bernardo Vega y Guillermo Cotto-Thorner. Con fervor religioso, los cronistas querían menguar la influencia de la "inmoralidad" anglosajona y poner fin a la erosión del idioma español y de la cultura hispana. Algunas veces sus mensajes tomaban la forma de sermón directo, como en algunas crónicas firmadas "Miquis Tiquis", seudónimo de Jesús Colón. Pero Alberto O'Farril, bajo el disfraz de "O'Fa", y Julio B. Arce, detrás de la máscara de "Jorge Ulica", a menudo utilizaban el humor y la parodia de personajes ficticios, supuestamente sacados de la vida diaria, para representar la ignorancia general o el error específico de la asimilación de lo angloamericano. Mientras que estos dos escritores entretenían a sus públicos con las desventuras de los inmigrantes de la clase trabajadora, el autodidacta Colón se puso a la tarea de elevar la educación y cultura en la comunidad de obreros hispanos. Colón llegó a ser por más de cincuenta años uno de los columnistas e intelectuales hispanos más importantes en la comunidad hispana de Nueva York. A una edad temprana trabajó en fábricas de tabaco en Cayey, Puerto Rico, y ya adolescente se mudó a Nueva York, donde más tarde llegó a ser uno de los miembros más politizados de la comunidad de trabajadores de la cultura y organizadores de sindicatos. Colón pasó de escribir en español a escribir en inglés y, a mediados de 1950, fue el primer columnista puertorriqueño de *The Daily Worker*, periódico publicado por el Partido Comunista de América.

Como se mencionó antes, desde 1917 los puertorriqueños eran ciudadanos de los Estados Unidos, es decir que política y legalmente no eran inmigrantes, al menos no en el sentido tradicional. No obstante, la mayoría de los textos de escritores de la clase trabajadora puertorriqueña en Nueva York exhibían muchos de los rasgos clásicos de la literatura de inmigración, inclusive el sueño del retorno a la patria. Hasta los de la clase media o del sector intelectual cuya residencia en Nueva York no fue tan larga como las de Vega y de Colón —por ejemplo, René Marqués, José Luis González y Pedro Juan Soto— sin embargo, representaban en sus obras la doble visión y el conflicto cultural. El propósito de Marqués en *La carreta* fue construir un argumento que apoyara el regreso de la desarraigada clase obrera y campesina a la isla. Y mientras José Luis González y Pedro Juan Soto simpatizaban con esta desarraigada clase de puertorriqueños e inclusive se identificaban políticamente con ella, sus textos repetían el tropo de la metrópoli como lugar inhóspito y funesto para los latinos. Hasta el título del libro de González, *En Nueva York y otras desgracias* (1973), anuncia el tropo que ha persistido desde principios del siglo y se presenta en la novela de Alirio Díaz Guerra. Así es que, aunque los puertorriqueños no son inmigrantes en el sentido legal de la palabra, las características que muestran muchos de sus escritos —especialmente el profundo sentido de desarraigo y el deseo de regresar a la tierra natal— justifican su inclusión en esta categoría.

Otro tema de la literatura de inmigración es el contacto, incluyendo el conflicto con otras culturas en la metrópoli, como bien lo demuestran las obras de Alirio Díaz Guerra y Daniel Venegas a principios del siglo y de Guillermo Cotto-Thorner, Wilfredo Brascchi, Roberto Fernández y Mario Bencastro, más tarde. Mientras que Bencastro se concentra en la interacción de los inmigrantes centroamericanos con sus capataces, jefes y figuras de autoridad en Washington, D.C., Roberto Fernández satiriza la doble mirada de los residentes de la "Pequeña Habana" de Miami, y su obsesión en reproducir y continuar la vida que vivían en la Cuba prerevolucionaria; sin advertir que viven vidas híbridas del pasado y el presente, de la Cuba de ayer y del presente estadounidense. Ya que el retorno a la patria para la mayoría de los refugiados cubanos ha sido imposible, escritores como Iván Acosta, Roberto Fernández, Dolores Prida, Cristina García, Virgil Suárez y Gustavo Pérez Firmat encuentran maneras en que la comunidad se establezca cultural y espiritualmente en los Estados Unidos de forma permanente. Para Acosta en *El Súper*, se debe aceptar a Miami como una copia imperfecta de la tierra natal. Para Dolores Prida en *Coser y cantar* (1981) y Pérez Firmat en *El año que viene estamos en Cuba*, el secreto está en encontrar y mantener la hibridización; para otros, consiste en tropicalizar el medio ambiente social, es decir, latinizar la metrópoli, algo parecido a lo que habían hecho antes las generaciones del "México de afuera" y "Trópico en Manhattan". Pero aún en los escritores de hoy hay un grito de desesperación como el del protagonista de Suárez, quien al final de su novela *Going Under* (1996) salta al océano para nadar de regreso a Cuba.

Otra tendencia que data desde principios del siglo veinte ha sido la esporádica e intermitente publicación de inmigrantes hispanos en inglés en las principales casas editoriales. María Cristina Mena logró publicar sus cuentos basados en el México de su niñez en *Century* y *Harpers*, entre otras revistas. Luis Pérez, otro mexicano inmigrante, vio publicada su novela *El Coyote, the Rebel* por Holt en 1947 (otras obras de Pérez permanecen sin publicarse hasta la fecha). En el presente, hay un notable cuadro de escritores inmigrantes, que como Mena vinieron en su niñez a los Estados Unidos y que han podido escribir y publicar sus obras en inglés logrando una difusión general por medio de casas editoriales importantes: Cristina García, Virgil Suárez, Julia Álvarez, Judith Ortiz Cofer, Gustavo Pérez Firmat y algunos otros. Cada uno de ellos es parte de una generación educada en universidades estadounidenses, que en su mayoría emprendió en ellas la carrera de escritor profesional. Pero cada uno ha hecho de la experiencia inmigrante la materia de su refinado arte literario; su público ya no es el barrio inmigrante, como el de muchos escritores del idioma español, pasados o presentes, sino el lector general de habla inglesa que compraría sus obras más fácilmente en una librería de cadena que mediante un pedido por catálogo publicado en un periódico en español. Al haber sido educados en instituciones estadounidenses y haber preferido escribir en inglés para poder llegar a un público amplio, estos autores asumen muchas de las posiciones de los escritores nativos, pero su *ethos* dominante sigue siendo la doble mirada característica del autor que estudia dos culturas en competencia o conflicto, un *ethos* que comparte con la literatura de inmigración en lengua castellana.

La literatura hispana de exilio

Estudiar la literatura hispana de exilio en los Estados Unidos es examinar los grandes momentos en la historia política del mundo hispano, desde principios del siglo diecinueve hasta el presente: la intervención napoleónica en España, los movimientos independentistas de las colonias americanas de España, la intervención francesa en México, la Guerra del 1898, la Revolución Mexicana, la Guerra Civil Española, la Revolución Cubana, las recientes guerras civiles en Centroamérica y las numerosas luchas en la América Española contra los regímenes autocráticos y las intervenciones extranjeras, incluyendo las frecuentes incursiones por parte de los Estados Unidos en los asuntos domésticos de estos países. El partidismo estadounidense en la política interna de las repúblicas hispanoamericanas ha tenido el efecto de estimular la expatriación de sus ciudadanos a estas tierras. Todas estas luchas produjeron miles de refugiados políticos en los Estados Unidos a lo largo de su historia. Debido a la expansión territorial de los Estados Unidos y a la inmigración hispana, se fueron albergando poco a poco en los Estados Unidos grandes comunidades de hispanohablantes que continuamente recibirían a los expatriados. De este modo, los refugiados encontraban sociedades similares donde podían efectuar negocios y ganarse la vida mientras esperaban cambios en su patria que posibilitaran algún día su regreso. Buena parte de la literatura de los exiliados ha surgido tradicionalmente del deseo y la esperanza de que la patria de origen se independizara política y culturalmente, ya sea del imperio español o de los Estados Unidos. Mucha de esta literatura, particularmente la del siglo diecinueve, es altamente lírica e idealista en su poesía y elegante en su prosa. Sin embargo, también se caracteriza por un tono agresivo y argumentativo que resulta de su compromiso político.

La publicación de periódicos y libros por hispanos empezó a finales del siglo dieciocho en tres ciudades: Nueva Orleáns, Filadelfia y Nueva York. A juzgar por el número de libros políticos publicados a principios del siglo diecinueve, el motivo principal para los españoles, cubanos, puertorriqueños y otros hispanoamericanos en los Estados Unidos era su deseo de influir en la política de su tierra natal. Los refugiados políticos de habla hispana de España e Hispanoamérica repetidamente han recurrido al exilio en los Estados Unidos para ganar acceso a una prensa libre y, de este modo, poder ofrecer a sus compatriotas noticias e ideologías políticas sin censura. Debían enviar sus escritos como contrabando en barcos a la tierra natal, de manera que se pasaran clandestinamente de mano en mano. En muchos casos, la prensa del exilio también se comprometió en campañas políticas para recaudar fondos, en organizar a la comunidad de expatriados y en conspirar con revolucionarios para derrocar regímenes en sus países de origen. La razón de ser de la prensa de exilio siempre ha sido influir la vida y la política en la tierra natal, al proveer información y opiniones sobre la tierra natal, cambiando o apoyando la opinión pública en su patria sobre la política y el gobierno, y asistiendo en la colecta de fondos para derrocar al régimen existente.

La libertad de expresión existente en el exilio era altamente deseable en comparación con la que existía en las tierras de origen. El registro histórico está lleno de ejemplos de prisión, tortura y ejecución de escritores, periodistas y editores durante las luchas para establecer la democracia en Hispanoamérica. Numerosos autores exiliados, algunos representados en esta antología, sufrieron torturas en las prisiones y muerte en los campos de batalla en las Américas. Muchos, que se veían a sí mismos como patriotas sin patria, fueron forzados a vivir en el exilio y a peregrinar de país en país, creando sus obras literarias y esparciendo sus doctrinas políticas mientras peregrinaban. Parte de la importancia de la literatura del exilio para las letras hispanas de los Estados Unidos radica en que sirve de base para el transnacionalismo de nuestra literatura y cultura; nuestro ser y nuestra literatura no caben ni dentro de los confines geográficos y políticos de los Estados Unidos, ni los de los países de origen. Las comunidades hispanas de los Estados Unidos nunca han estado en realidad aisladas del resto de las Américas y del mundo de la cultura hispana y el idioma español; la influencia y el impacto de los hispanos en Estados Unidos, sea que su vehículo haya sido el inglés o el español, no se han limitado a su comunidad étnica o nacional. No hay duda de que la literatura escrita por los exiliados hispanoamericanos y españoles en los Estados Unidos es una parte importante de la herencia literaria hispana de éste país.

Los primeros libros políticos impresos por hispanos en el exilio fueron escritos por ciudadanos españoles que protestaban contra la instalación por parte de Napoleón de un gobierno títere en España a principios del siglo diecinueve. Estos exiliados publicaron poesía y novelas, además de tratados políticos. En su mayoría estos primeros libros de protesta fueron impresos en las primeras imprentas angloamericanas. Típico de esta corriente propagandista fue el ataque a Napoleón en *España ensangrentada por el horrendo corso, tyrano de la Europa*, publicado en 1808 en Nueva Orleáns por un autor anónimo. Un poco después, las guerras dirigidas a independizar de España a los países hispanoamericanos fueron apoyadas por numerosas publicaciones ideológicas basadas en las enseñanzas de Thomas Paine, Thomas Jefferson y John Quincy Adams. Recomendaban la adopción de la Constitución de los Estados Unidos y su sistema de gobierno por el mundo hispano. El filibustero cubano José Álvarez de Toledo, en sus *Objeciones satisfactorias del mundo imparcial* . . ., publicado en Baltimore en 1812, militó por la independencia de México y del Caribe; en 1813, Álvarez fue uno de los fundadores del primer periódico en Texas, *La Gaceta de Texas*, como parte del movimiento revolucionario encabezado por Miguel Hidalgo y Costilla. Para 1822 los hispanos habían comenzado a operar sus propias imprentas y casas de publicación, principalmente en Nueva York, Filadelfia, Boston, Baltimore y Charleston. Una de las primeras en identificarse como editorial fue la casa del patriota ecuatoriano Vicente Rocafuerte, al publicar su *Ideas necesarias para todo pueblo* en Filadelfia en 1821. En 1825 la imprenta de Carlos Lanuza (Lanuza, Mendía y Co.) estaba operando en Nueva York, publicando tratados políticos y literatura creativa. En los años de 1830, se fundaron la Imprenta Española de Juan de la Granja y la casa editorial de José Desnoues, ambas en Nueva York, pero vale mencionar que los periódicos de Nueva York y Filadelfia, como *El Mensagero*, *El Reflector* y el *Nuevo Mundo*, también imprimían y publicaban libros. La mayoría de estas imprentas y editoriales hispanas tuvieron una vida breve, pero con el tiempo aparecieron dos con bases financieras y dirección empresarial suficientemente fuertes para durar décadas: las casas de los cubanos Néstor Ponce de León y Enrique Trujillo, cuyas imprentas dieron a luz escritos de autores exiliados que se convirtieron en obras fundacionales para sus naciones, obras como las de José María Heredia, José Martí, Lola Rodríguez de Tió y "Pachín" Marín, entre otros.

El movimiento independentista que duró más años en el hemisferio fue el de las colonias españolas de Cuba y Puerto Rico. Muchas de estas campañas independentistas fueron planeadas, mantenidas y propagandizadas desde tierras estadounidenses. Uno de los primeros y más ilustres exiliados fue el sacerdote y filósofo Félix Varela, fundador del periódico *El Habanero* en Filadelfia en 1824 y autor de *Jicoténcal* (1826), la primera novela histórica en lengua española y uno de los primeros documentos que apoyaron los movimientos de independencia con la Leyenda Negra. Con un subtítulo de "Periódico político, científico y literario", *El Habanero* militó abiertamente por la independencia de Cuba. Tanto con su periódico como con su novela y otros escritos, Varela estableció el precedente para los cubanos y puertorriqueños de imprimir y publicar en el exilio y de tener sus obras circulando clandestinamente en sus tierras natales. En efecto, los libros de Varela sobre la filosofía y la educación, la mayoría de los cuales fueron publicados en los Estados Unidos, eran los únicos *best sellers* en Cuba, y el mismo Varela se convirtió en el autor más popular en el primer tercio del siglo diecinueve; esto a pesar de que había una conspiración de silencio en que no se permitía ni nombrar a Varela en público bajo pena de persecución por las autoridades (Fornet 73–4).

En su mayoría, los periodistas y escritores expatriados trabajaban con publicaciones periódicas en idioma español o bilingües: algunos periódicos políticamente orientados se publicaban también en inglés para influir la opinión pública angloamericana y la política del gobierno de los Estados Unidos con respecto a Cuba y Puerto Rico. Muy pocos de los intelectuales exiliados encontraron trabajo en la prensa de habla inglesa, excepto como traductores. Una notable excepción fue Miguel Teurbe Tolón que en los años 1850 trabajó como el experto sobre Latinoamérica para el *Herald* de Nueva York. Teurbe Tolón había sido director de *La Guirnalda*, periódico de Cuba, donde también había iniciado su carrera literaria como poeta. En los Estados Unidos, además de trabajar para el *Herald*, publicó poemas y comentarios en español y en inglés en publicaciones periódicas; también tradujo al español *Common Sense* de Thomas Paine y la *Historia de los Estados Unidos* de Emma Willard. Teurbe Tolón fue uno de los fundadores de la literatura hispana de exilio, no sólo por el tema del exilio en muchas de sus obras, sino también porque sus escritos figuran prominentemente en la primera antología de la literatura de exilio publicada en los Estados Unidos, *El laúd del desterrado* (1856), un año después de su muerte.

Desde las publicaciones de Heredia, Varela, Teurbe Tolón y sus colegas, la literatura de exilio ha sido una de las corrientes constantes en la cultura y letras hispanas de los Estados Unidos. Muchos de los escritores que los siguieron en el siglo veinte construyeron sus obras sobre la base de esta tradición, poniendo su arte al servicio de causas políticas. En general, la literatura del exilio se ha ocupado más de las condiciones políticas en la *patria* que del destino de la comunidad de hispanos en los Estados Unidos. Siempre está implícita la premisa del regreso a la patria y por esta razón tampoco se preocupa mucho por el peligro de la asimilación a la cultura anglosajona durante la estancia en los Estados Unidos, que se supone es temporal. A pesar del sueño del retorno a la patria, la razón histórica del exilio de muchos individuos y sus familias es la residencia permanente en los Estados Unidos, por motivos que varían. Sin embargo, como el exiliado ve el regreso siempre como inminente, tiene miedo de echar raíces en tierra extraña. La visión de la cultura nacional, por otra parte, es estática, basada en la vida tal como estaba cuando dejaron la patria; así que muchas veces esa visión no refleja la evolución de la cultura en la tierra natal durante la ausencia de los exiliados. Los autores exiliados en el siglo diecinueve apelaron a la Leyenda Negra (propaganda inglesa y holandesa sobre los abusos que sufrieron los indígenas a manos de los españoles, para justificar su competencia colonial con España en el Nuevo Mundo) y, en su afán de construir una identidad americana, muchas veces se identificaron con los indígenas conquistados y abusados por los españoles. Su literatura no sólo era culturalmente nacionalista, sino también políticamente nacionalista, dado que estos autores pretendían construir la nación no sólo con la pluma en la mano sino con el fusil en el campo de batalla. En el mundo de la literatura y del periodismo, la actividad creativa y editorial de los exiliados cubanos y puertorriqueños rivalizó con la producción de los escritores en la tierra natal. Muchos de los escritores e intelectuales dirigentes de ambas islas produjeron un corpus considerable de obras en el exilio, muchas veces más de lo que habían logrado bajo el represivo gobierno de la colonia española. Este legado sustancial incluye muchas obras fundacionales, como los ensayos de Lorenzo Allo, Enrique José Varona y José Martí. Algunas de las figuras cubanas y puertorriqueñas más importantes siguieron los ejemplos de Heredia, Varela y Teurbe Tolón, escribiendo, publicando y militando desde el exilio en Filadelfia, Nueva York, Tampa, Cayo Hueso y Nueva Orleáns hasta el estallido de la Guerra del 98. Muchos de ellos eran periodistas y editores al igual que prolíficos poetas del exilio: Bonifacio Byrne, Pedro Santacilia, Juan Clemente Zenea y, más tarde pero más importante, José Martí. Todos ellos estudiaron las obras de su modelo, José María Heredia, cuyo peregrinaje lejos del suelo nativo se recuerda en algunos de los versos más románticos del siglo diecinueve. En efecto, abrir *El laúd del desterrado* con su "Himno del exilio" era rendir homenaje a Heredia.

En 1887, José Martí, el editor Néstor Ponce de León y el poeta inmigrante colombiano Santiago Pérez Triana fundaron el influyente club literario Sociedad Literaria Hispano-Americana de Nueva York, que unió a todos los entusiastas y escritores de la literatura hispana de toda la ciudad; a diferencia de los otros clubes políticos que los mismos habían organizado, la Sociedad Literaria sólo tenía fines artísticos. Desde finales del siglo diecinueve hasta el presente, los hispanos han mantenido sociedades literarias en todos las ciudades de residencia numerosa en los Estados Unidos. Estas sociedades ofrecían un ambiente intelectual en el cual los trabajos literarios podían leerse y discutirse, donde se podía declamar oralmente y hacer discursos elocuentes y donde se recibían a autores provenientes de otros lugares.

Los intelectuales puertorriqueños se unieron a los expatriados cubanos, quienes habían establecido clubes revolucionarios y habían estado sufragando los costos de publicación de libros y periódicos. En clubes como Las Dos Antillas, cofundado por el bibliógrafo de origen afropuertorriqueño Arturo Alfonso Shomberg, se pronunciaban discursos elocuentes que se imprimían en los periódicos que circulaban en las comunidades del exilio y se contrabandeaban a Puerto Rico. La tres veces exiliada Doña Lola Rodríguez de Tió desempeñó una función importante como anfitriona de los grupos revolucionarios en su casa en Nueva York, y sus versos nacionalistas aparecieron frecuentemente en publicaciones locales. Además de los filósofos, ensayistas y poetas ilustres que formaron el grupo de expatriados puertorriqueños, hubo dos artesanos cuyo trabajo fue esencial para la causa revolucionaria y para la literatura de exilio: los tipógrafos Francisco Gonzalo "Pachín" Marín y Sotero Figueroa, quienes también fueron exponentes de la poesía de exilio. En 1889, Marín trasladó a Nueva York su periódico revolucionario *El Pos-*

tillón de Puerto Rico, donde había sido suprimido por las autoridades españolas. En el local de la imprenta que estableció en Nueva York, Marín no sólo publicó su periódico sino también libros y folletines revolucionarios para las comunidades de cubanos y puertorriqueños expatriados. En las oficinas de su empresa se reunían reconocidos intelectuales, literatos y líderes políticos. En Nueva York, Marín publicó dos volúmenes de sus propios versos, que son fundacionales para las letras puertorriqueñas: *Romances* (1892) y *En la arena* (c. 1895). Sotero Figueroa fue el presidente del Club Borinquen y dueño de la Imprenta América que proporcionaba la composición e impresión de varios periódicos revolucionarios, incluyendo *Borinquen* (nombre indígena de la isla de Puerto Rico), periódico quincenal publicado por la sección puertorriqueña del Partido Revolucionario Cubano. Figueroa trabajó muy de cerca con José Martí tanto en la organización política (Figueroa fue secretario del Partido Revolucionario Cubano) como en los proyectos editoriales, incluyendo la impresión de uno de los órganos más importantes para la revolución y la literatura: el periódico *Patria*, órgano del Partido Revolucionario Cubano que Martí fundó en Nueva York, en donde los dos intelectuales publicaron ensayos, poemas y discursos. Figueroa también imprimió libros para el periódico de exilio cubano *El Porvenir*, incluyendo el *Álbum de "El Porvenir"* (que inició su publicación en 1890), un diccionario biográfico monumental con cinco tomos de las memorias de la comunidad de expatriados. Ésta y muchas otras publicaciones eran parte de la gran epopeya cubana dirigida a construir la nación, aún desde el exilio. Otro de los proyectos épicos en el exilio era el extenso *Diccionario biográfico cubano*, compilado por Francisco Calcagno y publicado en parte en Nueva York por la casa de Néstor Ponce de León en 1878. El texto de 728 páginas es un verdadero almacén de información sobre cubanos destacados en todos los campos, muchos de los cuales residían en el exilio. El diccionario complementó los esfuerzos creadores de periodistas y escritores que escribían activamente sobre la historia colonial y el futuro independiente de su nación. Escritores como Francisco Sellén no sólo atacaban a los españoles con su prosa y su poesía, sino que estaban cimentando las bases mítico-ideológicas para la construcción de la cultura nacional. En su obra de teatro histórico, *Hatuey* (1891), Sellén (como Varela en *Jicoténcal*) identificó a los cubanos con el pasado indígena: escogió como un padre de la nacionalidad cubana al último cacique amerindio que desafió a los españoles en Cuba. También continuó la Leyenda Negra al retratar el abuso español de los indígenas y al comentar sobre el papel de Bartolomé de las Casas en la historia, destacando las acciones inhumanas de los españoles durante la Conquista.

Mientras que los expatriados cubanos y puertorriqueños tenían que someterse a largos viajes por barco e inspecciones de las autoridades aduaneras para entrar como refugiados a los Estados Unidos, los exiliados mexicanos cruzaban la frontera con relativa facilidad para establecer su prensa en el exilio; dado que no hubo patrulla fronteriza sino hasta 1925, simplemente cruzaban caminando lo que era una frontera abierta para los hispanos para instalarse en las antiguas comunidades de origen mexicano del suroeste. En efecto, la frontera abierta había servido por décadas como una ruta de escape para numerosos criminales y refugiados políticos de ambos lados de la línea divisoria. La prensa mexicana de exilio comenzó alrededor de 1885, cuando el régimen de Porfirio Díaz en México se hizo tan represivo que un gran número de editores y escritores se vieron forzados a exiliarse en el norte. Editores como Adolfo Carrillo, quien se había opuesto a Díaz en su *El Correo del Lunes*, cruzaron la frontera con la esperanza de contrabandear sus periódicos a México. Carrillo terminó por llegar a San Francisco, donde estableció *La República* en 1865, y se quedó por el resto de su vida. Como escritor, Carrillo se identificó tanto con la tradición hispana en California que ubicó sus cuentos en el pasado histórico de la California hispana. Sin embargo, a pesar del ejemplo de Carrillo, la mayoría de los literatos mexicanos exiliados eventualmente regresaron a México, cuando el ambiente era nuevamente seguro para sus respectivas ideologías políticas.

Hacia 1900, el ideólogo revolucionario más importante, Ricardo Flores Magón, lanzó su periódico *Regeneración* en la ciudad de México. Anarquista militante, Flores Magón fue encarcelado en México cuatro veces por su periodismo radical. Luego de un encarcelamiento de ocho meses, durante el cual se le prohibió leer y escribir, Flores Magón se fue como exiliado a los Estados Unidos, y para 1904 había comenzado de nuevo a publicar *Regeneración* en San Antonio; en 1905 en San Luis; y en 1906 en Canadá. En 1907 fundó *Revolución* en Los Ángeles, y nuevamente en 1908 reinstituyó ahí a *Regeneración*. Durante todos estos años, Flores Magón y sus hermanos emplearon todos y cada uno de los subterfugios posibles para contrabandear sus escritos desde los Estados Unidos a México, incluso envasándolos en latas o envolviéndolos en otros periódicos que eran enviados a San Luis Potosí, desde donde eran distribuidos a simpatizantes en todo el país. También se convirtieron en dirigentes de sindicatos y de movimientos anarquistas entre las minorías en los Estados Unidos. Debido a sus esfuerzos revolucionarios, fueron constantemente perseguidos y reprimidos por ambos gobiernos, el mexicano y el estadounidense.

Numerosos periódicos hispanos del suroeste hicieron eco a las ideas de Flores Magón y se afiliaron con su Partido Liberal Mexicano. Entre ellos se incluían *La Bandera Roja, El Demócrata, La Democracia, Humanidad, 1810, El Liberal, Punto Rojo, Libertad y Trabajo* y *La Reforma Social*, los cuales estaban localizados a lo largo de la frontera desde el valle del Río Grande en el Sur de Texas hasta Douglas, Arizona, y hacia el oeste hasta Los Ángeles. Entre los periódicos más interesantes había algunos que articulaban el pensamiento de la mujer sobre su papel como obrera y revolucionaria, forjadora de una nueva sociedad con el triunfo futuro de la revolución. Entre los escritores y editores notables asociados con el PLM y Flores Magón se contaba la maestra Sara Estela Ramírez, quien emigró desde México en 1898 para enseñar en escuelas mexicanas en Laredo, Texas. En discursos elocuentes y apasionados y en la poesía que recitaba en las reuniones de trabajadores y en las sociedades mutualistas, difundió sus ideas sobre el sindicalismo y la reforma social en México y Texas. Ramírez escribió para dos importantes periódicos de Laredo, *La Crónica* y *El Demócrata Fronterizo*, y en 1901 comenzó a editar y publicar su propio periódico, *La Corregidora*, que imprimió en la ciudad de México, en Laredo y en San Antonio. Más tarde, en 1910, Ramírez fundó una revista literaria, *Aurora*, la cual no duró mucho tiempo, ya que la editora murió ese mismo año de una enfermedad que había padecido por mucho tiempo.

Otros periódicos dirigidos por mujeres no sólo promovieron las causas revolucionarias sino que también articularon problemas feministas dentro de la causa: *El Obrero* de Teresa Villarreal en 1909, *La Voz de la Mujer*, de Isidra T. de Cárdenas en 1907, *Pluma Roja* de Blanca de Moncaleano entre 1913 y 1915, *La Mujer Moderna* de Teresa y Andrea Villarreal, afiliado al Club Liberal Feminista "Leona Vicario". Lamentablemente, casi no quedan vestigios de esta labor periodística y literaria.

La prensa mexicana del exilio floreció hacia la década de 1930 con periódicos semanales que representaban una u otra facción política; las casas editoras se afiliaban a menudo con periódicos y publicaban desde folletos políticos hasta novelas de la revolución. En efecto, antes que cualquier otro género literario, la novela de la revolución fue la que más floreció, ya que los periódicos y sus casas editoriales publicaron más de cien de estas novelas. A través de la novela de la revolución, autores expatriados como Teodoro Torres y Manuel Arce reaccionaron ante el cataclismo que había interrumpido sus vidas y había causado que muchos de sus lectores se reubicaran en el suroeste de los Estados Unidos. Entre los escritores se encontraba la gama completa de las facciones revolucionarias en cuanto a lealtades e ideologías, pero la mayoría de ellos representaban una reacción conservadora a los cambios socialistas en el gobierno y a la reorganización social forjada por la revolución. Una de las primeras obras del género se considera hoy un clásico de toda la literatura latinoamericana, *Los de abajo* de Mariano Azuela, quien no era un contrarrevolucionario. *Los de abajo* apareció como novela en serie en un periódico de El Paso y luego fue editada en forma de libro en esa misma ciudad en 1915. Después de su publicación le siguieron decenas de obras del mismo género desde San Diego a San Antonio. Pero estos libros se oponían a la Revolución Mexicana y sus editores por lo común eran exiliados conservadores que habían llegado al exilio con buenos recursos para establecerse en las comunidades méxicoamericanas y convertirse en empresarios culturales o en hombres de negocios. Algunos de ellos fundaron periódicos, revistas y casas editoriales para servir a la comunidad de refugiados económicos en rápida expansión; sus periódicos eventualmente se convirtieron en una prensa para inmigrantes más que para exiliados, cuando su espíritu empresarial llegó a ser más fuerte que su compromiso político para con su tierra natal.

La Guerra de los Cristeros (1926–1929), resultado del intento del gobierno de limitar el poder de la Iglesia Católica, produjo otro grupo de refugiados políticos cuya meta editorial era operar periódicos y casas editoriales para criticar al gobierno mexicano y servir a las necesidades de la comunidad religiosa en el exilio. Durante el creciente conflicto entre la iglesia y el gobierno en México, se fundaron numerosos periódicos y casas editoriales en El Paso, Los Ángeles y otros lugares del suroeste. El Paso se convirtió en un centro de publicación religiosa en español, no sólo para católicos, sino también para bautistas, metodistas y otros que también se refugiaron en los Estados Unidos para escapar de las persecuciones en México. La influencia de los refugiados religiosos se hizo evidente en muchas publicaciones seculares. En gran parte de la literatura escrita, no sólo en los escritos religiosos, la prensa contrarrevolucionaria y secular existente se concentró aún más en las persecuciones religiosas en México y en las atrocidades cometidas por el gobierno "bolchevique". Se publicaron numerosas memorias de expatriados religiosos, sacerdotes y obispos, en las prensas de El Paso, Los Ángeles, Kansas City y San Antonio. Este antecedente de conservadurismo religioso ha dejado marcas indelebles en la tradición literaria méxicoamericana de los Estados Unidos.

La otra gran ola de refugiados políticos es la que llegó cruzando el Atlántico: los liberales derrotados por el fascismo español. Las comunidades hispanas a lo largo de los Estados Unidos simpatizaron con la causa de estos refugiados; muchas eran las organizaciones cubanas, mexicanas y puertorriqueñas que hicieron campañas para juntar fondos para los republicanos durante la Guerra Civil Española. Los españoles expatriados establecieron rápidamente su propia prensa del exilio. Sus esfuerzos encontraron un suelo fértil en comunidades de la era de la Depresión, en las cuales se concentraba la organización social y sindical. Manhattan y Brooklyn eran centros hispanos de fervor antifascista y contribuyeron con títulos tales como *España Libre* (1939–1977), *España Nueva* (1923–1942), *España Republicana* (1931–1935), *Frente Popular* (1937–1939) y *La Liberación* (1946–1949). Además, muchas de las organizaciones socialistas hispanas, en las que los inmigrantes españoles eran prominentes, también publicaron periódicos que apoyaban la causa republicana: el periódico anarquista *Cultura Proletaria* (1919–1959), *El Obrero* (1931–1932) y *Vida Obrera* (1930–1932). Algunos de los escritores españoles más destacados se refugiaron en los Estados Unidos y en Puerto Rico durante la Guerra Civil y el régimen del dictador Francisco Franco: entre ellos, el novelista Ramón Sender y los poetas Jorge Guillén y Juan Ramón Jiménez, ganador del Premio Nobel mientras vivía en el exilio en Puerto Rico.

El enfoque de la protesta escrita se transformó durante el siglo veinte; su propósito ya no era apoyar las luchas de independencia sino atacar las dictaduras modernas y los regímenes autoritarios que se habían apropiado del poder en muchos de los países hispanoamericanos. Otro propósito era criticar las repetidas intervenciones de Estados Unidos en la política interna de las repúblicas hispanoamericanas, casi siempre a favor de los dictadores y sus regímenes represivos. El poeta que escribía con el seudónimo Lirón fue uno de los combatientes más provocadores en sus ataques contra Francisco Franco. Así mismo el salvadoreño Gustavo Solano, con el seudónimo de "El Conde Gris", consignó al dictador guatemalteco Manuel Estrada Cabrera al infierno en su obra *Sangre* (1919); antes de vivir exiliado por muchos años en los Estados Unidos, Solano fue encarcelado en México por sus actividades revolucionarias y se convirtió en *persona non grata* para casi todos los gobiernos centroamericanos debido a su lucha por lograr una América Central unida y democrática. Desde su lejana perspectiva en los Estados Unidos, otros escritores centroamericanos, como el nicaragüense Santiago Argüello, reavivaron la visión ignorada de Simón Bolívar de crear una América unida, no sólo para salvarla de las amenazas imperialistas de los Estados Unidos, sino también para integrar las culturas y economías de Centro y Suramérica. Los puertorriqueños Juan Antonio Corretjer y su esposa Consuelo Lee Tapia militaron por medio de su periódico *Pueblos Hispanos* y de sus escritos individuales a favor de la independencia de Puerto Rico de los Estados Unidos: la última lucha independentista hispanoamericana. Corretjer, después de servir una sentencia en una penitenciaría federal de Atlanta por sus actividades nacionalistas, se instaló en Nueva York luego de que las autoridades federales le prohibieran retornar a Puerto Rico. La administración militar de los Estados Unidos en la isla era mucho más represiva que las autoridades en Nueva York u otras ciudades del continente. Los disidentes puertorriqueños disfrutaban de mayor libertad de asociación y pasaban más desapercibidos al escribir en español y crear sus organizaciones en las comunidades hispanas de Nueva York, Tampa y Chicago, que bajo la severa vigilancia del gobierno colonial de la isla. Corretjer y Tapia se reconocían como líderes de los escritores puertorriqueños en Nueva York interesados en el retorno a una isla independiente, mientras que algunos de sus compatriotas, incluso los más radicales como Jesús Colón, quienes también escribían en *Pueblos Hispanos,* insistían en que los hispanos ya habían encontrado un hogar permanente en Nueva York.

Mientras Corretjer y Tapia condenaban al gobierno militar estadounidense en Puerto Rico, la periodista dominicana Carmita Landestoy desenmascaraba el régimen del dictador Rafael Trujillo, un régimen apoyado por los mismos Estados Unidos que habían mantenido un gobierno militar en la República Dominicana durante una buena parte del siglo veinte. Por lo tanto, la situación irónica de los escritores caribeños y centroamericanos era la de encontrarse exiliados en el vientre de la bestia a la que acusaban de causar muchos de los males económicos y políticos que padecían sus tierras.

A lo largo del siglo veinte los refugiados políticos han contribuido en gran medida a la cultura de inmigración hispana en los Estados Unidos. La Revolución Cubana y la Guerra Fría articulada por medio de las guerras civiles en Centroamérica y Chile produjeron una gran cantidad de refugiados políticos que continúa hasta el presente, y los gobiernos dictatoriales en estos países y en Argentina se convirtieron en temas de la literatura del exilio hispano. A principios de 1959, una nueva ola de refugiados de la Revolución Cubana estableció una prensa de exilio de amplio alcance. Chilenos, salvadoreños, nicaragüenses y otros expatriados hispanoamericanos han contribuido también a la literatura del exilio. Algo relativamente nuevo de esta última literatura del exilio es que muchos de sus textos se llegaron a traducir al inglés, y la obra de escritores liberales, como los argentinos Luisa Valenzuela, Manuel Puig y Jacobo Timmerman, los chilenos Emma Sepúlveda y Ariel Dorfman, el salvadoreño Mario Bencastro, entre otros, se publicaron junto a las voces más conservadoras del exilio cubano, como las de Heberto Padilla y Reinaldo Arenas. Mientras que la población hispana de los Estados Unidos siga creciendo —se estima que hacia 2050 representará un cuarto de la población total— y se integre más la economía de los Estados Unidos con aquellas que están al sur de la frontera a través de tratados como el Tratado Norteamericano de Libre Comercio, la cultura estadounidense inevitablemente estará más directamente ligada con la política interna de los países hispanoamericanos. En el futuro previsible la cultura hispana del exilio continuará siendo parte de la cultura de los Estados Unidos; Estados Unidos seguirá siendo el lugar preferido desde donde los refugiados políticos puedan utilizar la prensa y los medios electrónicos de comunicación para expresar su oposición a los gobiernos de sus tierras natales. En años recientes hemos visto el ascenso de la literatura del exilio hispano en las listas de *best sellers* y en el cine, como en el caso de obras de Reinaldo Arenas y Manuel Puig.

En conclusión, los refugiados políticos hispanos han dejado una marca indeleble en el carácter y la filosofía de las comunidades hispanas en los Estados Unidos mediante sus periódicos y su liderazgo en organizaciones comunitarias e iglesias. Sus perspectivas históricas sobreviven hoy en la cultura hispana, sin importar mucho si algunos refugiados en particular han regresado o no a su tierra natal. Muchos de los que se han quedado aquí, así como sus hijos, se han casado con otros hispanos nativos e inmigrantes; muchos de éstos, al pasar el tiempo, han pasado a ser parte de la gran comunidad que hoy se reconoce como una minoría étnica nacional.

fronteras

En los párrafos que preceden ha quedado demostrado que la literatura hispana de los Estados Unidos es de naturaleza transnacional, que emerge y permanece íntimamente relacionada con el cruce de fronteras políticas, geográficas, lingüísticas, culturales y raciales. El pueblo hispano en los Estados Unidos ha resultado de la expansión de las fronteras de Estados Unidos por medio de conquista y adquisición de territorio y por medio de la importación de mano de obra del mundo hispano, un mundo que no sólo ha existido en las fronteras inmediatas de los Estados Unidos sino dentro de sus fronteras. En los Estados Unidos, la cultura hispana existe sin solución de continuidad con el mundo hispano en general; a través de las relaciones familiares, los lazos étnicos, los viajes y las comunicaciones, la gente hispana de los Estados Unidos jamás ha disuelto o sentido la necesidad de disolver sus lazos con el resto del mundo hispano. Por lo tanto, los hispanos de los Estados Unidos han transformado la cultura del país, contribuyendo a su desarrollo y creando sus propios patrones culturales, los que en su momento han influido también al resto del mundo hispano por medio de sus viajes y comunicaciones.

El paradigma de cultura literaria nativa, inmigrante y de exilio que señalamos implica una dinámica: permite la entrada, el flujo y el reflujo de nuevas ideas y perspectivas en la cultura hispana de Estados Unidos y el cambio constante en esta cultura de una generación a otra. Permite las entradas y salidas de hispanos de los Estados Unidos y el desarrollo de distintas posturas culturales, preferencia de lenguas y la construcción de identidades individuales, como las de María Amparo Ruiz de Burton, Jesús Colón, Américo Paredes, Dolores Prida y muchos más, quienes en un momento se vieron como inmigrantes o exiliados, y en otro, como ciudadanos naturalizados o nativos que se identificaban claramente con la larga historia de la cultura hispana en los Estados Unidos. Dado que la inmigración y el exilio forman una gran parte de la vida diaria de la comunidad hispana en los Estados Unidos y prometen mantenerse así por un largo tiempo, la naturaleza transnacional y sin fronteras de la cultura hispana en los Estados Unidos será cada vez más obvia. Mientras tanto, la prensa y la literatura también seguirán cimentando la relación entre los latinos de los Estados Unidos y del resto del mundo hispanoparlante. Las tres redes televisivas de los Estados Unidos en español llegan por satélite a todo el hemisferio; los libros y las revistas en español se distribuyen ampliamente; unos cuarenta años de educación bilingüe en los Estados Unidos, a menudo impartida por maestros inmigrantes, han solidificado los lazos culturales con los países cercanos de habla hispana; movimientos hacia la integración económica de las Américas a través de acuerdos como NAFTA consolidarán la interdependencia de los países americanos y de las poblaciones hispanoparlantes; los viajes aéreos son más accesibles y baratos para toda la población y continuarán contribuyendo a una América sin fronteras.

Entre los escritores que han identificado la naturaleza transnacional y sin fronteras de la cultura latina se encuentran los visionarios Luis Rafael Sánchez y Guillermo Gómez Peña. Sánchez eligió "La guagua aérea" ("guagua" es avión en dialecto puertorriqueño) como símbolo de la cultura puertorriqueña, respondiendo a las circunstancias culturales de los puertorriqueños al ser definidos por su estatus colonial en la isla y su ciudadanía en el continente, y también respondiendo a la tercera parte de la población que vive en el continente y al alto número en la isla que en algún momento vivió en el continente. "La guagua aérea" es un símbolo patente del estatus migratorio y de la cultura engendrada bajo esas condiciones; proclama la desaparición de fronteras y la fluidez intercultural sin abandonar el concepto de etnicidad puertorriqueña, para insistir en su dinamismo, su capacidad de evolucionar e incorporarse y, sobre todo, de sobrevivir. Gómez Peña, escritor y actor, capta el dinamismo cultural de las fronteras —hibridez, fluidez, sincretismo y síntesis— que dentro de poco se convertirá en el estilo dominante de comunicación, no sólo en los Estados Unidos e Hispanoamérica sino en todo el mundo. La verdadera pos-modernidad para los Estados Unidos y gran parte del mundo —aquí debemos considerar a la Unión Europea— traerá la eliminación de fronteras y la desaparición de sistemas políticos y económicos separados, más integración de las lenguas y formas culturales y más mezclas raciales. En efecto, ésta puede ser la lección principal de la literatura hispana en Estados Unidos.

Acerca de la antología

La antología histórica de la literatura hispana escrita en español en los Estados Unidos es el resultado de diez años de colaboración entre profesores y estudiantes graduados en universidades de los Estados Unidos, Cuba, México y Puerto Rico que han contribuido al Proyecto de Recuperación de la Literatura Hispana en los Estados Unidos, un proyecto de investigación y preservación cuya meta es hacer accesible la literatura creada por hispanos en todas las regiones que llegaron a ser parte de los Estados Unidos, desde el período colonial hasta 1960. Esta antología surgió de un esfuerzo de compilar una bibliografía de todas las obras escritas y publicadas (unos 18,000 registros hasta la fecha); localizar, preservar, hacer índices y digitalizar partes de todos los periódicos publicados por hispanos (unos 1,700 localizados hasta el momento); examinar, hacer índices y crear el acceso a importantes archivos que contienen materiales hispanos; subvencionar los proyectos de investigadores y estudiosos de las obras perdidas u olvidadas por mucho tiempo; auspiciar conferencias bianuales. Nuestro equipo editorial tuvo acceso a miles de textos y fue posible estudiar y seleccionar algunos de los más notables y representativos en esta edición inicial de la primera compilación histórica de la literatura hispana de los Estados Unidos. Así es que nuestra antología es el producto de la tarea asidua de centenares de investigadores que han colaborado con el proyecto de recuperación, han contribuido con textos y encabezamientos para las selecciones mismas, además de contribuir al fondo histórico y las perspectivas críticas que se reflejan en esta introducción. Esta antología, pues, es fruto del esfuerzo colectivo de investigadores y profesores que han creado una nueva subdisciplina en los estudios de la Literatura "Americana" y la Literatura Hispana. Para hacer el material más accesible e inteligible para el lector general y los estudiantes, el trabajo fue organizado para responder a los tres procesos culturales que han dado forma a la vida hispana en los Estados Unidos: el exilio, la inmigración y el desarrollo de una cultura nativa en los Estados Unidos. Las obras agrupadas en estas categorías están ordenadas en un patrón cronológico flexible que permite resaltar los subtemas citados en nuestro Índice de temas (ver nuestro portal: Latinoteca.com).

En otra voz: Antología de la literatura hispana de los Estados Unidos es la única antología creada sobre la base sólida de la investigación histórica realizada por muchos investigadores por un largo período de tiempo en un esfuerzo por identificar y diseminar los textos hispanos más auténticos. Más del sesenta por ciento de los documentos escritos antes de 1960, e incluidos en esta antología, no han sido publicados anteriormente en otras antologías ni han sido accesibles a estudiantes, investigadores o al público en general.

El trabajo del Proyecto de Recuperación de la Literatura Hispana de los Estados Unidos, sin embargo, no ha concluido. Aún hay miles de documentos que han desaparecido, o al menos no se ha tenido acceso a ellos debido a los estragos del tiempo, la negligencia o la falta de fondos para la investigación. El proyecto ha estimado que alrededor de quinientos periódicos publicados por hispanos antes de 1960 siguen desaparecidos; es decir, no se ha recuperado ni una página de estos periódicos. Gran parte del legado está contenido en libros que fueron impresos en papel ácido, pero muchos de los depositarios en las universidades y otras instituciones no han identificado estos libros como tesoros raros ni siquiera como pertenecientes a la herencia cultural de los Estados Unidos. Por lo tanto, no han sido seleccionados para detener el proceso de deterioro o para someterlos a microfilmación o permitir su circulación limitada en colecciones especiales. Además, son pocos los críticos literarios o historiadores capacitados para investigar y evaluar críticamente este material, y mucho menos incorporarlo a un programa de enseñanza en todos los niveles. ¡Estamos hablando de una parte sustancial de la herencia histórica y cultural de los Estados Unidos que queda fuera de los contextos institucionales que hoy, se supone, deben servir sin ningún obstáculo a las poblaciones multiculturales en los Estados Unidos! Así es que esta antología representa, además de todos los otros propósitos expuestos, un llamado a la acción dirigido a los estudiosos y a las instituciones culturales para preservar, hacer accesible e incorporar este material en sus representaciones de la identidad cultural americana.

Quien lea atentamente las selecciones de esta antología, inmediatamente comprenderá que no sólo representa una colección de expresiones estrictamente "literarias", sino que es también un conjunto de documentos que contribuyeron a la construcción del legado histórico de los hispanos en los Estados Unidos. Los compiladores han ido más allá de una simple muestra de obras de poetas, novelistas y dramaturgos para examinar las variadas expresiones de periodistas, políticos y dirigentes sindicales, como también las de la gente común a través de su folclor y testimonio, con el fin de componer una visión amplia de cómo los hispanos han usado la palabra para definirse a sí mismos y avanzar su cultura dentro del marco conceptual y político de los Estados Unidos. La premisa de los estudiosos que colaboran en la recuperación ha sido ésta: la literatura de un pueblo trasciende no sólo las clases sociales y las barreras educativas sino también los límites del alfabetismo. En efecto, la cultura y la identidad de un pueblo se generan y se expresan en todos los niveles de la sociedad en un amplio espectro de géneros y para distintos públicos. Aquí, entonces, está la herencia literaria hispana de los Estados Unidos ampliamente definida por los mismos hispanos, desde los obreros hasta los intelectuales.

Esta antología y el resto del trabajo conducido por el Proyecto de Recuperación de la Literatura Hispana en los Estados Unidos no podrían realizarse sin la confianza y el generoso compromiso financiero de la Fundación Rockefeller. Si bien la Fundación Rockefeller financió el núcleo del trabajo conducido a nivel nacional en el centro del programa en la Universidad de Houston, otras fundaciones subvencionaron proyectos específicos durante el curso de la investigación que contribuyó a hacer la antología: Fundación Andrew Mellon, Fundación Meadows, Fundación Ford, Fundación AT&T, Fundación A.H. Belo, Fundación Summerlee, Fondo Nacional para las Artes, Departamento del Interior y Fondo Nacional para las Humanidades. El editor, los co-editores, los coordinadores y los estudiosos afiliados reconocemos nuestra profunda deuda con estas instituciones por el maravilloso apoyo que han dado a nuestros esfuerzos.

Nicolás Kanellos
Editor General
University of Houston

Obras citadas

Fornet, Ambrosio. *El libro en Cuba*. La Habana: Editorial Letras Cubanas, 1994.

Gómez-Quiñones, Juan. *Roots of Chicano Politics, 1600–1940*. Albuquerque: University of New Mexico Press, 1994.

Kanellos, Nicolás y Helvetia Martell. *Hispanic Periodicals in the United States, Origins to 1960: A Brief History and Comprehensive Bibliography.* Houston: Arte Público Press, 2000.

Meléndez, Gabriel. *So All Is Not Lost: The Poetics of Print in Nuevo Mexicano Communities*. Albuquerque: University of New Mexico Press, 1997.

Meyer, Doris. *Speaking for Themselves: Neo-Mexicano Cultural Identity and the Spanish-Language Press, 1880–1920*. Albuquerque: University of New Mexico Press, 1996.

Park, Robert E. *The Immigrant Press and Its Control*. New York: Harper & Brothers, 1992.

Literatura de la exploración y de la colonización

Álvar Núñez Cabeza de Vaca (1490–1564?)

La relación (fragmento)

Durante el proceso español de exploración y conquista del hemisferio occidental, la crónica, un género tradicional en la literatura española, continuó siendo escrita por los participantes de esta empresa. Muchos de estos hombres no eran ni estudiosos eruditos ni tenían intereses estéticos en mente; sin embargo, sus crónicas están llenas de poder creativo así como de valiosa información. Entre esos hombres figura Álvar Núñez Cabeza de Vaca, el primer europeo en atravesar —a pie— una gran porción del territorio recién descubierto en América del Norte. Su viaje (1528–1536) entre penalidades e infortunios es uno de los más interesantes en la historia del Nuevo Mundo. Un producto de esta odisea fue *La relación*. Publicada en Zamora, España en 1542, *La relación* es uno de los primeros informes de las exploraciones españolas en América del Norte, y un documento de inestimable valor para los estudiosos de historia y literatura, etnógrafos, antropólogos y el lector en general. Contiene muchas de las primeras descripciones de ese territorio y de sus habitantes. Además, es una de las primeras crónicas españolas que hace un llamado a la compasión y a la tolerancia hacia los nativos del hemisferio occidental. Nacido en Jerez de la Frontera, España, en 1490, Cabeza de Vaca se distinguió como oficial en el ejército español. Nombrado tesorero real de la desafortunada expedición de Pánfilo de Narváez a la Florida en 1528, Cabeza de Vaca fue uno de los cuatro sobrevivientes. Finalmente, después de ocho años de vagar como esclavos y curanderos, pudieron llegar a México. Después de su regreso a España en 1537, fue nombrado gobernador y capitán general de la provincia sudamericana de El Río de la Plata en 1540. Conocido por sus consideraciones humanas y su política liberal hacia los nativos, Cabeza de Vaca fue derrocado por sus súbditos y mandado a España encadenado. Liberado de sus cargos, fue nombrado Jefe del Tribunal de Justicia de Sevilla. Se cree que murió en 1564. La selección tomada del capítulo séptimo de su narrativa ofrece la primera descripción que se hace en una carta en español de la flora y fauna de la Florida. El capítulo doce narra, de forma poderosa y conmovedora, la difícil situación del español después de haberse salvado del naufragio frente a la costa de la isla de Galveston. La selección del capítulo quince nos ofrece una interesante relación de cómo los sobrevivientes se convirtieron en curanderos. (JBF)

Lecturas: Álvar Núñez Cabeza de Vaca. *The Account.* Trad. Martín A. Favata y José B. Fernández. Houston: Arte Público Press, 1993.

pítulo VII: De la manera que es la tierra

La tierra, por la mayor parte, desde donde desembarcamos hasta este pueblo y tierra de Apalache, es llana; el suelo, de arena y tierra firme; por toda ella hay muy grandes árboles y montes claros, donde hay nogales y laureles, y otros que se llaman liquidámbares, cedros, sabinas y encinas y pinos y robles palmitos bajos, de la manera de los de Castilla.

Por toda ella hay muchas lagunas, grandes y pequeñas, algunas muy trabajosas de pasar, parte por la mucha hondura, parte por tantos árboles como por ellas están caídos. El suelo de ellas es arena, y las que en la comarca de Apalache hallamos son muy mayores que las de hasta allí. Hay en esta provincia muchos maizales, y las casas están tan esparcidas por el campo, de la manera que están las de los Gelves. Los animales que en ellas vimos son: venados de tres maneras, conejos y liebres, osos y leones, y otras salvajinas, entre los cuales vimos un animal que trae los hijos en una bolsa que en la barriga tiene; y todo el tiempo que son pequeños los trae allí, hasta que saben buscar de comer; y si acaso están fuera buscando de comer, y acude gente, la madre no huye hasta que los ha recogido en su bolsa.

Por allí la tierra es muy fría; tiene muy buenos pastos para ganados; hay aves de muchas maneras, ansares en gran cantidad, patos, ánades, patos reales, dorales y garzotas y garzas, perdices; vimos muchos halcones, neblíes, gavilanes, esmerejones y otras muchas aves.

Dos horas después que llegamos a Apalache, los indios que de allí habían huido vinieron a nosotros de paz, pidiéndonos a sus mujeres y hijos, y nosotros se los dimos, salvo que el Gobernador detuvo un cacique de ellos consigo, que fue causa por donde ellos fueron escandalizados; y luego otro día volvieron de guerra, y con tanto denuedo y presteza nos acometieron, que llegaron a nos poner fuego a las casas en que estábamos; mas como salimos, huyeron, y acogiéronse a las lagunas, que tenían muy cerca; y por esto, y por los grandes maizales que había, no les podimos hacer daño, salvo a uno que matamos.

Otro día siguiente, otros indios de otro pueblo que estaba de la otra parte vinieron a nosotros y acometiéronnos de la misma arte que los primeros, y de la misma manera se escaparon, y también murió uno de ellos.

Estuvimos en este pueblo veinte y cinco días, en que hicimos tres entradas por la tierra, y hallámosla muy pobre de gente y muy mala de andar, por los malos pasos y montes y lagunas que tenía.

Preguntamos al cacique que les habíamos detenido, y a los otros indios que traíamos con nosotros, que eran vecinos y enemigos de ellos, por la manera y población de la tierra, y la calidad de la gente, y por los bastimentos y todas las otras cosas de ella. Respondiéronnos cada uno por sí, que el mayor pueblo de toda aquella tierra era aquel Apalache, y que adelante había menos gente y muy más pobre que ellos, y que la tierra era mal poblada y los moradores de ella muy repartidos; y que yendo adelante, había grandes lagunas y espesura de montes y grandes desiertos y despoblados. Preguntámosles luego por la tierra que estaba hacia el Sur, qué pueblos y mantenimientos tenía. Dijeron que por aquella vía, yendo a la mar nueve jornadas, había un pueblo que llamaban Aute, y los indios de él tenían mucho maíz, y que tenían frísoles y calabazas, y que por estar tan cerca de la mar alcanzaban pescados, y que éstos eran amigos suyos.

Nosotros, vista la pobreza de la tierra, y las malas nuevas que de la población y de todo lo demás nos daban, y como los indios nos hacían continua guerra hiriéndonos la gente y los caballos en los lugares donde íbamos a tomar agua, y esto desde las lagunas, y tan a salvo, que no los podíamos ofender, porque metidos en ellas nos flechaban, y mataron un señor de Tezcuco que se llamaba don Pedro, que el comisario llevaba consigo, acordamos de partir de allí, y ir a buscar la mar y aquel pueblo de Aute que nos habían dicho; y así, nos partimos a cabo de veinte y cinco días que allí habíamos llegado.

El primero día pasamos aquellas lagunas y pasos sin ver indio ninguno; mas al segundo día llegamos a una laguna de muy mal paso, porque daba el agua a los pechos y había en ella muchos árboles caídos. Ya que estábamos en medio de ella nos acometieron muchos indios que estaban abscondidos detrás de los árboles porque no los viésemos; otros estaban sobre los caídos, y comenzáronnos a flechar de manera que nos hirieron muchos hombres y caballos, y nos tomaron la guía que llevábamos, antes que de la laguna saliésemos, y después de salidos de ella, nos tornaron a seguir, queriéndonos estorbar el paso; de manera que no nos aprovechaba salirnos afuera ni hacernos más fuertes y querer pelear con ellos, que se metían luego en la laguna, y desde allí nos herían la gente y caballos.

Visto esto, el Gobernador mandó a los de caballo que se apeasen y les acometiesen a pie. El contador se apeó con ellos, y así los acometieron, y todos entraron a vueltas en una laguna, y así les ganamos el paso. En esta revuelta hubo algunos de los nuestros heridos, que no les valieron buenas armas que llevaban; y hubo hombres este día que juraron que habían visto dos robles, cada uno de ellos tan grueso como la pierna por bajo, pasados de parte a parte de las flechas de los indios; y esto no es tanto de maravillar, vista la fuerza y maña con que las echan; porque yo mismo vi una flecha en un pie de un álamo, que entraba por él un jeme.

Cuantos indios vimos desde La Florida aquí, todos son flecheros; y como son tan crescidos de cuerpo y andan desnudos, desde lejos parescen gigantes. Es gente a maravilla bien dispuesta, muy enjutos y de muy grandes fuerzas y ligereza. Los arcos que usan son gruesos como el brazo, de once o doce palmos de largo, que flechan a doscientos pasos con tan gran tiento, que ninguna cosa yerran.

Pasados que fuimos de este paso, de ahí a una legua llegamos a otro de la misma manera, salvo que por ser tan larga, que duraba media legua, era muy peor: éste pasamos libremente y sin estorbo de indios; que, como habían gastado en el primero toda la munición que de flechas tenían, no quedó con que osarnos acometer.

Otro día siguiente, pasando otro semejante paso, yo hallé rastro de gente que iba delante, y di aviso de ello al Gobernador, que venía en la retaguarda; y ansí, aunque los indios salieron a nosotros, como íbamos apercibidos, no nos pudieron ofender; y salidos a lo llano, fuéronnos todavía siguiendo; volvimos a ellos por dos partes, y matámosles dos indios, y hiriéronme a mí y dos o tres cristianos; y por acogérsenos al monte no les podimos hacer más mal ni daño.

De esta suerte caminamos ocho días, y desde este paso que he contado no salieron más indios a nosotros hasta una legua adelante, que es lugar donde he dicho que íbamos. Allí, yendo nosotros por nuestro camino, salieron indios, y sin ser sentidos, dieron en la retaguarda, y a los gritos que dio un muchacho de un hidalgo de los que allí iban, que se llamaba Avellaneda, el Avellaneda volvió, y fue a socorrerlos, y los indios le acertaron con una flecha por el canto de las corazas, y fue tal la herida, que pasó casi toda la flecha por el pescuezo, y luego allí murió y lo llevamos hasta Aute.

En nueve días de camino, desde Apalache hasta allí, llegamos. Y cuando fuimos llegados, hallamos toda la gente de él, ida, y las casas quemadas, y mucho maíz y calabazas y frísoles, que ya todo estaba para empezarse a coger.

Descansamos allí dos días, y éstos pasados, el Gobernador me rogó que fuese a descubrir la mar, pues los indios decían que estaba tan cerca de allí; ya en este camino la habíamos descubierto por un río muy grande que en él hallamos, a quien habíamos puesto por nombre el río de la Magdalena.

Visto esto, otro día siguiente yo me partí a descubrirla, juntamente con el comisario y el capitán Castillo y Andrés Dorantes y otros siete de caballo y cincuenta peones, y caminamos hasta hora de vísperas, que llegamos a un ancón o entrada de la mar, donde hallamos muchos ostiones, con que la gente holgó; y dimos muchas gracias a Dios por habernos traído allí.

Otro día de mañana envié veinte hombres a que conosciesen la costa y mirasen la disposición de ella, los cuales volvieron otro día en la noche, diciendo que aquellos ancones y bahías eran muy grandes y entraban tanto por la tierra adentro, que estorbaban mucho para descubrir lo que queríamos, y que la costa estaba muy lejos de allí.

Sabidas estas nuevas, y vista la mala disposición y aparejo que para descubrir la costa por allí había, yo me volví al Gobernador, y cuando llegamos hallámosle enfermo con otros muchos, y la noche pasada los indios habían dado en ellos y puéstolos en grandísimo trabajo, por la razón de la enfermedad que les había sobrevenido; también les habían muerto un caballo. Yo di cuenta de lo que había hecho y de la mala disposición de la tierra. Aquel día nos detuvimos allí.

Capítulo XII: Cómo los indios nos trujeron de comer

Otro día, saliendo el Sol, que era la hora que los indios nos habían dicho, vinieron a nosotros, como lo habían prometido, y nos trajeron mucho pescado y de unas raíces que ellos comen, y son como nueces, algunas mayores o menores; la mayor parte de ellas se sacan de bajo del agua y con mucho trabajo. A la tarde volvieron y nos trajeron más pescado y de las mismas raíces, y hicieron venir sus mujeres y hijos para que nos viesen, y ansí, se volvieron ricos de cascabeles y cuentas que les dimos, y otros días nos tornaron a visitar con lo mismo que estotras veces.

Como nosotros víamos que estábamos proveídos de pescado y de raíces y de agua y de las otras cosas que pedimos, acordamos de tornarnos a embarcar y seguir nuestro camino, y desenterramos la barca de la arena en que estaba metida, y fue menester que nos desnudásemos todos y pasásemos gran trabajo para echarla al agua, porque nosotros estabamos tales, que otras cosas muy más livianas bastaban para ponernos en él; y así embarcados, a dos tiros de ballesta dentro en la mar, nos dio tal golpe de agua que nos mojó a todos; y como íbamos desnudos y el frío que hacía era muy grande, soltamos los remos de las manos, y a otro golpe que la mar nos dio, trastornó la barca; el veedor y otros dos se asieron de ella para escaparse; mas sucedió muy al revés, que la barca los tomó debajo y se ahogaron.

Como la costa es muy brava, el mar, de un tumbo, echó a todos los otros, envueltos en las olas y medio ahogados, en la costa de la misma isla, sin que faltasen más de los tres que la barca había tomado debajo. Los que quedamos escapados, desnudos como nascimos y perdido todo lo que traíamos, y aunque todo valía poco, para entonces valía mucho. Y como entonces era por noviembre, y el frío muy grande, y nosotros tales que con poca dificultad nos podían contar los huesos, estábamos hechos propria figura de la muerte. De mí sé decir que desde el mes de mayo pasado yo no había comido otra cosa sino maíz tostado, y algunas veces me vi en necesidad de comerlo crudo; porque aunque se mataron los caballos entretanto que las barcas se hacían, yo nunca pude comer de ellos, y no fueron diez veces las que comí pescado. Esto digo por excusar razones, porque pueda cada uno ver qué tales estaríamos.

Y sobre todo lo dicho había sobrevenido viento Norte, de suerte que más estábamos cerca de la muerte que de la vida. Plugo a nuestro Señor que, buscando los tizones del fuego que allí habíamos hecho, hallamos lumbre, con que hicimos grandes fuegos; y ansí, estuvimos pidiendo a Nuestro Señor misericordia y perdón de nuestros pecados, derramando muchas lágrimas, habiendo cada uno lástima, no sólo de sí, mas de todos los otros, que en el mismo estado van. Y a hora de puesto el Sol, los indios, creyendo que no nos habíamos ido, nos volvieron a buscar y a traernos de comer; mas cuando ellos nos vieron ansí en tan diferente hábito del primero y en manera tan extraña, espantáronse tanto que se volvieron atrás. Yo salí a ellos y llamélos, y vinieron muy espantados; hícelos entender por señas cómo se nos había hundido una barca y se habían ahogado tres de nosotros, y allí en su presencia ellos mismos vieron dos muertos, y los que quedábamos íbamos aquel camino.

Los indios, de ver el desastre que nos había venido y el desastre en que estábamos, con tanta desventura y miseria, se sentaron entre nosotros, y con el gran dolor y lástima que hobieron de vernos en tanta fortuna, comenzaron todos a llorar recio, y tan de verdad, que lejos de allí se podía oír, y esto les duro más de media hora; y cierto ver que estos hombres tan sin razón y tan crudos, a manera de brutos, se dolían tanto de nosotros, hizo que en mí y en otros de la compañía cresciese más la pasión y la consideración de nuestra desdicha.

Sosegado ya este llanto, yo pregunté a los cristianos, y dije que, si a ellos parescía, rogaría a aquellos indios que nos llevasen a sus casas; y algunos de ellos que habían estado en la Nueva España respondieron que no se debía hablar en ello, porque si a sus casas nos llevaban, nos sacrificarían a sus ídolos; mas, visto que otro remedio no había, y que por cualquier otro camino estaba más cerca y más cierta la muerte, no curé de lo que decían, antes rogué a los indios que nos llevasen a sus casas, y ellos mostraron que habían gran placer de ello, y que esperásemos un poco, que ellos harían lo que queríamos; y luego treinta de ellos se cargaron de leña, y se fueron a sus casas, que estaban lejos de allí, y quedamos con los otros hasta cerca de la noche, que nos tomaron, y llevándonos asidos y con mucha priesa, fuimos a sus casas; y por el gran frío que hacía, y temiendo que en el camino alguno no muriese o desmayase, proveyeron que hobiese cuatro o cinco fuegos muy grandes puestos a trechos, y en cada uno de ellos nos calentaban; y desque veían que habíamos tomado alguna fuerza y calor, nos llevaban hasta el otro tan apriesa, que casi los pies no nos dejaban poner en el suelo; y de esta manera fuimos hasta sus casas, donde hallamos que tenían hecha una casa para nosotros, y muchos fuegos en ella; y desde a un hora que habíamos llegado, comenzaron a bailar y hacer grande fiesta, que duró toda la noche, aunque para nosotros no había placer, fiesta, ni sueño, esperando cuándo nos habían de sacrificar; y la mañana nos tornaron a dar pescado y raíces, y hacer tan buen tratamiento, que nos aseguramos algo y perdimos algo el miedo del sacrificio.

Capítulo XV: De lo que nos acaesció en la isla de mal hado

En aquella isla que he contado nos quisieron hacer físicos sin examinarnos ni pedirnos los títulos, porque ellos curan las enfermedades soplando al enfermo, y con aquel soplo y las manos echan de él la enfermedad, y mandáronnos que hiciésemos lo mismo y sirviésemos en algo; nosotros nos reíamos de ello, diciendo que era burla y que no sabíamos curar; y por esto nos quitaban la comida hasta que hiciésemos lo que nos decían. Y viendo nuestra porfía, un indio me dijo a mí que yo no sabía lo que decía en decir que no aprovecharía nada aquello que él sabía, ca las piedras y otras cosas que se crían por los campos tienen virtud; y que él con una piedra caliente, trayéndola por el estómago, sanaba y quitaba el dolor, y que nosotros, que éramos hombres, cierto era que teníamos mayor virtud y poder. En fin, nos vimos en tanta necesidad, que lo hobimos de hacer, sin temer que nadie nos llevase por ello la pena.

La manera que ellos tienen en curarse es ésta: que en viéndose enfermos, llaman un médico, y después de curado, no sólo le dan todo lo que poseen, mas entre sus parientes buscan cosas para darle. Lo que el médico hace es dalle unas sajas adonde tiene el dolor, y chúpanles al derredor de ellas. Dan cauterios de fuego, que es cosa entre ellos tenida por muy provechosa, y yo lo he experimentado, y me suscedió bien de ello; y después de esto, soplan aquel lugar que les duele, y con esto creen ellos que se les quita el mal.

La manera con que nosotros curamos era santiguándolos y soplarlos, y rezar un *Pater Noster* y un *Ave María,* y rogar lo mejor que podíamos a Dios nuestro Señor que les diese salud, y espirase en ellos que nos hiciesen algún buen tratamiento. Quiso Dios nuestro Señor y su misericordia que todos aquéllos por quien suplicamos, luego que los santiguamos decían a los otros que estaban sanos y buenos; y por este respecto nos hacían buen tratamiento, y dejaban ellos de comer por dárnoslo a nosotros, y nos daban cueros y otras cosillas.

Fue tan extremada la hambre que allí se pasó, que muchas veces estuve tres días sin comer ninguna cosa, y ellos también lo estaban, y parescíame ser cosa imposible durar la vida, aunque en otras mayores hambres y necesidades me vi después, como adelante diré.

Los indios que tenían a Alonso del Castillo y Andrés Dorantes, y a los demás que habían quedado vivos, como eran de otra lengua y de otra parentela, se pasaron a otra parte de la Tierra Firme a comer ostiones, y allí estuvieron hasta el primer día del mes de abril, y luego volvieron a la isla, que estaba de allí hasta dos leguas por lo más ancho del agua, y la isla tiene media legua de través y cinco en largo.

Toda la gente de esta tierra anda desnuda; solas las mujeres traen de sus cuerpos algo cubierto con una lana que en los árboles se cría. Las mozas se cubren con unos cueros de venados. Es gente muy partida de lo que tienen unos con otros. No hay entre ellos señor. Todos los que son de un linaje andan juntos. Habitan en ella dos maneras de lenguas: a los unos llaman de Capoques, y a los otros de Han; tienen por costumbre cuando se conoscen y

de tiempo a tiempo se ven, primero que se hablen, estar media hora llorando, y acabado esto, aquél que es visitado se levanta primero y da al otro cuanto posee, y el otro lo rescibe, y de ahí a un poco se va con ello, y aún algunas veces, después de rescebido, se van sin que hablen palabra.

Otras extrañas costumbres tienen; mas yo he contado las más principales y
más señaladas por pasar adelante y contar lo que más nos suscedió.

Fray Marcos de Niza (1495–1558)

Descubrimiento de las siete ciudades de Cíbola (fragmento)

Se sabe muy poco sobre los primeros años de Fray Marcos de Niza, excepto que
nació en Italia y se unió a las fuerzas misioneras españolas que llegaron al
Nuevo Mundo en 1531. Empezó su labor como misionero en Guatemala y Perú,
donde aprendió el español antes de llegar al Virreinato de la Nueva España
(México). Era un cartógrafo altamente calificado, lo que llamó la atención del
obispo de la Nueva España, quien le pidió embarcarse en una expedición para
explorar y cartografiar los territorios del norte de la Nueva España. En 1538, Fray
Marcos salió de la ciudad de México con un grupo de soldados y otros empleados entre los que se incluía a Esteban (popularmente conocido como Estevani-
co, el moro que acompañó a Cabeza de Vaca en su viaje anterior a través del
suroeste). Fray Marcos eligió a Esteban como guía oficial de la expedición
debido a su conocimiento del territorio que iba a ser explorado. Como es evidente en la siguiente selección, Fray Marcos se interesó cada vez más —quizá
llegó a obsesionarse— en el proyecto de encontrar las fabulosas siete ciudades
de Cíbola cuando diferentes tribus de nativos del norte le dieron información
supuestamente confiable sobre el lugar donde se encontraban y su riqueza. El
recuento que Esteban hace de sus impresiones sobre una de las ciudades estimuló la curiosidad de Fray Marcos y su creencia de que seguía el camino correcto. Finalmente, Fray Marcos llegó a convencerse de haber visto una de las
ciudades de la cual da una adornada descripción. Más tarde exploradores e historiadores llegaron a la conclusión de que había transformado en su imaginación
una simple aldea de los indios zuni en una espléndida ciudad. (ChT)

Lecturas: Fray Marcos de Niza. *Discovery of the Seven Cities of Cíbola*. Albuquerque: El Palacio Press, 1926.

Antes de llegar al despoblado, topé con un pueblo fresco, de regadío, me
salió a recibir harta gente, hombres y mujeres, vestidos de algodón y algunos
cubiertos con cueros de vacas, que en general tienen por mejor vestidos que
el de algodón. Todos los de este pueblo andan *encaconados* con turquesas
que les cuelgan de las narices y orejas, y a ésta llaman *cacona;* entre los
cuales venía el Señor de este pueblo y dos hermanos suyos, muy bien vestidos de algodón, *encaconados* y con sendos collares de turquesas al pescue-

zo; y me trajeron mucha caza de venados, conejos y codornices y maíz y piñol, todo en mucha abundancia; y me ofrecieron muchas turquesas, cueros de vaca y jícaras muy lindas y otras cosas, de las que no tomé nada, porque así lo acostumbro a hacer después de entrar en la tierra donde no tenían noticia de nosotros. Y aquí tuve la misma relación que antes, de las siete ciudades y reinos y provincias, que arriba digo que tuve; yo llevaba vestido un hábito de paño pardo, que llaman de Saragoza, que me hizo traer Francisco Vázquez de Coronado, gobernador de la Nueva Galicia; y el Señor de este pueblo y otros indios tentaron el hábito con las manos y me dijeron que de aquello había mucho en Totonteac, y que lo traían vestido los naturales de allí, de lo cual yo me reí y dije que no sería sino de aquellas mantas de algodón que ellos traían; y me dijeron: "¿piensas que no sabemos que eso que tú traes y lo que nosotros traemos es diferente? Sabe que en Cíbola todas las casas están llenas de esta ropa que nosotros traemos más; mas en Totonteac hay unos animales pequeños, de los cuales quitan lo que se hace con esto que tú traes". Yo me admiré, porque no había oído tal cosa hasta que llegué aquí, y quíseme informar muy particularmente dello, y dixéronme que los animales son del tamaño de dos galgos de Castilla que llevaba Esteban; dicen que hay muchos en Totonteac; no pude atinar qué género de animales fuese.

Otro día entré en el despoblado, y donde había de ir a comer, hallé ranchos y comida bastante, junto a un arroyo, y a la noche hallé casas y así mismo comida, y así lo tuve cuatro días que me duró el despoblado. Al cabo de ellos, entré en un valle muy bien poblado de gente, donde en el primer pueblo salieron a mi encuentro muchos hombres y mujeres con comida; y todos traían muchas turquesas que les colgaban de las narices y de las orejas, y algunos traían collares de turquesas, de las que digo que traían el Señor y sus hermanos, del pueblo antes del despoblado, excepto que aquéllos traían sola una vuelta, y éstos traían tres y cuatro, y muy buenas mantas y cueros de vaca; y las mujeres las mismas turquesas en las narices y orejas, y muy buenas naguas y camisas. Aquí había tanta noticia de Cíbola, como en la Nueva España, de México y en el Perú, del Cuzco; y tan particularmente contaban la manera de las casas y de la población y calles y plazas de ella, como personas que habían estado en ella muchas veces y que traían de allá las cosas de policía que tenían habidas por su servicio, como los de atrás. Yo les decía que no era posible que las casas fuesen de la manera que me decían, y para dármelo a entender tomaban tierra y ceniza, y le echaban agua, y me señalaban como ponían la piedra y como subían el edificio arriba, poniendo aquello y piedra hasta ponerlo en lo alto; les preguntaba a los hombres de aquella tierra si tenían alas para subir aquellos sobrados; se reían y me señalaban la escalera, también cómo la podría yo señalar, y tomaban un palo y lo ponían sobre la cabeza y decían que aquella altura hay de sobrado a sobrado. También tuve aquí relación del paño de lana de Totonteac, donde dicen que las casas son como las de Cíbola y mejores y muchas más, y que es cosa muy grande y que no tiene cabo. Aquí supe que la costa se vuelve al Poniente, muy de recio, porque hasta la entrada de este primer despoblado que pasé, siempre la costa se venía metiendo al Norte; y como cosa que importa mucho volver la costa, lo quise saber, y así fui en demanda de ella y vi claramente que, en los treinta y cinco grados, vuelve al Oeste, de que no menos alegría tuve que de la buena nueva de la tierra y así me volví a proseguir mi camino, y fui por aquel valle cinco días, el cual es tan poblado de gente lúcida y tan abastado de comida, que basta para dar de comer en él a más de trescientos de caballos, se riega todo y es como un vergel, están los barrios a media legua y a cada cuarto de legua, y en cada pueblo de estos hallaba muy larga relación de Cíbola, y tan particularmente me contaban de ella, como gente que cada año van allí a ganar su vida. Aquí hallé un hombre, natural de Cíbola, el cual dijo haberse venido de la persona que el Señor tiene allí en Cíbola puesta, por aquel Señor destas siete ciudades vive y tiene su asiento en la una dellas, que se llama Ahacus, y en las otras tiene puestas personas que mandan por él. Este vecino de Cíbola es hombre de buena disposición, algo viejo y de mucha más razón que los naturales de este valle y que los de atrás; me dijo que se quería ir conmigo para que yo le alcanzase perdón. Informeme particularmente de él, y me dijo que Cíbola es una gran ciudad, en que hay mucha gente y calles y plazas, y que en algunas partes de la ciudad hay unas casas muy grandes, que tienen a diez sobrados, y que en éstas se juntan los principales ciertos días del año; dicen que las casas son de piedra y de cal, por la manera que lo dijeron los de atrás, y que las portadas y delanteras de las casas principales son de turquesas; me dijo que, de la manera de esta ciudad, son las otras siete, y algunas mayores, y que la más principal dellas es Ahacus; dice que a la parte del Sureste, hay un reino, que se llama Marata, en que solía haber muchas y muy grandes poblaciones, y que todas tienen estas casas de piedra y sobrados, y que éstos han tenido y tienen guerra con el Señor de estas siete ciudades, por la cual guerra se ha disminuido en gran cantidad este reino de Marata, aunque todavía está sobre sí y tiene guerra con estotros. Y así mismo dijo que, a la parte de Sureste, está el reino que llaman de Totonteac; dice que es una cosa, la mayor del mundo y de más gente y riquezas; y que aquí visten paños de lo que es hecho esto que yo traigo, y otros más delicados y que se sacan de los animales que atrás me señalaron, y que es gente de mucha policía, y diferente de la gente que yo he visto. También dijo que hay otra provincia y reino muy grande, que se dice Acus, porque hay Ahacus: y Ahacus, con aspiración, es una de las siete ciudades, la más principal, y sin aspiración, Acus, es reino y provincia por sí; me dijo que los vestidos que traen en Cíbola son de la manera que atrás me habían dicho; dice que todos los de aquella ciudad duermen en camas altas del suelo, con ropas y toldos encima, que cubre las camas; me dijo que iría conmigo hasta Cíbola y adelante, si lo quisiere llevar. La misma

relación me dieron en este pueblo otras muchas personas, aunque no tan particularmente. Por este valle caminé tres días, haciéndome los naturales todas
las fiestas y regocijos que podían; aquí en este valle vi más de dos mil cueros
de vacas, extremadamente bien adobados, vi mucha más cantidad de turquesas y collares de ellas, en este valle, que en todo lo que había dejado atrás; y
dicen que viene de la ciudad de Cíbola, de la cual tienen tanta noticia, como
yo de lo que traigo entre las manos; y así mismo la tienen del reino de Marata, y de Acus y del de Totonteac. Aquí en este valle, me trajeron un cuero,
tanto y medio mayor que de una gran vaca, y me dijeron que es de un animal,
que tiene solo un cuerno en la frente y que este cuerno es corvo hacia los
pechos, y que de allí sale una punta derecha, en la cual dicen que tiene tanta
fuerza, que ninguna cosa, por recia que sea, deja de romper, si topa con ella;
y dicen que hay muchos animales de estos en aquella tierra; la color del cuero
es a manera de cabrón y el pelo tan largo como el dedo. Aquí tuve mensajeros
de Esteban, los cuales de su parte me dijeron que iba ya en el postrer
despoblado, y muy alegre, por ir más certificado de las grandezas de la tierra;
y me envió a decir que, desde que se apartó de mí, nunca había tomado a los
indios en ninguna mentira, y que hasta allí todo lo había hallado por la manera que le habían dicho y que así pensaba hallar lo demás. Y así lo tengo por
cierto, porque es verdad que, desde el primer día que yo tuve noticia de la ciudad de Cíbola, los indios me dijeron todo lo que hasta hoy he visto; diciéndome siempre los pueblos que había de hallar en el camino y los nombres de
ellos; y en las partes donde no había poblado, me señalaban donde había de
comer y dormir, sin haber errado en un punto, con haber andado, desde la
primera nueva que tuve de la tierra hasta hoy, ciento y doce leguas, que no
paresce poco dina de escribir la mucha verdad de esta gente. Aquí en este
valle, como en los demás pueblos de atrás, puse cruces é hice los autos y diligencias que convenían, conforme a la instrucción. Los naturales de esta villa
me rogaron que descansase aquí tres ó cuatro días, porque estaba el despoblado cuatro leguas de aquí; y desde el principio de él hasta llegar a la ciudad de
Cíbola, hay largos quince días de camino; y que me querían hacer comida y
aderezar lo necesario para él; y me dijeron que con Esteban, negro, habían ido
de aquí más de trescientos hombres acompañándole y llevándole comida, y
que conmigo también querían ir, muchos por servirme y porque pensaban
volver ricos; yo se lo agradecí y les dije que aderezasen presto, porque cada
día se me hacía un año, con de eso de ver Cíbola. Y así me detuve tres días
sin pasar adelante, en los cuales siempre me informé de Cíbola y de todo lo
demás, y no hacía sino tomar indios y preguntarles aparte a cada uno por sí,
y todos se conformaban en una misma cosa, y me decían la muchedumbre de
gente y la orden de las calles y grandeza de las casas y la manera de las portadas, todo cómo me lo dijeron los de atrás. Pasados los tres días, se juntó
mucha gente para ir conmigo, de los cuales tomé hasta treinta principales,

muy bien vestidos, con aquellos collares de turquesas, que algunos de ellos tenían a cinco y a seis vueltas; y con éstos tomé la gente necesaria que llevase comida para ellos y para mí, y me puse en camino. Por mis jornadas, entré en el despoblado, a nueve días de mayo, y así fuimos: el primero día, por un camino muy ancho y muy usado, llegamos a comer, a una agua, donde los indios me habían señalado, y a dormir a otra agua, donde hallé casa, que habían acabado de hacer para mí y otra que estaba hecha donde durmió Esteban cuando pasó, y ranchos viejos, y muchas señales de fuego, de la gente que pasaba a Cíbola por este camino; y por esta orden, caminé doce días, siempre muy abastecido de comidas de venados, liebres y perdices del mismo color y sabor de las de España, aunque no tan grandes, pero poco menores. Aquí llegó un indio, hijo de un principal de los que venían conmigo, el cual había ido en compañía de Esteban, negro, y venía aquejado el rostro y cuerpo, cubierto de sudor, el cual mostraba harta tristeza en su persona, y me dijo que, una jornada antes de allegar a Cíbola, Esteban envió su calabazo, con mensajeros, como siempre acostumbraba enviarlo adelante, para que supiesen como iba; el calabazo llevaba unas hileras de cascabeles y dos plumas, una blanca y otra colorada; y como llegaron a Cíbola, ante la persona que el Señor tiene allí puesta, y le dieron el calabazo, como le tomó en las manos y vi los cascabeles, con mucha ira y enojo arrojó el calabazo en el suelo, y dijo a los mensajeros que luego se fuesen, que él conocía que gente era aquella, que les dijesen que no entrasen en la ciudad, sino que a todos los matarían; los mensajeros se volvieron y dijeron a Esteban lo que pasaba, el cual les dijo que aquello no era nada, que los que se mostraban enojados les recibían mejor; y así prosiguió su viaje hasta llegar a la ciudad de Cíbola donde halló gente que no le consintió entrar dentro, y le metieron en una casa grande, que está fuera de la ciudad, y le quitaron luego todo lo que llevaba, de rescates y turquesas y otras cosas que había habido en el camino de los indios; y que allí estuvo aquella noche sin darle de comer ni de beber, a él ni a los que con él iban. Y otro día de mañana, este indio hubo sed y salió de la casa a beber, en un río que estaba cerca, y de ahí a poco rato, vi ir huyendo a Esteban y que iban tras él gente de la ciudad, y que mataban algunos de los que iban con él; y que como esto vio, este indio se fue, escondido, el río arriba y después atravesó a salir al camino del despoblado.

Con las cuales nuevas, algunos de los indios que iban conmigo comenzaron a llorar, yo con las ruines nuevas temí perderme, y no temí tanto perder la vida, como no poder volver a dar aviso de la grandeza de la tierra, donde Dios Nuestro Señor puede ser tan servido y su santa fe ensalzada y acrecentado el patrimonio Real de S.M. y con todo esto, lo mejor que pude los consolé y les dije que no se debía de dar entero crédito a aquél indio; y ellos, con muchas lágrimas, me dijeron que el indio no diría sino lo que había visto; y así me aparté de los indios, a encomendarme a Nuestro Señor y a suplicarle guiase esta cosa como más fuese servido y alumbrase mi corazón; y esto hecho, me volví a los indios y con un cuchillo corté los cordeles de las petacas, que llevaba de ropa y rescates, que hasta entonces no había llegado a ello ni dado nada a nadie, y repartí de lo que llevaba por todos aquellos principales, y les dije que no temiesen y que se fuesen conmigo; y así lo hicieron. Y yendo por nuestro camino, una jornada de Cíbola, topamos otros dos indios, de los que habían ido con Esteban, los cuales venían ensangrentados y con muchas heridas; y como llegaron, ellos y los que venían conmigo comenzaron tanto llanto, que de lástima y temor, también a mí me hicieron llorar; y eran tantas las voces, que no me dejaban preguntarles por Esteban, ni lo que les había sucedido, y les rogué que callasen y supiésemos lo que pasaba y dijeron: que "¿cómo callarían, pues sabían que de sus padres, hijos y hermanos, eran muertos más de trescientos hombres, de los que fueron con Esteban?, y que ya no osarían ir a Cíbola como solían". Todavía, lo mejor que pude, procuré de amansallos y quitalles el temor, aunque no estaba yo sin necesidad de quien a mi me lo quitase; pregunté a los indios, que venían heridos, por Esteban y lo que había pasado, y estuvieron un rato sin me hablar palabra, llorando con los de sus pueblos, y al cabo, me dijeron que como Esteban llegó una jornada de la ciudad de Cíbola, envió sus mensajeros con su calabazo a Cíbola al Señor, haciéndole saber su ida, y como venía a hacer paces y a curarlos; y como le dieron el calabazo y vio los cascabeles, muy enojado arrojó en el suelo el calabazo y dijo: "yo conozco esta gente, por que estos cascabeles no son de la hechura de los nuestros, decirles que luego se vuelvan, sino que no quedará hombre de ellos"; y así se quedó muy enojado. Y los mensajeros volvieron tristes y no osaban decir a Esteban lo que les acaeció, aunque todavía se lo dijeron, y él les dijo: "que no temiesen, que él quería ir allá, porque, aunque les respondían mal, le recibían bien"; y así se fue y llegó a la ciudad de Cíbola, ya que se quería poner el sol, con toda la gente que llevaba, que serían más de trescientos hombres, sin otras muchas mujeres; y no los consintieron entrar en la ciudad, sino en una casa grande y de buen aposento, que estaba fuera de la ciudad; y luego tomaron a Esteban todo lo que él llevaba, diciendo que el Señor lo mandó así; y en toda esa noche no nos dieron de comer, ni de beber; y otro día, el sol de una lanza fuera, salió Esteban de la casa, y algunos de los principales con él, y luego vino mucha gente de la ciudad, y como él los vio, echó a huir y nosotros también; y luego nos dieron estos flechazos y heridas y caímos; y cayeron sobre nosotros otros muertos, y así estuvimos hasta la noche, sin osamos menear, y oímos grandes voces en la ciudad y vimos sobre las azoteas muchos hombres y mujeres que miraban, y no vimos más a Esteban, sino que creemos que le flecharon como a los demás que iban con él, que no escaparon mas de nosotros. Yo, visto lo que los indios decían, y el mal aparejo que había para proseguir mi jornada como deseaba, no dejé de sentir su pérdida y la mía, y Dios es testigo de cuánto quisiera tener a quién pedir consejo y parecer, porque confieso que a mí me faltaba. Les dije que Nuestro Señor castigaría a Cíbola y que como el Emperador supiese lo que pasaba, enviaría muchos cristianos a que los castigasen; no me creyeron porque dicen que nadie basta contra el poder de Cíbola; les pedí que se consolasen y no llorasen, y los consolé con las mejores palabras que pude, las cuales sería largo de poner aquí; y con esto los dejé y me aparté, un tiro ó dos de piedra, a encomendarme a Dios, en lo cual tardaría hora y media; y cuando volví a ellos, hallé llorando un indio mío que traje de Méjico, que se llama Marcos y me dijo, "padre, éstos tienen concertado de te matar, porque dicen que por ti y por Esteban han muerto a sus parientes, y que no ha de quedar de todos ellos hombre ni mujer que no muera". Yo tomé a repartir entre ellos lo que me quedaba, de ropa y rescates, por aplacarlos, y les dije que mirasen que si me mataban, que a mí no me hacían ningún mal, porque moría cristiano y me iría al cielo, y que los que me matasen penarían por ello, porque los cristianos vendrían en mi busca, y contra mi voluntad, los matarían a todos. Con estas y otras muchas palabras, que les dije, se aplacaron algo, aunque todavía hacían gran sentimiento por la gente que les mataron. Les rogué que algunos dellos quisiesen ir a Cíbola, para ver si había escapado alguno otro indio, y para que supiesen alguna nueva de Esteban, lo cual no pude acabar con ellos. Visto esto, yo les dije que, en todo caso, yo había de ver la ciudad de Cíbola, y me dijeron que ninguno iría conmigo; y al cabo viéndome determinado, dos principales dijeron que irían conmigo, con los cuales y con mis indios y lenguas, seguí mi camino hasta la vista de Cíbola, la cual está asentada en un llano, a la falda de un cerro redondo. Tiene muy hermoso parecer de pueblo, el mejor que en estas partes yo he visto; son las casas por la manera que los indios me dijeron, todas de piedra con sus sobrados y azuteas, a lo que me pareció desde un cerro donde me puse a verla. La población es mayor que la ciudad de México; algunas veces fui tentado de irme a ella, porque sabía que no aventuraba sino la vida, y ésta ofrecí a Dios el día que comencé la jornada; al cabo temí, considerando mi peligro y que si yo moría, no se podría haber razón de esta tierra, que a mi ver es la mayor y mejor de todas las descubiertas. Diciendo yo a los principales, que tenía conmigo, cuán bien me parecía Cíbola, me dijeron que era la menor de las siete ciudades, y que Totonteac es mucho mayor y mejor que todas las siete ciudades y que es de tantas casas y gente, que no tiene cabo. Vista la disposición de la ciudad, me pareció llamar aquella tierra el nuevo reino de San Francisco, y allí hice, con ayuda de los indios, un gran montón de piedra, y encima le puse una cruz delgada y pequeña, porque no tenía aparejo para hacerla mayor, y dije que aquella cruz y mojón ponía en nombre de D. Antonio de Mendoza, virrey y gobernador de la Nueva España por el Emperador, nuestro señor, en señal de posesión, conforme a la instrucción; la cual posesión dije que tomaba allí de todas las siete ciudades y de los reinos de Totonteac, y de

Acus y de Marata, y que no pasaba a ellos, por volver a dar razón de lo hecho y visto. Y así me volví, con harto más temor que comida, y anduve, hasta topar la gente que se me había quedado, todo lo más aprisa que pude; los cuales alcancé a dos días de jornada, y con ellos vine hasta pasar el despoblado, donde no se me hizo tan buen acogimiento como primero, porque, así los hombres como las mujeres, hacían gran llanto por la gente que les mataron en Cíbola; y con el temor, me despedí luego de aquella gente de aquel valle, y anduve el primero día diez leguas; y así anduve a ocho y a diez leguas, sin parar hasta pasar el segundo despoblado. Volviendo, y aunque no me faltaba temor, determiné de allegar a la abra, de que arriba digo que tenía razón, donde se rematan las sierras; y allí tuve razón que aquella abra va poblada muchas jornadas a la parte del Este, y no osé entrar en ella, porque como me pareció que se había de venir a poblar y señorear estotra tierra de las siete ciudades y reinos que digo, que entonces se podría mejor ver, sin poner en aventura mi persona y dejar por ello de dar razón de lo visto. Solamente vi, desde la boca de la abra, siete poblaciones razonables, algo lejos, un valle abajo muy fresco y de muy buena tierra, de donde salían muchos humos; tuve razón que hay en ella mucho oro y que lo tratan los naturales de ella en vasijas y joyas, para las orejas y paletillas con que se raen y quitan el sudor, y que es gente que no consiente que los de estotra parte de la abra contraten con ellos: no me supieron decir la causa por qué. Aquí puse dos cruces y tomé posesión de toda esta abra y valle, por la manera y orden de las posesiones de arriba, conformé a la instrucción. De allí proseguí la vuelta de mi viaje, con toda la prisa que pude, hasta llegar a la villa de San Miguel, de la provincia de Culuacan, creyendo hallar allí a Francisco Vázquez de Coronado, gobernador de la Nueva Galicia; y como no lo hallé proseguí mi jornada hasta la ciudad de Compostela, donde le hallé; y de allí luego escribí mi venida al Ilustrísimo Sr. Virrey de la Nueva España, y a nuestro Padre Fray Antonio de Ciudad Rodrigo, provincial, y que me enviasen a mandar lo que haría. No pongo aquí muchas particularidades, porque no hacen a este caso; solamente digo lo que vi y me dijeron, por las tierras donde anduve y de las que tuve razón, para dalla a nuestro padre provincial, para que él *la* muestre a los padres de nuestra órden, que le pareciese, ó en el capítulo, por cuyo mandado *yo fui, para* que la den al Ilustrísimo señor virrey de la Nueva España, a cuyo pedido me enviaron a *esta jornada.-Fray Márcos de Niza, vice-comissarius.*

Alonso Gregorio de Escobedo (fechas desconocidas)

La Florida (fragmento)

La Florida es un poema narrativo e histórico que incluye más de 22,000 versos. Empezado al final del siglo XVI, detalla la historia y la conquista de los nativos Timucua de la Florida por los conquistadores españoles y su final conversión por los misioneros franciscanos. Escrito por el fraile franciscano Alonso de Escobedo, su estructura, contexto y tema justifican su caracterización como el primer poema épico de la Florida. Algunos lo consideran el primer poema épico escrito en lengua europea en el territorio que más tarde se convertiría en parte de los Estados Unidos, mientras otros dudan que así sea. En su narrativa, Escobedo presenta una visión compleja de los indígenas. Alaba sus virtudes y su fortaleza, y se llena de admiración ante su belleza física y atlética. Sin embargo, el texto también nos transporta a la particular aprehensión que sentían los españoles de ese tiempo hacia las culturas que eran desconocidas para ellos. En los siguientes pasajes, Escobedo narra los fieros y competitivos juegos de pelota entre los nativos de la Florida. (AS)

Lecturas: Alexandra Sununu. "La Florida del Padre Alonso Gregorio de Escobedo". Estudio y edición anotada de "La Florida" de Alonso Gregorio de Escobedo O.F.M., 1993; James W. Covington, ed. *Pirates, Indians and Spaniards. Father Escobedo's "La Florida"*. St. Petesburgh, FL.: Great Outdoors Publishing Co., 1963.

Juegan a la pelota que si acierto
a daros déllo cuenta será gusto:
De veinte en veinte puestos en concierto
cada cual agilísimo y robusto,
el que trae la pelota es tan despierto,
y juega con certeza y tan al justo
que no hay regla por plana ni velada
cual su pelota va siendo arrojada.

Fijan en tierra un pino con presteza,
de más de diez estados de longura,
y en lo más alto dél con sutileza
ponen como de harnero una figura
Salen todos cuarenta con destreza
al campo donde muestran su locura,
de donde le dan principio al juego triste
que a muchos de dolor perpetuo viste.

Suele durar el juego un mes entero
aunque vuelvan a él todos los días.
El que trae la pelota, placentero,
procura de jugar por varias vías,
mas su fuerte contrario anda ligero
por estorbar no juegue con profías,
poniéndole las manos por delante
porque el pie de la tierra no levante.

Estos dos andan libres como digo,
los otros treinta y ocho tienen guerra;
oprime cada cual a su enemigo
y con sus fuertes brazos lo echa en tierra.
Si socorren los unos a su amigo
que la pelota en mano diestra aferra,
los otros al varón que al indio aqueja
y dejarle jugar, jamás le deja.

Andan los dos valientes escuadrones
luchando como a modo de batalla,
sujeto cada uno a las prisiones
de su contrario, que luchando calla.
Las armas de los indios valentones,
el acerado peto o fina malla
son los robustos y fornidos brazos
con que al contrario quiere hacer pedazos.

Como en Castilla juegan a la mano,
los indios con el pie por gallardía,
y con él, el más fuerte y más liviano
la pelota encamina recta vía,
y en dando en la señal tarde o temprano
ganó quince sin pleito ni porfía,
y al punto que llegó a tener cincuenta
dio fin, porque fenece allí la cuenta.

El indio a quien la suerte fue propicia
y la mano y pelota dio en el juego,
por jugar manifiesta tal codicia
que anda como un hombre loco o ciego;
mas su fuerte contrario de malicia
trabaja por privarle de sosiego,
porque no puede ser de algún efecto
lo que fabrica dentro en su concepto.

Los que ayudan a quien juega de mano
tienen con sus contrarios tan pendencia
que no guarda respeto hermano a hermana,
ni el hijo al padre tiene reverencia.
Uno por le ayudar trabaja en vano,
otro por la ofender con inclemencia

procura de los lazos desatarse
que le hizo su contrario por vengarse.

Si se desliza alguno del contrario,
va con curso veloz y al indio aferra,
que estorbaba al que juega de ordinario
por la cual ocasión le hacía guerra,
y viendo ser el tiempo corto y vario
el pie desnudo levantó de tierra
el que tiene en la mano la pelota,
y a la señal apunta aunque remota.

Y cuando a la señal el indio toca
sus amigos dan gritos de alegría,
que a darlos la ganancia les provoca
porque dar en el blanco es bizarría.
La otra escuadra queda como loca
y no alza los ojos todo el día,
por ver que su contrario ganó el juego
y lo siente en el alma sin sosiego.

aspar Pérez de Villagrá (1555–1620)

storia de la Nueva México (fragmento)

Poco se sabe sobre Gaspar Pérez de Villagrá. Nació en Puebla, México, y estudió en la prestigiosa Universidad de Salamanca, en España. Después de terminar sus estudios regresó a México. En 1596, fue nombrado capitán y oficial legal de la expedición dirigida por Juan de Oñate para colonizar Nuevo México. La *Historia de la Nueva México* es el título que Villagrá dio a su poema épico publicado en Alcalá de Henares, España, en 1610, donde vivió durante su exilio de México después de haber sido encontrado culpable de la muerte de dos de los desertores de la expedición. El poema se compone de treinta y cuatro cantos de versos endecasílabos y un pasaje en prosa y es un detallado recuento de la expedición. A pesar de la forma en verso, la obra de Villagrá es una simple narrativa en verso, con ocasionales pasajes líricos, especialmente al principio de cada canto. Es importante en la historia literaria del suroeste porque describe los paisajes de Nuevo México e informa sobre su gente, creando de esta manera una imagen literaria de la región. También de importancia es la relación de Villagrá sobre la representación en 1598 de una obra de Marcos Farfán de los Godos, la primera presentación teatral en el suroeste. En los últimos ocho cantos Villagrá describe la derrota de los nativos de la aldea de Ácoma por los conquistadores españoles. El Canto XXXI narra el asalto de Ácoma por los conquistadores bajo el mando de Vicente de Zaldívar y la heroica defensa de los nativos. En el Canto hay referencias a la literatura clásica, práctica común en las épicas del Siglo de Oro. (LL)

Lecturas: Gaspar Pérez de Villagrá. *Historia de la Nueva México*. Miguel Encinias, Alfred Rodríguez y Joseph P. Sánchez, eds. Albuquerque: University of New Mexico Press, 1992.

Canto Treinta y Vno
COMO SE FVE PROSIGVIENDO LA BATALLA HASTA
alcanzar la victoria y como se pegó fuego a todo el pueblo,
y de otras cosas que fueron sucediendo.

Siempre la prevención y diligencia,
Hastuta vigilancia y el cuidado
De no perder jamás vn sólo punto,
Estando en la batalla el buen guerrero
Es lo que más encumbra y más lebanta
El claro resplandor y la grandeza
De los heroicos hechos hazañosos
Que assí vemos emprende y acomete.
Con cuias buenas partes el Sargento,
Pedro Sánchez Monrroi, Marcos García,
Martín Ramírez y Christóbal López,
Iuan Lucas, Iuan de Olague y Cabanillas,
Iuan Catalán, Zapata y Andrés Pérez,
Francisco de Ledesma y el buen Márquez,
No tienden, apañando, con más ayre
La corba hoz los diestros segadores
Quando apriessa añudan sobre el brazo
Vna y otra manada y assí, juntos,
Lebantan por mil partes sus gavillas,
Como estos bravos y altos combatientes,
Que, en vn grande ribazo tropezando
De cuerpos ya difuntos, no cessaban
De derramar apriessa grande suma
De fresca y roja sangre, con que estaba
Por vna y otra parte todo el muro
Bañado y sangrentado, sin que cosa
Quedase que teñida no estuviesse.
Mas no por esto amainan y se rinden
Los bárbaros furiosos; mas, qual vemos
Crecer y lebantar las bravas llamas

De poderosos vientos combatidas,
Que mientras más las soplan y combaten
Más es su brava fuerza y gran pujanza,
Assí, feroces, todos rebramando,
A boca de cañón arremetían
Sin miedo ni rezelo de la fuerza
De las soberbias balas que, a barrisco,
A todos los llevaban y acababan.
Y viendo el de Zaldívar tal fiereza,
Como valiente tigre que acosado
Se ve de los monteros y rabioso
Contra los hierros buelve y perros bravos
Que assí le van siguiendo y hostigando,
Y a fuerza de los dientes y los brazos
A todos los retira, esparce y hiere,
Assí, vuestro Español furioso, ayrado,
La poderosa diestra allí rebuelve.
Y anduvo la batalla en sí tan fuerte
Y de ambas partes tanto ensangrentada
Que sólo Dios inmenso allí les era
Bastante a reprimir su fuerza brava,
Por cuia gran braveza, luego quiso
El hastuto Sargento se guindasen
Dos piezas de campaña. Y en el inter,
Hablando con los suyos, les dezía:
"Fundamento de casas solariegas,
Columnas de la Iglesia no vencida,
Espejo de esforzadas, cuios pechos
Merecen con razón estar honrrados
Con rojas cruzes, blancas y con verdes,
Oy suben vuestras obras a la cumbre
Y más alto omenage que Epañoles
Nunca jamás assí las lebantaron.
No las dexéis caer, tened el peso
Que assí sustenta y pesa le grandeza
Del hecho más honrroso y más gallardo
Que jamás nunca vieron brazos nobles."
En esto, las dos piezas se subieron,
Y assentadas al puesto y a la parte
Por donde a caso fueron embistiendo
Trecientos bravos bárbaros furiosos,
Terribles gritos todos lebantando,

Y assí como de hecho arremetieron,
De presto las dos piezas regoldaron,
Cada, dozientos clavos y, con esto,
Qual suelen las hurracas que, espantadas,
Suspenden los chirridos y grasnidos
Con la fuerza de pólvora que arroja
De munición gran copia, con que vemos
Escapar a las vnas y a las otras
Quedar perniquebradas y otras muertas
Y otras barriendo el suelo con las alas,
El negro pico abierto y con las tripas
Arrastrando, rasgadas las entrañas,
No de otra suerte, juntos todos vimos,
De súbito, gran suma de difuntos,
Tullidos, mancos, cojos, destroncados.
Abiertos por los pechos, mal heridos,
Rasgadas las cabezas y los brazos,
Abiertos por mil partes y las carnes
Vertiendo viva sangre, agonizando
Las inmortales almas despedían,
Dexando allí los cuerpos palpitando.
Con cuias muertes Qualco, corajoso,
Qual suele el espadarte que en la fuerza
Del espeso cardume embiste y rasga
Las mallas de las redes y las rompe
Y a los opressos pezes assegura
Y libre libertad les da, y gallardo,
Blandiendo el ancho lomo y fuerte espada,
Las cristalinas aguas va hendiendo,
Desempachado, alegre, suelto y ledo,
Assí, el fuerte bárbaro inbencible,
En sus valientes fuerzas sustentado,
Y con razón, pues dos valientes toros
En los llanos de Zíbola rendidos
A sus valientes brazos vieron tuvo,
Abiendo derramado allí a los nuestros
Y hecho vna ancha plaza, como vn toro,
Para Diego Robledo fue embistiendo
Con vna corta maza, y en llegando
Para el valiente Roble, fue largando
La hoja el Español y fue bajando
La maza poderosa, y todo aquello

Que la espada excedía fue colando
Por el bárbaro pecho y ancha espalda
La rigurosa punta, de manera
Que, de vna y otra vanda atravesado,
El poderoso Qualco, mal herido,
Allí largó la maza y con el puño,
Abiéndole otra vez atrabesado,
Le dio tan grande golpe en el costado
Que dio con él, hipando y boqui abierto,
Casi por muerto en tierra. Y con presteza,
Antes que recobrase algún aliento,
Assiole por la pierna y, como vemos
Al rústico villano quando assienta
El mazizo guijarro en lo más ancho
De la rebuelta Honda y sobre el brazo
Dándole en torno vueltas, le despide,
Zumbando, por el Cóncabo del ayre,
No de otra suerte Qualco, rebolviendo
Con vna y otra buelta al bravo Roble
Por encima del brazo y la cabeza,
No bien le despedió dos largas brazas
Quando sin alma el bárbaro difunto
Caió tendido en tierra. Y tras desto,
Viéndose el Español allí arrastrado,
De generosa afrenta ya vencido,
Cobrándose, furioso fue embistiendo,
Qual regañado gato que a los bofes
Con la maganta hambre se abalanza
Y allí los dientes clava y se afierna
Con las agudas vñas, lebantando
La cola regordida y pelo hierto,
Y en el difunto cuerpo tropezando
Suspenso se quedó allí temblando,
Notando la gran fuerza que alcanzaba
Y la poca que muerto allí tenía.
En esto, el gran Zapata y buen Cordero,
Cortés, Francisco Sánchez y Pedraza,
Ribera, Iuan Medel y Alonso Sánchez,
Iuan López y Naranjo y noble Ayarde,
Simón de Paz, Guillén, Villaviciosa,
Carbajal, Montero, con Villalba,
Dieron en pegar fuego por las casas

Por ponerles temor, mas no por esto
Algún tanto amainaban, o temían,
La fuerza de las armas que cargaban.
Viendo, pues, el Sargento la braveza,
Dureza y pertinacia con que a vna
Los bárbaros furiosos combatían,
Por no ver ya tan gran carnizería,
Qual suele el podador hastuto y cuato
Que juzga bien la cepa, tiende y pone
La vista cuidadosa en cada rama
Y, luego que ha visto, corta y tala
Los mal compuestos brazos y rebiejos,
Con todo lo superfluo, mal trazado,
Y dexa con destreza y buen acuerdo
Las varas con las vcas y pulgares
Que dicen esquilmenas, provechosas,
Assí, mirando el campo, el gran guerrero
La soldadesca toda entresacando
De sus debidos puestos señalados,
Mandó que de su parte les dixessen
Mirasen el estrago y el destrozo
De tantos miserables como estaban
Tendidos por el suelo y se doliessen
De aquella sangre y cuerpos, que él les daba
Palabra y fee de noble caballero
De guardarles justicia y con clemencia
Mirar todas sus causas qual si fuera
Su verdadero padre. Y luego al punto,
Arrojando de flechas grande suma,
Como rabiosos perros respondieron
No les tratasen desto y que apretasen
Las armas y los dientes con los puños
Porque ellos y sus hijos y mugeres
Era fuerza acabasen y rindiessen
Sus vidas y sus almas y sus honrras
En las lides presentes. Y con esto,
Combatiendo furiosos, embestían,
A morir o vencer, con tanta fuerza
Que pasmo y grima a todos nos causaba.
Por cuia causa luego, acobardado,
Pensando por aquí tener salida,
Zutacapán se vino y pidió pazes
Al gallardo Sargento, y él, contento,

Sin conocer quién fuesse aquel aleve,
Luego li dixo diesse y entregase
Solós los principales que causaron
El passado motín, y que, con esto,
Haría todo aquello que pudiese.
Nunca se vio jamás que assí temblase,
De vn sólo toque manso y blanda mano,
La tierna argentería qual temblaba
Aqueste bruto bárbaro, del dicho.
Y assí, suspenso, triste y rezeloso,
No bien por el ocaso derribaba,
Con poderoso curso arrebatado,
El Sol su bello carro y trasponía
La lumbre con que a todos alumbraba,
Quando el triste poblacho todo estaba
En dos partes diviso y apartado,
Los vnos y los otros temerosos
De la fuerza de España y su braveza.
Y luego que la luz salió encendida,
Después de aber los bárbaros tratado
Sobre estas pazes todos grandes cosas,
Viendo Zutacapán ser el primero
Que el passado motín abía causado
Con todos sus amigos y sequaces,
Quales hojosos bosques, sacudidos
Del poderoso boreas y alterados,
Que assí, en montón confusso, se rebuelven
Por vna y otra parte y se sacuden
Las pajas, lebantando y alterando
Sus lebantadas cimas, y en contorno
Todos por todas partes se remecen,
Assí estos pobres bárbaros, perdidos,
Bolvieron a las armas, de manera
Que tres días en peso los soldados
No comieron, durmieron ni bebieron,
Ni se sentaron ni las fuertes armas
Dexaron de los puños, derramando
Tanta suma de sangre que anegados
Estaban ya y cansados de verterla.
En esto, ya yba el fuego lebantando
Vn vapor inflamado, poco a poco
Todas las tristes casas calentando.

Y luego, en breve rato, fue cobrando
Vigor bastante, y por el seco pino
De las teosas casas y aposentos
Restallando los techos por mil partes,
Vn muy espeso, denso y tardo humo,
Como gruessos vellones, las ventanas
Por vna y otra parte respiraban
Y como fogosíssimos bolcanes
Bolando hazia el Cielo despedían
Gran suma de centellas y de chispas.
Y assí, los brutos bárbaros, furiosos,
Viéndose ya vencidos, se mataban
Los vnos a los otros, de manera
Que el hijo al padre y padre al caro hijo
La vida le quitaba, y, demás desto,
Al fuego, juntos, otros ayudaban
Porque con más vigor se lebantase
Y el pueblo consumiese y abrasase.
Sólo Zutacapán y sus amigos,
Huiendo de cobardes por no verse
En manos de Gicombo, se escondieron
En las cuevas y senos que tenía
La fuerza del peñol, cuia grandeza
Segundo labirinto se mostraba
Según eran sus cuevas y escondrijos,
Sus salidas y entradas y aposentos.
Y viendo el General y bravo Bempol
Que todos se mataban y cumplían
La fuerza de aquel pacto que jurado
Estaba de matarse si vencidos
Saliessen de los brazos Castellanos,
Junto determinaron de matarse.
Y assí, por esta causa, temerosos
De mal tan incurable, por no verse
En brazos de la muerte, les hablaron
Ciertos amigos, tristes, encogidos,
Pidiéndoles con veras se rindiessen
Y que las vidas, juntos, rescatasen.
Por cuia causa luego replicaron
Los pertinaces bárbaros, furiosos:
"Dezidnos, Acomeses desdichados,
¿Qué estado es el que Acoma y tiene

Para emprender vn caso tan infame
¿Qual éste que pedís? Decid agora,
¿Qué refugio pensáis que os dexa el hado
Luego que aquestas pazes celebradas
Estén con los Castillas con firmeza?
¿No hecháis de ver que abemos ya llegado
Al último dolor y postrer punto,
Donde sin libertad es fuerza todos
Vivamos, como infames, triste vida?
Acoma vn tiempo fue, y en alta cumbre
Vimos su heroico nombre lebantado,
Y agora aquellos dioses que la mano
Le dieron por honrrarla y lebantarla
Vemos que la subieron porque fuesse
Su mísera ruina más sentida
De aquellos miserables que esperamos
En tan débil flaqueza tal firmeza,
Por cuia causa juntos acordamos,
Si estáis, como nosotros entendemos,
Firmes en la promesa que juramos,
Que a la felice muerte las gargantas
Las demos y entreguemos, pues no queda,
Para nuestra salud, mayor remedio
Que perder la esperanza que nos queda
De poder alcanzarle y conseguirle.
Y luego que con esto otras razones
El bravo General les fue diziendo,
Maximino, Macrino ni Maxencio,
Procrustes, Diocleciano ni Tiberio,
Nerón ni todo el resto de crueles
Con ninguno mostraron su braveza
Más brava, más atroz ni más terrible
Que éstos consigo mismos se mostraron,
No sólo los varones, mas las hembras.
Las vnas, como Dido, abandonaron
Sus cuerpos y en las llamas perecieron.
Y assí, como espartanos, sus hijuelos
También a dura muerte se entregaron.
Otras los arrojaban y lanzaban
En las ardientes llamas, y otras, tristes,
Con ellos abrazadas desde el muro
Las vimos con esfuerzo despeñarse.

Otras, qual Porcia, apriessa satisfecha
De brasas encendidas acababan.
Otras el tierno pecho, qual Lucrecia,
Con dura punta roto, despedían
Las almas miserables, y otras muchas
Con otros muchos géneros de muertes
Sus vidas acababan y rendían.
En este medio tiempo, las hermanas
Del bravo Zutancalpo, desvalidas,
Fuera de sí, salieron a buscarle
Por acabar con él la triste vida,
Cuio dolor acerbo y triste llanto
Quiero cantar, señor, en nuevo canto.

Fray Francisco de Escobar (fechas desconocidas)

La relación (fragmento)

Como fraile franciscano, Fray Francisco de Escobar fue enviado por el conde de Monterrey en 1603 a ayudar a Juan de Oñate a consolidar la colonización de Nuevo México. Oñate confió en el fraile, quien era conocido por su maestría en las lenguas nativas, para pacificar a los indios Ácoma. Un año más tarde, el padre Escobar acompañó a Oñate en la expedición en búsqueda del Mar del Sur. Aunque *La relación* de Escobar intenta ser un informe sobre los acontecimientos de la expedición de Oñate en el suroeste, parece más un cuento de hadas que un documento histórico. Casi de naturaleza cómica y rayando en lo absurdo, el fraile hila una historia fantástica sobre los nativos del suroeste. (JBF)

Lecturas: Fray Francisco de Escobar. "Relación". *Missionalia Hispánica* 43, 126 (1986): 377–93.

También nos dio noticia este indio Otata de toda la gente que vive en el río de Buena Esperanza hasta su nacimiento, señalándole junto a la mar hacia el noroeste y —otros muchos con él— afirmando todos de toda esta vuelta el Golfo de la California; y de la gente que habita entre el río de Buena Esperanza y el mar, haciendo una descripción de la tierra en un papel en el cual dio noticia de muchas naciones de gente tan monstruosas que con no poco temor de ser creído las osaré afirmar, por no haberlas visto ni haberse podido ver por la poca gente y caballos y menos bastimento con que el gobernador se halló, y por el poco o ningún zacate que prometía la tierra, que para caballos tan flacos y cansados como venían ya los más de los que traíamos casi parecía imposible la empresa, y el animarse a querer conseguirla con tanto desafío sería no pequeña temeridad. Y aunque a algunos lo aya de parecer mi atrevimiento encontrar cosas tan monstruosas, no vistas en nuestros tiempos ni en los pasados, si se cuenta que se han visto están tan lejos siempre los testigos que se deja abierta la puerta siempre a que cada uno crea lo que le pareciere. Con todo, me atrevo a referir lo que a grande multitud de indios delante de mí o vi afirmar, lo que con mis ojos vi, me atreveré afirmarla.

Nos informó el indio Otata, delante de otros muchos que se la ayudaban a dar, de una nación de gentes que tenía tan largas orejas y tan grandes que les arrastraban en tierra y que habían cinco o seis personas debajo de cada una. Esta nación se llamaba en su lengua Esmalcatatanaaha, y en la lengua de esta nación de Bahacecha "esmalca" quiere decir oreja, de modo que la etimología del vocablo significa la propiedad de la nación.

No lejos de ésta nos dijo había otra nación de gente que tenían los Hombres de ella el *menbrun virile* tan largo que se daban cuatro vueltas con él a la cinta y para el acto de la serenación estaban el hombre y la mujer bien distantes. Esta nación se llamaba Medará Quachoquata.

También supimos de este indio y de los demás que cerca de esta gente había otra nación de gente de sólo un pie, a la cual llamaron Niequetata gente.

De otra gente nos dijeron que no estaba lejos de ésta que vivía en las orillas de una laguna en la cual dormían todas las noches todos debajo del agua, y esta gente, nos dijeron, eran los que traían manillas o brazaletes de metal amarillo que llamaban anpacha. Se llamaba esta gente, si no es que con más propiedad la podamos llamar Pescado, Hamaca Cosmacha.

Supimos de todos estos indios había junto a ésta otra nación de gente que duerme siempre subidos en árboles. La causa no pudimos saber, si por temor de fieras o sabandijas o por propiedad natural o costumbre que tienen. Llamaban a esta nación Ahalcosmacha.

No pararon aquí las monstruosidades, que otra nación de gente dijeron había cerca de éstas que se sustentaban de sólo el olor de la comida, aderezándola para esto; no comiéndola de ninguna manera porque carecían de la vía natural para la evacuación de los excrementos del cuerpo. Llamaban a esta nación Xamoco Huicha.

Otra nación nos dijeron había no lejos de éstas que no se acostaban para dormir, sino que siempre dormían en pie, teniendo cargada con algo la cabeza. Llamaron a esta nación Tascaña Paycos Macha.

Aquí supimos de todos estos indios lo que ya muchos días habíamos sabido de otros muchos, grandes y pequeños: que la persona principal a quien respetaban los indios que vivían en la isla era mujer principal o capitana. Ésta supimos de todos estos indios era giganta y que tenía sólo otra hermana en la misma isla y no otra persona de su generación, que se debía haber acabado en ellas. Los demás hombres que vivían en esta isla supimos que muchos de estos indios eran torsos calvos.

Y que tuvieron fin las monstruosidades; pero no me parece lo tendrá la duda de que cosas tan monstruosas haya en tan pequeña distancia y de nosotros hayan estado tan vecinas y cercanas que afirmaron los indios estaban todas en un río el cual era forzoso pasar para yr a la isla, a la cual había solas cinco dormidas, que serían veinticinco o treinta leguas. Pero aunque mayor duda de todas estas cosas aya de haber, me pareció haría mal en poner silencio en cosas que, descubiertas, creo que resultaba gloria a Dios y al rey, nuestro señor, servicio. Porque, aunque las cosas en sí sean tan raras y nunca vistas, al que considerare las maravillas que Dios siempre obra en el mundo se le hará fácil creer que, como puede Dios hacerlas, puede haberlas hecho; y que, pues las han afirmado tanta diversidad y multitud de gente, y algunas en más de doscientas leguas de distancia, no debe de carecer de fundamento, siendo cosas que no son estos indios los primeros inventores de ellas, pues hay muchos libros donde se trata de ellas y de otras más monstruosas y que causan mayor admiración. Y cuando éstas la causen no me parece está tan impedido el paso a su verificación, y a la de las demás noticias de riquezas y comunicación de los mares, si acaso se comunican, que no pueda, con el favor del cielo, con menos de cien hombres averiguarse la verdad de todo ello, así de la plata y estaño o el metal que fuere de la isla, de oro, cobre o latón, de que traen los indios haber en las conchas que hallamos, y lleva el gobernador y tantos españoles afirman haber en el Golfo de la California, y de la vuelta que dicen los indios da el golfo hacia el norte y nordeste, sin haberse hallado alguno que le conozca de las naciones tan monstruosas que tantos indios afirmaron, unos haberla visto y otros haberlo oído, que en los unos y los otros a habido indias de diez diversas naciones y algunos en más de doscientas leguas de distancia.

Literatura nativa

CAPÍTULO 1

Los avatares del mestizaje

Jesús, María y José

La poesía y la prosa de Miguel Mathías de Quintana representa un ejemplo único de los escritos con autoría reconocida de comienzos del siglo XVIII, un período que permanece relativamente en la oscuridad y desconocido. Después del poema épico de Gaspar Pérez de Villagrá, *Historia de la Nueva México* (1610), los escritos de Quintana reflejan una narración desde el punto de vista personal de algunos de los conflictos entre lo que le dicta su corazón y lo que le demandan los agentes humanos (p.e. los sacerdotes). En 1732, dos sacerdotes, Fray Joseph Irigoien y Fray Manuel de Sopena, acusaron a Quintana de escribir afirmaciones escandalosas en una poesía no autorizada que, para ellos, tenía un dejo de desobediencia religiosa y social. Quintana fue investigado profundamente por la Oficina de la Santa Inquisición de la ciudad de México y fue exhonerado en 1737, la Inquisición concluyó que las transgresiones se debieron a divagaciones y discapacidad mental. La poesía y la prosa de Quintana ofrecen una visión parcial y subjetiva dentro de una persona inspirada por la poesía cuasi mística en la cual invoca a Jesucristo, a la Virgen María y a otras figuras divinas. Su enfoque religioso lo emociona profundamente pero también lo protege, como si fuera una armadura, para preservar su derecho a escribir libremente y apartado de los censores y las restricciones. Quintana fue miembro de la expedición de colonizadores dirigida por Don Diego de Vargas que partió de la ciudad de México en 1693, y entró en Nuevo México para reconquistar la región después de la Revuelta de Puebla de 1680. Sus contribuciones fueron inicialmente como granjero, en el norte de Nuevo México, pero luego se convirtió en cajero de la corte y notario del alcalde. Mathías de Quintana fue conocido localmente por haber escrito "coloquios" (obras dedicadas a la Navidad) y cartas, actuando como escriba para los otros residentes. (FL)

Lecturas: Fray Angélico Chávez. "The Mad Poet of Santa Cruz". *New Mexico*

Folklore Record, 3 (l948–49): 10–17. Clark Colahan y Francisco A. Lomelí. "Miguel de Quintana: An Eighteenth-Century New Mexico Poet Laureate?" In *Pasó Por Aquí: Critical Essays on the New Mexican Literary Tradition, l542–l988"*. Erlinda Gonzales-Berry, ed. Albuquerque: University of New Mexico Press, l989. 65–78.

> Escribe y no seas cobarde.
> Escribe que del inmenso
> y supremo bien que es Dios
> gozas ese movimiento.
>
> Su amor te los determina.
> Escribe, Miguel, sin miedo
> que si el padre te horroriza,
> Dios no, porque es muy discreto.
>
> Cree, Miguel, que vas seguro
> y que aquesos pensamientos
> están libres de ser culpa
> porque son dones perfectos.
>
> Podrá ser, Miguel, que el padre
> a vista de tus letritas
> te dé alguna recompensa
> de azúcar y unas tablillas.
>
> Dios no te pide imposibles
> que es muy benigno y discreto
> y la que gozas es gracia,
> no causa de tu amor mismo.
>
> No estás loco ni perdido
> ni tampoco alucinado.
> Lo que has escrito te ha dado
> Dios, Miguel, quien te ha movido.

No es, Miguel, cosa de chanza lo que tienes entendido. Fíate de Dios y no temas que de Dios eres movido. Su soberana grandeza te ofrece un grandioso alivio dentro de muy breve tiempo como lo verás cumplido. Espérale que es muy padre, muy discreto y muy benigno. No temas al parecer viviendo a su amor rendido. Miguel, tus trabajitos, aflicciones y congojas de tu espíritu y los de tu pobrecita mujer los tiene Dios asentados de buena letra en su divino acatamiento. Algo hubiera dado y hoy diera el Reverendo Padre Comisario del Santísimo Oficio por no haber venido a tu casa con su celoso notario. Remite tus letras sin recelo ninguno que ni lo justo ante Dios dejará de ser justo, ni lo injusto injusto, porque Dios tiene espada para todos.

Anónimo

Por ser mi divina luz

Los *alabados* son himnos de alabanza cantados por la Hermandad de Nuestro Padre Jesús Nazareno, una hermandad laica y católica de penitencia que mantenía la religión, la cultura y el bienestar de la comunidad del norte de Nuevo México desde su aparición en los últimos años del siglo XVIII. Conservados por tradición oral y en cuadernos manuscritos, algunos de los himnos datan de la España del siglo XVII. Musicalmente, algunos de ellos se relacionan con los cantos gregorianos más antiguos. Su poética indica que algunos tienen orígenes eruditos y fueron, sin duda, introducidos por padres franciscanos. Pero la estructura de cuartetos octosílabos que presentan la mayoría es un indicador de un origen más humilde y más reciente en el norte de México. Como cantos llanos medievales, estos himnos son cantados *a capella* en unísono, sin medida o compás uniforme. Ocasionalmente, el trinar del pito o flauta vertical es oído, no para llevar la melodía, sino para evocar las lágrimas de María y el llanto de las almas que están en el purgatorio. Los cantores principales alternan versos con la respuesta de grupos, una característica antifonal con un valor pedagógico distinto que manejan los padres misioneros al enseñar la historia de la iglesia. El estilo de cantar es altamente melismático, con una trémula voz que recuerda la música árabe y judía, así como el flamenco. Los temas dominantes de los *alabados* son la Pasión de Jesús y el sufrimiento de María. En su realización, los *alabados* representan un tipo de meditación triple, cuyos poderes descansan en la poesía, la música y los servicios específicos y la devoción específica para lo que son utilizados. "Por ser mi divina luz" es una profesión de fe en la misma hermandad y es usada en ritos de iniciación así como en otros servicios. (EL)

Lecturas: William H. González. *Alabados, alabanzas y oraciones de la Nueva México (1598–1998)*. Madrid: Espasa Calpe, 1999.

Por ser mi divina luz
¡Ay! Jesús del alma mía,
Llevando en mi compañía
A nuestro Padre Jesús.

Escuchen bien, pecadores,
Los esclavos de Jesús,
Cumplan con el juramento
De nuestro Padre Jesús.

Escuchen bien, pecadores,
Alabanzas de Jesús,
Y contemplen esta luz
De nuestro Padre Jesús.

¡Óiganme bien pecadores,
Y contemplen esta luz
Que es la divina corona
De nuestro Padre Jesús!

Aclamarán los cofrados,
Aclamarán esta luz
Para llevar en su pecho
A nuestro Padre Jesús.

Pecadores, pecadores,
Que padecen por Jesús,
Que veneran a los clavos
De nuestro Padre Jesús.

En los brazos estrechados
Aquí esta divina luz,
En su compañía lleva
A nuestro Padre Jesús.

Los clavos que veneramos
Aquí esta divina luz
En su compañía lleva
A nuestro Padre Jesús.

Hermanos verdaderos
Que acompañan a Jesús,
No quiebren el misterio
De nuestro Padre Jesús.

La dolorosa pasión
Que Jesús pasó por vos,
Cumplan con el juramento
En agradecimiento a Dios.

Felices los que a Dios sirven
En su Sagrada pasión
Y que reciben en su pecho
En la Santa Comunión.

Hermanos que con su luz
Van padeciendo por Dios,
Allá estarán en su reino
Con nuestro Padre Jesús.

Los que creen en la iglesia
Y en esta divina luz
Son esclavos verdaderos
De nuestro Padre Jesús.

Vamos todos de rodillas
Alabando aquí esta luz
Con un credo y un salve
A nuestro Padre Jesús.

ónimo

s comanches

Los estudiosos especulan que el probable autor de esta espectacular obra ecuestre es Pedro Bautista Pino, un prominente militar y ranchero de Galisteo, Nuevo México. La obra es una celebración ambivalente de la derrota del gran jefe Cuerno Verde en agosto de 1779 en la última campaña de las devastadoras Guerras Comanches en el siglo XVIII. Relatos sobre Cuerno Verde y sus oponentes hispanos pueden ser encontrados en las páginas de las crónicas y cartas del período. Una ausencia notable de la acción es la del Gobernador Juan Bautista de Anza, probablemente debido al descontento popular con sus temerarias medidas militares. En el campo de batalla y sobre sus caballos, tanto los guerreros indios como los soldados se enfrentaban para mofarse del contrincante e intercambiar fieras arengas militares en un deslumbrador despliegue verbal. Dos niños cautivos son rescatados en una escaramuza. Un mensajero de otro grupo de comanches llega en el último minuto con una oferta de paz, pero el conflicto ya es inminente, terminando con la derrota y huida de los comanches. En algunas versiones, Cuerno Verde muere, y en otras permanece vivo. Un personaje bufón y rudo llamado Barriga Dulce vigila a los cautivos, roba a los muertos en batalla y ridiculiza el espectáculo entero. A través de una tradición de presentación de más de dos siglos, el texto ha evolucionado para expresar los cambios culturales y las aspiraciones políticas de los nuevomexicanos. (EL)

Lecturas: Aurelio M. Espinosa. "Los Comanches, A Spanish Heroic Play of the Year Seventeen Hundred and Eighty". *University of New Mexico Bulletin* 1.1 (1907): 1–46; Arthur L. Campa. "Los Comanches: A New Mexican Folk Drama". *University of New Mexico Bulletin* 7.1 (1942): 1–43.

Barriga Dulce:
Vengo a avisaros de prisa,
Fernández, mi capitán,
Que allá al pie de aquella mesa
Vi un indio con chimal.
Ellos me querían llevar,
Pero yo con mi honda y maza
Los hice pronto arrancar;
Y fue tan buena mi traza
Que os he venido a avisar.

Capitán:
Si es cierto lo que dices
Pronto me pondré en campaña,
Y triunfantes y felices
Nos reuniremos mañana.
El clarín que toque diana,
Y que venga el general,
Y con mi espada en la vaina
Los saldremos a encontrar.

(*Toca el clarín.*)

Don Carlos:
¿Qué toque llamado es ese,
Que me tiene sorprendido?

Capitán:
Que allá al pie de aquella mesa
Los comanches han salido.

Don Carlos:
Pronto pues, mi capitán,
Prepare vuestros soldados,
Y al indio hostil encontrar
Cuando estéis bien preparado.
Aquí tenéis la bandera
Que el sargento llevará
Porque de cualquier manera
La religión triunfará.

Capitán: (*Agarrando la bandera*)
Bandera entre mil banderas;
Hermoso emblema español,
De nubes se pone el sol
Del mundo señor, empero.
Yo te adoro porque eras
La gloria que en sueños vía.
Mi entusiasta fantasía,
Y hora que quisiera ufano
Enarbolarte en mi mano.
Te dejo, bandera mía.
(*Al sargento*)

Tomad, sargento y cuidad
Del pabellón estrellado,
Y a los comanches matar
¡En gloria de este reinado!

(*Los indios hacen escaramuzas y
se adelantan al castillo
mientras suena el clarín.*)

Cuerno Verde:
Desde el oriente al poniente,
Desde el sur al norte frío
Suena el brillante clarín
Y reina el acero mío.
Entre todas las naciones
Campeo osado, atrevido,
Y es tanta la valentía
Que reina en el pecho mío.
Se levantan más banderas
Por el viento giro a giro
Que de las que he atribuido.
Refreno al más atrevido,
Devoro al más arrojado;
Pues con mi bravura admiro
Que no hay roca ni montaña
Que de éste no haiga rendido,
Al más despreciado joven,
Aquél que más abatido
Se ve porque su fortuna
A tal desdicha lo ha traído.
Pues no hay villa ni lugar
Que no se vea combatido
De mi nación arrogante
Que hoy con el tiempo se ha visto,
Y como ahora lo veréis.
Este soberbio castillo
Hoy lo he de ver en pavezas.
Lo he de postrar y abatirlo

Con sus rocas y baluartes
Aunque se hallen prevenidos,
Y con la incomodidad
De un repentino descuido,
Será más osado el brío
Que tienen nuestras personas
Que certifico y he visto,
Como lo canta la fama,
Y un cuartelejo de gritos.
Diga la nación Caslana,
Díganlo tantas naciones
A quien quité el señorío.
Hoy se ven combatidos
Huyendo de mi furor.
Se les ha acabado el brío,
Se remontan de tal suerte
Que hasta hora no lo hemos visto.
Pero, ¿para qué me canso
En referir lo que han visto
Que este reino en sus lugares,
Cuando todo el Cristianismo
Traje de tantas naciones
Que no le alcanza el guarismo?
Y sólo los españoles
Refieren el valor mío,
Pero hoy ha de recorrer sangre
Del corazón vengativo.
Me recuerda la memoria
De un español atrevido
Que, ufano y con valentía,
Y con tanto osado brío
El cuerpo vistió de flores
En sangre de colorido,
De los muertos la distancia
Hombres, mujeres y niños
No pudimos numerarse
Ni contarse los cautivos.
Ea, nobles capitanes,
Que se pregone mi edicto,
Que yo, como general,
He de estar prevenido;

Que general que descansa
En vista del enemigo
Bien puede ser arrogante,
Bien puede ser atrevido.
Yo no me he de conformar
Con estos vagos destinos
Y así, comiencen un canto.
¡Qué suene el tambor y pito!
¡Al baile, y punto de guerra!
Pasaremos al distrito
Para que en vista de todos
Estemos aprevenidos.
Y advierto que con la unión
Que me tienen prometida
Obraré como prudente,
Que tal renombre ha tenido
Toda nuestra descendencia.
Y así, como el más impío,
He de mostrar mi fiereza
Con esta lanza de vidrio.
Al oso más arrogante
Y al fiero tíguero rindo,
La más elevada Elena.
Este bruto salto a un brinco,
Pues ya no hallo a quién temer.
Es tanta mi fuerza y brío
Que entrando osado y altivo
Buscando a ese general
Que con locos desvaríos
Usó de tanta fiereza,
Destruyó como he dicho.
Lo llamo en campal batalla,
Lo reto y lo desafío
¿Quién es, y cómo se llama?

Don Carlos:
¿Qué no sabes que en la España
El Señor Soberano
De los cielos y la tierra
Y todos los cuatro polos
Que este gran círculo encierra,

Brilla su soberanía?
Y al oír su nombre tiemblan
Alemanes, portugueses,
Turquía, y la Inglaterra,
Porque en diciendo españoles,
Todas las naciones tiemblan.
Tú no has topado el rigor,
No has visto lo que es fiereza
De las católicas armas.
Por eso tanto bravas.
Si quieres saber quién soy,
Te lo diré porque sepas.
Que no es la primera batalla
Ésta que tú me demuestras.
Las que he hecho son infinitas,
Siempre soy Carlos Fernández,
Por el mar y por la tierra,
Y para probar tu brío
Voy a hacer junta de guerra.

Cuerno Verde:
Yo soy aquel capitán.
No capitán, poco he dicho.
De todos soy gran señor,
De todos soy conocido.
Yo soy, y por el turbante,
Este cuerno que ha aplaudido
Verde y dorado que ves.
Hoy se me postran rendidos.
No sólo de mi nación
Que emprende mi señoría,
Sino todas las naciones
Que coloca el norte frío.
Ciegos me dan la obedencia.
Caiguas, y Cuampis, Quichuas,
Pánanas, Jumanos, Ampáricas,
Y otras muchas infinitas.
Y por no cansarme, callo.
Basta con lo que he dicho.

LITERATURA NATIVA ★ 39

tonio José Martínez (1793–?)

osición

Antonio José Martínez es conocido hoy como uno de los líderes más destacados y polémicos del siglo diecinueve en el suroeste de los Estados Unidos. Nació el 7 enero de 1793 en Abiquiú, Nuevo México. En 1817, después de la muerte de su joven esposa, ingresó al colegio de Durango donde estudió hasta 1823. En 1822 recibió su orden sacerdotal con la celebración de su primera misa en Durango. En 1824 regresó a Nuevo México donde sirvió a su pueblo no sólo en asuntos religiosos, sino también como diputado al Congreso Federal Mexicano. En 1835, con la llegada de la primera imprenta al territorio, empezó a publicar el primer periódico de la región, *El Crepúsculo,* y libros escolares para su colegio, al cual asistieron más de 200 jóvenes, hembras y varones, del norte de Nuevo México. En 1851 fue elegido a la primera Asamblea Territorial bajo el nuevo gobierno estadounidense, donde se destacó como defensor de los derechos de su pueblo conquistado. El cambio de la iglesia católica mexicana a la jurisdicción de la iglesia estadounidense, como se había de esperar, resultó en conflictos culturales y el cura Antonio José Martínez terminó siendo despedido de su cargo religioso y excomulgado. Sus hazañas positivas quedaron enterradas hasta la época del Movimiento Chicano, momento en que los historiadores rescataron a los héroes olvidados de este pueblo. No obstante, el cura Martínez quedó inmortalizado en el retrato negativo que de él nos dejó la escritora estadounidense Willa Cather en su famosa novela, *Death Comes for the Archbishop.* El ensayo a continuación demuestra que el padre Martínez fue un hombre culto y de conciencia cuya presencia en las tierras áridas y aisladas de Nuevo México fue importante en mantener a sus ciudadanos conectados a la distante metrópoli. (EGB)

Lecturas: Antonio José Martínez. *Exposición que el presbítero Antonio José Martínez, cura de Taos en Nuevo México, dirige al gobierno del excelentísimo señor general D. Antonio López de Santa-Anna, proponiendo la civilización de las naciones bárbaras que son al contorno del Departamento de Nuevo México.* Taos: Imprenta del autor, 1843.

Excelentísimo señor,

El Presbítero Antonio José Martínez, Cura de Taos en el Departamento de Nuevo México, contemplando ya de tiempo suficiente, por cierto cálculo debido a las observaciones con respecto a las circunstancias de este Departamento, y aún como difusivas de él, a toda la multitud de Tribus bárbaras que a contorno de éste, que es en una de sus partes la llave de toda la República, y la llave de las más interesantes el verse y cuidarse con solicitud y más interesa que la que se ha dispensado hasta aquí, pasa a exponer ante Vuestra

Excelencia la idea que lo afecta y que en su concepto es de cierta forzosa necesidad que impera su ejecución; y lo hace de la manera siguiente.

Aunque los anchurosos campos desiertos de cultivo que estas naciones bárbaras moran vagando, se observan haber estado ocupados de gente laboriosa y de industria que los poblaban en multitud muy numerosa en los tiempos antiguos, que debe suponerse fuese en el imperio Mexicano por los indios naturales de esta nuestra República; con todo, de tiempo inmemorial se sabe que estas naciones subsisten o se mantienen de la caza de animales silvestres, como el cíbulo para los de Oriente y Norte, y para los demás venado y otros de la clase de cuadrúpedos que los ha habido, los volátiles y el pillaje, ya éste sea de unas contra otras y de todas a los nuestros; más los primeros recursos naturales, ya están agotados por el uso, en tanto y tan disminuidos, que quizás, ni la media subsistencia pueden llenar, sino que se ven precisados a acabarla, como lo hacen con el pillaje: de aquí aparece sin género de duda, la imposibilidad en que se hallan de que no pueden hacer su subsistencia en esa manera, sin que resulten muy gravosos a toda nuestra República; y esto sólo puede evitarse sujetándose a procurarla morando de asiento en determinados terrenos, cultivándolos para cosechar sus frutos, y dedicándose a otros industriales y honestos oficios, todo bajo civilización en sistema de nuestro gobierno, quien podrá, aunque con algunas dificultades, tomar las medidas y así lograr la felicidad de nuestra República. Esta es la idea que me afecta, y que como ciudadano interesado por el bien de mi patria propongo juzgando de necesidad el que se realice la más pronto posible, ya que aún dilatan las medidas en nuestro Departamento, para poder promover asunto tan importante, de un modo más propio y mejor sufragado de las leyes.

Es inconcluso, es de toda notoriedad que las naciones bárbaras que moran los contornos, por las distancias muy dilatadas de este Departamento de Nuevo México, viven de la caza y del pillaje; pues no laborean las tierras, ni apacientan crías de animales, esto sólo lo hace la tribu Navajo, cual desgraciadamente, es la más rapaz, la más inconstante e infiel en sus paces, cuando las llega a tener. Esta única laboriosa y económica para las crías, siembras y otras industrias, regularmente anda errante tomando la fuga de las campañas que se le hacen por los nuestros; y en esto decaí en gran manera de los frutos de sus trabajos, ni ésta sola se mantiene de sus labores, sino que necesitaba del pillaje. ¿Pues qué diremos de la demás gentilidad que debe ser más en número que los habitantes de este Departamento? ¿No se percibe a primera vista que si aún en los tiempos antiguos el caudal de animales silvestres era mucho más abundante que a la presente, en que casi se pierden las especies necesitaron del pillaje, cuanto más ahora? Es efectivo que las varias especies de ciervos o venados que han mantenido en lo anterior a los que cubren los vastos campos desde el Norte corriendo por el Poniente hasta el Sur, ya están disminuidos y en varias partes de estas mediaciones ya acabados lo están bien en el otro semicírculo que corre desde el Sur pasando por el Oriente hasta el mismo Norte y muy menoscabado en estas partes el cibulo que era al parecer inagotable, y se toma esta especie admirable como multiplicada por una especial providencia del Omnipotente; pero enseña la experiencia en nuestras actualidades, que se han disminuido en muy considerable cantidad, pues de pocos años al que corre, experimentan los viajeros de los nuestros el que tienen que correr mucha tierra para hallarlo respecto de que no pueblan los campos como en los anteriores años, pues que cuando entonces lo hacían más tardar dentro de dos meses para traer carne seca y nunca se retiraban de los campos sin traerla: en estos últimos años muy particularmente en el presente, se tardan tres, cuatro y hasta cinco meses para hallarlo, a veces después de tanta fatiga y haber andado mucho, vienen desacaballados y en algunas ocasiones sin nada. También los indios o bárbaros de que se habla experimentan escasez de éste, y tienen que hacer ya más carreras que lo que antes se acostumbraba; esto se verifica más desde que se han puesto fuertes en distintos puntos del Norte por los extranjeros de la América vecina; pues abundando estos en toda clase de artículos para rescatarles los cibulos en las varias maneras los benefician a los indios, estos se empeñan más en correr el cibulo que para surtirse en lo posible y comprar aquellos artículos que les venden; siendo de particular advertencia que el mismo nombre que a las referidas naciones, les viene de bárbaras, lo son en sus operaciones, pues ninguna limitación tiene en sus portes respecto a la caza del cibulo, que como es observada la economía en las naciones cultas ilustradas vedando la caza de animales en determinados tiempos, éstos ni los muy preciosos que son los de la parición en la primavera, dejan de acometerle: en estos se pierde muchos millares de becerros nacidos. ¿Quién asegura que en un ataque que sufra una partida de cibulo de tres hasta cuatro mil vacas recién paridas que toma una precipitada fuga de cincuenta a sesenta leguas, como es común experimental inteligencia que lo hace, no perciba el que se pierda en esta dispersión sino la totalidad de los becerros, la mayor parte? ¿Y cuál será la pérdida en los repetidos ataques que sufre en esos tiempos el cibulo todos los días en distintos puntos ya por bárbaros o ya por los nuestros? Ciertamente que se forma idea nada equivocada, que el cibulo debe ir muy aprisa en disminución, que al fin llegará su especie a extinguirse o quedar en tan poco número que en nada se estime; por consiguiente que si ahora en el menoscabo que tiene respecto de lo muy numeroso que era en los tiempos antiguos, se ve y palpa que ya no basta para hacer la manutención de aquellas naciones bárbaras, sino que estas necesitan y usan el robo o pillaje que lo hacen en tan gran perjuicio de nuestro Departamento y en ranchos otros de nuestra República Mexicana, ya en el extremo de no poderse tolerar, pues que tales daños resultan en destrucción, tanto de las haciendas como de las vidas de nuestros conciudadanos. ¿Cuánto más serán los destrozos que causen dentro de pocos años, si extinguido el manantial, pues así se contempla el cibulo, ellos no cultivan las tierras para mantenerse?

Aun desde ahora se observa los daños que causan los bárbaros con los robos para mantenerse hasta los que están en paz; éstos continuamente roban toda clase de bestias, no presentándose descubiertamente a hostilizar, sino a ocultas y fugándose cada cual con las bestias que puede robar, y si se les da alcance por los nuestros, y es entre su nación; o no las entregan o llevan paga por su entrega, muy particularmente la nación Yuta y la Apache. Éstas a más de lo dicho, acostumbran todos los años en el otoño situar sus rancherías cerca de las siembras y robar maíz de las milpas y otros frutos en términos de causar mucho destrozo: esas mismas lo hacen también en varios tiempos del año situándose cerca de las haciendas de ganados menores y mayores, y matan muchos de estos hasta descubiertamente violentando a los pastores: todo es prueba de que necesitan mantenerse de otros arbitrios que los que les libró antes la naturaleza, no bastando ya aquéllos. También debe advertirse que no sólo las carnes del cibulo y de otros animales han sido para las naciones de que se habla el único alimento: también han sido en mucha parte el pan, el maíz, legumbres y otros varios que compran con la peletería, sus vestidos, sus casas, a que llamamos tiendas y trenes de montar, y en una palabra, no teniendo industria que lo procedente de la caza de animales que es un todo para ellos, de suerte que acabados en su totalidad o por lo menos muy escaseados, lo que desde ahora ya se verifica, pues sólo hay abundancia en el cibulo, el que ya camina muy aprisa a su disminución y con el tiempo a su total extinción, quedan las naciones bárbaras sin recursos de qué vivir; luego lo hacen de los bienes de los nuestros que no puede ser de otro modo, sino tomándoles, en carreras bélicas, o se han de dedicar a cultivar la tierra, a otras labores, y a las crías de animales. Mas este segundo medio ¿lo tomarán por el gobierno civilizado a cuyos súbditos caían los males, cual es nuestro Gobierno, y este en oportunidad antes que los mismos bárbaros se pongan de acuerdo y se reúnan en conspiración como aún ya les ocurre hacerlo en nuestra contra, de cuya manera se hará irresistibles por su multitud, por su táctica bélica, que aunque la del robo y pillaje, llevando adelante éste, lo harán también invadiendo en nuestros poblados, como es constante lo hacen ya en varias partes y con pérdida de los nuestros, quienes se acobardan y ellos toman habitantes, este es que lo hacen los solos de una nación o aislados los unos de los otros. ¿Qué otra cosa sucede o se experimenta en las invasiones que en el presente año han hecho en varios de nuestros poblados de este Departamento, los Navajos matando hombres y mujeres, llevando cautivos de los dos sexos, lo que aconteció en los vallecitos de Lobato, Río Colorado, en otras cercanías de la Capital, Santa Fe, o suburbios y otras partes del Río Abajo? ¿No se experimenta otro tanto por los Comanches en puntos de otros departamentos desde el Paso del Norte, Carrizal y sus intermedios, Chihuahua, corriendo esa costa toda hasta las cercanías de

Durango y aún pasando más allá y dando vuelta hasta cerca de Tejas y mismo Tejas? Y aquellos mismos puntos de Chihuahua, ¿no son también atacados de los Apaches, robados y destruidos por estos, los que dan vuelta por la Sonora y aún, a sus mismas interiores poblaciones, así como por los mismos son acometidos los interiores al Estado de Chihuahua, y tan horrorizados los Chihuahuenses que han llegado a proporcionarles el pago de cierta pensión anual, comprándoles la paz? ¡Ah! ¡Aquí ve perdido el honor de nuestras armas; y ciertamente degradados los valientes conciudadanos nuestros, los Chihuahuenses, que tantas veces han deseado recoger laureles en Nuevo México, acaso para reponer los que les han quitado de las manos de entres sus calles y de las puertas de sus casas la canalla más vil, cuales son los Apaches.

¿Pues como no será de temer acontezca si toda la gentilidad de bárbaros se reúnen y conspiran para llevar adelante sus medidas de mantenerse a costa de nuestro infortunio? ¡Muy de temer es Excelentísimo Señor, que por aquí venga el mal y pérdida de toda Nuestra gran República Mexicana, sino se ocurre con el remedio que en concepto del que habla, no hay otro sino el de traer a vivir en sociedad civilizada, cultivar las tierras, ejercer las varias artes e industrias, la cría de animales y los demás a esto anexo al sistema de Gobierno en que camine nuestra República, a esa multitud de naciones bárbaras! Haciendo esto, civilizándolas, recibirá mejora de salud, se robustecerá ese polo de Nuestra República, cuyo eje se halla enfermo por la barbarie de esas mismas de que se trata y tomará su estado natural en la suerte de sus progresos por los que tanto se ansia y anhela por los supremos poderes tan empeñados en su regeneración para su mayor engrandecimiento; este es el tiempo más oportuno, el propio y más aceptable, que casi se pasa siguiendo el retardo en sus medidas. También debe hacerse mérito, para aumentar los estímulos a la importancia de la empresa, que los muy extensos espacios despoblados que vaga y valentonamente ocupan las relacionadas naciones, tienen serranías muy pobladas de montañas útiles para trabajar sus maderas; los ricos minerales que contienen aquellas sierras en sus entrañas, cuales trabajándose llegarán a equipararse en la abundancia de sus metales a las que de lo anterior y en la actualidad han enriquecido y enriquecen nuestra República, la abundancia de pastos en sus campos para sostener y aumentar crías de animales, al tanto de las gruesas que se apacientan en las mejores partes de nuestra República; la multitud de sus ríos distribuidos en cierta armoniosa simetría, varios de ellos muy caudalosos y tan buenas proporciones, como las que mejor ha ordenado la sabiduría de su autor en las otras partes de esta misma República, muy a propósito para laborear sus terrenos y dar abundancia de sus frutos y en una palabra, su temperamento templado y benéfico; pues que lo riguroso del frío es en ciertas contadas sierras, quedando por donde quiera dilatados pasteaderos templados para llevar los inviernos los animales y así escaparlos de los extremados fríos; con más, por último, las comodidades consiguientes a todo lo dicho, y a la paz y seguridad en que se esté en esa manera que se anuncia, si se realice el cultivo y civilización, a nuestro sistema de Gobierno esa gran parte de habitantes que hacen las naciones bárbaras.

¿Será acaso hipérbole lo que se anuncia en el párrafo anterior? No Señor Excelentísimo, Vuestra Excelencia con su alta penetración, palpará más claro eso y otros muchos mejores consiguientes a la empresa, así como lo arduo de ella, aunque necesario de darse el paso por versarse en circunstancias opuestas de contrariedad a la suerte de nuestra República. Eso mismo que relata el párrafo son otros tantos estímulos que en concepto del que habla, deben mover la activa y eficaz providencia de los supremos poderosos y del alto Gobierno que es en la digna persona de Vuestra Excelencia para deliberar, discutir, resolver y llevar al cabo tamaña empresa, que realzará más a nuestra República Mexicana, con doble número de habitantes civilizados y a proporción los demás bienes; y con la cesación de hostilidades de bárbaros, que al paso que en la actualidad la dilapidan en sus bienes y vidas la degradan y ponen en ridículo ante las otras naciones cultas, cuando contemplan los males que las abruman por esa canalla, y no se reparan ni escarmientan por los nuestros. Cierto es que la naturaleza de éstos aunque la misma de la especie humana: con todo por la falta de educación en ellos lo arrastrado en una vida vaga y de contingencia que llevan, como se sabe y queda expuesto, es de gobernarse en sus acciones por cierto amor propio desordenado; y en ninguna manera por amor al orden, y así les es propio el usar lo ajeno para su propia utilidad, sin que el honor, el pudor ni débito de conciencia los retraiga de dañar a otros, principalmente a la gente civilizada o a otros que sean sus enemigos aunque también sean bárbaros; pues estiman por virtuosos a los suyos que son más animosos y diestros para hurtar y matar: de aquí es que sólo el temor los retrae de cometer males, pero como dotados de la razón, muy capaces de disciplina, lo que se haya demostrado con muchos de los convertidos que hay entre los nuestros, se advierte en ellos cierta docilidad, buena índole, espíritu religioso, amor al orden, respeto a las autoridades y a las leyes: todo esto da las muy buenas esperanzas de que con el cultivo y la civilización resultarán al gobierno unos súbditos muy reconocidos a sus deberes y entonces, esta República que en los tiempos de su conquista obtuvo el renombre de nuevo mundo, tomará un muy grande ascendiente y llamará más la atención en todo el universo civilizado, realzando sus glorias al tanto de las naciones Colosales, porque en realidad, llegará a ser señora de sí misma, pues que en verdad, aún no lo es mientras predominen esas que contiene independientes y agresoras en su recinto.

Aunque, según la materia tocada e importancia, pudiera, Excelentísimo Señor, circunstanciarse más la exposición hasta pintar muy al vivo el contenido, siendo bastante ya lo expuesto, a la perspicaz penetración de Vuestra Excelencia, no queriendo molestar y sólo proponer la idea con la humildad y reconocimiento debido a la alta dignidad a que dirige la palabra y como en deber de un ciudadano amante de su patria, para la que desea lo mejor posible, y que si equivoca en la materia presente y no es aceptable, sufrirá gustoso la repulsa de lo que con una sana intención, aunque en aquel caso errónea de buena fe, le parecía digno de atención; concluye con proponer que para la empresa se diese principio en cada una de las naciones por hacerles ver, que no bastando ya los animales silvestres para mantenerse, deben tomar las medidas que a todos los hombres da la madre natura de cultivar las tierras con la siembra de semillas de que puedan abastecerse de lo necesario para vivir de sus trabajos, dedicándose a las artes y otros oficios, fijando su residencia en determinados puntos que pueblen y que edifiquen habitaciones, apacienten animales, etc. Todo al cuidado del Gobierno y con su protección para todo, dándole el reconocimiento de dependencia y de súbditos, lo que ya casi ofrecen ellos mismos solicitando lo que ha sido materia de esta exposición.

Concluyo con suplicar de Vuestra Excelencia se sirva dar atención a la exposición que queda hecha y de la crisis que le parezca, resolver lo conveniente con respecto a su realización en trámite o su supresión. Se contrae y notifica a los términos de la misma exposición el que usa de la palabra en la libertad de escribir.

Taos de Nuevo México, noviembre 28 de 1843.

nónimo

indita Plácida Romero (fragmento)

Plácida Romero fue una mujer nuevomexicana secuestrada por los apaches gileños, la banda de chiricahuas que habitaba la región más occidental, en su última guerra con los Estados Unidos en 1881. Soportó nueve meses de cautiverio hasta que logró escapar al norte de México. Cuando regresó a su pueblo natal de Cubero (1881), un poeta compuso esta inquietante balada *indita*, la cual es todavía cantada por sus bisnietas en conmemoración a su dolor y su fe. Las *inditas* de finales del siglo XIX representan la única contribución de Nuevo México a la historia de la balada hispana en el suroeste. Como los romances ibéricos y los corridos mexicanos, con los cuales están muy relacionadas, las *inditas* comparten una fascinación temática con los desastres naturales e históricos y las dimensiones personales de la tragedia humana. Los poderosos recursos de la narración en primera persona, más un coro reflexivo, distinguen a la *indita* (pequeña canción indígena). El anterior es un término folclórico aplicado a una variedad de formas musicales y poéticas, incluyendo un gran corpus de baladas narrativas históricas, un corpus más pequeño de canciones de amor burlesco, unas pocas canciones/bailes religiosos interculturales, e incluso una danza popular tocada con los instrumentos musicales con los que se tocaba originalmente. Como el término *indita* implica, usualmente existe una conexión en las canciones con los nativos de Norteamérica o con su cultura, tanto temática como musicalmente. Las baladas históricas aparecen sólo en el repertorio hispano de Nuevo México, pero las *inditas* religiosas o burlescas son también ocasionalmente ejecutadas entre los mismos indígenas. (EL)

Lecturas: Enrique Lamadrid. "History, Faith, and Inter-Cultural Relations in Two New Mexican 'Inditas': 'Plácida Romero' and 'San Luis Gonzaga'". *Tesoros del Espíritu/Treasures of the Spirit: A Portrait in Sound of Hispanic New Mexico.* Genaro Padilla, ed. Alburquerque: Academia/El Norte Publications, 1994, 164–184.

El día de San Lorenzo
era un día poderoso,
que me llevaron cautiva
y mataron a mi esposo.
El año de ochenta y uno,
cerca de las diez del día,
así sería yo pienso
cuando esto nos sucedía,
que mataron a mi esposo
y al hombre Jesús María.

Adiós, ya me voy, *(refrán)*
voy a padecer.
Adiós, mis queridas hijas,
¿cuándo las volveré a ver?

Adiós Rancho de la Cebolla,
¿por qué te muestras esquiva?
Los palos, las piedras lloran
de verme salir cautiva.
Adiós, Cubero afamado,
se te acabó lo valiente.
Quizás no tenías parque,
o te ha faltado la gente.

-refrán-

Manuelita la mayor,
cuida de tus hermanitas,
que ya les faltó el calor,
se quedaron huerfanitas.
Adiós, plaza de Cubero,
adiós, mi hogar y mi casa,
adiós, paredes y esquinas,

adiós, madre Marucasia.
Adiós, madrecita fina,
duélete de mi desgracia.

-refrán-

Adiós, Domingo Gallegos,
adiós fino compañero,
quizás no tenías hermanos,
ni parientes allí en Cubero
que se quedaron tus huesos,
en un triste gallinero.

En la sierra de Galeana,
allí terminaron mis días.
Lo que reconocí,
que era gente la que veía.
Le dije a mi compañero,
"no te retires de mí,
¿Oyes, Procopio García?"
Llegué al Ojito Salado
y me puse a devisar,
a ver si veía venir
a mi padre o a mi hermano.
También si veía venir
a mi hermano Cayetano.

Mi Señora de la Luz
fue la que reina en Cubero,
pidiéndole al Santo Niño
que salga del cautiverio.

-refrán-

nónimo

ovo del café y el atole

En una época, el trovo fue popular en el norte de México y suroeste de los Estados Unidos. El trovo es un certamen poético y musical en el cual dos trovadores realizan un debate cantado sobre diferentes temas entre los que se incluyen el amor, la filosofía y la política. Con frecuencia es improvisado, y la respuesta de la audiencia determina el ganador. En el siglo diecinueve había varios trovadores reconocidos en el suroeste de los Estados Unidos. Entre los más famosos estaban Chicoria, El Pelón, Gracia y El Viejo Vilmas, y sus certámenes poéticos fueron conmemorados en verso. En este trovo satírico, el Café y el Atole representan la competencia entre lo nativo y lo extranjero. El Café es sofisticado, estimulante y experimentado, pero a la gente le resulta costoso. El Atole finalmente gana el duelo porque, no sólo es una bebida popular, sino que alimenta a la gente, que trabaja con el sudor de la frente y no necesita dinero para disfrutarlo. (EL)

Lecturas: Enrique R. Lamadrid y Jack Loeffler. *Tesoros del Espíritu/Treasures of the Spirit: A Portrait in Sound of Hispanic New Mexico.* Genaro Padilla, ed. Albuquerque: Academia/El Norte Publications, 1994.

CAFÉ:
¿Cómo te va, amigo Atole,
cómo has pasado tu tiempo?
Desde mi país he venido
a formarte un argumento.

ATOLE:
Bien, y a ti ¿cómo te va?
Y ahora te preguntaré
por tu gracia y por tu nombre,
dígame, ¿quién es usted?

CAFÉ:
Por mi gracia y por mi nombre
yo me llamo Don Café.
En las tiendas más hermosas
allí me hallará usted.
A la América he venido
y es claro y evidente,
desde mi país he venido
a conquistar a tu gente.

ATOLE:
Verdad yo soy el Atole
y a Dios le pido la paz,
Café qué recio vas.
También yo te diré
qué muchos en el estribo
se suelen quedar a pie.

CAFÉ:
Yo soy el Café.
con azúcar soy sabroso,
también con carnes fritas
y con sopaipilla generoso,
con bollitos victorioso,
y en puntos bien arreglados,
bien parezco en las mesas
con huevos estrellados.

ATOLE:
Yo también soy el Atole
y te pondré mis paradas.

¡Qué bien mantengo a mi gente
con tortillas enchiladas,
con esquite bien tostado!
Ahora te daré noticias,
Café, por comprarte a ti
ya no se alcanzan pa' camisas.

CAFÉ:
Yo soy el Café
y de todos conocido
en la América del Norte
de todos soy preferido.
En el mundo soy distinguido
Con satisfacción completa
en tacitas todos me usan
bebiendo mi agüita prieta.

ATOLE:
Yo también yo soy el Atole
y aquí te hago la guerra.
¡Qué bien mantengo a mi gente

con sólo labrar la tierra!
Y tú, Café orgulloso,
que sepa el mundo entero,
sacrificas a mi gente
de comprarte con dinero.

CAFÉ:
Aunque yo sea Café,
amigo Atole te digo,
por vía de la amistad
no quiero pelear contigo.

ATOLE:
Sabe que soy el Atole,
con esto ya me despido,
ya mi trabajo puro
como también el Café,
a carga cerrada entrego
y todos queden entenidos
que ya el Atole ganó.

Reminiscencias

stimonio relatado por José Francisco Palomares (fragmento)

En esta narrativa en primera persona de José Francisco Palomares, tenemos un recuento de una de las muchas campañas militares que llevó a cabo en California durante los años de 1800 contra los nativos. Este texto forma parte de un testimonio mayor —un dictado de las memorias de Palomares a un copista. La narración nos habla de la vida llena de aventuras en la frontera en una forma que afirma la noción romántica y popular del Viejo Oeste. Este texto tiene un valor histórico único en cuanto a que, en él, puede ser escuchada una voz tradicionalmente silenciada, la del californio mexicano. Palomares, como él mismo nos dice, nació en Santa Bárbara en la Alta California en 1808. A la edad de 25 años se casó y ubicó su lugar de residencia en San José, donde eventualmente se convirtió en teniente de caballería. Este testimonio fue transcrito en 1877 por un agente de Hubert Howe Bancroft, un rico hombre de negocios interesado en los relatos de los californios como materia prima para utilizar en la historia de California que él estaba escribiendo. El testimonio de Palomares contribuye a esta historia al presentar el conflicto que existía entre "los hombres de razón" y los indios. Por otra parte, los californios en general no fueron informantes con una perspectiva única: ellos habían perdido su lugar privilegiado como colonos pioneros en los territorios del norte de México al pasar por la experiencia desencantadora de sufrir la apropiación de sus tierras por los Estados Unidos. Es a través de este nuevo papel que le asignan como extranjero que Palomares puede entregarnos una íntima instantánea de la realidad tal como la percibieron los californios en la primera mitad del siglo xix. (TEW)

Lecturas: Rosaura Sánchez. *Telling Identities: The Californio Testimonios.* Minnesota: University of Minnesota Press, 1995.

A poco vinieron trayendo el indio en la mano la yerba que antes se ha nombrado. Yo quería que allí mismo me curase, pero él manifestó que sería mejor bajar la sierra y acampar en un punto donde había agua. Di orden de marcha y paso a paso tomamos el camino, los heridos atacados de fiebre y de una sed violenta. Cuando llegamos, todos y yo con ellos pedimos agua, pero nuestro médico manifestó que moriríamos si la tomábamos, y nos hizo después de descansar algunas horas, tomar unos tragos de atole de pinole que él mismo hizo. Después procedió a la curación, empezando por mí que era el jefe y estaba de más gravedad. Para esto me dio a mascar la yerba del jarazo y que tragase el jugo, después mascó él también y pegando su boca en la herida hizo pasar el jugo al interior de ésta. En seguida se puso a chuparla, con objeto de extraer la sangre coagulada, cuando se la llevaba a la boca, la arrojaba y volvía a empezar otra vez, hasta que consideró bien limpia la parte interior de la herida. Entonces con mucha destreza extrajo el pedazo de flecha que estaba adentro con todo y pedernal; me hizo mascar más yerba y tragar más jugo y él lavó con el dicho anteriormente la herida y puso yerba machacada en los bordes exteriores. Así poco más o menos curó a los otros heridos. Allí nos mantuvo unos días, con una dieta rigurosa y nos cuidó tan bien y nos curó con tanto acierto que al cabo de este tiempo, me sentí bueno y consultando a los otros heridos encontré que estaban lo mismo, visto lo cual di orden de marcha, como se ejecutó.

Al salir le dije al indio que le había de cumplir mi palabra, que tomase el caballo y se fuese, que le perdonaba la vida y si alguna vez lo volvía a encontrar no le haría nada. Él me contestó que se quedaría con el caballo pero que no se iría ya para ninguna ranchería, porque donde quiera sabían que había curado a los de razón y lo matarían. Así es que nos acompañó hasta la Misión, y allí se quedó, entregándome el caballo, que por más instancias que le hice no quiso volver a tomar.

Este indio me sirvió con fidelidad 6 años, sembrándome, acarreándome el maíz y haciéndome otros trabajos de campo, sin recibir otra clase de remuneración que las semillas que eran necesarias a su subsistencia; cuando le daba dinero, no quería recibirlo, alegando que bastante pagado estaba con que le hubiera salvado la vida.

Al fin, en una salida que se hizo contra el célebre bandido gentil Fóscolo, el pobre Pedro que tan fiel me fue, quedó muerto de un flechazo que le atravesó el corazón; y cuando trajeron el cuerpo a la Misión, me dijeron que lo habían matado los de Fóscolo, pero yo tengo mis buenas razones para creer que fue alguno de sus parientes, que aprovechó esta oportunidad para vengarse de él porque nos había curado. Era costumbre entre los indios tener por traidor al que había impartido algún servicio, aunque obligado por la fuerza, a sus eternos enemigos, los blancos, y sus parientes mismos se creían los más obligados a darle la muerte cuando se les presentaba la oportunidad.

Nota: Al estar relatando esta memoria el Sr. Palomares enseñó la cicatriz de la herida que se ha referido, la cual está situada cerca de la costilla inferior del lado izquierdo y afecta una forma semi-triangular. Enseñó, además, otras dos heridas de flecha, una en la muñeca de la mano izquierda y la otra en el muslo de la pierna del mismo lado. Pueden atestiguar que en efecto existen tales cicatrices en el cuerpo de Palomares, Thomas Savage, Rosendo V. Corona, Vicente Gómez, Emilio Piña y Carlos N. Hijar. Dice Palomares que las dos últimas heridas las recibió en otros encuentros que tuvo con los indios y que la que más lo hizo sufrir es la que tiene en la caja del cuerpo.

ılalia Pérez (1739?–1878)

ıa vieja y sus recuerdos dictados . . . a la edad avanzada de 139 años, San ıbriel, California, 1877 (fragmento)

Cuando Eulalia Pérez murió se pensaba que tenía más de 100 años; algunos, inclusive han sugerido que tenía 140 años. Con base en lo que ella misma dice (que se había casado a los 15 años y que tuvo a su hija mayor cuando ella fue a la Alta California con su esposo, el soldado Antonio Guillén), es probable que tuviera cerca de 104 años. Nacida en Loreto, Baja California, Eulalia fue a San Diego hacia el año 1800, como esposa de un militar con dos hijos. La familia estaba ligada al presidio y vivió allí hasta aproximadamente 1808 cuando Guillén fue transferido a la misión de San Gabriel, retornando a San Diego en 1818, donde Pérez fue conocida como una hábil partera. En 1821, la que por entonces se había convertido en la viuda Pérez, fue invitada a regresar con su familia a la misión de San Gabriel para ayudar en varias tareas administrativas de la misión. Como llavera, en un breve período de tiempo, Pérez no sólo inspeccionaba las cocinas de la misión sino que además ayudaba como encargada del mantenimiento, estuvo a cargo de la distribución y del almacenamiento de las provisiones y de la supervisión de los indios trabajadores involucrados en un amplio rango de industrias domésticas en la misión, incluyendo costureras, sastres, fabricantes de jabón, etc. De su posición como encargada de las empleadas domésticas y administradora de la misión más rica de la Alta California, el testimonio de Pérez da el punto de vista interno de la organización de la rutina de la misión, incluyendo el horario y la reglamentación de los obreros indígenas, su supervisión, asignación de tareas, castigos y vivienda, tanto como detalles abundantes sobre la ropa y la alimentación de los trabajadores indígenas, quienes eran tratados más como esclavos que como trabajadores. Aunque, como mujer, ocupaba un lugar subalterno en una sociedad patriarcal, Eulalia Pérez, fue una supervisora indispensable tanto para los misioneros como para Apolinaria Lorenzana en la misión de San Diego. Su testimonio informa acerca de la explotación y opresión de los indios en las misiones, una situación que Pérez nunca cuestiona a los frailes que ella servía. En 1832, se volvió a casar, su segundo esposo el teniente Juan

Mariné, fue uno de los colonizadores que llegaron a la Alta California. En 1870, Pérez se convirtió en el foco de la atención pública cuando su hija, María Antonia, procuró hacer dinero exhibiendo a su madre como una curiosidad, diciendo que tenía 140 años. En 1877, Pérez dictó a Thomas Savage, un agente de Bancroft, el testimonio "Una vieja y sus recuerdos". Lo mismo que el testimonio de Apolinaria Lorenzana (ver en esta antología), el de Eulalia Pérez comienza a completar el vacío de información sobre los aportes de las mujeres. (BP)

Lecturas: Lisbeth Hass. *Conquests and Historical Identities in California 1769-1936*. Berkeley: University of California Press, 1995; Rosaura Sánchez, Beatrice Pita y Bárbara Reyes, eds. *Nineteenth Century Californio Testimonials*. San Diego: University of California, 1994.

Yo, Eulalia Pérez, nací en el presidio de Loreto en la Baja California. Mi padre se llamaba Diego Pérez y era empleado en el departamento de marina de otro presidio; mi madre se llamaba Antonia Rosalía Cota; ambos eran blancos puros.

No recuerdo la fecha en que nací, sí sé que tenía 15 años cuando me casé con Miguel Antonio Guillén, soldado de la compañía presidial de Loreto. Durante mi permanencia en Loreto tuve tres hijos, dos varones que murieron allí chicos y una hembra Petra, que tenía once años cuando nos trasladamos a San Diego, y otro varón Isidro que vino con nosotros a esta California. En San Diego estuve ocho años con mi marido —éste continuaba su servicio en la compañía de otro presidio, y yo asistía a las mujeres que estaban de parto.

Yo tenía parientes en las inmediaciones de Los Ángeles, y aún más arriba, y repetidas veces le pedí a mi marido que me trajera a verlos —mi marido no quería venir, y el Comandante del presidio tampoco me dejaba salir porque no había otra mujer que supiera partear.

. . . Ya estaba yo, pues, de llavera.

Los deberes de la llavera eran varios. En primer lugar, repartía diariamente las raciones para la pozolera, para esto tenía que contar el número de monjas, de solteros, gañanes, vaqueros de silla y vaqueros de en pelo —aparte de eso, había que darle cada día sus raciones a los casados. En una palabra ella corría con la repartición de raciones para la indiada, y para la cocina de los Padres. Tenía a su cargo la llave del almacén de ropas de donde se sacaban los géneros para vestidos de solteras, casadas y niños. Después también tenía que atender a cortar la ropa para los hombres.

Corría también con cortar y hacer la ropa y demás cosas para los vaqueros desde la cabeza a los pies, esto es para los vaqueros de silla, los de en pelo no recibían nada más que su cotón, frazada, y taparrabos, mientras que los de silla eran vestidos lo mismo que la gente de razón, esto es, se les daba camisa, chaleco, chaqueta, calzón, sombrero, bota vaquera, y sus zapatos y espuelas, para el caballo su silla vaquera, freno y reata —a cada vaquero se le daba además un pañuelo grande de seda o de algodón, y su buena banda de saya—, saya, burato, o lo que hubiera en el almacén.

Todo lo concerniente a ropa lo hacían bajo mi dirección mis hijas. Yo la cortaba y arreglaba, y mis cinco hijas cosían las piezas, cuando no podían ellas dar abasto, se lo decía al Padre y entonces se empleaban mujeres del pueblo de Los Ángeles y el Padre les pagaba.

Tenía yo, además, que atender a la jabonería que era muy grande, a los lagares, a las moliendas de aceituna para hacer aceite, que yo misma lo trabajaba —Domingo Romero atendía bajo mi cuidado y responsabilidad a los cambios de licor.

Luis el jabonero tenía cuidado de la jabonería pero yo lo dirigía todo.

Atendía yo a la entrega de vaquetas, vaquetillas, gamuzas, badanas, tafiletes, paños de grana, tachuelas, pita, seda, etc., de para todo lo relativo a hechura de sillas, zapatos, y todo lo que se necesita en una talabartería y zapatería.

Entregaba cada ocho días las raciones de la tropa y los sirvientes de razón: esto era, frijol, maíz, garbanzo, lenteja, velas, jabón y manteca —Para hacer estas reparticiones me tenían puesto un indio sirviente llamado Lucio, de toda la confianza de los Padres.

Cuando era necesario, alguna de mis hijas hacía lo que yo no podía dar abasto. Por lo regular la que andaba siempre conmigo a todos lados era mi hija María del Rosario.

Después que se casaron todas mis hijas —la última fue Rita por los años del 1832 o 1833— el Padre Sánchez se empeñó mucho conmigo para que me casara con un español —con el Teniente de premio Juan Mariné, español catalán que había servido en la artillería, y que era viudo con familia. Yo no quería casarme, pero el Padre me dijo que Mariné era muy bueno, como en efecto resultó serlo: además tenía alguna fortuna en dinero, pero nunca me dio posesión de la caja. Accedí a los deseos del Padre porque no me hallaba con ánimo para negarle nada cuando el Padre Sánchez, había sido para mí y toda mi familia como padre y madre.

Estuve sirviendo de llavera de la misión como 13 o 14 años, hasta cosa de dos años después de la muerte del Padre Fray José Sánchez que tuvo lugar en esta misma misión.

....

En la misión de San Gabriel los neófitos eran un gran número, los casados vivían en sus rancherías con sus hijos mientras eran chicos.

Había dos divisiones para los solteros. Una para las mujeres que se llamaba el monjerío, y otra para los varones.

Al monjerío traían las mujercitas desde que tenían 7, 8 o nueve años, y allí se criaban, y salían para casarse —en el monjerío estaban al cuidado de una madre, india; mientras yo estuve en la misión esa matrona se llamaba Polonia, la llamaban *Madre Abadesa*.

El departamento de varones solteros estaba a cargo del alcalde.

Todas las noches se cerraban los dos departamentos, y me entregaban las llaves, y yo las entregaba a los Padres.

En el monjerío a la puerta se paraba un indio ciego a quien llamaban Andresillo, y él iba llamando a cada muchacha por su nombre para que entrara —si faltaba alguna a la hora de entrada, al día siguiente se buscaba, la traían al monjerío, la madre de ella, si la tenía, era traída allí y castigada por haberla detenido, y a la chica la encerraban por haberse descuidado en no venir con puntualidad.

En la mañana se sacaban las muchachas, primeramente iban a la misa del Padre Zalvidea que hablaba indio, después a la pozolera a tomar el desayuno que era unas veces, champurrado (o chocolate con atole de maíz) con dulce y pan en días festivos —en otros días corrientemente pozole y carne— después que tomaban el desayuno cada monja iba a su trabajo que se le tenía destinado de antemano, ya fuese en los telares, ya en descargues, ya en costuras o lo que fuese.

Cuando estaban en el descargue a las once del día tenían que arrimar una o dos carretas para llevar refresco a la indiada que trabajaba en los campos. Ese refresco estaba hecho de agua con vinagre y azúcar, y otras veces con limón y azúcar. Yo era quien componía y mandaba ese refresco para que los indios no se enfermaran, así lo tenían mandado los Padres.

Todos los trabajos paraban a las once, y venían a la pozolera a comer a las 12, pozole con carne y verduras. A la una volvían a sus trabajos. Éstos concluían por el día cuando se ocultaba el sol entonces venían todos a la pozolera a tomar la cena que era atole con carne y a veces puro atole.

Cada indio o india llevaba su vasija y el pozolero se la llenaba con la ración.

Los indios vaqueros u otros que tenían sus trabajos muy distantes comían en sus casas, si eran casados. Pero la mayor parte de la indiada venía a la pozolera.

A los indios se les enseñaban los diversos oficios para los que manifestaban alguna afición —los otros trabajaban en los campos, o en el cuidado de caballada, ganado, etc. Otros eran carreteros, boyeros, etc.

En la misión se tejía jerga, sarapes y frazadas.

Se hacían sillas de montar, frenos, botas, zapatos y demás avíos de ese ramo. Había jabonería, carpintería grande, y carpintería chica; en esta última trabajaban los que empezaban a aprender y cuando estaban adelantados los pasaban a la otra.

Se hacía vino y aceite, ladrillos, adobes. Se fabricaba chocolate con cacao que se traía de fuera.

¡Se hacían dulces, y muchos de los que hice con mis manos pasaron para España mandados por el Padre Sánchez.

En cada departamento había un maestro que era indio ya de razón e instruido. Hubo un blanco al frente de los telares, pero al fin, ya cuando aprendieron los indios, se retiró él.

El chocolate, el aceite, los dulces, limonadas y otras cosas las hacía yo misma en compañía con mis hijas. —Bastante limonada hice, que se embotelló y se mandó para España.

A los indios también se les enseñaba a rezar —a algunos pocos más inteligentes se les enseñaba a leer y escribir. El Padre Zalvidea enseñaba a los indios a rezar en su lengua india. Varios indios aprendieron música y tocaban instrumentos y cantaban en la misa.

Los sacristanes y pajes que ayudaban [en] la misa eran indios de la misión.

Los castigos que se imponían eran cepo, encierro, y cuando la falta era grave llevaban al delincuente a la guardia, allí lo ataban a un cañón o a un poste, y le daban de 25 azotes para arriba según el delito.

Algunas veces los ponían en el cepo de cabeza —otras veces le ponían un fusil que pasaba de una corva a la otra, y allí se lo ataban, y también le ataban allí las manos, ese castigo se llamaba *la ley de Bayona,* y era muy penoso.

Pero los padres Sánchez y Zalvidea siempre fueron muy considerados con los indios. Yo no me meto a decir lo que hicieron otros porque no vivía en la misión.

Cuando ya estaba gordo el ganado se hacían las matanzas, las carnes se botaban, lo que se recogía era el cuero, el unto, los lomos y las lenguas y los cuernos —todo esto menos lo que se consumía en la misión misma, se vendía a los barcos.

inaria Lorenzana (1786?–1880?)

emorias de doña Apolinaria Lorenzana "La Beata" dictadas por ella en nta Bárbara en marzo de 1878 a Thomas Savage, Bancroft Library 1878

Apolinaria Lorenzana, huérfana de la ciudad de México, llegó a la Alta California en 1800, debido a la solicitud que realizaron las autoridades virreinales para que hombres y mujeres expósitos fueran enviados como colonizadores a la escasamente poblada región del norte de California. Todos estos huérfanos recibieron el apellido de "Lorenzana" después de que el arzobispo mexicano se ocupó de su cuidado y los envió al norte de California. Los niños, un grupo de 20, fueron asignados al cuidado de una delgada anciana huérfana, María de Jesús Torres Lorenzana, a quien Apolinaria se refiere como "su madre" en su testimonio. Al llegar a California, fueron entregados a distintas familias de Monterey, Los Ángeles, San Diego y Santa Bárbara. Apolinaria fue enviada a la casa de Raimundo Carrillo en Santa Bárbara y, luego, al presidio de San

Diego. Como ella lo indica, dejó la casa de los Carrillo para ir con otra familia de militar, la del sargento Mercado y su esposa. Finalmente, después de una enfermedad, terminó en la misión de San Diego donde realizó tareas de enfermera, costurera y empleada doméstica. Además, como Apolinaria sabía leer, aprendió sola a escribir y luego, les enseñó a otras jóvenes ésa y otras habilidades. Apolinaria nunca se casó y fue conocida como "La Beata" y fue madrina de numerosos niños del lugar. Por sus servicios en la misión y a los misioneros recibió tierras en Jamacha, en 1840, y en Cañada de los Coches, en 1843. En su testimonio habla de una tercera propiedad que adquirió, Capistrano de Secuá. Lorenzana perdió todas sus tierras después de la invasión de 1846 —un tema que se resistía a discutir— y finalizaría sus días en la pobreza. Como Eulalia Pérez (ver la entrada en esta antología), a quien conoció en San Diego, el testimonio de Apolinaria Lorenzana es especialmente importante debido a su perspectiva interna de los trabajos que se realizaban en la misión y sobre el tratamiento y explotación que recibían los indios en las misiones de San Diego y de San Luis Rey. Especialmente interesantes son sus comentarios sobre el rango de las interacciones con los indios locales; claramente colaboró con los misioneros en la explotación de los "neófitos", como se denominaba a los indios evangelizados, pero Apolinaria también estableció lazos y relaciones con los indios amistosos no-evangelizados, o "gentiles", quienes trabajaban en sus tierras. Ella también cuenta tanto los eventos locales notables —por ejemplo, el ataque sorpresivo de los indios en Rancho Jamul, cuentos de mujeres cautivas por los indios— como la llegada de las tropas de los Estados Unidos al sur de California, evento que la llevó a la ruina financiera, lo mismo que a otros californios. En 1878, ciega y viviendo de la caridad pública, Apolinaria dictó sus "Memorias de La Beata" a Thomas Savage, un agente de H. H. Bancroft quien estaba intentando juntar materiales relativos a la historia de California. (BP)

Lecturas: Lisbeth Hass. *Conquests and Historical Identities in California 1769-1936*. Berkeley: University of California Press, 1995; Genaro Padilla. *My History, Not Yours: The Formation of Mexican American Autobiography*. Wisconsin University Press, 1993; Rosaura Sánchez, Beatrice Pita y Bárbara Reyes, eds. *Nineteenth Century Californio Testimonials*. San Diego: University of California, 1994.

Yo Apolinaria Lorenzana nací en México y siendo muy niña apenas de 4 años de edad, me mandó el Gobierno de México (que entonces pertenecía a España) junto con un número considerable de familias y de niños de ambos sexos, a esta California. Salimos de la misma ciudad de México para San Blas, y allí nos embarcaron en la fragata del Rey la Concepción, con destino a Monterey que era el puerto principal. A nuestra llegada a Monterey el Gobierno repartió algunos de los niños como perritos entre las familias, otros fueron dejados aquí en Santa Bárbara y en San Diego. Yo me quedé con mi mamá y varias otras mujeres en Monterey. Las que vinieron ya mujeres,

Francisca y Pascuala, se casaron muy pronto, la primera con Juan Hernández y la otra con Joaquín Juárez. No estoy muy segura si otra llamada Inés quedó allí también. Mi madre también casó con un anillero y cuando vino relevo de anilleros, le tocó a mi padrastro volverse a México y se llevó a mi madre consigo. Así quedé ya separada de mi madre y no volví a verla más. Ella murió casi a su llegada a San Blas, tal vez del sentimiento de haberme dejado atrás.

Mi madre me trajo en el buque hasta Santa Bárbara porque en ese tiempo vino el Teniente Don Raymundo Carrillo a hacerse cargo de la Comandancia aquí en relevo del Capitán Don Felipe Goicoechea que iba a salir para México con el carácter de Habilitado General de estos presidios.

Permanecí junto con mi madre aquí hasta que ella se marchaba para San Blas, y entonces me entregó ella a Don Raymundo, en donde me quedé muchos años.

Durante ese tiempo mandaba como Gobernador de las Californias el Coronel Don José Joaquín de Arrillaga. Cuando se aumentó la fuerza de las compañías presidiales a los tenientes de las de Santa Bárbara, San Francisco y San Diego, los hicieron Capitanes. A Don Raymundo Carrillo lo ascendieron a Capitán y le nombraron Capitán de la de San Diego y comandante de aquel presidio. A Don José Darío Argüello que era Teniente graduado de Capitán, lo hicieron Capitán efectivo y Comandante de Santa Bárbara.

El Capitán Carrillo relevó a Don Manuel Rodríguez en San Diego. Dicho Carrillo, casado con Doña Tomasa Lugo, me llevó con su familia a San Diego, ya tendría yo 12 o 13 años de edad. Allá estuve bastantes años con esa familia, y después conviniéndome salir, me pasé a la casa del Sargento Mercado casado con Doña Josefa Sal, hija del Teniente Don Hermenegildo Sal, quien murió en Monterey. Dicho Sal tuvo otra hija, Doña Rafaela que fue la primera esposa de Don Luis Antonio Argüello.

Estuve corto tiempo en casa de dicho Sargento hasta que me puse muy enferma, y entonces me llevaron los Padres a la misión; allí permanecí hasta que me había mejorado bastante; volví a la casa de Doña Chepita Sal, que ya había enviudado desde antes de mi ida a la misión. Continué un poco de tiempo más en esa casa y los Padres por favorecerme me volvieron a llevar a la misión para hacerme enfermera, porque hacía tiempo que se estaban fabricando dos hospitales. Cuando se hubieron concluido esos hospitales (uno para hombres y otro para mujeres) y se pusieron los enfermos en ellos, el Padre Misionero Fray José Sánchez vino al presidio a decir la misa y me dijo que me previniera para volver a la misión pues que iba a [ser] la enfermera del hospital de mujeres. Fue más bien su propósito hacerme una obra de caridad porque yo poco podía servir pues estaba aún bastante enferma.

Durante ese tiempo que estuve en el presidio no ocurrió nada digno de contarse. Desde muy niñita antes de venir de México, me habían enseñado a leer y la doctrina. Ya cuando era mujercita en California, yo sola aprendí a escribir valiéndome para ello de los libros que veía —imitaba las letras en cualquier papel que lograba conseguir, tales como cajillas de cigarros vacías o cualquier papel blanco que hallaba tirado. Así logré aprenderlo bastante para hacerme entender por escrito cuando necesitaba algo.

Ya desde que estaba en casa de Doña Tomasa Lugo había empezado a enseñar a leer y la doctrina a algunas niñas, después hice lo mismo en la de Doña Josefa Sal. Esta señora después que enviudó abrió una escuela para enseñar a las niñas a leer, rezar y coser. Como ella tenía una huerta que le ocupaba mucho la atención, yo tenía a mi cargo casi exclusivamente la escuela. También había algunas niñas que sus padres me las habían encomendado a mí particularmente.

Enseñé a las tres hijas que entonces tenía el Alférez Don Ignacio Martínez: María Antonia, Juana y Encarnación. La madre era Doña Martina Arellanes. También enseñé a una sobrina de Doña Tomasa Lugo, que se llamaba Bernarda Ruiz y vive aún aquí en Santa Bárbara. Muchas otras aprendieron las primeras letras y a coser conmigo.

En la misión estuve muy enferma. El Padre Sánchez me llevó allí más bien por caridad, porque yo no podía trabajar con motivo de tener la mano izquierda paralizada de modo que parecía muerta. Así estuvo como 2 años y 8 meses sin movimiento ninguno, y como 4 meses recuperando muy despacio.

Yo me mantenía con el trabajo de mis manos, ya cosiendo, haciendo camisas perfiladas, bordadas o como me las pedían: bordaba bandas, chalecos, allanando ataderas para las botas de gamuza de los soldados y paisanos —esas ataderas eran de seda con puntas bordadas y aliñadas con lentejuelas, azahares y otras cosas que daban mucho trabajo.

Los hombres usaban pañuelos de pescuezo con las puntas bordadas, o fileteadas imitando encajes. Yo hacía de eso.

Los tres años que tuve la mano tullida no podía trabajar, pero en el hospital de la misión lo que hacía era curar [a] los enfermos, aunque el Padre Sánchez me había dicho que no lo hiciera yo misma sino lo mandara hacer y estuviera presente para que las sirvientas lo hicieran bien, pero yo siempre, como podía, metía mano y asistía a las enfermas.

Las enfermedades que padecían las indias, además de las comunes de dolores de cabeza y fiebres sencillas, eran las de sífilis y llagas. Estas enfermedades las adquirían las casadas que vivían en sus rancherías y que iban a trabajos, a pesar del mucho trabajo que tenían los padres y mayordomos para que no cometieran desórdenes, ni tratasen con gentes de fuera de la misión. Las mujeres solteras dormían en un departamento aparte que se llamaba vulgarmente el monjerío. En esa misma casa había un gran patio con su corredor en donde ellas hilaban la lana, o escarmenaban e hilaban algodón porque había mucho algodón que se producía en la misión. Uno de los parajes que después se me dio a mí fue el vallecito que llamaban San Jorge que producía mucho algodón. Todas las semanas, en los meses de junio a octubre venía un indio con una mula cargada con un costal lleno de algodón que casi arrastraba en el suelo. Todos los manteles y servilletas, toallas y otros muchos paños que había en la misión, eran tejidos allí mismo de algodón por las neófitas —las muchachas hilaban; todo el pabilo que usaba la misión era de algodón preparado en ella misma.

Los mozos solteros tenían también su departamento para dormir aunque, en el día iban a sus trabajos.

Tanto los solteros como las solteras dormían encerrados; los primeros eran recogidos por los alcaldes quienes después entregaban la llave en casa del Padre.

Las solteras estaban al cuidado de una india mayor que era como la matrona. Ésta las vigilaba mucho —era quien las llevaba a bañarse, y nunca las perdía de vista. En la tarde, después de la cena las encerraba, y llevaba la llave al Padre.

Los indios se levantaban y venía alguno a comprar ya una fanega de trigo o maíz o alguna otra cosa. Yo era la que iba a presenciar la entrega por el llavero. Los sábados que se daba ración a los soldados de la escolta (un cabo y 4 soldados), yo tenía que estar presente a la distribución.

Yo enseñaba a las indias a coser, y las tenía continuamente trabajando en las costuras para la iglesia o los padres; todo se hacía bajo mi dirección y cuidado. Yo cuidaba de la ropa de la iglesia, no sólo de hacerla, sino de lavarla, para lo cual tenía indias lavanderas.

Tenía, por supuesto, el cuidado de las enfermas en el hospital.

Cuando llegaban buques al puerto, los sobrecargos avisaban a los Padres, y éstos escogían de las facturas los efectos que se necesitaban para la misión y hacían sus apuntes después. Cuando tenía lugar, iba yo a bordo con sirvientas a recibir los efectos. Siempre tenía yo facultad para sacar de los buques los efectos que me parecieran útiles para la misión, aún cuando no estuvieran puestos en la lista que habían hecho los padres.

La segunda comida que tomaban los indios era a las 11. Entre esa hora y doce, los casados comían en sus rancherías.

Los solteros venían a la pozolera a buscar su ración y se la llevaban. Si alguno estaba ocupado, o distante venía algún pariente suyo por la ración, o el pozolero se la guardaba teniéndose mucho cuidado que nadie se quedara sin ración.

Las solteras iban con su matrona a tomar sus raciones también. Los trabajos del día acababan a las 5, entonces tocaban a rezar y todos tenían que asistir al rezo, menos los que estuvieran empleados fuera de la misión. Después del rezo iban a la pozolera por su atole de la cena, y se retiraban.

La misión de San Diego era pobre, y no tenía abundancia de ganado como otras misiones —por eso cada 15 días mataban reses, y en tiempo de la trasquila borregos.

La carne de res se daba cruda a los indios pero la de borrego se ponía en la pozolera y se les daba cocida para la comida del medio día.

Los indios varones tenían sus calzones y taparrabos, las hembras sus naguas de jerga, su cotón; a unos y otros se les daba su frazada cada año. Todos los efectos de lana se hacían en la misma misión. A los vaqueros se les daban sombreros, calzones y botas, y sillas de montar con sus reatas.

Los indios que no cumplían con su obligación, o que de alguna manera delinquían, eran castigados por los alcaldes por orden del Padre. Los castigos eran encierro en un calabozo, con grillos o sin grillos, o en el cepo, según la magnitud de la falta. Si ésta era un poco grave les daban azotes, que raras veces pasaban de 25, y en muchas ocasiones menos. Pero si el delito era ya de trascendencia, el delincuente era entregado al cabo de la guardia quien procedía según sus instrucciones. El cabo averiguaba bien todas las circunstancias del caso, y los testigos que podían declarar, y después con vista de todo, daba parte al Comandante del presidio. Si el caso era de suficiente importancia para sumariar al preso, venían un cabo y un soldado a caballo, y se lo llevaban al presidio, en donde la sumaria se hacía por el fiscal que nombraba el Comandante.

Estuve al servicio de la misión muchos años y aún después que estuvo secularizada, no había neófitos, pues ya en los últimos años los indios estaban como libres; en la misión cuidando la iglesia y el Padre misionero —el último que quedó hasta el año de 1846, fue el Padre Vicente Pascual Oliva.

....

Voy a relatar lo que me contó María de los Ángeles, esposa de Leyva, mayordomo que era del rancho de Jamul. Dicho Leyva un día antes mandó a decir a un sirviente de mi rancho llamado Camacho que tenía intención de ir al Rancho de la Nación a dar rodeo y le convidó a que fuese con él para ver si se encontraban allí algunas reses mías. Camacho fue para el Rancho de la Nación derecho para juntarse con el otro. Cuando llegué a mi rancho, pregunté por él y me dijeron que se había ido al rodeo. Después de concluido el rodeo, Leyva convidó a Camacho para que fuera con él ayudándole a conducir el ganado de Jamul. Camacho había sacado 6 cabezas mías, las que llevó a Jamul con el otro ganado —también le instó que se quedara a dormir allí aquella noche y a la mañana siguiente apartarían las reses mías y él mismo le ayudaría a encaminarlas hasta la bajada del rancho. Camacho se quedó —era todavía temprano. Doña María de los Ángeles, esposa de Don Anastasio Leyva el mayordomo, le dijo: "déjame ir siquiera al rancho de la Señora Apolinaria, porque tengo mucho miedo". Su marido le preguntó, a quién tenía miedo, si no estaba él allí. Ella entonces le dijo que una india vieja había venido allí con ella y le había dicho que se fueran porque iban a caer los indios y matarían a todos los que estuviesen allí. Leyva contestó que no había tales indios y en tono de broma le dijo que si venían los tales, él metería a la familia en un cuarto de cueros, en donde estarían protegidas. Así es que el aviso de la india quedó sin efecto.

A la mañana siguiente temprano estaba ella (María de Los Ángeles) haciendo el almuerzo para que se desayunasen los hombres y la familia. Cuando ya Leyva, Camacho y los demás hombres habían almorzado, se levantaron Leyva y Camacho, quienes ya tenían ensillados los caballos para ir al corral a apartar el ganado. Entró Leyva a tomar un tizón para encender un cigarro. En ese momento se oyó el alarido de los indios hostiles (gentiles y cristianos —entre éstos, los mismos de la casa que fueron los peores, y los que incitaron a los otros a venir) —Doña María de Los Ángeles muy alarmada dijo, "¡Oh, Anastasio, ahí vienen los indios a matarnos!" Allí se hallaba también Anastasio Molina sirviente de Don Joaquín Ortega. Ese Molina estaba a punto de casarse con una de las hijas de Leyva llamada Tomasa, y había ido allí a decir al padre que se presentase la niña en la misión a tomarse los dichos para que se corrieran las amonestaciones.

Camacho había ido al corral a esperar a Leyva para apartar mis reses. Un sirviente encargado de las siembras se había ido con un pedazo de carne a comérselo en las milpas. La cocina estaba separada un poco de la casa del rancho. Leyva y Molina iban para la casa a tomar las armas, una india entró primero que ellos y cerró la puerta del cuarto en que estaban las armas de fuego —ya no pudieron tomar armas— entonces los indios, que ya habían primeramente matado al sirviente en la milpa, y a Camacho en el corral, cayeron sobre la casa. María de los Ángeles, sus dos hijas y dos varones se corrieron a ocultar en la huerta. Los indios mataron a Leyva y a Molina debajo del corredor. Después fueron a buscar la familia, y habiéndola hallado en la huerta, echaron mano a las dos muchachas y se las llevaron. Tomasa era joven, de 18 a 19 años, y la Ramona de 10 a 12 años. A la madre le quitaron el rebozo dejándole las naguas, diciéndole que se fuera con los varones, porque no querían matarlos, pero que si no se iban pronto, los matarían también. El varón mayor, José Antonio, sería de 12 años, y el otro llamado Claro era como de 6 años. Las niñas daban gritos, y la más chica se agarró de las naguas de la madre sin querer soltarla, pero los indios a la fuerza las arrancaron, y con amenazas obligaron a la madre a ponerse en camino con sus dos hijos varones.

Los indios incendiaron las casas y en la de vivienda se quemaron los cuerpos. Así es que cuando vino después auxilio, ya no se pudo conocer las facciones; así asados se les condujo en un cuero y cerca de la casa se les dio sepultura.

Esa es la relación que me hizo Doña María de los Ángeles cuando llegó a mi rancho. Quien primero llegó a la casa fue José Antonio. La madre se quedó cerca del humo en donde se quemaba cal. Mi comadre Nieves, mujer de mi mayordomo, y yo estábamos cerca de un aguaje limpiándolo con un indio, los otros indios estaban trabajando con el mayordomo. El José Antonio se dirigió a Nieves de parte de su madre pidiéndole que le mandase con qué taparse. Nieves corrió a la casa a buscar lo que podía encontrar —en el camino le informó dónde estaba su madre y todo lo que había sucedido en Jamul. Nieves le dio creo que una sobrecama. A su vuelta me relató la escena calamitosa; yo mandé suspender el trabajo al indio, y le ordené que fuera a llamar a mi mayordomo con toda la gente. Vinieron luego luego porque el indio les dijo lo que había sucedido en Jamul. La desgraciada madre no hablaba ni lloraba, la congoja la tenía abrumada. Traté de consolarla, y de hacerle tomar algún alimento, pero estaba inconsolable, y no pude conseguir que comiese nada. Aquella misma tarde, a petición de ella, la mandé para San Diego en mi carreta.

Cuando vinieron a la casa mi mayordomo Valentín con los indios, mandé a uno de ellos que fuese corriendo a caballo a la ranchería de los indios de Secuá, que eran gentiles, pero muy mansos y muy buenos, para que viniesen inmediatamente con sus armas; mis indios sirvientes eran de la misión de San Diego, tres, los demás casi todos eran de Secuá; también había otros gentiles muy pacíficos que venían de mucho más lejos.

Vinieron como ocho ó diez de los de Secuá a más de los que ya estaban antes, todos bien armados con sus arcos y flechas y listos para defendernos si venían los hostiles a atacarnos.

Escribí dos cartas y las despaché, una para el Cajón a mi compadre Rosario Aguilar, mayordomo allí, y otra a Don Joaquín Ortega en la misión, dando cuenta de lo acaecido en Jamul para que lo pusiese en conocimiento de la autoridad en San Diego.

A una comadre mía que vivía conmigo en mi casa en la misión en donde yo tenía pólvora y balas, le mandé decir que me mandara ese parque. Al Padre Vicente Oliva y al Padre Fernando Martín les pedí papel para hacer cartuchos. Todo me vino sin demora. Yo no abandoné el rancho hasta el día siguiente cuando trajeron los cuerpos de Molina y del sirviente asesinado en la milpa de Jamul. Mandé a Valentín Ríos con una fuerza de indios de Secuá y con sirvientes de razón que fuesen a Jamul a ver cómo estaba aquello y con instrucciones de no tocar los cuerpos hasta que hubiese venido un juez que abriese la información judicial.

En aquel tiempo era juez de San Diego Don José Antonio Estudillo, y vino a examinar los cuerpos, y firmar la información sumaria. Después de practicadas aquellas diligencias dicho Estudillo (cuyo hijo Salvador era ahijado mío y también una de sus hijas de confirmación) vino a mi rancho, y autorizó para que se enterrasen los cuerpos. Los de Camacho y el otro sirviente fueron conducidos a la misión y sepultados en el cementerio. Yo pienso que esas ocurrencias fueron en abril o mayo de 1838. Yo recuerdo que el sirviente asesinando estaba cuidando las milpas de trigo, y que todavía no estaba sembrado el maíz.

Se mandó llamar al Sargento Macedonio González, quien vino con alguna tropa de la Baja California, a la que se agregaron algunos vecinos de San Diego y juntos se fueron a la sierra para ver si podían rescatar a la niñas de Leyva. Llegados a la sierra sobre unos peñascos vieron a las dos jóvenes sentadas, vigiladas por los indios. Las muchachas gritaban a los hombres que subieran por ellas y los indios les tapaban la boca. La tropa y vecinos mataron algunos indios pero no lograron, por motivo de la escabrosidad del terreno, y el gran número de la indiada, llegar a donde estaban las jóvenes. Además había muchas cuevas y cavernas en donde vivían los indios, y era imposible dar con ellas. Al fin, después de muchos inútiles esfuerzos tuvo Macedonio González que retirarse con la gente. Oí decir que los indios fueron a vender las jóvenes en el río Colorado.

Algunos años después un tal Muñoz, que había estado a mi servicio y a quién yo le había bautizado un hijo, se le puso en la cabeza irse a Sonora; permaneció allí algún tiempo, se le murió su mujer y tal vez su chico, y se volvió a California. Me trajo una porción de regalitos, los que me entregó en mi rancho de Jamachá. Me aseguró que en su viaje de vuelta vio a la más joven de las niñas Leyva, detrás de una casa sentada. Llegó él y la saludó y como vio que la muchacha le habló en buen castellano, le preguntó quién era y ella le dijo que era de San Diego, y que había sido robada por los indios —en fin, que le dio una relación de la tragedia, suplicándole que la trajera consigo, pero él no se atrevió, porque no tenía más que una bestia medio cansada —y si la llevaba se le cansaría el caballo, los indios los alcanzarían y los matarían a los dos.

Yo no sé qué se hiciesen más esfuerzos para salvar esas jóvenes del poder de los indios.

Yo entendí que los hostiles que cometieron esas tropelías eran indios de Tecate, Río Colorado, y otros muy conocidos. Se ha dicho que tomaron parte en ellas los Capitanes Cartucho, Martín y Pablo, pero lo dudo mucho —porque el Sargento Macedonio González los conocía bien y nunca los nombró como los autores. Los verdaderos autores fueron los indios del rancho que convidaron a otros.

En el rancho Tijuana del Capitán Santiago Argüello adoptaron precauciones, por si los indios iban allá —pero los indios, después del saqueo y quema de Jamul, y los demás crímenes se retiraron enteramente, sin ir a ningún otro rancho —pudieron haber venido al mío que estaba muy cerca y era lo que yo temía, pero no lo hicieron.

Doña María de los Ángeles el resto de su vida estuvo sufriendo moralmente sin consolarse nunca —al fin sucumbió bajo el peso de sus padecimientos.

Después de esos acontecimientos un indio gentil que era sirviente mío llamado Janajachil, me pidió permiso para ir a la sierra a traer su mujer. Era un hombre muy trabajador, pacífico y obediente, se temía que los indios hostiles cayeran sobre su ranchería, y por eso era su ansiedad de traer su mujer; me prometió volver en tres días y le di la licencia. Ya había vuelto con su mujer, y estaba trabajando, cuando un día se apareció en mi rancho el Sargento Macedonio (yo estaba en la misión), y sin más ni más y no sé por qué motivo, pasó al indio por las armas. Tal vez tuvo sospechas contra el infeliz, pero estoy persuadida que el pobre indio estaba inocente.

Me acuerdo de que un día se presentó Macedonio González en San Diego con gente armada y fusiló varios indios, sirvientes de las casas. Uno de ellos llamado Juan Antonio, muy castellano y buen cocinero, empleado en casa de Don José Antonio Estudillo, entró en el plan de conspiración para matar los blancos en venganza de que le habían matado a su hermano Janajachil sin razón ninguna. Yo me hallaba en la misión en aquel día, y no vi lo que sucedió, pero sé que fusiló a varios indios en el pueblo acusados de haber formado un plan para matar los blancos, robar las casas y tiendas, y llevarse las mujeres que les gustasen. Se les acusó también de estar en convivencia con indios gentiles y cristianos de fuera. Macedonio González procedió con mucha energía y dureza.

En aquellos tiempos había muchos indios alzados en su mayor parte gentiles, pero no dejaba de haber algunos cristianos entre ellos.

Algunas veces esos mismos indios se cansaban de sus borucas y se pasaban a Los Ángeles a servir en las casas comportándose bien en ellas. Más parece que uno de ésos que estaba ocupado en una huerta de Los Ángeles conduciéndose con mucha formalidad, lo hizo sacar Macedonio González, que tenía muchos antecedentes de él y lo fusiló.

Los robos de caballada eran continuos y los promotores de ellos por lo general eran los mismos indios de misión que iban a convidar a los gentiles para que les ayudaran.

En el valle del Cajón (entre la misión y el Cajón) tenían los Padres una ordeña, en que hacían quesos. Un día cayeron los indios (creo que fue en 1836) mataron al vaquero al muchacho que tenía para ayudarle y a un indio pastor que cuidaba de un rancho de borregas y había venido a enterrar a su mujer. Otro muchacho que estaba allí se escapó y vino a avisar. Mataron las reses y se llevaron la carne, y se llevaron también la mujer del vaquero que era india, y todos los caballos. La mujer la entregaron después como a los 15 días.

Raíces de la resistencia

quisición; Es verdaderamente curiosa . . .

Francisco P. Ramírez tenía sólo diecisiete años cuando empezó a dirigir *El Clamor Público*, pero a pesar de su corta edad, tuvo mucho éxito al crear una voz para los ciudadanos mexicanos en California. Ramírez empezó siendo un ardiente partidario de la asimilación de los mexicanos a la cultura de los Estados Unidos; abogó para que éstos aprendieran inglés, para hacer de California un estado y por aceptar la constitución de los Estados Unidos. Sin embargo, al pasar el tiempo, su indignación creció cuando descubrió que la igualdad no existía para los mexicanos bajo la ley norteamericana. Es entonces cuando los editoriales de Ramírez pueden ser vistos como precursores del Movimiento Chicano al presentar cada semana una denuncia de las injusticias que afligían a los mexicanos. Ramírez en el editorial "Es verdaderamente curiosa . . ." argumenta que en un país donde la esclavitud es permitida, el Destino Manifiesto institucionalizado y sus nuevos ciudadanos son denunciados como *greasers*, es imposible que existan libertades a pesar de su garantía por la constitución de los Estados Unidos. En "Inquisición", Ramírez reprueba la hipocresía del sistema de justicia que prevalece en los Estados Unidos y cómo éste es implementado para vigilar e incluso "linchar" a los mexicanos. Ramírez usa su periódico con maestría como un catalizador para el compromiso político de sus amigos mexicanos y, más importante, para defender los derechos legales de sus compatriotas, derechos que no fueron protegidos por el gobierno de los Estados Unidos. (SH)

Lecturas: Nicolás Kanellos y Helvetia Martell. *Hispanic Periodicals in the United States: A Brief History and Comprehensive Bibliography.* Houston: Arte Público Press, 2000.

quisición

En la primer página publicamos las resoluciones adoptadas por las buenas gentes del condado de Amador, inmediatamente después que ahorcaron a tres mexicanos arbitrariamente y sin juicio ninguno. Este proceder por parte del pueblo americano ha llenado de indignación a todos los descendientes de la raza española. Las autoridades de un país deben mirar por la seguridad de sus ciudadanos, y a ellas les incumbe juzgar y castigar al criminal; pero el populacho enfurecido no tiene derecho a quitar la vida a un hombre sin estar cerciorados que ha cometido el crimen que se le imputa. Expulsar a todos los habitantes mexicanos por un crimen en que no tienen la menor parte, y sólo sí por haberlo cometido algunos de sus compatriotas, aliados como se dice, con varios americanos y chilenos, bueno es que estos últimos tienen la misma pena que los mexicanos, y ¿por qué no se hace así con los americanos que tomaron parte en dicho crimen? Es verdad que tanto en México como en todas partes del mundo, hay hombres malos, pero se admitirá también que hay muchos buenos, que ganan su subsistencia por medios honrados, y que reverencian a las leyes de este país.

Leemos en el *State Tribune* de Sacramento: "Sabemos que el pueblo de Ranchería y su vecindario, exasperados por los asesinatos brutales cometidos recientemente en aquel lugar, están matando sin distinciones a los Españoles y *Greasers* que encuentran".

Desde el año de 1819 ha existido cierta animosidad entre los mexicanos y americanos, tan ajena de un pueblo magnánimo y libre, de manera que estos han deseado con todo su corazón que los mexicanos todos no tuvieran más que un solo pescuezo para cortárselo. Han sufrido muchas injusticias, y principalmente en las minas han sido abusados y maltratados impunemente. Si un mexicano tiene por desgracia un pleito en las cortes de este Estado está seguro de perderlo. Es imposible negar esta aserción porque conocemos a muchos infelices que así les ha sucedido a pesar de los esfuerzos que han hecho para obtener sus derechos y justicia imparcial.

Es verdaderamente curiosa . . .

Es verdaderamente curiosa la idea que se tiene de la libertad en los Estados Unidos. Esa libertad tan decantada es imaginaria. Creemos que un hombre no es verdaderamente libre cuando está obligado a pagar un tributo por tantas puertas y ventanas, y hasta por el aire que respira. En nuestra opinión la libertad es el derecho que tiene toda criatura racional de disponer de su persona y facultades; conforme a razón y justicia. Hay tres especies; natural, civil y política, o séase, libertad del hombre, libertad del ciudadano, y libertad de la nación. Libertad natural es el derecho que por naturaleza goza el hombre para disponer de sí a su albedrío, conforme al fin para que fue criado. Libertad civil es el derecho que afianza la sociedad a todo ciudadano para que pueda hacer cuanto no sea contrario a las leyes establecidas. Y últimamente, libertad política o nacional, es el derecho que tiene toda nación de obrar por sí misma sin dependencia de otra, ni sujeción servil a ningún tirano. Pero aquí en este país tan fabuloso, el que roba y asesina más es el que goza de la libertad. Ciertas personas no tienen ninguna clase de libertad —esta libertad, decimos es la que se niega en las cortes a todo individuo de color. Otra gran libertad que hay es la que tiene cualesquier individuo de comprar a un hombre por dinero, para ahorcarlo o quemarlo vivo arbitrariamente, según le parezca. Esto sucede en los estados donde se tolera la esclavitud, y allí reina desenfrenadamente el despotismo más vil —en el centro de una nación que se llama la "República modelo". Vaya que son singulares las instituciones de un país que parece absorberlo todo por causa del "destino manifiesto". Últimamente aquí en California hemos sido favorecidos por nuestra "Legislatura modelo", con dos leyes tan originales que no tienen igual en los fastos de ninguna nación civilizada. Éstas son la ley del domingo y la famosa ley de los vagos. La primera prohibe con pena de encarcelación y multa a todos que contravengan a sus disposiciones los bailes y otras diversiones inocentes en día domingo, como para forzar al pueblo a quedarse en casa, ayunar y orar al Altísimo por nuestro bienestar. (¿No fuera mejor orar para que nos libre de tales Legislaturas?) Es verdaderamente muy ridícula la suposición que el pueblo se hace más moral quitándole sus pasatiempos o sus diversiones. La segunda es la que afecta directamente a nuestra población californiana y mexicana. Particularmente nos distingue por el título de *Greasers*. Esta ley ha servido a poner más ancha la barrera que ha tiempo existe entre los extranjeros y los nativos.

ablo de la Guerra (1819–1874)

s Californios

Descendiente de una familia importante de Santa Bárbara, Pablo De la Guerra fue uno de los pocos nativos que intervino en la convención constitucional para crear el estado de California en 1850. Como uno de los pocos nativos electos a la legislatura, aprovechó esa oportunidad para elevar su voz en defensa de los nativos de California, afectados profundamente por la migración masiva que llegaba desde el este y por la pérdida de sus tierras, poder y prestigio bajo el nuevo gobierno americano. Además de protestar ante la legislatura la política que afectaba a los hispanos, De la Guerra asumió la responsabilidad de defender a los amerindios por medio de numerosos discursos. En el discurso "Los Californios", pronunciado en 1860 y publicado en español en el periódico *El Clamor Público* de Los Ángeles, De la Guerra ataca la manera en que fueron otorgadas las tierras bajo la ley de California y de los Estados Unidos. En su angustiada descripción sobre la privación de los derechos de la propiedad de los californios, De la Guerra acuñó una de las frases que mejor caracterizaría la condición de la gente nativa: "extranjeros en su propia tierra". El mismo año en que De la Guerra pronunció este discurso, decidió dejar la legislatura y postularse para el cargo de juez en Santa Bárbara, un puesto que ganó y mantuvo hasta su muerte. (EA)

Lecturas: Joseph E. Cassidy. "Life and Times of Pablo de la Guerra". Diss. University of California, 1977.

Hacemos el extracto siguiente del elocuente discurso pronunciado por el Hon. Don Pablo de la Guerra, en oposición a la "ley para pacificar los títulos de terrenos en California", que fue aprobada recientemente por la Legislatura:

¿Quiénes son los demandantes? Son los conquistados postrados ante el conquistador pidiéndole su protección en el goce de lo poco que su mala suerte les ha dejado. Son los que han sido vendidos como carneros. Son los que fueron abandonados y vendidos por México. No entienden el idioma prevalente de su tierra natal. Son extrangeros en su propio país. No tienen ninguna voz en este senado, exceptuando la que ahora tan débilmente está hablando a su favor. Yo no culpo a nadie porque no piensan bien sobre esta cuestión, ellos no han examinado bien ambas partes —pero yo sí. He visto llorar como niños a ancianos de sesenta y setenta años de edad, porque habían sido arrojados del hogar de sus padres. Han sido humillados e insultados. Se les ha rehusado el privilegio de sacar agua de sus propios pozos. Se les ha rehusado el privilegio de cortar su propia leña. Y todavía los individuos que han cometido estos ultrajes han venido aquí a buscar protección y para mi mayor admiración el senado simpatiza con ellos. Vosotros senadores no oís las quejas de la clase española. Vosotros no consideráis suficientemente la equidad de sus títulos y los justos derechos de sus posesiones.

Se ha dicho por los senadores que el poblador tenía derechos equitativos; que habían obrado de buena fe, que había ocupado terrenos sin señales, demarcaciones, límites, ni papeles para distinguirlos del dominio público; y que habiendo obrado de buena fe debía ser pagado por sus mejoras. Pues si el objeto era simplemente para proteger los derechos de aquéllos que se habían establecido de buena fe, la enmienda que ofrecí hubiera sido adoptada inmediatamente, pero los senadores de Sonoma y Sacramento nos han dicho que eso destruiría el proyecto de ley. Por esta razón creo que su objeto es proteger a los pobladores de *mala fe*. Cualquier hombre imparcial que examine la ley mirará que proteje al *squatter* y que por bien o mal despoja al dueño del terreno de sus justos derechos, derechos inviolables por las leyes humanas o divinas . . .

Consideremos la equidad del asunto. El dueño poseía grandes porciones de terreno, que en muchos casos, han pertenecido a la misma familia por más de medio siglo. Por la ley que creaba a la comisión de terrenos, estaba obligado a dar su título. En mi condado hemos calculado que lo que se ha pagado sólo a los abogados para defender los títulos ante la comisión, ascendía a la tercera parte del valor de la propiedad. En todos los casos decididos favorablemente para el dueño, se apelaba a la corte de distrito, y aun después de esto se hace otra apelación al alto tribunal de la nación —la Corte Suprema de los Estados Unidos. —Para llevar a cabo estos litigios extraordinarios, se tomará otra tercera parte de nuestra propiedad y ¿qué le quedará al dueño? Se nos debiera mostrar un poco de consideración. Además de estos gastos injustos e ilegales, estamos obligados a pagar contribuciones que ascienden a más de un millón de pesos, y para pagarlos nos hemos visto compelidos a vender nuestra propiedad personal y parte de nuestros terrenos para salvar lo restante, para salvar aquel terreno que tan sagrada y solemnemente se nos garantizó por medio de un tratado con la nación Mexicana: y cuando después de sufrir todas esas injusticias y sobrellevado toda clase de injurias, ahora hallamos a una legislatura hambrienta por quitarnos hasta el último centavo simplemente por que los *squatters* son más numerosos que los nativos de California.

an Nepomuceno Cortina (1824–1892)

oclama

El Tratado de Guadalupe Hidalgo de 1848, puso fin a la guerra entre los Estados Unidos y México, supuestamente protegía los derechos de los mexicanos que se convirtieron en ciudadanos estadounidenses en los territorios recién adquiridos. Éstos eran derechos garantizados por la constitución de los Estados Unidos. Sin embargo, con la excepción de la libertad de religión, los derechos constitucionales y las garantías de los ciudadanos estadounidenses de ascendencia mexicana fueron sistemáticamente violados. Oficiales municipales, estatales y federales con frecuencia conspiraron con poderosos terratenientes, políticos y abogados para despojar, a través de medios ilegales, a los nuevos ciudadanos de sus propiedades y de las tierras que les había concedido el gobierno. La población méxicoamericana con frecuencia se resistió contra éstas y otras injusticias cometidas en su contra. Una notable fuerza de resistencia fueron los llamados bandidos sociales que encabezaron una guerra de guerrillas contra las autoridades anglos durante una gran parte del siglo XIX y principios del XX. Uno de esos bandidos sociales, Juan Nepomuceno Cortina, popularmente conocido como el "Ladrón Rojo del Río Grande" lideró una banda de hombres unidos por una definida ideología de resistencia contra las injusticias cometidas por los anglos. Él y sus hombres atacaron con éxito a tropas del ejército norteamericano y fuerzas paramilitares en el área comprendida entre Brownsville, Texas, y Matamoros, Tamaulipas, entre 1859 y 1875. Cortina presentó la siguiente "Proclama" en 1859 a los ciudadanos de Texas —especialmente a la población de Brownsville— declarando el derecho de los méxicoamericanos de defenderse contra las injusticias de los anglos, persiguiendo y castigando a los que cometían crímenes, incluyendo los asesinatos y el robo de las tierras. Cortina y sesenta de sus hombres ocuparon Brownsville hasta que el cónsul mexicano los persuadió de abandonar la ciudad. (ChT)

Lecturas: Carlos E. Cortés, ed. *Juan Nepomuceno Cortina: Two Interpretations.* New York: Arno Press, 1974.

J. Nepomuceno Cortina a los habitantes del Estado de Texas y con especialidad a los de la ciudad de Brownsville.

CONCIUDADANOS: Un suceso de grave importancia en el cual me ha cabido en suerte figurar como actor principal desde la madrugada del día 28 del que fina, os tiene suspensos y temerosos tal vez de sus consecuencias y progresos. No hay que temer: la gente de orden y los ciudadanos honrados son para nosotros inviolables en sus personas e intereses. Nuestro objeto, como lo habéis visto, y cuyo testimonio no podéis negar, ha sido castigar la impune avilantez de nuestros enemigos; éstos se han confabulado y forman, por decirlo así, una logia inquisitorial y pérfida para perseguirnos y robarnos sin más delito ni motivo que ser de origen mejicano, y considerarnos sin duda destituidos de los dotes que ellos mismos no poseen.

Nosotros para defendernos, y haciendo uso del sagrado derecho de conservación, nos hemos reunido en Junta Popular para ver de discutir término a nuestro malestar.

La concordancia de origen, parentesco y comunidad de males ha sido, por decirlo así, la causa de los que directamente abrazamos el objeto propuesto al pisar nuestra hermosa ciudad revestidos del aspecto imponente de la exasperación.

Organizada la junta y presidida por mí, merced a la confianza que inspiro como uno de los más agraviados, hemos recorrido las calles de la ciudad en busca de nuestros antagonistas para castigarlos, ya que sobre ellos, el imperio de la ley, como administrada la justicia por sus propias manos, ha venido desgraciadamente a no surtir sus efectos. Algunos de ellos tan temerarios como remisos en acatar nuestra demanda han parecido por haber querido llevar su encono hacia más allá de los límites que su delicada posición les tolera: murieron tres de ellos, todos criminales y notoriamente conocidos en el pueblo por sus atentados. Los otros, todavía más indignos y miserables, se arrastraron por el fango para sustraerse de nuestro enojo, y ahora tal vez pretenden con sus fanfarronadas ser la causa de infinidad de males por su cobardía: se escondieron; sabíamos dónde estaban, y no quisimos atacarles en el recinto de las habitaciones ajenas por no tener el pesar de ver confundidas en su casa a otras personas respetables como al fin ha sucedido.

Por otra parte debemos rechazar como injusto el motivo de alarma y carácter que han querido dar al negocio, llevando su seguedad algunos hasta implorar el favor de México, alegando como razón, la de que sus bienes y personas estaban espuestas al vandalismo. Pues qué, ¿se cometieron algunas tropelías durante el tiempo que poseímos la ciudad, pudiendo ser nosotros los árbitros de su muerte? ¿Habrá quien diga que fue robado, vejado o incendiado su hogar . . . ?

El desgraciado D. Viviano García fue víctima de su generoso comportamiento; y con tan lamentable ejemplo nos abstuvimos de nuestro propósito, horrorizados de tener acaso que verter la sangre de los inocentes sin la seguridad siquiera de que menos cobardes hubieran aceptado nuestro reto los malvados.

Éstos, como ya hemos dicho, forman con una multitud de abogados un concierto y ramificación para desposeer a los mejicanos de sus tierras y usurparlas en seguida. Lo comprueba la conducta del tal Adolfo Glaveeke que, investido con el carácter de diputado, y de acuerdo con los dichos abogados, ha esparcido el terror entre los incautos, haciéndoles creer que ahorcará a los mejicanos valiéndose de cualquiera acusación; que incendiará sus ranchos, etc., etc., para de esta manera obligarlos a abandonar el territorio y conseguir su objeto. Esto no es una suposición: es una realidad, y a falta de otro argumento, cuando no fuera pública esta amenaza, todos se persuadirán de lo que son capaces unos hombres tan criminales como el Marshal, el carcelero, Morris, Neale, etc., etc. El primero en su historia y comportamiento siempre ha sido infame y traidor: es el asesino del malogrado Coronel Cross, del Capitán Woolsey, de Antonio Mireles, asesinado en el rancho de "Las Prietas", (teatro de sus asesinatos). En fin, es el traidor que, instigando a unos y ayudando a otros, ha regenteado mil atentados y para vindicarse y hacer desaparecer los testigos de sus depravaciones ha sido el primero en perseguirnos a muerte. Los otros han llevado más o menos el mismo padrón de ignominia, y ya no los queremos tolerar en nuestro seno porque son nocivos a la tranquilidad y a nuestro propio bienestar.

Ni cómo puede haber tregua entre ellos y nosotros cuando la circunstancia de tener en este territorio nuestros intereses y hacienda; cuando las desgracias que pesan sobre la infortunada República de Méjico, nos obligaron, por causas políticas, a abandonarla y no poseer en ella, o víctima de nuestros sentimientos y de la indigencia a que su misma posición nos redujo desde la época de los tratados de Guadalupe; y laboriosos y amantes de gozar el apetecido bien de la libertad en el país clásico de su origen nos indujo a naturalizarnos en él y formar parte de la sociedad confederativa allegados del más lujoso y apacible porvenir de vivir en él y de inculcar en nuestros hijos el sentimiento de la gratitud hacia un país bajo cuya sombra hubiéramos labrado su felicidad y contribuido con nuestra conducta a dar un testimonio al mundo entero de que todas las aspiraciones de los mejicanos se reducen a una sola, *el ser libres*, y habiendo conseguido nosotros, aquéllos no tendrían por fin de sus desgracias más que lamentarse de haber perdido un pedazo de tierra —no legible— satisfacción de que sus antiguos ciudadanos vivirán tranquilos en él, como para darles la Providencia un ejemplo de las ventajas que proporciona el sociego y la tranquilidad pública; cuando, en fin, todo eso no ha sido más que un sueño, y nuestras esperanzas defraudadas de la manera más cruel con que se puede herir el desengaño, no nos queda ni puede hallarse rigorosamente otra solución a nuestro problema que hacer un esfuerzo y de un golpe destruir los rémoras de nuestra prosperidad.

Es preciso: la hora es llegada, no son más que seis u ocho los opresores; la hospitalidad y algún otro sentimiento noble los defiende por ahora de nuestra saña y son inviolables para nosotros como lo habéis visto, las leyes de humanidad.

No perecerán otros inocentes, no, mas si es preciso viviremos herrantes y aguardaremos la oportunidad de vengarnos y purgar a la sociedad de unas gentes tan bajas que la envilecen con su oprobio. Nuestras familias han vuelto como extrangeras a mendigar un asilo en su antigua patria. Nuestra hacienda, si ha de ser presa de la avarienta codicia de nuestros enemigos, que lo sea mejor de nuestras propias vicisitudes. En cuanto al terreno, cualquiera nos es concedido por la naturaleza para sustentar nuestras personas; y éstas, aceptan todas las consecuencias a que halla lugar. *No poseerán nuestras tierras los enemigos personales de nosotros sino abonadas con su propia sangre.*

Nos queda, sin embargo, la esperanza de que el gobierno por su propia dignidad y por justicia acceda a nuestra demanda persiguiendo y haciendo juzgar a esos hombres o dejándolos sujetos a las consecuencias de nuestra inmutable resolución.

Réstame sólo decir que, segregados accidentalmente de los demás vecinos de la ciudad por estar fuera de ella, pero no renunciando a nuestros derechos como ciudadanos norte-americanos, reprobamos y protestamos enérgicamente contra el acto de haber pasado la fuerza de Guardias Nacionales mejicanas a injerirse en una cuestión tan ajena de aquel país, que no hay ni cómo disculpar de semejante debilidad a los que la pidieron.

Mariano Guadalupe Vallejo (1808–1890)

Los recuerdos históricos y personales tocante a la Alta California, 1769–1849

Mariano Guadalupe Vallejo nació en Monterey en el seno de una familia de californios de clase socioeconómica alta. Desde el comienzo de su vida, fue educado para el liderazgo. Se convirtió en una persona pública a la edad de ventiún años cuando se hallaba al mando de un ejército de mexicanos e indígenas quienes salieron victoriosos de una expedición contra una revuelta indígena en la misión de San José. A pesar de pertenecer a una clase alta, Vallejo fue crítico de la alta sociedad mexicana y del gobierno. Cuando tenía veintitrés años fue excomulgado de manera no oficial por la iglesia católica por negarse a entregar libros prohibidos al presbítero local. En 1836, apoyó una breve rebelión liderada por su sobrino, donde se reclamaba a California como un estado libre. Siempre se identificó con los mexicanos liberales y vio a los Estados Unidos como un modelo de forma de gobierno. Sin embargo, y para su sorpresa, recibió un trato desafortunado cuando los angloamericanos ocuparon el territorio de California después de la implementación del Tratado de Guadalupe Hidalgo (1848), siendo detenido durante algunos meses sin hacérsele cargos formales. A pesar de haber continuado en la vida pública después de 1848, la conquista de los Estados Unidos fue desastroza tanto para Vallejo como para el resto de los californios. Hacia el final de sus días, Vallejo llevaba una vida modesta en los últimos vestigios de tierra que le quedaban. Su vida fue representativa de lo que les sucedió a los californios cuando se hallaron gobernados por las leyes norteamericanas. A pesar de aceptar el gobierno democrático, fueron desplazados y tratados como extranjeros en su propia tierra. En el fragmento de "De recuerdos históricos y personales tocante a la Alta California, 1769–1849", a continuación, Vallejo brinda la perspectiva del desposeído y engañado por el gobierno angloamericano. Con un lenguaje poético refinado y con cierta ironía, presenta los ultrajes y las injusticias que recibieron los californios después de la conquista angloamericana de la región. (AB)

Lecturas: Rosaura Sánchez, Beatrice Pita y Bárbara Reyes, eds. *Nineteenth Century Californio Testimonials*. San Diego: University of California, 1994.

ᵇril de 1848

Ya el pendón de las estrellas ondea en la Alta California: ya no nos rigen las leyes mexicanas a cuya sombra habían adelantado unos y retrocedido otros pero bajo las que nadie había perecido de hambre, y sólo dos individuos habían sido privados de vida por el robo de vacas y novillos (esas muertes acontecieron en la época del mando del general mexicano Don Manuel Victoria que era un déspota consumado) acontecimiento muy común durante los primeros años de la dominación de los norteamericanos en California.

El idioma que ahora se habla en nuestro país, las leyes que nos rigen y las caras con que diariamente tropezamos, son nuevas para nosotros, los dueños del suelo, y por supuesto antagónicas a nuestros intereses y derechos, pero ¿qué importa eso al conquistador? ¡Él quiere el bien propio y no el nuestro! Cosa que yo considero muy natural en los individuos pero que vitupero en un gobierno que había prometido respetar y hacer respetar nuestros derechos y tratarnos como a hijos, pero ¿a qué bueno quejarnos? El mal está hecho y ya no tiene remedio.

Si bien el tratado de Guadalupe Hidalgo impuso a los norteamericanos la obligación de respetar derechos adquiridos, ellos siempre astutos y llenos de mañas, obraron de tal manera que colocaron a los dueños de terrenos valiosos en tal extremo que con el fin de obtener títulos de sus propiedades se han visto impelidos a gastar cantidad igual a su valor, y hubo veces que después de obtener en San Francisco, a grande costa una sentencia favorable, en las cortes federales o tribunales organizados "ad hoc", el fiscal general (*attorney general*) desde Washington daba orden, quizás con el fin de favorecer algún paniaguado, que la causa fuese revisada en la Corte Suprema de los Estados Unidos en cuyo tribunal, *the Californian claimant almost to a certainty was awarded a decision against his claim.*

Este modo de proceder no consonaba con las palabras melosas de los tribunos americanos que, en las plazas públicas, en las iglesias, en las esquinas de las calles y desde los balcones de sus casas anunciaban al californio que ellos habían venido a cerrar las cárceles, abolir los patíbulos y leyes sangrientas establecidas por los gobernantes de México y que, de voz en cuello, habían repetido "lo que se necesita para hacer vuestra dicha es abrir escuelas de enseñanza primaria por todas partes, en todos los ámbitos del país, con profusión, con impaciencia. El mal de la ignorancia es grande, el remedio de la instrucción debe ser enérgico, nosotros lo aplicaremos. Los presidentes de México os han sepultado bajo la losa de hierro de una ignorancia bestial y sin embargo sois inteligentes, vigorosos y honrados. ¿Qué serías pues si recibierais el pan de la instrucción? ¡Indudablemente podrías llegar a la altura de nosotros!"

Estas sandeces y otras por ese mismo estilo alucinaron a muchos incautos que extraños a la manera de engañar al prójimo, juzgaban a los recién llegados por sí mismos y de esa manera cayeron indefensos en las garras de los astutos aventureros que habían surcado el mar para venir a este virgen suelo, no a trabajar de una manera digna y honrada, sino a explotar la situación, por supuesto hubo muchas y honrosas excepciones, pero los buenos eran pocos y los malos muchos. Australia nos envió una enjambre de bandidos que al llegar a California se dedicaron exclusivamente al robo y al salteo. Los mormones, gente lasciva pero muy industriosa, nos despacharon la fragata "Brooklyn" cargada de emigrantes que profesaban una religión que está en choque abierto con el buen sentido, con la sana política y la moral. El Perú nos remitió un gran número de hombres joyas que creados en la holgazanería y educados en la escuela del vicio, prostituían sus personas por el interés del lucro. México nos mandó con una turba de tahúres, que no tenían más ocupación que el juego de naipe, más móvil que la explotación de los incautos. Francia, deseosa de expatriar algunos millares de hombres prevaricadores y mujeres corrompidas las embarcó a costa del gobierno a bordo de buques que despachó para San Francisco; Italia nos envió músicos y hortelanos, aquéllos por supuesto no tardaron en fraternizar con los dueños de las casas de juego y prostitución, mientras que éstos, gente industriosa pero muy miserable, construyeron tugurios o antros oscuros en los alrededores de la Misión, cultivaron jardines, criaron gallinas y en breve tiempo se hicieron ricos pues las legumbres desde 1848 hasta 1853 se vendían a precios fabulosos y los huevos casi siempre se vendían desde seis hasta doce pesos la docena; Alemania contribuyó su contingente de tudescos que al llegar entre nosotros abrieron barberías unos, lavanderías y lecherías otros y unos pocos se dedicaron a la caza, ocupación entonces muy lucrativa, pues los animales silvestres abundaron y los precios que para ellos se obtenían eran siempre muy remunerativos; Chile nos obsequió con muchos trabajadores que fueron muy útiles y contribuyeron no poco a desarrollar los recursos del país; la ocupación favorita de esta gente era cortar leña y cultivar el campo; no hay duda de que esta clase de ciudadanos era muy apetecible y sólo es de lamentarse que la mayor parte de ellos fuesen tan adictos al juego y a la borrachera; China vomitó sobre nuestras playas nubes y más nubes de asiáticos y asiáticas: éstas sin ninguna excepción vinieron a California con el fin de prostituir sus personas, aquéllos con el objeto de enriquecerse *by hook or crook* y en seguida regresar a los patrios lares.

Considero que la gran emigración china que en 1850, 1 y 2 invadió a California ha sido muy perjudicial al desarrollo moral y material del país, a la propagación de la raza blanca y a la salubridad de San Francisco, punto en el que anidaron la mayor parte de las mujeres chinas que parece hubiesen tomado a su cargo de tener los hospitales siempre llenos de sifilíticos; pero todos esos males son insignificantes, puestos en comparación con la crecida turba de leguleyos que habían emigrado del Missouri y otros estados de la Unión, y los que apenas llegados a California, asumido el título de abogados, empezaron a buscar medios para privar a los californios de sus fincas y propiedades; los bandidos escapados del Australia nos robaban ganado y caballada pero estos a ladrones de levita, envueltos en la capa de la ley, nos quitaban nuestras tierras y nuestras casas y sin escrúpulo ninguno se entronaban cuales reyes poderosos en nuestros domicilios; para ellos no existía más ley que su voluntad o capricho, ni reconocían otro derecho que la fuerza; por desgracia nuestra estos aventureros de mala ley eran talmente numerosos que era imposible para nosotros hacer prevalecer nuestros derechos ante los tribunales, pues la mayor parte de los jueces eran *squatters* y lo mismo puede decirse de los *sheriffs* y *juries*; y creo superfluo agregar que para todos ellos la justicia era un ente efímero y sólo se valían de ella con el fin de sancionar robos.

Tomando en consideración lo expuesto, no queda ya lugar para extrañar que los *Native Californians* hayan sido tan escandalosamente despojados de sus bienes raíces, pues como [que] antes de la llegada del Comodoro Sloat todos los terrenos de la California pertenecían a los ciudadanos mexicanos, los recién llegados de allende los mares se vieron forzosamente obligados a robar a los rancheros californios que todo poseían, pues sólo se roba al que tiene algo que perder, pues a los pelados nada se les puede quitar; y a decir verdad la mayor parte de los aventureros que desembarcaron en San Francisco en 1848 y 49 eran pelagatos de primera clase; muchos de ellos ni siquiera tenían ropa con qué vestirse, pero lo que les faltaba en dinero y vestidos, les sobraba en petulancia, altanería, atrevimiento y desfachatez.

Los propietarios que fueron el blanco de todos los ataques de los leguleyos y *squatters* eran aquéllos que poseían terrenos concedídoles por los capitanes de presidio, pues los norteamericanos pretendían que esas concesiones eran ilegales y como de antemano sabían que las cortes del estado estaban listas a fallar en contra de los californios, no titubeaban un solo instante en promover pleitos a los rancheros que extraños a las costumbres, leyes e idioma de los *Yankees* ni sabían cómo entablar su defensa y de consiguiente entraban al juzgado poseedores de ranchos y fincas y salían de la casa de la justicia casi desnudos.

Para probar la injusticia con que se procedía en esos tiempos y con el fin de dejar convencidos a mis lectores de que los capitanes de presidio estaban plenamente autorizados por las leyes a conceder títulos de propiedad de terrenos nacionales, insertaré el título once del reglamento e instrucción para los presidios resuelto por el monarca de España en cédula del 10 de septiembre 1772, y como ese reglamento y disposiciones siempre habían regido en California desde la fundación de la misión de San Luis Obispo y nunca fueron o habían sido fraguadas leyes que estuviesen en choque con sus disposiciones, es claro que las cortes del estado de California obraron a la ligera cuando dieron fallos que estaban en choque abierto con ese reglamento cuyo artículo once decía: "con los justos fines de que al resguardo de los presidios bien arreglados se fomente la población y comercio en los países de la frontera y que igualmente se aumente la fuerza de ellos con el mayor número de habitadores: Mando al Comandante, Capitanes Oficiales y demás personas, no impidan ni retraigan con pretexto alguno que las gentes de buenas vidas y costumbres se avecinen y residan dentro de su recinto; y cuando no bastase éste a contener las familias agregadas se ampliará por algunos de sus lados, haciéndose la obra por cuenta del común, por redundar en beneficio de todos y asimismo ordeno a los capitanes que repartan y señalen tierras y solares con la obligación de cultivarlas a los que las pidieren y de tener caballo, armas y municiones para salir contra los enemigos cuando lo dicte la necesidad y se les mande, dando la preferencia en el reparto de tierras y solares a los soldados que hubiesen servido los diez años de su empeño, a los que se hubiesen retirado por su ancianidad o achaques y a las familias de los que hubiesen fallecido, entregando entonces a unos y otros sus alcances y el fondo de cien pesos que deben tener caídos en casa, para que puedan aviar sus labores". . . . Como se ve la ley es clara y terminante y los capitanes o comandantes de presidio tenían plena facultad de disponer de las tierras baldías pertenecientes al gobierno, la autoridad de estos funcionarios nunca había sido puesta en duda por los jueces y mandatarios mexicanos pero estaba reservado a jueces extraños a nuestras leyes e idioma darle una interpretación que sirviese para encubrir sus fines rapinescos.

Algunas de las sentencias dadas por los tribunales del Estado fueron anuladas en Washington por la corte superior de los Estados Unidos, pero muchos individuos que no tenían los fondos suficientes para pagar abogados que fuesen a la capital de la República a ocuparse de sus intereses, agacharon la frente ante los tribunales de California y permitieron que los *squatters* quedasen dueños de sus propiedades.

El número de familias californianas que bajo un pretexto u otro han sido despojadas de sus propiedades por medio de las arbitrariedades de los jueces y jurados pasa de doscientas, algunos de los californianos robados se dedicaron a empresas útiles y, ya de una manera, ya de otra, buscaron el sustento para sí y sus familias, pero la mayor parte de los jóvenes que con tanta injusticia habían sido despojados, sedientos de venganza, se dirigieron a engrosar las filas de Joaquín Murieta y bajo las órdenes de ese temido bandido pudieron desquitar parte de los agravios que la raza norteamericana les había inferido. Un gran número de los incautos: que despreciando consejos sabios, tratan de buscar desquite por medios ilegales y reprobados han tenido mal fin; unos recibieron pasaportes para el otro mundo por conducto del juez Lynch y hoy descansan en tumbas escarbadas por los alguaciles; otros han ido a parar a San Quintín en la casa que el gobierno tiene destinada a 105 criminales que cometen delitos mayores; y, cosa extraña, el hospicio de dementes también recibió como huéspedes a algunos californios, cosa que causó mucha extrañeza a todos nosotros que hemos nacido en este país, pues con excepción de dos personas locas que el gobierno general había enviado desde México, desde que la Alta California había empezado a poblarse nunca se habían visto locos entre nosotros. Creo que no andan muy lejos de la verdad, aquéllos que aseguran que la locura es causada por el licor; aquí antes de la llegada de Frémont se bebían tan sólo licores puros y en pequeñas cantidades y todo el mundo gozaba de buena salud, tenaz memoria e inteligencia despejada, pero después de que el país pasó a formar parte de la gran federación de los Estados Unidos del Norte, se introdujo de Francia y Alemania grandes surtidos de licores compuestos con ingredientes químicos y yerbas dañinas y éstos afectaron el sistema nervioso, trastornaron la inteligencia, minaron las constituciones más robustas y dejaron sembrados los fatales gérmenes de multitud de enfermedades que a no tardar empujaron a prematuras tumbas a jóvenes aún en la flor de la edad.

En conclusión diré que, en mi humilde concepto, el cambio de gobierno que tuvo lugar en California el día 4 de julio de 1846 ha redundado en beneficio de la agricultura y comercio del joven estado pero en perjuicio de la moral de los habitantes cuyas patriarcales costumbres poco a poco se desmoralizaron con el roce diario de tantas personas inmorales que de todos los ámbitos y rincones del mundo conocido emigraron a ésta mi patria, y una gran parte de la culpa y responsabilidad se puede con razón sobrada atribuir al gobierno de la Unión y el Estado. Yo pregunto: ¿Qué es lo que ha hecho el gobierno del Estado en favor de los californios desde que triunfó de México? ¿Se realizaron acaso algunas de las promesas con que nos halagaron? Yo no pido prodigios, no soy ni nunca he sido exigente; no pido oro que sólo es un obsequio grato para los pueblos abyectos, pero exijo y tengo el derecho de exigir el contingente de la ilustración. En las escuelas de San Francisco se enseñan el francés y el alemán. ¿Por qué no existe también una clase de castellano? ¿Es acaso la población californiana menos digna que la francesa y tudesca? ¿Es acaso menos inteligente? Quizás lo sea y en dicho caso el único remedio que la salvará es la instrucción. ¿Por qué se la niegan? El motivo es claro; la población tudesca dispone de treinta mil votos, mientras que el número de votantes perteneciente a las razas hispanoamericanas apenas sube a cuatro mil; a aquéllos se les halaga y a éstos se desprecia; acaso hay algún otro motivo que sirva de pretexto para proceder tan estrafalario. Pero yo y mis compatriotas lo ignoramos y desde que las autoridades guardan silencio sobre el asunto, el motivo que los induce a favorecer alemanes y franceses en daño y perjuicio de los californios no puede ser bueno pues sólo se esconden hechos que dañan a los intereses o a la reputación.

Aún no ha llegado el tiempo de hacer comentarios o juzgar los hechos de las autoridades que han gobernado el país durante los últimos veinte años, pero la generación venidera llenará esta tarea y no dudo de que coincidirá conmigo cuando afirmo que en despecho del tratado Guadalupe Hidalgo, los norteamericanos trataron a los californios como pueblo conquistado y no como ciudadanos que emigraron voluntariamente a formar parte de la gran familia que amparada por el glorioso pendón que flameó ufano en Bunker Hill desafía los ataques de los monarcas europeos que sentados en sus bamboleantes tronos tienden envidiosos ojos hacia California y demás ciudades que están comprendidas en la gran federación de los hijos de la libertad. Fin.

—Escrito en 1875.

María Amparo Ruiz de Burton

Cartas a Mariano Guadalupe Vallejo

Una talentosa escritora que dirigió su poderosa voz hacia temas cruciales relacionados con la etnicidad, el poder, el género, la clase y la raza, María Amparo

Ruiz de Burton, escribió desde el punto de vista del californio aculturado en el contexto de los Estados Unidos y, más ampliamente, como una vocera latina de los problemas hemisféricos. Tanto en su ficción como en sus cartas construyó un espacio narrativo desde la contra-historia del subalterno. Por un lado, Ruiz de Burton escribió para expresar el resentimiento amargo de los californios en vista de la invasión angloamericana de dominación y expropiación en el período posterior a la incorporación a los Estados Unidos; por otra parte, señalando con anticipación los peligros de los corolarios del "Destino Manifiesto" y elevando el problema de la latinidad, cuestionó la viabilidad y el deseo del modelo estadounidense para México y Latinoamérica. Su origen —nacida en Loreto, Baja California, de familia pobre pero socialmente privilegiada— y su subsecuente matrimonio con un oficial de la Armada de los Estados Unidos, junto con sus viajes y largas estadías en la costa este de ese país, le permitieron evaluar de primera mano el gobierno y la cultura norteamericanos; además pudo tener una distancia crítica desde la cual observar y criticar las transformaciones que estaban ocurriendo en los Estados Unidos en la segunda mitad del siglo XIX.

Mientras vivía en San Diego, a comienzos de 1850, Ruiz de Burton escribió, produjo y, luego, publicó una comedia en cinco actos basada en *Don Quijote*. En 1872, publicó su primera novela, *Who Would Have Thought It?*, un texto satírico y amargo que transcurre durante el período de la Guerra Civil de los Estados Unidos. Su segunda novela, *The Squatter and the Don* (1885), es la primera narrativa publicada —en inglés— desde la perspectiva de la población mexicana conquistada que, a pesar de que se le había prometido todos los derechos de ciudadanía después de la guerra entre México y los Estados Unidos (1846–1848), fue, hacia 1860, una minoría nacional subordinada y marginalizada.

El corpus de más de doscientas cartas recuperadas escritas por Ruiz de Burton y por sus corresponsales muestran facetas variadas de su compleja personalidad y los múltiples conflictos en los que estuvo involucrada a lo largo de su vida. Las cartas ofrecen una percepción sensible del "alma atravesada", para usar un término de Vallejo, mostrando sus contradicciones políticas, sus batallas con los acreedores, abogados, jueces, policías y su estrategia y esfuerzo por sobrevivir; las cartas documentan su acomodación al sistema político y cultural que en parte detestaba, tanto como su *chutzpah* y oportunismo. Ruiz de Burton fue una mujer única —aunque conflictiva— para su tiempo y circunstancias: lectora voraz y políticamente bien informada, escritora talentosa, dotada de una mente crítica y sagaz la cual se traduce en una serie de ambiciones impropias e inaceptables para una dama, poseedora de un coraje y de una inteligencia que le permitían eludir los obstáculos que se le presentaban. Estas cartas son testigos elocuentes del carácter contradictorio de su vida, haciendo de Ruiz de Burton una mujer latina moderna y el más interesante objeto de estudio. (BP)

Lecturas: María Amparo Ruiz de Burton. *Who Would Have Thought It?* Houston: Arte Público Press, 1995; *The Squatter and the Don: A Novel Descriptive of Contemporary Occurrences in California.* Houston: Arte Público Press, 1992; *Conflicts of Interest: The Letters of María Amparo Ruiz de Burton.* Houston: Arte Público Press, 2001.

MARB a M. G. Vallejo, 26 de agosto de 1867, Colombia, South Carolina
"Hiere, pero escucha" —dijo Temistocles. Así digo yo.
¡Qué torrente! ¡qué tempestad! ¡qué borrasca! ¡qué tormenta! ¡qué delirio!
¡qué cataclismo! . . . ¿y por qué? . . . porque al quererle hacer un cumplido lo
ofendí. Mi gran pecado fue decir que "Ross Browne lo hace histórico". El
decir eso no es decir que no lo haya Ud. sido 30 años ha. No sea Ud. tan orgulloso, Señor mío, Ross Browne es un escritor de una reputación muy buena,
no tenga Ud. a desdoro que Ross Browne lo tome por tema histórico. ¡Pobre
de mí! Si así me revuelca Ud. a Mr. Browne, ¿qué paliza no llevaría yo si llevada de una sincera admiración me atreviera a escribir de Ud.? ¿Y sabe Ud.?
(le voy a hacer esta confesión porque sé cuánto le gusta absolver), ¿cree Ud.
que yo he tenido la demencia, el audaz pensamiento, el atrevido deseo de
querer escribir su biografía? Pero le aseguro a Ud. que estoy completamente
curada de esa locura. No, Señor, no pretenderé llevar mi carro tan cerca al sol
que sus rayos me hagan cenizas . . . Si Mr. Browne no es digno de ser su historiador, siendo un autor bien conocido y un republicano, qué locura que una
oscura, ignorada *monarquista* lo sea. Así pues, perdón . . . y le prometo jamás
volver a caer en *esa* tentación.

Sí es verdad que es muy bonita la raza Yanqui y Mexicana, y "lindísima la
de una Belga y un Mexicano" y más "chulísima la de una protestante y un
católico". Apostólico . . . californio . . . (De dónde es la Sra. Bh . . . Ud. póngale la "h" al nombre, ¿de dónde es ella?) Sí es verdad. Las razas mixtas son a
veces muy bellas y buenas . . . Adelante que siga la bola, y nuestra nacionalidad
muera pisoteada bajo el pie del sajón.

¿Ya ve Ud. cómo me resigno y qué bien me ha Ud. amansado? . . .
Con Maximiliano murió nuestra nacionalidad, allí pereció la última esperanza de México . . . y ahora los Yankies sólo esperan la hora que mejor les
convenga para enterrarla para siempre, y pisotear bien la tierra encima y barrer todo vestigio desagradable después . . . está muy bien. En esta era de ilustración la fuerza bruta manda, y tenemos que someternos. ¡Cuánto ha progresado el mundo bajo el impulso de prácticas republicanas! Antes se oprimía en
nombre del Rey, y hoy en nombre de "la libertad" . . . gran progreso han hecho
los políticos ciertamente . . . Ciertamente que vale la pena . . . Veo que se me
enoja Ud. y me dice que su admiración por los Yankies "no es crónica pero
que ellos son los hombres de América". Por supuesto que sí lo son, si aún los
más ilustrados mexicanos les doblan la rodilla. Por supuesto que sí lo son,
cuando los mismos mexicanos se apresuran a remover todo obstáculo y barrer
todo impedimento para que su marcha triunfal siga sin interrupción. Lo único
que la habría impedido habría sido una monarquía en México. Ellos lo pre-
vieron y de allí nació el amor repentino por la "Sister Republic" . . . Pero ¿para
qué hablar más de esto? Ni Ud. ni yo cambiaremos de opinión. Así pues, si-
gamos siendo buenos amigos *tal como somos*. Ud. con su admiración por las

repúblicas y por los Americanos y yo con mi convicción que repúblicas son todavía y serán por años "imposibilidades quiméricas", y que los Americanos son y serán *siempre* los enemigos *mortales* de mi raza, de mi México.

No digo esto con odio; ellos no hacen mas que seguir *la ley de su ser.* Las naciones, los individuos, los animales, todos hacen lo mismo. Sin odio, los tiburones se comen las sardinas; Sin rencor los lobos se comen los borregos; Sin cólera los gavilanes se llevan los pollos. Todos, todos "siguen *la ley de su ser*".

En buena hora, pero ni los tiburones, ni los lobos, ni los gavilanes deben esperar ser amados de sus víctimas . . . y la filosofía política de Ud. es muy brillante pero tiene el brillo del hielo. Se conoce que Ud. no quiere a México con el corazón . . . ¡ah! yo no, yo confieso que no puedo remontarme a tal altura que me sienta helada y deje de *sentir* por ponerme a *pensar* . . . Adiós, no le escribo más por ahora porque la herida está muy fresca aún y al escribirle a Ud. se abre y llora sangre . . .

¡Cuán infeliz es México! ¡Cuán infeliz es México! . . . me digo mil veces al día . . . y estoy muy triste. ¿Por qué me dice "Ud. se burla del que *fue* su amigo"? ¿Qué he hecho yo para que Ud. deje de serlo? ¿Porque tengo el atrevimiento de mantener opiniones opuestas a las de Ud.? . . . *Sí, lo creo.* Esa es una ilustración de la mucha libertad que *los republicanos* conceden al pensamiento que se les opone, "¡Libertad! Sí, libertad para *ellos,* pero rigor, intolerancia y persecución para los adversarios . . ." ¡Libertad, Libertad! ¿Cuántos crímenes se cometen en tu nombre! . . . dijo la pobrecita de Mdme. Roland cuando la llevaron a la guillotina . . .

Está bueno. Si Ud. quiere dejar de ser mi amigo porque quiero tanto a México y porque no adoro a los Titanes que la van a devorar, está bueno, Ud. ciertamente tiene el derecho de otorgar su amistad a quien le plazca. Mucho he sufrido por mis opiniones (que le diga Félix *por qué* salimos de Fortress Monroe) y así no me sorprende que Ud. me quiera castigar también. Eso es muy a la Americana radical . . .

Si para cuando reciba ésta se ha apaciguado, espero que la lea con ojos más benignos. Pronto tendrá Ud. el gusto de ver a Félix. Enrique, Nellie y Harry lo saludan. Amores a la familia y Ud. Créame como siempre su afa. amiga que mucho lo aprecia.

—M.A. de Burton

ARB a M. G. Vallejo, 15 de febrero de 1869, New York
Mi siempre estimado amigo,

No sé por qué no he tenido carta de Ud. por tanto tiempo, ¿qué habrá estado enfermo? La última suya (¡y que luego contesté!) trajo fecha de 6 de octubre de '68 y [ni?] una sola desde entonces. En ella me dice que espera recibir los papeles míos que tiene Mr. George C. Johnson pero hasta ahora no los he visto. Al hijo de Mr. Johnson quien estuvo aquí en octubre, también le hablé con respecto a esos papeles y me prometió su cooperación para recobrarlos. Tal vez será bien que Ud. lo vea sobre ello. ¡Cómo me entusiasma Ud. con su entusiasmo, al hablar del progreso de California! . . . Pero después recaigo en mi desaliento y digo, ¡ah, si yo fuera hombre! . . . ¡Qué miserable cosa es una mujer! . . . ¡Decididamente la providencia debe recompensarme de alguna manera por haberme hecho mujer . . . y fea . . . y pobre! . . . ¡va! Como si ser mujer no fuera suficiente calamidad sin añadir otras. No. Es necesario que yo no me entusiasme por el progreso del continente. ¿Para qué? Ni mi raza ni mi sexo van a sacar mejora alguna, así pues yo miraré no más al no-ismo [?]; es decir a las ventajas [dotadas] que me puedan venir. Así pues, a propos, ¿dónde están mis doce acres de tierra? ¿Cree Ud. que ya me voy a contentar con que me diga que se los dio a su hijo porque se casó? No amigo mío, si Ud. me quitó mis doce acres (a lo indio) es necesario que me los pague. Páguemelos con lots en Vallejo City, o siquiera procúreme que compre unos cuantos muy baratos. Hágame Ud. esa buena partida y yo también se la corresponderé cuando comencemos nuestra empresa en la Ensenada.

¿Cuándo viene Ud. por acá? O ¿qué son no más puñados de gusto que me da cuando me dice que va a venir? Y qué son esas indirectas que echa Ud. con respecto a la Baja Cal., Vega y el "Manifest Destiny". Tres cosas para mí muy incóngruas porque amo mucho a California, siento mucho interés y simpatía por el Sr. Vega, y un verdadero odio y desprecio (como buena mexicana) por el tal 'Manifest Destiny' . . . De todas las malvenidas frases inventadas para hacer robos, no hay una más odiosa para mí que ésa, la más ofensiva, la más insultante; se me sube la sangre a la mollera cuando la oigo, y veo como en fotografía en un instante, todo lo que los Yankies nos han hecho sufrir a los mexicanos —el robo de Tejas, la guerra; el robo de California; ¡la muerte de Maximiliano! . . . Si yo pudiera creer en el "Manifest Destiny" dejaría de creer en la justicia o la sabiduría divina. No, amigo mío, el Manifest Destiny no es otra cosa que 'Manifest Yankie trick' como sus 'wooden hams and wooden nutmegs' del Connecticut. Pero por desgracia los mexicanos están ciegos, atarantados, no sé qué tienen, y la verdad, desde la muerte del Emperador, yo también no sé qué esperar. Con él, se fue mi esperanza de cortar la maléfica influencia de este país sobre el mío, influencia como la sombra del árbol Ripas [?] que mata todo lo que no es de su propia especie . . . Pero a pesar de una verdad tan evidente, los mexicanos son atraídos como las maripositas a la candela, a morir, a perecer . . . ¡ah! los liberales, los liberales, que como el deslumbrado pastor, mató la ovejita que debería ser la más querida, así ellos, los locos, los ciegos. Ya la posteridad los juzgará como merecen y les dará gracias con el pie del sajón sobre el cuello . . . Así como lo dice el 'Manifest Destiny' . . .

Pero es necesario que no hable yo de esto porque entonces no sé cuándo acabar. Ud. no siente ya por México como yo. Qué lástima que no hubiera sido yo hombre para . . . No más tonteras . . . Adiós . . . Escríbame, no sea

Ud. ingrato con tan fiel amiga. De todas sus amigas no hay una que lo apre-
cie y quiera tanto como yo. Dígaselo a mi prima puesto que por medio de
ella [tendrá] mi afecto. Le mando a mi prima las fotografías de mis dos pollitos. La mía mandaré después.
El General los saluda con mucho cariño. Ya está mejor desde que nos vi-
nimos al norte. Mi amor a mi prima y Ud. también.
—M.A. de Burton

nónimo

aquín Murieta; Gregorio Cortez

Las siguientes dos selecciones proceden de la tradición del corrido (balada). El
corrido evolucionó del romance corrido, una forma de canción narrativa que los
españoles trajeron al Nuevo Mundo en el siglo XVI. El corrido que encontramos
a lo largo de la frontera entre Texas y México con frecuencia refleja la intensa
tensión asociada con el conflicto intercultural entre los anglos y los mexicanos
desde aproximadamente 1848 hasta la Segunda Guerra Mundial. Protagoniza el
corrido fronterizo un héroe épico méxicoamericano que, al desafiar a la autoridad de los anglos, expresa la resistencia colectiva de la población hispanoparlante contra la opresión y la injusticia. Actualmente, los corridos compuestos
y cantados en México, así como en el suroeste de los Estados Unidos, pueden variar musical y formalmente de los corridos tradicionales pero han retenido su
cualidad narrativa. Relatan en canciones las historias que abarcan una amplia
variedad de temas, incluyendo la migración, figuras y sucesos políticos,
asesinatos, incidentes relacionados con el contrabando y el narcotráfico, así
como eventos y figuras del deporte. "Joaquín Murieta" es un ejemplo del corrido que presenta al héroe épico. En contraste con el típico corrido fronterizo que
tiene lugar a lo largo de la frontera, éste relata las hazañas de un héroe de California que, de acuerdo con la historia legendaria, fue un honesto minero mexicano del norte de California en los primeros años de 1850. La mayoría de los
corridos, así como las versiones en prosa de sus hazañas, lo pintaban como un
hombre sencillo que se convirtió en bandido social para defenderse y defender
a su gente contra las injusticias cometidas por los anglos que les robaban,
traicionaban y perseguían. Esta versión en particular contiene una buena dosis
de alarde y autoengrandecimiento. "Gregorio Cortez", por otra parte, es el corrido prototípico del héroe épico que tuvo éxito a lo largo de la frontera. Se enfo-
ca en un trágico desacuerdo entre un ranchero texanomexicano y un "sherife"
anglo que resulta en dos disparos y la huida de Cortez de la persecución. Los
compositores locales escribieron muchas versiones de estos eventos. (ChT)

Lecturas: Américo Paredes. *El Corrido de Gregorio Cortez, A Ballad of Border
Conflict.* Diss. U.T. Austin: 1956; *A Texas-Mexican Cancionero.* Urbana: University of Illinois Press, 1975.

Joaquín Murieta

Yo no soy americano
pero comprendo el inglés.
Yo lo aprendí con mi hermano
al derecho y al revés.
A cualquier americano
lo hago temblar a mis pies.

Cuando apenas era niño
huérfano a mí me dejaron.
Nadie me hizo ni un cariño,
a mi hermano lo mataron,
y a mi esposa Carmelita
cobardes la asesinaron.

Yo me vine de Hermosillo
en busca de oro y riqueza.
Al indio pobre y sencillo
lo defendí con fiereza
y a buen precio los sherifes
pagaban por mi cabeza.

A los ricos avarientos
yo les quité su dinero.
Con los humildes y pobres
yo me quité mi sombrero.
Ay, qué leyes tan injustas
fue llamarme bandolero.

A Murieta no le gusta
lo que hace no es desmentir.
Vengo a vengar a mi esposa,
y lo vuelvo a repetir,
Carmelita tan hermosa,
cómo la hicieron sufrir.

Por cantinas me metí,
castigando americanos.
"Tú serás el capitán
que mataste a mi hermano.
Lo agarraste indefenso,
orgulloso americano".

Mi carrera comenzó
por una escena terrible.
Cuando llegué a setecientos
ya mi nombre era temible.
Cuando llegué a mil doscientos
ya mi nombre era terrible.

Yo soy aquel que dominó
hasta leones africanos.
Por eso salgo al camino
a matar americanos.
Ya no es otro mi destino
¡pon cuidado, parroquianos!

Las pistolas y las dagas
son juguetes para mí.
Balazos y puñaladas,
carcajadas para mí.
Ahora con medios cortadas
ya se asustan por aquí.

No soy chileno ni extraño
en este suelo que piso.
De México es California,
porque Dios así lo quiso,
y en mi sarape cosida
traigo mi fe de bautismo.

Qué bonito es California
con sus calles alineadas,
donde paseaba Murieta
con su tropa bien formada,
con su pistola repleta,
y su montura plateada.

Me he paseado en California
por el año del cincuenta,
con mi montura plateada,
y mi pistola repleta.
y soy ese mexicano
de nombre Joaquín Murieta.

egorio Cortez

En el condado del Carmen
miren lo que ha sucedido.
Murió el sherife mayor
quedando Román herido.

Otro día por la mañana
cuando la gente llegó,
unos a los otros dicen
no saben quién lo mató.

Se anduvieron informando
como tres horas después.
Supieron que el malhechor
era Gregorio Cortez.

Insortaron a Cortez
por toditito el estado.
Vivo o muerto que se aprenda
porque a varios ha matado.

Decía Gregorio Cortez
con su pistola en la mano,
"No siento haberlo matado
al que siento es a mi hermano".

Decía Gregorio Cortez
con su alma muy encendida
"No siento haberlo matado
la defensa es permitida".

Venían los americanos
que por el viento volaban,
porque se iban a ganar
tres mil pesos que les daban.

Siguió con rumbo a González,
varios sherifes lo vieron,
no lo quisieron seguir
porque le tuvieron miedo.

Venían los perros jaundes,
venían sobre la huella,
pero alcanzar a Cortez
era alcanzar a una estrella.

Decía Gregorio Cortez
"Pa' qué se valen de planes,
si no pueden agarrarme
ni con esos perros jaundes".

Decían los americanos
"Si lo vemos qué le haremos
si le entramos por derecho
muy poquitos volveremos".

En el redondel del rancho
le alcanzaron a rodear.
Poquitos más de trescientos
y allí les brincó el corral.

Allá por el Encinal,
a según por lo que dicen,
se agarraron a balazos
y les mató otro sherife.

Decía Gregorio Cortez
con su pistola en la mano,
"No corran rinches cobardes
con un solo mexicano".

Giró con rumbo a Laredo
sin ninguna timidez.
"Síganme rinches cobardes,
yo soy Gregorio Cortez".

Gregorio le dice a Juan
en el rancho del Ciprés,
"Platícame qué hay de nuevo,
yo soy Gregorio Cortez".

Gregorio le dice a Juan,
"Muy pronto lo vas a ver,
anda háblale a los sherifes
que me vengan a aprender".

Cuando llegan los sherifes,
Gregorio se presentó.
"Por la buena si me llevan
porque de otro modo, no".

Ya agarraron a Cortez,
ya terminó la cuestión,
la pobre de su familia
la lleva en el corazón.

Ya con ésta me despido
con la sombra de un ciprés.
Aquí se acaba cantando
la tragedia de Cortez.

CAPÍTULO 4

En torno a los derechos culturales y civiles

usebio Chacón (1870–1948)

balleroso sí, pero bastante picante

Eusebio Chacón sirvió a la comunidad hispana de Nuevo México y Colorado a través de su trabajo como periodista y líder civil durante fines del siglo XIX y principios del siglo XX. Conocido y respetado por sus destrezas oratorias, Chacón frecuentemente levantaba la voz para defender a su pueblo ante la discriminación y el desprecio de la cultura anglosajona. El ensayo aquí presentado apareció en varios periódicos después de haber sido declamado en una reunión pública popularmente denominada "La Junta de Indignación" y llevada a cabo en Las Vegas, Nuevo México, en 1901. Ésta fue motivada por un artículo despectivo escrito por la misionera protestante Nellie Snider, quien acusaba a los nuevomexicanos de ser incultos y atrasados. La respuesta de Chacón combina la agudeza acérbica del satírico, la elocuencia del abogado defensor, el análisis informado del historiador y la súplica apasionada del orador. Nacido en Peñasco, Nuevo México, Chacón se trasladó con su familia a Colorado, donde recibió su educación primaria. Regresó a Nuevo México, donde asistió al colegio jesuita de Las Vegas y de allí procedió a la Universidad de Notre Dame donde recibió su título de abogado en 1889. Además de ejercer la carrera de abogado y periodista, Chacón fue escritor de renombre. Sus novelas breves *Tras la tormenta la calma* e *Hijo de la tempestad* se destacan por ser las primeras muestras de ficción publicadas en Nuevo México. (EGB)

Lecturas: Eusebio Chacón. *Hijo de la tempestad; Tras la tormenta la calma: Dos novelitas originales*. Santa Fe: *El Boletín Popular*, 1882, "Descubrimiento y conquista de Nuevo México en 1540 por los españoles". *Las Dos Repúblicas* 7 de marzo de 1896–23 de mayo de 1896; "Los hispano-americanos y la sangre de Cuauhtémoc". *El Progreso* 30 de julio de 1898; "El pueblo hispano-americano". *El Progreso* 27 de agosto de 1898.

Señores:

La comisión encargada de arreglar esta junta ha querido confiarme el difícil cometido de dirigir la palabra sobre la causa que ha dado motivo a esta manifestación de indignación popular. Yo, temiendo no poder desempeñar con acierto este cometido no he querido depender de las inspiraciones del momento, y prefiero leer las observaciones que sobre esta materia tengo que vertir.

En estos tiempos en que tanto se habla de moralidad, de ideas liberales y que sé yo, la población entera de Nuevo México ha visto el desagradable espectáculo de un periódico inglés de esta ciudad, arrojando a manos llenas viles insultos al pueblo nativo del territorio. Me refiero al artículo que bajo el epígrafe de "The Spanish American" ha publicado *La Review* de Las Vegas.

Según parece, esta producción no es propiedad del editor, y se insertó en su periódico mientras él se hallaba ausente en las Ferias de Albuquerque; es producción, por lo que se puede ver, de una misionera sectaria, que creyó hacernos un gran favor con repetir su pretexto de sacarnos de las garras de la superstición, lo que ya tantas veces han dicho de nosotros periodiqueros y turistas envidiosos, con más o menos acrimonia. Por lo que se ve, el editor ha sido víctima de una broma bastante pesada, y cuando al regreso de su viaje, se va encontrando a la población de Las Vegas en una fermentación peligrosa. Pero, habiendo oído su explicación, no somos tan mal contentadizos que no acatemos su disculpa, y procuremos poner la responsabilidad donde corresponde.

Las cosas que de nosotros se han dicho en el mencionado artículo no contienen en sí los elementos para constituir un libelo punible en el imperfecto estado de nuestra legislación: pero el espíritu en que se han dicho, y la manera y ocasión usadas, no pueden tener otro resultado que el ponernos en ridículo, y rebajarnos a la vista del gobierno y del buen pueblo americano que no nos conoce todavía.

Mas para que no se diga que sin razón atacamos a personas que no son de nuestro agrado, conviene indicar aquí, aunque sea a la lijera, las cosas de dicho escrito a que tomamos excepción. El sentido de dicho artículo es que los Hispano-Americanos somos una gente sucia, ignorante y degradada, mezcla de indios e iberos, a quienes la falta de luz evangélica tiene siempre en el retroceso, y a quienes la fiebre sectaria reclama para espiritualizar con sus dogmas. Si la manera en que se ha escrito no lastimara nuestras susceptibilidades, lo arrojaríamos de nuestra consideración como cosa pueril; pero se trata de rectificar con la severidad de la desaprobación una calumnia gratuita y sin fundamento; se trata de conjurar la malicia con que esa calumnia ha sido dada a la estampa para frustrar nuestras esperanzas políticas.

La autora de dicho escrito, quien quiera que sea, rinde un tributo acatarrado al magnífico suelo de Nuevo México; quizá la tisis la trajo por estos rumbos. Y como la tira por el lirismo, nos abruma con un verboso preludio, en que salen a jugar las pálidas estrellas sobre el azul del cielo, y murmuran los riachuelos, y suspiran las brisas en la enramada. En fin, la primera parte de dicho escrito es un extravagante derroche de fantasía, es, como diría Carlyle, una diarrea de palabras. Pero como de gustos no hay nada escrito, pasemos por alto estas extravagancias y entremos en materia.

Con la vulgar curiosidad del que posée mucho instinto animal, y no conoce las más rudimentarias reglas de urbanidad, parece que la escritora se anduvo por algún pueblucho de los muchos que hay en el país, y allí metió sus narices hasta en los hornos y gallineros. No me gusta exagerar, y vamos a la prueba. Comienza dicha escritora por pasmarnos con decir que el hispano-americano o mexicano, es parte español y parte indio; que en lenguaje, costumbres, apariencia y hábitos se asemeja a sus antepasados Españoles e Indios. Cómo habría torcido ella los cañones de la lingüística para adunar las lenguas española e india, es un misterio para nosotros. En qué moldes ha hecho los trajes españoles para confundirlos con los de los indios, todavía queda por averiguarse. Mas para no hacer digresiones, sigue la escritora diciendo que el mejicano vive en una casa de adobe en la cual generalmente hay un sólo cuarto de diez por doce pies; que el suelo es de tierra, adornado de algunas pieles de animales, y que la cama es un montón de trapos viejos, pedazos de alfombra, etc, en un rincón. Sus asientos son sillas rotas, y que en efecto el mejicano prefiere sentarse a la moda beduina en el suelo. Mucha atención le merece una viejecita ochentona que ciega y encorvada por los años, se iba todos los días a la casa de la autora, a hilvanar algunas evangélicas enaguas con alguna cristianísima aguja; y por lo que se deja ver, como la dicha escritora no conoce ni de lejos a la matrona hispano-americana, seria, altiva y reservada, cree haber hallado el prototipo de la anciana de nuestra raza en la harapienta pordiosera. Algunas flores, dice, luchan por la vida en una ventanilla de diez por doce pulgadas; la puerta es baja y tiene uno que inclinar la cabeza para entrar. El mexicano no tiene idea de ventilar su casa, ni hace por procurarse esa *luxury*. Barren el suelo con una escoba de zacate grueso del país; por fuera embarran sus casas de lodo, y en el interior las blanquean con jaspe, poniendo bordes de tierra amarilla. En estas habitaciones viven hasta siete personas, naciendo y creciendo los niños en la pobreza, ignorancia superstición y degradación.

Detengámonos por un momento a cobrar aliento después de tanto disparate. Yo soy hispano-americano como lo son los que me escuchan. En mis venas ninguna sangre circula si no es la que trajo Don Juan de Oñate, y que trajeron después los ilustres antepasados de mi nombre. Si en alguna parte de las Américas Españolas, o lo que antes fueron dominios españoles, se han conservado en su pureza los rasgos fisionómicos de la raza conquistadora, esto ha sido en Nuevo México. Mezcla alguna ha habido, sí, pero tan leve y en tan raros casos, que el decir que somos, como comunidad, una raza mixta, ni está comprobado por el hecho histórico, ni resiste al análisis científico. Pero si fuera verdad que somos una raza mixta, nada hay en ello de deshonroso o degradante. Si esta fuera verdad más bien que degenerar, habría nuestra raza cobrado nueva lozanía, como la recibieron los romanos en los godos, como la recibieron los normandos de los habitantes de Albión en los tiempos feudales. Y hay que notar que las así llamadas razas germánicas o sajonas, en los tiempos del desborde humano que amalgamó los pueblos Europeos, no tenían, ni en temperamento, ni en dotes intelectuales nada que fuera superior a la raza indígena de América cuando nuestros padres la conquistaron.

Por lo que toca a la interesante descripción de nuestras casas, confieso que la mía, aunque en parte de adobe, nada tiene de parecido con la que vio la extática escritora. Las de ustedes tampoco se parecen a esa casa, y en mis muchos viajes por este territorio esas marchitas flores que agonizan en las ventanillas que describe la autora, a mí me han parecido lozanas y robustas plantas, índice seguro de temperamento artístico, y delicado en las personas que les dan cultivo. Podrá haber tales casas como la señora describe; tal vez en algún rincón apartado de la montaña algún humilde cazador de osos se ha sentado con sus tiendas y levantado una buhardilla que cuadra con la descripción indicada; allí tal vez la señora ha visto los montones de trapos viejos que indica. Lo que es en mi casa, y en las de mis muchos amigos y paisanos, aún no se conoce el sonido del paso de una misionera evangélica y por lo mismo no es competente para dar una descripción de su interior. Gracias a nuestra buena fortuna aún no ha andado ninguna de estas evangelistas, vara en mano, en nuestras habitaciones, midiendo las puertas y ventanas o raspando las paredes y comiendo tierra para demostrar que componemos nuestras habitaciones con lodo. Pero si esta señora, verdaderamente hubiera visto una de nuestras habitaciones en el interior, habría notado que siempre, tenemos buenas camas y buenas mesas y que nuestros niños crecen rodeados de todas las amenidades que el cariño puede prodigar. En las casas del campo, donde las necesidades de la vida son más sencillas que en las ciudades, no hay las lámparas de alabastro ni los sofás de blanco terciopelo que hacen parecer nuestras casas palacios en miniatura. Pero sí hay mesa abundante, donde la hospitalidad endulza los azahares del viajero, donde la caridad cristiana nunca niega un lecho para que el extranjero fatigado pueda reclinar la frente. Y, oh, qué lechos tan suaves y tan blandos esos que la pobreza del campesino prepara con sus pequeños ahorros, y por los cuales nunca acepta ni el tributo del agradecimiento. Mentira que sus camas son harapos sucios. Yo he llegado muchas veces a esas humildes chozas; yo he pasado largas noches oyendo sus cuentos sencillos; yo he bajado de las altas esferas de mis ideales para ser hombre con ellos, y ser humano y ser feliz, y he reclinado la frente en sus pobres almohadas; pobres, pero blancas como el armiño de sus almas, perfumadas con el místico aroma de la bondad.

Pero volviendo a los disparates de nuestra escritora, después de medir puertas y ventanas con su vara pasa a nuestras cocinas, y allí penetra con evangélica institución hasta en los misterios del chile y de las tortillas. A las tortillas las encuentra indigestas, como quien dice, la señora ha atacado una proposición teológica más abstracta que las que robaban el sueño al apóstol San Pablo. Y que hay que sospechar que a la señora se le olvidaba que ella misma muchas mañanas, ha comido tortillas americanas, es decir, esas gamuzas terribles de la sartén que llaman *pancakes*. El suave y delicado paladar de la señora recibe un lastimoso *shock* con el fuego del chile, y para enjuagarse esas llamas paganas que le consumen la lengua, toma el café del mejicano; pero ay, ese café la fastidia, porque es negro y no tiene azúcar. Pero estas pequeñeces no enfrían su amor cristiano, y sigue su camino evangélico hasta el corral. Allá su vista perspicaz espía un horno; quiere saber qué es esa cosa redonda, en forma de colmena, y oigamos lo que ella misma dice: oigamos lo que con voz magistral afirma de los hornos. "Este es de adobe también; tiene dos pisos. El de arriba sirve para cocer, y el de abajo para gallinero. Cuando el horno sólo tiene un piso, en el verano sirve para cocer el pan, y en el invierno se convierte en gallinero". Durante esos inviernos, cuando así se pone esta pieza a tan viles usos, la señora no nos dice en dónde se cuecen las tortillas. Pero esto fue un *lapsus linguae*. Y esta buena criatura, que pretende seguir las huellas del manso Cordero de Belén, ésta que aspira a derramar, aunque sea por sobre los hornos mexicanos, la verdadera cristiana, miente con la calma de un farisco, con la desvergüenza de un escriba. ¿En dónde, en toda la extensión de este territorio, se han visto esas combinaciones de horno e incubadora que ella describe? Si tal portentoso invento hubiera, ya estaría de muestra en la Exposición de Búfalo para demostrar al mundo lo raro del ingenio neo-mexicano; ya tuvieran allá uno de esos hornos, ya su gallina maternal con muchos pollos, calentando un nido de tortillas. ¡Pobre Nuevo México! ¡Pobres hijos de aquellos que, desafiando las bravuras del océano en mal seguro leño, buscaron en los campos del Nuevo Mundo un nuevo hogar! Aquí nos trae la cristianísima fiebre evangélica criando gallinas en los hornos, y cuidado que no sepa esto el inventor de las incubadoras, porque si llega a saberlo nos hecha un auto prohibitorio. ¡Ah, cuán grande fue nuestra caída! Y poco ha faltado para que esta famosa historiadora de lo que no ha visto, descubriese las rodeles castellanas en la mesa sirviendo de charolas en su opíparo festín de chile y café negro.

Siguiendo su misión inquisitoria, dicha señora pasa de súbito al lugar donde las hispano-americanas lavan sus ropas. Y aquí se ve que el instinto de fregatriz siempre arrebata a esta desconocida sutora, y la embelesa con esas cosas que autores de más pulcritud pasarían por alto como indignas de su criterio. Por un proceso prodigioso trae a todas nuestras mujeres a los Ojos

Calientes de Las Vegas, a lavar los paños de sus casas en cierto manantial de aguas termales. Allí por supuesto, se repite la inmortal escena de las lavanderas de Hornero o de L'Assomoir.

Pero no hay necesidad de cansar por más tiempo a este auditorio con la repetición de tanta calumnia.

Jesús María Alarid (fechas desconocidas)

El idioma español; La lengua española: Plegaria a los legisladores hispanos

Con las crecientes estadísticas de inmigración de México y Latino América a fines del siglo XX se oyeron numerosas quejas de la cultura dominante sobre la supuesta "amenaza" que el idioma español representa al inglés en Estados Unidos. Ésta, sin embargo, no es la primera vez que surgen estos temores. Hace más de un siglo, se desató en Nuevo México una lucha incandescente acerca del papel del español en el futuro estado y, después, acerca de su papel en la educación pública, esto en un momento en que aumentaba fuertemente la presión de la "americanización" con su última prueba de lealtad nacional el dominio del inglés. Llevada a cabo principalmente en las páginas de la prensa en español durante unos treinta años, esta lucha en realidad representó mucho más que una pugna entre las lenguas principales de las dos Américas. Se trataba pues de una lucha por la autodeterminación del pueblo colonizado nuevomexicano. Los dos poemas a continuación forman parte de esta prolongada batalla. El primero, escrito por Jesús María Alarid, abogado, maestro, director de orquesta y destacado orador, apareció en 1889 justamente cuando se argüía en el Congreso de los Estados Unidos que Nuevo México no merecía ser aceptado como estado de la Unión porque sus ciudadanos de origen mexicano no hablaban inglés. El segundo, escrito bajo el pseudónimo P.G. (Pero Grullo), apareció cuando el español se encontraba a punto de ser expulsado de las escuelas públicas, esto después de haber sido admitido Nuevo México como estado. En ambos casos la voz poética suplica a la rica tradición literaria española, así como el derecho civil de los nuevomexicanos, para justificar la necesidad de mantener vigente en el recinto público y oficial la lengua de sus antepasados. (EGB)

Lecturas: Gabriel Meléndez. *So All Is Not Lost: The Poetics of Print in Nuevo Mexicano Communities.* Albuquerque: University of New Mexico Press, 1997.

El idioma español

Hermoso idioma español
¿Qué te quieren proscribir?
Yo creo que no hay razón
Que tú dejes de existir.

El idioma castellano
Fue originado en Castilla
Creencia que da al mejicano
Su gramática hoy en día

Pero quieren a porfía
Que quede un idioma muerto
No se declaran de cierto
Pero lo quieren quitar
Siendo un idioma tan lento
Y tan dulce para hablar.

Afirmo yo que el inglés
Como idioma nacional
Nos es de sumo interés
Que lo aprendamos hablar
Pues se debe de enseñar
Como patriotas amantes
Y no quedar ignorantes
Mas, no por eso dejar
Que el idioma de Cervantes
Se deje de practicar.

¿Cómo es posible señores
Que un nativo mejicano
Aprenda un idioma extraño?
En las escuelas mayores
Dicen, "Vendrán profesores
Para enseñar el inglés
El alemán y el francés
Y toditas las idiomas
Se me hace como maromas
Que voltean al revés.

¿Cómo podrá el corazón
Sentir otro idioma vivo?
Un lenguaje sensitivo,
Es muy fácil de entender
Para poder comprender
Lo que se estudia y se aprende
Pero si uno no lo entiende
Lo aprende nomás a leer.

Todavía en la ocasión
Existe una mayoría
Que habla el idioma español
Y sostiene su hidalguía

Hablaremos a porfía
Nuestro idioma primitivo
Que siempre, siempre, esté vivo
Y exista en el corazón
Repito, que no hay razón
El dejar que quede aislado
¡Brille en la constitución
Del Estado Separado!

Cuando el mejicano entiende
Bien el idioma materno
Muy fácil será que aprenda
El idioma del gobierno
Rogaremos al eterno
Que nos dé sabiduría
Y que se nos llegue el día
De poder hablar inglés
Pues señores justo es
Que lo aprendamos hablar
Y siempre darle lugar
Al idioma nacional
Es justo y es racional
Pero les hago un recuerdo
Para a San Pablo adorar
No desadoren a San Pedro.

Hoy los maestros mejicanos
Estamos muy atrasados
Pocos de nuestros paisanos
Obtienen certificados
Pues hemos sido educados
En el idioma español
Yo creo fuera mejor
Si se trata de igualdad
Que el tiempo de examinar
Fuera en español e inglés
Pues es de grande interés
Que el inglés y el castellano
Ambos reinen a la vez
En el suelo americano.

La lengua española: Plegaria a los legisladores hispanos

¡Oh legistas peregrinos!
¡Oh Licurgos en envión!
Que sois listos y ladinos,
Escuchad con atención
Estos versos matutinos.

Decís que sois elegidos
Para hacernos beneficio,
Y que a prestar buen servicio
Estáis todos decididos,
Y a evitar todo perjuicio.

Yo como simple mortal
Todo eso y más creeré,
Y por esto os hablaré
De lo que es más esencial
Y aquí mismo os lo diré.

Sabed que el idioma natal
Que en los pechos he mamado,
El idioma celebrado
Que se hable en la España actual
Es proscrito y desterrado

Y con artera asechanza
Se ha privado su enseñanza
Entre los niños hispanos
Por el odio o la venganza
De pérfidos artejianos.

No tiene entrada en la escuela
El idioma de mi raza
Y su uso se rechaza
Con rigor que desconsuela
Y de injusto se propasa.

El idioma de Cervantes
De Lope y de Calderón
De tanto ilustre varón
Que ha florecido hoy y antes
En tanta tierra y nación.

El de Isabel la Católica
Que ayudó al descubrimiento
Y con tan noble ardimiento
Animó con su fe insólita
A Colón en su arduo intento.

La lengua que hablan ahora
Naciones aun más que veinte,
Y a que el futuro atesora
Renombre tan eminente
Por su suavidad sonora.

La lengua que siempre usaron
Los que esta tierra poblaron
Con heroísmo sin igual,
Y que a sus hijos legaron
Sin temor a ningún mal.

Esta lengua desterrada
Se halla por la ingratitud
Y adulación desgraciada
De unos hijos sin virtud
Por quienes fue traicionada.

Esta lengua es la española
Que por un orgullo necio
Contemplaron con desprecio
Legistas que a la bartola
Dormitan con sueño recio.

Ahora esta lengua esclava
Os pide la libertad
Y espera en vuestra piedad
Que remováis toda traba
De servidumbre y maldad.

Pues justo es que los hispanos
Estudien su lengua propia
Porque es el tesoro y copia
De recuerdos tan ufanos
De que está llena su historia.

Cumplid, pues, vuestro deber
Ilustres legisladores,
Y os haréis acreedores
A obtener y merecer
Nuestros aplausos mayores.

Recibiréis grande honor
Que brillará como el sol
Si hiciéreis que el español
Se enseñe en nuestro redor
Con celo y con devoción.

ɔvita Idar (1885–1942)

ɛbemos trabajar; La conservación del nacionalismo

Una de las hijas más distinguidas de la famosa familia Idar formada de periodistas y organizadores sindicalistas, Jovita Idar estuvo al frente de los problemas de las mujeres y colaboró en un buen número de periódicos que se especializaban en asuntos femeninos —además de escribir una buena parte del semanario de su familia, *La Crónica*, y más tarde dirigir su propio periódico en Corpus Christi, Texas (ver encabezado de Nicasio Idar). En la edición del 8 de enero de 1910 de *La Crónica*, Nicasio Idar explicó que él era el autor de los editoriales del periódico mientras que sus hijos, Clemente, Eduardo y Jovita escribían las otras secciones. Se cree que ella fue la autora de numerosos artículos progresistas y ensayos con temas sobre la mujer, la juventud y la educación. Jovita apoyó particularmente a las mujeres para que se educaran y se independizaran económicamente del hombre, lo cual se refleja en su artículo "Debemos trabajar", reimpreso del número del 23 de noviembre de 1911 de *La Crónica*. En 1910, la familia Idar encabezó la organización del Primer Congreso Mexicanista de Texas para formar una asociación de protección a los derechos de los mexicanos. El congreso promovió el carácter nacionalista de "Por la raza y para la raza", al cual Jovita Idar hizo eco con "La conservación del nacionalismo", reimpreso a continuación del número del 17 de agosto de 1911 de *La Crónica*. El congreso también fundó la asociación de mujeres del movimiento, la Liga Femenil Mexicana, en la cual Jovita fungió como líder. (NK)

Lecturas: Nicolás Kanellos y Helvetia Martell. *Hispanic Periodicals in the United States: A Brief History and Comprehensive Bibliography*. Houston: Arte Público Press, 2000.

ɛbemos trabajar

La mujer moderna, enterada de y reconociendo la necesidad de aportar su contingente para ayudar al desarrollo e ilustración de los pueblos se apresta valerosa, e invade los campos de la industria en todas sus fases sin temor y sin pereza. Abandona la holganza y la inacción, puesto que en la época actual, tan llena de oportunidades de vida: tan repleta de energías y de esperanzas no hay lugar para los zánganos sociales.

La inacción, la indolencia, se ven hoy en día como indignas y como tal, se desechan por todos aquellos que se consideren factores en el desenvolvimiento y progreso de los pueblos.

La mujer moderna no pasa sus días arrellenada en cómoda butaca, esto ni la rica lo hace, puesto que también las halagadas de la fortuna se dedican a la práctica de la caridad, u obras filantrópicas, a la organización de clubs benéficos, o recreativos, pues lo que se desea es hacer algo útil para sí o para sus semejantes.

La mujer obrera reconociendo sus derechos, alza la frente orgullosa y se apronta a la lucha; la época de su degradación ha pasado, ya no es la esclava vendida por unas cuantas monedas, ya no es la sierva, sino la igual del hombre, su compañera, siendo éste su protector natural y no su amo y señor.

Mucho se ha tratado y escrito contra el movimiento feminista, pero a pesar de los oposicionistas ya en California las mujeres pueden dar su voto como jurados y pueden desempeñar oficinas públicas.

Yerran y mucho, esos espíritus descontentadizos, superficiales o indignos de una buena obra, críticos de aquella mujer que haciendo a un lado los convencionalismos sociales dedica sus energías a trabajar por algo provechoso o benéfico; los que, desconociendo la influencia moral que esto acarrea, puesto que una persona dedicada a ciertas labores o tareas, no tiene tiempo para ocuparse de cosas futiles o perjudiciales. Más hace la constante obrera, tras las tablas de un mostrador sentada ante su máquina de coser, o ya de oficinista, que la señorita holgada de tiempo que se ocupa de ir a visitas diarias, o de recorrer uno por uno los establecimientos comerciales, viviente embudo de chismes o cuentos vulgares.

La mujer soltera, digna y trabajadora, no exige vida a expensas del jefe de la familia, sea este padre, hermano, o pariente, no: una mujer saludable, valerosa y fuerte, dedica sus energías, su talento a ayudar a su familia, o cuando menos proveer su propia manutención.

Así como los hombres dignos y trabajadores ven con desprecio a los vagos y desocupados, así las obreras no aprecian a inútiles y desocupadas.

La conservación del nacionalismo

En nuestro artículo anterior dijimos que "con profunda pena hemos visto a maestros mexicanos enseñando inglés a niños de su raza, sin tomar para nada en cuenta el idioma materno", con lo cual no quisimos significar, ni mucho menos, que no deba enseñárseles la lengua de la tierra que habitan, puesto que es el medio que los ha de poner en comunicación directa con sus vecinos, y el que los habilitará para que hagan valer sus derechos; lo que quisimos significar simplemente, es que no debe desatenderse el idioma nacional, porque es el sello característico de las razas y de los pueblos. Las naciones desaparacen y las castas se hunden cuando se olvida la lengua nacional; por eso no existen ya como nación los Aztecas. Por su idioma influyó tanto Roma en las naciones que había conquistado y si no constituyen una nación los Judíos del día, es porque cada uno habla el idioma de la tierra que habita.

No decimos que no se enseñe el inglés a la niñez méxico-texana, sea en hora buena, decimos que no se olviden de enseñarles el castellano, pues así como les es útil la aritmética y la gramática así es útil el inglés a los que viven entre los que hablan ese idioma.

Todos somos la hechura del medio ambiente: amamos las cosas que hemos visto desde nuestra infancia y creemos en lo que se infiltró en nuestra alma desde lo primeros años de nuestra vida, por lo tanto, si en la escuela americana a que concurren nuestros niños se les enseña la Biografía de Washington y no la de Hidalgo y en vez de los hechos gloriosos de Juárez se le refieren las hazañas de Lincoln, por más que éstas sean nobles y justas, no conocerá ese niño las glorias de su Patria, no la amará y hasta verá con indiferencia a los coterráneos de sus padres.

No faltó algún méxico-texano que, con la más sana intención del mundo engalanara la solapa de su saco con el retrato del heróico Juárez, el 16 de septiembre de 1910. Eso subleva a cualquiera que ama a su raza. Mexicanos tan buenos y honrados, tan patriotas y dignos. ¿Por qué han de ignorar las acciones sublimes de los que se sacrificaron por darnos libertad?

Cierto es que estamos en el país del negocio, y que "time is money" pero, aunque no son indispensables la historia ni la geografía para ganar el sustento, sí lo son buenos para la conservación del patriotismo.

La niñez méxico-texana necesita de instrucción para granjearse el aprecio y simpatía de los que le rodean, para obtener con mayor facilidad el sustento y para ser más influyente.

Juan del Jarro (fechas desconocidas)

feminismo

"El feminismo" de Juan del Jarro es una sátira poetizada de la integración de la mujer en la fuerza laboral, aunque el autor se demuestra particularmente adverso a que la hispana llegue a ser política o periodista. La entrada femenina en la vida pública o legal es lo que él denomina feminismo. Publicado el 17 de octubre de 1918 en *El Imparcial de Texas,* el poema capta una reacción común entre los escritores inmigrantes, sobretodo de clase media, en los Estados Unidos de ese período. Para esa capa masculina el único rol digno de la mujer era ser ama de casa o paloma del nido, como indica Juan del Jarro. Tras esta actitud se manifiesta un choque cultural entre la expectativa social del país de origen, la cual requería dirección absoluta del hombre tanto en el espacio público como en el hogar, y la realidad social del nuevo país industrializado, en la cual la mujer comenzaba a integrar la fuerza laboral, aunque no como profesional, diluyendo así ese viejo estándar. Para mayor preocupación de los señores conservadores, las estadounidenses libraban una lucha por el sufragio universal que se aprobó en poco más de un año después de la escritura de este poema. A medida que el proceso de integración de los hispanos en la fuerza laboral aumentó, la mujer hispana llegó a ser representada en la literatura como la nueva Eva agringada, hiper-sexualizada . . . la llamada "pelona" o "flapper". Pero en esta sátira temprana, se produce todo lo contrario: la masculinización de la mujer que abandona el hogar por política o el periodismo. Ella se convierte en matona y pistolera y, por supuesto, pierde su atractivo ante los ojos masculinos. (MF)

Lecturas: Nicolás Kanellos y Helvetia Martell. *Hispanic Periodicals in the United States: A Brief History and Comprehensive Bibliography.* Houston: Arte Público Press, 2000.

El feminismo

Perdóneme el sexo bello
si digo aquí, que en virtud
de su moderna actitud
nos va faltando el resuello.
Será divino destello
el que alumbra su camino
y el que tuerce su destino;
pero es verdad demostrada
que toda mujer "hombrada"
nos resulta un desatino.

Bueno está que la mujer
sea del hombre la guía
(cual si este fuera un tranvía
o un mal auto sin "chofer")
mas lo que no puede ser,
por un sin fin de razones,
es que, por sus aficiones
que son locuras sin nombre,
dé sus enaguas al hombre
y agarre los pantalones.

Algunos diarios refieren
(buenos platillos de papas)
que algunas mujeres guapas
ya ser diputadas quieren;
que a las dulzuras prefieren

del hogar, ser licenciadas
y por el pueblo aclamadas
sin trabas ni cortapisas,
aunque el hombre las camisas
se ponga deshilachadas.

Es bueno, y a nadie asombre,
que la mujer (si no es fea)
por siempre en el mundo sea
la sola ilusión del hombre;
que éste sus plantas alfombre
de flores y que la encumbre,
por amor, no por costumbre,
santo y bueno, mas no tanto
que pueda quemar al santo,
ni tanto que no la alumbre.

Que una "ella" por afición
tire pistola y marrazo
y le pegué un floretazo
al gallo de la pasión,
tiene clara solución
en los fueros de la moda;
pero que vaya a la boda
con pistola a la cintura,
cosa es que, no digo al cura,
sino ni al Nuncio acomoda.

Si las mujeres mandaran,
como dice la zarzuela,
buena y formidable chuela
a cada momento armaran:
pues sólo en que sospecharan
del hombre, motivo habría
para que con sangre fría
metieran la mano a la faca
y de un firme mete y saca
pusiéranlo en agonía.

Las mujeres ya es sabido
que tiene muy altos fines:
remendar calcetines
y la ropa a su marido;
mas si lo echan en olvido

y se lanzan al Congreso
y al periodismo y todo eso
que es extraño a la mujer,
¡el hombre no va a tener
tiempo de darles un beso . . . !

Pero aún se puede evitar
que prospere el feminismo,
sin romperlas el bautismo
ni tenerlas que dejar:
cada individuo, al casar,
así como por descuido
dígales tierno al oído
plagiando a un egregio vate:
¡Yo, león para el combate;
tú, paloma para el nido . . . !

Defensa

ludo y propósito

En general, los periódicos de la comunidad hispana tomaron muy seriamente su función como vanguardia de antidifamación y protección de los derechos civiles y humanos de sus comunidades. En Nueva York, *La Defensa*, un periódico como muchos otros, decidió anunciar su función defensiva en su título. El editorial de la primera edición no sólo enfatizó su defensa contra el racismo y la explotación sino que también anunció orgullosamente que los hispanos estaban aquí para quedarse. Siendo, ante todo, un periódico que surgió y se concentró en la comunidad puertorriqueña, *La Defensa* proclamó abierta y claramente que su comunidad iba a permanecer en los Estados Unidos, marcando de esta manera la transición de un carácter de inmigrante a uno de nativo con derechos. (NK)

Lecturas: Nicolás Kanellos y Helvetia Martell. *Hispanic Periodicals in the United States: A Brief History and Comprehensive Bibliography*. Houston: Arte Público Press, 2000.

El objeto principal de este editorial es poner de manifiesto —de una manera clara y precisa— los propósitos que nos animan y la línea de conducta que hemos de seguir en el desempeño de la misión que nos hemos encomendado. Pero antes de pasar adelante, hacemos una pausa, a fin de extender nuestro más cordial saludo a la colectividad hispana de Nueva York, y muy especialmente, a las sociedades, fraternidades y congregaciones religiosas hispanas que luchan y se esfuerzan por sostener en el más alto plano la moral, la cultura y el espíritu de cohesión entre los ciudadanos de extracción hispana que residen en esta metrópoli. También, deseamos hacer extensivo nuestro saludo, a todos los pueblos de América que hablan la sacrosanta y armoniosa lengua de Eugenio María de Hostos y de Andrés Bello.

Considerando que esta publicación sale a la luz en el corazón de nuestra humilde barriada de Harlem; en medio de la más abyecta miseria; donde inexorables, el vicio y el dolor se disputan las escuálidas víctimas de la ignorancia, de los prejuicios de raza y de los defectos del presente sistema de economía política, no podemos menos que consagrar este semanario a la defensa de nuestros legítimos derechos de ciudadanos y, justificar el principio de que una prensa libre es el más eficaz defensor de los derechos humanos y la más firme garantía del recto funcionamiento de la justicia.

A pesar, de los muchos males —reales o imaginarios— que se le atribuyen a nuestra barriada, una gran parte de sus residentes son de completa solvencia moral, amantes del orden y en posesión de todos los atributos esenciales al cumplimiento de los deberes de los buenos ciudadanos; así pues, uno de los fines fundamentales de *La Defensa,* es comprobar el hecho, que existen en la barriada individuos capaces para actuar e influir con su inteligencia y fuerza de voluntad en el escenario histórico de los acontecimientos cívicos de toda nuestra colectividad hispana. No por esto, dejaremos de condenar con todas las fuerzas de nuestras energías los males que en realidad existen y que son la causa de la denigración colectiva.

Ya es tiempo de que nos demos cuenta que no somos aves de paso; que estamos aquí para quedarnos y que es necesario preparar el camino para los que han de seguirnos. Es preciso establecer nuestra sociedad sobre bases más sólidas y reales, en conformidad con las circunstancias y sin insistir en conservar distinciones de casta heredadas de otra época y otro ambiente. Nuestras presentes condiciones económicas no justifican tales distinciones, por el contrario, éstas se tornan en comején que carcome los cimientos de nuestro edificio social.

No nos será posible transferir a la acción los propósitos que nos animan, a menos que no recibamos la confianza y cooperación del público hispano que lee, por consiguiente, a fin de merecer esa confianza y esa cooperación, nos comprometemos trabajar asiduamente para que sea *La Defensa,* un verdadero órgano de la opinión puertorriqueña e hispana, dando cabida en sus columnas a escritos y artículos de interés colectivo y que tiendan, en todas las ocasiones, a justificar el lema de esta publicación

—Justicia, Cultura y Dignidad.

Lorenzo Piñeiro Rivera, et al.

Carta abierta a un libelista

Esta carta abierta fue publicada en un número sin fecha del periódico *Brújula* del Bronx en algún momento de los 1940 y responde al ataque contra los puertorriqueños que había realizado Charles E. Hewitt, Jr. en la revista *Commentator*, en la cual proponía diferentes maneras de truncar la migración puertorriqueña al continente de los Estados Unidos. Los escritores, siguiendo el papel efectivo de los periódicos de la comunidad, defienden el honor de esa comunidad inmigrante, trazando las causas económicas y políticas de la emigración de Puerto Rico. La carta toma a Hewitt como objetivo porque responsabiliza a las víctimas de una dislocación provocada por el colonialismo estadounidense en Puerto Rico. Siguiendo esta explicación, los autores dan un boceto de las contribuciones de los puertorriqueños a la causa de la libertad en el mundo y en la defensa del honor, el sentido de moralidad y la limpieza, todo lo que Hewitt había cuestionado. (NK)

Lecturas: Nicolás Kanellos y Helvetia Martell. *Hispanic Periodicals in the United States: A Brief History and Comprehensive Bibliography*. Houston: Arte Público Press, 2000.

Sr. Charles E. Hewitt, Jr.,

Muy Señor nuestro:

Hemos leído con sorpresa e indignación vuestro artículo publicado en la edición de marzo de la revista "Commentator" que publica la casa "Scribner's". Motiva nuestra sorpresa el hecho de que haya en Estados Unidos, nación cuyo gobierno pretende ser portaestandarte de la lucha por la defensa de los derechos del hombre, una revista que publique un trabajo en que se injuria gravemente, de manera irresponsable, tanto en el orden moral como intelectual, y sin la menor consideración a las normas milenarias que regulan la relaciones entre los hombres —a todo un pueblo cuya historia sería motivo de orgullo para todo ser bien nacido.

Nuestra marginación lo motivan los vejámenes e insultos que gratuitamente usted infiere a nuestra nacionalidad; y esa indignación aumenta ante la convicción profunda de que los hechos o datos citados para servir de fundamento a tan graves injurias, carecen de veracidad y denuncian una ignorancia supina sobre lo que es el verdadero pueblo puertorriqueño y de lo que éste ha significado en la historia y la cultura de todos los pueblos del Nuevo Mundo, incluyendo a Estados Unidos.

Deseamos por este medio contestar vuestros insultos, con todas las fuerzas de nuestras almas y con todas las fuerzas de nuestro entendimiento, sin considerar, desde luego, cuáles serán las imponderables fuerzas económicas que escudadas en su nombre respaldan esta campaña de difamación y de ignominia, atentas sólo a sus bastardos intereses que por serlo tienen necesariamente que estar reñidos con las supremas aspiraciones de la más perfecta unidad política social y moral de nuestro hemisferio: la nacionalidad puertorriqueña.

Comenzamos por negar la autenticidad de las estadísticas por usted citadas en su infamante libelo; y a falta de otro medio para que se aclare la verdad, la suspuesta verdad suya y la auténtica verdad nuestra, le invitamos a discutir, en público, donde usted tuviere a bien seleccionar, el contenido de su artículo, garantizando de antemano el debido respeto a su persona por parte de nuestros compatriotas. Discutiremos allí la veracidad de sus estadísticas, la inteligencia de sus generalizaciones y finalmente, el contenido humano y socializante de las soluciones por usted sugeridas a lo que irresponsablemente ha llamado usted, el problema puertorriqueño.

Mientras tanto, y partiendo de la base de que usted no se atreverá aceptar nuestro reto, procedemos a hacer luz sobre lo que verdameramente es Puerto Rico, así como sobre lo que representa la emigración puertorriqueña a este país. Antes de continuar es necesario, ya que somos hijos de un pueblo generoso y desprendido, que reconozcamos que en su artículo se dicen ciertas verdades, aunque desgraciadamente verdades a medias, que son siempre peores que las mentiras más canallescas, así como que se toca la fuente o llaga del problema puertorriqueño —que no negamos existe— pero de manera cobarde e interesada, que es la actitud más condenable al afrontar la tragedia de una patria o de un conglomerado de seres humanos.

Puerto Rico nación de perfiles definidos, poseedora de una cultura, de una tradición, de una historia, de una colectiva actitud ante la vida informada en los principios del cristianismo. Eso era en el 1898 y eso sigue siendo hoy, a pesar del cruel proceso de desnaturalización que ha sufrido durante los últimos 42 años, al servicio del cual han estado todos los recursos del más poderoso imperio de la tierra. El concepto de nacionalidad, que equivale a decir, como se verá más adelante, al mantenimiento de una actitud de decoro, de despredimiento vital y de superación suma en los más altos órdenes de la civilización humana, se ha mantenido vivo en las honduras del alma puertorriqueña.

Llegó el día en que aquella nacionalidad, que entonces era, aunque pobre y humilde, feliz porque podía lograr la realización de sus necesidades vitales mientras iba dando estructura a su destino patriótico, fue invadida por la fuerza de las armas. Comenzó entonces lo que usted señala en el párrafo 7 de la página 15 de la revista mencionada. Poderosos intereses económicos que siguieron a la bandera de Estados Unidos con la invasión sentaron allí sus reales para transformar la economía de aquel pueblo. Esa labor había de ser facilitada por el régimen político representativo de los nuevos intereses y, al efecto, se comenzó con el cambio de la moneda entonces en circulación en Puerto Rico. Este fue el primer golpe sobre la yugular del cuerpo económico de la patria puertorriqueña. Economistas reaccionarios, amigos de la invasión norteamericana, han calculado que Puerto Rico perdió no menos de 40 por ciento de su riqueza metálica en virtud del cambio de la moneda. Conjuntamente con esto, se impusieron dos factores que unidos al primero representan la trilogía inicial de la tragedia puertorriqueña. En primer lugar, Puerto Rico perdió inmediatamente los mercados de venta de la producción de su economía agrícola, que eran entonces los de Francia, Alemania, Italia, España, Inglaterra, etc., a la par que se vio obligado a comprar en el mercado más caro del mundo.

Esos tres hechos, de incontrovertible verdad histórica, crearon la crisis financiera, el empobrecimiento económico que hizo posible que nuestras tierras, en poder de un 90 por ciento de los puertorriqueños, como usted asevera, pasara durante un corto lapso de tiempo a manos absentistas, creando una enorme factoría donde más del 80 por ciento de la población ha sido sometida a la indigencia bajo la tutela de enormes intereses corporacionistas que no son en forma alguna reponsables ante la opinión puertorriqueña de su obra de despojo y de miseria.

Ante esa crisis —que no lo es sólo de carácter económico, pues que fue acompañada por la obra de supeditación de los más altos valores de la cultura nativa por los que servían de portaestandarte a la cultura invasora, así como por el entronizamiento en la labor rectora de los destinos de la patria del régimen de los mediocres, ya que eran éstos los que estaban prestos allí, como lo han estado siempre en todos los rincones del planeta y en todas las épocas de la historia, a servir la voluntad extranjera—, comenzó la emigración en masa del puertorriqueño.

El puertorriqueño no es hombre que emigra; es decir es de esos seres que abandonan las playas nativas sólo cuando factores imponderables le niegan la oportunidad del diario sustento. Mas aún ya en la emigración sigue pensando en ésta como cosa transitoria y sigue soñando con el ansiado regreso. Por eso no renuncia a su personalidad de pueblo y mantiene vivo en el extranjero los contornos definitorios de su cultura. En el caso que nos ocupa, los mantiene vivos para bien del pueblo que los acoge, pues que aporta una nota nueva, una tonalidad diferente al ritmo vital de este pueblo. Por eso afirmamos que, contrario a la opinión por usted expresada, el pueblo americano debe sentirse agradecido de la emigración puertorriqueña; ésta ha dado a la vida norteamericana, con su música, con su actitud soñadora y profundamente humana, su comprensión trascendente de las realidades más nobles, con su espíritu sacrificial y desprendido, una nota de superación tan alta que el día en que la misma se incorpore a las esencias de la americanidad —en el sentido anglo-sajón— ese día se salvará vuestro pueblo ante la vista de los más altos espíritus de nuestra época, así como de los investigadores e historiadores e historiógrafos que en los siglos venideros escribían para la eternidad el paso de Estados Unidos por el escenario humano.

Una vez en la emigración, se presentan hombres como Ud. y afirman que se degeneran los puertorriqueños. Cabe preguntar: ¿se degeneran en Nueva York porque aquí vienen? La pregunta es deducción lógica de las afirmaciones por usted hechas. Y aunque no aceptemos como cierta la premisa por Ud. sentada, contestamos a propósito que entonces se degeneran los puertorriqueños en Nueva York porque degenerado está el ambiente neoyorquino. Aceptado eso, debe ser problema que preocupe a todos los espíritus superiores de nuestra contemporaneidad, ya que Nueva York es no sólo el mosaico donde se va dando forma a la verdadera ciudadanía estadounidense sino que es también hoy punto de convergencia de todos los hombres del planeta, a la par que encrucijada de todos los caminos de la tierra. Pero, claro está no aceptamos ni que Nueva York es centro de degeneración ni que una vez llegados aquí se degeneren los puertorriqueños.

No hemos de negar que hay en Nueva York prostitutas nacidas en Puerto Rico; como tampoco negará usted que hay también caminando por las calles de Nueva York prostitutas americanas de pura sangre aria. Pero tanto en el caso de unas como de otras, esas infelices mujeres que se ven precisadas a buscar en el vicio el diario sostén, no son culpables de esa situación. De que haya prostitutas es sólo responsable la existencia de lo que hemos dado en llamar prostitución. Y, claro está, de que la prostitucón exista como medio de vida y como mercado donde se vende lo que es más caro a la dignidad humana, es culpa del régimen social y político que con sus enormes contradicciones y terribles injusticias hace posible y permite tranquilamente la existencia de ese mal.

Negamos, eso sí, que sea cierto que las niñas puertorriqueñas "se prostituyen" a sí mismas como medio para ganar el dinero con esposos que han quedado al otro lado. Esa afirmación suya hemos de clasificarla necesariamente como de lo más infame y canallesco que jamás hayamos oído. Para hacer esa afirmación, nos amparamos en la llamada libertad de palabra, de la cual tanto alarde se hace en Estados Unidos, y de la que usted ha abusado; con la diferencia de que usted lo hace para insultar a todo un pueblo, mientras que nosotros lo hacemos para decirle la verdad a usted.

Nuestras mujeres poseen un profundo sentido del decoro que es legado tradicional de los forjadores de la nacionalidad puertorriqueña. Parte importantísima también de ese legado, que es a la par atributo de nuestros hombres, es la consideración del honor como suprema virtud, del valor como único valor; la posesión de un hondo espíritu sacrificial; el mismo que hace posible en el presente que un solo hombre puetorriqueño o una sola mujer puertorriqueña reten, serenos y tranquilos, la ira del más poderoso imperio de la tierra; espíritu sacrificial y fecundo que hizo posible en el pasado que miles de puertorriqueños —entre los cuales se contaban nuestras más altas voces de cultura en la época— dieran sus vidas por la independencia de Cuba; lo mismo que hizo posible que un puertorriqueño, el mariscal Antonio Valero de Bernabé fuera el héroe del sitio de Zaragoza en España, frente a las tropas de Napoleón Primero que fueron derrotadas, para más tarde venir a ser, junto a las espadas libertadoras de Iturbide en México y Bolívar en Sud América, uno de los grandes héroes de la epopeya libertaria en el Nuevo Mundo. Ese mismo espíritu sacrificial hizo posible que enviáramos en el siglo XIX a la figura apostólica de Eugenio María de Hostos, mentalidad socrática y corazón nazareno, por todos lo ámbitos de la tierra americana a predicar el evangelio de la cultura y del amor como norma salvadora de los nuevos pueblos que irrumpían a la vida de la libertad. Muchos otros grandes espíritus puertorriqueños, informados en ese mismo sentido del sacrificio cruzaron los caminos de América y aún del Viejo Mundo animados por altos ideales de humanidad y de servicio.

Ya ve usted que desconoce la historia de Puerto Rico. Esto no nos extraña pues que es, como muy bien indicara el diario hispano de New York: "La Prensa", en reciente editorial, un antiguo vicio de ustedes los norteamericanos es ir a cualquier punto geográfico específico, residir allí unas cuantas semanas y regresar a Estados Unidos para escribir un libro sobre esa región, convertidos por arte de encantamiento en autoridad sobre la historia, cultura y milagros de la zona geográfica visitada. Su ignorancia de la historia puertorriqueña nos la demuestra cuando afirma que Ponce de León, nuestro primer gobernador bajo la dominación española, y descubridor de la Florida, cerca de un siglo antes de la llegada de los Cabotes a las costas nórdicas del Nuevo hemisferio y, por tanto, verdadero descubridor de la América del Norte que hoy ocupa el elemento étnico de origen anglosajón, bautizó a nuestra patria con el nombre de Puerto Rico. Para su información, hemos de decirle que nuestra patria fue descubierta y bautizada por Cristóbal Colón, el insigne marino. Y éste le dió por nombre el de San Juan Bautista.

Puerto Rico no ha hecho regalo espantoso alguno a Estados Unidos. Si algo de espantoso hay en el trágico panorama que nuestra patria representa en los actuales momentos, ése es regalo que hace el gobierno de Estados Unidos a la humanidad como ejemplo magnífico de su obra "civilizadora" en la única nación indo-hispánica sometida al tutelaje del despotismo gubernamental norteamericano. Aceptando, por un momento, la autencidad del cuadro por usted pintado con fines maquiavélicos a no durarlo, él mismo representaría la más grave acusación contra el gobierno de Estados Unidos, ya que éste es el único responsable de todo lo que ha sucedido en Puerto Rico durante los últimos 42 años. Fue ese mismo gobierno el que, sin consultar la voluntad puertorriqueña, le impuso la ciudadanía americana, factor de carácter jurídico y constitucional que hace posible esa cosa de la cual usted se alarma y contra la cual clama: la libre entrada de los puertorriqueños en Estados Unidos.

Para justificar su clamor y su indignación contra la libre entrada de los puertorriqueños a Estados Unidos, invoca usted, ladinamente, la tragedia de los refugiados europeos. No podemos creer en su sinceridad al tratar de manifestar simpatías por los hombres y las mujeres que en el Viejo Continente son hoy víctimas del prejuicio racial y de la persecusión política y que tratan de encontrar en tierras americanas un refugio para sus personas y para sus ideales. Nosotros sí podemos hablar con sinceridad de esa tragedia porque la hemos sufrido en nuestras propias carnes. A propósito, es de justicia contar que uno de los pocos aciertos en su artículo estriba en hacer alusión a los perseguidos de Europa en relación con los puertorriqueños que residen en New York les llama "sus compañeros refugiados". Es cierto que tanto los europeos que huyen de la persecusión totalitaria como los puertorriqueños que emigran ante los embates de la tiranía democrática son compañeros refugiados. Tanto unos como otros son víctimas de regímenes que aunque puedan diferenciarse en sus aspectos puramente externos responden sin embargo, a idénticos factores económicos políticos.

Si las estadísticas que usted cita en torno a los puertorriqueños víctimas de diversas enfermedades son tan ciertas o exactas como su afirmación de que fueron éstos los que "han traído a América con éllos el hábito a los narcóticos" o de que "han traído a los negros toda la corrupción extranjera de las Indias", tenemos que afirmar necesariamente que las mismas son producto de una mente enferma, cegada por prejuicios u odios, y carentes de toda relación con la realidad. Numerosos puertorriqueños, tan cultos como usted por lo menos, le dirán que no fué hasta que comenzó la emigración en masa de puertorriqueños a Estados Unidos que oyeron hablar por primera vez de la marihuana. También podrán decirle esas personas, para bien suyo, cuál es el verdadero origen de esos vicios.

Hacer uso de casos aislados como los que usted cita para probar generalizaciones tan absurdas como las hechas en su artículo no es ni inteligente ni honrado. Con toda seguridad afirmamos que Francisco F., no es el único puertorriqueño con el labio partido. Tampoco habrá usted de negar que en Estados Unidos hay docenas de Francisco F., de pelo rubio y dicción sajona. José V., no es, ciertamente, el único niño idiota de Puerto Rico; afirmar que en Puerto Rico no hay instituciones para niños idiotas, denunciar tanta ignorancia como negar que las instituciones filantrópicas de Estados Unidos así como centenares de hogares norteamericanos no están llenos de niños, sino de hombres idiotas. Tampoco nos extraña el caso de María L., quién, a juzgar por lo que usted dice, no recobrará jamás su vista. Los asilos de ciegos de Estados Unidos, tanto como los hogares y las calles de este país, están llenos de numerosas María L., de pelo rubio y de inconfundible dicción sajona.

No es cierto que nuestra gente viva en tal estado de abandono y de falta de higiene que se dé el caso corriente de que "cuatro ocupantes sean la carga mínima por noche para cada cama"; o de que docenas de ellos vivan en un mismo cuarto; o de que, corrientemente, "80 personas usen a diario el mismo inodoro fuera de la casa". Tampoco responde a la realidad la afirmación de que los apartamentos en que vive nuestra gente se hallen corrientemente, en el estado de desolación y de miseria que Ud. pretende pintar. Concediendo, por un momento, que eso fuera cierto la responsabilidad, innegablemente, por tal estado de cosas recae sobre el gobierno irresponsable que permite tal grado de pobreza. Negar que en Puerto Rico no se conozca lo que es agua corriente, prueba una vez más, su ignorancia de, y su prejucio contra nuestro país.

Dice Ud. una verdad a medias cuando afirma que Blanton Winship, el recién depuesto gobernador, "tuvo 60 millones de dólares para ayuda después del 1935, y ayuda muy liberal del Departamento de Posesiones Insulares" para resolver los problemas económicos de Puerto Rico. Aparte de que es muy discutible que sea tan alta la cantidad enviada por la Administración de Roosevelt dizque para resolver los problemas del país, la verdad completa es que gran parte del dinero asignado por el Congreso a ese fin fue utilizado en la militarización del cuerpo de la política, con el propósito de destruir el movimiento emancipador puertorriqueño; en francachelas por parte del viejo general a fin de tener contentos a sus lacayos nativos, y en crear una vasta agencia burocrática y de soborno en nuestro país. Un destacado panegirista del régimen colonia que sufre Puerto Rico, el Sr. Filipo de Hostos, Presidente de la Cámara de Comercio, ha manifetado que Puerto Rico ha pagado con creces por cada dólar que el Nuevo Trato ha invertido en nuestra patria durante los siete años de su existencia. El terrible encarecimiento de la vida, venido a consecuencia de las agencias alfabéticas de la nueva administración, pagó con amplio margen por el más mínimo dólar que posteriormente recibiera nuestro pueblo. Por todo lo anterior, no nos extraña que el Almirante Leahy, nuevo gobernador, por gracia de la voluntad imperial norteamericana, haya afirmado que la situación de los empobrecidos nativos es tan mala que no se puede esperar que sean de ayuda alguna a América en caso de guerra". Eso no se debe; sencillamente como Ud. nos quiere hacer creer, a meras razones económicas. En el fondo de esa actitud se manifiesta todo el dolor de un pueblo que ha visto cómo se destruyen sus instituciones, cómo se han minado las bases de su economía y, finalmente, cómo se dispone de su alto destino histórico sin que se consulte siquiera indirectamente su voluntad colectiva. A propósito de esas afirmaciones que Ud. le atribuye al Almirante Leahy, preguntamos: ¿Por qué tiene Puerto Rico que ser de ayuda alguna a América en caso de guerra? ¿Qué derecho tiene Estados Unidos a ordenar la construcción de bases navales en Puerto Rico sin consultar previamente la voluntad puertorriqueña y sin respetar el principio inmanente y eterno de la soberanía de los pueblos? ¿Para la defensa de quién y contra el ataque de quiénes se han construído esas bases navales, militares y aéreas en tierra puertorriqueña?

Claro está que la solución que usted sugiere o adelanta al supuesto problema de la emigración en Estados Unidos denuncia tanta ignorancia de las cuestiones fundamentales envueltas como la exposición misma de nuestros problemas verdaderos hecha por Ud. un conocimiento elemental del Derecho Constitucional Americano debería bastarle para saber que ésa no es la solución legal para parar la emigración puertorriqueña; aparte de que tampoco sería la solución decente y justiciera. Si el pueblo americano y su gobierno desean detener la emigración puertorriqueña a este país, tienen que comenzar por reconocer el derecho del pueblo de Puerto Rico a regir sus propios destinos para que entonces podamos nosotros resolver, a tono con nuestra voluntad, con nuestros mejores intereses y nuestra indiscutible capacidad, los problemas que dan margen a esa emigración. No sólo eso ha de hacer Estados Unidos, aunque ése tiene que ser el primer paso. Tiene también que reparar en justicia todos los males que ha ocasionado a Puerto Rico durante sus 42 años de desgobierno. Permitidos que terminemos ésta, parafraseando en parte el último párrafo de su infamante artículo. Hasta tanto no se haga lo que señalamos en el párrafo anterior, resulta risible que Estados Unidos pretenda trazarle pautas al mundo —alardeando su democracia y de su sentido de justicia— sobre cuál es el régimen perfecto de gobierno. Mientras no se haga eso, resulta risible que Estados Unidos se indigne ante los continuos asaltos que en la vieja Europa se hacen contra las pequeñas nacionalidades; y resultan risibles, además los gritos de protesta no sólo del pueblo americano sino que también de sus más altos dirigentes ante la persecución de los grupos minoritarios en diferentes secciones del planeta; resulta risible, en fin, hasta tanto Estados Unidos no cumpla con su deber en el caso de Puerto Rico, toda la prédica sobre política de Buena Vecindad, así como las aspiraciones conocidas por parte de este país de asumir el centro mundial en la defensa del derecho y de la justicia.

Sin perjuicio de que volvamos a dirigirnos a Ud. con este mismo motivo se suscriben, haciendo votos por la felicidad del pueblo puertorriqueño, los firmantes:

Lorenzo Piñeiro Rivera, Ruperto Udenburgh, Gerardo Peña, Carlos Carcel, Ramón Rodríguez.

Alonso S. Perales (1899–1960)

La ignorancia como causa de los prejuicios raciales; La evolución de los méxico-americanos

Alonso S. Perales, uno de los más persistentes y francos líderes cívicos entre los méxicoamericanos, se involucró en el problema de la desigualdad y la necesidad de organización mientras servía en el ejército en la Primera Guerra Mundial, después de lo cual empezó a organizar políticamente a la población mexicana de Texas. Fue miembro fundador de la Orden de los Hijos de América en 1921 y, en 1929, de la Liga de Ciudadanos Unidos Latinoamericanos (LULAC), una de las más antiguas organizaciones para la defensa de los derechos civiles de los méxicoamericanos. Nativo de la pequeña ciudad de Alice, Texas, y abogado, Perales estuvo en la vanguardia de definir la identidad y los derechos de los méxicoamericanos a través de numerosos ensayos, cartas al editor y discursos que escribió en sus cuatro décadas de activismo. Perales compiló muchos de sus escritos en dos libros que publicó en 1931 y en 1937, respectivamente, cuando servía a los Estados Unidos en el cuerpo diplomático. Sus expresiones en muchos de los textos escritos antes de fundar LULAC y de su carrera diplomática son mucho más militantes que la identidad moderada que LULAC vino a incorporar más tarde. En los siguientes ensayos, escritos para ser pronunciados como discursos en 1923 y 1924, Perales continúa exaltando los logros de los españoles e hispanoamericanos del pasado para poder substanciar el alto grado de "civilización" de las poblaciones mexicanas del suroeste antes de la llegada de los anglos. Una innovación por parte de Perales fue el incluir también a los nativos norteamericanos como ancestros ilustres de los méxicoamericanos. También evidente en sus escritos es el realzado orgullo en el mestizaje y la creencia en el méxicoamericano como un ser de raza mestiza que se distingue de los blancos. (NK)

Lecturas: Alonso S. Perales. *El méxico americano y la política del sur de Texas: comentarios.* San Antonio: sd, 1931; *En defensa de mi raza.* San Antonio: Artes Gráficas, 1937.

ignorancia como causa de los prejuicios raciales

Un detenido análisis de la situación nos lleva a la conclusión de que el prejuicio racial existente en contra de los mexicanos y de la raza hispana en general se debe, en parte, a la ignorancia de algunas personas que, desgraciadamente para los que aquí vivimos, abundan en el estado de Texas. El hecho de que se considere el mexicano sin excepciones como un ser inferior, demuestra falta de ilustración y cultura.

No es mi propósito convertirme en un apóstol del socialismo, sino sostener y abogar porque a cada quien se le dé lo suyo. El mexicano debería ser tomado "por lo que es individualmente" y no por lo que suelen ser otros individuos del mismo origen, pues "no porque todos somos del mismo barro, lo mismo da cazuela que jarro".

En el norte y el este de este país, los mexicanos y la raza hispana en general son bienvenidos y respetados. Cierto es que allá también no deja de haber algunos ignorantes "nenes," ya que no hay regla sin excepción y que hay algunas personas que por muy blanca que su piel sea, se hallan aún a la orilla de la civilización y de la cultura. En el norte y el este hay bastantes escuelas, colegios y universidades en donde el anglo-sajón aprende la historia y la psicología de la digna raza hispana. La cultura está al alcance de todos —pobres y ricos— dando por resultado que cuando el anglosajón abandona las aulas bien penetrado de los méritos y las virtudes de nuestra raza, sabe que cuando se encuentre a un español o a un hispano-americano, no debe despreciarle y calumniarle, sino darle la bienvenida, siquiera en atención y respeto a los fundadores de este continente, y a los ilutres héroes que figuran en la historia hispano-americana. Esas personas que nos estudian para mejor comprendernos, no ignoran el grado de civilización que poseían los indios que habitaban la mayor parte de este continente muy antes de la conquista española; saben bajo cuáles auspicios fue descubierta América; no ignoran que los apóstoles que sembraron en el nuevo mundo las primeras semillas de la sabiduría no fueron anglo-sajones, sino hispanos; saben quiénes fueron Bolívar, Juárez, Hidalgo y Cuauhtémoc; y, por último, no desconocen los nombres de Ramón y Cajal, Francisco León de la Barra, y muchos otros que muy alto ponen el nombre de la raza hispana.

En el estado de Texas, la situación es muy diferente. Aquí la cultura no es un hecho; cuando menos a esta conclusión nos guía la actitud de un gran número de anglo-texanos. Lenta pero seguramente, nos va aniquilando la ley escrita.

Además de las humillaciones de que a menudo son víctimas nuestros hermanos de raza, hay hoy día ciertos distritos residenciales en San Antonio, y otros lugares en que los mexicanos, no importa cual sea su posición social, tropiezan con dificultades para fincar su residencia. Por consiguiente, aunque querramos ser optimistas, no podemos. Nuestra situación, si la verdad se ha de decir, no es nada satisfactoria.

No ha mucho tuve el gusto de escuchar a un prominente abogado anglo-americano de esta ciudad pronunciar un elocuente discurso ante una concurrencia mexicana. Dicho caballero dijo, entre otras cosas, más o menos lo siguiente:

"Amigos: respeto y admiro a la raza mexicana porque conozco su historia. Vosotros debéis sentiros orgullosos de ser desendientes de Hidalgo y Juárez".

Un momento después, cuando yo hacía uso de la palabra, dije, aludiendo al discurso del ilustre jurisconsulto, que aquella había sido una bella alocución, la que agradecíamos, y que lo único que era de lamentarse era el que no hubiese sido pronunciada ante un auditorio anglo-americano, toda vez que nosotros conocemos nuestra historia étnica, política y demás. Ahora lo que nos gustaría sería que aquellos anglos americanos que no nos comprenden, en vez de odiarnos, sin razón, se tomaran el trabajo, en beneficio propio y en justicia para nuestra raza, de estudiarnos para mejor conocernos, y que se decidieran a "darle a cada quien, lo suyo"; es decir, a reconocer los méritos y la virtudes de la digna y noble raza mexicana.

La evolución de los méxico-americanos

Setenta y seis años han transcurrido desde que Texas pasó a formar parte de la Unión Americana, y todavía es fecha que nosotros los méxicoamericanos no salimos de "cotón azul". Señores: el problema que tenemos al frente es el de mejorar nuestra condición, y es nuestro deber proponernos solucionarlo. En mi humilde concepto, la solución del problema estriba en tres factores, y son Educación, Unión y Actividad Política. Paso a tratar el primero.

Es un hecho consabido que la educación es uno de los factores básicos del progreso humano; que el mejoramiento intelectual traerá el progreso económico y del adelanto económico resultará la evolución social. Urge, pues, esforzarnos para educar a nuestros hijos para que en vez de perpetuar la producción de obreros de pico y pala, produzcamos hombres de oficio, destino o profesión. Eso hacen las otras razas que integran a esta nación cosmopolita. ¿Por qué no hacer nosotros la misma cosa? El día que nuestra capacidad para ganar dólares sea igual a la de nuestros conciudadanos de otros orígenes raciales, ese día nuestro "Standard of Living" o sea norma de vivir, será igual al de ellos. Que aún entonces insistan en no reconocernos sino como "Mexicans", nos importa un bledo, puesto que el que se nos llame mexicanos nos honra mucho, y debiera enorgullecernos a todo México-Americano consciente.

El segundo factor es el de la Unión. Todo mundo sabe que la unión constituye la fuerza. Los México-Americanos radicados en los Estados Unidos debemos organizarnos. Sin embargo, para que nuestra organización sea un hecho es absolutamente indispensable poder contar con muchos líderes de nuestro mismo origen, y esos líderes deben ser hombres inteligentes, activos, sinceros y honrados. Además deben ser personas que realmente trabajen con fe y entusiasmo por el bien de nuestra raza y nuestra patria, y que no se concreten simplemente a hablar y más hablar. Mientras no surjan hombres que reúnan todas estas cualidades, todo esfuerzo en pro de organización será en vano. ¿Por qué la necesidad de tanta condición? Me explicaré: Es necesario que nuestros líderes sean personas inteligentes y sinceras para que comprendan a fondo lo que significa la frase Consistencia de Principios, y ajusten sus actos a esos principios. A mi regreso de Washington he tenido la oportunidad de observar en Texas a individuos aparentemente capacitados para figurar como líderes, que, no obstante profesar ser entusiastas luchadores en pro del bienestar de nuestra raza, una vez llegada la oportunidad de lanzarse a la política (el arma más potente con que contamos para luchar por nuestros derechos) han resultado apoyando a los supuestos candidatos de una organización enemiga acérrima de los Mexicanos. ¡Y esos mismos individuos pretenden ser nuestros líderes y defensores de nuestra raza! ¿En dónde está la consistencia de principios? Algo pasa con esos individuos. Ellos persiguen fines bastardos bajo el disfraz de campaña pro-raza, o no comprenden lo que significa la frase consistencia de principios. Para probar que la organización secreta a que me refiero es enemiga de nuestra raza, me voy a permitir citar las siguientes declaraciones que aparecieron en el órgano oficial de dicha organización en San Antonio, Texas, el día 15 de septiembre de 1923:

"Aun cuando la ciudad de San Antonio siempre ha sido dominada por hombres americanos de color blanco, nuestros oficiales jamás han sido electos por una mayoría de votos blancos. Por esa razón la ciudad ha estado eternamente bajo la influencia de los votantes extranjeros (mexicanos) (nos llaman extranjeros los ignorantes nenes sin comprender que si votamos es claro que somos tan americanos como ellos) sin importar quiénes sean los que ocupan los puestos administrativos. Por consiguiente, San Antonio, una supuesta ciudad americana y una de las más grandes del estado, siempre ha estado dominada por influencias extranjeras, o cuando menos contrarias a los principios en que están basados nuestros gobiernos del estado y nuestro gobierno nacional. Estamos seguros de que estas declaraciones jamás serán negadas, salvo por aquellos individuos que están más interesados en su propio éxito que en el bienestar del estado, condado o municipalidad.

"En San Antonio el voto mexicano siempre es un factor decisivo en todas las elecciones . . . y el hombre blanco que domine este voto mexicano, naturalmente sale triunfante, y otra vez los periódicos aparecen con la noticia de 'la batalla que acaba de ser ganada por americanos blancos y patriotas'. Como es natural, en todas las contiendas electorales locales cada candidato recibe algún apoyo americano, no importa cuáles sean sus condiciones, pero en todo caso ¡el hombre sanantoniano que gana es elevado a su puesto por los votos de los extranjeros (mexicanos) o de los negros!

"Pero un día de estos las cosas van a cambiar en San Antonio. La Batalla del Alamo fue una victoria, señal para sus defensores no importa que los héroes de ese sangriento conflicto hayan perecido en el esfuerzo. San Antonio fue la cuña de apertura, y Sam Houston y su pequeño grupo de valientes texanos metieron esa cuña hasta dentro en la batalla de San Jacinto, y esta famosa batalla se va a repetir en San Antonio cuando dicha ciudad ponga a los elementos extranjeros de esta buena población y de este condado, en un 'Marathon for tall timber'. Ese día se va a llegar. Tan seguro lo es como que existe un cielo, así es que preparémonos para la tarea, y el éxito, aunque con retardo, será seguro."

He ahí los sentimientos con respecto a nuestra raza, y a pesar de esas declaraciones hubo muchos "entusiastas defensores de nuestra raza" que, no contentos con darles su voto individual, se dedicaron, durante la campaña electoral, a exhortar al pueblo mexicano públicamente a que votase por los supuestos candidatos de dicha organización . . . ¡tal vez para más bien asegurar nuestro mejoramiento político y social!

He ahí, señores, el motivo por el cual es absolutamente indispensable que nuestros líderes sean hombres inteligentes, patriotas, sinceros y honrados, hombres cuyo orgullo racial sea superior a sus ambiciones personales. El hombre que se enorgullezca de su origen racial, es casi seguro que jamás abandonará una noble causa, como lo es la nuestra, para pasarse a las filas del enemigo. Debemos, pues, unirnos, pero urge estudiar e investigar a los que pretenden ser nuestros líderes, pues el estandarte de esa unión que tanto necesitamos, ¡no debe ser otro más que el del patriotismo y la justicia!

El tercer factor para la solución de nuestro problema es el de Actividad Política. Los méxico-americanos que formamos parte de esta nación debemos tomar más interés en nuestro gobierno. El nuestro es un gobierno republicano, y, como dijera el gran Lincoln, "un gobierno del pueblo, por el pueblo y para el pueblo". Por consiguiente, los que somos ciudadanos de este país, somos tan americanos como el más americano, y ningún individuo que lleve en sus venas sangre de alguna otra de las razas que integran esta nación, tiene el derecho —así tenga la osadía— de decirnos que no somos "ciento por ciento americanos", pues ya dije que, con excepción del indio puro americano, nadie tiene más derecho de los puntos de vista étnico, histórico y geográfico, para llamarse "ciento por ciento americano", que nosotros los descendientes de Hidalgo y Cuauhtémoc, y reto a cualquiera a que rebata mi aseveración.

La política, repito, es el arma más potente con que contamos para luchar por nuestros derechos y para mejorar nuestra condición en todo sentido. Por consiguiente, en tiempos de elecciones debemos de estudiar a los candidatos para puestos públicos, ya sean elecciones municipales, del estado o de la nación, pues a esos hombres que elegimos, encomendamos la tarea de gobernarnos. Urge, pues, que esos hombres sean cultos, sinceros, justos y honrados. Además, deben ser personas resueltas a insistir, una vez en el poder, en que se haga justicia a nuestra raza. Nosotros los mexicanos, sin consideración a ciudadanía, no pedimos favores, no imploramos piedad: solamente pedimos Justicia . . . ese es nuestro objeto y ese nuestro ideal.

Para ilustrar la razón por la cual debemos estudiar a los candidatos para puestos públicos, me voy a permitir citar el caso del ex-Gobernador James E. Ferguson. En 1921 este hombre injustificadamente hizo unas declaraciones denigrantes y calumniosas para nuestra raza, declaraciones que, enterado de ellas, no vacilé en refutar enérgicamente desde Washington, Distrito de Colombia. En mi carta le hice ver lo injusto de sus ataques, así como su ignorancia con respecto a los verdaderos méritos de los mexicanos como raza. En el mes de agosto del presente año declaró que repetía sus declaraciones de 1921, y agregó que su señora para nada necesitaría el voto de los mexicanos.

Bien, pues, cuando este hombre fue elevado al puesto de gobernador, ¿cuántos méxico-americanos no lo apoyarían ignorando en lo absoluto sus sentimientos con respecto a nuestra raza? Con hombres del calibre de Ferguson en el poder, no cabe duda que nuestra perspectiva de mejorar en todo sentido sería en extremo brillante, ¿verdad? Bien, y ahora me hago la pregunta: ¿Cuántos méxico-americanos irán a apoyar a la señora Ferguson el mes que entra, no obstante los ataques que su esposo ha lanzado sobre nuestra raza?

He ahí, señores, el por qué de la necesidad de estudiar a los candidatos para puestos públicos, y he ahí nuestra oportunidad de demostrar con hechos que nos sentimos orgullosos de tener sangre mexicana en nuestras venas.

En el próximo mes de noviembre tendremos los méxico-americanos conscientes una oportunidad de registrar una protesta por los injustificados ataques que Ferguson hizo a nuestra raza. Todo méxico-americano que realmente se enorgullezca de su origen racial, debiera ir a las casillas electorales el día 4 de noviembre y votar en contra de la señora Ferguson. ¡Esa es la mejor manera de combatir a nuestros enemigos!

Así, pues, señores, cuando nos hayamos educado, ilustrado, organizado y tomado más interés en nuestro gobierno, entonces habremos evolucionado y, lo que es más, habremos puesto a salvo el buen nombre de nuestra digna y noble raza mexicana.

Anónimo

Luisa Moreno

La siguiente selección procede de la tradición del corrido. El corrido tiene sus orígenes en la tradición del romance corrido, una forma de canción narrativa que los españoles trajeron al Nuevo Mundo en el siglo XVI y que a su vez evolucionó de la epopeya española del siglo XI. El corrido es una forma popular en México, lo mismo que en todo el suroeste de los Estados Unidos. El corrido que se encuentra a lo largo de la frontera entre los Estados Unidos y México con frecuencia refleja la intensa tensión asociada con el conflicto intercultural entre los anglos y la población de ascendencia mexicana tanto como la población inmigrante mexicana. Muchas veces el corrido también trata otros temas que tienen que ver con la lucha económica y social de estas poblaciones como también la protesta contra la injusticia. "Luisa Moreno" es un corrido dedicado a la bien conocida activista y sindicalista guatemalteca que por muchos años —sobre todo durante los cuarenta y los cincuenta— desempeñó un papel importante como organizadora de los trabajadores méxicoamericanos en el sur de California. El corrido la caracteriza como una heroína del obrero agrícola. (ChT)

Lecturas: Arturo Rosales. *Testimonio: A Documentary History of the Mexican American Struggle for Civil Rights.* Houston: Arte Público Press, 2000.

Alerta betabeleros
escuchen con atención
y tengan en la memoria
lo que es organización.

Estudiantes adelante
adelante sin tropiezo
el estudio de este grupo
es la base del progreso.

Con muy grande sacrificio
y empeño del CIO
la compañera Moreno
esta escuela organizó.
Fijémonos en lo pasado
comprendamos la razón
divididos no hay progreso
solamente con la Unión.

Adelante, compañeros
y luchemos como un león.
No se valgan de pretextos
ingresemos a la Unión.

Las locales nos esperan
con una gran ansiedad;
llevamos cifras y datos
de lo que es la realidad.

Con un estrecho saludo
de unión y fraternidad
la compañera Moreno
salud y felicidad.

Ya con ésta me despido
mi corrido terminó
aclamando en alta voz,
¡Adelante el CIO!

eofas Calleros (fechas desconocidas)

problema de los mexicanos

Poco se sabe del historiador lego, el paseño Cleofas Calleros, con excepción de que inmigró de México con sus padres a principios del siglo XX, trabajó desde joven (desde 1912) en el ferrocarril, donde fue uno de los pocos méxicoamericanos en trabajar en las oficinas, lo cual lo convirtió en blanco de persecución por los Masones y el Ku Klux Klan. Se supone que Calleros fue autodidacta; por su devoción a la lectura y la escritura llegó a colaborar en los periódicos de El Paso por más de veinte años, defendiendo a los mexicanos en Texas y pretendiendo reivindicar la historia méxicoamericana mediante folletos y libros sobre distintos aspectos de esa historia. En "El problema de los mexicanos", publicado en *El Continental* de El Paso (3 de junio de 1938), Calleros ataca los estereotipos y la discriminación vigentes en Texas que afligían a los mexicanos. Su argumento razonable y bien articulado, hasta con el apoyo de estadísticas y referencias a libros escritos por estudiosos universitarios, es una prefiguración del ensayo chicano de los años sesenta y setenta. (NK)

Lecturas: Cleofas Calleros. *Historia de la parroquia de San Ignacio de Loyola.* El Paso: American Printing Co., 1935; *El Paso . . . Then and Now.* El Paso: American Printing Co., 1954.

Desde las estériles llanuras del "Panhandle" hasta los bancos de ostras en el golfo de México, y desde el desierto del oeste hasta los ricos campos petroleros en el este, el estado de Texas tropieza con el mismo problema: "El Mexicano". Todo lo que se necesita para crear un "problema mexicano" es un solo mexicano.

En la mayoría de los casos se supone a un mexicano como persona de tez morena o una persona con apellido español, sin tomar en consideración ni su ciudadanía, apariencia, personalidad, ni sus cualidades. Si llena los primeros dos requisitos, automáticamente queda considerado como una lacra social y víctima de todo ataque insidioso en el mundo de los negocios o la industria y para colmo de males aquí en Texas hasta de los sistemas educativos.

Se ha afirmado que el mexicano es difícil de asimilarse y que fracasa en la sociedad. Se atribuye esto, primeramente, al hecho de que como no se le considera como miembro de la comunidad, y mucho menos de la sociedad, es natural que se aleje de cualquier empresa cívica. La estadística del servicio de naturalización demuestra que, antes de 1931, los ciudadanos mexicanos, por regla general, no se interesaban por naturalizarse como ciudadanos del país. Por lo general, llegaban a comprender que las facilidades y ventajas concedidas a los naturales del país no serían para ellos, aunque llegasen a convertirse en ciudadanos o por nacimiento ya lo fueran. Texas con una población de seis millones, se dice que más de dos millones y medio son mexicanos; sin embargo, es interesante notar que, según el servicio de naturalización, Texas tenía solamente 22,179 extranjeros de diversas nacionalidades mayores de 21 años edad en 1930; ahora dedúzcase de este número, los varios centenares de extranjeros mexicanos que desde 1930 se han repatriado debido a la depresión económica o que, por otros motivos, han regresado a la patria. Únicamente tocaré los puntos principales en términos generales.

¿Se explota económicamente al mexicano en Texas? ¿Es su valor representativo atribuible principalmente a la posición en que se encuentra colocado como obrero mal retribuido obligado a subsistir en un nivel de miseria? ¿O bien obedece a su pereza que viva en ese bajo nivel económico?

Indudablemente el mexicano es explotado. Jamás se le paga un salario justo. Raramente se le concede una oportunidad para mejorar su empleo. A esto se debe principalmente que no pueda mejorar su manera de vivir. La principal razón de ese bajo nivel económico son los bajos salarios.

Es cosa frecuente oír la disculpa de que los bajos sueldos que se le pagan obedecen a su pereza atávica. Obreros perezosos se encuentran en todas las razas, pero nos cebamos en el pobre mexicano abusando de su paciencia y tolerancia, señalándolo con el estigma de flojo para justificar los exiguos sueldos que se ve forzado a aceptar obligado por la necesidad.

He podido comprobar el hecho indiscutible de que el obrero mexicano es altamente competente y eficaz cuando se le alecciona debidamente y aquellos que al parecer son flojos son así porque tienen la conciencia de que se les explota miserablemente.

Otras preguntas que también se hacen: "¿Carecen de instrucción escolar?" "¿Se les concede toda oportunidad para educarse?" "¿Es su educación limitada, y si es este el caso, se debe a su propia voluntad?" "¿Resolvería la educación el problema actual?" Con excepción de un pequeño número de consejos escolares, gran parte del sistema educativo del estado de Texas se opone al mexicano. Las autoridades escolares invariablemente segregan a nuestros estudiantes mexicanos de los llamados "blancos". Por regla general a los niños mexicanos se les coloca en salones de clase viejos y deteriorados edificios con equipo más anticuado, mientras que en el lado opuesto de la ciudad se provee a los niños "blancos" con edificios modernos y bien montados. En El Paso tenemos más de un millar de niños que se ven obligados a conformarse con asistir a las clases sólo medio día por la escasez de lugar en las escuelas públicas.

El profesor Herabel de la Universidad de Texas, ha hecho un estudio minucioso de las facilidades educativas que se les proporcionan a los niños de habla española en el estado, titulado "La educación de los niños mexicanos y de habla española en Texas" ("The education of the Mexican and Spanish Speaking Children in Texas").

En este desinteresado estudio se puede comprender la injusticia de que somos responsables nosotros como tejanos al mantener a los niños de habla española, los ciudadanos del mañana, no sólo sumidos en la ignorancia, sino en la más espantosa miseria.

Repito que al mexicano no se le conceden adecuadas facilidades para su educación. Negándole estas facilidades, que justamente le corresponden, primero, porque es ciudadano del estado, y segundo porque es para provecho de la comunidad misma, trae como consecuencia lógica su limitada educación, no porque éste sea su deseo, sino por la ruda indiferencia e ignorancia de nuestra parte al no proporcionarle oportunidades debidas.

No abrevia sus estudios por su propia voluntad; se ve obligado a abandonarlos por varios motivos, siendo el principal el encontrarse con la necesidad de prestar ayuda económica para el sostén de la familia. Otro de los motivos es el escaso ingreso en el hogar que a medida que el estudiante va creciendo o ascendiendo a clases superiores, no es suficiente para cubrir los crecidos gastos que el actual sistema educativo exige.

Hay muchos profesores que contribuyen de su propio salario para proveer con alimentos y ropa, a los niños pobres, y así facilitarles y prolongarles su estancia en la escuela. En cambio tenemos consejos escolares que tachan tal conducta de parte del profesorado y hacen todo lo que está dentro de su jurisdicción para dar por terminada esta ayuda humanitaria, e indirectamente se esfuerzan por alejar a los mexicanos de las escuelas.

Estoy del todo de acuerdo con el profesor Herabel: Generalmente hablando no hay tal "oportunidad" para el mexicano. Donde las condiciones en las escuelas han mejorado para con el mexicano, donde el prejuicio racial se ha calmado, donde a los niños mexicanos se les da la oportunidad de acudir a las escuelas secundarias, el estudiante mexicano se ha distinguido y ha sabido destacarse en el campo deportivo.

Donde sus facultades naturales son disciplinadas, donde hábiles maestros han sabido inyectarle ánimo a su espíritu y el deseo de mejorarse, allí es donde vemos a nuestros estudiantes mexicanos ganarse altos honores y colocarse a nivel de los más aptos.

Hace diez años que en concursos deportivos se han venido destacando los mexicanos notablemente. Seguramente, están capacitados, tanto mental como físicamente para ocupar mejores empleos, si se les da la oportunidad de desempeñarlos, y una vez con esa oportunidad sabrán llenar las necesidades de su empleo, de tal manera que sorprenderán a los que se han ocupado, y se ocupan, de tener al mexicano en un nivel bajo e indigno. Sé perfectamente lo que digo, pues he sido víctima de tales circunstancias en muchas ocasiones. El problema es: "¿Quién es culpable?" En pocas palabras: son aquellos que aborrecen a los mexicanos o que no pueden verlos entre los grupos selectos y distinguidos de la sociedad, y que hacen todo aquello que está a su alcance por eliminarlos de empleos de responsabilidad, y que tratan de sujetarlos a empleos serviles con escasos sueldos.

El segundo mal está en que ciertos grupos de "blancos" se oponen a tratar con un mexicano y hacen todo lo que está de su parte por evitar que progrese y mejore. El tercer mal es que los mexicanos, por naturaleza, no luchan por sus derechos y quedan satisfechos con cosa trivial que se les ofrezca.

Durante los últimos siete años se han notado mejoras muy marcadas desde que se organizaron varios grupos con el objeto exclusivo de lograr un mejor entendimiento entre los mexicanos y los anglo-americanos, ya sean mexicanos de México o mexicanos de Texas, hispano-mexicanos, latino-americanos, etc.

Si a un mexicano se le educa bajo influencias desalentadoras, acabará por ser mal ciudadano. Si se le educa permitiéndole ejercer sus derechos con toda seguridad será un buen elemento en su comunidad.

Depende de nosotros el rehacer o reeducar a nuestra propia gente. "¿Se halla sin privilegio de votar? " Naturalmente que sí, porque se le demuestra desde que empieza a dar sus primeros pasos que el lugar que le corresponde es diferente al de otros seres humanos. Se le cría en un medio de vida muy exigente; se le aparta de la sociedad con desdén continuo y se le coloca en una esfera distinta.

Hace poco más de un año que en las estadísticas de las ciudades de Houston, San Antonio y El Paso, intentaron clasificar los nacimientos y defunciones de los mexicanos juntamente con los de la raza de color.

No únicamente individuos y componentes de organizaciones latinoamericanas, sino también personas de diferentes orígenes raciales enviaron sus protestas a las agencias del gobierno federal, y tuvo como resultado que la Secretaría de Trabajo expidiera a sus agencias y a la agencia del censo, instrucciones telegráficas sobre el particular expresando que los mexicanos o los descendientes de mexicanos pertenecen a la raza blanca, y que toda clasificación racial deberá incluir a todo mexicano como perteneciente a la raza blanca.

Hay comunidades donde hay teatros, restoranes, barberías y muchas otras empresas comerciales que demuestran en sus vitrinas y otros lugares, rótulos que dicen lo siguiente: "Se prohíbe la entrada a mexicanos". Hay ciudades en Texas donde se obliga a los mexicanos a tomar asiento en los teatros juntamente con las gentes de color.

Podría decir mucho citando casos concretos de amigos íntimos que han adquirido excelentes educaciones a base de grandes sacrificios, que han ingresado al campo profesional en sus diversas ramificaciones y que ahora apenas se puede decir que existen, sin reconocérseles, pues son tristes víctimas del prejuicio racial. Se hallan preparados y poseen las cualidades necesarias para desempeñar su cargo como profesionistas mas no se les permite ejercer su profesión por existir actualmente el odio hacia los mexicanos. ¡Y lo peor de todo es que estos mexicanos son buenos ciudadanos de este país!

CAPÍTULO 5

Estéticas militantes

Miguel Méndez (1930–)

Peregrinos de Aztlán (fragmento)

Publicada por primera vez en español en 1974 como *Peregrinos de Aztlán*, su traducción en inglés fue publicada en 1992. En contraste con muchos otros escritores chicanos contemporáneos, Miguel Méndez no es muy conocido entre los lectores de habla inglesa debido a que él escribe exclusivamente en español. Sin embargo, ha recibido mucho reconocimiento de la crítica tanto en México como en España. La versión original en español de *Peregrinos* ha resultado difícil de entender incluso para hablantes nativos con gran dominio de la lengua debido al uso que el autor hace de diferentes registros lingüísticos, incluyendo el alto barroco de la España culta, el español hablado en el área rural del noroeste de México y el discurso casi impenetrable de la juventud urbana de clase proletaria. La siguiente selección, la cual captura algo de esa complejidad lingüística, presenta al lector el personaje principal de la novela, Loreto Maldonado, un anciano indio yaqui cuyo humilde trabajo como lavador de carros traiciona su heroico pasado como oficial de las fuerzas revolucionarias mexicanas. Méndez desarrolla la idea que Loreto, como muchos otros pobres y desposeídos que viven en la frontera méxico-americana, desaparecen silenciosamente y son olvidados. La tarea del novelista es registrar sus historias escribiéndolas para preservarlas en la memoria de las futuras generaciones. Méndez, profesor retirado de Español de la Universidad de Arizona, donde enseñó muchos años, continúa escribiendo y presentando conferencias de sus obras en los Estados Unidos, México y Europa. (ChT)

Lecturas: Miguel Méndez. *Peregrinos de Aztlán*. Berkeley: Editorial Justa, 1979.

¡Qué bonito se miraba el algodonal! ¡Lucía en pleno día igual que una noche doncella que estrena un vestido adornado de luceros; las motas mullidas se ofrecían dadivosas, suavecitas, blandas a los ojos y al tacto, esponjadas y tibias como manos amorosas, rientes como novias a la hora de la

LITERATURA NATIVA ★ 121

boda. Parecía que la tierra envejecía alegremente encanecida, o que el cuarzo había transmutado su consistencia pétrea para brillar anidado en un sinfín de hilos dormidos en la madeja.

El buen Chuco sabía mucho de algodón. Por las mañanas antes de empezar la pizca se quedaba mirando las motas llenitas de rocío. Como si sus ojos tuvieran ruedas los mandaba lentos por los surcos. Atado a la cintura un largo talego que arrastraría por entre las piernas. Daba una mirada entre rencorosa y desafiante al sol e inclinándose arrancaba con violencia el moterío que poco a poco iría llenando las entrañas ávidas del reptante costal.

—Usté, carnal, ¿dónde cantonea, ése?, ¿es de los estados o viene del macizo?

—No le entiendo.

—¡Uy!, pos qué bato éste. Pos que si viene de Mexicles, guy.

—Efectivamente, vengo de México.

—Este bato, este bato, qué patada, qué square el camarada, quesque efectivamente. ¿Ese, es la first time que le hace a la pizca del canuzco?

—Sí, es la primera vez que pizco algodón.

—Póngase al alba, camita. Huache, así se encueran estas chavalonas. Las tales chavalonas que empelotaba el buen Chuco eran las matas de algodón. Había que verlo, delgaducho y más bien pequeño, moviéndose con una agilidad tan prodigiosa que hacía pensar el bailarín, el boxeador o algún felino que sincronizara sus movimientos, uniendo su elasticidad a tremendas energías. En cosa de segundos manoteaba docenas de motas de algodón, y así por horas y horas, hasta llegar a reunir la increíble cantidad de más de 500 libras en un solo día.

Pizcábamos en los algodonales de Maraña, Arizona. Allí el buen Chuco era el mero campeón, pero algunos otros del oficio le pisaban los talones. Acampábamos en el mismo campo, en un jacalón que no atajaba el viento, si bien lo hacía bramar como a una bestia enferma. ¡El buen Chuco se daba su lija con cierto airecillo de superioridad, pues no en vano era el mero mero. Más tarde supe por terceros que había sido as en el corte de sandía en Yuma. En la recolección de uvas, tomate y betabeles, también había sido el número uno. Tenía el buen Chuco sus 35 años, y según contaba él mismo, había empezado su carrera en los fields desde los doce. ¡Veintitrés años superando récords en la labor! Si el trabajo en los campos agrícolas hubiera sido clasificado como un deporte olímpico, cuántas medallas de oro se hubiera ganado el buen Chuco.

—Oiga, mi buen Chuco, todo ese dineral que gana en las pizcas, ¿lo gasta, Chuco?

—Nel, ése, ¿sabes qué?, pos aliviano a la jefita, tengo butis carnalitos. El jefe, ése, ¡chale carnal!, pos colgó los tenis. Pos simón, lo que me queda me lo dejo cai por debajo de las narices, carnal, ¡tú sábanas!

—¡Ah qué mi buen Chuco, cómo le gusta la tandaraleola!

—Sabes qué, ése, a la noche vamos al borlo a tirar chancla con las huisas. Orale, ya sabe lo que es el que se raje. No se madereye, ¡póngale! Esa noche fuimos al baile. Diablo de buen Chuco, se volvió una pirinola bailando con una huisita muy chula, pero que desgraciadamente tenía su atacador. Le cantó al Chuco aquello de "vamos a darnos en toda la madre".

—Vamonos, mi buen Chuco, ésta es tierra extraña, no sea pendenciero.

—Nel, ése, yo no me borro pa zafarme, yo soy bato de rejuego, sólo las argollas tienen escame. Ora mismo voy a huachar qué parió mi jefa.

Me llevé en peso como a saco de papas lo que parió la madre del buen Chuco. El tal rival le había dejado morado donde no sangraba. El buen Chuco siguió rumbo a Califa a la uva, yo me quedé en Phoenix jalando en la construcción.

Las piedras rodando se encuentran. Pasados diez años, por mera casualidad, topé con el buen Chuco en el centro de Los Ángeles, Aztlán. ¡Qué acabado!, arrugadito como uva pasa, más pequeño todavía y más huilo. Lo reconocí porque en ese momento provocaba la indignación de varios peatones, pues se había sentado a media acera en posición fetal, con un sombrerón de palma encasquetado. Monologaba el buen Chuco. Al frente contemplaba un enorme dibujo iluminado que mostraba a un mexicano que duerme sentado, abrazado de las rodillas, recargado sobre un sahuaro, el sombrero sumido hasta las narices, calzado de huaraches.

—Damned people so lazy.

—All they think of is booze and sleep.

—Yes, drink and do something . . . ¡mañana!

—By the way, has someone called the cops?

—Mi buen Chuco, viejo amigo, ¿cómo estás?

Volteó el Chuco. En su cara envejecida se marcaban muchas fatigas. Olía a vino corriente.

—¿Sabes qué, carnal? . . . ése . . . huacha, el carnal que está ahí, ése, rolando contra el sahuaro . . . estos batos, camita, dicen que es güeva, que no le atora al jale, que no trabaja, you know, pero ese carnal está así, ése, porque está mucho muy cansado y muy triste. ¿Sabes qué?, estos batos no saben, nomás hablan. El camarada fue champión en la pizca, ése; está así de puro agotado; ni quien lo ayude, ni quien lo respete, como si fuera una pala o un pico gastado que ya no sirve pa madre . . .

Yo que estaba cerca pude ver que al buen Chuco le caían tamaños lagrimones. Los demás pensaban que se reía, yo bien sé que sollozaba con honda amargura.

Frenaron bruscamente. Se bajaron dos mocetones hechos de acero, con reminiscencias de iguanodontes. Levantaron al buen Chuco del cuello como a cualquier hilacho.

—¡No jalen que descobijan, chotas cabrones!

Le pegaron y lo metieron dentro con saña; seguro que con semejante empujón se partió la cabeza.

Todos se sintieron felices de ver que se llevaban al chicano borracho. Gente de lo más decente; lucían los más corbatas muy vistosas, señal de bienestar y de muy buenos empleos.

—De modo que se aventaba el pachuquito este para trabajar.

—Muy trabajador y muy sufrido, ya está viejo el pobre, pero se fija qué reliviano es para la bailada.

—A mí me caía sangrón, para serle franco; ahora que me cuenta estas cosas lo veo de otro modo.

—Es muy rebuena gente como le digo, eso sí, medio argüendero cuando toma. A propósito, ya tiene sus dos horas durmiendo la mona.

—Cuénteme más aventuras del buen Chuco, viera que me entretienen.

—Mire, fue más o menos en los primeros días en que conocí al Chuco . . .

—Ese bato. ¡La raya usté, carnal, que con el summer se acaban las chingas? ¡Nel! ¡Chaleco! ¡Sabes qué, camita? Con la lana que hice save me voy a dar el manazo con una huisita muy cuerote.

—A mí me sale sweat como si juera venero, pa'l recle se pudren la lisas, los tramados. ¿Pos de dónde, carnal, le sale tanto sudor a uno?

—A esta chavala, ése, la huaché en el borlo, y este bato que le cai de a madre, guy; órale, que vamos a echarnos un cáfiro, ¡Chale! No le hago al chanate. Pos al refín, ésa, y que me va diciendo la cabrona huisita: "¿Sabes qué?, córtate tu relajo, chavalo, no sea que te metas en trouble".

—El winter no me da de alazo, carnal, le tengo escame de a buti, con la escarcha, camarón, te pones como un rooster ruco. Tú sabes. Ése, ¿no ha hecho usté drive pa la lechuga en Wilcox?

—Pos esta huisa me huachaba y me pelaba el teeth, simón lión que le caigo suave. ¡Al alba, ésa!, vamos a tirar chancla. Órale pueees, a ponerle.

—Orita me retacho, batos. Voy a pesar el buen algodón y a colectar la feria.

—Simón, ése, pa ponerle a la bironga, ¿qué noo?

—Órale.

—Ése, que este bato es muy guaino.

—Nel, carnal, el bato le hace help a los jefitos; si le queda jando, pos le pone, tú sabes, como toda la pelusa.

—Pos es suave, bato. Yo no tengo jefita, carnal, torció el abro pasado. Yo que le teoricaba: cálmese, jefita, y le apaño un chante muy de aquélla, como los cantones de los gabas, con suaves ranflas y toda la movida. Pero pos uno le pone al jale y por más que camella, pos está uno iguanas ranas. Tú sábanas.

—Ahí viene este bato. Qué de volada, ése.

—Simón, de volonia porque de chorizo brinca.

—Qué dice el ruco de la balanza, guy, no se dio cola que llevabas rocks entre el algodón, ése.

—Nel, está lurias el ruperto; se caldea el bato porque van hojas green y no se da las tres del otro jale.

—No quiere pasar quebrada. Ése ¿por qué la raza que jala de foreman es más gacha que los mismos bosses?

—Porque son vendidos los pinches, en la construction es pior, carnal, ahí te quieren dar en la jefa en un solo día. Estos batos son funnies, al recle te teoriquean pura totacha.

—Esos, si hago save cien bolas voy a tirar arrane con la huisita aquella.

—Este bato está encanicado con la chavalona.

—¿Pos no dices que te tiró a perro?

—Como les teorico, tiré chancla con ella y se me pegó de cachetito, ¿vees? Dice que le caí suave al rayo pero que los batos que andamos en los fields de un la'o pa otro nos gusta maderiar, ése.

—Es que por unos batos gachos la pagamos todos, guy. Chingo de batos como andan de pasadena de un jale al otro, ¡chale!, pos se ponen a las huisitas y nomás las dejan jariando. ¿Sabes qué?, estos batos son something like cogedores professionals. ¿Ves, ése?

—A mí, Yuma no me hace nada, carnal, con todo y que te tuesta como cacahuate, pero la escarcha simón, pa que veas, me tapa los tubos de la pechuga, ¡tan gacho! En el winter me cai jalar en las cañerías.

—¡Ése, Chuco! A usté le toca hacer el refín. ¿Ta suavena?

—¡Chale!, yo hice el pipirín en la baraña. Ora le toca al buen Fairo.

—Órale, simón. ¡Ésos!, les voy a dar llantas con chanate con vaca. ¿Ta suave?

—Nel, bórrate con tus pinches llantas, carnal, acá este bato mejor le pone al birol.

—¿Saben qué, camaradas? Cálmense la huichaca y pónganle al jale, si le hacemos buti a la teórica no apañamos feria.

—¡Simón lión!

—¡Al alba!

III

Dios viste muy hermoso a los lirios y alegra a los pajarillos siempre que amanece; bien haya el hombre hecho a su semejanza.

La ciudad amaneció invadida de un ejército de chamacos sin zapatos, de ancianos sin ningún apoyo y, de todo aquel que tuviera que buscarse el sustento con desesperación. Andaban a caza de un feliz mortal que quisiera ser millonario. Por las calles céntricas corrían al encuentro del peatón. Se le ponían enfrente, lo jaloneaban del brazo, del saco, le suplicaban con voces persuasivas:

—Un millón, patroncito.

—¡No!, no quiero.

—Medio millón, patroncito.

—Ya te dije que no y te lo repito cien veces, ¡no!

—Ándele, jefecito, un cuarto de millón para usted, pa yo poder desayunarme, no sea malo, ¿sí?

—Dame un cachito pues, ¡hombre!, ¡chihuahua!, cómo son tercos.

Cuando ya avanzaba el día iban hacia donde las putas tomaban el sol con las piernas abiertas y el rostro avinagrado y era una de repartir millones. En las banquetas se tejían con los transeúntes ofreciéndoles riqueza.

—Aquí están los pesos de a millones, señor.

—¡Míster! ¡Míster! ¡Look! ¡Money! ¡Money! Por entre los autos, cuando el tráfico circulaba semicongestionado, gritaban en las ventanillas.

—Hágase rico, patrón, cómpreme un cachito.

Doña Candelita le madrugaba a vender cachitos de lotería. No sabía su edad exacta. Sólo se acordaba que cuando los tiempos parieron al presente siglo, ya ella era señorita que bailaba y tenía novio. Cuando tumbaron al Porfirio ya había parido su primer chamaco. Una mañana contaba con regocijo que sabía que era su novio porque le apretaba la mano cuando bailaban. No como en los días presentes que en plena calle y en cualquier lugar público los jóvenes de las mejores familias se hacen bola a morderse las orejas y a tirarse de los labios a bufe y bufe de calientes. Entonces no, señor, bailaban bien apartados, ya fuera polca o vals. "¡Ah!, qué chiste", le contestó una india joven que también vendía cachitos. "Pos han de ber parecido arañas peliando". La vieja se picó, contestándole a la mujer joven que en sus tiempos había vergüenza y se cubrían los cuerpos. Remató, acusando: "Pos ora andan con las nalgas al aigre". Otra vendecachos que vestía minifalda, tuerta de un ojo y el otro amagado de lluvia, se soltó asegurando que antes no enseñaban ni las patas porque las tenían chuecas y enjuanetadas de tanto querer usar zapatos chiquitos o que de plano no tenían ni qué calzar. Doña Candelita le refirió a la jovencita que el vestido que traía era tan corto qué se le miraban los calzones. "Pos sí se mirarán —le cacheteó rabiosa— pero tengo algo que enseñar, no como usté, pinchi vieja momia". Candelita tuvo que irse a otra esquina con sus cachitos porque ahí se estaba poniendo peligrosa la competencia. Antes de alejarse le gritó a la que tenía algo que enseñar: "Lo que andas enseñando, desgraciada, son unos calzones con muchas manchas amarillas; tú dirás que es bordado de oro viejo, pero es puro caldo de cuacha".

Doña Candelita extendía los pliegos de cachitos a los turistas y a todo traseúnte poniendo unos ojos muy dolorosos, con un hilillo de voz suplicante. "Cómpreme unos cachitos, patroncito, ándele, no tengo bocado que llevarme a la boca". Nada. La miraban como pidiéndole cuentas. "Pos qué haces todavía en el mundo, vieja, ya debías estar bien muerta". Doña Candelita volvió a su tugurio. Cuarto de adobes sin emplasto, cucarachas y ratas, una sinfónica de grillos amén de otros bichos que no suelen dar la cara. De un agujero sacó un cacho de pan duro, lo remojó en un vaso de agua y empezó a roerlo con las encías. Por entre las arrugas le resbaló una especie de sanguaza que le escurría de los ojillos hundidos en el smog de los años. Al otro día se puso trucha Doña Candelita. No faltaba más que fuera a torcerse de hambre. Ese día vendió los cachitos que le dio gana. Se puso en la espalda una pelota de fútbol que había recogido en la calle, así de jomuda la miraban los clientes y se detenían, un chispazo de codicia les ordenaba comprarle a la vieja jorobada. Algunos no se aguantaban y le tocaban la jiba. La viejita sonreía condescendiente. Sus rivales se atragantaban de rabia.

—Oyes, Nublada, pos ve la vieja cabrona tan remañosa, pos no anda de jorochi a vende y vende cachos.

—Ya la vide, Cartucho. Jodida, si de puro vieja sabe más que la agüela del diablo.

Alurista (1947–)

when raza?; la canería y el sol; pues ¡y qué!

Se ha calificado a Alurista (Alberto Baltasar Urista) como "una figura seminal en el florecimiento contemporáneo de la poesía chicana". Nace en la ciudad de México en 1947 y su familia se traslada a San Diego, California cuando tiene trece años. Como estudiante activista en la Universidad Estatal de San Diego se incorpora al movimiento chicano. Es uno de los fundadores de MEChA (Movimiento Estudiantil Chicano de Aztlán). Recibe el doctorado en literatura hispanoamericana de la Universidad de California en San Diego en 1983. Su poesía está muy vinculada al descollante papel que desempeña como filósofo e ideólogo del movimiento, y parte esencial de este papel son sus experimentos con el multilingüismo (español, inglés, Náhuatl, el caló del barrio, etc.) tanto como la incorporación de temas e imágenes indígenas en su obra. Alurista ha sido más novedoso que cualquier otro poeta contemporáneo chicano, aunque Ricardo Sánchez y Juan Felipe Herrera son sus posibles rivales. Sus experimentos con el lenguaje han servido para añadir una dimensión oral a su poesía —una de las principales características— y también para reforzar la opinión del propio Alurista de que el poeta es un artista público cuya obra debe ser comunal y a tono con una resuelta acometida social. (ChT)

Lecturas: Alurista. *Floricanto en Aztlán.* Los Ángeles: UCLA Chicano Cultural Center, 1971; *Return: Poems Collected and New.* Tempe, AZ: Bilingual Press/Editorial Bilingüe, 1982.

when raza?
when raza?
when . . .

    yesterday's gone
and
    mañana
mañana doesn't come
    for he who wails
no morrow
    only for he who is now
to whom when equals now
he will see a morrow
mañana la Raza
    la gente que espera
no verá mañana
our tomorrow es hoy
    ahorita
que VIVA LA RAZA
    mi gente
our people to freedom
    when?
now, ahorita define tu mañana hoy

La canería y el sol
la canería y el sol
    la mata seca, red fruits
the sweat
    the death
el quince la raya
    juanito will get shoes
and maría
    maría a bottle of perfume
y yo me mato
    y mi familia
también suda sangre
    our blood boils
and the wages
    cover little
    only the lining of our stomachs
we pang
    but mr. jones is fat
with money
with our sweat
    our blood
why?

pues ¡y qué!
pues . . . mi pueblo
corta caña, pa'cer
la vida más dulce
ésta es guerra, ¡sabes!
en morelos no se daña
en michoacán, mucho menos
en veracruz, ni se diga
tabasco y mérida hierven
chiapas ya está, se ha contado
¿contado? ¿quién cuenta al pueblo que vota?
pos, pos, . . . mi pueblo . . . sí, mi pueblo
corta caña pa'cer la vida
más, más dulce. ésta es guerra, ¡sabes!
en quintana roo hay caoba, pueblo
duro, dura tierra pero ya no nos engañan
en Guerrero se levantan y en Sinaloa los espantan
cuidado, cuidadito con coha, coa, huila, que
no se diga Durango y chicas agus, chihuagua
Chihuahua pos también está contada
pa'qué les cuento este cuento
si conocen la injusticia
el robo de ánforas
la milicia . . . que coman balas nos dicen
pero ya la turba crece, no perece
¡nos grita y nos canta y nos florea!
el águila ya no cae, zarpa los cielos cuauthémoc
que listo ya está tu pueblo
tata, tata la culebras
las traiciones del gobierno
¡no, pos no! . . . ya pasaron los cien años
la tolerancia se agota
la paciencia no da ni agua
el arroz está muy caro
y el maíz bien machacado
los frijoles ni pregunten
sólo las caguamas saben
lo que se ha perdido en concha
perlas y dolores agrios
en la deuda de la arena
no, no somos romanos
ni somos griegos en tilde

si espartaco nos llamase
romperíamos las cadenas
porque no somos esclavos
ni tampoco somos peones
en sus juegos ajedreces
no paguemos esta deuda
puesto que ella no es pagable
mucho menos, más aún
es incobrable, pueblo edúcate
no temas
ama, ama
la justicia
democracia
sí, lucha por tu partido
sí, labra nuestra vereda
que se azoren los priciegos
porque el tuerto ya no guía
tenemos entre nosotros
mil ojos, mil corazones
y sabemos caminar
luchar y abrir brecha limpia
aunque saquen sus navajas
aquí ya no cortan flor
esta tierra y su producto
la labor, el sol y el fruto
el aire, viento y marea
son pa' todos o pa'naiden
¿pos qué se han creído éstos?
raza pueblo incorruptible
¡sí, sí se puede!
¡sí, podemos!
a'nque crean en la'margura
nosotros cortamos caña pa'cer la vida más dulce.

ᴏ Villanueva (1941–)

e hay otra voz

A lo largo de los años, Tino Villanueva ha ganado una sólida reputación como poeta fino y perceptivo investigador de la literatura. Nace en 1941 en San Marcos, Texas. Cuatro años después de terminar sus estudios de escuela secundaria es llamado a las filas militares por el ejército que lo lleva por dos años a la Zona del Canal de Panamá. Toma allí algunas asignaturas académicas y después de terminar el servicio militar empieza sus estudios universitarios en Southwest Texas State University, de donde se gradúa en 1969. Consigue la licenciatura en artes en la Universidad de Búfalo en 1971 y el doctorado de Boston University en 1981. Su libro de poesía más conocido *Hay otra voz.* *Poems* (1972) es una combinación de las dos vías estéticas de entrada: poemas que se refieren al realismo histórico —aspectos de la experiencia chicana— y otros temas personales. Los treinta poemas que contiene el libro están divididos en tres secciones: la primera se relaciona con diferentes niveles de la existencia humana; la segunda, estructurada en forma de diario, es una reafirmación de las prioridades de la primera sección y, a la vez, un movimiento en dirección de la poesía social; la tercera sección consiste de poemas sobre los chicanos. La selección, "Que hay otra voz", es un poema representativo del poemario de Villanueva que lleva el mismo título: expresa su compromiso social y a la vez muestra su manejo hábil de imágenes literarias. (ChT)

Lecturas: Tino Villanueva. *Primera causa/First Cause.* Merrick: Cross-Cultural Communications, 1999; *Chicanos. Antología histórica y literaria.* México: Fondo de Cultura Económica, 1985.

> . . . que hay otra voz que quiere hablar;
> que hay un perfil de tez bronceada;
>   que de rodillas
> arrastrándose camina por los
> *Cotton-fields* de El Campo y Lubbock, Texas.
> —¿A dónde voy? —, pregunta.
> ¿A los *cucumber patches* de Joliet,
> a las *vineyards* de San Fernando Valley,
> a los *beet fields* de Colorado?
> Hay ciertas incertidumbres ciertas:
>   lo amargo de piscar naranjas
>   lo lloroso de cortar cebollas.

* * *

> Horarios inalterables:
> la madrugada mecánicamente despierta el
> reloj de timbre (¿de qué tamaño es el tiempo?)
> Viene el desayuno: huevos rancheros
>   tortillas de harina,
>   un cafecito.
> ¡Y éntrale otra vez con la frescura!
> Éntrale a los surcos agridulces más largos

que la vida misma:

plums	*beans*
grapes	*cotton*
betabel	pepinos
pruning	*leafing*
potatoes	*apricots*
chopping	*plucking*
soybeans	cebollas

no importa,
hay que comer, hacer pagos, sacar la ropa
del *Lay-Away; '55 Chevy engine tune-up*;
los niños en *seventh-grade* piden lápices
con futuro. Hay otra voz que quiere hablar.

$$* * *$$

Tú,
> cómotellamas, mexicano, latino, *Meskin*,
> s*kin*, *Mex-guy*, *Mex-Am*, *Latin-American*,
> *Mexican-American*, Chicano,

tú,
> de los ojos tibios como el color de la
> tierra,

tú,
> de las sudadas coyunturas hechas sal por
> el solazo desgraciado,

tú,
> de las manos diestras, y la espalda
> empapada desde que cruzó tu abuelo el Río,

tú,
> de la tostada rabadilla por donde
> resbala el sol con tu epidérmico sudor,

tú,
> con ubérrimos terrones en los puños,
> en los calcetines y zapatos,

tú,
> de los *blue-jeans* nuevos
> pareces
> retoñar cada año como fuerza elemental,
> temporal —arraigado entre el ser y el estar
> de un itinerario. Eres ganapán,
> > estás aquí de paso.

* * *

El aplastante verano se ha quedado en
los ayeres: el perenne azadón se recuesta,
sediento, en la topografía de tu memoria;
las ampollas hoy son callos.
Es el golpe helado del *Panhandle* que
penetra ahora
        tu chaqueta desteñida
        tu injuriada sangre
        tus rodilleras desgastadas.
Las mañanas llegan a tiempo aquí también,
cubiertas de escalofrío y escarcha.
En tus sienes te pesa haber nacido; pesas
tu saco de algodón – cien libras
que en los sábados se convierten en pesos
miserables.
Pero en los sábados de noche
 te endomingas con corbata, y con la
 luna en la frente cadenciosamente zapateas
 polkas del *Top-Ten*:
  —¡Aviéntate otra, Isidro López!
    ¡Que toquen *rock n' roll*, Alfonso Ramos!
porque mañana es otro día y no lo es.

* * *

En la vida y vuelta de tus pensamientos
anticipas
Central Texas.
Enraizado estás en ver de nuevo al
tax-collector
(a la parentela y camaradas hasta el día
siguiente).
Los escolares regresan a las estereotipadas
aulas; desde atrás contestan que no saben la
respuesta. Maestros que ni ven, ni oyen,
que hay otra voz que quiere hablar.

* * *

Las estaciones siguen en su madura marcha

de generación en generación, de mapa en mapa,
de patrón en patrón, de surco en surco.
Surcos,
viñas,
de donde ha brotado el grito audaz:
las huelgas siembran un día nuevo.
El *boycott* es religión,
y la múltiple existencia se confirma en celdas.

lando Hinojosa (1929–)

n Orfalindo Buitureyra

Rolando Hinojosa, prolífico escritor nacido y criado en el valle del Río Grande, es uno de pocos escritores chicanos contemporáneos que ha publicado en español. Su primera educación formal la recibió en una escuela privada cuya instrucción era impartida en español por exiliados mexicanos. Antes de terminar su licenciatura en español en la Universidad de Texas en Austin, participó en la Guerra de Corea, una experiencia que se refleja ampliamente en muchas de sus obras. Terminó su doctorado en literatura española en la Universidad de Illinois en 1968, ocupó puestos académicos y administrativos en varias universidades. Actualmente ocupa una cátedra en la Universidad de Texas en Austin. Su primera novela, *Estampas del valle y otras obras* ganó el Premio Anual Quinto Sol en 1973, y su segunda novela, *Klail City y sus alrededores,* ganó el prestigioso premio literario otorgado por Casa de las Américas (Cuba) en 1976. Las dos novelas forman parte de una serie que el propio autor ha denominado *El viaje de muerte de Klail City,* la cual consiste en varias novelas y un largo poema narrativo que se localizan en la ciudad ficticia de Klail, en el condado de Belken, en algún rincón del valle del Río Grande. En la selección, "Don Orfalindo Buitureyra", que viene de *Klail City y sus alrededores,* Hinojosa presenta a varios personajes que desempeñan papeles importantes en su segunda novela tanto como en otras de la serie. Las breves escenas y diálogos fragmentados que vemos en esta selección son representativos de la técnica con la que Hinojosa crea múltiples perspectivas sobre el amplio margen de su lugar ficticio donde ocurren sucesos personales, sociales y políticos. La selección también logra mostrar el humor mordaz que también es una característica de la obra de Hinojosa. (ChT)

Lecturas: Rolando Hinojosa. *The Valley.* Ypsilanti: Bilingual Review/Press, 1983; *Dear Rafe.* Houston: Arte Público Press, 1985; *Klail City: A Novel.* Houston: Arte Público Press, 1987; *Ask a Policeman: A Rafe Buenrostro Novel.* Houston: Arte Público Press, 1998.

. . . es cabrón de nacimiento. También es farmacéutico pero eso ya es culpa del estado de Texas. Don Orfalindo también es un sentimental y tanto que, de vez en cuando, se ve en unas parrandas que duran tres-cuatro días; como es de suponer, después le acarrean unas crudas como ballenas. Las parrandas son infrecuentes y de poca alarma: empieza tomando solo y luego con amigos, se pone a bailar en las cantinas (solo y sin vieja que lo acompañe) y, para rematar, también le entra a lo del canto; no canta ni bien ni mal, canta porque le gusta cantar. No declama ni se le va la lengua en eso de la oratoria: no soy joto, dice. Eso de declamar se lo dejo a ellos.

—Está bien, don Orfalindo, no se enoje.

—No me enojo, no me enojo. Sólo quiero que nos entendamos, ¿estamos?

—Estamos dijo Ramos, ¡sí, señor!

—¿Dónde iba?

—¿Usté? Usté iba cantando.

—Bien dicho . . .

Y el hombre sigue cantando, es decir, acompañando a la música que salga del aparato tocadiscos. Ya se sabe, si sale un pasodoble, el hombre se echa por esos pisos y baila solo. Como no molesta, la gente lo deja en paz.

—Claro, no vaya a ser que se enoje con alguien y un buen día los envenene.

—Oye, sí, tú; y ni me había acordado.

—N'hombre, no te creas . . . es puro pedo . . .

Don Orfalindo Buitureyra es cabrón en el sentido etimológico popular. En el sentido tan dicharachero como certero. No es cabrón en el otro sentido: alguien que cae mal o que es aprovechado o tacaño o cosa parecida. No. Don Orfalindo no es una mala persona. Además, eso de ser cabrón no es acto propio o *sui generis* o lo que sea. Don Orfalindo era don Orfalindo y entonces vino su mujer y fue ella la que lo hizo cabrón: *Made in Texas by Texans,* aunque, en este caso, *by chicanos.*

—¿Y la prole?

—No, la prole es de él.

—¡Cómo no! Si todos se le parecen en la nariz . . .

—¡Y en las quijadas! Si hasta parece que los cagó . . .

—Conque se parecen, ¿eh?

—Como un mojón a otro.

—Pero es cabrón . . .

—Bueno, esa mancha no se le quita ni con gasolina . . .

Don Orfalindo, pues, es cornudo pero no tiene nada de contento. Está, más bien, resignado con su situación y como sus hijos lo quieren, ¿qué más?

—¿Y qué? ¿Cuánto tiempo le van a durar los arrestos a la doña Jesusa?

—Pos toda la vida no, eso es verdá, pero mientras dure, a don Orfalindo no le quitan su título de coronel.

—Bueno, ya lleva cinco o seis años, ¿qué son dos o tres más-o cuatro, ponle tú?

—Sí, Echevarría, que conciliador te pones; como no eres tú el del caso . . .

—N'hombre, es cosa de años. Míralo, ahí anda bailando el *Silverio Pérez.* ¿A quién molesta?

—De molestar no molesta, pero, fíjate ahí: los chicos lo están viendo por la ventana.

—¿Y qué? No son los suyos. Los de él ya crecieron.

—Oigan ustedes, a todo esto, ¿quién es el sancho?

El disco dejó de tocar y el silencio duró lo necesario para que alguien tocara una canción ranchera o algo por el estilo.

—Bueno, como dije antes, ¿quién es el sancho?

Silencio en la mesa. Don Orfalindo sigue bailando mientras el preguntón se disculpa para ir a mear.

—A ver, Echevarría, ¿por qué no se lo dijiste?

—No la jodas, Leal . . . ¿Qué quieres que le diga: Es Alfonso Zamora, el jugador, el que también se acuesta con la tuya, pendejo . . . ?

—Pos a ver si así se le quita lo preguntón.

Don Orfalindo se cansó y se fue a la barra donde pidió otra cerveza. Siempre toma de la botella; entre tragos, pone el dedo pulgar en el pico; así no se le sale el gas, explica.

Los de la mesa, entre ellos Esteban Echevarría y Cipriano Leal, le saludan amistosa y sinceramente como buenos hombres que son. El que fue a mear está por volver y ojalá que no siga con la matraca de las preguntas que, a la hora de la hora, suelen conducir a un mal entendimiento. Eso de ser cabrón, de primero, es algo duro y penoso, después, como en todo, se acostumbra y la gente ni atención le pone. (Allí está don Orfalindo. Muchos ya ni saben por qué se pone pedo y por qué hace sus papeles.) Lo de ser cabrón y no saberlo es algo que tiene otras rutas. (Allí está el preguntón que no sabe nada de nada.)

—Don Manuel no ha de tardar, ¿verdá?

—No, nunca falla. A ver, Rafa, pon el café a recalentar . . . no ha de tardar don Manuel.

—Sí, don Matías.

Don Orfalindo se despega de la barra para ir a echar una meada. Por esas cosas que pasan, se topa con el preguntón que está de vuelta; éste sonríe y vuelve a la mesa donde están Echevarría, Leal, don Matías Uribe, Lucas Barrón, el Chorreao, dueño del lugar, y los otros señores de edad.

Nadie habla por un rato y así se está hasta que entra don Manuel Guzmán, el policía del barrio chicano.

—Muchacho, bájale a esa música que los vecinos se quejan del ruido.

—Sí, don Manuel.

Don Orfalindo Buitureyra ha vuelto y ya espió a don Manuel.

—Usté perdone, don Manuel, pero ando en trago.

—¿Quiere que lo lleve a casa don Orfalindo?

—Por ahora no; gracias. Apenas voy empezando la cosa.

—Ta bien; gusto en verle.

—Igualmente, don Manuel, igualmente. Con el permiso . . .

—Usté lo tiene.

Don Orfalindo no baila mientras don Manuel está en la cantina y entonces vuelve a la cerveza.

Tomado ya el café a sorbos, don Manuel avisa:

—Voy a estar en la esquina, cuando quieran un aventón, ya saben.

Don Manuel Guzmán sale de la cantina y don Orfalindo Buitureyra se pone a bailar un tango (con corte) y, seguramente, al cerrar los ojos, piensa bailar con aquella muchacha que, muchos años atrás, había estado casada con un médico cirujano de Agualeguas, Nuevo León. El médico cirujano murió de una receta compuesta por don Orfalindo allá cuando primero empezaba en el asunto de la farmacia que había heredado de su suegro, el viejo Marco Antonio Sendejo. Como el mundo y la gente siguieron girando, don Orfalindo perdió de vista a la viudita.

El tango continúa y don Orfalindo, con los ojos bien cerrados, sonríe para sí. Sonríe, se diría, casi lo suficiente para verse feliz.

—Notas de Klail City y sus alrededores, II.

Aristeo Brito (1941–)

El diablo en Texas (fragmento)

Aristeo Brito nace en 1941 en Presidio, Texas, un pueblo fronterizo que comparte el aislamiento geográfico con el pueblo mexicano de Ojinaga, Chihuahua, que se encuentra al otro lado del Río Grande. Recibe su educación primaria y secundaria en Presidio, pero después tiene que abandonar su pueblo para asistir a la universidad. Termina sus estudios de licenciatura en la Universidad Estatal de Sul Ross en Alpine, Texas, y luego el doctorado en la Universidad de Arizona. Brito no es un autor prolífico, y aunque ha publicado una sola novela, es un novelista muy respetado por los críticos. *El diablo en Texas* (1976) es una novela corta que consta de tres secciones y un epílogo. Cada sección está estructurada en torno a un acontecimiento importante en la historia de la población de Presidio. El autor reseña la adquisición violenta, y por supuesto ilegal, de tierras pertenecientes a mexicanos por parte de los colonizadores estadounidenses que invadieron Texas más de diez años antes de que estallara la guerra de los Estados Unidos contra México, a mediados del siglo xix. Brito traza la destrucción de la vida pastoril de los mexicanos, la dominación de ellos por los anglotejanos y la resistencia inútil durante casi cien años de combatir la injusticia. Sin embargo, la novela termina mirando hacia un futuro prometedor que un nuevo líder chicano traerá a Presidio. Esta selección, que funciona como prólogo de la novela, logra capturar el ambiente de abandono que predomina en casi toda la novela. Presidio, como Luvina, el pueblo ficticio creado por el escritor mexicano Juan Rulfo, es un lugar desértico y hostil de donde huyen los jóvenes en busca de una vida mejor. (ChT)

Lecturas: Aristeo Brito. *The Devil in Texas/El diablo en Texas*. Tempe: Bilingual Press/Editorial Bilingüe, 1990.

Yo vengo de un pueblito llamado Presidio. Allá en los más remotos confines de la tierra sangre seco y baldío. Cuando quiero contarles cómo realmente es, no puedo, porque me lo imagino como vapor eterno. Quisiera también poderlo fijar en un cuadro por un instante, así como pintura pero se me puebla la mente de sombras alargadas, sombras que me susurran al oído diciéndome que Presidio está muy lejos del cielo. Que nacer allí es nacer medio muerto; que trabajar allí es moverse callado a los quehaceres y que no se debe tomar a mal el miedo del turista cuando llega al pueblito y sale espantado al escuchar el ruido vacío de almas en pena. Quizás sean estas voces las que nunca me dejan retratar a mi pueblo como realmente es, porque cuando me hablan me dejan la cabeza y el alma hechas pedacitos como si hubiera jugado un perro rabioso conmigo dejando despilfarros de cuerpos arrugados, cuerpos agujereados como cedazo por donde se filtra el agua que riega los campos verdes de sudor borracho y risa sofocada por unos miserables uniformes con mapa del país en el brazo derecho buscando a los que se mojan en el río que fertiliza plantas de diablos ojos burladores de la gente y de un Santo Niño que juega a las canicas de rodillas esperando al padre que regrese de prisión, espantapájaros desconocido, niño esperando debajo de un columpio raptor del viento, niño que escucha suspiros en el agua, en el fortín tembloroso de aullidos de perros funerarias a pleno medio día y en la noche el niño muere, la vieja llora, un feto piensa de noche, noche, noche larga como el infinito, noche pesada, monótona como la historia mentirosa así como las damas del zumbido, pero éstas tienen razón, la historia no, porque en los corrales de este lado las vacas flacas de Ojinaga se compran a muy buen precio para engordarlas a expensas de otros y la iglesia mientras tanto que se cae de ojos tristes en los días que no hay domingos así como las casas de queso de chocolate roídas de ratón porque no tienen cemento y los excusados antiguos tronos de los reyes católicos ahora son de lámina y los baños al aire libre en pleno invierno arropados en lona para que no penetren los ojos o en una tina a media sala los sábados para rociar el piso de tierra, tierra con montes de leña prohibida para todos menos el inquilino quien conoce la bondad del Señor que tiene tiendas que fían la comida y gasolina racionada pero en las boticas no se venden medicinas ya que no hay doctores sólo hojas de laurel, romero, ruda y yerbabuena para los niños que voltean los ojos legañosos y las madres tienen

cuates cuando comen los chorupes los frijoles con quelites y la carne del diablo con azadero con trompillo y con empacho la penicilina cura todo mal
amén cuando las trocas cargadas de humillados escupen el sol blasfemo con
el hedor de muerte próxima, olor que penetra, penetra, penetra el espinazo
derretido, doblado, jorobado, abrazando casi casi el melón que si lo comes
te da torzón si no se te suelta el cuerpo se te escapa y la mente se te vuela
con el aire bochornoso pero cuidado porque te empacan en el vagón refri-
gerador de la Santa Fe y te llevan a disneylandia mientras el mapa del gobierno te pregunta si eres legítimo de la tierra sembrada con hermanos de tus
hermanos de tus hermanos amén y el puente de la frontera se cierra a medianoche pa ponerle el candado al infierno aunque por debajo se escapa todo
el río acostumbrado a ser tecolotl y el sol ya ni lo necesitas porque eres planta, eres tierra infértil, gastada y el diablo está cansado de reírse en su cama
de agua porque el padrecito subió a la sierra a mediodía en procesión dizque
pa desterrarlo y pa que las puertas se abrieran por todo el río y se cruzara sin
temor y la cruz en la cumbre se bendice al tiempo que el diablo se prepara
par ir al baile y los batos locos no se aguantan tampoco en las boticas donde
hay vitrolas con Elvis Presley Fats Domino Little Richard and the blob that
creeps and you ain't nothing but a hound dog finding your thrill on Blue-
berry Hill bailando solos con zapatos puntiagudos con taps tapping tap tapping chalupas down the steet unpaved no sound carros con colas arrastrando sus dos pipas with fender skirts para cubrirse de vergüenza Dios nos
libre, que nos libre, las gallinas dicen en los gallineros de las casas cuando
las cantinas cierran y el pooltable con las buchacas rotas but still ten cents a
game after Tarzan movie over Tarzans wild all over, gritos, golpes en el
pecho de Tarzán el hombre mono que vino a salvar a los pobres indios de
una escuela donde enseñaba a fragmentar los idiomas y el chivero que
enseñaba ciencias porque sabía arrearlas a los pastos secos ya que el agua se
la robaron las bombas traca traca trac toda la santa noche hasta que agarraban aire y se morían pero el "gin" no se paraba, con su whooooooo sorbía
las treilas a la Chancla y a la Mocha y a la Golodrina nombres puestos por
la raza para indicar sello de posesión prestada a medias mientras todos los
inquilinos orgullosos de ser jefes de las tierras que antes fueron suyas "yo
pago herramientas, veneno, dinero, tú pones la vida y me das la mitad, ¿que
tal?" po's a toda madre a toda madre te vas y te vas y no ganas nada todo el
año pero ¿qué tal al levantar la cosecha de tu vida? en tu vida habías visto
mil dólares juntos que duran en un marranito mientras no pagas cuentas de
mil quinientos y te compras una troca sin gasolina para llevar a tus trabajadores porque ya eres dueño, propietario, sembrador simbólico y a los
menos afortunados los haces ver el día más claro cuando les pagas parte de
la baba que te tocó a ti de la baba que tu jefe te pagó a ti esclavo sumido, sin
saber que le pisaste la cabeza al otro para que viniera por otra, Dios perdó-

nalos, porque al cabo allá en el otro cachete la vida perra, "caray mi amigo, ¿de dónde?" "desde Michoacán" vestido con la ropa hecha de costales de harina y huaraches de hule marca goodyear que nunca conoció Presidio, Presidio bien aventurado, a ti y a vos padre que eres de Presidio, Amén.

..is Valdez (1940–)

.ldado Razo

Considerado el padre del teatro chicano, por ser el fundador del movimiento teatral chicano y su dramaturgo más distinguido, Valdez ha sido actor, director, dramaturgo y cineasta; fue el primer méxicoamericano en llevar la expresión chicana a los teatros de Broadway con su *Zoot Suit* en 1979. Miembro de una familia de campesinos migratorios, Valdez logró una educación superior, a pesar de las interrupciones constantes por seguir el ciclo del trabajo migratorio; recibió su maestría en inglés y teatro en 1962 de San José State College. En 1965, fundó El Teatro Campesino como parte del esfuerzo sindicalista encabezado por César Chávez en Delano, California. El éxito y la gran fama obtenidos por El Teatro Campesino inspiró a centenares de estudiantes y obreros a emular a Valdez y El Teatro Campesino y, ya para 1970, existían más de 150 compañías teatrales continuando su forma teatral de agitación y propaganda basada en la cultura popular y el habla de los méxicoamericanos. Después de dejar los campos agrícolas en 1967 para dedicarse a una temática chicana más amplia que la sindicalización de los campesinos, Valdez y El Teatro Campesino experimentaron con la reelaboración de todas las formas tradicionales del teatro mexicano, desde el auto religioso hasta el vaudeville. No obstante esta experimentación, la aportación más valiosa a la historia del teatro latino en los Estados Unidos ha sido "el acto", una pieza corta de agitación y propaganda que se inspira en el habla, el folclor y las preocupaciones méxicoamericanas para concientizar al pueblo sobre importantes asuntos políticos y sociales. Una de esas preocupaciones era la alta taza de mortandad de chicanos en la Guerra de Vietnam durante la misma época en que se les negaba una educación apropiada y no se les respetaban sus derechos civiles y humanos. Relacionado con este problema del chicano explotado, tanto en la vida civil como en la militar, era el racismo, visto en "Soldado Razo" como base tanto de la discriminación doméstica como de la agresión bélica de los Estados Unidos en Vietnam. En "Soldado Razo" se utilizan personajes arquetípicos para representar los miembros de la familia chicana; también aparece una figura alegórica, La Muerte, vestigio de las alegorías religiosas que con frecuencia se utilizaba como coro en muchos de los actos del Teatro Chicano. También es de notar la exposición breve y el fondo histórico provistos por medio del *Corrido del soldado raso*, originado en la Revolución Mexicana. La expresión bilingüe de la obra responde al tema y al público ideal para "Soldado Razo": un auditorio méxicoamericano bilingüe. (NK)

Lecturas: Luis Valdez y El Teatro Campesino. *Luis Valdez Early Works: Actos,*

Bernabé and Pensamiento Serpentino. Houston: Arte Público Press, 1990; *Zoot Suit and Other Plays.* Houston: Arte Público Press, 1992.

Personajes:
Johnny
La Mamá
El Jefito
Cecilia
La Muerte
El Hermano

MUERTE: (*Entra cantando.*) "Me voy de soldado razo, voy ingresar a las filas con los valientes muchachos que dejan madres queridas, que dejan novias llorando, llorando, llorando su despedida." ¡Ajúa! Pos, que a toda madre para mí que hay guerra. Quihubo pues, raza. Yo soy la Muerte. ¿Qué nuevas, no? Bueno, no se escamen porque I didn't come to take anybody away. I came to tell you a story. Simón, the story of the Solda-do Razo. Maybe you knew him, eh? He was killed not too long ago in Vietnam. (JOHNNY *entra arreglándose el uniforme.*) This is Johnny, el Soldado Razo. He's leaving for Vietnam in the morning, but tonight, bueno, tonight he's going to enjoy himself, ¿verdad? Look at his face. Know what he's thinking? He's thinking. (JOHNNY *mueve los labios.*) "Ahora sí, I'm a man!" (MAMÁ *entra.*) This is his jefita. Pobrecita. She's worried about her son, como todas las madres. "Bendito sea Dios," she's thinking. (MAMÁ *mueve la boca.*) Ojalá y no le pase nada a m'ijo." (MAMÁ *toca a* JOHNNY *en el hombro.*)
JOHNNY: ¿Ya está la cena, jefa?
MAMÁ: Sí, hijo, ya merito. Pero, ¿por qué te vestiste así? No vas hasta mañana.
JOHNNY: Pos, ya sabe. Va a venir Cecilia y todo.
MAMÁ: Ay, qué m'ijo. Me traes mil novias, pero nunca te casas.
JOHNNY: Pos, a ver cuando le caigo con un surprise, 'Amá. (*La besa en la frente y la abraza.*)
MUERTE: ¡Órale! Qué picture de tenderness, ¿no? Pero watcha la jefita. Listen to what she's thinking. "Ahora sí, m'ijo es hombre. Se mira tan simpático en ese uniforme."
JOHNNY: Bueno, jefita, it's getting late. Al rato vuelvo con Cecilia, ¿eh?
MAMÁ: Sí, hijo, vuelve pronto. (*Él se va.*) Dios te cuide, corazón de tu madre. (JOHNNY *vuelve a entrar y empieza a caminar.*)
MUERTE: Out in the street, Johnny begins to think about his family, his girl, his barrio, his life.
JOHNNY: Chihuahua, pobre jefita. Mañana va a ser muy duro para ella. Tam-bién para mí. It was pretty hard when I went to boot camp, ¿pero ahora?

¡Vietnam! 'Tá cabrón, man. The jefito también. I'm not going to be here to help him out. No me estaba haciendo rico en el jale, but it was something. Una alivianada siquiera. El carnalillo no puede trabajar todavía porque está en la escuela. I hope he stays there también. And finishes. A mí nunca me cayó ese jale, but I know the carnalillo digs it. He's smart too. Maybe he'll even go to college. One of us has got to make it in this life. Me, I guess I'll just get married con Cecilia and have a bola de chavalos. I remember when I first saw her at the Rainbow. I couldn't even dance with her porque me había echado mis birrias. The next week was pretty good, though. Desde entonces. How long ago was that? June . . . no, July. Four months. Ahora me quiero ranar con ella. Her parents don't like me, I know. They think I'm a vago. Maybe they'll feel different when I come back from Nam. Simón, el war veteran! Maybe I'll get wounded and come back con un chingatal de medals. I wonder how the vatos around here are going to think about that? Pinche barrio. I've lived here all my life. Now I'm going to Vietnam. I might even get killed. If I do, they'll bring me back here in a box, covered with the flag . . . military funeral like they gave Pete Gómez . . . everybody crying . . . la jefita. What am I thinking, man? ¡Estoy loco! (MUERTE *le pone polvo a* JOHNNY *en la cara durante el próximo discurso.*)

MUERTE: Loco, pero no pendejo, ¿eh? He knew the kind of funeral he wanted and he got it. Military coffin, muchas flores, American flag, mujeres llorando and a trumpet playing taps with a rifle salute at the end. Or was it goodbye? You know what I mean. It was first class all the way. Oh, by the way, no se agüiten con el make-up I'm putting on him, eh? I'm just getting him ready for what's coming. I don't always do things in a hurry, you know. Órale pues, next scene. (*Sale* JOHNNY.) Back en la casa, his jefito is just getting home. (*Entra* PAPÁ.)

PAPÁ: ¿Vieja? Ya vine. ¿Ya está la cena? (*Entra* MAMÁ.)

MAMÁ: Sí, viejo. Espérate nomás que llegue Juan. ¿Qué compraste?

PAPÁ: Un sixpack de Coors.

MAMÁ: ¿Cerveza?

PAPÁ: Pues, ¿por qué no? Mira, si ésta es la última noche de m'ijo, ¿qué?

MAMÁ: ¿Cómo que última noche? No hables así, hombre.

PAPÁ: Digo que la última noche en casa, mujer. Tú me comprendes, hip.

MAMÁ: Andas tomado, ¿verdad?

PAPÁ: Y si ando, ¿qué te importa? Nomás me eché unas cuantas heladas con mi compadre y es todo. Pos, mira . . . Ahora si parió la burra seca, hombre. M'ijo se va a la guerra y no quieres que tome. ¡Si hay que celebrar, mujer!

MAMÁ: ¿Celebrar qué?

PAPÁ: ¡Que m'ijo ya es hombre! Y bien macho. Así es que no me alegues. Traime de cenar.

MAMÁ: Espérate que venga Juan.

PAPÁ: ¿Dónde está? ¿No está aquí? ¿Que salió de vago el desgraciado? ¿Juan? ¿Juan?

MAMÁ: Te digo que se fue a traer a Cecilia, que va a cenar con nosotros. Y por favor no hables tantas cochinadas, hombre. ¿Qué dirá la muchacha si te oye hablar así?

PAPÁ: ¡Con una jodida, mujer! ¿Pos de quién es esta casa? ¿No soy yo el que paga la renta? ¿El que compra la comida? No me hagas enojar, ¿eh? O te va muy mal. No le hace que ya tengas un hijo soldado.

MAMÁ: Por favor, viejo. Te lo pido por tu hijo, ¿eh? Cálmate. (*Ella sale.*)

PAPÁ: ¿Bah? ¡Cálmate! Nomás así quiere que me calme. ¿Y quién me va a callar? ¿M'ijo el soldado? M'ijo . . .

MUERTE: The jefito's thoughts are racing back a dozen years to a warm afternoon in July. Johnny, eight years old, is running toward him between the vines, shouting, "Apaaaa, ya pizqué veinte tablas, papáaa."

PAPÁ: Huh. Veinte tablas. Mocoso. (*Entra HERMANO.*)

HERMANO: 'Apá, is Johnny here?

MUERTE: This is Johnny's carnalito.

PAPÁ: Y tú, ¿de dónde vienes?

HERMANO: Allá andaba en Polo's house. Tiene un motor scooter nuevo.

PAPÁ: Tú nomás te la llevas jugando, ¿no?

HERMANO: Yo no hice nada.

PAPÁ: No me resongues.

HERMANO: (*Encoge los hombros.*) ¿Ya vamos a cenar?

PAPÁ: Yo no sé. Ve, pregúntale a tu madre. (*Sale HERMANO.*)

MUERTE: Looking at his younger son, the jefito se pone a pensar en él. His thoughts spin around in the usual hopeless cycle of defeat, undercut by more defeat.

PAPÁ: Ese muchacho ya debe de andar trabajando. Ya tiene sus catorce años cumplidos. Yo no sé por qué la ley los obliga que vayan a la escuela hasta los diez y seis. Al cabo, no va a llegar a ser nada. Mejor que se meta a trabajar conmigo pa' que ayude a la familia.

MUERTE: Simón, se sale de la escuela in three or four years, I take him the way I took Johnny. ¿Qué loco, no, raza? (JOHNNY *regresa con* CECILIA.)

JOHNNY: Buenas noches, 'Apá.

PAPÁ: ¡Hijo! Buenas noches. Ay pos, mira, ¿ya andas de soldado otra vez?

JOHNNY: Traje a Cecilia a cenar con nosotros.

PAPÁ: Pos, que entre, que entre.

CECILIA: Muchas gracias.

PAPÁ: Qué bien se mira m'ijo, ¿verdad?

CECILIA: Sí, señor.

PAPÁ: Pos, sí. Ya se nos va de soldado razo. (*Pausa.*) Bueno, vamos a ver . . . uh, hijo, ¿no gustas una cervecita?

JOHNNY: Sí, señor, pero, ¿no hay una silla primero? ¿Para Cecilia?

PAPÁ: Como no. Sí aquí tenemos de todo. Déjame traer. ¿Vieja? ¡Ya llegó la visita! (*Sale.*)

JOHNNY: How you doing?

CECILIA: Okay. Te quiero.

MUERTE: This, of course, is Johnny's novia. Fine, eh? Too bad he'll never get to marry her. Oh, he proposed tonight y todo and she accepted, but she doesn't know what's ahead. Listen to what she's thinking. (CECILIA *mueve la boca.*) "When we get married I hope Johnny still has his uniform. We'd look so good together. Me in a wedding gown and him like that. Chihuahua, I wish we were getting married tomorrow!"

JOHNNY: ¿Qué estás pensando?

CECILIA: Nothing.

JOHNNY: Come on.

CECILIA: Really.

JOHNNY: Chale, I saw your eyes. Now, come on, dime, qué estabas pensando.

CECILIA: It was nothing.

JOHNNY: Are you scared?

CECILIA: About what?

JOHNNY: My going to Vietnam.

CECILIA: No! I mean . . . yes, in a way, but I wasn't thinking that.

JOHNYY: What was it?

CECILIA: (*Pausa.*) I was thinking I wish the boda was tomorrow.

JOHNNY: Really?

CECILIA: Yes.

JOHNNY: ¿Sabes qué? I wish it was too. (*La abraza.*)

MUERTE: And, of course, now he's thinking too. But it's not what she was thinking. ¡Qué raza! (PAPÁ y HERMANO *entran con cuatro sillas.*)

PAPÁ: Aquí vienen las sillas. ¿No que no? (*Al* HERMANO.) A ver, tú, ayúdame a mover la mesa, ándale.

JOHNNY: ¿Necesita ayuda, 'Apá?

PAPÁ: No, hijo, yo y tu hermano la movemos. (*Él y* HERMANO *acomodan una mesa imaginaria.*) Ahi 'ta. Y dice tu mamá que ya se vayan sentando porque ya está la cena. Hizo tamales, ¡fíjate!

JOHNNY: ¡Tamales!

HERMANO: They're Colonel Sanders, eeehh.

PAPÁ: ¡Tú cállate el hocico! Mira . . . no le haga caso, Cecilia, a este cabrón. Uh, este huerco siempre anda con sus tonterías. Siéntense.

MAMÁ: (*Entra con un tazón imaginario.*) ¡Aquí vienen los tamales! Cuidado porque la olla está caliente, ¿eh? Oh, Cecilia, buenas noches, hija.

CECILIA: Buenas noches, señora. ¿Le puedo ayudar en algo?

MAMÁ: No, no, ya está todo listo. Siéntese por favor.

JOHNNY: 'Amá, how come you made tamales? (MUERTE *empieza a aplicar más maquillaje a* JOHNNY.)

MAMÁ: Pos, ya sé como te gustan tanto, hijo.

MUERTE: A thought flashes across Johnny's mind. "Too much, man. I should go to war every day." Over on this side of the table, the carnalillo is thinking. "What's so hot about going to war . . . tamales?"

HERMANO: I like tamales.

PAPÁ: ¿Quién te dijo que abrieras la boca? ¿Gustas una cerveza, hijo?

JOHNNY: (*Asiente.*) Gracias, jefe.

PAPÁ: ¿Y usted, Cecilia?

CECILIA: (*Sorprendida.*) No, señor, uh, gracias.

MAMÁ: Juan, hombre, no seas tan imprudente. Cecilia no tiene la edad pa' tomar. ¿Qué dirán sus padres? Hice Kool-Aid, hija, ahorita traigo el picher. (*Sale.*)

PAPÁ: ¿Cuántos años tienes, Cecilia?

CECILIA: Diez y ocho.

MUERTE: She lied, of course.

PAPÁ: Oh, pos, qué caray, ¡si ya eres mujer! Ándale, hijo, no dejes que se te escape.

JOHNNY: I'm not.

MAMÁ: (*Entrando de nuevo.*) Aquí está el Kool-Aid y los frijoles.

JOHNNY: 'Amá, I got an announcement to make. ¿Se quiere sentar, por favor?

MAMÁ: ¿Qué es?

PAPÁ: (*Al* HERMANO.) Dale tu silla a tu mamá.

HERMANO: What about my tamale?

MAMÁ: Déjalo que cene.

PAPÁ: (*Al* HERMANO.) ¡Quítate!

JOHNNY: Siéntese, 'Amá.

MAMÁ: ¿Qué es, hijo? (*Ella se siente.*)

MUERTE: Funny little games que juega la gente, ¿no? The mother asks, but she already knows what her son is going to say. So does the father. And even little brother. They are all thinking, "He is going to say, '¡Yo y Cecilia nos vamos a casar!'"

JOHNNY: ¡Yo y Cecilia nos vamos a casar!

MAMÁ: Ay, m'ijo.

PAPÁ: ¡No, hombre!

HERMANO: Really?

MAMÁ: ¿Cuándo, hijo?

JOHNNY: When I get back from Vietnam.

MUERTE: Suddenly a thought is crossing everybody's mind, "¿y si no regresa?" But they shove it aside.

MAMÁ: ¡Ay, m'ija! (*Abraza a* CECILIA.)

PAPÁ: Felicitaciones, hijo. (*Abraza a* JOHNNY.)

MAMÁ: (*Abrazando a* JOHNNY.) ¡Hijo de mi alma! (*Llora.*)

JOHNNY: Eh, jefa, wait a minute. Save that for tomorrow. Ya pues, 'Amá.

PAPÁ: Hija. (*Abraza a* CECILIA *correctamente.*)

HERMANO: Heh, Johnny, why don't I go to Vietnam and you stay here for the wedding? I'm not afraid to die.

MAMÁ: ¿Por qué dices eso, muchacho?

HERMANO: Se me salió.

PAPÁ: Ya se te salió mucho, ¿no crees?

HERMANO: I didn't mean it! (Sale HERMANO.)

JOHNNY: It was an accident, 'Apá.

MAMÁ: Sí, pues, fue accidente. Por favor, viejito, vamos a cenar en paz, ¿eh? Mañana se va Juan.

MUERTE: The rest of the cena pasa sin ningún problema. They discuss the wedding, the tamales and the weather. Then it's time to go to the party.

PAPÁ: ¿Qué va a haber party?

JOHNNY: A small dance nomás, allá en la casa del Sapo.

MAMÁ: ¿A cuál Sapo, hijo?

JOHNNY: Sapo, mi amigo.

PAPÁ: No te vayas a emborrachar, ¿eh?

JOHNNY: Chale, jefe, va ir la Cecilia conmigo.

PAPÁ: ¿Ya les pediste permiso a sus padres?

JOHNNY: Sí, señor. She's got to be home by eleven.

PAPÁ: Está bien. (JUAN *y* CECILIA *se levantan.*)

CECILIA: Gracias por la cena, señora.

MAMÁ: Ay, hija, no hay de qué.

CECILIA: The tamales were really good.

JOHNNY: Sí, 'Amá, estuvieron a todo dar.

MAMÁ: ¿Sí, hijo? ¿Te gustaron?

JOHNNY: They were great. (*La abraza.*) Gracias, ¿eh?

MAMÁ: ¿Cómo que gracias? Eres m'ijo. Váyanse pues, que se hace tarde.

PAPÁ: ¿No quieres usar la troquita, hijo?

JOHNNY: No, gracias, 'Apá. Ya traigo el carro de Cecilia.

CECILIA: Not mine. My parents' car. They loaned it to us for the dance.

PAPÁ: Parece que dejaste buena impresión, ¿eh?

CECILIA: He sure did. They say he's more responsible now that he's in the service.

MUERTE: (*Al público.*) Did you hear that? Listen to her again.

CECILIA: (*Repite la oración de la misma forma en que lo hizo antes.*) They say he's more responsible now that he's in the service.

MUERTE: ¡Así me gusta!

PAPÁ: Qué bueno. Entonces, nomás nos queda ir a pedirles la mano de Cecilia, ¿no vieja?

MAMÁ: Si Dios quiere.

JOHNNY: Buenas noches.

CECILIA: Buenas noches.

PAPÁ: Buenas noches, hija.

MAMÁ: Cuidado en el camino, hijos.

JOHNNY: Don't worry, jefa . . . be back later.

CECILIA: Bye! (*Salen* JOHNNY *y* CECILIA. MAMÁ *se para en la puerta.*)

PAPÁ: (*Se sienta otra vez.*) Pues sí, viejita, ya se nos hizo hombre el Juanito. Qué pronto se pasan los años, ¿no?

MUERTE: The jefito is thinking about the Korean War. Johnny was born about that time. He wishes he had some advice, some consejos, to pass on to him about the guerra. But he never went to Korea. The draft skipped him and somehow he never got around to enlisting.

MAMÁ: (MAMÁ *se voltea. Ve a la* MUERTE.) ¡Válgame Dios! (*Sale.*)

MUERTE: (*Agachándose.*) Shit! I think she saw me.

PAPÁ: ¿Qué te pasa? (MAMÁ *está congelada con la vista fija en donde* MUERTE *estaba parada.*) Contéstame, pues, ¿qué traes? (*Pausa.*) Oyes, pos si no estoy aquí pintado. ¡Háblame!

MAMÁ: (*Solemnemente.*) Acabo de ver a la Muerte.

PAPÁ: ¿Muerte? Estás loca.

MAMÁ: Es cierto. ¡Salió Juan ahorita, voltié y allí estaba la Muerte parada sonriéndose! (PAPÁ *se mueve del espacio sin advertirlo.*) Ave María Purísima, ¿si acaso le pasa algo a Juan?

PAPÁ: ¡Ya cállate el hocico! ¿Que no ves que es mala suerte? (*Salen. Entra una vez más* MUERTE.)

MUERTE: The next day, Johnny goes to the Greyhound Bus Depot. His mother, his father and his novia go with him to say goodbye. The bus depot is full of soldiers and sailors and old men. Here and there, a wino is passed out on the benches. Then there's the announcements: "The Los Angeles bus is now receiving passengers at gate two for Kingsburg, Tulare, Delano, Bakersfield and Los Angeles, connections Los Angeles for points east and south." (JOHNNY, PAPÁ, MAMÁ *y* CECILIA *entran.* CECILIA *abraza a* JOHNNY.)

PAPÁ: Ya hace muchos años que no me he pasiado en el estache.

MAMÁ: ¿Tienes tu tíquete, hijo?

JOHNNY: Ay no, I got to buy it.

CECILIA: I'll go with you.

PAPÁ: ¿Traes dinero, hijo?

JOHNNY: Si, 'Apá, I got it. (JOHNNY *y* CECILIA *caminan hacia* MUERTE.) One ticket, please.

MUERTE: Where to?

JOHNNY: Vietnam. I mean, Oakland.

MUERTE: Round trip or one way?
JOHNNY: One way.
MUERTE: Right. One way. (*Le pone más maquillaje.* JOHNNY *toma su boleto y él y* CECILIA *van hacia los padres de él.* JOHNNY *para de repente y voltea hacia la* MUERTE, *quien ya ha cambiado de lugar.*)
CECILIA: What's wrong?
JOHNNY: Nothing. (*Se unen a sus padres.*)
MUERTE: For a half an hour, then, they exchange small talk and trivialties, repeating some of the things that have been said several times before. Cecilia promises Johnny she will be true to him and wait until he returns. Then it's time to go. "The Oakland-Vietnam Express is now receiving passengers at gate number four. All aboard, please."
JOHNNY: That's my bus.
MAMÁ: Ay, m'ijito.
PAPÁ: Cuídate mucho, pues, ¿eh, hijo?
JOHNNY: No se apure, jefe.
CECILIA: I love you, Johnny. (*Lo abraza.*)
MUERTE: The Oakland-Vietnam Express is in the final boarding stages. All aboard, please. And thanks for going Greyhound.
JOHNNY: ¡Ya me voy! (*Abraza a todos, llanto, y últimos adioses, etc.* JOHNNY *sale. Luego salen sus padres.* MAMÁ *y* CECILIA *están llorando.*)
MUERTE: (*Canta.*) Adiós, adiós
Lucero de mis noches
Dijo un soldado al pie de una ventana
Me voy, me voy
Pero no llores, ángel mío
Que volveré mañana . . . So JOHNNY left for Vietnam, never to return. He didn't want to go and yet he did. It never crossed his mind to refuse. How could he refuse the gobierno de los Estados Unidos? How could he refuse his family? Besides, who wants to go to prison? And there was always the chance he'd come back alive . . . wounded maybe, but alive. So he took a chance and lost. But before he died, he saw many things in Vietnam; he had his eyes opened. He wrote his mother about them. (JOHNNY *y* MAMÁ *entran por lados opuestos al escenario.* JOHNNY *viste con el uniforme de guerra. Su cara es una calavera.*)
JOHNNY: Dear jefita.
MAMÁ: Querido hijo.
JOHNNY: I am writing this letter.
MAMÁ: Recibí tu carta.
JOHNNY: To tell you I'm okay.
MAMÁ: Y doy gracias a los cielos que estás bien.
JOHNNY: How's everybody over there?

MAMÁ: Pos aquí todos estamos bien también, gracias a Dios.

JOHNNY: 'Amá, there's a lot happening here that I didn't know about before. I don't know if I'm allowed to write about it, pero voy a hacer la lucha. Yesterday we attacked a small village near some rice paddies. We had orders to kill everybody because they were supposed to be V-C's, comunistas. We entered the small pueblito and my buddies comenzaron a disparar. I saw one of them kill an old man and an old lady. My sergeant killed a small boy about seven years old, then he shot his mother or some woman that came running up crying. Blood was everywhere. I don't remember what happened after that, but my sergeant ordered me to start shooting. I think I did. May God forgive me for what I did, but I never wanted to come over here. They say we have to do it to defend our country.

MAMÁ: Hijo, me da tristeza con lo que nos escribes. Hablé con tu padre y también se puso muy triste, pero dice que así es la guerra. Tú, recuerda que estás peleando con comunistas. Tengo una vela prendida allá por donde andas y que te regrese a nuestros brazos bueno y sano.

JOHNNY: 'Amá, I had a dream la otra noche. I dreamed I was breaking into one of the hooches, así le decimos a las casas de los vietnameses. I went in firing my M-16 porque sabía que el village estaba controlado por los gooks. I killed three of them right away, but when I looked down it was mi 'Apá, el carnalillo y you, jefita. I don't know how much more I can stand. Please tell Sapo and all the vatos how it's like over here. Don't let them . . . (MUERTE *dispara y hiere a* JOHNNY *en la cabeza. Él se cae.* MAMÁ *grita sin ver a* JOHNNY.)

MUERTE: Johnny was killed in action, November, 1965, at Chuy Lai. His body lay in the field for two days and then it was taken to the beach and placed in a freezer, a converted portable food locker. Two weeks later he was shipped home for burial. (*La* MUERTE *acomoda el cuerpo de* JOHNNY. *Le quita el casco, el rifle, etc.* PAPÁ, MAMÁ, HERMANO, y CECILIA *se paran alrededor del cuerpo y tocan "Taps".*)

Abelardo Delgado (1931–)

El inmigrante; El Río Grande

Uno de los poetas más famosos del Movimiento Chicano, "Abelardo" (así firmaba sus composiciones) ha mantenido la tradición oral desde los años sesenta, cuando inspiraba a las organizaciones pro derechos civiles con la declamación de sus poesías. Nacido en el estado de Chihuahua, México, inmigró con su mamá a los Estados Unidos a la edad de doce años. Se quedaron en El Paso, Texas, donde Delgado obtuvo su educación primaria y secundaria y asistió a la Universidad de Texas. Siempre asociado con los barrios pobres de inmigrantes y chicanos, Delgado supo aprender y continuar el arte del declamador popular, entrenando su memoria para presentarse en público sin leer sus composiciones e incorporando las fórmulas tradicionales de la oralidad, como la rima, la repetición y la recapitulación, además de incorporar el habla y el estilo del pueblo trabajador. Las poesías de Delgado circularon lejos de sus presentaciones orales en centenares de periódicos de barrio para después ser recortadas de esos periódicos y pasadas de mano en mano. Por la demanda y la fama que llegó a tener entre el pueblo, Delgado fue uno de los primeros poetas del Movimiento que vio la necesidad de publicar sus poesías en forma de libros y folletos para llegar aún más lejos con su mensaje unificador de cultura, comunidad y protesta. Durante todos estos años, de una forma u otra, ha seguido imprimiendo sus obras y distribuyéndolas a sus seguidores. "El inmigrante" y "El Río Grande", ambas de su primer libro, *Chicano: 25 Pieces of a Chicano Mind* (primera edición 1969), son buenos ejemplos tanto de su lirismo tradicional, con un rico repertorio imaginístico, como de su compromiso humanitario y político. (NK)

Lecturas: Abelardo Delgado. *Chicano: 25 Pieces of a Chicano Mind.* El Paso: Barrio Publications, 1973; *Reflexiones: 16 Reflections of Abelardo.* Salt Lake City: Barrio Publications, 1976; *Unos perros con metralla: 25 Pieces of Abelardo.* Arvada: Barrio Publications, 1982.

> *El inmigrante*
> golondrinas cortando betabel,
> Americanos de papel,
> este México-Americano
> o nomás mejicano
> que migra con to'y familia
> a los campos de colorado,
> illinois, califa, y michigan
> se me hace que no es más que
> puro gitano.
> salmones en el desaije
> con un ojo a las colonias
> a las cuales muy pronto volverán,
> no les voy
> a decir porque lo hacen
> porque la verdad ni ellos saben,
> quizá el cariño a la tierra
> mamado de una chichi prieta,
> quizá el corazón libre
> que dicta la jornada,
> aunque el carro esté muy viejo
> y la gasolina cara.
> turistas sin un centavo
> de vacación en nebraska,
> aun alabama

es un descanso de tejas.
bumerangas que la mano de dios
por este mundo tiró,
gente buena,
gente honesta,
gente víctima de su necesidad de migrar,
la lechuga o la justicia es lo que van a sembrar.

El Río Grande
jorobado, arrugado, seco, como viejo mal cuidado
va mi río grande, ya menos apurado
con el soquete del tiempo manchado,
por dos países maltratado y decorado.

si en vez de crujir tus aguas platicaran,
qué de hazañas no nos contaran
y si tus granos de arena miraran
cuánta mentira con su mirar nos desatarán.

has visto sufrir al mejicano,
cambiar su sudor por tus aguas mano a mano,
tú le has dado a la lechuga el chile como hermano,
y al tomate le cambiaste en algo humano.

en ancas de una mula cuando niño te crucé,
miras tú el contrabando que el de la aduana no ve,
sirves de espejo a la esperanza que se fue
y vives esperando la lluvia que una nube negra dé.

río grande, polvo de tejas, ramas, de nuevo méjico las ramas,
duermes bajo la luz de luciérnagas y la música de ranas,
para los enamorados tus orillas son mil camas
y de un amarillento carrizo son tus canas.

tu fama nacional es como una noche oscura
y tus aguas tiñen de una sangre insegura,
eres tú la puerta más cruel y la más dura,
separas al hombre y haces de su ambición basura.

leí que se ahogó un mejicano que te quiso cruzar,
venía a los estados unidos y su muerte fue a encontrar,
un día tus fuerzas, como las fronteras, se van a acabar . . .
háblame pronto, río grande, que el tiempo te va a matar.

Reflexiones sobre la identidad

da al molcajete; Oda al frijol

Nacido en Mission, Texas, Jesús María Maldonado se involucró en el Movimiento Chicano a finales de los años sesenta cuando estudiaba para su licenciatura en educación en Southwest Texas State College y su maestría en la Universidad de Washington en Seattle. Después de recibir la maestría en 1975, ha ejercido la profesión de maestro de escuela y profesor universitario en Pullman, Washington. De particular interés para Maldonado ha sido la enseñanza para trabajadores migratorios y sus hijos, la preparación de jóvenes para asistir a la universidad y la creación literaria para niños y jóvenes. En el Movimiento Chicano llegó a conocerse como uno de los poetas que mejor rescataban las tradiciones poéticas del pueblo y lograban crear una poesía bilingüe mediante el uso del cambio de códigos (lo que los lingüistas han denominado *code switching*). En "Oda al frijol" y "Oda al molcajete" notamos su afán de concretizar valores culturales en símbolos sacados de la vida diaria de las clase trabajadora méxicoamericana. Parte de la ironía y el humor de estos versos radica en la aplicación sorprendente de modelos clásicos, como odas y loas, a sujetos humildes, como el frijol y el molcajete y, por extensión, tratar a la gente humilde como héroes clásicos—pretensiones importantes para la reivindicación de la cultura de una minoría nacional. (NK)

Lecturas: Jesús Maldonado (El Flaco). *Sal, pimienta y amor.* Seattle: Endless Despair Press, 1976.

Oda al molcajete
Piedra mágica de tres patitas pachoncitas

en culequillas te sientas
Majestuosamente
en tu vientre salpicado
mueles tu mágica diaria
casting spells
con comidas humildes.
¡Aaaamaaasísate!
En tu vientre asoliado
nace la sabrosa fuerza
el piquete mexicano
de la Raza Noble
mi linda Raza Bronce
El clas-clas——clas-clas musical
el pardo son que cantas
baña cocinas morenitas
con aromas cariñosas
¡Ajúa!
En tu vientre bronceado
se casan los cominos
con las mismas pimientas
y el pardo ajo
bendice
la Bronce Boda alcaweta
Se besan, se abrazan
y mezclan sangres cafecitas
lo mero principal
chores tapones, gordos, flacos
weras, morenas, prietas, renegridas
¡Dale gas!
Y logo en el sartén
tu luna de miel
siembras besos picosos
¡Aaamacita!
Allí naces otra vez
magia sin nombre
magia hechicera
magia de Aztlán
magia Tejana
magia de Nuevo
magia de Arizona
magia de Colorado
magia de Califas

        magia del Magic Valley
        magia de Yakima Valley
        magia Chicana
Tus bewitching brujerías
    prietito molcajete
son el chile de nuestra vida
    el pilón Azteca
    el carnalismo
        que corre en nuestras venas
Tu choco vientre beso
    y canto hoy mis versos bronces
        por tu magia diaria
            de estómago lleno
                corazón contento.

Oda al frijol
Frijolito pinto,
Frijolito lindo,
Rico caldudito
Traes el apetito

Frijolito chico,
Frijolito rico,
Reinas cuando frito
Matas hambrecito.

mérico Paredes (1915–1999)

lma pocha; Tres faces del pocho

Américo Paredes es considerado uno de los pioneros de la literatura chicana porque hacia fines de los años de 1930 comienza a cultivar la mayoría de los temas y a expresar gran parte de la sensibilidad que tipificaría a muchos de los trabajos que aparecerían durante el Movimiento Chicano de los años 1960 y 1970. Nacido y criado en Brownsville, Texas, Paredes es una figura transicional, porque publicó desde poemas en español en periódicos de inmigración, como *La Prensa* de San Antonio, hasta novelas en inglés para ser publicadas y distribuidas en el mercado dominante. Después de destacarse en diversas tareas, incluyendo el periodismo, y participar en la guerra de Corea, Paredes recibió una educación avanzada y se convirtió en uno de los estudiosos hispanos más respetados en los Estados Unidos. Fue instrumental en el desarrollo del estudio académico del folclor y uno de los fundadores del campo de Estudios Méxicoamericanos. Ganó varios premios internacionales por su investigación. Como escritor, Paredes fue un

visionario que no recibió reconocimiento. Su primera novela, y la más importante, *George Washington Gómez*, escrita en 1936, no fue publicada hasta 1990;
de la misma manera, su novela *The Shadow*, ganadora de un premio nacional en
1953, no se publicó hasta 1998. A la mayoría de sus poemas y cuentos les tomó
años ver la luz en forma de libro. En "Alma pocha" y "Las tres faces del pocho",
Paredes reivindica la imagen del pocho, que desde la perspectiva nacionalista
mexicana siempre había aparecido en la literatura y la cultura popular de forma
completamente negativa. A las historias canonizadas de los españoles y mexicanos, Paredes ofrece una historia nueva, la de una cultura autóctona en Tejas y
el sudoeste de los Estados Unidos, la del méxicoamericano. (NK)

Lecturas: Américo Paredes. *The Hammon and the Beans and Other Stories.*
Houston: Arte Público Press, 1994.

Alma pocha

Alma pocha
Alma pocha
ensangrentada,
la sufrida,
la olvidada,
la rebelde sin espada;
alma pocha
salpicada
de tragedia y humorada,
alma pocha.

En tu propio terruño serás extranjero
por la ley del fusil y la ley del acero;
y verás a tu padre morir balaceado
por haber defendido el sudor
    derramado;
verás a tu hermano colgado de un leño
por el crimen mortal de haber sido
    trigueño.
Y si vives, acaso, será sin orgullo,
con recuerdos amargos de todo lo tuyo;

tus campos, tus cielos, tus aves, tus
    flores
serán el deleite de los invasores;
para ellos su fruto dará la simiente,
donde fueras el amo serás el sirviente.
Y en tu propio terruño serás extranjero
por la ley del fusil y la ley del acero.

De este modo
habló el destino
en la jornada tejana
¡y la boca se envilece
con el nombre de Santa Anna!
Alma pocha
vas llorando
la vergüenza mexicana

Alma pocha,
alma noble y duradera,
la que sufre,
la que espera.

Tres faces del pocho
Comedia en Tres Autos/ Modelo T

Tableau I: El español apasionado.
    La escena es anunciada con trompetas heráldicas, que cambian a un enér-
gico paso doble a medida que las luces se encienden. Él está sentado, miran-

al frente, con los pantalones en los tobillos, en el inodoro de un hotel barato de ciudad de México. Llegó como turista a ver La Gran Tenochtitlán, un lugar de ιndes actuaciones para sus ancestros, *los conquistadores*. Después de una se- ιna de tacos, prostitutas y mariachis, lo vemos entronado en el inodoro, echando ιera los intestinos y sufriendo los tormentos no de su poca fortuna sino del *demes*. Ha sido llamado *pocho*, pagó tres o cuatro *mordidas*, y finalmente le ιaron la billetera. Cuando lo vemos por primera vez, está en el piso, con la ιeza entre las manos, los codos sobre las rodillas. Ahora levanta su cabeza y ιra hacia el frente a un espacio vacío. Las trompetas resuenan con final triunfante ιuego decrecen a una música de fondo que se va desvaneciendo a medida que ιmienza a hablar, se nota una desilusión amarga en su voz.

Raza gloriosa y real de mis abuelos,
¡oh, mi raza gigante!
que aplastaste en el polvo con tu planta
¡cuánto guerrero altivo!
que cruzaste los montes y los mares
llevando dondequiera tus altares,
y en tu lenguaje dulce y expresivo
el oro vivo.

Leona de los ibéricos castillos,
madre de leones,
sangre de aquellos ínclitos
    campeones
de gesto varonil y férreos brillos,
raza conquistadora,
viéndote ahora
sé bien que en estas playas
se ha apagado tu flama bienhechora;
y mientras tú desmayas,
de aquestos tus escombros ¿qué ha
    salido?
¡un pueblo degenerado y maldecido!

Pueblo bastardo que parió Malinche,
ciego por el poder, servil al oro,
pueblo sin tradiciones ni decoro
prendido al presupuesto como chinche;
amas más al maguey que al mismo
    trigo
y para conseguir mejor la vida
tienes como tu lema *La Mordida*
y es tu blasón la mano del mendigo.

¡Pueblo de los farsantes y holgazanes!
¡Pueblo de caciquillos y tarzanes!
Gente de intriga:
tus triunfos más brillantes son
    traiciones
y elevas como héroes a matones.

Vives con la inmundicia cara a cara,
si el mundo rueda o no ¿qué te
    importara?
Llena de cualquier modo la barriga,
te sientas a rascar—¡Dios te maldiga!

Con las manos temblorosas agarra el papel higiénico, mientras las luces se apagan.

Tableau II: La segunda generación: Exiliado.
    Las luces se van encendiendo mientras suena la música de "La Zandunga" con violines y marimbas. Afuera vemos una pared de ladrillos de un departa-

mento en Chicago, en el centro hay una gran ventana de dormitorio. Él tiene apoyados los codos en el antepecho de la ventana, su mirada ensimismada fija en la distancia, de frente. Detrás y a un lado se puede ver un fonógrafo de estilo antiguo y detrás, en la puerta del clóset, una chaqueta de traje de etiqueta. Acaba de regresar a su casa, su Gringa, después de haber fracasado al intentar hacer el amor en el asiento de atrás del auto de un amigo. Inquieto, trata de no pensar en ella pensando en su querido México, un país que nunca ha visitado. Una vez su padre fue cónsul de México y luego un refugiado que sostuvo a su familia en el exilio. La familia habla de regresar definitivamente, pero nunca lo hace, ni siquiera de visita. La ventana a través de la que ve mira hacia el sur y él fantasea con la idea de que la brisa que le da en la cara llega directamente de México. Además, se imagina que puede oler las flores del jardín de flores que es México por encima del humo de los caños de escape y el olor vago que llega a su vecindario de los famosos corrales de ganado de Chicago. De fondo, los violines y las marimbas se atenúan a medida que él comienza a hablar, con los ojos todavía distantes.

Déjame que te cante, patria amada,
un canto de esperanza y de tristeza
que lleve sueños de oro del mañana
y místicos anhelos de poeta;

déjame que te cante un himno extraño
lleno de carcajadas y suspiros
para que sepas bien lo desdichados
que pueden ser los hijos de tus hijos.

México, eres tú la tierra santa,
la tierra prometida,
hacia la cual he vuelto yo los ojos
desde mis primeros días,
donde las flores tienen más perfume,
donde las aguas son más cristalinas,
y donde son más grandes los racimos
que cuelgan en las viñas;
amo tus aromáticos cantares
como la flor de tiesto ama a la brisa
y sueño con tus montes y tus lagos
como se sueña con la bienquerida;
feliz si un día mis ardientes ojos
por fin te miran
y éstos mis pies, a tu terruño extraños,

tu tierra pisan
para pasar por todas tus praderas
como la golondrina
y beberme tus múltiples bellezas
con las lágrimas mías,
para poder erguirme bajo el cielo,
dando la voz bravía,
y gritar para que oiga el mundo entero:
—¡Esta es la tierra mía! . . .
. . . El llanto viene cálido a mis ojos,
cálidas en mis ojos son las lágrimas
como si mis anhelos congelados
por el frío mortal de la distancia
al fuego abrasador se derritieran
y en copioso caudal se derramaran.

Es la noche chinaca con rebozo
bordado de luciérnagas y estrellas,
el mundo es campamento donde sólo
se ve pasar la luna, centinela,
y yo que me desvelo vuelvo el rostro
hacia el sur, donde estás bendita tierra;
y así como el que de un elíxir bebe,
así aspiro tu brisa fresca y suave,
la brisa que del suelo tuyo viene,

la que ha agitado el fuego de tus lares,
tu brisa, la envidiada, la dichosa
porque ha llegado a todos tus parajes,
holgándose en la nieve de tus montes,
jugando con las flores de tus valles;
tu brisa, tan gentil y perfumada
como uno de tus típicos cantares,
de ésos de mucho amor y valentía,
de ésos llenos de angustia y de
    nostalgia,
de ésos que se querellan por las penas

que nacen al calor de una mirada,
de esos cantares tristes y dolientes
que se cantan de noche a las
    muchachas;
así en la noche, al aspirar tu brisa,
pienso otra vez en ti, tierra soñada,
sueño en un porvenir lleno de gloria
como se sueña en la mujer que se ama,
y bajo el embozo negro de la noche
se me hacen otra vez los ojos lágrimas.

Se va de la ventana hacia el fonógrafo y revisa entre los discos que se hallan sobre la mesa de enseguida mientras cambia la música de fondo, de "La Zandunga" a "Canción Mixteca". Exasperado: "Ahora, ¿en dónde infiernos está esa canción?" Eleva los hombros y toma un disco y lo pone en el fonógrafo. Abruptamente se corta "Canción Mixteca", y una banda de jazz toca estrepitosamente la canción "St. Louis Blues". Hace tronar los dedos y canta: "Now, if it weren't for powder, and for store-bought hair . . .". Las luces se apagan.

Tableau III. El poeta pocho
La escena toma lugar en una cantina fronteriza que vende cerveza aguada: *los agachados*. La barra está atrás, mirando hacia el frente. Las luces se encienden sobre la radio donde están tocando una polca rápida interpretada por Chicho Martínez (El Huracán del Valle) en un exhausto acordeón antiguo, acompañado por un bajista a quien obviamente le resulta difícil seguir el ritmo de Chicho. El poeta pocho está mirando hacia la barra, con su espalda hacia la audiencia. Necesita un corte de pelo y sus zapatos tienen los tacones gastados y tiene un parche en el trasero de su pantalón. Abruptamente, se da vuelta, mirando al público y dándole la espalda a la barra. La música se torna en un lento y majestuoso chotis interpretado por El Cuarteto Aguilar (Los Vagabundos). Después de unos acordes, la música de fondo desaparece a medida de que él comienza a hablar.

Canto al coraje heroico, a la ira de una raza,
a la altivez que abraza y que enciende el corazón;
canto al odio titánico de hazañas mil pletórico,
ese rencor histórico que es casi religión.
Bajo su acerbo látigo los pueblos se han formado,
sus fauces han desgarrado cadáveres sin fin;
está su voz en la trompa, estridente, bronca y brusca
del adalid que busca derechos y botín.

Canto al deber de sangre, al instinto del orgullo
del cual para lo suyo,
¡canto a la tradición!

Comienza a hablar de manera lenta, con voz medida, pero su discurso se
torna cada vez más rápido y escandaloso llegando a gritar en este momento.

Que mi voz sea el grito torturado
del clarín de alerta,
y lo repetirán todos los ecos:
¡De pie! ¡Despierta!

¡Que desaten sus ásperos bramidos
trompas de guerra,
que olor a sangre y no perfume a rosas
cubra la tierra . . . !

Se detiene y mira sobre uno de sus hombros, luego sobre el otro, aparentemente avergonzado por su propia retórica. Concluye con un tono calmo pero
otra vez su voz se eleva.

No le canto a Cuauhtémoc, no le canto a Pelayo,
Al Cid y a Moctezuma no les he cantado yo;
El Cortez de quien hablo en Tejas nació.

Yo le canto a Pizaña, yo le canto a Cortina,
a Jacinto Treviño y a Gregorio Cortez,
los viriles campeones de una raza transida
que aunque triste y caída no se deja vencer.

Paladines inmensos de rasgos heroicos,
guerreros enormes, cautivos estoicos
que hasta el fin ondularon el hispano pendón,
caballeros andantes que molinos retaron
y el furor desdeñaron del anglosajón;
éstos son los hidalgos a los que canto yo.

Detrás del escenario se oye el eco que repite ridículamente ¡Yo! ¡Yo! ¡Yo!
¡Yo! Mira hacia la audiencia, como buscando al hablante allí. Cuando vuelve
a hablar su voz es intensa pero controlada.

¡Sí! ¡Yo!
Pues soy de los vendidos por Santa Anna,

llevo en mis venas
todo el dolor y las antiguas penas
de la raza mexicana
cuya sangre derrochó demente
esa mano tirana
entre un rato de siesta en San Jacinto
y un toque de diana.

Con aquella hecatombe cesaron mis brillos,
me vi esclavizado y cargado de grillos,
mis ojos altivos perdieron la luz;
y aún sufro mil muertes por llegar a Angostura,
he comido traición y he bebido amargura,
en Chapultepec he muerto y también en Veracruz.

¿Y quién eres tú?

En el fondo, la polca suena sobre el chotis. Las luces se van disolviendo, muy lentamente. Él mira fijamente sobre el público, como si quisiera decir algo más. Entonces, parece que se dirigiera a una persona y dice: "¡Oye, cabrón! ¿y qué chingados me ves?" Se vuelve a oír la música de polca a todo volumen y las luces se apagan.

osé Montoya (1932–)

Louie

Montoya es uno de los poetas más importantes de la época de pleno Movimiento Chicano pero es un caso algo raro porque su importancia como poeta se basa principalmente en un solo poema, "El Louie", aunque también ha publicado un poemario, *El sol y los de abajo* (1972). Montoya nace en 1932 en un rancho en Nuevo México no muy lejos de Albuquerque, pero pasa gran parte de su niñez y adolescencia en California. Después de graduarse de la escuela secundaria en 1951, entra en la marina y pasa unos meses en Corea. Después estudia arte y se desempeña como profesor en esta disciplina durante muchos años. "El Louie" ha sido incluido en muchas antologías y citado en varios estudios de la literatura chicana. Es una elegía consagrada a Louie Rodríguez, un líder pachuco de Fowler, California, en los años cuarenta y cincuenta. Louie es representado como un héroe chicano que se ha rehusado a asimilar a la principal corriente de la vida norteamericana. A la vez que Montoya ensalza sus cualidades positivas, lamenta el hecho de que Louie es responsable por su propia muerte trágica. El poema es un excelente ejemplo de la integración del lenguaje pachuco, el inglés y el español. (ChT)

Lecturas: José Montoya. *El sol y los de abajo*. Sherman Oaks: Ninja Press, 1992.

Hoy enterraron al Louie
And San Pedro o sanpinche
are in for it. And those
times of the forties
and the early fifties
lost un vato de atolle.

Kind of slim and drawn,
there toward the end,
aging fast from too much
booze y la vida dura. But
class to the end.

En Sanjo you'd see him
sporting a dark topcoat
playing in his fantasy
the role of Bogard, Cagney
or Raft.

Era de Fowler el vato,
carnal del Candi y el
Ponchi—Los Rodríguez—
The Westside knew 'em
and Selma, even Gilroy.

48 Fleetline, two-tone—
buenas garras and always
rucas—como la Mary y
la Helen . . . siempre con
liras bien afinadas
cantando La Palma, la
que andaba en el florero.

Louie hit on the idea in
those days for tailor-made
drapes, unique idea—porque
Fowler no era nada como
Los, o'l E.P.T. Fresno's
westside was as close as
we ever got to the big time,

But we had Louie and the
Palomar, el boogie, los

mambos y cuatro suspiros
del alma—y nunca faltaba
the gut-shrinking love-
splitting, ass-hole-up
tight-bad news—
    Trucha, esos!
    Va 'ber pedo!
    Abusao, ese!
    Get Louie

No llores, Carmen, we can
handle 'em.
    Ese, 'on tal Jimmy?
    Hórale, Louie
    Where's Primo?
    Va 'ber catos!

En el parking lot away from
the jura.
    Hórale!
    Trais filero?
    Simón!
    Nel!
    Chale, ese!
    Oooooh, este vato!

And Louie would come through—
melodramatic music, like in the
mono—tan tan tarán! —Cruz
Diablo, El Charro Negro! Bogard
smile (his smile as deadly as
his vaisas!) He dug roles, man,
and names—like blackie, little
Louie . . .

Ese Louie . . .
Chale, call me "Diamonds", man!
Y en Korea fue soldado de
levita con huevos and all the
paradoxes del soldado raso—
heroism and the stockade!

And on leave, jump boots
shainadas and ribbons, cocky from
the war, strutting to
early mass on Sunday morning.

Wow, is that el Louie

¡Mire, comadre, ahí va el hijo
de Lola!

terward he and fat Richard would hock their bronze stars for pisto en el Jardín
nales—y en el Trocadero.

At barber college he came
out with honors. Después
empeñaba su velardo de la
peluca pa' jugar pócar serrada
and lo ball en Sanjo y Alvizo.

And "Legs Louie Diamond" hit
on some lean times . . .

Hoy enterraron al Louie.

Y en Fowler at Nesei's
pool parlor los baby chooks
se acuerdan de Louie, el carnal
del Candi y el Ponchi—la vez
que lo fileriaron en el Casa
Dome y cuando se catió con
La Chiva.

Hoy enterraron al Louie.

His death was an insult
porque no murió en acción—
no lo mataron los vatos,
ni los gooks en Korea.
He died alone in a rented
room—perhaps like a Bogart movie.

The end was a cruel hoax.
But his life had been
remarkable!

Vato de atolle, el Louie Rodríguez.

---

to Laviera (1950–)

graduation speech; doña cisa y su anafre

Jesús Abraham "Tato" Laviera es el poeta hispano de los Estados Unidos que tiene mayor éxito comercial y tiene la distinción de tener todos sus libros impresos actualmente. Nacido en Santurce, Puerto Rico, emigró a Nueva York a la edad de 10 años con su familia, la que se estableció en un área pobre del Lower East Side. Después de finalizar la escuela secundaria con honores y de tomar cursos en varias universidades, Laviera trabajó como admistrador de servicios sociales hasta que publicó su primer libro, *La Carreta Made a U-Turn* (1979). El éxito de este libro lo lleva a dejar su trabajo como administrador y dedicarse exclusivamente a la escritura. En 1980, Laviera fue recibido por el presidente Jimmy Carter en la Casa Blanca, en una reunión de poetas estadounidenses. En 1981, publicó su segundo libro, *Enclave*, el cual recibió el premio de la Fundación Before Colombus: American Book Award. Laviera ha continuado con la publicación de colecciones poéticas y ha declamado sus poesías de costa a costa en Estados Unidos. A través de su carrera se ha mantenido en los parámetros de la estética *nuyorican,* la poesía afrocaribeña, el bilingüismo hispano y del arte de la declamación. *La Carreta Made a U-Turn* es una colección de poesía jazz-salsa bilingüe que presenta al lector un trozo de la vida de la comunidad puertorriqueña en el Lower East Side. Aquí examina la opresión y la alienación de la comunidad inmigrante; realiza una exploración de los delitos y la adicción a las drogas mientras afirma los valores sociales y espirituales de la comunidad y el lugar del arte, la poesía y la música, en lo que muchos pueden considerar como el más cuestionable de los ambientes sociales. Laviera, como en el resto de su obra, afirma y apoya la existencia de una cultura latina en la metrópoli y en los Estados Unidos como un todo. (NK)

Lecturas: Tato Laviera. *La Carreta Made a U-Turn.* Houston: Arte Público Press, 1979; *Enclave.* Houston: Arte Público Press, 1981; *AmeRícan.* Houston: Arte Público Press, 1985.

my graduation speech

i think in spanish
i write in english

i want to go back to puerto rico,
but i wonder if my kink could live
in ponce, mayagüez and carolina

tengo las venas aculturadas
escribo en spanglish
abraham in español
abraham in english
tato in spanish
"taro" in english
tonto in both languages

how are you?
cómo estás?
i don't know if I'm coming
or si me fui ya

si me dicen barranquitas, yo reply,
"con qué se come eso?"
si me dicen caviar, i digo,
"a new pair of converse sneakers."

ahí supe que estoy jodío
ahí supe que estamos jodíos

english or spanish
spanish or english
spanenglish
now, dig this:

hablo lo inglés matao
hablo lo español matao
no sé leer ninguno bien

so it is, spanglish to matao
what i digo
        ay, virgen, yo no sé hablar!

doña cisa y su anafre
doña cisa estaba adentro la media madrugada
la noche entera se reflejaba en la luna
al son del verano, cogiendo el resfriado
que brinda el aire reumático, que camina en la pobreza.

la luna bailaba muy suave, buscando su reflexión
en la tierra, buscando un alma o un instante
merecido a compararse con su belleza.

analfabeteando entre sílabas, la luna así decía:
    "cilusana   luanasa
    lusacina   lunacisa
    luna   cisa."
y también encontró el anafre, el instante
merecido y el alma entusiasmada.

parándose en un instante, transformada en dulce
voz de melodía, la luna así decía:

    "ese ruido calentón, que escurre bacalaítos
    hacía de Harina oro, doña cisa vende
    bacalao para comprar pegao cuando el rico
    lo bota entregándoselo a los gatos.

'Bacalaítos,'   entre su rogosa piel-dignidad

'Bacalaítos,'   gritaba ella, con ese entusiasmo
                      con ese querer.

'Bacalaítos,'   sus ojos oprimían la leña
                      le daba fuerza al anafre
                      que vivió de lujo en el pasado
                      que vive de luto en el presente.

'Bacalaítos,'   guardaba en su vejez una fierosa
                      juventud, dándole estímulo a calles
                      llenas de tristeza.

'Bacalaítos,'   hechos con el sabor de manos
                      mezclando alrededor alrededor
                      y yo luna bailando a las tres
                      de la mañana. ¡oh, conocí
                      las nubes para disfrutar el buen
                      pensamiento a solas de mi soledad!"

doña cisa cantaba al son de la noche
perfumándola lentamente suavemente
dándole sabor al aire reumático

creando sin vanidad al nuevo jíbaro
que ponía firmes pies en el seno de
américa quemando ritmos africanos y
mitos indígenas.

          "guarden sus chavitos prietos,"
gritaba doña cisa,
          "guarden sus chavitos prietos,"
gritaban sus dedos borinqueños
mientras mordían las llamas del fuego
que quemaban esa noche loisaideña
escogiendo el camino
          ni regular
          ni suave
          ni cósmico
pero el camino-carrito-cultural
del pensamiento típico.

doña cisa no refunfuñaba, no maldecía
el anafre gritaba de alegría cuando
el rasca rasca rasca que rasca
dientes jibaritos, chupándose las bocas
mordiéndose los dedos del sabor olor
bacalaítos fritos color oro
dignidad.

          el sol salió besando a la luna
          anafreándola con amor.

Evangelina Vigil (fechas desconocidas)

¡es todo!; por la calle Zarzamora

Evangelina Vigil-Piñón es una de las primeras escritoras de la comunidad chicana que ofrece una perspectiva de la vida diaria del barrio. Su talento de observadora se refleja en su habilidad para presentar imágenes rápidas de la vida de la clase obrera por medio de la captura de los sonidos, los colores y los gestos como ritos de la comunidad. Nació en San Antonio, Texas, de madre nativa de San Antonio y de padre que tiene raíces en el pueblo de Seguín. Como estudiante universitaria se inició en el Movimiento Chicano y militó en Texas para establecer programas de estudios méxicoamericanos. Ese programa se estableció finalmente en el estado durante los últimos años de sus estudios en la Universidad de Houston. Después de graduarse ha trabajado en la comunidad como consejera y también para la televisión. Ha publicado dos colecciones de poesía y una antología de literatura y crítica de mujeres hispanas, *Woman of Her Word* (1982), por las cuales se le han otorgado varios premios literarios. *Thirty an Seen a Lot,* publicado en 1982, es una colección de poemas escritos durante los años en que vivió en Houston, San Antonio y Galveston. Refleja su evolución y desarrollo como poeta. Los temas principales son la vida diaria del barrio, la crítica de la postura del macho (a veces sutil, a veces fuerte) y la cultura de clase obrera. Los poemas "¡es todo!" y "por la calle Zarzamora" ofrecen una imagen rápida de las mujeres mexicanas mientras examinan la cultura y la raza de manera cariñosa; en el segundo poema también se aborda la naturaleza de la gente obrera y su habla: español, inglés y el dialecto local. Aunque los poemas representan la vida y el diálogo de los hispanos, tratan temas universales que trascienden los límites culturales de éstas. (LAW)

Lecturas: Evangelina Vigil-Piñón. *Thirty an Seen a Lot.* Houston: Arte Público Press, 1982.

¡es todo!

¡ay qué mujeres mexicanas!
with your skinny ankles
and muscular chamorros
In your flowered dresses
o vestidos cuadrados—
half-sizes
(pa'que queden bien de la cintura)
and beige-tone panty hose
(oyes, huercas
¿se acuerdan de la ligas?)

¡ay qué mujeres mexicanas!
con sus zapatos blancos de charol
(para el tiempo de calor)
esperando el bos
de Guadalupe o Prospect Hill
untándose un poquito
de perfume por aquí

o de makeup por acá
followed by a quick last look
through a Suntone compact mirror
followed by a skillful flip
of an Avon golden bullet
three quick scarlet dashes
coloring the waiting lips:
> half-heart right
> half-heart left
> lower lip half-kiss
followed by el beso al revés
glance at the watch
one quick final look around—
ahí viene el bos
¡es todo!

¡ay qué mujeres mexicanas!

por la calle Zarzamora

entro a una cantina
y como ciega busco mi lugar
eso es muy importante
luego ordeno una cerveza
y me acomodo

allí están sentaos
los batos y señores
on bar stools like pájaros cansados
periqueando y pisteando
y de rato a mi presencia se

acostumbran
y siguen con su onda natural

entran por la puerta dos mujeres
muy arregladas—
o como decían más antes, bien
'jitis'
con olores de perfume
y de aqua net hairspray:
pues, se ven bien

pregunta el bato
"¿de dónde eres?"
contesta ella
"¡yo soy del Westside y no trosteo
ni a mis hermanos, bro'!"

responde él
"¡pues, jijo!
¿te compro una cerveza, babe?"

dice ella
"no"
pero se sonríe en secreto
y le dice a su amiga
"horita vengo"

se para, componiéndose la blusa
bien, over her pants, y él viéndola
"¿a poco ya te vas?"
él dice
dando esa mirada conocida
"no, voy al restroom"

side glance
side smile
swaying hips and curves
jingle jangle of her bracelet

sonriéndose se empina el bato la
    botella
and wagging chapulín legs in-and-out
le dice algo a su camarada
y los dos avientan una buena carca-
    jada
y luego siguen platicando
mientras la amiga, unaffected
masca y truena su chicle
viéndose por un espejo
componiéndose el hairdo

Gloria Anzaldúa (1942–)

Compañera, cuando amábamos

Publicado en 1987, *Borderlands/La Frontera: The New Mestiza* de Gloria Anzaldúa, rápidamente comienza a ser leído por los estudiosos especializados en estudios culturales, poscoloniales, feministas, homosexuales, fronterizos y latinos. La mezcla de historia, mito, testimonio personal, poesía, oralidad en español y en inglés, y los distintos estilos de escritura que van de lo académico a la fragmentación de la conciencia, hacen de esta obra un texto híbrido esencial. Desdibujando las fronteras de género y lingüísticas, Anzaldúa conduce hacia su punto de vista donde las fronteras invitan a la transgresión y que, en el proceso de entrecruzamiento, aparece la identidad mestiza. Estas identidades tienen el potencial de romper las estructuras jerárquicas encontradas en nociones como la pureza y la exclusión. Anzaldúa terminó su maestría en Inglés en la Universidad de Texas; enseñó en Vermont College, University of California en Santa Cruz, y en San Francisco State College. Además recibió el

Before Columbus Foundation American Book Award y The Sappho Award of Distinction. Al abarcar el tema de la sexualidad, en el poema que aquí incluimos, Anzaldúa reta a la comunidad chicana a confrontar la homofobia y a reconocer esa parte de la familia que tradicionalmente se ha negado y rechazado. (EGB)

Lecturas: Gloria Anzaldúa. *Borderlands/La Frontera: The New Mestiza.* San Francisco: Aunt Lute Press, 1987.

npañera, cuando amábamos
    (for Juanita Ramos and other spik dykes)

    ¿Volverán, compañera, esas tardes sordas
    Cuando nos amábamos tiradas en las sombras bajo otoño?
    Mis ojos clavados en tu mirada
    Tu mirada que siempre retiraba al mundo
    Esas tardes cuando nos acostábamos en las nubes

    Mano en mano nos paseábamos por las calles
    Entre niños jugando *handball*
    Vendedores y sus sabores de carne chamuscada.
    La gente mirando nuestras manos
    Nos pescaban los ojos y se sonreían
    Cómplices en este asunto del aire suave.
    En un café u otro nos sentábamos bien cerquita.
    Nos gustaba todo: las bodegas tiznadas
    La música de Silvio, el ruido de los trenes
    Y habichuelas. Compañera,
    ¿Volverán esas tardes sordas cuando nos amábamos?

    ¿Te acuerdas cuando te decía ¡tócame!?
    ¿Cuándo ilesa carne buscaba carne y dientes labios
    En los laberintos de tus bocas?
    Esas tardes, islas no descubiertas
    Cuando caminábamos hasta la orilla.
    Mis dedos lentos andaban las lomas de tus pechos,
    Recorriendo la llanura de tu espalda
    Tus moras hinchándose en mi boca
    La cueva mojada y racima.
    Tu corazón en mi lengua hasta en mis sueños.
    Dos pescadoras nadando en los mares
    Buscando esa perla.
    ¿No te acuerdas cómo nos amábamos, compañera?

¿Volverán esas tardes cuando vacilábamos
Pasos largos, manos entrelazadas en la playa?
Las gaviotas y las brisas
Dos manfloras vagas en una isla de mutua melodía.
Tus tiernas palmas y los planetas que se caían.
Esas tardes teñidas de mojo
Cuando nos entregábamos a las olas.

Cuando nos tirábamos
En el zacate del parque
Dos cuerpos de mujer bajo los árboles
Mirando los barcos cruzando el río
Tus pestañas barriendo mi cara
Dormitando, oliendo tu piel de amapola.
Dos extranjeras al borde del abismo
Yo caía descabellada encima de tu cuerpo
Sobre las lunas llenas de tus pechos
Esas tardes cuando se mecía el mundo con mi resuello
Dos mujeres que hacían una sola sombra bailarina
Esas tardes andábamos hasta que las lámparas
Se prendían en las avenidas.

¿Volverán,
Compañera, esas tardes . . . cuando nos amábamos?

Pat Mora (1942–)

El desierto es mi madre; En la sangre

Nacida de padres mexicanos y criada en la frontera entre México y Estados Unidos, Pat Mora es una de las escritoras contemporáneas chicanas más prolíficas. Autora de poesía, ensayo, novela, literatura infantil, Mora ha recibido varios premios incluyendo el Pellicer-Frost '99 Bi-national Poetry Award, cuatro Southwest Book Awards, el Aztlán Literature Award. También se le han concedido becas de National Endowment of the Arts y Kellogg National Leadership Foundation. En la obra de Mora abundan imágenes de una naturaleza fértil en su dureza, de pintorescas tradiciones y costumbres mexicanas, de mujeres independientes, y asoman también cáusticas críticas sociales. Aguda observadora de detalles y ambientes, Mora acude a un fuerte sentido de lugar encontrando allí su inspiración creativa. El desierto que rodea El Paso, Texas, su flora y fauna, su clima, sus sonidos, olores y colores se entretejen, dándole a su escritura una calidad sensual y a la vez mística y espiritual. Los poemas aquí incluidos son típicos en estilo y temática de la obra poética de Pat Mora. (EGB)

Lecturas: Pat Mora. *Chants.* Houston: Arte Público Press, 1984; *Borders.* Houston: Arte Público Press, 1986; *Communion.* Houston: Arte Público Press, 1991; *The Desert is My Mother / El desierto es mi madre.* Houston: Arte Público Press, 1994.

desierto es mi madre

Le digo, dame de comer.
Me sirve rojas tunas en nopal espinoso

Le digo, juguetea conmigo.
Me salpica la cara con gotitas de lluvia en día asoleado.

Le digo, asústame.
Me grita con truenos y me tira
    relámpagos.

Le digo, abrázame.
Me susurra, "Acuéstate aquí".

Le digo, cúrame.
Me da manzanilla, orégano,
    yerbabuena.

Le digo, acaríciame.
Me roza la cara con su cálido aliento.

Le digo, hazme bella.
Me ofrece turquesa para mis dedos,
    una flor rosada para mi cabello.

Le digo, cántame.
Me arrulla con sus canciones de
    viento.

Le digo, enséñame.
Y florece en el brillo del sol,
    en el silencio de la nieve,
    en las arenas más secas.

El desierto es mi madre.

El desierto es mi madre poderosa.

En la sangre

La niña con ojos cafés
Y el abuelito con pelo blanco
bailan en la tarde silenciosa.
Castañetean los dedos
a un ritmo oído solamente
por los que aman.

CAPÍTULO 7

Ritos de pasaje

Sabine Ulibarrí (1919–)

Mi caballo mago (fragmento)

Poeta, ensayista y escritor de cuentos, Sabine Ulibarrí ocupa un lugar importante en el desarrollo de la literatura chicana contemporánea. Nació en Tierra Amarilla, un pequeño pueblo en el norte de Nuevo México. Sus padres eran descendientes de las familias más antiguas del estado. Ambos graduados de la universidad, infundieron en su hijo la importancia que se debía dar a la educación. Ulibarrí interrumpió su educación universitaria para servir con distinción en la fuerza aérea de los Estados Unidos de 1942 a 1945. Gracias al G. I. Bill, pudo regresar a la Universidad de Nuevo México, donde recibió su título en inglés y literatura estadounidense. Hizo estudios de posgrado en la Universidad de California en Los Ángeles (UCLA), donde terminó su doctorado en 1958. Ha desarrollado su carrera académica por completo en la Universidad de Nuevo México, donde se ha distinguido como un catedrático brillante, tanto investigador como escritor creativo y conferencista popular. Es muy conocido por su colección bilingüe de cuentos, *Tierra Amarilla: cuentos de Nuevo México*, originalmente publicada en español en 1964 y traducida al inglés en 1971. Ésta y sus posteriores colecciones de cuentos pueden ser mejor caracterizadas como un tipo de intrahistoria, es decir, la crónica y registro de los valores, sentimientos, relaciones y textura de la vida cotidiana de sus amigos y familia, los habitantes de Nuevo México. El escritor ha comentado que su intento era el documentar los aspectos de la historia de su gente, con frecuencia ignorada por los estudiosos, antes de que la embestida de la cultura anglosajona destruyera la herencia hispana de su región natal. "Mi caballo mago", una selección extraída de *Tierra Amarilla: cuentos de Nuevo México*, es un ejemplo excelente de cómo Ulibarrí representa sus memorias infantiles desde una perspectiva muy poética. (ChT)

Lecturas: Sabine Ulibarrí. *Tierra Amarilla: Stories of New México, Cuentos de Nuevo México*. Albuquerque: University of New Mexico Press, 1993;

Sueños/Dreams. Edinburg: University of Texas-Pan American Press, 1994; *Pupurupu.* Boston: Houghton Mifflin, 1993.

Era blanco. Blanco como el olvido. Era libre. Libre como la alegría. Era la ilusión, la libertad y la emoción. Poblaba y dominaba las serranías y las llanuras de las cercanías. Era un caballo blanco que llenó mi juventud de fantasía y poesía.

Alrededor de las fogatas del campo y en las resolanas del pueblo los vaqueros de esas tierras hablaban de él con entusiasmo y admiración. Y la mirada se volvía turbia y borrosa de ensueño. La animada charla se apagaba. Todos atentos a la visión evocada. Mito del reino animal. Poema del mundo viril.

Blanco y arcano. Paseaba su harén por el bosque de verano en regocijo imperial. El invierno decretaba el llano y la ladera para sus hembras. Veraneaba como rey de oriente en su jardín silvestre. Invernaba como guerrero ilustre que celebra la victoria ganada.

Era leyenda. Eran sin fin las historias que se contaban del caballo brujo. Unas verdad, otras invención. Tantas trampas, tantas redes, tantas expediciones. Todas venidas a menos. El caballo siempre se escapaba, siempre se burlaba, siempre se alzaba por encima del dominio de los hombres. ¡Cuánto valedor no juró ponerle su jáquima y su marca para confesar después que el brujo había sido más hombre que él!

Yo tenía quince años. Y sin haberlo visto nunca el brujo me llenaba ya la imaginación y la esperanza. Escuchaba embobado a mi padre y a sus vaqueros hablar del caballo fantasma que al atraparlo se volvía espuma y aire y nada. Participaba de la obsesión de todos, ambición de lotería, de algún día ponerle yo mi lazo, de hacerlo mío, y lucirlo los domingos por a la tarde cuando las muchachas salen a paseo por la calle.

Pleno el verano. Los bosques verdes, frescos y alegres. Las reses lentas, gordas y luminosas en la sombra y en el sol de agosto. Dormitaba yo en un caballo brioso, lánguido y sutil en el sopor del atardecer. Era hora ya de acercarse a la majada, al buen pan y al rancho del rodeo. Ya los compañeros estarían alrededor de la hoguera agitando la guitarra, contando cuentos del pasado o de hoy o entregándose al cansancio de la tarde. El sol se ponía ya, detrás de mí, en escándalos de rayo y color. Silencio orgánico y denso.

Sigo insensible a las reses al abra. De pronto el bosque se calla. El silencio enmudece. La tarde se detiene. La brisa deja de respirar, pero tiembla. El sol se excita. El planeta, la vida y el tiempo se han detenido de una manera inexplicable. Por un instante no sé lo que pasa.

Luego mis ojos aciertan. ¡Allí está! ¡El caballo mago! Al extremo del abra, en un promontorio, rodeado de verde. Hecho estatua, hecho estampa. Línea y forma y mancha blanca en fondo verde. Orgullo, fama y arte en carne animal. Cuadro de belleza encendida y libertad varonil. Ideal invicto y limpio de la eterna ilusión humana. Hoy palpito todo aún al recordarlo.

Silbido. Reto trascendental que sube y rompe la tela virginal de las nubes rojas. Orejas lanzas. Ojos rayos. Cola viva y ondulante, desafío movedizo. Pezuña tersa y destructiva. Arrogante majestad de los campos. El momento es eterno. La eternidad momentánea. Ya no está, pero siempre estará. Debió de haber yeguas. Yo no las vi. Las reses siguen indiferentes. Mi caballo las sigue y yo vuelvo lentamente del mundo del sueño a la tierra del sudor. Pero ya la vida no volverá a ser lo que antes fue.

Aquella noche bajo las estrellas no dormí. Soñé. Cuánto soñé despierto y cuánto soñé dormido yo no sé. Sólo sé que un caballo blanco pobló mis sueños y los llenó de resonancia y de luz y de violencia.

Pasó el verano y entró el invierno. El verde pasto dio lugar a la blanca nieve. Las manadas bajaron de las sierras a los valles y cañadas. Y en el pueblo se comentaba que el brujo andaba por éste o aquel rincón. Yo indagaba por todas partes su paradero. Cada día se me hacía más ideal, más imagen, más misterio.

Domingo. Apenas rayaba el sol de la sierra nevada. Aliento vaporoso. Caballo tembloroso de frío y de ansias. Como yo. Salí sin ir a misa. Sin desayunarme siquiera. Sin pan y sardinas en las alforjas. Había dormido mal y velado bien. Iba en busca de la blanca luz que galopaba en mis sueños.

Al salir del pueblo al campo libre desaparecen los caminos. No hay rastro humano o animal. Silencio blanco, hondo y rutilante. Mi caballo corta el camino con el pecho y deja estela eterna, grieta abierta, en la mar cana. La mirada diestra y atenta puebla el paisaje hasta cada horizonte buscando el noble perfil del caballo místico.

Sería medio día. No sé. El tiempo había perdido su rigor. Di con él. En una ladera contaminada de sol. Nos vimos al mismo tiempo. Juntos nos hicimos piedra. Inmóvil, absorto y jadeante contemplé su belleza, su arrogancia, su nobleza. Esculpido en mármol, se dejó admirar.

Silbido violento que rompe el silencio. Guante arrojado a la cara. Desafío y decreto a la vez. Asombro nuevo. El caballo que en verano se coloca entre la amenaza y la manada, oscilando a distancia de diestra a siniestra, ahora se lanza a la nieve. Más fuerte que ellas, abre la vereda a las yeguas. Y ellas lo siguen. Su fuga es lenta para conservar sus fuerzas.

Sigo. Despacio. Palpitante. Pensando en su inteligencia. Admirando su valentía. Apreciando su cortesía. La tarde se alarga. Mi caballo cebado a sus anchas.

Una a una las yeguas se van cansando. Una a una se van quedando a un lado. ¡Solos! Él y yo. La agitación interna reboza a los labios. Le hablo. Me escucha y calla.

Él abre el camino y yo sigo por la vereda que me deja. Detrás de nosotros una larga y honda zanja blanca que cruza la llanura. El caballo que ha comido grano y buen pasto sigue fuerte. A él, mal nutrido, se la han agotado las fuerzas. Pero sigue porque es él y porque no sabe ceder.

Encuentro negro y manchas negras por el cuerpo. La nieve y el sudor han revelado la piel negra bajo el pelo. Mecheros violentos de vapor rompen el aire. Espumarajos blancos sobre la blanca nieve. Sudor, espuma y vapor. Ansia.

Me sentí verdugo. Pero ya no había retorno. La distancia entre nosotros se acortaba implacablemente. Dios y la naturaleza indiferentes.

Me siento seguro. Desato el cabestro. Abro el lazo. Las riendas tirantes. Cada nervio, cada músculo alerta y el alma en la boca. Espuelas tensas en ijares temblorosos. Arranca el caballo. Remolineo el cabestro y lanzo el lazo obediente.

Vértigo de furia y rabia. Remolinos de luz y abanicos de transparente nieve. Cabestro que silba y quema en la teja de la silla. Guantes violentos que humean. Ojos ardientes en sus pozos. Boca seca. Frente caliente. Y el mundo se sacude y se estremece. Y se acaba la larga zanja blanca en un ancho charco blanco.

Sosiego jadeante y denso. El caballo Mago es mío. Temblorosos ambos, nos miramos de hito en hito por un largo rato. Inteligente y realista, deja de forcejear y hasta toma un paso hacia mí. Yo le hablo. Hablándole me acerco. Primero recula. Luego me espera. Hasta que los dos caballos se saludan a la manera suya. Y por fin llego a alisarle la crin. Le digo muchas cosas, y parece que me entiende.

Por delante y por las huellas de antes lo dirigí hacia el pueblo. Triunfante. Exaltado. Una risa infantil me brotaba. Yo, varonil, la dominaba. Quería cantar y pronto me olvidaba. Quería gritar pero callaba. Era un manojo de alegría. Era el orgullo del hombre adolescente. Me sentí conquistador.

El Mago ensayaba la libertad una y otra vez, arrancándome de mis meditaciones abruptamente. Por unos instantes se armaba la lucha otra vez. Luego seguíamos.

Fue necesario pasar por el pueblo. No había remedio. Sol poniente. Calles de hielo y gente en los portales. El Mago lleno de terror y pánico por la primera vez. Huía y mi caballo herrado lo detenía. Se resbalaba y caía de costalazo. Yo lloré por él. La indignidad. La humillación. La alteza venida a menos. Le rogaba que no forcejara, que se dejara llevar. ¡Cómo me dolió que lo vieran así los otros!

Por fin llegamos a la casa. "¿Qué hacer contigo, Mago? Si te meto en el establo o en el corral, de seguro te haces daño. Además sería un insulto. No eres esclavo. No eres criado. Ni siquiera eres animal." Decidí soltarlo en el potrero. Allí podría el Mago irse acostumbrando poco a poco a mi amistad y compañía. De ese potrero no se había escapado nunca un animal.

Mi padre me vio llegar y me esperó sin hablar. En la cara le jugaba una sonrisa y en los ojos le bailaba una chispa. Me vio quitarle el cabestro al Mago y los dos lo vimos alejarse, pensativos. Me estrechó la mano un poco más fuerte que de ordinario y me dijo: "Esos son hombres." Nada más. Ni hacía falta. Nos entendíamos mi padre y yo muy bien. Yo hacía el papel de muy hombre pero aquella risa infantil y aquel grito que me andaban por dentro por poco estropean la impresión que yo quería dar.

Aquella noche casi no dormí y cuando dormí no supe que dormía. Pues el soñar es igual, cuando se sueña de veras, dormido o despierto. Al amanecer yo ya estaba de pie. Tenía que ir a ver al Mago. En cuanto aclaró salí al frío a buscarlo.

El potrero era grande. Tenía un bosque y una cañada. No se veía el Mago en ninguna parte pero yo me sentía seguro. Caminaba despacio, la cabeza toda llena de los acontecimientos de ayer y de los proyectos de mañana. De pronto me di cuenta que había andado mucho. Aprieto el paso. Miro aprensivo a todos lados. Empieza a entrarme el miedo. Sin saber voy corriendo. Cada vez más rápido.

No está. El Mago se ha escapado. Recorro cada rincón donde pudiera haberse agazapado. Sigo la huella. Veo que durante toda la noche el Mago anduvo sin cesar buscando, olfateando, una salida. No la encontró. La inventó.

Seguí la huella que se dirigía directamente a la cerca. Y vi como el rastro no se detenía sino continuaba del otro lado. El alambre era de púa. Y había pelos blancos en el alambre. Había sangre en las púas. Había manchas rojas en la nieve y gotitas rojas en las huellas del otro lado de la cerca.

Allí me detuve. No fui más allá. Sol rayante en la cara. Ojos nublados y llenos de luz. Lágrimas infantiles en mejillas varoniles. Grito hecho nudo en la garganta. Sollozos despaciosos y silenciosos.

Allí me quedé y me olvidé de mí y del mundo y del tiempo. No sé cómo estuvo, pero mi tristeza era gusto. Lloraba de alegría. Estaba celebrando, por mucho que me dolía, la fuga y la libertad del Mago, la trascendencia de ese espíritu indomable. Ahora seguiría siendo el ideal, la ilusión y la emoción. El Mago era un absoluto. A mí me había enriquecido la vida para siempre.

Allí me halló mi padre. Se acercó sin decir nada y me puso el brazo sobre el hombro. Nos quedamos mirando la zanja blanca con flecos de rojo que se dirigía al sol rayante.

Tomás Rivera (1935–1984)

Primera comunión

Tomás Rivera fue uno de los primeros líderes del movimiento literario chicano, al ganar el premio literario Quinto Sol con . . . *y no se lo tragó la tierra* (1971). Presentado a través de una serie de historias y estampas, su forma fragmentada describe el intento de un adolescente, representante de la conciencia central de la novela, para entender su pasado personal, descubriendo en el proceso que su pasado es inseparable de las experiencias de su comunidad de trabajadores migratorios. La novela funciona de esta manera en dos niveles: como una novela *Bildungsroman,* narrando la vida de un protagonista adolescente que atraviesa por ritos universales de pasaje y supera su alienación; y como novela de protesta social, documenta el brutal ciclo de trabajo deshumanizador que sufre la comunidad de trabajadores migratorios méxicoamericanos. En este nivel, el protagonista representa a la comunidad entera. Siendo él mismo un trabajador migratorio, Tomás Rivera superó las barreras sociales y económicas que impone el trabajo migratorio para terminar un doctorado en Lenguas Romances (Universidad de Oklahoma, 1969). Sólo bastó una década para que Rivera se convirtiera en canciller de la Universidad de California-Riverside, puesto que ocupaba cuando murió en 1984. "Primera comunión" se relaciona con dos ritos de pasaje: la iniciación a un cuerpo religioso y también a la madurez por medio del conocimiento sexual. (JO)

Lecturas: Tomás Rivera. *. . . y no se lo tragó la tierra/ . . . And the Earth did Not Devour Him.* Houston: Arte Público Press, 1995.

La primera comunión siempre la hacía el padre a mediados de la primavera. Yo siempre recordaré aquel día en mi vida. Me acuerdo de lo que llevaba puesto, de mi padrino y del chocolate con pan que desayunamos después de la comunión, pero también me acuerdo de lo que vi en la sastrería que estaba a un lado de la iglesia. Yo creo que todo pasó porque me fui muy temprano a la iglesia. Es que no había podido dormir la noche anterior tratando de recordar los pecados que tenía y, peor, tratando de llegar a un número exacto. Además, como mamá me había puesto un cuadro del infierno en la cabecera y como el cuarto estaba empapelado de caricaturas del fantasma y como quería salvarme de todo mal, pensaba sólo en eso.

—Recuerden, niños, quietitos, quietitos. Ya han aprendido bien los rezos, ahora ya saben cuáles son los pecados mortales y los veniales, ahora ya saben lo que es un sacrilegio, ahora ya saben que ustedes son almas de Dios, pero que pueden ser almas del diablo. Pero cuando vayan a confesarse tienen que decir todos los pecados, tienen que tratar de recordar todos los que hayan hecho. Porque si se les olvida uno y van a comulgar entonces eso sería un sacrilegio y si hacen un sacrilegio van al infierno. Diosito sabe todo. A él no le pueden mentir. A mí sí, al padrecito sí, pero Dios sabe todo, así que si no tienen el alma purificada de pecados entonces no deberían de comulgar; sería sacrilegio. Así que a decir todos los pecados. A recordar todos los pecados. ¿No les daría vergüenza venir a comulgar y después acordarse de algún pecado que se les olvidó? A ver, vamos a practicar con los pecados. ¿Quién quiere empezar? Vamos a empezar con los pecados que hacemos con las manos cuando nos tocamos el cuerpo. ¿Quién quiere empezar?

A la monjita le gustaba que dijéramos los pecados del cuerpo. La mera verdad es que ensayábamos mucho sobre los pecados y también la mera verdad era que yo no comprendía muchas cosas. Lo que sí me daba miedo era el infierno porque unos meses antes me había caído en un baño de brasas que usábamos como calentador en el cuartito donde dormíamos. Me había quemado el chamorro. Bien me podía imaginar lo que sería estar en el infierno para siempre. Eso era todo lo que comprendía. Así que esa noche, vísperas de primera comunión, me la pasé repasando todos los pecados que había cometido. Pero lo más difícil era llegar a un número definitivo como lo quería la monjita. Sería ya la madrugada cuando por fin llegué a un punto de conciencia justificada. Había hecho ciento cincuenta pecados pero iba a admitir a doscientos.

—Si digo ciento cincuenta y se me han olvidado algunos me va mal. Mejor digo doscientos y así por muchos que se me pasen no hago ningún sacrilegio. Sí, he hecho doscientos pecados . . . Padrecito, vengo a confesar mis pecados . . . ¿Cuántos? . . . doscientos . . . de todas clases . . . ¿Los mandamientos? Contra todos los diez mandamientos . . . Así no hay sacrilegios. Es mejor así, diciendo de más queda uno más purificado.

Recuerdo que ese día me levanté más temprano aún de lo que esperaba mamá. Mi padrino iba a estar esperándome en la iglesia y no quería llegar ni un segundo tarde.

—Ándele, mamá, arrégleme los pantalones, yo creía que ya lo había hecho anoche.

—Es que no pude ver más anoche. La vista me está fallando ya y por eso lo dejé mejor para esta mañana. Oye, y ¿qué prisa tienes esta mañana? Es muy temprano todavía. No se van a confesar hasta las ocho y apenas son las seis. Tu padrino no va a estar allí hasta las ocho.

—Ya sé, pero no pude dormir. Ándele, mamá, que ya quiero irme.

—Y ¿qué vas a hacer tan temprano?

—Pues quiero irme porque se me hace que se me olvidan los pecados que tengo que decirle al padre. Estando en la iglesia puedo pensar mejor.

—Bueno, ahorita acabo. No creas, si nomás pudiendo ver, puedo hacer bastante.

Me fui repasando los pecados y los sacramentos de la comunión. Ya estaba bien claro el día pero todavía no se veía mucha gente en la calle. La mañana estaba fresca. Cuando llegué a la iglesia la encontré cerrada. Yo creo que el padre se habría quedado dormido o andaba muy ocupado. Por eso me fui andando alrededor de la iglesia y pasé cerca de la sastrería que estaba a un lado de la iglesia. Me sorprendieron unas risotadas y luego unos gemidos porque no creía que hubiera gente por allí. Pensé que sería un perro pero luego ya se oyó como gente otra vez y por eso me asomé por la ventanita que tenía la puerta. Ellos no me vieron pero yo sí. Estaban desnudos y bien abrazados en el piso sobre unas camisas y vestidos. No sé por qué pero no podía quitarme de la ventanita. Luego me vieron ellos y trataron de taparse y me gritaron que me fuera de allí. La mujer se veía toda desgreñada y como que estaba enferma. Yo, la mera verdad, me asusté y me fui corriendo para la iglesia pero ya no me podía quitar de la cabeza lo que había visto. Pensé entonces que esos serían los pecados que hacíamos con las manos en el cuerpo. Pero no se me quitaba de la vista aquella mujer y aquel hombre en el piso. Cuando empezaron a venir los demás compañeros les iba a decir pero pensé mejor decirles después de que comulgaran. Me sentía más y más como que yo había cometido el pecado del cuerpo.

—Ya ni modo. Pero, no puedo decirles a los otros, si no van a pecar como yo. Mejor no voy a comulgar. Mejor no me confieso. No puedo ahora que sé, no puedo. Pero ¿qué dirán mi papá y mi mamá si no comulgo? . . . y mi padrino, ni modo de dejarlo plantado. Tengo que confesar lo que vi. Me dan ganas de ir otra vez. A lo mejor están en el piso todavía. Ni modo, voy a tener que echar mentiras. ¿A lo mejor se me olvida de aquí a cuando me confiese? ¿A lo mejor no vi nada? ¿Y que no hubiera visto nada?

Recuerdo que cuando me fui a confesar y que me preguntó el padre por los pecados, le dije solamente que doscientos y de todos. Me quedé con el pecado de carne. Al regresar a casa con mi padrino se me hacía todo cambiado, como que estaba y no estaba en el mismo lugar. Todo me parecía más pequeño y menos importante. Cuando vi a papá y a mamá me los imaginé en el piso. Empecé a ver a todos los mayores como desnudos y ya se me hacían las caras hasta torcidas y hasta los oía reír o gemir aunque ni se estuvieran riendo. Luego me imaginé al padre y a la monjita por el piso. Casi ni pude comer el pan dulce ni tomarme el chocolate y nomás acabé y recuerdo que salí corriendo de la casa. Parecía sentirme como que me ahogaba.

—Y ¿éste qué tiene? ¡Qué atenciones!

—Ándele, déjelo, compadre, no se apure por mí, yo tengo los míos. Estos chicos, todo lo que piensan es en jugar todo el tiempo. Déjelo, que se divierta, hoy es su primera comunión.

—Sí, sí, compadre, si yo no digo que no jueguen. Pero tienen que aprender a ser más atentos. Tienen que tener más respeto a los grandes, a sus mayores, contimás a su padrino.

—No, pos, eso sí.

Recuerdo que me fui rumbo al monte. Levanté unas piedras y se las tiré a unos nopales. Luego quebré unas botellas. Me trepé en un árbol y allí me quedé mucho rato hasta que me cansé de pensar. Cada rato recordaba la escena de la sastrería y allá solo hasta me entraba gusto al repasar. Hasta se me olvidó que le había echado mentiras al padre. Y luego me sentía lo mismo que cuando había oído hablar al misionero acerca de la gracia de Dios. Tenía ganas de saber más de todo. Y luego pensé que a lo mejor era lo mismo.

Rosaura Sánchez (1941–)

Tres generaciones

Lingüista, crítica y cuentista nacida en San Ángelo, Texas, de padres obreros, su idealismo de joven la llevó a servir en el Cuerpo de Paz durante la Guerra de Vietnam. De regreso, se graduó con un doctorado de la Universidad de Texas en 1974 y lanzó una de las carreras más influyentes en el desarrollo de la cultura chicana por su activismo político y sus publicaciones académicas y creativas. Actualmente es catedrática en el Departamento de Literatura de la Universidad de California en San Diego. Por más de veinte años se ha mantenido en la vanguardia de la recuperación de voces méxicoamericanas del pasado, especialmente las de escritoras como María Amparo Ruiz de Burton (ver sección en esta antología). En su obra creativa siempre ha insistido en escribir en español, un compromiso tan personal como político para ella. En el cuento "Tres generaciones", Sánchez abarca el tema de las relaciones intergeneracionales de una abuela, su hija y su nieta, cada una víctima de su propia enajenación por la nostalgia y la edad avanzada, el papel de la madre soltera y moderna, y la presión de los padres y la negligencia materna, respectivamente. (KDM)

Lecturas: Rosaura Sánchez. *He walked in and sat down, and other stories.* Albuquerque: University of New Mexico Press, 2000.

Esta tarde cuando llegué estaba de rodillas ante unos geranios y unas gardenias y refunfuñaba por lo que yo llamo "el tomate imperialista" que siempre se anda queriendo apoderar de todo el terreno. Se han puesto demasiado grandes las plantas y como que quieren tomarse el jardín.

—¿Y por qué no las cortas?

—Voy a dejar que maduren los tomates y después adiós plantas. No volveré a sembrarlas. ¿No ves como lo invaden todo? Mejor pongo unos chiles allí, aunque no hay mucho campo. Ay, no es como el solar que teníamos allá en Texas.

Las plantas han adquirido personalidad para ella. Al limonero le pide disculpas por haber dejado que la madreselva largara sus raíces por donde no debía. El pobre limonero enano que yo planté antes de que ella se viniera a vivir con nosotras no ha muerto pero tampoco crece, ya que las raíces de la madreselva que ella plantó han acaparado el poco terreno que había para ese lado del patiecito. Otra planta imperialista, pero ésta por la superficie subyacente, por donde no se ve ni se sospecha. La planta de tomate en cambio lo hace a los cuatro vientos y es obvio que sus ramas se extienden por todos lados, pero la madreselva se mantiene acurrucada contra la cerca, como si nada. Es como la diferencia entre la dependencia y el colonialismo, le digo, pero no acaba de entenderme. Mi madre sigue sacando las hierbas malas y regando, mientras piensa en podar la bugambilia, para que no le quite el sol al malvavisco que está a sus pies. Y yo no sé por qué le salgo con esas frases absurdas, como si me quisiera hacer la interesante, porque después de todo, la terminología, fue lo único que me quedó de aquellas clases universitarias de estudios del tercer mundo. Y pensar que en un tiempo creí que podría ser mi especialidad, pero al final, me fui por lo más seguro, y estudié comercio. Pero ella, ahora que está sola, parecería haber estudiado jardinería. Se la pasa trasplantando, podando, regando y conversando con las plantas porque yo y mi hija casi nunca estamos en casa más que para dormir. Y no es que no quiera yo también ponerme a trabajar en el jardín, sino que el trabajo, las reuniones, los viajes fuera de la ciudad me tienen siempre ocupada, siempre corriendo. Como ahora mismo.

Quería mostrarle lo bien que va la hortensia pero ya se metió. Seguro que estará allí con la computadora hasta las altas horas de la noche; a veces ni quiere bajar a cenar. Y la Mari, perdida anda esa muchacha. Ya traté de decirle a Hilda que algo anda mal, pero ni caso me hace. Cosa de adolescentes, me dice, ya se le va a pasar. La Mari se encierra en su cuarto y cuando sale tiene los ojillos todos rojos como que ha estado fumando o tomando alguna cosa de ésas, de esas mugres que hoy consiguen fácilmente los chavalillos. Ay, cómo me hace falta aquel hombre. Él sabría cómo hablarle a su nieta, creo, pero a mí ni caso me hace. Por eso me la paso aquí afuera con mis flores y mis arbolitos. Y a veces doña Chonita se viene a platicarme alguna cosa y nos tomamos un poco de limonada mientras le muestro las matas y así se me pasa el tiempo. Voy a tener que comprar un poco de alimento para las plantas porque esta mano de león, por ejemplo, no quiere prender. Recuerdo las que sembraba mi mamá en el solar hace ya tantos años. No eran estas miniaturas raquíticas. Ésas sí que eran flores. Jardín más chulo no había en todo el barrio.

Tan pronto como me cambie, me pongo a la computadora. Pobre de mi mamá, me da no sé qué dejarla sola allá abajo, pero por lo menos se distrae con el jardín; a veces se va con alguna de sus amigas de la iglesia al cine o de compras. Pero más sola que yo no puede estar porque desde que me dejó Ricardo . . . aunque de eso ya hace tanto tiempo que hasta ridículo me parece recordarlo. Tampoco puedo quejarme, porque mejor nunca estuve. Me mantengo ocupada y tengo mis amigos y mis amigas en el trabajo. Y a veces salgo con Alfredo y cuando podemos, nos vamos de paseo. Pero ninguno de los dos quiere volverse a meter en problemas. El divorcio como que le deja a uno un mal sabor en la boca. Así estamos mejor, nos divertimos, nos vamos de viaje los fines de semana cuando hay tiempo y cuando no, cada uno a su trabajo y a sus obligaciones, y hasta la próxima, sin compromiso, sin recriminaciones, cada uno libre de hacer lo que se le antoje. Por lo menos es lo que me digo y lo que contesto cuando me preguntan que por qué no me he vuelto a casar. Porque con Ricardo fui muy celosa, aunque tal vez todo eso fue un error desde el principio. Si no hubiera salido encinta, no nos habríamos casado, seguro. Pero ¿qué otra opción tenía yo? Porque el sólo pensar en lo de Antonia y en el trauma que fue todo aquello me daba escalofrío. Los tiempos cómo cambian y no cambian, porque el tema sigue candente, y hasta quieren recortar los fondos para esas clínicas, pero en aquel entonces todo era prohibido, no había clínicas para el aborto, y a menos que una tuviera plata para irse al otro lado, para hacérselo allá, tenía que acudir a alguna curandera para que le diera un remedio o a lo que acudió Antonia cuando supo que el marido andaba con la vecina. Desde entonces no tolero ver los ganchos de alambre para la ropa. Todos son de plástico. No, no pude hacerlo. Pero si hubiera sido más fuerte, más inteligente, me las habría arreglado sola, aunque en casa me hubieran desconocido por el escándalo. Y por eso, nos casamos porque tuvimos que. Pero nunca estuvimos bien. Al año ya estábamos divorciados y así se ha criado Mari, sin padre, sin la ayuda económica que nos vendría bien si Ricardo se portara como debería. Pero pronto se volvió a casar con la gringa ésa y ya después no me aventó ni con un centavo. Por eso tuve que trabajar y dejar a la niña aquí y allá, buscando siempre quien me la cuidara hasta que ya pude ponerla en una guardería infantil. Ahora también está mi mamá. Cuando quedó viuda, me la traje acá, porque después de tantos años de trabajar en la costura de blue jeans, ¿qué le mandan? ¡Unos trescientos dólares por mes del seguro social! Ni para comer le alcanza; por eso me la traje a Santa Ana donde no le ha de faltar techo ni comida. Esta impresora es bastante lenta, no como la de la oficina, pero imprime más o menos bien. Voy a tener que comprarme una nueva, de láser; así no tengo que llegar como loca por la mañana haciendo copia de todo antes de la primera reunión a las 8:30; no sé por qué me las ponen tan temprano. Uuy, cómo se pasa el tiempo. Creí que eran las 7:30 y ya van a ser las nueve. Al rato bajo a comer algo. Ay, esa Mari, aún no ha llegado de la escuela. ¡Éstas no son horas! ¿Dónde se habrá metido? Voy a tener que hablar con ella cuando llegue. Una chica de 13 años no tiene por qué andar fuera tan tarde. Se le hace fácil todo.

¡Ay, la que me espera! Tengo que apurarme porque si no, mi mamá se va a poner sospechosa. Pero si está ocupada ni se ha de enterar. Pero cómo iba a venirme cuando todos estaban mirándome, viendo si le entraba duro o no. O soy de la clica o no soy; por eso por fin probé la nueva combinación. Es como volar. What a blast! Pero después, qué bajón. Por eso no podía venirme, hasta que se me pasara un poco. Cuando sepa mi mamá que hoy no fui a la escuela, se va a poner furiosa, pero y qué. Que se enoje nomás. Ya realmente no me importa nada, nada más que volver a fumar la combinación. No sé cómo pudo conseguirla Daniel. Generalmente sólo trae marihuana o "crack" pero hoy de veras se aventó. Su papi debe ser muy bueno porque cada semana le afloja la lana para que se divierta. Para que no lo moleste dice

Danny, pero no sé por qué se queja porque con lo que le da su papá pues siempre tiene con qué hacer sus compras. Sabe exactamente dónde venden lo que quiere; yo he ido varias veces con él y es casi como "drive-in service" porque nomás para el carro en medio de la calle y siempre corre algún chico con el paquetito, pagamos y vámonos. Después nos vamos a su casa o a la de Jenny. Uy, ya van a ser las nueve; creí que eran las siete, como ya se hace noche bien temprano. Ojalá que la abuela no me haga preguntas como siempre; le gusta fastidiarme nomás. Allí está siempre esperándome y mirándome con esos ojos. No sé por qué no se va a ver televisión o lo que sea y se deja de meterse en lo mío.

Ay, esta niña que no llega. Allá en mis tiempos todo era muy difícil. Mi papá ni nos dejaba salir a ninguna parte. Por eso ni primaria terminamos las mujeres. Eran los tiempos de los trabajos en la labor, en la pizca de algodón o la cosecha de betabel. Nuestros viajes eran de un rancho al otro hasta que volvíamos a San Ángel para la Navidad. A veces teníamos que pararnos en los caminos para dormir y calentar algo para comer. Ya después en el rancho, a mí como era la mayor, me tocaba todo. Tenía que levantarme a las cinco y media para hacer el desayuno y el lonche para mediodía. A veces le digo a la Mari que no sabe lo que es fregarse, que antes no teníamos baño dentro de la casa, que teníamos que pasar al excusado que estaba cerca del callejón y se ríe, diciendo que eso es horrible y que ella nunca aguantaría tal cosa. Ni lo cree ni le importa. No conoce la pobreza ni quiere saber que todavía hay pobreza por el mundo. Los jóvenes de hoy no saben nada, ni se enteran de nada, ni piensan en nada más que andar de parranda y tal vez cosas peores. Piensan que son cuentos de hadas. A ver qué le caliento a Hilda, si no le hago algo se la pasa con puro sánwiche de pavo.

¡Cómo cambian los tiempos! En los míos, a mí me tocaba hacer las tortillas, la lavada, la planchada, porque generalmente mi mamá estaba encinta y no podía con todo el trabajo. Para mí no hubo escuela ni nada, puro trabajo bruto, como el burro; por eso cuando yo tuve a la Hilda me dije, ésta no va a sufrir como yo; por eso la mandé a la escuela aunque todos me decían que hacía mal en mandarla, que para qué, que me iba a salir mal, que seguro la iba a tener que casar a los 15 años por andar de pajuela. Pero no fue así, estudió su carrera, se graduó y se puso a trabajar. Fue mucho después, cuando ya era una mujer de 25 años, que salió encinta y decidió casarse, porque no quería abortar, no quería que le pasara lo que a Antonia, aunque mi hija podría haber ido a alguna clínica en la frontera, si hubiera querido. Pero luego le tocó la mala suerte y el marido la dejó. Es lo que ella dice, pero a veces hasta creo que sólo se casó para tener la criatura porque siempre ha sido muy independiente la muchacha. Gracias al estudio pudo mantenerse sola, porque nosotros no estábamos en condiciones de ayudarle. ¿Qué habría sido de ella si no hubiera tenido el trabajo? Habría tenido que vivir del Welfare como más de cuatro en el barrio.

A la impresora le tengo que cambiar la cinta. Y la Mari, ¿dónde andará que no llega? Si para las nueve no está, tendré que llamarle a alguien. ¿A quién? Tal vez a alguna de sus amigas, no sé si tenemos el número de teléfono del tal Daniel con el que sale a veces. Voy a tener que hablarle seriamente porque no tengo tiempo realmente de andar con estas cosas, especialmente hoy que tengo que terminar de preparar este informe; ya me falta poco y el diagrama ya lo tengo hecho. Me salió bien. Esta nueva computadora es fenomenal, hasta a colores puede sacar los cuadros. Espero convencerlos con estas estadísticas; si deciden asociarse con la compañía, podremos ampliar la producción y así aumentar las ventas para el próximo año, como quiere el jefe. Estos nuevos programas van a revolucionar la industria de las computadoras y nosotros los vamos a producir. Bueno, yo no, claro, sino la compañía. Increíble pensar que ya comienzo a pensar como "company man" o mejor dicho, "woman"—como si no me explotaran bien a bien; me sacan el jugo pero tampoco me pagan mal, por lo menos desde que les armé el gran lío. Ya pensaban que los iba a demandar por discriminación. Y ¿por qué no?, si me tenían allí de asistente cuando la que hacía todo el trabajo del jefe era yo. Y después de la reunión de mañana, habrá que presentarles el plan a los mero-meros. ¿Me habrán hecho la reservación del cuarto en Nueva York? Bueno todavía hay tiempo; mañana se lo pregunto a Cheryl. Lo que son las cosas. Ahora es cosa de llamar y hacer la reservación y le tienen a una todo listo cuando llegue. No saben que la que llega toda vestida con su portafolio y todo es la misma que pizcó algodón y durmió con sus padres en el suelo. Recuerdo que una vez tuvimos que pasar la noche en la orilla del camino, durmiendo en el carro, porque no teníamos con qué pagarnos un cuarto en un motel. Sí, la noche misma que me gradué y salimos tarde, tuvimos que pararnos en las afueras de Austin. Amá quería ir a visitar a la tía de paso, pero cómo íbamos a llegar a medianoche sin avisar. Tampoco podíamos volver a San Ángel. Y allí estuvimos toda la noche, incómodos, de mal humor, peleándonos unos con los otros hasta que amaneció y pudimos llegar a San Antonio para ver a la tía, que a fin de cuentas nos recibió de mala gana. No, no saben quién les presenta el informe. La que lo sabe soy yo, la que no lo olvida soy yo. No, el sueldo de ahora no borra nada. No borra las miraditas que me dan en las reuniones de Marketing cuando soy yo la que hago la presentación. No borra el ninguneo que siempre padecimos. No borra el que, a pesar de todo el entrenamiento en teneduría de libros, mecanografía y dactilografía en secundaria, no pudiera yo conseguir trabajo después de graduarme, más que como operadora de ascensor. Por eso me decidí y me fui a la universidad, con préstamo del gobierno claro.

Como me sabía mal vestida, no iba nunca a ninguna parte; me dedicaba a estudiar. Hasta que en mi primer trabajo después de graduarme de la universidad conocí a Ricardo; parecía interesado en mí y yo estaba feliz, feliz de la vida, y por eso cuando me comenzó a invitar a salir, acepté, lo acepté todo, pensando que era mi futuro, mi compañero del alma. ¡Qué estúpida fui! A él le interesaba sólo una cosa. Y ya después . . . ni para qué estar pensando en eso.

—Amá, Amá, ven para que me cuentes. Ahora que han salido los muchachos con Apá, quiero que me cuentes lo que le pasó a Antonia.

—Mira, hija, cuando Antonia se enteró de que su marido andaba quedando con Elodia, decidió hacer lo que podía para no perder al marido. Ya tenían cuatro niñas y estaba de nuevo encinta. La vecina venía a darle la mano, como estaba viuda recién y no tenía más que hacer, y en una de ésas le voló el marido. Te acuerdas que andaban los tres de aquí para allá y de allá para acá. Pues un día Antonia los agarró juntos en la cocina y la mando a volar a la Elodia; hasta acá oí yo los gritos, donde le decía que se fuera mucho a la tiznada. Después, una mañana, días después, vino corriendo una de las niñas para pedirme que fuera a ver a su mamá, que se estaba desangrando. Corrí a la casa y cuando vi que se estaba vaciando, llamé pronto a la ambulancia. Ya sabes cómo tarda la ambulancia para llegar al barrio. Para cuando llegó, ya estaba pálida, color de cera. Duró sólo unas horas en el hospital y allí murió. ¡Lo que son capaces de hacer las mujeres por no perder a un hombre! Sí, al verse de nuevo embarazada y sin tener a quien acudir, se metió un gancho de la ropa, para que se le viniera. Ah, hija de mi alma, no vayas a hacer nunca una locura semejante. Si alguna vez te ves en tales aprietos, tenlo nomás. Ya encontraríamos cómo cuidarlo. Aunque, sí, tienes razón, tu papá se moriría de vergüenza. Mejor no te metas en tales líos, hija.

Le pedí que me lo contara cuando vine de San Antonio para el funeral de Antonia; fue al verla allí en la casa mortuoria que decidí tener el bebé, no importaba lo que pasara. Cuando lo supo Ricardo se enfadó conmigo y me dijo que él no quería casarse. Le dije que estaba bien, que lo tendría yo sola, pero parece que su mamá le dijo que debía casarse, para darle el apellido a la criatura, y así fue. Hicimos las paces, nos casamos; se vino a vivir a mi departamento y un año después, me pidió el divorcio. En mi familia nunca había habido un divorcio. Así que eso también fue doloroso para mi papá, tanto o más que el "sietemesino" que tratamos de hacerle creer. Aunque . . . después fui la primera de varias primas que se divorciaron. La nueva generación. Después, cuando me ofrecieron trabajo en California, con esta compañía de software para las computadoras, me vine con la niña que ya para entonces tenía cinco años. Aquí me ningunearon lo que quisieron por muchos años hasta que me sentí segura y comencé a exigir lo que hacía años me debían. Cambiaron el personal dirigente y por fin pude lograr el ascenso en Marketing. Con ello vinieron más presiones y tensiones y los viajes constantes. Y la niña ha ido creciendo, casi sin darme cuenta. Allí va llegando. A esa Mari tengo que hablarle; es una desconsiderada, no aprecia lo que hago por ella. Por ella y por mí. Porque me he ido llenando la vida de trabajo, de trabajo y a veces de Alfredo. A lo mejor me llama de San Francisco.

—¡Mari! ¡Mari! Ven acá un momento. ¿Dónde has estado?

Por fin llegó la Mari; viene como endrogada. Pero me alegro que esté aquí Hilda, para que la vea, para que se entere, porque cuando yo trato de decirle algo, como que no me escucha, como que no quiere oír lo que no le conviene. Esta vida moderna, ¡quién la entiende! Ya son las nueve. Me haré un taco yo también de las fajitas que le calenté a Hilda y me iré a ver el Canal 34. Aquí ya casi ni se cocina, ¿para qué? Cualquier cosa para hacerse una un taco. Ni modo que cocine para mí sola, porque ni Hilda ni Mari acostumbran cenar aquí. A ver qué dice el horario de televisión. Recuerdo que antes lo único que había eran los programas por radio que agarrábamos de noche de México. Manolín y Chilinski. Palillo. Las novelas, "El derecho de nacer". El programa del Doctor I.Q. No sé cómo le hacíamos; no había alcantarillado, no había pavimentación, no había más que pizca de algodón. Y ahora, todo tan moderno, todo tan grande, pero todos tan desunidos, toda la familia regada por todas partes. Los muchachos en Maryland y en Minnesota y yo en California. Ahora como que ya los hijos y los padres ni se hablan; los vecinos no se visitan. Aquí ni conocemos a los vecinos de al lado siquiera. Sólo a la gente de la iglesia, y eso porque tengo carro y puedo ir hasta la iglesia mexicana los domingos, porque si no, ni eso. Aunque tengo que ir sola, porque aquí ya nadie quiere saber nada de iglesia ni de nada. M'hija creo que hasta se ha hecho atea. Pero por lo menos yo sigo yendo y allí veo a mi gente mexicana. No, si es como le digo a mi comadre Pepa cuando me llama de Texas, la ciudad es muy diferente; aquí constantemente estoy oyendo la sirena de la ambulancia o de la policía. Enfrentito mismo de la iglesia balacearon el otro día, dizque por error, al vecino de doña Chona. Que cosa de "gangas", de pandillas, de muchachones que no tienen ni adónde ir, ni dónde trabajar, ni más qué hacer que andar en la calle sin que los padres tengan idea de dónde andan. Así como nosotras, que no sabemos ni adónde va la Mari, ni con quién, ni qué hace. Me temo que ande con esas mugres, que se inyectan o fuman, y uno aquí como si nada. ¡Como si nada! ¡Y ni modo de meterme! Yo aquí ni papel pinto. ¿Qué se le va a hacer? No hay más que distraerse un poco, porque yo también tengo mi droga, la tele. Ya es hora de ver "El maleficio". Y después viene "Trampa para un soñador". Sólo en las telenovelas se resuelven todos los problemas, en seis meses o en un año; será porque todas las historias son de ricos y con dinero lo arreglan todo. Pero en la vida real, en la vida de los barrios, en la vida de los que duermen en la calle, las cosas parece que sólo van de mal en peor. Por este camino no sé adónde vamos a llegar.

oberta Fernández (1940–)

manda

Nacida en Laredo, Texas, la escritora bilingüe Roberta Fernández ha explorado la cultura fronteriza en mucha de su obra creativa. Después de recibir su educación primaria en su estado natal, Fernández se recibió de doctora en Español en University of Califoria-Berkeley en 1990 y comenzó su carrera académica. Actualmente enseña en la Universidad de Georgia. Tanto en sus investigaciones como en su obra creativa, Fernández ha seguido una estética feminista hispánica del tercer mundo. Sus cuentos bellamente elaborados han sido el producto de su indagación artística diligente y su compromiso ideológico. Después de publicar cuentos en varias revistas en todo el país y en ambas lenguas, inglés y español, Fernández publicó *Fronterizas: Una novela en seis cuentos,* en la cual construye un estilo literario y una aproximación a la escritura que deriva de los trabajos manuales y de las tareas tradicionalmente consideradas en la cultura hispana como "trabajo de mujeres": costurera, peluquera, impresora de la memoria oral de la familia. Los cuentos de *Intaglio* están enmarcados en el artificio de una joven escritora que va creciendo, descubriendo su propia identidad al recordar a la mujer creativa más fuerte que influyó en su desarrollo. El capítulo de *Fronterizas,* "Amanda", es uno de los que mejor captura el advenimiento de la adultez en la literatura hispana. Aquí, la joven será iniciada en el mundo de la magia y del arte como una aprendiz espiritual de una hechicera poderosa. (NK)

Lecturas: Roberta Fernández. *Fronterizas: Una novela en seis cuentos.* Houston: Arte Público Press, 2001.

La transformación era su especialidad, y de georgettes, satines, *shantungs,* organzas, encajes y piqués hacía trajes estupendos, bordados de chaquira que retocaba con una cinta plateada finita como un hilo. En aquel entonces estaba tan cautivada por las creaciones de Amanda —la esposa de mi abuelo— que antes de dormirme solía conjurar visiones de su taller en donde bailaban luminosos giros de lentejuelas de concha nácar rozando suavecito contra telas que ondulaban en espléndidas etapas de confección. Y allí, entre los tornasoles con su ritmo asegurante, ella se me iba haciendo más y más pequeña hasta que casi desaparecía en una manchita gris entre todos los colores y las luces. Luego, el murmullo monótono de *la Singer* y el cuchicheo burlón de Amanda se iban desvaneciendo también en una oscuridad espesa y silenciosa.

Por las mañanas, cuando tenía la oportunidad, me encantaba sentarme a su lado viéndole las manos guiar el movimiento de las telas hacia la aguja. Tanto me conmovía con lo que observaba que a veces me enmudecía, y entonces por largos lapsos de tiempo nuestra única comunicación solía ser mi evidente fascinación con los cambios que ocurrían ante mis ojos. Después de mucho tiempo ella subía la vista, mirándome con sus gafas de aros dorados y me hacía la pregunta casi narcisista, "¿Te gusta, muchacha?"

Ella no esperaba mi respuesta sino que comenzaba con sus cuentos de aquellas mujeres que iban a lucirle sus vestidos en el Blanco y Negro o en algún otro baile de esa misma índole. Y luego, serpenteando con la confianza de la persona que ha dado muchas vueltas a lo que por fin articula, Amanda me contaba historias recogidas de muchos de aquéllos que habían llegado por estos lados desde hace ya mucho tiempo. Con estos cuentos me llevaba muy al pasado, aún antes de que el oro en la legendaria California y la indiferencia de los gobernantes norteños hubieran desengañado a los bisabuelos. Y mientras ataba un hilo que se le iba por allá o retocaba detalles por acá, yo me sentía obligada a hacerle una que otra pregunta como mi pequeña y rala contribución a nuestra larga conversación.

Con la mayoría de la gente me soltaba hablando como cotorra pero con Amanda temía no poderla entretener, y esto me asustaba aún más que las otras aprehensiones que ya había comenzado a percibir desde que tenía cinco o seis años. Lo malo era que cuando por fin me lanzaba con mis preguntas, inmediatamente me cohibía sola, pensando que ella me creía una preguntona. Y como cualquiera se aburre de estos complejos, ella al rato volvía a su trabajo, ahora sí como si yo no estuviera a su lado. Y eran aquellos momentos cuando yo la observaba largamente, sintiéndome vencida por olas de frustración al verla tan ensimismada mientras que yo me moría de ansias de que me hiciera caso.

La observaba toditita, mirándole el cabello castaño rojizo que, apartado por el centro y jalado hacia abajo, le cubría las orejas y le terminaba en la parte superior de la nuca, en la curva perfecta de un chongo grueso. En su camisero gris de falda angosta y mangas de tres-cuartos, que usaba día tras día, me parecía aún más alta de lo que ya era. El frente de ese vestido tenía pequeñitas alforzas verticales y una bolsa larga y angosta donde guardaba sus anteojos. Siempre parecía traer la cinta amarilla de medir alrededor del cuello y, a lo largo de la abotonera, nunca le faltaba una hilera de alfileres que resaltaban por sus cabezas gruesas y negras. Yo, sin entender lo que pasaba, me sentía contenta con lo permanente de aquel uniforme que ella se había creado para sí.

Su día empezaba a las siete de la mañana y terminaba a las nueve de la noche. Con este horario, en dos o tres días podía terminar un vestido de boda o un traje de noche, que luego pasaba a manos de Verónica para los bordados. Sin embargo, como no era una de esas personas que necesitan dedicarse únicamente a un proyecto, confeccionaba varios vestidos simultáneamente y éstos estaban esparcidos por todas partes, unos colgando en un palo suspendido casi del techo, otros en ganchos sobre la orilla de las puertas y otros cuidadosamente extendidos en tres o cuatro mesas.

Dada su manera de ser, de vez en cuando hacía que una novia llegara tarde a su propia boda, respirando queditito porque Amanda no había tenido tiempo para poner el cierre y lo había tenido que coser a mano con la novia dentro del traje. Pero a su clientela no parecían molestarle mucho estas ocasionales faltas de cortesía, pues siempre volvían y volvían, desde Saltillo y Monterrey, desde San Antonio y Corpus Christi, y aún desde Houston y Dallas. A éstas que venían de más lejos les encantaba practicar un español muy suyo con Amanda, y ella se sonreía pero nunca les daba ninguna indicación de que ella también dominaba el inglés perfectamente.

Con respecto a sus diseños, el patrón básico que Amanda empleaba podía ser una copia directa del *Vogue* o bien podía haber nacido de la fantasía predilecta de una de esas mujeres. De allí en adelante la creación era de Amanda y cada una de sus clientes confiaba en que el diseño final le agradaría. Las delgaditas del Club Campestre de Monterrey o de Nuevo Laredo de vez en cuando la llevaban a las películas de Grace Kelly o de Audrey Hepburn para señalarle los trajes que deseaban, igualito como sus madres habían hecho con las de Joan Crawford o Katherine Hepburn. Al ver la expresión de estas mujeres mientras daban piruetas frente al espejo en su nueva ropa, yo me daba cuenta de que jamás ninguna quedaba defraudada, excepto quizás las contadas novias sin cierre. De seguro que a mí nunca me desilusionó durante todo el tiempo que me sentaba a su lado en solemne y curiosa atención, atisbándole la cara para ver alguna señal de cómo había adquirido aquellos poderes singulares que tanto conmovían mi imaginación de niña.

Es que Amanda parecía tener un secreto, uno del que sólo hablábamos en tonos bajos entre nosotras, cuchicheando acerca de lo que podría estar haciendo con sus hierbas secretas. No la creíamos hechicera pero siempre nos cuidábamos de lo que nos daba para comer y beber, y aunque nadie jamás había visto sus pequeños muñecos, no se nos quitaba la sospecha de que los tenía que tener escondidos por algún lado, en réplicas perfectas de aquellas personas que por alguna razón le habían hecho la contra.

Nos parecía también muy sospechoso que entre sus pocas amigas había dos ancianas quienes venían a visitarla de noche. Estas dos nos alarmaban y estábamos convencidas de que tenían facha de ser algo más que aprendices. Comentábamos también sobre el hecho que Librada y Soledad eran unas ancianas desdentadas que se tapaban de pies a cabeza con trapos negros, y además, llevaban al hombro un morral lleno de hierbas e infusiones, igualito como lo hacían las brujas en mis libros. Sabíamos que si nos atreviéramos a mirarlas cara a cara, ellas nos absorberían toditos los secretos con aquellos ojos fríos y penetrantes que tenían.

Un día del año en que la lluvia fue más fuerte que en los cuatro anteriores, haciendo que los charcos se expandieran con burbujas muy gordas, me encontraba sentada sola en el pórtico, escuchando el sonido que hacían en el techo las gotas espesas del agua. De repente alcé la vista y vi a Librada parada allí, envuelta en su rebozo café oscuro, mientras llamaba quedamente a la puerta.

"La señora le manda un recado a Clarita" dijo, mientras mi corazón retumbaba tan fuerte que su propio sonido me asustaba, y le dije que se esperara allí, en la puerta, mientras iba a llamar a mi madre.

Para cuando vino mi madre, Librada ya estaba adentro, sentada en el sofá. El pedido era que mi madre llamara a una de las clientes de Amanda, y mientras ella fue al teléfono, yo me quedé a solas con Librada. Me senté en el piso e hice que jugaba con un rompecabezas, mientras la observaba de reojo, dándome cuenta de que ella también me estaba observando. De pronto me hizo sobresaltar al preguntarme cuándo iba a cumplir mis ocho años pero antes de que me salieran las palabras, mi madre estaba de vuelta con una nota para Amanda, y con eso Librada terminó su visita. Sintiendo la tensión que se podía palpar en el cuarto, mi madre sugirió que fuéramos a preparar un buen chocolate caliente.

Después de haberme tomado el chocolate, volví al pórtico y me recosté a leer el último número de mi *Jack & Jill*. De repente, en lo que acomodaba los cojines, se me resbaló el brazo en una sustancia viscosa verde-gris y eché tal chillido que mi pobre madre vino a mi lado como un relámpago. Pero, furiosa de que se hubiera tardado tanto, yo misma me limpiaba el brazo en el vestido mientras le gritaba, "Mire lo que hizo la bruja". Casi en cámara lenta me fue quitando el vestido, y cuando por fin me sentí libre de esa prenda, me mandó al baño, advirtiéndome que me enjabonara muy bien. Entretanto, se puso a limpiar lo que estaba en el sofá con periódicos, que luego llevó a quemar afuera, cerca de la vieja cisterna de ladrillo. Al salir del baño, mi madre me polveó muy generosamente con su talco fragancia-a-lavanda, y el resto de la tarde tratamos de adivinar el significado del episodio tan extraño. Ya que nada noticioso le pasó a ningún miembro de la familia durante los siguientes días lluviosos, mi madre insistía en que olvidáramos el incidente.

Pero yo no lo podía olvidar, y en mi próxima visita a casa de Amanda, le describí en detalle lo que había pasado. Ella no le quiso dar importancia al episodio y alzándose de hombros me dijo en tono burlón, "Pobre Librada, ¿por qué le echas la culpa de tal cosa?" Eso era todo lo que necesitaba para volver a mis atisbados silencios, sospechando que ella también era parte de un complot intrigante cuyo contenido todavía no llegaba a descifrar.

Pero en lugar de hacerme escapar de Amanda, estos incidentes me atraían más a ella porque tenía la clara sensación de que ella era mi único eslabón con una infinidad de posibilidades extraordinarias que formaban parte de un universo muy ajeno al mundo cotidiano de los demás. No sabía cuáles serían, pero tan convencida estaba de que había poderes singulares en esa casa que siempre que iba por allá me ponía mi escapulario colorado con listón negro y antes de tocar el timbre me persignaba con una de esas señales de la cruz todas complicadas.

Cuando terminaron las lluvias y la luna comenzó a cambiar de colores, comencé a imaginarme un traje dramático y temible que me podría hacer Amanda. Sin discutirlo con mis hermanas, me lo iba imaginando más y más siniestro y, finalmente cuando los sapos dejaron de croar, me sentí con suficiente valor para pedírselo.

"¿Oye, Amanda, me podrías hacer el traje más hermoso de todo el mundo? ¿Uno como el que una bruja le diera a su hija favorita? ¡Algo que les encante a todos por lo horrible que sea!"

"¿Y para qué diablos quieres tal cosa?" me preguntó con sorpresa.

"Nomás lo quiero de secreto. No creas que voy a asustar a los vecinos".

"Pues, mire usted, chulita, estoy tan ocupada que no puedo decirle ni sí ni no. Uno de estos días, cuando Dios me dé tiempo, quizás lo pueda considerar, pero hasta entonces yo no ando haciendo promesas a nadie".

Y esperé. Vi la canícula entrar y salir y, finalmente, cuando la lechuza voló a otros rumbos, me di por vencida, enojada conmigo misma por haber pedido algo que sabía de antemano que no se me iba a hacer. Por eso, cuando Verónica por fin vino a decirme que Amanda me tenía una sorpresa, me hice de lo más desinteresada y le contesté que no sabía si podía ir porque todo dependería de lo que quisiera mi madre.

Mientras esperaba que me abrieran la puerta, estaba muy consciente de que había dejado el escapulario en casa. Sabía, esta vez, que algo muy especial me iba a pasar porque desde afuera podía ver lo que por fin me había hecho Amanda. Montada en un maniquí de niña se veía hermosa una capa ondulante de satín negro que suponía me iba a llegar a los tobillos. Sus ojales chinescos protegían unos botones pequeñitos que hacían una hilera hasta las rodillas, y un sobrepuesto de piel negro se escondía por adentro del escote del cuello. "Es de gato", me confesó Amanda, y la piel me hacía cosquillas en el cuello mientras ella me abotonaba la capita. Las mangas bombachas quedaban bien ajustaditas en las muñecas, y de la parte superior de ambos puños caía una garrita de gato sobre el dorso de la mano, exactamente hasta los nudillos. Debajito del cuello, al lado izquierdo, había un corazón pequeñito abultado de terciopelo, color guinda, del cual parecían chorrear gotas rojizas en forma de cuentas traslúcidas.

Ella me ajustó la caperuza redonda e hinchada sobre la cabeza, y me hizo ver cómo una hilera de alforcitas hacía que la caperuza me sentara como corona, muy pegadita al cráneo. A la orilla de la caperuza, sobre la parte que quedaba por la frente, Amanda había cosido plumas negras de pollo, las cuales casi me tapaban los ojos, y entre pluma y pluma había aplicaciones de unos huesitos muy delicados que rozaban suavecitos sobre las mejillas. Amanda me dijo que no le temiera a los huesos, pues venían de los pájaros que habían matado y abandonado los gatos en el jardín. Con esto, me sugirió que caminara alrededor del cuarto para poder ver cómo me sentaba la capa. Al moverme, las garritas de gato me rozaban las manos y los huesos de pájaro me hacían cosquillas en la cara, igualito como me imaginaba debían sentirse los copos de nieve. Entonces, Amanda me puso un collar que me llegaba hasta la cintura. Ese también era de huesos de pájaros ensartados en un hilo finito y luminoso, y al azar, entre los huesitos, había unos cascabeles.

Levanté los brazos y bailé alrededor del cuarto, y el sonido de las campanitas hacía una dulce melodía contra el silencio. En uno de esos giros frente al espejo, me di cuenta de que Librada estaba sentada en el cuarto contiguo, riéndose quedamente. Al instante me fui a ella y le pregunté qué pensaba de mi capa.

"Hijita, pareces algo del otro mundo. Mira que hasta me acabo de persignar. Me da miedo nomás en pensar del montón que te vas a llevar contigo al infierno. ¡Que Dios nos libre!"

Siendo ésta la primera vez que miraba a Librada, de repente sentí la necesidad de entregarme a toda la emoción que me embargaba en ese instante, y el cuarto ya no tenía suficiente espacio para lo que sentía. Así que abracé a Amanda, la besé dos, tres, cuatro veces y luego dramáticamente anuncié que tenía que enseñarle esta creación, la más maravillosa de todo el mundo, a mi madre.

Salí precipitadamente hacia la calle, esperando no encontrarme con nadie, y puesto que la suerte sería mi compañera por varias horas, logré llegar a mi casa sin tropezarme con ningún alma. Llegando a la puerta de la cocina, oí voces. Esperé unos momentos, luego toqué muy recio, y en un movimiento instantáneo, abrí la puerta, entré con los brazos extendidos, y sentí el latido de mi corazón ondular al ritmo de las plumas, los huesos de pájaros, y los cascabeles.

Después de un silencio inicial, mis hermanas se pusieron a llorar casi histéricamente. Mientras mi padre se volteó a consolarlas, mi madre vino hacia mí, con una cara que jamás le había visto. Dio varios suspiros y luego me dijo en voz baja que nunca más me quería ver vestida así. Su expresión me asustó, y por eso inmediatamente me quité la capa, pero no sin protestar quedamente de cómo ciertas gentes estaban tan ciegas que no podían ver lo mágico y lo extraordinario aún cuando lo tenían merito en la cara.

Acaricié mi capa encantadora, observando detenidamente los hoyos pequeñitos en los huesos de pájaro, mientras que con las yemas de los dedos tocaba las puntas de las garras de gato, y al deslizar las cuentas debajo del corazón, sentí que en esa noche gloriosa, cuando las linternas lucían su verde más verde que nunca, en esa noche calmada y transparente, dormiría cobijada por la capa cálida y única que Amanda le había hecho a la última novicia de una eterna cofradía.

Más tarde, después de que los Judas ya habían ardido y los espirales de luces volaban por todas partes, abrí los ojos lentamente a la luna llena que me iluminaba la cara. Instintivamente me llevé la mano al cuello y rocé los dedos contra la piel de gato. Necesito salir afuera, pensé, mientras me resbalaba de la cama y me dirigía en puntillas hacia la puerta de atrás en busca de lo que no estaba adentro.

Por mucho tiempo estuve meciéndome contra la espalda de una silla de patio, comunicándome con la luna y con todos los alrededores familiares que resplandecían con la vibración luminosa del vasto universo, y allá en la oscuridad de la distancia, el canto constante de las chicharras y de los grillos reiteraba la permanencia aseguradora de todo lo que me rodeaba. Pero a nadie le toca gozar de tales poderes por largo tiempo, y la visión de transcendencia se destruyó con mi propio grito al sentirme estrujada por dos manos que me sacudían por detrás una y otra vez.

"¿Qué haces acá afuera? ¿No te dije que te quitaras esa cosa tan horrible?"

De nuevo veía a mi madre con desafío pero inmediatamente sentí como antes, que ella se hallaba más inquieta que enojada, y me di cuenta que era inútil continuar de esta manera. Muy despacio desabroché los pequeñitos botones negros de su cordoncito entrenzado y me fui quitando la capa, por lo que creía ser la última vez.

Al pasar los años ya no había tiempo para soñar con charcos chocolate-lila ni lechuzas blancas en la noche. Desapareció también la capa después de aquella triste-dulce experiencia única de la perfección del universo. Hasta llegué a dudar si no había inventado aquel episodio tal como había hecho con tantos otros en aquellos días de excitantes posibilidades sin límite.

En realidad, cuando me invadían como un intruso necio y malvenido las memorias de la capa, siempre trataba de zafarme de ellas, pero por más que quería olvidarlas, esas memorias persistían, y una tarde de lluvia dominical se me pusieron más fastidiosas que nunca. Quizás el tedio del momento tuvo algo que ver con esto, ya que resultaba ser una de esas tardes aburridas de pueblo cuando aún los relojes se paran en asentimiento. En un intento por no sofocarme en el ambiente, decidí esculcar en las cajas y los baúles viejos, que estaban amontonados en el ático.

Parecía que aquellas cajas no contenían nada de interés, cuando de repente me encontré un bulto al que ni el papel de china amarillento podía ocultarle lo que era. Desenvolviéndolo con un cuidado rápido, di un suspiro de alivio al enfrentarme con aquella capa con que tanto había soñado. Me salieron las lágrimas mientras pasaba los dedos por cada uno de sus detalles y me sentía repleta de felicidad al ver que todavía estaba tan linda como lo estuvo el

único día en que me abrigó. Sólo la piel de gato había cambiado, endureci-
da un poco por la sequedad del baúl.

Una vez más, me maravillé de los dones de Amanda. Su capita negra
había sido una expresión de amor genuino y sentí lástima de lo que se había
perdido durante los años en que había estado oculta. Con mucho cuidado la
saqué del baúl, preguntándome por qué mi madre no habría cumplido su
amenaza de quemarla aunque sabía muy bien por qué no lo había hecho.

V

Desde ese entonces le di espacio a la capita entre mi colección de pocas
pero predilectas posesiones que me acompañaban por dondequiera que iba.
Hasta le mandé hacer un maniquí de trapo que, vestido de capa, guardaba un
puesto céntrico en cada casa o apartamento del que yo hacía hogar. Al paso
de los años, la capita seguía manteniéndose como nueva e iba creciendo en
significado porque no podía imaginarme que alguien jamás volviera a
tomarse el tiempo de crearme algo tan especial; sólo Amanda lo había hecho
en aquellos días espléndidos de pletóricas gardenias, cuando nuestros mundos coincidieron por unos breves momentos de dulce plenitud.

Cuando de nuevo llegó el final, casi ni lo pude soportar. Rumbo al oeste,
se me perdió la maleta en que llevaba la capa y por acá nadie podía entender
por qué la pérdida de algo tan pintoresco como una capa negra con plumas
de pollo, huesos de pájaro, y garras de gato podía hacer que alguien se
lamentara de tal manera. Su falta de comprensión me hacía, al contrario, más
consciente de lo que ya no era, y por meses después de haber llegado a estas
costas nebulosas, me despertaba viendo lentejuelas de concha nácar que
giraban luminosamente en la oscuridad.

VI

Allá en mi pueblo, Amanda pronto cumplirá los ochenta, y aunque hace
años que no la veo, últimamente he vuelto a soñar con el encanto que sus
manos prestaban a todo lo que tocaban, especialmente cuando yo era muy
pequeñita. Para celebrar nuestros cumpleaños, mi padre, ella, y yo teníamos
una fiesta en noviembre que duraba tres días y durante ese tiempo mi padre
hacía la armazón de carrizo para un papalote al que Amanda ataba uno que
otro pedacito de marquisette con cordones de ángeles, los que mi padre
después sostenía mientras que yo flotaba en el papalote, volando sobre los
arbustos y las plantas; y era todo tan divertido. No recuerdo el año exacto en
que cesaron esas festividades ni tampoco lo que hicimos con todos esos regalos talismánicos, pero me he propuesto encontrarlos en los baúles y las cajas
que mi madre guarda en el desván la próxima vez que vuelva a casa.

Literatura de inmigración

CAPÍTULO 8

Encuentros con la ciudad moderna

Coney Island; Amor de ciudad grande

José Martí no sólo fue un revolucionario político que dedicó su vida a la causa de la independencia cubana (ver segunda sección sobre Martí en esta antología). Él fue también un poeta y un escritor altamente innovador de la prosa. Su primer poemario publicado, *Ismaelillo* (1882), es considerado un acontecimiento memorable en el desarrollo de la literatura hispana moderna y es visto como una de las primeras muestras en los últimos años del siglo XIX en Hispanoamérica de una revolución en el lenguaje poético conocida como "modernismo". De la misma manera, la prosa de Martí, que abarca desde discursos políticos hasta crítica literaria y de arte, así como crónicas periodísticas, se caracteriza por su audacia en la forma. Inquietud, tensión, velocidad y rebeldía sintáctica son todos los términos que describen la estructura y el ritmo de su prosa que de muchas maneras hace eco al desenfrenado paso de la agitada ciudad moderna. El exilio de Martí en los Estados Unidos (1882–1895), y particularmente en Nueva York, fue crucial para su evolución literaria. Un ávido lector de la literatura estadounidense y ferviente admirador de Emerson y Whitman, el estilo único de Martí se cristaliza en el encuentro creativo de dos tradiciones literarias distintas: la española que nutrió en sus inicios su vocación literaria y la norteamericana que lo consoló en su destierro. "Coney Island" (1881) y "Amor de ciudad grande" (1882) son ejemplos tempranos de esta simbiosis, así como del terror y la fascinación con la que Martí abordó la experiencia de la cultura moderna urbana. La transformación de los valores morales tradicionales, el anonimato entre la hipnótica presencia de la muchedumbre, el desgaste de las energías vitales por las dinámicas sensuales de la ciudad y el surgimiento del concepto del ocio y de la incipiente cultura de masas —representada aquí por la reciente apertura del parque de recreación de la isla Coney— son todos los temas que aparecen en estas agudas piezas. (ALO)

Lecturas: José Martí. *Ismaelillo*. Miami: Ahora Printing, 1981; Carlos Ripoll y Manuel A. Tellechea. *Seis crónicas inéditas de José Martí*. Nueva York: Editorial Dos Ríos, 1997.

ney Island

En los fastos humanos, nada iguala a la prosperidad maravillosa de los Estados Unidos del Norte. Si hay o no en ellos falta de raíces profundas; si son más duraderos en los pueblos los lazos que ata el sacrificio y el dolor común que los que ata el común interés; si esa nación colosal, lleva o no en sus entrañas elementos feroces y tremendos; si la ausencia del espíritu femenil, origen del sentido artístico y complemento del ser nacional, endurece y corrompe el corazón de ese pueblo pasmoso, eso lo dirán los tiempos.

Hoy por hoy, es lo cierto que nunca muchedumbre más feliz, más jocunda, más bien equipada, más compacta, más jovial y frenética ha vivido en tan útil labor en pueblo alguno de la tierra, ni ha originado y gozado más fortuna, ni ha cubierto los ríos y los mares de mayor número de empavesados y alegres vapores, ni se ha extendido con más bullicioso orden e ingenua alegría por blandas costas, gigantescos muelles y paseos brillantes y fantásticos.

Los periódicos norteamericanos vienen llenos de descripciones hiperbólicas de las bellezas originales y singulares atractivos de uno de esos lugares de verano, rebosante de gente, sembrado de suntuosos hoteles, cruzado de un ferrocarril aéreo, matizado de jardines, de kioscos, de pequeños teatros, de cervecerías, de circos, de tiendas de campaña, de masas de carruajes, de asambleas pintorescas, de casillas ambulantes, de vendutas, de fuentes.

Los periódicos franceses se hacen eco de esta fama.

De los lugares más lejanos de la Unión Americana van legiones de intrépidas damas y de galantes campesinos a admirar los paisajes espléndidos, la impar riqueza, la variedad cegadora, el empuje hercúleo, el aspecto sorprendente de Coney Island, esa isla ya famosa, montón de tierra abandonado hace cuatro años, y hoy lugar amplio de reposo, de amparo y de recreo para un centenar de miles de neoyorquinos que acuden a las dichosas playas diariamente.

Pero lo que asombra allí no es este modo de bañarse, ni los rostros cadavéricos de las criaturitas, ni los tocados caprichosos y vestidos incomprensibles de aquellas damiselas, notadas por su prodigalidad, su extravagancia, y su exagerada disposición a la alegría; ni los coloquios de enamorados, ni las casillas de baños, ni las óperas cantadas sobre mesas de café, vestidos de Edgardo y de Romeo, y de Lucía y de Julieta; ni las muecas y gritos de los negros *minstrels,* que no deben ser ¡ay! como los *minstrels* de Escocia; ni la playa majestuosa, ni el sol blando y sereno; lo que asombra allí es, el tamaño, la cantidad, el resultado súbito de la actividad humana, esa inmensa válvula de placer abierta a un pueblo inmenso, esos comedores que, vistos de lejos, parecen ejércitos en alto, esos caminos que a dos millas de distancia no son caminos, sino largas alfombras de cabezas; ese vertimiento diario de un pueblo portentoso en una playa portentosa; esa movilidad, ese don de avance, ese acometimiento, ese cambio de forma, esa febril rivalidad de la riqueza, ese monumental aspecto del conjunto que hacen digno de competir aquel pueblo de baños con la majestad de la tierra que lo soporta, del mar que lo acaricia y del cielo que lo corona, esa marea creciente, esa expansividad anonadadora e incontrastable, firme y frenética, y esa naturalidad en lo maravilloso; eso es lo que asombra allí.

Otros pueblos, y nosotros entre ellos, vivimos devorados por un sublime demonio interior, que nos empuja a la persecución infatigable de un ideal de amor o gloria; y cuando asimos, con el placer con que se ase un águila, el grado del ideal que perseguíamos, nuevo afán nos inquieta, nueva ambición nos espolea, nueva aspiración nos lanza a nuevo vehemente anhelo, y sale del águila presa una rebelde mariposa libre, como desafiándonos a seguirla y encadenándonos a su revuelto vuelo.

No así aquellos espíritus tranquilos, turbados sólo por el ansia de la posesión de una fortuna. Se tienden los ojos por aquellas playas reverberantes; se entra y sale por aquellos corredores, vastos como pampas; se asciende a los picos de aquellas colosales casas, altas como montes; sentados en silla cómoda, al borde de la mar, llenan los paseantes sus pulmones de aquel aire potente y benigno; mas es fama que una melancólica tristeza se apodera de los hombres de nuestros pueblos hispanoamericanos que allá viven, que se buscan en vano y no se hallan; que por mucho que las primeras impresiones hayan halagado sus sentidos, enamorado sus ojos, deslumbrado y ofuscado su razón, la angustia de la soledad les posee al fin, la nostalgia de un mundo espiritual superior los invade y aflige; se sienten como corderos sin madre y sin pastor, extraviados de su manada; y, salgan o no a los ojos, rompe el espíritu espantado en raudal amarguísimo de lágrimas, porque aquella gran tierra está vacía de espíritu.

Pero ¡qué ir y venir! ¡qué correr del dinero! ¡qué facilidades para todo goce! ¡qué absoluta ausencia de toda tristeza o pobreza visibles! Todo está al aire libre: los grupos bulliciosos; los vastos comedores; ese original amor de los norteamericanos, en que no entra casi ninguno de los elementos que constituyen el pudoroso, tierno y elevado amor de nuestras tierras; el teatro, la fotografía, la casilla de baños; todo está al aire libre. Unos se pesan, porque para los norteamericanos es materia de gozo positivo, o de dolor real, pesar libra más o libra menos; otros, a cambio de 50 céntimos, reciben de manos de una alemana fornida un sobre en que está escrita su buena fortuna; otros, con incomprensible deleite, beben sendos vasos largos y estrechos como obuses, de desagradables aguas minerales. [. . .]

Los menos ricos, comen cangrejos y ostras sobre la playa, o pasteles y carnes en aquellas mesas gratis que ofrecen ciertos grandes hoteles para estas comidas; los adinerados dilapidan sumas cuantiosas en infusiones de fucsina, que les dan por vino; y en macizos y extraños manjares que rechazaría sin duda nuestro paladar pagado de lo artístico y ligero.

Aquellas gentes comen cantidad; nosotros clase.

Y este dispendio, este bullicio, esta muchedumbre, este hormiguero asombroso, duran desde junio a octubre, desde la mañana hasta la alta noche, sin intervalo, sin interrupción, sin cambio alguno.

De noche, ¡cuánta hermosura! Es verdad que a un pensador asombra tanta mujer casada sin marido; tanta madre que con el pequeñuelo al hombro pasea a la margen húmeda del mar, cuidadosa de su placer, y no de que aquel aire demasiado penetrante ha de herir la flaca naturaleza de la criatura; tanta dama que deja abandonado en los hoteles a su chicuelo, en brazos de una áspera irlandesa, y al volver de su largo paseo, ni coge en brazos, ni besa en los labios, ni satisface el hambre a su lloroso niño. [. . .]

Las luces eléctricas que inundan de una claridad acariciadora y mágica las plazuelas de los hoteles, los jardines ingleses, los lugares de conciertos, la playa misma en que pudieran contarse a aquella luz vivísima los granos de arena parecen desde lejos como espíritus superiores inquietos, como espíritus risueños y diabólicos que traveseasen por entre las enfermizas luces de gas, los hilos de faroles rojos, el globo chino, la lámpara veneciana. Como en día pleno, se leen por todas partes periódicos, programas, anuncios, cartas. Es un pueblo de astros; y así las orquestas, los bailes, el vocerío, el ruido de olas, el ruido de hombres, el coro de risas, los halagos del aire, los altos pregones, los trenes veloces, los carruajes ligeros, hasta que llegadas ya las horas de la vuelta, como monstruo que vaciase toda su entraña en las fauces hambrientas de otro monstruo, aquella muchedumbre colosal, estrujada y compacta, se agolpa a las entradas de los trenes que repletos de ella, gimen, como cansados de su peso, en su carrera por la soledad que van salvando, y ceden luego su revuelta carga a los vapores gigantescos, animados por arpas y violines que llevan a los muelles y riegan a los cansados paseantes, en aquellos mil carros y mil vías que atraviesan, como venas de hierro, la dormida Nueva York.

nor de ciudad grande

De gorja son y rapidez los tiempos.	Muere, apenas nacido, de saciado!
Corre cual luz la voz; en alta aguja,	¡Jaula es la villa de palomas muertas
Cual nave despeñada en sirte	Y ávidos cazadores! ¡Si los pechos
horrenda,	Se rompen de los hombres, y las carnes
Húndese el rayo, y en ligera barca	Rotas por tierra ruedan, no han de verse
El hombre, como alado, el aire hiende.	Dentro más que frutilla estrujadas!
¡Así el amor, sin pompa ni misterio	

Se ama de pie, en las calles, entre el
  polvo
De los salones y las plazas; muere
La flor el día en que nace. (Aquella)
  virgen
Trémula que antes a la muerte daba
La mano pura que a ignorado mozo;
El goce de temer; aquel salirse
Del pecho el corazón; el inefable
Placer de merecer; el grato susto
De caminar de prisa en derechura
Del hogar de la amada, y a sus puertas
Como un niño feliz romper en llanto;
Y aquel mirar, de nuestro amor al
  fuego,
Irse tiñendo de color las rosas,
¡Ea, que son patrañas! Pues ¿quién
  tiene
Tiempo de ser hidalgo? ¡Bien que
  sienta,
Cual áureo vaso o lienzo suntuoso,
Dama gentil en casa de magnate!
¡O si tiene sed, se alarga el brazo
y a la copa que pasa se la apura!
¡Luego, la copa turbia al polvo rueda,
y el hábil catador—manchado el pecho
de una sangre invisible—sigue alegre
coronado de mirtos, su camino!
¡No son los cuerpos ya sino desechos
Y fosas y jirones! ¡Y las almas
No son como en el árbol fruta rica
En cuya blanda piel la almíbar dulce
En su sazón de madurez rebosa,

Sino fruta de plaza que a brutales
Golpes el rudo labrador madura!

¡La edad es ésta de los labios secos!
¡De las noches sin sueño! ¡De la vida
Estrujada en agraz! ¿Qué es lo que
  falta
Que la ventura falta? Como liebre
Azorada, el espíritu se esconde,
Trémulo huyendo al cazador que ríe,
Cual en soto selvoso, en nuestro pecho;
Y el deseo, de brazo de la fiebre,
Cual rico cazador recorre el soto.

¡Me espanta la ciudad! Toda está llena
De copas por vaciar, o huecas copas.
¡Tengo miedo ¡ay de mí! De que este
  vino
Tósigo sea, y en mis venas luego
Cual duende vengador los dientes
  clave!
¡Tengo sed; mas de un vino que en la
  tierra
no se sabe beber! ¡No he padecido
Bastante aún, para romper el muro
Que me aparta ¡oh dolor! de mi
  viñedo!
¡Tomad vosotros, catadores ruines
de vinillos humanos, esos vasos
donde el jugo de lirio a grandes sorbos
sin compasión y sin temor se bebe!
¡Tomad! ¡Yo soy honrado, y tengo
  mucho miedo!

Francisco Gonzalo "Pachín" Marín (1863–1897)

Nueva York por dentro

Pachín Marín fue el reportero de los grupos revolucionarios cubanos y puertorriqueños que residieron en Nueva York a finales del siglo XIX. Como activista
político, periodista y poeta, Pachín Marín fue desterrado de su Puerto Rico
natal y escribió algunos de sus poemas más famosos en el exilio, obras que se

han convertido en fundacionales para las letras puertorriqueñas. Sin embargo, su residencia en Nueva York también lo llevó a contemplar la vida de los inmigrantes hispanos. "Nueva York por dentro" es parte de un grupo de crónicas que publicó en el periódico neoyorquino *La Gaceta del Pueblo* y es considerado uno de los trabajos más importantes de Pachín Marín. Llenos de ironía en su tratamiento del sufrimiento de los seres humanos que habitan la metrópoli, Marín describe una ciudad inundada de dificultades y dolor para el recién llegado, pero esta metrópolis también atrae a los hombres que carecen de ambición, a los personajes picarescos que toman como presa a los inmigrantes — temas que son muy frecuentes en la literatura de inmigración. Como en mucha de la literatura de inmigración escrita en español, la crónica de Pachín Marín satiriza las costumbres sociales y destaca los conflictos lingüísticos. En sus crónicas, como en sus poemas, son bastante evidentes su patriotismo y sus ideales políticos, posiciones que compartió con sus colaboradores en la prensa y en la política, José Martí y Sotero Figueroa. (CV)

Lecturas: Francisco Gonzalo Marín. *Romances*. New York: s.d, 1892; *En la arena*. New York: s.d., 1898.

Si usted se presenta en esta metrópoli en calidad envidiable de turista y trae, como es consiguiente, las maletas atestadas de soles mejicanos y rubias peluconas, es natural que le vaya a usted muy bien, lector amable. Pero no habrá usted conocido a Nueva York por dentro, tal cual es en sí, con sus grandes instituciones y prodigiosas maravillas que encierra.

Para conseguir el conocimiento íntimo de este elefante de la civilización moderna, es necesario que ponga usted el pie en tierra, sin una peseta en el bolsillo, aunque traiga en cambio un mundo de esperanzas en el corazón.

¡Pues vaya que sí! Llegar a Nueva York; meterse en un cómodo hotel; cada vez que se ofrece salir a la calle, poderlo llevar a cabo en elegante berlina tirada por caballos monumentales; ir a los teatros, a los museos, a los cafés cantantes; navegar por el caudaloso "East River" adormecidos por el vaivén y ruido de las olas; visitar el puente de "Brooklyn", ese fanatismo de la iniciativa Norteamericana, y la estatua de la Libertad, ese *tour de force* del orgullo francés; pagarse veinte o más pesos por oír a la Patti si, como ahora, canta en la "Metropolitan Opera House"; concurrir, en fin, donde va la juventud galante y de buen tono, que puede gastarse en una noche tres o cuatrocientos pesos tan sólo por el placer de mirar las piernas a una bailarina ¡oh! todo eso es muy agradable, muy delicioso y muy . . . santo; pero no da la medida exacta de esta ciudad que es, al mismo tiempo, emporio de riqueza general y punto de cita de todos los pelados de la América.

Lo conveniente, hasta lo razonable, si se quiere, es que usted se presente en uno de los grandes muelles de Nueva York sin ningún género de recursos; listo y ágil como un estudiante y hambriento como un maestro de escuela. Ya realizó usted su sueño adorado; ya es usted feliz porque desde pequeñito cifraba su ventura en los grandes viajes . . . ¡Qué! ¿No conoce usted el inglés? ¿Está usted acobardado por el incesante aullido de las locomotoras, la agitación vertiginosa de las fábricas y la visita de un millón de gentes que pasan, se atropellan y continúan su camino como si tal cosa? Pues no se detenga usted tampoco. Vamos: a andar ¡a andar! El tiempo aquí es sagrado, por lo mismo que es la representación más genuina del dinero. No se quede usted perplejo contemplando ese edificio de once o doce pisos cuyas últimas ventanas parece que le miran a usted como burlándose de su pequeñez. El tiempo urge. Ande a toda prisa; como si tuviera entre manos un importantísimo negocio. Es preciso encontrar un amigo, a todo trance un amigo, o un paisano. ¿Dónde? ¿Cómo? ¿Y no lo sabe usted? Pues preguntando a todo el mundo. Vamos; ensaye usted con ese policía gigantesco que le mira tenazmente. Fuera pellicos, y a la mar; Caballero, tendría usted la amabilidad de indicarme dónde encontraré un amigo . . . ¡Torpe de mí! Ahora caigo, este hombre no sabe hablar español . . .

Ya comienza usted a entristecerse. No ve un rostro conocido. ¡Dios mío exclama usted! Soy un desgraciado. Por su imaginación pasan con la rapidez de los relámpagos algunos hechos idénticos que leyó en las novelas. Juan Valjean, Juan Valjean . . . Si le pasara a usted lo que a Juan Valjean . . .

Si hay algún país civilizado, capaz de espantar al más indiferente y estoico lo son los Estados Unidos del Norte, o mejor dicho, Nueva York.

Sus edificios, sus obras portentosas de arquitectura; sus ferrocarriles elevados que cruzan fantásticamente por los aires; sus calles, anchas arterias por las cuales discurre un gentío inagotable de todos los pueblos del mundo; sus parques, de corte severo y aristocrático; sus máquinas de vapor; sus poderosas empresas periodísticas; sus mujeres alevosamente bellas; sus maravillas todas producen a primera vista cierto malestar al forastero, porque se le antoja a uno que estas grandes ciudades, ensordecedoras por su progreso, son así como la boca de un horrible monstruo ocupado constantemente en tragar y vomitar a la vez seres humanos; y es en medio de estos grandes ruidos y de estos grandes centros donde con más frecuencia nuestra alma se ve atacada de esa horrorosa enfermedad que se llama tristeza y toma los caracteres sombríos del aislamiento y del silencio.

Sin embargo, para el pobre de dinero, pero rico de ambiciones, que llega aquí en las circunstancias anteriormente apuntadas, Nueva York es una gran casa de asilo donde caben todos los que, con más o menos alientos, creen en la virtud y en la santidad del trabajo.

¿Es usted muy pobre? ¿No ha logrado aún encontrar en qué emplear sus aptitudes y energías? ¿Siente usted el escozor del hambre? ¿Hace frío?

No se inquiete usted. No desespere de ninguna manera. ¿Ve usted ese establecimiento de la esquina cuyas puertas se abren y se cierran sin cesar? Pues aquí se conoce vulgarmente eso, con el nombre de Lager Beer. Ya entró

LITERATURA DE INMIGRACIÓN ★ 201

usted, sí. ¡Qué limpieza y aseo en todo! ¿No es verdad que estos locales están mejor decorados que los palacios de nuestros presidentes de república? Pero aquí tampoco se debe perder el tiempo en inútiles divagaciones. Ocupe usted esa mesa que está cerca; tire usted sobre ella cinco centavos; es una propina adelantada: no vaya usted a creer otra cosa. Ponga atención ahora. En primer lugar le traen a usted una gran copa de cerveza, fresca, espumante y vertida en terso cristal. Bébala usted. Aquí, en este país, la cerveza es necesaria; fortalece y calienta los miembros ateridos por el frío. Pero ¡no sea usted tonto! no se descuide. Vamos, antes de apurar todo el contenido de la copa, coma usted: jamón, carne de vaca, embutidos, queso, etc. Eso que usted engulle es un principio. Así al menos lo llama la gastronomía. ¡Bueno! ¡Caracoles! ¡Basta de principios! Se los va usted a comer todos. Ahí viene el mozo; esta vez le trae una sopa suculenta cuyos olorcillos trascienden. Coma usted hasta saciarse por completo; yo soy un anfitrión, su honorable Mecenas . . .

¿Está usted satisfecho? ¿Sí? Pues no perdamos tiempo; tome un escarbadientes; encienda usted este cigarro que yo le regalo y . . . a la calle.

—Pero, caballero, ¿no ofreció usted pagar la cuenta? No podemos salir sin que usted la salde . . . Yo soy un hombre honrado . . .

—Véngase usted, zopenco. El total de lo que usted se ha engullido monta a cinco centavos. Ya los pagó usted . . .

Y después que se sale de allí, satisfechos y orgullosos del hallazgo; olvidando las novelas y las torturas que hiciera pasar el hambre a Juan Valjean; entonces pensamos en el verdadero Nueva York, el Nueva York sabio y bueno, hospitalario y alegre; y nos reímos a mandíbula batiente de los admiradores del puente de Brooklyn, y de la estatua de la Libertad, y del ferrocarril elevado, y de los gigantescos edificios, y de todas las grandes instituciones de esta asombrosa república: porque, no se asusten ustedes, yo dudo que en este país de los inventos y de las empresas colosales haya nada tan grande, tan portentoso, tan humano como esos establecimientos en que, por cinco calderillas, se da de comer al hambriento y de beber al sediento.

Razón de sobra tiene un filósofo, amigo mío, cuando todos los días al volver de yo no sé dónde con un enorme mondadientes en la mano, me dice:

—¡Oh! Un Lager Beer es toda una institución.

canor Bolet Peraza (1838–1906)

arta misiva (fragmento)

Publicadas en Nueva York en 1900, las *Cartas gredalenses* emplean el género epistolar para comparar la vida en los Estados Unidos con la de América Latina. Silvestre Montañés, el personaje principal, escribe a Don Frutos del Campo, quien se encuentra en El Gredal (un país ficticio que se puede ubicar en cualquier lugar de Latinoamérica). En su correspondencia, Silvestre Montañés critica, con un tono humorístico, la forma en que los norteamericanos gobiernan su país, describiendo detalles que van desde cómo sus vidas meticulosas son gobernadas por el clima hasta problemas de gran trascendencia, como el derecho al voto femenino. En este sentido, las seis cartas que componen este texto, especialmente la "Cuarta misiva", presenta la realidad del inmigrante que gravita entre dos mundos, haciendo mordaces observaciones sobre las diferentes culturas políticas de los Estados Unidos y la de América Latina. Es el inmigrante que ríe, sabiendo que en los Estados Unidos "todo marcha al pelo, y por allá [Latinoamérica] todo marcha al palo". Nicanor Bolet Peraza fue un escritor, periodista, soldado y político que vivió sus últimos quince años de vida en Nueva York, trabajando como director de la influyente *La Revista Ilustrada* y el periódico *Las Tres Américas*. Las columnas de Bolet Peraza fueron reimpresas en muchos de los periódicos hispanos que circulaban en los Estados Unidos. (KW)

Lecturas: Nicanor Bolet Peraza. *Cartas gredalenses*. New York: Las Novedades, 1900; *Impresiones de viaje*. New York: Las Novedades, 1906.

Nueva York: mayo de 1894.

Señor Don Frutos del Campo.

En El Gredal.

Mi muy querido y recordado paisano:

Aunque no tardaré mucho en darle un abrazo bien palmoteado, si Dios y la mar salada lo permitieren, hágole estas líneas para decirle que no he hecho otra cosa que pensar en usted, en estos días, mi bueno señor del Campo, viendo éstos de aquí de repente tan galanos, en cuanto se dijo Primavera, después de haber estado en todo el invierno los pobres árboles vueltos una pura chamiza, sin una hoja para un remedio. Y digo que viéndolos lo he recordado a usted, paisano, porque ellos me traen a la memoria aquel flus verde que usted se pone cuando repican duro en el Gredal, y con el que parece usted como si lo acabaran de vestir monjitas enclaustradas.

Aquí sí es verdad que se oye crecer la yerba, amigo mío. Aquí se acuesta usted dejando los árboles pelados, como las escobas del presidio, y en toda la noche oye usted el tiroteo de los pimpollos que revientan, de modo que al amanecer se le aparecen las matas todas muy vestidas y uniformadas de verde y algunas copadas de flores, que cualquiera diría que aquí hay también máquinas de vapor para hacer estaciones.

Lo que sí es un hecho, señor don Frutos, es que esta gente lo tiene todo arreglado y calculado como si fuera cosa de tramoya. Esto es una maquinaria inmensa, y nada más, aunque a usted le digan que es una gran República. ¡Qué República ni qué longanizas! Yo he estudiado muy bien la fulana ésta, y puedo asegurarle que no es sino un despotismo aforrado en leyes, en donde no vuela una mosca sin que haya un artículo de ley o de ordenanza que diga que la mosca debe volar. ¿Qué más quiere usted? Si hasta la temperatura la gobiernan estos señores yankees como les da a ellos la gana. Usted bien sabe, paisano, que por allá decimos: "en verano carga tu cobija, y en invierno tú verás lo que haces". Porque entre nosotros sí que hay libertad; y a ningún gobierno se le ocurre hacer lo que al de Washington, que tiene empleados a unos cuantos zánganos sin más oficio que estar cogiendo cabañuelas, para luego decir, por orden de la autoridad y publicándolo en todos los periódicos diariamente, que a tal hora habrá frío o viento, o calor, o tempestad.

Y, nada; que eso se cumple al pie de la letra, como cuando allá en el Gredal recibe el Prefecto una ordencita del Presidente por este tenor: —"Compadre Ovejón; péguemele un cabestro a funalejo de tal, y mándemelo, pues no me conviene que viva en ese pueblo." Y se lo pega, como hay Cristo.

Así mismo es por acá. La diferencia es que aquí todo marcha al pelo, y por allá todo marcha al palo. Sin embargo, tal vez será porque yo tengo algo de eso que llaman *indio-sin-gracia*, pero le confieso que me gusta más nuestro modo de matar pulgas en materia de libertad. No tiene usted más que ver, que por allá el Almanaque es una autoridad que se hace de la vista gorda, y sus reglamentos son como nuestras Constituciones, o sea como el Cristo de la Cartilla, que no es letra sino para los muchachos. Pues sigo con lo del Almanaque. Allá nos dice este señor, que ha de haber cuatro estaciones diferentes en el año. Nada más natural. El principio de la alternabilidad, sí señor. Pero, ¿qué se nos da a nosotros de la tal alternabilidad, ni qué bienes nos vienen con esa gracia? Y ahí tiene usted, paisano, que se nos antoja una *Primavera perpetua*, y una vez que se nos metió eso en la mollera, nadie nos lo saca de ahí. Por eso verá usted que todos queremos allá perpetuarnos, en cuanto nos pimpollece entre las manos un gobierno.

Aquí, en este país de carneros, sucede todo lo contrario; porque aquí, en diciendo ley, aunque sea la del *linche*, todo el mundo la respeta y se somete a ella. Es, paisano, que no tienen sangre estas gentes, no tienen sino horchata fría en las venas. Vamos al hecho. El Almanaque reza que el Invierno termina su papel el 20 de marzo; y no hay tu tía, sino que el hombre lía el petate y se va para que entre la Primavera. Nada de que: —déjeme echar una chupadita más; nada de que: —la primera no es válida, y vuelvo mi tiro que esta vez va de veras; nada de que: —yo era ayer provisional y ahora sigo como constitucional. Todo es inútil, paisano; porque ese mismo día, los termómetros, que son otros tantos miedosos de la ley, comienzan a subir, que es el modo que ellos tienen de decir que no están porque se haga perpetuo ni el invierno ni nadie.

Para que usted se pudiera formar una idea más completa de lo borrega que es esta gente, cuando se trata de leyes y de Constituciones, le bastaría ver aquí cómo se tumban los gobiernos. Si es cosa de desternillarse de risa. Aquí se toma a lo serio aquello de las votaciones; y el que saca más papelitos, ese es el que se sienta en la poltrona de la presidencia. Yo le preguntaba ahora días a un sujeto, que por qué ellos no hacían las elecciones a cañonazos como nosotros: y a todo él me contestaba horrorizado: —¡Oh! ¿Y la Constitución? ¡Y el *canon* tal, y el *canon* cuál! —¡Quite usted allá, hombre; le decía yo: —a eso que ustedes llaman en inglés *canon*, lo llamamos nosotros en español cañón.

Sin embargo, a mí se me figura que este cotorro se quiere echar a perder. Y si no, vea usted la manía en que han dado las mujeres: en que han de votar en las elecciones, al igual de los hombres.

Mi primo, que es un Dios me lo perdone, y que en todas partes se mete, comenzando porque está siempre como el *ser fruto, entre todas las mujeres,* me llevó anoche a un *mitin*, que por poco se vuelve motín, porque unas mujeres estaban en favor de los pantalones y otras por conservar las enaguas.

Habló una señora muy remilgada y fina, y dijo poco más o menos, según me tradujo mi primo: "Yo opino porque no debemos votar. Eso de votar no es más que una nueva carga que se quiere echar sobre las pobres mujeres, que ya tienen bastantes con cuidar de la casa, de los chiquitines y del señor grandulón, que se pone furioso cada vez que a la sopa le falta sal o al asado le sobra candela. ¿Y para qué más gente que vote? Lo que se necesita en las votaciones no es mucha sustancia, sino que la poca sea de buena calidad y engorde el caldo."

Ya usted comprende, paisano don Frutos, que la rubita aquella se iba explicando. Yo soy del mismo parecer. Eso de que todo bicho viviente pueda hacer gobierno, me ha reventado siempre. Pero no paró aquí la yankesita, y dijo:

"Cuando el amo de la casa vota, se debe entender que vota por toda la familia, hasta por el gato. Nosotras, las mujeres, desde la cocina, decimos *amen*, y en la paz de Dios. ¿A qué ir a las Asambleas a rezar la misma letanía? ¿Y si por salir nosotras a farolear de hombrunas, se rompe la crisma un muchacho o se quema el guisado?"

"La mujer y el hombre —continuó la yankesita rabicana—, fueron hechos por Dios, cada cual para su oficio. Y cuando Dios lo hizo, bien calculado lo tendría."

Todas estas razones me parecieron a mí de perlas, y por poco meto yo también mi cucharada, para decir aquello de que "la mujer honrada, la pierna quebrada y en casa", o aquello otro de "la mujer y la gallina hasta la casa de la vecina"; pero no me dio tiempo a determinarme una trigueñona muy bien empulpada, moza de buen plantaje, cabos negros, y crin valoneada como la usamos los hombres, que comenzó a echar de su pecho escamas, diciendo:

"No me vengan a mí con cuentos de que tratamos de imponernos una nueva carga, al pedir el derecho de votar. Y si el sufragio es una carga, ¿por qué los negros la pedían y por qué se consintió en echársela encima? (Vaya viendo, paisano, cómo comenzó dando con la espuela esta pollanclona.) Quiere decir —continuó ella—, que los partidarios de los derechos del negro, obraban de mala fe, y que lo que pedían para él no eran más derechos sino más trabajo. Vamos, señoras, que eso de la nueva carga me parece jocoso. También me hace gracia lo otro de que en materia de votos lo que se necesita no es lo mucho sino lo escogido. Este argumento me huele a monarquía. En las Repúblicas, quien debe elegir es el montón, pese a quien le pesare. Ganas me dan de convenir en que el voto deban darlo los que lo entienden y no los ignorantes. Vamos, que convengo en ello. Y ahora reclamo yo, que se quede en la cocina mi cocinero y me deje ir a mí a votar en su lugar. No, señor: hasta el limpia platos puede nombrar gobierno. La señora de la casa no puede votar. ¡Cómo ha de saber ejercer su derecho, si esa ciencia no la dan sino los pantalones, aunque estén remendados!"

¿Qué me dice usted, paisano don Frutos? La pollita guacharaca, en cada pernada da un golpe de landra. Yo, que había apostado diez contra uno a la talisaya, me arrepentí de haberlo hecho.

Vea usted ese otro canillazo:

"Se ha dicho que la divinidad dio diferentes destinos al hombre y a la mujer. Yo de mí sé decir que jamás he hablado con la divinidad sobre este particular, y dudo mucho que la señora preopinante se haya entendido con la divinidad para averiguarlo."

Miren qué salidas tienen estas mujeres, paisano. Le aseguro a usted que son la misma piel del diablo, y que yo no sé a qué cartas quedarme. Oyendo a la una, me parece que tiene razón que le arrastra; y escuchando a la otra me vuelvo atrás y creo que a ella es a quien le sobra.

Y ahora pregunto yo: ¿a qué vienen esas majaderías de votaciones, paisano y amigo don Frutos? A buscarle tres pies al gato; a echar a perder todavía más esta República. Yo se los he dicho ya en primera y segundas nupcias; se los he dicho en pública subasta, según el expresivo hablar de nuestro compadre, el escuelero del Gredal. Yo les he dicho a estos yankees que aprendan de nosotros, que por allá no se molesta a ningún ciudadano quitándole de su trabajo para que vaya a meter un papelito en una alcancía, y de esa alcancía salga elegido el Presidente, como si fuera el premio gordo de una rifa. Miren ustedes, les digo yo: —Allá en mi tierra, todo eso lo hace el Gobierno, y mal que bien, vamos viviendo, el pueblo trabajando y el Gobierno gobernando, que eso es la verdadera República, la de Antón Perulero, en que cada uno atiendo a su juego.

Y había de ver usted, paisano, la cara que ponen estos babiecas, cuando yo les predico cosas tan sencillas y buenas, que para ellos son como si las oyesen por teléfono desde la luna. —¿Y no sufraga allá el pueblo? —me preguntan ellos, con la mayor naturalidad, como si dijeran: —¿y no vuelan por allá las tortugas? —Y yo les respondo: Lo que es sufragar, todos sufragamos. Yo por ejemplo, sin ir más lejos, y bien lo sabe usted, paisano, sufrago por mi rastrojo, sufrago por mis cuatro vacas, sufrago por mi ventorrillo que tengo a la entrada del pueblo. Y hasta los muertos sufragan, aunque no sean de los que reciben sufragios. Repare usted, paisano, que me he vuelto un titiritero para esto de jugar con las palabras. Siguen preguntándome estos señores muy asombrados: —¿Y no se inscriben los ciudadanos en las listas para sufragar? —A lo cual les contesto yo: —Por supuesto, que se forman las listas. El Gobierno pide a la agencia funeraria las nóminas que tiene para invitaciones a entierros, y no hay más trabajo sino copiarlas. Cada nombre de ésos es un voto para el candidato del Gobierno; y si las listas funerarias no bastan, se coge el Calendario, se van entresacando nombres de cristianos, y se les van añadiendo apellidos de cosas; por ejemplo (y aquí me pareció bien citarlo a usted) se escribe el nombre de Frutos, que es nombre de un santo, y se le agrega el apellido del Campo, que es nombre de cosa selvática. Y así se van bautizando los votantes, con apellidos sacados de frutas, de madera, de animales; por modo que resulta el Presidente elegido por el pueblo sin que el pueblo haya quebrado un plato en las tales elecciones, porque quienes en realidad han votado han sido los Pinos, los Robles, los Piñas, Manzanos, Rocas, Leones y demás gente inanimada o cuadrúpeda.

¡Qué bocas, qué bocazas abren los buenos de los yankees cuando les explico el sistema republicano con que nosotros hemos llegado a ser felices hasta ahora y hemos de llegar algún día a la completa bienaventuranza!

Una gran idea se me ha ocurrido, amigo del Campo, y es ponerme con formalidad a aprender el inglés, y una vez que me pudiera quitar estas maneras de la lengua que no me dejan explicar, meterme a discurseador, como los que aquí se usan y que ganan mucha plata, dando lo que llaman Conferencias. Yo haría una fortuna dándolas sobre la República Gredalense. A mí lo que me falta es poder manejar la sin hueso. Ya verían estos cloróticos lo que son los pueblos que tienen sangre en el ojo. Y que no me vengan con que lo que nosotros sabemos de República lo hemos aprendido en los libros; porque la verdad sea dicha sin que parezca propia alabanza: —las cosas nuestras, paisano, no están escritas.

Pronto tendrá el gusto de abrazarle su amigo y paisano.

Alirio Díaz Guerra (1862–1925)

Lucas Guevara (fragmento)

Nacido en Sagamosa, Colombia, dentro de una rica y privilegiada familia, Alirio Díaz Guerra se inició muy joven en la política, quizá debido a que su padre fuera un funcionario del gobierno. Simultáneamente, en su juventud temprana publicó poesías y en 1884 empezó a publicar un periódico de oposición al gobierno. Para 1885, era partícipe de una revolución liberal que lo llevó al exilio en Venezuela, en donde formó parte del gobierno establecido. Su actividad política en Venezuela siguió el mismo ciclo que en su natal Colombia y posteriormente se vio envuelto de nuevo en movimientos revolucionarios que forzaron su exilio en 1895. En esta ocasión, eligió como residencia permanente la ciudad de Nueva York, donde vivió los últimos treinta años de su vida. Aunque se inició como poeta romántico en Colombia y Venezuela, Díaz Guerra empezó a escribir ficción en prosa desde la perspectiva de su posición como inmigrante en los Estados Unidos. Así surgió la primera novela de inmigración que los investigadores han podido recobrar hasta este punto de la historia: *Lucas Guevara* (1914). En esta novela, Díaz Guerra creó muchas de las fórmulas literarias que caracterizarían este género: la llegada a los Estados Unidos lleno de grandes expectativas de éxito debido a las oportunidades ofrecidas por la gran sociedad sólo para encontrar al final la desilusión; la insistencia en el retorno a la patria; la descripción de la inicua y opresiva metrópoli; la postulación de la cultura de los Estados Unidos en oposición a la cultura hispana; la representación de un pedazo de la vida de las clases marginadas donde abundan los personajes picarescos, etc. En la siguiente selección, el narrador describe en un tono moralista, con detalles espeluznantes, la maldad que existe en el Bowery de Nueva York, la ignominiosa puerta de entrada de muchos inmigrantes. Díaz Guerra siguió escribiendo y publicando poesía a lo largo de su vida tanto en poemarios como en periódicos de Nueva York, Panamá, Colombia y Venezuela. Escribió, además, una segunda novela, *May*, cuya trama también se desarrolla en Nueva York y se relaciona con los problemas sociales de esta ciudad. Desafortunadamente esta novela se ha perdido para la posteridad. (NK)

Lecturas: Alirio Díaz Guerra. *Lucas Guevara*. Houston: Arte Público Press, 2001.

Si no el primero, uno de los primeros vocablos que oye el extranjero al llegar a Nueva York es el de *Bowery*.

Bowery es el nombre de una de las secciones de la gran Metrópoli; la comprendida al Este entre el puente de Brooklyn hasta la calle octava, es decir un trayecto de casi dos millas de extensión.

El *Bowery* es un barrio netamente comercial y al propio tiempo barrio en que se asilan o habitan centenares de familias, unas directa o indirectamente relacionadas con los mercaderes que tienen sus establecimientos de comercio en los primeros pisos de los edificios, y otras aglomeradas en esas originalísimas construcciones conocidas con el calificativo de *tenement houses*, las que han realizado una de las mayores hazañas del siglo: la esclavitud de la libertad o viceversa.

El *Bowery* es un barrio cosmopolita en grado superlativo. A darle animación y existencia característica, contribuyen desde la numerosa colonia china que pulula en Mott Street, hasta los más exagerados modelos de la raza hebrea; y entre aquéllos y éstos, figuran súbditos de todas las monarquías y ciudadanos de todas las democracias de la tierra.

Si aparece en las calles de la ciudad algún ser maquiavélico o ridículo, se le traza el origen a las regiones del *Bowery;* si se consuma un crimen monstruoso, es más que probable que alguno de los sindicados pertenece a la jerarquía de los pobladores del *Bowery;* si se desea conseguir una mercancía barata –casi siempre de pésima calidad— los cicerones aconsejan que se la busque en el *Bowery;* si un desheredado de la suerte dispone sólo de unos pocos cuartos para atender a las imperiosas necesidades de la vida, el *Bowery* le ofrece alojamiento y comida a la altura de sus circunstancias pecuniarias: vivienda con todos los rasgos distintivos de los calabozos, y alimentos que son el producto de preparaciones químicas y residuos de establecimientos gastronómicos de más alta alcurnia; si se habla de Evas confinadas por la voluntad suprema de la policía entre las cuatro paredes de una celda correccional, no se incurrirá en error al pensar que son tentadoras sirenas del *Bowery;* si se solicita un prestamista conciencia de fariseo y mano angosta, en el *Bowery* se encuentran por centenares; si se busca lo cómico, lo dramático, o lo trágico, en las encrucijadas del *Bowery* se hallan desde el bufón que desespera con sus necedades, hasta la miseria que enloquece con sus dolores; allí se alojan médicos de pacotilla que han comprado al más bajo precio el derecho de poner en la ventana de su oficina la placa en que avisan el ejercicio de su profesión; tinterillos de la peor ralea, desde los que se encargan de buscar novias y se valen luego de mil ardides para desbaratar los matrimonios, hasta los que, en vista de la propina que se les ofrezca, no tienen escrúpulo en hacer llevar a la cárcel a sus mismos primogénitores; farmaceutas que en la trastienda de la botica venden sin reparo toda especie de drogas y no vacilan en practicar criminales operaciones de obstetricia; hoteles para alquilar camas a mendigos de alma y cuerpo, con lechos sobre cuyos colchones de paja, que rara vez se ventilan ni mucho menos asean, se han tendido cuan largos son, ebrios consuetudinarios, tísicos insipientes, escrofulosos, sifilíticos, herpéticos; y quienes durante el día tienen derecho de asilarse en el salón principal a discutir o roncar, a fumar pipa o leer periódicos trasnochados; allí el interés ruin, el engaño, la especulación, la codicia, la premeditación del crimen tiene cabida. En fin, el *Bowery* es lugar por todos temido, pero a la vez visto por todos con natural curiosidad.

Tiene un doble aspecto; su fisonomía es una durante el día; otra, totalmente distinta en el transcurso de la noche.

En este barrio no se descansa; mientras hay luz de sol se trabaja; mientras perdura la tiniebla nocturna no se duerme. Desde la mañana hasta que desaparece el último arrebol de la tarde, se siente el ardor de la fiebre mercantil; todos los resortes del medro y la avaricia entran en juego; el comprador ha menester contar con fuerzas iguales a las del vendedor; como dos adversarios que mutuamente se temen, al hallarse el uno en frente del otro, se examinan de pies a cabeza, se aprecian, se analizan y se preparan al ataque y la defensa. El comprador está perdido casi siempre; imposible competir con un adversario atrincherado y poseedor de las más poderosas baterías. El extranjero que recorre las calles del *Bowery* parece que llevara un letrero anunciador de su nacionalidad, y por más avisado y listo que sea, está condenado a sucumbir; puede suceder que no deje jirones de la camisa en el sin número de trampas prontas para apoderarse de él, pero en ningún caso sacará ilesa la cartera.

Y si no cae en manos del escamoteador atrevido que lo fascina y engaña, difícilmente escapa de las mujerzuelas de dudosa ortografía o de lo salteadores de bolsillo que inundan las aceras y se asilan en las cantinas.

Los comerciantes principian por ofuscar la vista y tentar la debilidad y la ignorancia del público con los precios halagadores de infinidad de artículos que exhiben en las vidrieras de los almacenes. El incauto se entusiasma con la muestra, la examina, la compara con artículo análogo que ha visto en los establecimientos de Broadway o la Sexta Avenida, y la encuentra igual, con la circunstancia que en el *Bowery* puede conseguirla por la cuarta parte de su valor. Entra al almacén; inquiere por la mercancía; cinco o seis vendedores rodean al solicitante; le informan que hace un momento se vendió el último ejemplar que les quedaba y no pueden disponer de la muestra; pero en cambio, lo obligan a que vea mil otros artículos diversos, y a tal punto llega la impertinencia, que, en un arrebato de desesperación, resuelve el desdichado comprar a precio de oro su avasallada libertad.

Y así vive en el Bowery: a costa de la impotencia del desgraciado que allí acude y que, cuando menos lo piensa, después de ardua lucha, se ve humillado y vencido por un enjambre de salteadores que, por razón incomprensible, gozan de los privilegios que el Código de Comercio acuerda a los negociantes de conciencia más sana. Empero, las escenas de que es teatro el *Bowery* en plena luz meridiana, no son en manera alguna comparables a las que, en sucesión no interrumpida, se ocultan bajo el negro pabellón de la noche. Los teatrillos, cuya entrada cuesta 10 a 15 centavos, se llenan de espectadores. Instalados alrededor de mesas mugrientas, con la hedionda pipa rellena de tabaco de Virginia y enormes jarrones de cerveza por delante, a los obreros medio soñolientos se mezclan los buscadores de aventuras, los saqueadores de bolsillo, los galanes despechados y, en fin, un ejército de tipos sospechosos, magníficos modelos de estudio, de narices abiertas, barba y cabeza desgreñadas, ojos que infunden miedo y boca animada por mueca despreciativa. Y a manera de mariposas nocturnas que revolotean en torno a la luz, las mujerzuelas de mala vida, sedimentos que la misma corrupción social expulsa de los grandes centros hacia los callejones malsanos, pululan en esos salones que el humo de las pipas oscurece, contentándose con atrapar aquí una mirada maliciosa, allí un sorbo de cerveza o una copa de wiskey, o más allá una promesa que, por lo general no se cumple. Y en tanto, en el escenario, las bailarinas hacen toda suerte de piruetas; las cantatrices desafinan a más y mejor y los actores cómicos se entregan a las más insufribles y vulgares payasadas. Museos que de tales sólo tienen el nombre, ostentan en la puerta enormes cartelones pintarrajeados por artistas de brocha gorda, con el fin de dar idea de las sorpresas que el visitante debe hallar en el interior: pero sucede que las sorpresas no existen; y si el curioso a quien duele el dinero que ha pagado y rabia por la burla que ha sufrido, se aventura a hacer reclamo alguno, entonces el empresario le invita para que avance por callejón oscuro en cuyo fondo hallará lo que busca; instancia a la que, por razón natural, la prudencia se resiste; de modo que no le queda otro recurso que tocar retirada y conformarse con volver a contemplar los cuadros caricaturescos que figuran a la entrada.

Con los codos apoyados sobre los mostradores de las cantinas, en actitud meditabunda o entregados a la charla locuaz; muchos de ellos, si no todos imposibilitados para dar un paso sin el auxilio de amigo lazarillo, los infalibles parroquianos de estos establecimientos opuestos a los preceptos de la temperancia, no dan descanso a los vendedores; al propio tiempo que en los saloncillos que disponen de entrada especial para damas, y que unos de otros están separados por frágiles tabiques, responden al retintín de las copas que se escancian, frase de amor carnal y ósculos prolongados y sonoros. Y afuera, en la calle, el torbellino humano se empuja y comprime con nerviosa agitación; y vense escuadrones de desdeñosos Romeos y tentadoras Julietas; vendedores ambulantes y sirvientes de figones ahumados catequizando comensales; sectarios incondicionales de Baco, que se abren camino por entre la multitud desgozándose a uno y otro lado de la acera y dirigiendo groseras galanterías a las hembras con quienes tropiezan; pedidores de oficio que con voz meliflua y compungido semblante asaltan al transeúnte cuando conocen que es extranjero, y principian mendingando una peseta y acaban haciendo transacción por un centavo; policías que redoblan la vigilancia y cacos que extreman la audacia, y ancianos y jóvenes y niños, aquéllos recordando los buenos años en que tanto descaro no existía, los segundos buscando el camino del presidio o el hospital y los últimos aprendiendo lo que eternamente deberían ignorar.

Y a cada momento, a la vuelta de las esquinas, esquivando la claridad de los faroles, se verifica el encuentro convenido por medio de una mirada que se cruzó pocos momentos antes; y la romántica pareja sale del escondrijo y confundida entre el tumulto se encamina al próximo hotelillo, en cuya oficina principal, para dar cumplimiento a lo prescrito por la ley, obliga al gerente a que en libro reglamentario inscriban sus nombres, con el carácter de cónyuges, los transitorios huéspedes. Y en los mal alumbrados pasillos del establecimiento, las parejas que entran se codean con las que salen; los mozos que acuden al llamamiento de uno de los alojados, se cruzan con los que han suministrado bebidas a otros de los habitadores de las desmanteladas alcobas; el propietario corre de arriba abajo apaciguando temperamentos excitables y sirviendo de árbitro en las disputas; no son pocos los parroquianos que salen renegando por haber visto sus ilusiones desvanecidas y se preocupan ante la idea de verse compelidos a tener que solicitar más tarde las indicaciones terapéuticas de algún boticario; y si por casualidad reina un momento de quietud y silencio, óyense en el interior de las habitaciones cuchicheos intraducibles y ruidos sospechosos.

Para completar aquella como explosión de carnaval, siéntese sin cesar el estruendo de los ferrocarriles elevados que van a uno y otro extremo de la ciudad; el resonar vibrante de las campanas de prevención de los tranvías que, en direcciones opuestas, se precipitan atestados de pasajeros, muchos de los cuales ciñen con amoroso brazo el talle de la vecina Dulcinea y recuestan lánguidamente la cabeza en los hombros de ésta, en tanto que al lado ronca apaciblemente, con el cigarro apagado aprisionado en los labios y el machucado periódico caído sobre las piernas, algún obrero que regresa del trabajo o de la cantina y que poco se preocupa de tener tan cerca el descarado grupo de enamorados que cuchichea en el vecino asiento palabras que no se escuchan pero que fácilmente se adivinan; y para completar el bullicio, carreteros que gritan y maldicen, carros que se amontonan, máquinas de incendio que van precipitadamente a apagar la llamarada que prendió mano criminal o tuvo origen en algún descuido; y, por último, organillos de músicos ambulantes que, con la mayor audacia, hacen pedazos trozos de ópera, y se encarnizan, particularmente, en *Trovador, Traviata, Rigoletto* y *La Fille de Madame Angot.*

Las horas de la noche avanzan, y el *Bowery* no se sosiega. Tumultuoso, desvergonzado, enloquecedor, espera a que las primeras luces de la mañana disipen las últimas sombras; y entonces al desenfreno de la orgía, sucede el desenfreno de la especulación y de la usura.

Varios dependientes, siguiendo el ejemplo del que parecía dueño del almacén, se abalanzaron sobre los nuevos parroquianos antes de que hubiesen éstos acabado de entrar al establecimiento, y casi a empujones los llevaron delante de un gran mesón, sobre el cual estaban apiladas docenas de vestuarios de toda clase, color y condición; pues era imposible que se escapasen a estos veteranos de la industria las necesidades de los presuntos compradores. Don Cesáreo, valido de su relativo conocimiento en el idioma inglés, antes de proceder a ejercer las funciones de intérprete tuvo la precaución de estipular con uno de los vendedores lo relativo a la comisión que devengaría en el negocio que traía a la casa; y una vez acordados en el particular, se procedió a la compra.

—Antes que nada un sobretodo— indicó el señor de Albornoz.

Pero como el dependiente manifestase que estando próximo el rigor del invierno y no siendo adecuado para la estación el vestido que el mozo llevaba, le sería indispensable proveerse de uno apropiado, pues de lo contrario, además del peligro de enfermarse, correría el riesgo de que el que usase con ropa tan delgada le quedara estrecho al ponérselo con otra más gruesa, Don Cesáreo halló justa la observación y con atinada dialéctica puso a Lucas entre la espada y la pared. Y éste rindióse ante los argumentos, una vez que informado acerca de los precios, hizo mentalmente sus cálculos y sumó y restó del mismo modo; ya que en cuestión de intereses, el joven ciudadano de Santa Catalina era más avisado de lo que el señor de Albornoz imaginaba.

Bien que el vendedor se esforzara en llevar al ánimo de sus parroquianos, la creencia de que el primer vestido y el primer sobretodo que entresacó del montón, e hizo que Lucas se midiera, eran, precisamente, los que le quedaban como mandados a hacer, el sentido común de éste y el mismo gusto estético de Don Cesáreo rebeláronse contra tales imposiciones, y no se conformaron hasta hallar los artículos que, al cabo de buscar, rebuscar, y volver a medir, les pareció que llenaban los requisitos indispensables.

Don Cesáreo, atento a la previsiva sugestión del vendedor y a consideraciones de índole diversa, indicó a Lucas que debería comprar también sombrero, botines, camisas, ropa interior, etc., etc., pero contra tales insinuaciones sí protestó aquél decididamente. Llegó el momento de pagar la mercancía comprada. Lucas, al saber por boca de Don Cesáreo lo que ya él más o menos sabía, arrugó el ceño y le exigió que pidiera rebaja; pero el señor de Albornoz se apresuró a manifestarle que los precios eran fijos; que la costumbre del regateo no se conocía en el país. El mozo se desconcertó y hubo un instante en que estuvo a punto de renunciar al negocio, es decir, pensó en desnudarse del nuevo ajuar que conservaba puesto y continuar con el antiguo hasta que encontrara otro almacén en donde le hicieran la rebaja, puesto que según era voz corriente en Santa Catalina, todo en los Estados Unidos se compraba de balde, merced a esos grandes descuentos de exportación que, para compradores al estilo de Lucas, constituyen la rebaja.

Buen trabajo y no pocas gotas de sudor costaron a Don Cesáreo convencer a Lucas que no diese semejante espectáculo; éste meditaba y volvía a meditar, y pasaban los minutos sin que tomase resolución alguna. El vendedor aparentaba sentirse profundamente indignado; el señor de Albornoz seguía sudando y tragando saliva; los otros dependientes lanzaban sobre el grupo miradas de curiosidad y extrañeza, y el mismo dueño del almacén, advertido de lo que acontecía, estiraba el pescuezo y por sobre las gafas que se le agarraban en la punta de la nariz, despedía con ojos enrojecidos y coléricos, rayos que hubieran carbonizado organismos más susceptibles de ser carbonizados que los de Lucas Guevara y Don Cesáreo de Albornoz. Al fin adoptó Lucas una resolución suprema. Del bolsillo del pantalón de su viejo vestido, cuyas piezas sostenía en el brazo izquierdo y apretaba contra el estómago, sacó una bolsa de seda verde, con anillos de plata; desató cuidadosamente el nudo que en ella tenía hecho y dejó escurrir sobre la palma de la mano cuatro monedas de oro, que contó y recontó diversas veces y las entregó luego al dependiente.

Don Cesáreo preguntó a Lucas si quería que le enviaran al hotel el vestido que se había quitado, pero aquél contestó que no, pues prefería que se lo envolviesen en un papel para llevarlo él mismo, porque eso era más seguro. Terminada la negociación, salieron del establecimiento. A pocos pasos de la puerta, el señor de Albornoz, alegando cualquier pretexto, pidió a su compañero que lo aguardase un segundo; entró de nuevo al almacén, se avistó con el dueño, le reclamó la comisión acordada y devengada; la embolsó cuidadosamente y no tardó en reunirse con Lucas, a quien halló embebido en la contemplación de una vitrina en la que se exhibían sobretodos, vestidos, etc., con los precios marcados en tarjetas blancas con grandes cifras negras.

—Vea Ud.— exclamó el mozo al ver a Don Cesáreo —¿aquí todo es más barato. No sería mejor desbaratar el negocio y comprar la ropa en esta tienda?

Y miraba y volvía a mirar la que tenía puesta, la comparaba con la del muestrario, hacía y volvía a hacer cálculos mentales, y una como ola de inconformidad y desesperación le inundaba el rostro.

—No comprendo— añadió —por qué no quisieron rebajarnos nada. En Santa Catalina nadie compra un comino por lo primero que le piden. Sería bueno que fuéramos otra vez a esa tienda y que Ud. haga que nos devuelvan la plata porque aquí en ésta haremos mejor las compras.

Poco faltó al señor de Albornoz para perder la chaveta y estallar; pero la prudencia, que es madre de la sabiduría, según es sabido, contuvo la explosión de su enojo y se limitó a entrar en otras tantas persuasivas explicaciones, las que debieron ser de mucho peso, puesto que Lucas acabó por aceptarlas y desistir del proyecto temerario.

Cuando llegaron de regreso a la posada era ya hora de almorzar. Don Cesáreo creyó conveniente declararse invitado; y tan pronto como llenó el vientre con apetito que haría honor a un prelado dominicano después de misa mayor, ofreció a Lucas que al siguiente día a las 9 de la mañana en punto volvería a buscarlo a fin de hacer las diligencias precisas para la consecución del colegio y casa de huéspedes que se amoldasen a las necesidades y recursos de un estudiante. Estrechó efusivamente las manos del joven amigo y con aire majestuoso se alejó del hotel.

No acababa de salir Don Cesáreo, cuando el consabido agente de la fonda, que estaba en expectativa de la ocasión, se acercó a Lucas, le hizo minucioso examen de la ropa, inquirió sobre los precios que por ella había pagado, y satisfechos sus deseos de información.

—¡Qué barbaridad!— exclamó con acento revelador de indignación la más profunda; —lo han robado a Ud. miserablemente, es una porquería lo que le han hecho comprar: no vale la mitad de lo que ha pagado Ud. Ya yo me lo suponía; ese es el resultado de ponerse en manos de gentes que no tienen práctica ni conocen nada, y sólo andan a caza de comisiones.

Y el enojado agente, dándole la espalda al mozo, lo dejó solo en el corredor del hotel sumido en hondos y dolorosos pensamientos.

XII

Con el propósito de hacerse aparecer ante Lucas como uno de los grandes conocedores de la vida Neoyorquina, condujo Jacinto a su joven compañero a los cafés cantantes que pululan al Este de la cale 14 y a inmediaciones de la tercera avenida.

A pesar de los peligros que en ellos se corre, eran estos sitios los que Peñuela frecuentaba, ya porque allí solía encontrarse con numerosos miembros de la colonia Hispano-Americana —por regla general los novicios o recién llegados— y ya porque semejantes encuentros le facilitaban los medios de aparecer como experto en su oficio y llenar el estómago con unos cuantos vasos de cerveza sin sacrificio para su propio bolsillo.

Y entraron en el primero que hallaron al paso.

Era éste un vasto salón, en cuyo fondo alzábase uno a manera de proscenio, y en el que, al compás de orquesta soñolienta, se ofrecían al público diversos espectáculos: acróbatas, bailarinas, cantores de canciones de desesperante vulgaridad, necias y ridículas pantomimas; en fin, cuanto se puede alquilar a bajo precio en el mercado de artistas de cargazón.

Y en medio de una atmósfera saturada de huno de pestilentes cigarros y de pipas nauseabundas, alrededor de centenares de mesitas, hombres y mujeres de toda edad y condición, agrupábanse en una mezcla soez, licenciosa y hasta repugnante aun a la mirada del poco meticuloso observador.

En el cutis de todas las concurrentes al café, se ponían de manifiesto los múltiples tonos del carmín, desde el lánguidamente pálido, hasta el profundamento subido; espaldas desnudas, senos palpitantes y lacios, brazos en descubierto, todo esto cargado, a falta de colores naturales, de preparaciones químicas para fingir lozanía y robustez. Al lado de la muchachuela de 18 abriles, lanzada poco tiempo antes en el camino de la disipación y de la orgía, abundaban hembras que desde años atrás habían principiado a descender la escala de la vida, de dientes postizos, arrugas pronunciadas que se esforzaban en velar con emplastos de polvos de arroz y de *cold cream,* en estado de ebetamiento por falta de sueño y de comida y exceso de licor; muchas en cuyas desencajadas facciones no era difícil observar la huella de enfermedades rebeldes, que no lograron destruir el yoduro de potasio ni las píldoras de Ricord. Y por debajo de las mesas, en un entrelazamiento indecoroso, pantorrillas masculinas y femeninas; y aquí y allí carcajadas estrepitosas, golpear de vasos, interjecciones rudas, cuchicheos de labios de unos pegados a las orejas de las otras, y besos que se trataban de ocultar con las alas de los sombreros.

Circulando por entre las mesas, atentos a la menor insinuación, docenas de sirvientes distribuían copas de cerveza y de wiskey: que tal es el negocio de esos establecimientos, cuya entrada es libre para el público: vender a precio más alto del ordinario licores de calidad tan mala que sólo organismos acostumbrados a envenenarse lentamente pueden soportarlos.

En estos cafés las leyes sociales están invertidas; no son los hombres quienes invitan a las damas a aceptar obsequios o a departir un rato en amena charla; son ellas las que se declaran invitadas, la mayor parte de las veces a despecho de las protestas masculinas; ellas las que solicitan que se las obsequie; las que, en multitud de ocasiones, fastidian tanto con sus envites y exigencias, que obligan a la presunta víctima o a abandonar el sitio o a acceder a la insistente solicitud. Y una vez que han satisfecho el capricho, cuando se convencen que no lograrán más concesiones, indiferentes, despreciativas, abandonan al obsequiante sin tomarse la molestia de darle las gracias y vuelven al activo revoloteo hasta que tropiezan con otro candidato que les permita repetir la escena anterior.

A cada momento vense parejas que, entre los vapores de cinco o seis copas de cerveza, ponen los cimientos de momentánea camaradería y abandonan el salón para ir a alguno de los hotelillos del vecindario a consolidar la amistad y acabar con ella en el breve espacio de 15 a 20 minutos. Y del hotelito regresa la dama al café que le dio campo a la conquista, y si no halla en el horizonte propicio para otra nueva, se encamina a análogo establecimiento, sucediendo a menudo el caso de que en éste encuentra, cojido entre las redes de otra hurí de idéntica calaña, al amigo de quien se separara momentos antes, y manifestase tan despreciativa e indiferente, como si jamás hubiese tropezado con él en el camino de la vida.

Como si los miembros todos del organismo se le hubiesen paralizado, Lucas Guevara permanecía absorto, con los labios entreabiertos y los ojos amenazando salirse de las órbitas. Creía que allí se aspiraba la esencia absoluta de la vida; que aquel mercado de desvergüenzas, cuya magnitud no alcanzaba a apreciar, era el desideratum de la dicha. El terrenal paraíso de la leyenda bíblica, de cuyos atractivos tenía idea merced a las definiciones del texto de Historia Sagrada que había aprendido de memoria en la escuela pública de Santa Catalina, se reproducía en su imaginación con vivaz colorido en ese café cantante de la calle 14. No podía comprender cómo aquellas cabezas femeninas, que exornaban sombreros cuajados de flores y plumas; aquellos bustos

que se cubrían con cintas y encajes; aquellos talles que contorneaban ter-
ciopelos y sedas, pudieran comprarse con dinero y a precios bajos. Los artistas, que aparecían en el proscenio, se le representaban como la más alta manifestación de la maravilla teatral; aquel recinto, en fin, fulguraba ante su vista
con los resplandores de esas mansiones feéricas que se describen en las histo-
rietas con que se llenan de fascinación los cerebros infantiles.

A pesar de su justificable candidez, los oídos de Lucas se negaban a dar
crédito completo a las explicaciones y enseñanzas que, con labio elocuente,
le suministraba Jacinto Peñuela; y éste, al contemplar tamaño asombro en el
rostro alelado de su amigo, sentía deleite especial, del que no lo distraían ni
el caleidoscópico panorama que se agitaba en torno suyo, ni las incitantes
miradas, las gesticulaciones expresivas, las risas tentadoras y los más o
menos velados llamamientos que le dirigían las concurrentes al café.

Lejos de ellos, sus ilusiones, sus esfuerzos todos se encaminaban a
demostrar a Lucas el conocimiento perfecto que tenía de la vida y costumbres de Nueva York. Y es así que mientras apuraba un tercer jarro de cerveza
y aspiraba el humo de un cigarrillo, discurría largo y tendido acerca de la naturaleza de esos establecimientos, sobre los episodios que en ellos ocurren y
los servicios que prestan a la población flotante de la gran Metrópoli. Le
informaba cómo en los hotelitos del vecindario, los que considerarse pueden
como complemento de los cafés cantantes, se obliga a las parejas que en ellos
buscan hospedaje transitorio, a inscribir sus nombres en registros especiales
antes de ser conducidas al dormitorio que se les asigna; cómo es obligación
impuesta por la policía, que los momentáneos huéspedes dejen constancia de
que los une a lazo matrimonial, de cuya obligación resulta que hasta el presente no se sepa que pareja alguna haya escrito en los registros su nombre
verdadero ni su residencia efectiva; cómo una misma dama puede presentarse
varias veces en una misma noche al mismo hotel apareciendo como esposa
de diferentes maridos, y maridos que pueden registrarse como consortes de
diferentes mujeres; cuáles son las condiciones que, por regla general, imponen las damas a los compañeros que las conducen a dichos hoteles; cuál la
comisión que los empresarios de estos centros sociales pagan a la hembra por
cada huésped que consigue; cuál el ignominioso desenfado con que cobran el
dinero adelantado, y cómo, después de examinarlo y contarlo cuidadosamente, lo esconden entre las medias, artículo éste de indumentaria que
desempeña para ellas el oficio de caja fuerte; cómo se defraudan las ilusiones
y esperanzas de los incautos que se dejan seducir por caritas pintadas de ver-
mellón y formas modeladas con colchoncillos especiales y armazones ma-
nufacturados con barbas de ballena, sobre todo si conocen que la víctima es
algún extranjero que no puede defenderse ni está al tanto de sus resabios y
sus mañas. Y Jacinto completó todas estas precisas informaciones con la narración sucinta de los robos, asesinatos, escándalos y crímenes monstruosos

de que son teatro frecuente esos que calificaba de antros de inmoralidad y lujuria, y que, seguramente, por hallarse oficialmente autorizados, debido a que pagan los impuestos municipales de ordenanza y se someten a ciertas concesiones para vivir en paz con la policía, no han corrido con la suerte que dio al traste hasta con los arrabales de Gomorra.

Y le habló sobre otra clase de cafés cantantes y salones públicos de baile y de recreo, completamente distintos de los de la calle 14; sitios concurridos por más escogida clase de gentes, esto es, por parroquianos con bolsillo mejor abastecido acaso; en donde la escala de precios está en proporción con la magnificencia del local, lo selecto de las orquestas, la calidad de las bebidas y la mejor catadura y más alta prosapia social de las mujeres que los frecuentan; salones y cafés situados en barrios menos democráticos, muchos de ellos próximos a los grandes hoteles y coliseos; en donde la hermosura y el lujo se dan cita, y a los simples espectadores se ofrece la oportunidad de fáciles y no despreciables conquistas, no importa que las damas asistan a dicho sitios bajo la custodia de galanes que, sin duda, no piensan que su compañera es alma que se deja seducir por las miradas y gesticulaciones tentadoras de personas desconocidas, más aún cuando son ellos los que están sufragando los gastos para mantenerlas fieles y satisfechas; o que si lo piensan o lo advierten, tienen el buen juicio de no preocuparse, a fin de no exponerse a lances borrascosos, sobre todo si no perteneciendo al gremio de los solteros, han dejado a sus respectivas consortes bajo el techo del hogar doméstico, sumidas en la creencia de que el marido dedica esas horas de jolgorio a la urgente atención de sus negocios habituales.

Transcurridas más de dos horas de hallarse en el café, invitó Peñuela a Lucas a que cambiasen de espectáculo; y marcaban los relojes la 1 de la mañana cuando se ausentaban de la calle 14, después de haber pasado revista a más de media docena de establecimientos análogos al primero.

—Mañana conocerás algo mucho más interesante y más decente— dijo Jacinto a Lucas al despedirse. —Iré a buscarte a las 8 de la noche; y si te parece, invita a Don Cesáreo para que nos acompañe— añadió, soltando una carcajada, cuyos ecos resonaron en la calle solitaria.

II

El extremo de Lucas Guevara en la vida nocturna y alegre de Nueva York, fue una redonda catástrofe para su bolsillo, toda vez que en su presupuesto de gastos no había destinada partida alguna para desembolsos como el que Jacinto Peñuela lo indujo a soportar; por lo cual, cuando éste llegó en la noche siguiente en busca de su amigo, no le fue difícil apreciar la situación, mediante las tristes lamentaciones que oyó de labios de Guevara, no resignado al descalabro sufrido por las adversas consecuencias que le podría acarrear. Naturalmente, esta alteración en los proyectos formulados, fue motivo de profunda contrariedad para Peñuela.

Empero, no es de espíritus precavidos y discretos rebelarse contra lo irremediable; la filosofía, y en especial la de los *cicerone,* aconseja apelar a la prudencia como a la más segura tabla de salvación en el naufragio de ciertas ilusiones.

Faltaban todavía varios días para que Lucas tuviese derecho de hacer su visita mensual a los señores Jimeno, Marulanda & Co.; con Madama Bonfati no tenía crédito suficiente para pedirle dinero en calidad de préstamo, y ya podrá colegirse que Don Cesáreo estaba vestido de impenetrable cota de malla para defender el bolsillo.

En semejantes condiciones, le era preciso a Lucas librar la batalla en otro campo. Así lo comprendía Peñuela y a éste le correspondía la labor de sugerir los medios para alcanzar una victoria de resultados prácticos y tangibles.

Principió por tratar de convencer a Lucas de que no chocaba con el espíritu de la moral, de las costumbres y de las necesidades de un estudiante solicitar de sus acudientes un adelanto de la pensión, pues según él, los estudios profesionales se asemejan a los proyectos de matrimonio: a medida que el tiempo avanza y la hora clásica se acerca, se hace más imposible conservarse dentro de los límites del presupuesto primitivo.

Con esta excusa, quedó convenido en que al día siguiente pondría a Lucas a prueba, por vez primera en varios meses, la bondad y condescendencia de los señores Jimeno, Marulanda & Co.

Y mientras tanto, para pasar el resto de la noche del mejor modo posible, corrieron los dos camaradas con la buena suerte de que por la puerta del cuarto de Guevara y en camino a su habitación, pasara la joven contabilista. Detúvose ésta a cruzar unas pocas palabras con Lucas; y Peñuela, haciendo provecho de la circunstancia, la instó para que entrase a hacerles compañía por corto rato, insinuación a la cual accedió la joven sin reparo, bien que alegase que iban a quedar los tres como sardinas en tan estrecho dormitorio.

Y como efectivamente la doncella tuviese razón y poca comodidad hallara en el asiento que se le designó, Peñuela, con caballerosa despreocupación, la asió por un brazo y con más o menos esfuerzo de su parte y más o menos fingida resistencia de parte de ella, la atrajo hacia sí y le proporcionó acomodo en sus piernas, lo que al cabo de pocos momentos dio por resultado que Jacinto principiara a medirle con manos atrevidas los diámetros de muslos y brazos y hasta osara profanar con insistente tanteos otras partes del cuerpo menos visibles.

Lucas, a pesar de las escenas poco edificantes que había presenciado la noche anterior, no cabía en sí de asombro ante el desenfado de la contabilista y la audacia de Peñuela.

En callada y placentera armonía habría continuado aquella sesión de agrimensura muscular, si al impertinente Bob no se le antoja esa noche suspender más temprano que de costumbre su tertulia de sobremesa con el señor

Bonfati, y atraído por las risas y alborotos ahogados que se oían en el cuarto de Lucas, ir a interrumpir el inocente retozo de Peñuela y la contabilista y el púdico deleite de Lucas.

Por desconocida razón o femenino capricho, no parecía que entre Bob y la muchacha existiesen mayores simpatías, pues tan pronto como ésta cayó en cuenta de la presencia de aquél, sin ceremonia ni cumplido alguno saltó del asiento que ocupaba y fue a parar la carrera a su habitación, cuya puerta cerró tras sí con marcado estrépito.

Este incidente fue bastante para que Bob soltase la lengua e hiciera acerca de la pobrecita doncella apreciaciones bien poco generosas. Aseguraba que no marchaban de acuerdo, porque ella, desde el primer día que vino a vivir en la *Pensión de Familia* había demostrado ciertas pretensiones a las cuales él, por consideraciones de buen gusto, no creyó prudente acceder; añadió que solía verla con frecuencia en tratos algo más que familiares con los operarios de la panadería, y acabó por manifestar, asumiendo un aire de conquistador empalagoso, que las hembras lo tenían fastidiado y arruinado y maldito el caso que de ellas hacía.

Y como si no creyese suficiente tales revelaciones, cayeron igualmente bajo la garra de su crítica mordaz la dama de las Biblias, a quien calificó de solterona hipócrita y libidinosa, y la modista, a quien consideraba más hábil en la manufactura de pantalones por el continuo contacto que tenía con ellos, que en la confección de corpiños y de enaguas.

Tarareando el aire de una canción nacional muy en boga en esa época, despidióse Bob de los dos amigos y se marchó en camino para su cama.

Era ya tarde y Jacinto creyó conveniente irse también; pero no dio las buenas noches a Lucas hasta que le instruyó de modo cabal en la manera como debería violar el octavo mandamiento al presentarse al día siguiente en la oficina de Jimeno, Marulanda & Co., para exigir a estos señores el anticipo de la pensión mensual; al propio tiempo que logró convencerlo de que por el primer correo debería escribir a Don Andrés poniéndole de manifiesto que era de todo punto imposible llevar a término feliz sus estudios con la exigua asignación que se le había fijado.

Y con el fin de que Don Andrés opusiera menos obstáculos para abrir la bolsa, creyeron prudente intentar que Don Cesáreo contribuyera al efecto por medio de una de sus elocuentes epístolas.

—Ese berrinche de Albornoz— exclamó Jacinto —es pájaro de tal catadura que accederá a la indicación si se le deja oler que puede derivar de este servicio provecho personal. El mastodonte con quien vive amachinado le da lo que puede, pero eso no es suficiente a sus necesidades; así, pues, es conveniente idear algún plan para lograr el objeto. Pierde cuidado que esta noche consultaré el punto con la almohada, y mañana por la tarde cuando venga a buscarte te comunicaré mis impresiones.

Y haciendo votos porque las entrañas del comisionista Jimeno se ablandaran, se ausentó Jacinto Peñuela de la *Pensión de Familia,* y Lucas quedó solo, compartiendo sus pensamientos entre la admiración que sentía por Peñuela, el natural temor que le infundía el paso que iba a dar cerca del señor Jimeno, las delicias de los cafés cantantes de la calle 14 y las libertades a que se había prestado la contabilista.

A. Ortiz-Vargas (fechas desconocidas)

El barrio hispanoparlante

Casi nada se sabe de A. Ortiz-Vargas, un inmigrante hispano que en 1939 logró publicar en español un libro que contiene un poema épico en el que se alaba a Manhattan y al imperio estadounidense. Lo que es cierto es que, siguiendo la vieja tradición de observaciones de la metrópoli por los inmigrantes, Ortiz Vargas comparó a Manhattan con los monumentales sitios de Babilonia y Egipto en el Viejo Mundo y con la grandeza de las civilizaciones Inca y Maya en el Nuevo Mundo. Aunque celebra elocuentemente el éxito tecnológico y económico de esta nueva Nínive, Ortiz-Vargas no se ciega ante los excesos del imperio ni ante la explotación que sufre la gente que desde todas partes del mundo llega a los barrios urbanos de Nueva York, lo cual es evidente en la sección de su poema épico donde presenta su visión de los desilusionados inmigrantes en el Harlem hispano. A pesar de lamentar la triste condición de los latinos, negros y judíos en la capital imperial, Ortiz-Vargas llega a predecir un futuro glorioso para este imperio del Nuevo Mundo, precisamente debido a su incorporación de las diversas gentes y culturas del mundo. (NK)

Lecturas: A. Ortiz-Vargas. *Las torres de Manhattan.* Boston: Chapman & Grimes, 1939.

Se encuentra con Harlem
y se identifican
en más de un sentido:
jovial inconstancia,
vivir azaroso,
derrotas sin ruido.

Existencias sin rumbo
ni horizonte ni objeto,
pobres vidas obscuras
a merced del acaso.

De los triunfos soñados
al dejar sus comarcas
por la Tierra del Éxito,
triunfó sólo el fracaso.

Almas de aventura,
locas mariposas
sin meta y sin ruta
y sin huella
que, ofuscadas por el llamativo
anuncio luminoso,

buscan por Manhattan
la luz de su estrella.

Argonautas incautos,
desertaron sus playas
por el falso señuelo
del triunfal vellocino. . . .
Desertaron sus playas
y una sierpe de angustia
se trenzó a su destino.

Marihuana y tedio
los días ordinarios,
y whisky barato,
los sábados,
después de los pagos. . . .

Tedio sin remedio
dentro de un cuartucho
donde pesa el aire
como la existencia
de sus moradores:

Ellas cosen blusas
para los semitas;
ellos lavan platos
en fondas de Broadway,
suben ascensores
y pintan pantallas
en lóbregas fábricas,
y en el muelle cargan con los
    cargadores.

De tanta porfía,
un día y otro día
y nunca un mañana,
quedóles tan sólo,
la risa que llora
en la risa roja de la marihuana.

Nepentes del triste
que la fuga de la hora detiene . . .

¡Cómo va tejiéndose
entre el laberinto de sus columnillas
de humo acerado,
la visión macabra de las pesadillas!

¡Cómo tarda el tiempo!
¡Cómo ese minuto perdura mil años!
¡Cómo van pasando
—sin que pasen nunca—
los torvos y grises y luengos ogaños!

¿Después ? . . . ah, la luz sonorosa
de las rúas triunfantes.
El oro que fulge,
pieles que tientan,
el auto que grita
llamando a la cita,
los claros diamantes. . . .

¿Y ellos los tristes?

Ellas cosen blusas
para los semitas;
ellos lavan platos
en fondas de Broadway,
suben ascensores
y pintan pantallas
en lóbregas fábricas,
y en el muelle cargan con los
    cargadores.

Corrompieron su lengua
con la mezcla bizarra
de la lengua extranjera
que jamás aprendieron.
Y a la sombra indulgente
de la extraña bandera,
en sus pobres derrotas
para siempre se hundieron.

Guillermo Cotto-Thorner (1916–1983)

Trópico en Manhattan (fragmento)

Nacido en Juncos, Puerto Rico, Guillermo Cotto-Thorner llegó a la ciudad de Nueva York en los años treinta para estudiar en la Universidad de Columbia. Después de terminar sus estudios en Columbia y en la Universidad de Texas, se ordenó de ministro bautista en 1942. Cotto-Thorner llegó a ser ampliamente conocido en las comunidades hispanas de Milwaukee y Nueva York por su trabajo social entre los hispanos, pero sus escritos religiosos en periódicos protestantes fueron publicados a lo largo de las comunidades de habla hispana en los Estados Unidos y Latinoamérica. Cotto-Thorner también escribió columnas para periódicos neoyorquinos como *Liberación* y *Pueblos Hispanos* en los cuales apoyó la independencia de Puerto Rico y otras causas liberales. También creía firmemente que el cristianismo promovía la democracia, y esto lo señala repetidamente en libros y artículos. En el curso de su ministerio, Cotto-Thorner publicó varios libros de temas religiosos. Sin embargo, es más ampliamente conocido por sus narrativas realistas sobre la vida en el Harlem hispano, en las que acuña la famosa expresión "trópico en Manhattan", y describe las transformaciones de los hispanos en el nuevo ambiente metropolitano. Más tarde, muchos otros escritores puertorriqueños de Nueva York, tales como Víctor Hernández Cruz, volverán a este tipo de proclamaciones en sus quejas culturales sobre la ciudad. En la siguiente selección, Cotto-Thorner describe a los puertorriqueños en las calles, los estilos dialectales y los valores presentes en el Harlem hispano. (NK)

Lecturas: Guillermo Cotto-Thorner. *Trópico en Manhattan*. San Juan: Editorial Occidente, 1951; *Gambeta*. San Juan: Editorial Cordillera, 1986.

Cuando llega el verano, Nueva York se convierte en hervidero exasperante. Todo el mundo busca en vano un leve soplo de brisa fresca. Los ricos de la parte baja de Manhattan se solazan en las elevadas azoteas, contemplando los dos ríos que ciñen el apretujado islote, y toman sus Tom Collins estirados en cómodas butacas, fumando plácidamente mientras los penetrantes rayos del sol les tuestan los cuerpos semidesnudos. Pero en la parte alta de la ciudad, Madison arriba, y en el resto del Barrio, y más arriba aún, en el Bronx, los pobres, los miles de hispanos que viven ensardinados en oscuros y angostos apartamentos, buscan un poco de aire saliendo a la calle.

Verano en el Barrio. De nuevo mesitas afuera frente a restaurantes y friquitines; hombres descamisados; mujeres sin medias, ni faja, ni brasieres; niños desnudos en pelota bañándose en el chorro frío de las bocas de incendio; hombres en camiseta enganchados como palomos en el enrejado mohoso de las escalerillas de salvamento; estudiantes de vacaciones, toalla en mano rumbo a la playa; madres locuaces empujando sus cochecitos hacia el parque para divertirse en tertulias mientras sus bebés duermen tranquilamente a la sombra; cocos de agua, refrescos de guanábana y tamarindo, rebanadas de piña sobre rectángulos de hielo artificial . . . brea caliente, vaporizo agobiador, humo por las chimeneas, humedad en el aire que empapa y entumece; gritería de chiquillos que se divierten en algún corral asqueroso en medio de cerros de basura; perros larguchos y realengos olfateando la podredumbre al pie de las escaleras; cáscaras de plátano en medio de la calle; mabí, Pepsicola, cerveza y limonada . . . los desocupados en el cine; los que trabajan, chorreando sudor en sus labores; velloneras tocando sones y rumbas con tal estrépito que quisieran levantar en vilo, con su ruido, los pesados edificios; tertulias de vagos en escaleras y zanguanas; billares y tabernas repletos y bulliciosos; olor a pescado en escabeche, butifarras y chorizos; lujuria y frenesí en la yerba y los arbustos del verdoso Parque Central; piraguas en todas las esquinas, de frambuesa, de melocotón, de limón y de coquito . . . El Barrio en pleno verano.

Y de noche el tumulto es mucho mayor, porque los que no trabajan continúan en la calle, unidos a la falange de los que después de un día de brega afanosa y sofocante, quieren también dar una vueltecita para refrescarse. Y el desfile no tiene fin. Allí va un mocetón con la camisa abierta hasta el ombligo; por allá se divisa a dos hombres medio "jumos," de mirada estúpida, ojos enrojecidos, y pies de garabato; y allí va una nena como de seis años con su carita sucia y su traje raído, luciendo un aire de singular independencia. En la esquina está Domitilo, rodeado de dos o tres admiradores.

Porque Domitilo tuvo una época de gran popularidad. Muchacho trigueño, muscular, forzudo, y gran boxeador en su tiempo. Tanto que había tenido dos o tres victorias en el cuadrilátero del Garden. Pero se había maleado con el ambiente. Hasta la prensa lo había elogiado "porque tenía madera de campeón;" pero el ron y las mujeres le arrebataron la fuerza, y ahora, mientras trabajaba de mecánico en un garage, se consolaba de noche yéndose a las esquinas y en tertulia familiar evocar sus días de gloria. A pesar de ser un héroe caído, contaba Domitilo con una hueste de admiradores.

¿Y quién es aquél que viene por allí vestido como si fuera para un entierro? ¿No lo conocéis? Es Rafael Larra, el representante de los latinos. ¿Representante? Sí, él mismo se ha dado el título, y a la verdad que no se lo merece. Viene vestido de negro, corbata morada y zapatos . . . blancos. ¡Qué pelaje! Viene solo porque no tiene amigos, pero camina como si poseyera todo el barrio. Y lo cierto es que el muy emprendedor se ha metido en un negocio de bienes inmuebles y ha comprado varios edificios viejos, y luego de darles una mano de cal, y sin haber matado ni una cucaracha, se los ha vendido a sus propios paisanos por sumas fantásticas y exorbitantes. Es un estafador, eso lo sabe todo el mundo, pero aún tiene la dentadura intacta, aunque todos hablan de cogerlo un día (o una noche) en un callejón sin salida y darle una lección. Pero parece que hasta la fecha no se ha descubierto un callejón sin salida en el Barrio. El pronóstico general es que Rafael terminará en la cárcel con todo y su trajecito negro y sus zapatos . . . blancos.

Por el otro lado de la calle avanza Teodora. Su rápido taconeo indica que va de prisa y ni siquiera se digna darle una miradita con el rabo del ojo al galán del bigote atusado que le acaba de decir: "Adiós, trigueña, ¿quién se comerá ese manjar?" Ella está de luto porque su mamá murió hace quince días. ¡La pobre viejecita! Teodora tiene mucha pena y más remordimiento, porque ella cree ser la causante de la muerte de su mamá. Doña Tula estaba muy bien allá en Puerto Rico, pasando sus días muy tranquila, cuidando de sus pollitos en el corral y espantando a los muchachos que llovían pedradas sobre su techo de zinc cada vez que el árbol de mangos junto a la ventana de la cocina daba su sabroso fruto. Pero Teodora se empeñó en traerse a la viejita para Nueva York. ¡Qué abuso! Ella no quería venir, pero llega una edad en la vida cuando los padres se ven obligados a obedecer a sus hijos. Y la pobrecita Doña Tula llegó a Nueva York y Nueva York la mató. Llegó en invierno y el frío se le colaba entre los huesos y el dichoso reuma la puso hecha una calamidad. Se pasaba los días titiritando y mascándose las encías en aquel apartamento que le parecía un largo ataúd con divisiones y puertecitas. No había quien la hiciera calentar un pocillo de café en la estufa de gas por miedo a una explosión. Alguien allá en la isla le había dicho que esos aparatos explotan y vuelan la casa entera. Aquella llamita azul era para ella el símbolo de la muerte o el infierno. Acurrucada en una butaca, cerca de la ventana, envuelta en una frisa, se pasaba todo el día hasta que llegaba Teodora, que era siempre la primera en llegar del trabajo. Cuando llegó el verano, la pobre viejecita estaba tan agotada, que le vino un decaimiento general hasta que murió. El doctor italiano que la atendió se rascaba la cabeza y admitía derrotado, que no sabía la causa exacta de su muerte. Alguien debió soplarle al oído del galeno que quien la mató fue el cambio. . . .

Y a pocos pasos de Teodora va Lolín, con paso más lento, remeneándose con todo gusto . . . y mala fe. Mujer blanquísima, de pelo negro, muy hermosa y bien tallada. Aparentemente muy seria, pero con la música por dentro. El marido de Lolín es un bodeguero que pesa como doscientas cincuenta libras y da cada jinquetazo que "achueca" . . . incluyendo a su propia mujer. De ahí que la señora se esfuerce en aparecer muy recatada cuando camina por la calle. Pero sígala usted hasta el cine, y verá lo que pasa. Allí está medio oscuro (no tan oscuro como en los cines de la isla) y ella puede "flirtear" a su gusto. Al entrar, se sienta sola, en un sitio apartado del resto de la gente. ¡Magnífico! Entonces, como hace calor, se sube coquetamente la falda, cruza la pierna . . . y espera. A los pocos instantes llega, un joven como de veinticinco años. A pesar de la semioscuridad, descubre aquellas piernas tan blancas y hermosas delineadas así, voluptuosamente, y se retranca; hace un ademán como que no ve bien los asientos del frente, y se sienta muy cerca de ella. Ella no se mueve aparentando indiferencia en su abandono; él ya ha perdido todo el interés en la pantalla. En un instante chocan sus miradas. Él le ofrece goma de mascar, la cual ella acepta gustosa, dándole las gracias y dejando que la mano del muchacho roce levemente la suya. Viene luego un intercambio de sonrisas, y a los breves minutos están los dos sentados muy juntitos, tuteándose, y con las manos cogidas.

—Ya va a terminar la película. Dime preciosa, ¿cuándo te volveré a ver para que estemos bien solitos?

—¡Ay! Eso sí que no puede ser. Dime, dime, ¿qué hora es ya?

—Van a ser las diez y media, pero espera por lo menos que se acabe la función.

—No, tengo que irme. Mi marido debe estar ya esperándome.

—Pero . . .

—Déjame pasar, anda . . . Adiós guapo, y buena suerte . . .

Y sigue pasando la farándula. Allí va Martita, la chica linda de Cabo Rojo, que se vino para Nueva York en busca de sensaciones y acabó en el arroyo. Y por allá va Juanchín, el popular fotógrafo, casado y con cuatro hijos, que no se pierde baile y nadie conoce a su mujer. Más adelante vemos un hombrecito enclenque, pulcramente vestido, con un libro grande; muy negro, de canto dorado. Es Andrés, el fanático, que no se cansa de darse golpes de pecho ni de ladrarle constantemente a su mujer.

Cruzando la esquina contra la luz roja del semáforo va un joven que por milagro se ha librado de las ruedas de un pesado camión. Su nombre es José Berteaga, y desde hace ya días anda en busca de cierto individuo llamado Juan Marco Villalobos.

ime Montesinos (fechas desconocidas)

herido a las esquinas

Poeta ecuatoriano convertido en ecuatoriano-neoyorquino después de emigrar con su familia en 1952, Montesinos hizo sus estudios de secundaria y universidad en la ciudad que le brindó trabajo en las Naciones Unidas a su padre, el famoso escritor ecuatoriano Arturo Montesinos Malo. Jaime desempeñó su carrera de académico, estudioso y crítico en la universidad citadina de Nueva York, CUNY, donde también fundó una revista. Además, obró en pro del estudio y la diseminación de la cultura ecuatoriana mediante varias organizaciones, como el Ateneo Ecuatoriano y el Núcleo de Nueva York. Mucha de su poesía abarca temas o diseños que tratan de su herencia andina o su dislocación espiritual después de emigrar y su necesidad de expresarse en otro idioma. Su poema "Adherido a las esquinas" pone de manifiesto la lucha interna de sus dos idiomas, hogares e identidades a la ribera de los ríos Hudson y Tomebamba y a la sombra de los rascacielos y los Andes. (KDM)

Lecturas: Marie Lise Gazarian-Gautier, ed. *Entre rascacielos: Nueva York en nueve poetas*. Riobamba: Casa de la Cultura Ecuatoriana, 1999.

Adherido a las esquinas
del tiempo,
del tiempo, permanente de Ecua York:
el Hudson y el Tomebamba
entreverando su genio,
sus aguas rugiendo a unísono.
Corren por el paisaje urbano
que llevo metido entre poemas,
pelusas, patadas, pesadillas,
paquetes, papeles, peces, panes, pains,
comienzan en las células,
recorren las venas
las manos, el fax y el cereal;

intertwined, internetted,
I am the net sum
simultaneous man, city, Indian, Anglo,
land scaped and rescraped,
scraping Andes, scraping sky;

se paisajan en los sueños y en las
    facturas
de siempre,
antes del eterno retroceso,
antes del constante porvenir
the trip parted before tripping,
it tripped before parting.
It's a constant constant
a contented well;

Well,
te concebí Manhattan
desde los rascacielos de los Andes,
en los adoquines de Cuenca
colocados para el milenio,
entre los cholos de las calles
que ascienden los cielos de Quito
y las cúpulas que reinan los suelos.

Faith rising from the Catedral Nueva

reached welkin heights
intimating with the Chrysler's
    gargoyles

and I believed in steel
and in parallel verse.

Well kin —gente bien—
mis antepasados (antes pisados)
son los peces ignotos
de todas las aguas de la pecera
    mundial.
Pulsan en mí los cauces secretos
que carcomen Manhattan
y horadan túneles de luz
proveniente del sol equinoccial.

Entre los trigales del pueblo blondo
de los años cincuenta,
me siento indio diminuto
cargando diminuto poncho,
que es todo un Cotopaxi
rellenando la bóveda de Grand Central.
Cargo en la lengua un rondador
    insonoro:
es la letra muerta de un idioma inútil,
entonces.

Ahora, "English Is Spoken Here"
se adelanta a todas las esquinas
de las palabras.
El ingleñol y el espanglés
conversan con el Hudson,
acarician al Tomebamba,
mezclando mundos, desbaratando
jerarquías.

Soy suma neta,
bilingüe, bilongo, bicultural, bigringo;
la cordillera de los Andes
is New York's skyline.

Negociando nuevas realidades

maletín

Después de jubilarse de su profesión de abogado y de la banca, Wenceslao (Wen) Gálvez, de origen cubano, se dedicó a escribir poesía, literatura de costumbres y crónicas durante un tumultuoso período en la historia de su país. Mucha de su vida transcurrió durante la actividad revolucionaria cubana que se suscitó en los últimos años del siglo XIX, lo cual lo llevó hasta costas estadounidenses, donde miles de cubanos y españoles buscaban mejores condiciones de vida en lugares como Cayo Hueso y Tampa. Gálvez experimentó directamente la fiebre de la independencia cubana y su manifestación entre las comunidades de inmigrantes que trabajaban en la industria del tabaco, donde los trabajadores recolectaban dinero para apoyar económicamente la lucha cubana por independizarse de España en 1895. Un agudo observador, Gálvez, se muestra sensible a las tristes condiciones en que vive la clase trabajadora de inmigrantes. En la siguiente selección, nos ofrece una dolorosa ojeada de la situación de un recién llegado que trabaja como vendedor que ofrece su mercancía de puerta en puerta tratando de ganarse la vida a duras penas vendiendo baratijas a sus clientes, los cuales difícilmente pueden cubrir sus necesidades básicas y no le entienden debido a su defectuoso inglés. (KDM)

Lecturas: Wenceslao Gálvez. *Tampa: Impresiones de un emigrado*. Tampa: Establecimiento Tipográfico Cuba, 1897.

Conozco a Ibor City palmo a palmo y casi diré casa por casa, pues a no ser alguna que otra de reciente construcción, en todas las demás he entrado proponiendo baratijas, porque yo fui baratillero, aunque mal me esté el decirlo. No salía por las calles cargado con un armatoste que me cubría las espaldas; pero llevaba un maletín en la mano con perfumería barata y chucherías para señoras. ¡Cuántas veces he oido el *nothing today*, "no se quiere nada hoy" que suena a "perdone por Dios, hermano!" ¡cuántas veces al final de una larga jornada sobre la candente arena obtenía una mísera ganancia! ¡Ah! Los que emplean la metáfora aquella de la "candente arena de la política" no saben lo que dicen. La arena caliente es cosa verdaderamente ingrata. Penetra sutil el calor por la suela de los zapatos y produce en la planta del pie sensación desagradable. Y así, con los pies calientes y la cabeza fría, hay que entrar amable en la casas ofreciendo perfumería barata. Y así, calle por calle, casa por casa, he recorrido a Ibor City, este barrio que se extiende sin orden ni concierto como enredadera mal dirigida. Y así he visto también, día por día la miseria, reina y señora de casi todos los hogares. Muchas veces dejaba de vender mis baratijas por falta absoluta de dinero en mis parroquianos. Para hacer un gasto de cinco centavos en un jarro pequeño de lata (a mí me costaba cuatro) me citaban para dentro de ocho días; demoraban el encargo de un paquete de ganchos, quince, y las morenas pobres de los barrios más apartados, quedábanse boqui-abiertas registrando el forro de sus faltriqueras para adquirir una cinta de tonos fuertes. ¡Mi maletín de chucherías! ¡Y cómo me pesaba algunas veces!

—¿Va usted de viaje? Me preguntaba al paso un conocido.

—No, señor, es que voy vendiendo baratijas.

—Usted ¡siempre tan *guaso*! Me contestaba. Y se reía, haciendo molinetes con su junco y aspirando el aroma de un habano falsificado.

Algunas frases en inglés me enseñaron familias americanas, pues mi afán de engrandecer mi marchantería, me llevaba, no como por la mano, sino como por el maletín a las casas de aquellos.

Los que han visto las angustias de los mudos para darse a entender, comprenderán el esfuerzo de mímica que yo derrocharría para ofrecer mis mercancías a estas familias bonachonas, que del español no entienden ni la moneda.

Una vez ofrecía yo un jarro de loza de utilidad indiscutible. Yo decía *ten cents* porque eso de los *cents* es lo que primero se aprende en todos los países. La familia a su vez quería entenderme. ¿Leche?, me preguntaban; ¿huevos? ¿agua? . . . Al fin me fui de allí vencido y con mi jarro de loza en la mano. Mi afán de vender era desapoderado. Yo debía demostrar una actividad superior aun a mis deseos y no me detenía siquiera el respeto que se debe al transeunte. Otra vez venía con otro jarro en la mano, jarro de lata que no cabía en la maleta. En dirección opuesta venía un campesino en su carretón. Y otra vez se repitió la historia. *Five cents*, le decía yo. Y aquel contestaba en inglés ¿cinco centavos de frijoles?

¡Oh, mi maletín de chucherías! Guarda, guarda nuestros recuerdos para que nadie los profane . . .

ustavo Alemán Bolaños (1884–?)

factoría (fragmento)

El periodista, poeta y novelista nicaragüense Alemán Bolaños dedicó mucho de su trabajo periodístico al reportaje y comentario político abogando durante toda su vida por la creación de una federación centroamericana que se opusiera a las dictaduras. Alemán Bolaños trabajó para muchos de los periódicos más importantes de su tiempo: *El Diario de Nicaragua, Diario de El Salvador, Diario de Panamá, Excélsior* (México), *El Mercurio* (Chile), *La Nación* (Argentina). En los Estados Unidos trabajó para los diarios neoyorquinos *La Prensa* y *The Herald Tribune,* en éste último como traductor. *La factoría* es su novela de inmigración, publicada en Guatemala en 1925; ésta relata las experiencias de un inmigrante que llega de una república hispanoamericana no revelada, y presenta un cuadro realista de la vida de un trabajador en una fábrica y en las calles de la gran ciudad. La novela se basa en las experiencias y tribulaciones del propio autor. Éstas incluyen el impacto cultural y la barrera del idioma. Esto es especialmente claro al principio de esta narrativa en primera persona cuando el protagonista no puede encontrar un trabajo intelectual apropiado a su nivel educativo y profesión porque no habla inglés. El lector nunca descubre el nombre del protagonista, sólo su número de identificación como empleado, lo cual refuerza el tema de la deshumanización en la ciudad industrializada. A través de la novela existe una sutil protesta contra la deshumanización y la explotación; también hay un llamado a la defensa de los derechos laborales. Como en toda novela de inmigración, se promueve el regreso a la patria después de destruir el mito de las "calles llenas de oro" de la metrópoli, y, de hecho, al final de la novela el protagonista regresa a su tierra. (EO)

Lecturas: Gustavo Alemán Bolaños. *La factoría.* Guatemala: Tipografía Sánchez & de Guise, 1925.

Hoy, he comenzado a ser hombre-máquina. Lo soy pensante, desde que tengo uso de razón, pero nunca me había tocado ser obrero de fábrica frente a una máquina que debo manejar. El aparato conmigo se completa: soy, pues, un hombre-máquina.

La necesidad, que la he sentido, que la he experimentado otras veces, nunca me había llevado a ese extremo, si duro en sí, en verdad hermoso, pues el trabajo —ya lo ha dicho alguien— ennoblece al hombre, y yo tengo mi orgullo de ser un obrero de este gran país donde el trabajador es tan señor como el patrón, aunque sea el más infeliz *workman* bajo el patronato del más encumbrado magnate del dólar. Igual por igual, siquiera ante la ley, ante la sociedad en general, el hombre de una fábrica, de una factoría, de una mina, con los dueños de esos emporios de riqueza, es ya este un motivo de satisfacción. Que aquí, en el inmenso país de los Estados Unidos, lo tiene quien va a los más modestos, bajos menesteres.

Yo uno de ellos, hoy por hoy, yo un obrero de fábrica, a donde no me lle-van ni mi educación ni mi cultura intelectual, ni mi contextura física, por más que me sienta fuerte. Mas mi moral me ha llevado, y yo he ido con gusto, pues sé que el hombre, por maldición o por bendición de Dios —no se sabe— debe ganarse el pan con el sudor de su frente. A ganarme mi pan he ido así, porque las circunstancias tal me dictan, pues no encontrando ocu-pación en mi ramo —que es netamente intelectual y que sólo puedo ejercer-lo en mi idioma, ni en otro similar, y no queriendo sacrificar mi amor propio como empleado de ínfima clase en una oficina cualquiera, o en bajos me-nesteres de mercachiflería, he preferido ir a una fábrica.

¿De qué? De *cualquier cosa*. Hay circunstancias en que no puede escogerse, y para los efectos buscados, lo mismo da lo uno que lo otro. Se me ha dicho que en la parte tal hay ocupación, y he ido. La buena suerte quiso que esta misma mañana y en ese sitio, encontrara un puesto. Se trata de una ma-nufactura de bolsas y bolsones de papel. En una vasta sala hay mucha gente trabajando. Se oye ruido de máquinas. Se nota ajetreo. Un compañero que ha ido conmigo, en busca de trabajo también, y quien me pilotea, efectúa el enganche; comenzamos a trabajar desde ese mismo momento. ¡Al trabajo! Se nos hace pasar a la sección de máquinas, máquinas medianas movidas a pedal.

Todas están funcionando a esa hora, las ocho de una fría mañana, que den-tro es tibio tiempo indefinido, pues la vasta sala está iluminada *a giorno*. Digo mal: no todas están funcionando, pues a dos faltan sus operadores, están solas, inactivas, nostálgicas de quien les dé vida, movimiento, porque las máquinas no gustan de la fea herrumbre que acalambra, que anquilosea, que daña, que mata al hierro.

Se nos designa, a cada uno, la nuestra. Mi amigo, que ha tenido experien-cia en el ramo, me explica el manejo, bien sencillo, y despojado de mi abri-go —estamos bajo el rigor del invierno— de mi americana, de mi sombrero, de mis guantes de fina piel, comienzo a probar. He comprendido el manejo, y ya soy, frente a la máquina, un hombre-máquina.

VII

Después del domingo de descanso en que uno puede levantarse a la hora que quiera, y en que puede disponer de todas las horas a su libre antojo, se amanece un lunes como displicente, y hay que ir a la factoría, que esa es la obligación por dura ley de la necesidad. Mas confieso que he vuelto contento y animado a mi faena.

La tarea se me facilita. Me siento experto, y sin sentir a qué horas, había llenado el primer ciento de bolsas. Las observaciones de esta mañana fueron escasas, y por ellas voy sacando que me especializo —que me afino, si cabe decir— en la labor.

He notado hoy un curioso fenómeno de acústica; el ruido de las máquinas de la factoría es musical, como si dijéramos. Ocurre, o se observa el caso del ruido del herraje de un tren en marcha, cuando el viajero, va semisoñoliento en su asiento del vagón: de aquel traqueteo infernal *sale* una música suave, cadenciosa, y se oye un vals, o algo así, permanente, con *leif motiv* caprichoso. No propiamente eso he observado, ha observado o anotado mi oído esta mañana, sino cadencia en el golpeteo de las máquinas clavadoras, a más del compás de asincronía. Dijérase una orquesta de sonidos secos, una extraordinaria sinfonía férrea.

Otro descubrimiento, esta mañana: me he puesto a observar a mis compañeros de trabajo cercanos, y he descubierto, a mi frente casi, una hermosa muchacha rubia. Mocetona, fornida, tiene aspecto agradable. Su fisonomía es interesante, y le prestan encanto unas crenchas de oro, semialborotadas. Viste pobremente —es natural— y trabaja incesantemente, casi sin levantar la cabeza. Cuando se moviliza para llevar sus bolsas al depósito, o cuando va a traer materiales, observo su andar, que es garboso, y su cuerpo, que bajo sus vestidos de trabajadora, se adivina mórbido y sonrosado. Hablo a la mujer en la primera ocasión que se me presenta. Un pretexto cualquiera trajo la conversación, que fue breve. Es ella rumana, y llegó a este país hace algunos años con un hermano suyo, en busca del vellocino de oro, ese vellocino que ¡ay! no son todos los que pueden alcanzarlo. Su hermano tuvo que regresar a Europa a tomar su fusil, en la guerra, y hasta hoy no sabe de él ni una palabra. ¿Murió? Sus ojos azules —los de la muchacha mi compañera— se anublan a mi pregunta, no me dice nada su boca, pero su corazón, bajo el burdo *sweater* de lana gris, habla, seguramente. . . . Quedamos de amigos, de conocidos. Ella, pobre de curiosidades, y a quien, por costumbre, no le importa saber nada de los trabajadores que por la factoría desfilan —¡son tantos!— no me pregunta ni una palabra de mi vida, y vuelve otra vez a su trabajo, al palanqueo incesante, después de dedicarme una suave sonrisa, una sonrisa dolorosa de resignación, de agradecimiento por mis palabras cordiales, de simpatía . . . Así, en los torbellinos del mundo, nacen, van naciendo las amistades. El trabajo, —una de las formas, indudablemente, de la vida social— junta a seres, que si son afines, hacen contacto, intercambian pensamientos, ideas, intenciones, y de tales ocasiones surge la buena amistad a veces fraternal, y se citan numerosos casos en que allí, en esos lugares, ha brotado la chispa del amor. ¡El amor! Atracción de almas y de cuerpos que cuando alcanza grados máximos, hace que el instinto llegue a divino, de humano, de animal que es.

He vuelto a mi máquina, a seguir la tarea. Desde mi puesto, observo a la muchacha rubia que me queda casi al frente. Ella, a su vez, por un momento ha alzado sus ojazos —que son azules como dije— y los ha puesto en mí. . . .

Conrado Espinosa (1897–1977)

El sol de Texas (fragmento)

Conrado Espinosa fue un educador, revolucionario y periodista que huyó a los Estados Unidos en el período más encarnizado de la Revolución Mexicana. Allí continuó escribiendo sus artículos sobre política en periódicos mexicanos y estadounidenses. Estuvo también involucrado en la lucha por los derechos humanos de ambos países. *El sol de Tejas*, una novela de inmigración publicada en 1926, relata la historia de una pareja mexicana que llega a los Estados Unidos con sus hijos llena de grandes esperanzas de alcanzar una vida mejor que la que dejaron en México. Lo que la familia encuentra es el duro, imperdonable trabajo sin descanso bajo el ardiente y abrasador sol de los campos tejanos. El esposo se aferra a la única esperanza que lo mantiene: ganar suficiente dinero para regresar a su tierra, donde podrá trabajar para sí mismo. Desdichadamente, esta esperanza le recuerda su trabajo como campesino en los campos mexicanos. Entonces decide que, en vez de ser explotado por extranjeros, es preferible ser explotado por los de su propia sangre en México. Así continúa su faena y su sueño en una tierra extranjera a manos de jefes crueles que lo ridiculizan y le despojan de su dignidad. Esta novela de inmigración, como muchas otras de su tipo, revela las desafortunadas condiciones del inmigrante que descubre que el Sueño Americano se ha convertido en la pesadilla americana, y con ello se presenta el último dilema: quedarse o regresar a la patria. (MMG)

Lecturas: Conrado Espinosa. *El sol de Texas.* San Antonio: Viola Novelty Co., 1926; *Fray Sebastián de Aparicio, primer caminero mexicano.* Ciudad de México: Editorial Jus, 1959.

Portada

Chorreando sudor pegajoso y sucio, arrastrándose, jadeante, casi a punto de caer sobre el surco, sigue la "pizca". . . . Es fuerte todavía, sus cuarenta años los tiene él como liviana y regocijada carga; esto, la "pizca", es una mala jugada de la vida, un resbalón necio, pero saldrá de él, podrá recuperarse, juntará algún dinero y luego vendrán los días tranquilos y los obrares recatados. No más locuras. Pero, llega el mayordomo, esperan la "pesada", hay que seguir . . . Y, arrastrándose, jadeante, chorreando un sudor pegajoso y sucio, sigue por el surco jalando un saco enorme, más pesado mientras más se avanza, avasallador . . . "parece un 'kanguro'" que, imposibilitado para el ligero salto, apenas camina llevando tras sí la carga martirizadora de su cuerpo deforme. Tras él, marcha ella, la madre de los críos que, unos jóvenes, otros niños, todos hasta sumar cuatro, marchan también enardecidos por el sol y la esperanza, "pizcando" aquellos copos que fingen nieve y que se queman bajo el sol de fuego que cae a plomo sobre los humedecidos lomos, que afiebra las cabezas hasta enloquecerlas que vuelve a la tierra una brasa negra y sorda martirizadora siempre para los ampollados pies . . .

Y marchan él y ella y ellos, los seis, como condenados miserables, bajo las miradas del capataz, azuzados por burlas impías y por la esperanza lisonjera de la próxima "raya". Hay que seguir, hay que recoger mucho algodón, más, siempre más . . . . ¡sólo así podrá salirse de aquel infierno!

El plantío se extiende inmenso, finge un mar en donde las matas hacen oleaje y en donde las espumas son los copos que se exaltan en su blancura y se multiplican, deslumbrando, como una esperanza de abundancia, como un seguro enriquecimiento del amo, como una sarcástica bodega cuyas migajas, las más miserables, irán a caer sobre las manos de aquellos infelices para sostenerlos un poco más, para prolongar su existencia a fin de que sigan pizcando.

El cielo, intensamente azul, está limpio de toda nube, su comba parece reposar sobre los lejanos y miserables lomeríos del confín . . . el sol marcha pausadamente, casi no avanza y entretiene su pachorra arrojando fuego, flechando a la tierra y a los hombres con dardos que achicharran . . . ni una sombra, ni un vientecillo ligero, todo está sofocando, quieto, ahí no hay más movimiento que el cansado caminar de los pizcadores, el trotar rutinario de las mulas que se llevan carros y carros cargados de algodón y, a ratos, la carrera loca de algún automóvil que, por la carretera cercana, pasa llevando a gentes felices camino del balneario alegre, de la ciudad rica o del pueblecito endomingado y fiestero que celebra su feria anual . . .

Hay un momento en que no se puede más . . . la mujer se ha detenido de pronto, asaltada por agudo dolor que le clava agujas en las espaldas y en la cintura, los muchachos ven, con mirada estúpida, la cara gesticulante de la madre y se quedan parados, boquiabiertos, bañados en sudor . . . él, que va adelante, sigue, la surcada está pidiéndole más trabajo, los algodones se ofrecen fuera del capullo, sigue borracho de trabajo y de sol, dando fortaleza, con su imaginación loca a aquel sueño que vislumbra entre los reverberos del suelo y del espacio . . .

Pizcará diariamente cien libras, trescientas, mil, las que sean necesarias para juntar cien dólares siquiera; hará que pizquen todos los suyos, volverá a San Antonio para comprarse trapos, pondrá endomingados a la mujer y a los hijos, sobrará dinero para eso y, con ello, a México, a su rancho de donde nunca debían de haber salido y a trabajar lo suyo, su tierra . . . Podrá hacerlo ahora sin recurrir a los préstamos . . .

Y, esto le recuerda la explotación de los caciques de su pueblo, los robos de que fuera víctima cuando sembró como mediero, las fatigas que sufriera cultivando una tierra cuyos productos le robaron descaradamente y ¡casi se alegra de sufrir ahora en tierra extraña, de sentirse explotado por extraños! ¡Estos, no son de su sangre, pero aquellos! . . .

Y continuaría en su ensueño, pero un grito, un alarido de moribunda, le hace incorporarse, vuelve la cabeza y ve como cae la mujer, desplomada sobre el surco, como un saco maltratado de carne sin alma . . . Ve como los hijos la rodean y escucha sollozos, ve como el capataz sonríe desde el toldo que le da sombra y, rabioso, enfurecido, deja el saco, corre hacia los suyos, levanta a su mujer que gime, le da agua, un agua tibia y nauseabunda, calma a sus hijos . . . el capataz se ríe . . .

El capataz ríe y ríen sus compañeros, mocetones rubios, fuertes, bien armados, que están pesando la cosecha y afirmando su autoridad de grados, de poderosos, de intocables . . .

Él entiende que si toca a uno de aquellos burladores, podrá morir como un perro, quedarán sus gentes abandonadas bajo aquel sol de fuego, sobre aquella tierra que quema, entre aquellos hombres que sólo saben despreciar y exprimir la vida y, ¡se detiene! ¡Baja la cabeza, se traga sus bríos y vuelve al surco!

¡Ni siquiera puede decirles algo! ¡Qué gana! No le entenderían, como él no entiende aquella algarabía que forman ellos entre risas y palmotadas! . . .

La mujer se ha recuperado y sigue pizcando de rodillas, los hijos han vaciado sus sacos y vuelven para llenarlos copo a copo, él hace otro tanto.

Y así pasan días y semanas y meses, se agota el algodón en una sementera y van a otra, muchas veces deben andar millas y millas, amontonados sobre una troca deseando del surco en la fatiga del camino; otras veces el cielo se encapota inesperadamente, el agua inunda los surcos, el lodo aprisiona los pies y hay que esperar . . . Se impacienta el amo por la pérdida que sufre, se rebajan los jornales y los ahorros se van, se escurren logrando apenas sostener a la familia con la compra de comidas pésimas, de conservas podridas; la ropa se ha ido acabando, las espaldas van desnudas y cuando vuelve el sol y cuando se regresa al surco, hay más fatiga y más dolor . . . pero hay nuevas esperanzas . . .

Sí, hay nuevas esperanzas, pueden tejerse en las noches de luna, con aquellas lunas encendidas de agosto, cuyos rayos son de plata, cuyos rayos fingen dólares al colarse por los agujeros de la maltrecha tienda de lona o de la enramada de zacate . . .

¡Él vuelve a soñar, la mujer sueña también y los hijos se entregan confiados a la borrachera paterna!

Unos días más, ya hay algún dinero anudado en el paliacate mugriento, ya se ha salido de alguna deuda, ya se ha encontrado un amo más benigno, hay esperanzas . . .

Pero el sol vuelve y vuelve la realidad. ¡A la pizca!

A arrastrarse sobre los surcos jalando aquellos sacos enormes y pesados, a rasgarse las carnes con los guijarros y las espinas, a volver quizá, bajo un sol inclemente o bajo una lluvia impía, a la ciudad devoradora de todos los dineros y quedarse ahí, casi mendigando, en espera de otro año, imposibilitados para regresar a la tierra, caprichosos por hacer fortuna, resignados a sufrir nuevas explotaciones a cambio de la posibilidad para adquirir un mendrugo . . .

apítulo I

pejismos

—¡Por fin llegamos, Quico!

—Sí vieja, hora si que estamos seguros . . . eita, eita, tonta, hágase pa' cá, ¡parece que no mira!

—¡Jesús!, si ese animal iba a machucar a esta muchacha. Oye, Juanita, vente, hija, ¡arrímate! Aquí no estamos en Los Guajes, fíjate.

—Ea, Doroteo, ¡traite a esa boba!

Y de esta guisa, el matrimonio se afanaba por juntar a la cría y retenerlos a su lado: cuatro retoños bien dados y mejor plantados ya qué, pues se iba nada menos que a Texas, a Estados Unidos, la familia había apurado sus últimos recursos para presentarse bien puesta y campechana.

Quico, Federico, jefe y padre de la prole, habíase procurado un buen sombrero charro, una mascada de seda roja y brillante, una camisa dispuesta a sorberse medio kilogramo de almidón y unos zapatos que, con rechinar siempre, tenían para seguir haciéndolo sin cansancio y con brío. Los pantalones, ajustados a los muslos y piernas, eran reafirmados en la cintura por una faja de estambre, obra de la misma Cuca, en donde los colores más alegres hacían trenzados y vislumbres. En cuanto a la madre, esta Cuca laboriosa y tierna, llegaba a la frontera con aromado rebozo de bolita, zarcillos de filigrana sobredorada, collar de corales y unas enaguas que, María Santísima, ¡ni las propias amapolas habíanse presentado jamás tan rojas y esponjadas!

El pie fino, apenas se adivinaba bajo la bota mal forjada, pero quedaba suplantado el defecto con un brillo magnífico, como que era aquella piel nada menos que charol. Doroteo, el hijo mayor competía con su padre en el atavío, Juana, la hija segunda, moza de catorce años, iba a los alcances de su madre y los otros dos: Justa de nueve y Pedrito de ocho, habían sido trajeados con más humildad, pero con el suficiente tino para que no desdijeran de los grandes.

Acababan de cruzar el puente internacional. Estaban al fin en el Laredo gringo, iban poniendo firmemente el pie en la tierra que era su asilo soñado y en donde, por meses y meses, estuvieron inflándose todas sus esperanzas.

¡Habían llegado! ¡Bendita la virgencita de Guadalupe! ¡Ahora sí que nada habían de temer de villistas ni de carrancistas, de gobierno ni de rebeldes! ¡Aquí estaba la paz, el trabajo, la riqueza, la felicidad! Cierto que en las oficinas de migración los habían tratado con brusquedad, con cierta manera burlesca y denigrante pero aquello había pasado, Federico pudo contenerse para no hacer una de las suyas y ahora ¡sí que iban a entrar entre los gringos para ganar chorros de pesos, pero de pesos dobles, de los de aquí, que valen dos pesos mexicanos! . . .

Cerca del puente, esperábalos la troca que los había de llevar hasta San Antonio. Los muchachos corrieron a instalarse en ella, era vieja y pobre, pero para ellos resultaba un vehículo de príncipes, algo que jamás se hubieran atrevido a esperar. Era la primera vez que iban a viajar en automóvil y ahora se acordaban con desprecio de las carretas de Los Guajes, un pobre rancho de Jalisco donde habíase mecido su cuna y de donde se arrancaron para venir en busca de fortuna.

Cuca y Quico, aniñados como sus hijos embobados, apenas podían salir del paso cuidando los chiquillos para que no fueran barridos por carros que, veloces, pasaban sin que sus conductores pararan mientes en aplastar o no a aquellos inmigrantes. El acomodo de los trastos se hizo rápidamente. En un rincón de aquel carromato quedaron aseguradas las maletas, las infladas servilletas que guardaban todavía comida de la tierra y los santitos con vidrio y marco de hoja de lata que, con un perro de caza, propiedad de Doroteo, acompañaban a la familia para guardarla de las asechanzas del diablo y de los hombres. Ya estaban impacientándose de tanto esperar, cuando llegó el chofer, venía acompañado del resto del pasaje y dispuesto a partir. Entre discusiones, nuevos acomodos y compras de baratijas se pasó otra media hora, (¡medio siglo para los que esperaban saborear el movimiento de la troca!) y por fin se pusieron en marcha. El arranque fue brusco, todos se bambolearon como si fueran a caer, pero se restableció el equilibrio, el apiñamiento en que iban los aseguraba en su sitio y disolvieron en bromas y risas el sustillo que cada uno llevaba en su interior.

Once, excepto el conductor, formaban el pasaje de la troca. Los seis García, que tal era el apellido de Quico o Federico el de Los Guajes, dos señoras solas que iban a juntarse con los suyos, en un pueblo inmediato a San Antonio y un anciano con dos hijos varones, de treinta años uno, de diez y siete el otro.

Pronto la amistad amarró sus lazos entre aquellos expatriados y cada uno contó espontáneamente su historia y delató su pensar y sus ambiciones.

El chofer oía, a ratos volteaba a ver su carga con cierta sonrisa de burla, a ratos obscurecíase su mirada, pero seguía siempre imprimiendo velocidad a su desvencijada máquina.

Las mujeres solas, madres las dos y hermanas entrambas, venían, la una, en pos de su marido e hijo, la otra a recogerse con sus hijos después de haber sepultado a su marido. Su ignorancia hacíales silenciosas y el saberse esperadas dábales aplomo y confianza. Oían casi con indiferencia.

El anciano con sus hijos, venía de Michoacán. Quedaban allá su mujer, dos hijas doncellas y un hijo varón encargado de velar por la familia. Él con aquellos muchachos, el mayor y el menor de su prole, venía a buscar la vida, a trabajar para poder rehacer la fortuna que la revolución le había arrebatado. Tenía un pequeño terreno cerca de Cuitzeo, habíase soñado rico alguna vez, era casi un cacique de su pueblo, pero la revolución lo obligó a no trabajar; los bueyes y las vacas fueron sacrificados por los soldados, su vida y la de los suyos fue amenazada muchas veces y todo ello lo hizo arrancarse de aquellos terrones para venir a este país en donde el oro se prodiga, donde la honradez brilla siempre limpia y en donde, trabajando con ardor, se hace pronto una fortuna, ¡porque siempre hay paz y trabajo y dinero!

El sol caldeaba y los chiquillos fueron amodorrándose con el traqueteo de la troca y con el calor del día; se durmieron después y sólo quedaron en vela los jóvenes y los grandes. La conversación languidecía y cada uno echábase a mirar ansiosamente. Ávidamente, el paisaje que se tendía en todas direcciones. Allá muy adentro en el secreto de su corazón, sentían todos una desconfianza, un temor inexplicable, que crecía a la vista de aquella tierra sin montañas, sin las variantes rápidas y prodigiosas de su país natal.

La llanura inmensa, apenas quebrada por bajos lomeríos, dábales una impresión triste. Los recuerdos de la patria iban imponiéndose a las excitaciones del viaje y a la emoción del arribo. Ahora recordaban sin saber que apenas dejadas, representarían para ellos un valor inmenso.

Sentían deseos de encontrar caras amigas, rostros que, al verlos, sonrieran anunciando un saludo cariñoso. Todo les parecía extraño, el campo mismo, presentábaseles con cierto aspecto inexplicable para ellos, que les infundía respeto. Aquella red de caminos asfaltados como cuidadas calles de ciudad, aquella sucesión de sementeras y sementeras perfectamente cultivadas, aquella cadena de pueblecitos y ranchos con casas risueñas y limpias, dábales un escozor molesto, sentíanse como en jardín donde hay que guardar siempre mucha compostura y añoraban la libertad campesina en medio de la cual, lejos de la civilización, perdidos entre la serranía abrupta, habían crecido y amado . . .

Del fondo de su espíritu, emergían las montañas azules y enormes de su tierra, los bosques frondosos y terroríficos a fuerza de suntuosidad y ante la inevitable comparación, veían todo esto como una naturaleza artificiosa, a la cual había de llegarse de puntillas, cuidadosamente, para no maltratarla.

Cuando se cruzaba con ellos algún nativo, ya a caballo, ya en automóvil, veíanlo asombrados. Estos hombres grandotes, colorados, de pelo como jilote y ojos azules, infatuados todos, causábanles más temor aún. A estos sí que veían hechos con toda la mano. Estos sí que parecían, todos y cada uno, hombres potentes y nacidos para mandar. Quico, a cada nativo que pasaba, preguntaba al chofer si era del ejército o de la política. Cuando sabía que era un ranchero, un simple trabajador, quedábase asombrado. Era entonces cuando sus sueños tomaban fuerza y cuando su lengua volvía a soltarse forjando proyectos y asegurando victorias. Sus oyentes se contagiaban fácilmente y todos se echaban a soñar en la felicidad inmediata.

Sí, ya estaban seguros, ¡ya iban entendiendo cómo aquel pueblo era trabajador y rico! Los algodonales que circundaban el camino los saludaban con sus flores amarillas y rosas y veían en aquello una sonrisa de riqueza.

Trabajarían fuerte, trabajarían como ninguno, juntarían muchos dólares y después . . . ¡quién sabe! ¡Había tantas cosas buenas por hacerse!

El anciano hizo una observación:

—¿Y cómo iban a hacer para entenderse? Ellos no sabían inglés.

—¡Qué va hombre! —contestó Quico apresuradamente— eso se aprende pronto y si no se aprende, mejor, lo mismo da. Hay intérpretes.

—Sí, contestó el viejo, hay intérpretes, pero cobran, a nosotros nos dejaron casi sin dinero. Apenas si tendremos para vivir unos ocho días.

—¡Y eso qué, sobra, si luego habrá trabajo! ¡Si en llegando a San Antonio tendremos donde ganarnos muchos pesos!

Y Quico iba haciendo una relación de todos los trabajos que él sabía y tenía como seguros y luego remataba contando como uno, dos, tres, muchos de sus paisanos, habían venido también a correr la aventura y habían regresado rumbosos y gastadores, con buenos vestidos, con muchos vestidos y hartos pesos.

—¡Como que al volver nos dan dos por uno! ¡Como que aquí cuando ganamos uno hicimos dos! ¿No es cierto amigo? —preguntaba dirigiéndose al chofer.

El chofer contestaba con evasivas, luego se atrevía a poner algunas dudas pero terminaba al fin asegurando lisonjeros éxitos.

Quico se atenía a lo último y quedábase un rato pensativo, sonriente, embelesado en el panorama interior que su propia ilusión había forjado.

A poco rato reanudaba la plática.

—Lo que siento, lo único que siento un poquito es que aquí no usan el vino, ¡tan buen Tequila el de mi tierra! ¡Habíase visto tíos más idiáticos! ¡Quitarle al hombre uno de sus mejores gustos!

—¡Anda, sinvergüenza, mejor está así! —saltaba su mujer— de ese modo no habrá copas para los amigos y tendremos más dinero.

—Dices bien vieja, más dinero, ¡a eso venimos!

Y el varón, volvía a callarse y a sonreír maliciosamente, acordándose como la noche última aquella que habíase pasado apenas y bajo cuya sombra estuviera aún en suelo mexicano, habíase escabullido de la familia para ir a tomar unas copitas y despedirse así de su tierra.

¡Claro que sí había echado su pisto! Tenía que despedirse bien de la patria, tenía que saborear el buen mezcal ya que habría que aguantarse sin él algunos meses, quizá algunos años. Porque habrá que decirlo. Quico pensaba en la posibilidad de permanecer varios años en Texas. Sabía él como dos o tres de sus amigos habían logrado hacerse de terrenos y eran ricos. ¿Por qué no hacer él lo mismo? ¡Tener propiedades en Estados Unidos! ¡Cosa más buena!

Sí, volvería a su tierra, pero cuando pasara la bola, claro que no iba a quedarse entre los gringos. Eso no, su tierra antes que todo: pero volvería rico, traería suficiente dinero para comprar un terreno; ¡quizá pudiera hacerse de una parte de Los Guajes, quizá de todo, qué caramba, y entonces sí!

¡Ya habría que ver cómo trataba a los caciques que tantos años le robaron jornales y trabajo; ya habría que ver cómo se las componía con el gobierno que por tanto tiempo lo esquilmó con contribuciones! Y si salían sinvergüenzas gritando buen manejo y más libertad y robando mucho y esclavizando más, ya sabría él cómo arreglarlos.

Y de esta manera, resolvíanse todos los problemas, sobrábale empuje y azuzaba las esperanzas de sus compañeros, prometiéndose una continuada serie de triunfos, imaginándose que entraba a una bodega en la cual sólo habría que llenar sacos de oro para ir a distribuirlo pródigamente y al antojo.

La troca corría, era alcanzada a veces por otras más potentes, solía a su vez alcanzar y dejar a otras más miserables, y corriendo, corriendo, devoraba la carretera como todas, llevando aquella carga de ilusos, de inermes, borrachos de ilusión y confiados en su fatalismo de mirajes altos y realidades sangrientas.

aniel Venegas (fechas desconocidas)

s aventuras de don Chipote, o Cuando los pericos mamen (fragmento)

Las aventuras de don Chipote, o Cuando los pericos mamen es una novela picaresca de la inmigración mexicana, publicada en Los Ángeles en 1928. Escrita por quien se identifica a sí mismo como chicano (trabajador inmigrante mexicano), la novela oscila entre la sátira humorística y la franca protesta contra las inhumanas condiciones de trabajo y de vida que sufrían los inmigrantes mexicanos. En esta historia agridulce, don Chipote y su compañero Policarpo dejan a sus familias y sus parcelas en México para buscar fortuna en los Estados Unidos, sólo para descubrir que los mexicanos son tratados por la industria como bestias de carga y por los pillos citadinos como presas fáciles. En tanto literatura que surge directamente de la vida de la clase trabajadora, la novela incorpora el folclor rural y los dialectos de los trabajadores de esos tiempos. Como muchas otras novelas de inmigración, el mensaje se opone al Sueño Americano mientras lleva a los chicanos a analizar su propia condición, aunque riéndose de ellos mismos y de su candidez en ese medio hostil. Venegas fue un periodista autodidacta, dramaturgo y un creativo escritor de prosa que, durante los años de la década de 1920, desarrolló su labor de activista como presidente de la Asociación de Periodistas Mexicanos de California. (NK)

Lecturas: Daniel Venegas. *La aventuras de don Chipote, o Cuando los pericos mamen*. Intro. Nicolás Kanellos. Houston: Arte Público Press, 1999; Nicolás

Kanellos y Helvetia Martell. *Hispanic Periodicals in the United States: A Brief History and Comprehensive Bibliography.* Houston: Arte Público Press, 2000.

Capítulo seis

Fue pues don Chipote el que abordó a otro paisano de esos que, aunque con todos los modales de los que tienen largo tiempo de vivir en los Estados Unidos, no han aprendido sino la manera chusca de hablar.

—Oiga, patrón —dijo don Chipote—, ¿Que no sabe dónde pudiéramos jayar qui'acer? Mire que no traimos ni un centavo.

—¡Ah qué paisanos! —contestó el otro—; se conoce que están deatiro verdes y recién desempacados. Pos si ahí están los reenganches que mandan a todo el que se les para por enfrente. Eso sí, al *traque,* que aquí no hay más para los chicanos. Mire, ahí está aquella agencia que pide gente para California. Nomás arrímese y sólo que no quiera no sale.

Policarpo al oír la información que le estaban dando, se le quitó lo amoscado y le dijo al sujeto:

—Oiga, jefecito, ¿por qué no nos hace su mercé el favor de llevarnos a ver si nos dan salida? Su mercé ya conoce aquí y nos puede hacer la caridad de ayudarnos.

El paisano comprendió el apuro de la compañía chipotesca y recordando además los aprietos que él había tenido cuando había venido, se prestó de buena voluntad a llevarlos a la oficina y arreglarles la salida. De modo que diciendo y haciendo cruzaron la bocacalle y se arrimaron a la oficina que pedía gente para California.

Como siempre, se dejó venir el reenganchador como un gato al bofe echándoles la letanía que se saben hasta dormidos: —Pasa paisano, tenemos salidas para todas partes. Treinta y cinco centavos la hora, no le hace para donde quieras, el Santa Fe o el Sur Pacífico . . . Te llevan y te dan pase a los seis meses.

Existe en las ciudades fronterizas y entre ellas El Paso, cierta clase de gente que son mexicanos y que se ocupan de abusar de la ignorancia de nuestros compatriotas, pues sin ningún escrúpulo se prestan a ser instrumentos de las compañías o terratenientes que, sabedores de que los braceros mexicanos son útiles en todas entidades, ponen estas oficinas de reenganche, empleando en ellas la mayoría de las veces, como jefes o gritones, a mexicanos que se encargan de cargar "verdes" para el traque o para los campos algodoneros donde la mayoría de la veces son tratados como animales. Estos negreros, que viven de la desgracia del mexicano, nos parecen nuestro ángel de la guarda cuando nos topamos con ellos. Como la mayoría de nosotros cruzamos la frontera sin cinco y sólo con esperanzas, y como estas langostas salen hasta media calle para ofrecernos el trabajo en el cual nos prometen no sólo buen pago y buen trato sino hasta el viaje de regreso, pues ¡caramba! no se puede menos que creer que hay ángeles en la tierra, por lo que ¡echándoles bendiciones, se mete uno y se amarra para lo que le tienen a todos los chicanos: "pico y pala".

Esto o algo parecido les ha de haber pasado a nuestros cuates al ver que el reenganchador, que sin duda tenía un pedido de camellos, con miles de atenciones los invitaba a pasar para que se inscribieran y como un perico digno de un buen orador, les ofrecía el oro y el moro.

No necesitó mucha saliva para convencer a don Chipote y socio, pues como de eso pedían su limosna, en menos que canta un gallo ya estaban apuntados para la primera salida, solo que tenían que esperar hasta que se completara el número.

Eso vale cuete —decía don Chipote al darle las gracias al paisano que los había llevado—, esperaremos. Lo único que pienso es cómo la pasaremos mientras trabajamos, pues no contamos con nada ni para comer.

—No se apure —contestó el otro—, pues mientras que llegan a trabajar y a tener cheque, el *"suplai"* les dará el martillo. No quiero decir con esto que se los dará regalado. No, señores, se les fiará y después se les rebajará de su pago.

—Eso no le hace, su mercé, pues estando como estamos, no hay más que agarrar cántaros de agua a peso —advirtió Policarpo—, y con esto se despidió el paisano, deseándoles felicidades.

Casi en seguida el reenganchador llamó a sus reenganchados para que fueran a entrarle al biberón. Nuestros cuates con la hartada que se habían dado en el restaurant no tenían mucho apetito, pues las sobras que les habían facilitado se las habían embutido temiendo que las cosas se les pusieran color de hormiga en cuanto a lo martillo. No obstante, como a nadie le dan pan que llore, se metieron con el fin de no desairar a su ángel tutelar.

Las compañías ferrocarrileras y el *suplai* están de acuerdo y como las oficinas de reenganches son dependencias de las mismas, resulta que desde que se apuntan para trabajar, tienen por fuerza que comprar al *suplai* y éste, desde ese momento, tiene un cliente forzado, obligado a comprarle su mercancía al precio que se le antoja, con una, la única ventaja, de que les fía para el primer pago. Es esto por lo que los reenganchistas les dan de comer a los que pescan, pues saben que en cuanto empiezan a trabajar, el *suplai* les exprime hasta dejarles en cada pago nomás haciendo la cuenta.

Como lo habían pensado don Chipote y Policarpo sólo olieron el martillo que consistía en galletas de soda y latas de sardinas, de esas que por viejas ya no tienen salida pero que no obstante, dado lo que a veces apremian las tripas, a los paisanos se les hace agua la boca con el manjar.

El que no se aplomó y aprovechó la ración fue Sufrelambre, pues no obstante la barriga que se había puesto en el restaurant, se apalancó todo lo que sus amos despreciaban y que de todos modos tendrían que pagar.

Capítulo trece

Por la mañana después de que se lavaron la máscara o hicieron todas las necesidades de la mañana, se dejaron ir a empujarse algo que les calmara la cruda que sentían, así es que se fueron a uno de los restaurantes mexicanos y se metieron un menudo, cosa que fue muy del agrado de Sufrelambre, quien le dio duro a los huesos hasta dejarlos pelones, más de lo que los habían dejado sus amos. Después Policarpo decidió ir a buscar camello y para esto le pidió a su cuate que lo armara con algo para comer en caso de que agarrara chamba y le dijo que lo esperara en el cuarto en la tarde, pues no regresaría hasta que no consiguiera trabajo. Con esto, y después de que don Chipote le había dado un dólar, peló gallo, dejando a don Chipote en la calle Main viendo para todos lados a ver a dónde pintaba.

No tardó mucho en agarrar camino y se fue a la Placita, pues no sabía a otra parte, además de que allí encontraría a paisanos que le hablaran en su lengua. Ya llevaba gran parte de la mañana allí, había dormido, fumado hasta que parecía que se estaba emborrachando otra vez y, por último, ya estaba aburrido y bien asoleado.

No sabiendo en qué matar el tiempo, pensó en dar una vuelta por la calle Main y caminó solo para que se le quitara lo entumido.

Así paso a paso, llegó a la puerta de uno de los cines y se pasó a ver los monos que ponen para animar a la gente a entrar. El gritón se desgañitaba anunciando la función, que, según él, era la mejor de la temporada; las vistas, las mejores que se habían exhibido y poco faltaba que metiera a los transeúntes a la fuerza.

Don Chipote que no hallaba qué hacer y animado con la propaganda del gritón, preguntó cuánto costaba la entrada y, después de saber que costaba sólo diez centavos, compró su boleto y se metió a vacilar.

Sufrelambre al ver que su amo se metía y con todo que no le había comprado boleto para él, lo siguió para ver también el "cho".

Don Chipote en su vida había visto las proyecciones cinematográficas y para mejor decir, no sabía que el "cho" estuviera a oscuras, de modo que luego que se asomó y que no vio nada, le dieron ganas de echar a correr para atrás, pues pensó que aquello sería el infierno, mas cuando por el cambio de la luz a lo oscuro no vio por donde iba y se dio un trancazo en uno de los pilares del salón.

Sufrelambre se repegaba a su amo y éste no se quería soltar del pilar en donde se había dado el trancazo. Sufrelambre gemía y a don Chipote le temblaban las piernas.

Por fin, poco a poco se fue imponiendo a lo obscuro y empezó a ver los asientos y todo lo que le rodeaba. Cuando ya pudo echar agua de todo a todo y ver bien, agarró el caminito y sin ver donde se sentaba, se aplastó en frente de la pantalla y fue hasta entonces que se dio cuenta de que los monos que salían de la manta se movían, lo que hizo que don Chipote se empezara a poner nervioso, o lo más claro, con miedo; por lo que, haciendo la señal de la cruz, se encomendó a la Divina Providencia, y trató de emprender la carrera para donde había entrado, pero se detuvo al pensar que en la carrera podría caerse y que sobre caldo se lo podía echar al plato.

Total, decidió agachar la cabeza y no ver para ningún lado, esperando a que nuestra señora del Perpetuo Socorro lo sacara del trance.

Ya tenía rato de estar azorrillado esperando la buena de Dios, cuando una carcajada de los espectadores lo sacó de su apuro, pues no pudiendo aguantar la curiosidad, levantó la cabeza y vio a la pantalla a tiempo que el actor cómico de la vista le aventaba con un pastel a un viejo y le pegaba a la novia. El resto de los espectadores seguían riendo de las nahualadas de que se componen las vistas cómicas y don Chipote sentía que se le iba volviendo el alma al cuerpo y también le daban ganas de reír con los chistes del mamarracho. No tardó mucho sin que le diera vuelo a la hilacha y se estremeciera el salón con sus carcajadas, llamando con esto la atención de los demás que, por estar vacilando con él, dejaban de reírse de la vista para reírse de don Chipote, a quien no podía caberle en la cabeza que los monos aquellos fueran tan chistosos al grado que le daban más ganas de reír que cuando estaba en su luna de miel y que su Chipota le hacía cosquillas por la mañana, para que se despertara riéndose con ella, con lo que don Chipote se sentía más enamorado.

De plano, para sí mismo, don Chipote confesó que su miedo no tenía razón de ser y que todos sus temores eran hijos de su tontera, pues ahora razonaba que para ir a los infiernos no hubiera tenido que pagar. Ya tranquilizado con sus propias ideas, se ocupó sólo de ver la vaciladora vista, y para que Sufrelambre no se quedara sin ver aquello se lo subió en las piernas y le enseñaba lo que él veía.

Por supuesto que al perro le importaba un comino lo que tanta risa le causaba a su amo, pero lo que sí le estaba dando de saz era estar arrellanado en las piernas de su amo, ya que hacía tanto tiempo que éste no le hacía ninguna caricia.

Don Chipote seguía entre tanto riéndose hasta caérsele la baba y dando lugar a los demás para que se rieran de él.

En éstas y las otras se acabó la vista y anunciaron que seguía la variedad y aunque don Chipote no sabía qué era eso, se quedó sentado tan sólo porque los demás se quedaron.

Ya empezaba a fastidiarse de tanto esperar, cuando con todo beneplácito, vio que el amigo músico de la tambora se acomodaba junto al piano y pensó que sin duda iban a danzar los matachines como allá en su tierra.

Por fin llegó el maestro del piano, y después de darle una pasada general al teclado, lo atacó furioso en unión de su sonoro compañero tocando el pasodoble que ya saben hasta las lechuzas del campanario: "Sangre Mexi-

244 OTRA VOZ: ANTOLOGÍA DE LA LITERATURA HISPANA DE LOS ESTADOS UNIDOS

cana". Después de que pensaron tocar (porque en realidad no se escuchaba más que los tamborazos y platillazos) se levantó el telón y se presentó una gargantilla casi en cueros menores, lo que hizo que don Chipote se tapara la cara que se le puso color de vergüenza de ver a aquella mujer con tales vestiduras; y esto no vayan a pensar que era falso pudor de nuestro paisano, pues como deben comprender, en su terreno nunca había visto a mujer alguna, vamos ni a su mujer, más allá del tobillo; por lo que ya pueden imaginarse lo que pasó por él al ver aquella hembra enseñarle al público las piernas, que más parecían chorros de atole que piernas.

Como la tentación es lo peor con que cuenta el género humano para que se lo lleve el diablo, don Chipote no pudo aguantar y poco a poco fue abriendo los dedos para ver otra vez a la que lo deslumbrara, y así poco a poco siguió hasta que por derecho se peló la mano de la cara y se puso a contemplar a la beldad y entonces sí que la baba se le salió de lo lindo.

Cuando acabó de cantar el sonsonete la bella tentación de don Chipote, dio las gracias y peló gallo. El público pateó, chilló, aplaudió y nuestro cuate, contagiado por los demás, hasta se paró de golpe dejando caer a Sufrelambre, que no aguantó el porrazo sin lanzar al aire un do de pecho, lo que hizo que los aplausos se redoblaran, pues el público creyó que era la cantante que, agradecida, empezaba una vez más desde adentro la canción.

La pobre bailarina y coupletista no era una de las mejores pero, para la palomilla que tenía delante, era algo del otro mundo, principalmente para don Chipote que, como hemos dicho antes, nunca les había visto a las mujeres, ni siquiera a la suya, más arriba del tobillo.

La cantante hizo rabiar al público por unos momentos y luego se decidió a repetir el número, sólo que esta vez sabiendo que lo que más les daba de alazo a los que la aplaudían era la exhibición de sus mórbidas zancas, cantó y bailó procurando enseñar el sitio de donde le pendían los calzones. Con tales demostraciones de arte ya pueden figurarse los lectores cómo se pondría el auditorio y principalmente don Chipote, a quien hasta la vista se le estaba nublando. Por fortuna, cuando ya casi se estaba quedando ciego, acabó la artista y peló gallo entre aplausos y patadas del público que a toda costa quería que le diera más de lo mismo.

La palomilla rabió, chilló e hizo todo lo que pudo y quiso, pero la gallona ya no salió, en cambio vino un gargantillo que vestido como los paisanos que se han metido, engullido o incrustado sus copiosas revueltas con curado de tuna, también quiso ganarse los aplausos del respetable diciendo chistes y tonterías tanto o más subidas de color que las canciones y piernas de su antecesora. En fin, que el mamarracho aquel los divirtió, no tanto por los chistes sino porque con la pantomima que representaba se acordaban de cuando en su terrenazo se ponían sus tragos. Así es que le premiaron sus malos trabajos con una salva de aplausos que él recibió haciendo cabriolas mientras pelaba gallo, llevándose el alma llena de agradecimiento para los que tan bien sabían reconocer su arte.

Sin duda que pensaba que lo harían repetir, pero en cuanto se perdió de vista entre los bastidores, se acabaron los aplausos.

Seguía a este número otro, o el mismo, sólo que ahora salieron los dos reales. Ella vestida de china poblana y él como antes, sólo que ahora ya no traía huaraches, y portaba un sombrero charro que en sus tiempos había sido galoneado, pero que a la fecha brillaba por el montón de lentejuela que le habían prendido. Con estos disfraces nuestros artistas sostuvieron un diálogo callejero, que a la fecha en que lo ponían por novedad, ya lo sabían hasta los niños de pecho.

Tras de tan hermoso diálogo, en el que sacaron a relucir todo lo vasto de su repertorio, el maestro del piano se arrancó a manazos con el teclado, haciendo salir de entre las desafinadas cuerdas del instrumento las notas del jarabe tapatío, mientras que los eximios artistas le entraban a las patadas más o menos pespuntiadas o taloneadas.

La trifulca que se armó no es para describirla. La polvareda que se dejó venir tampoco podía describirse, pues a cada patada de los bailarines salía de las rendijas del tablado del foro tierra para hacer una casa.

La palomilla de cómicos que la vacila en los Estamos Sumidos, sabe que la chicanada se pone de puntas cuando le ponen por enfrente algo que le recuerde su santa nopalera y, como es natural, esta flaqueza se la explotan por todos lados. De allí que no hay teatro o jacalón en donde tengan contrato cómicos malos o buenos, en el que falte el peladito borrachento y un charro, más o menos charro. Cómico que anda por estos rumbos y que no sabe hacer el pela-dito y bailar el jarabe tapatío, está sin contrato y presumiendo de bohemio.

Mis lectores me perdonarán que me haya dado esta sacada, para darles a conocer entre azul y buenas noches el ambiente teatral de la ciudad de Los Ángeles; pero si lo hice fue para darles oportunidad a los cómicos que se quedaran bailando el jarabe, que lo acabaran y a la vez que se quitara la polvareda que las patadas sacaban de las rendijas del tablado.

Después que se le dieron las patadas reglamentarias al palomo y a la diana, el público se deshizo en aplausos y demás yerbas que se acostumbran, pero ya no hubo de piña y el telón se bajó, se obscureció el teatro y siguieron las películas.

Algunos de los asistentes a la función se levantaron y pelaron gallo. Otros se quedaron aplastados. En cuanto a don Chipote, no sabía qué hacer, si salirse o quedarse; mas viendo que a los que se habían quedado nadie les decía nada, se acomodó lo mejor que pudo y se puso a echar agua a la pelí-cula de la que no entendió nada, pero que le divirtió tan sólo porque los monos se movían como si fueran gentes. Entre tanto Sufrelambre roncaba a más no poder a los pies de su amo.

Para no hacerles el cuento tan largo, les diré que don Chipote se metió el programa de cuerito a cuerito y que repitió la vacilada de la variedad y con seguro se hubiera estado allí hasta que lo hubieran echado fuera si no es que Sufrelambre dio muestras de enfado y de hambre, lo que hizo que él también notara que su estómago ya estaba descargado y que le estaba haciendo cosquillas.

Total, gracias a esto abandonó el teatro y salió a la calle medio asustado, pues se le figuraba que el mundo estaba pintado de amarillo, efecto por supuesto de haber estado tanto tiempo en la obscuridad.

Como la salida había tenido por objeto entrarle al martillo, se dejó ir derecho al restaurant que más le dio de alazo, lo que le cayó al perro de los cielos, pues también ya le daba el cuarto en su perril barriga. Después de que empacaron el martillo, que eructaron y se limpiaron los dientes y demás cosas que hace el que se ha empacado su ración, se encaminaron al cuarto a esperar a Policarpo.

Alberto O'Farrill (1899–?)

Pegas suaves

La crónica en la serie titulada *Pegas suaves,* publicada en el periódico *Gráfico* de Nueva York en 1927, narra las contingencias cotidianas de un caribeño que vive en Nueva York y vaga todos los días por la ciudad en busca de trabajo. "Pegas" en el español caribeño coloquial significa "trabajos". De la misma manera, "suave" significa "fácil", adopción del anglicismo "easy". De ahí deriva "pegas suaves" o sea "trabajos fáciles". El personaje principal es un pícaro que no está interesado en las normas sociales. Se levanta cada mañana decidido a encontrar un trabajo fácil que le proporcione dinero suficiente para sobrevivir en Nueva York, pero siempre fracasa. En las crónicas de O'Fa (el seudónimo de Alberto O'Farrill), el escritor emplea un humor satírico para presentar tanto las condiciones sociales como las condiciones de trabajo de los inmigrantes hispanos en la ciudad. "Pegas suaves", como otros textos de inmigración, muestra el contraste entre el estilo de vida de la gente en Nueva York y en la patria. La perspectiva del narrador es la de un miembro de la clase marginada. Su tratamiento de la mujer es crítico y ésta es vista a través de la presentación de la "pelona", considerada como la representación de la liberación femenina en los Estados Unidos. Los autores de la literatura de inmigración con frecuencia veían a las mujeres hispanas como los guardianes de la moral tradicional. Temían que sus esposas e hijas pudieran imitar a las mujeres estadounidenses poniendo con ello en peligro la integridad de la familia y, por supuesto, los privilegios de los varones hispanos. La siguiente selección presenta a una joven anglo que se burla del modo de conducirse y del estilo del personaje principal mientras éste trabaja distribuyendo en las calles volantes con anuncios comerciales. Alberto O'Farrill nació en Santa Clara, Cuba, y llegó a los Estados Unidos aproximadamente en 1922. Fue dramaturgo, actor, bailarín y editor de periódicos en Cuba y Nueva York. O'Farrill usó diferentes seudónimos para firmar sus trabajos: O'Fa, Domifá, Gavitofa. (AB)

Lecturas: Nicolás Kanellos y Helvetia Martell. *Hispanic Periodicals in the United States: A Brief History and Comprehensive Bibliography.* Houston: Arte Público Press, 2000.

Me encuentro en pie.

Ahora sí que estoy bien de verdad, verdad. Revuelto como el cayuco en la arena de las playas, como gusarapo en agua de lejía o como gato en valeriana y pese a quien pese la peguita que tengo me la busqué yo mismo y por eso a nadie le debo el favor.

Yo, como ustedes saben, no puedo dejar de estar en pie a la hora de siempre. Tampoco me separo de mi ciñuelo, los cinco kilos, y menos dejo de cantar mi valsecito, pues como éste me gusta tanto es lo que origina que lo haga más popular y levantarme a esa hora ya que dice la letra hora de amanecer. Dejemos todo esto que no le interesa a nadie más que a mí y pasemos a lo del trabajito.

Estoy de agente de anuncios en una casa de comercio de las de más fama en esta barriada o para mejor porque soy el que me encargo en ponerlos en todos los buzones de las casas particulares, cumpliendo a las mil maravillas mi labor. El dueño me confía esto porque sabe que yo soy el que mejor puedo hacer llegar al público el lugar donde radica su establecimiento y efectivamente aprovecho el fresco de la mañana. Muy temprano me pego una cartera a las costillas, llena de papelitos y caminando a compás de un chiflaíto para no hacer muy monótona la peguita.

Me voy colando en todas las casas de ambas aceras y en cada uno de lo buzones coloco cinco o seis anuncios; así de ese modo, que es el más eficaz, nadie deja de leer el papelito, porque si el que lo toma en sus manos y en esos momentos ha pensado en botarlo a la basura, no lo hace porque le cuesta más trabajo botar seis que uno y, de ese modo, termino yo mi trabajo más pronto.

Como es natural al andar en la calle, tengo que dar veinticinco a todos los valentinos y yo que me considero un II no pierdo prenda en el vestir y lo hago de tal suerte que no hay una sola Eva que deje de mirarme luego, y supongo que lo hagan por lo elegante que voy con mi sombrero nuevo de pajita, y con eso le pruebo que el tipo es lo que vale (otros usan sombrero de cinco y seis pesos y no llaman tanto la atención como yo que lo uso de los más baratos, solamente empleo una hoja de lechuga).

La única que se atrevió a decirme algo fue una rubita que parece no pudo contenerse y me dice: "está usted de los más elegante con su sombrero de paja y su abrigo de color de mono". Esto lo acompañó con una carcajada tan burlona, que si yo no supiera de verdad que soy bonito me hubiera figurado que se reía de mí; luego tampoco se podía dar otra interpretación, porque si uso sombrero de pajita es porque estamos en la estación y si me puse el abrigo es porque tenía frío, y yo no tengo la culpa de que aquí exijan andar a la moda y no se ocupen de arreglar el tiempo; porque si en Cuba, por ejemplo, a usted le da la realísima gana de andar con sombrero de paja todo el año, todo el mundo lo encuentra perfectamente bien y aquí se lo rompen; luego, si yo tengo frío, a mí me romperán el alma pero no me quito el abrigo y me hago cargo de quién son los americanos, unos reverendos . . . pretensiosos de saber más que todo el mundo y en eso tienen la prueba las mujeres con abrigo de verano y los hombres en verano con abrigo, en muchos casos.

Y sólo con esta interrupción pasajera terminé el día de hoy mi pega suave y estoy dispuesto a seguir mañana con la misma para que vean que soy un hombre que me gusta trabajar.

Bernardo Vega (1885–1965)

Memorias de Bernardo Vega (fragmento)

Bernardo Vega fue un activista de la comunidad puertorriqueña en la ciudad de Nueva York, desde que llegó en 1916 hasta la Segunda Guerra Mundial, cuando empezó a escribir sus memorias. Su activismo, que abarcaba desde la organización de los sindicatos de trabajadores del tabaco hasta el liderazgo en la vida cultural, también incluía el haber comprado el periódico *Gráfico* en 1927 y trabajar en él como su director. Situado en el corazón de la comunidad hispana como activista, editor y escritor durante los años de gran inmigración y fermentación política, Vega pudo más tarde producir lo que ha llegado a ser considerado como el recuento más detallado y políticamente coherente de la vida puertorriqueña en Nueva York. Nacido en 1885 en Cayey, Puerto Rico (el mismo lugar de nacimiento de Jesús y Joaquín Colón), Vega empezó su labor como activista mientras era un trabajador del tabaco en Puerto Rico, no sólo al organizar a los trabajadores sino también al trabajar para el Partido Socialista. Se llevó esas perspectivas consigo a Nueva York donde su compromiso se intensificó después de haber sido testigo de la explotación que sufrían los inmigrantes hispanos en la ciudad que él llamó "la torre de hierro de Babel". Vega vivió sus últimos años hasta su muerte en Puerto Rico, donde continuó su militancia y estuvo bajo vigilancia policial debido a su protesta contra la House Un-American Activities Committee. Siendo un autor autodidacta, Vega entregó el manuscrito a su amigo y camarada César Andreu Iglesias para que lo editara. El manuscrito fue publicado en España en 1977. Ha sido desde entonces considerado como un texto fundacional de la cultura puertorriqueña. (NK)

Lecturas: Bernardo Vega. *Memorias de Bernardo Vega. Contribución a la historia de la comunidad puertorriqueña en Nueva York.* San Juan: Ediciones Huracán, 1980.

Capítulo XIII

Para 1918, las actividades de recreo entre los puertorriqueños en Nueva York estaban confinadas a los apartamentos en que vivían. Se celebraban cumpleaños y bodas y, naturalmente, las festividades de Nochebuena, Año Nuevo y Reyes, pero siempre en el hogar. Se invitaba a vecinos y amigos.

En esos actos se bailaba, y entre pieza y pieza, se recitaban versos y hasta se decían discursos sobre la patria ausente. Las *charangas*, formadas por músicos puertorriqueños, animaban algunas fiestas. En la generalidad se tocaban discos. Para esta época, ya Columbia había empezado a grabar danzas, aguinaldos y otras melodías criollas.

Casi todas las familias poseían una vitrola y muchas tenían pianolas. Por cierto que cuando se popularizó esa "música de rollos" se explotó a los puertorriqueños de una manera cruel. Se les vendían a plazo las pianolas, por las que pagaban alrededor de 500 dólares. No eran pocos los sueldos que se embargaban a los trabajadores por falta de pago. A veces, cuando la familia tenía que mudarse, se veían obligados a dejar la pianola . . . ¡Su traslado costaba más que el resto de la mudanza!

Las fiestas de los puertorriqueños irritaban a los vecinos de otras nacionalidades debido a la algazara que formaban. Esto provocó altercados y disgustos bastante serios.

Se dieron otras actuaciones poco edificantes. En los apartamentos más espaciosos de Harlem se estableció la costumbre de celebrar fiestas los sábados y domingos. En este caso no se trataba de simples fiestas familiares, sino de bailes en los que se cobraba la entrada. Una vez dentro, se explotaba a los asistentes vendiéndoles golosinas. Y, también, ocurrían otras cosas igualmente reprobables.

Nada de eso se daba en los hogares de los tabaqueros.

Para ese tiempo, en el creciente Barrio Latino vivían más de 10,000 puertorriqueños. Ya se habían abierto las primeras *bodegas* y restaurantes criollos. En sus viajes semanales los barcos traían nuevos emigrantes. Los dueños de los edificios de Harlem se enriquecían obligando a los puertorriqueños a pagar los alquileres más altos, relativamente, de toda la ciudad. Recuerdo un edificio en la Calle 113, cerca de la Quinta Avenida, que cuando lo ocupaban los hebreos pagaban a razón de 17 dólares por apartamento . . . Al ocuparlo las familias puertorriqueñas, subieron el alquiler a 35 dólares.

En el invierno de 1918 debutó en Amsterdam Opera House la compañía teatral de Manuel Noriega. Con Noriega empezó la comunidad puertorriqueña de Nueva York a ver teatro español. Una noche contamos más de doscientos compatriotas, entre éstos muchos tabaqueros que eran muy amantes del teatro.

Otro acto de grato recuerdo fue un recital del poeta mexicano Amado Nervo en el Havermeyer de la Universidad de Columbia.

Durante todo este tiempo se mantenía activo el Círculo de Trabajadores de Brooklyn, sociedad que hemos mencionado antes. Ahora quisiera dar una idea de cómo se desenvolvía regularmente el Círculo. Fue fundado en el siglo pasado y estaba integrado, en su mayoría, por tabaqueros. Todos eran hombres de ideas avanzadas, anarquistas, socialistas o, por lo menos, republicanos de izquierda. Para esta época ya casi toda la matrícula eran viejos, pero con mente juvenil y un corazón siempre lleno de optimismo.

Yo frecuentaba el Círculo. En una noche cualquiera, en invierno, las personas se reunían en grupos alrededor de las mesas. Algunos juegan dominó, damas o ajedrez. Otros sencillamente conversan. Yo voy de un grupo a otro. En una esquina de la sala está el venerable viejo Castañeda. Oigo cuando dice:

—Fue una desgracia que Martí tomara tan a pecho las charlatanerías de Trujillo y de Collazo, y que su amor propio lo llevara a morir en Dos Ríos. Si se hubiera quedado como director y orientador de la revolución, Cuba sería hoy la república más libre y democrática del mundo . . .

Me uno a otro grupo. En éste se halla Miguel Rivera, natural de Cayey, comentando con entusiasmo las resoluciones presentadas por la delegación de México en el Congreso de Laredo:

A pesar de haberlas aceptado la Federación Americana del Trabajo, los yanquis seguirán postergando a los mexicanos . . .

Me acerco a otro grupo que ríe alegremente. Celebran el último cuento de *El Malojero*, quien repite anécdotas de Luis Bonafoux.

Continúo la ronda. Junto a la oficinita administrativa del Círculo se encuentran Pepín y Atanasio Fueyo. Discuten sobre el programa de veladas de invierno que tienen en proyecto. Me entero de que van a representar las obras *Tierra baja*, de Guimera, y *Los vagabundos*, de Gorky. Consideran también montar *El tío Juanito,* de Chéjov, en versión realizada por el obrero puertorriqueño Alfonso Dieppa.

Me acerco a la cantina y pido un pocillo de café. Aquí está José López, español, de oficio escogedor de cigarros. Discute con el anarquista Rojas. Éste dice:

—Los bolcheviques han traicionado a los obreros rusos. Debían haber establecido las comunidades libres y no esa cataplasma de los *Soviets*.

López responde:

—Ustedes, los anarquistas, andan mal de la cabeza. Los hombres salieron de su estado de fieras ayer, ¿y tú quieres llevarlos a un mundo libre, sin ataduras de ninguna clase, y todo de un salto? Si queremos llegar algún día a una sociedad equitativa, hay que obligar a los hombres a ser buenos, no bestias.

Ese era el ambiente.

Años más tarde conocí a un tabaquero puertorriqueño, de nombre Pedro Juan Bonit, quien residía en Nueva York desde 1913. Como información adicional sobre la vida de los emigrantes de esos años, transcribo a continuación la conversación que sostuve con él:

—¿Cuándo llegaste aquí?

—El 22 de diciembre de 1913.

—¿De qué pueblo tú eres?

—Nací y me crié en San Juan.

—¿Qué te indujo a emigrar?

—El afán de conocer mundo. Y también, claro, pensando que mejoraría económicamente.

—¿Dónde viviste cuando llegaste aquí?

—En la casa de huéspedes de Ramón Galíndez, en el 2049 de la Segunda Avenida, entre las calles 105 y 106.

—¿Conseguiste empleo con facilidad?

—En seguida. Había entonces mucho trabajo para torcedores. Es más, los fabricantes de cigarros tenían agentes que les buscaban empleados y por cada operario que les llevaban pagaban cinco pesos. Recuerdo a uno de esos agentes: Damián Ferrer, alias *Batata*.

—¿Dónde fue ese primer trabajo?

—En un chinchalito. Más tarde trabajé en la fábrica de Samuel I. Davis, en la Calle 81 y Primera Avenida. Ahí trabajaban más de cien tabaqueros puertorriqueños.

—¿Había para ese tiempo otros talleres que emplearan tantos puertorriqueños?

—Sí. Muchos.

¿Y en esos talleres, tenían lectores como en Puerto Rico?

—Los había en casi todos. En la fábrica de Davis había dos: Fernando García, quien nos leía los periódicos por la mañana, y Benito Ochart, quien leía la novela por la tarde.

—¿Notaste alguna diferencia entre las obras que se leían aquí y las que se leían en Puerto Rico?

—Bueno . . . Aquí creo que la lectura había progresado un poco más. Se leían libros de mayor valor educativo.

—¿Recuerdas algunas obras?

—Recuerdo *El Juego*, de Barbusse, *La hiena rabiosa*, de Pierre Loti . . .

—¿Quién pagaba a los lectores?

—Nosotros. Cada operario contribuía con 25 centavos semanales.

—¿Se hacían otras colectas?

—Sí. Todas las semanas contribuíamos para la prensa obrera. Y, por lo regular, había alguna colecta para ayudar a algún movimiento huelgario.

—¿Había ya negocios puertorriqueños en el *Barrio*?

—No. Todavía no se habían establecido bodegas ni restaurantes. Sólo existían casas de hospedaje y algunas barberías.

—¿En dónde se podían comprar para esa época plátanos, yautías y demás viandas criollas?

—Había una bodega *latina* en la Calle 136, cerca de Lenox, en el centro del barrio negro. En cuanto a productos españoles, se podían comprar en la tienda de Victoria, Calle Pearl, cerca de John.

—¿Conociste algún establecimiento comercial genuinamente puerto-rriqueño?

—No supe de ninguno. Aunque sí, recuerdo que había una botica de un tal Loubriel por la Calle 22, cerca de la Séptima Avenida.

—¿Recuerdas algunos puertorriqueños que vivieran en tu vecindad?

—Sí. Recuerdo a Andrés Araujo, Juan Nieto, Antonio Díaz, Agustín García, Felipe Montalbán y muchos otros. Creo que, ya en ese tiempo, por las calles 105 y 106, cerca de la Segunda Avenida, residían unas 150 familias puertorriqueñas.

—¿Y en lo que se conoce hoy como *Barrio Latino*?

—No. Ahí, generalmente, vivían hebreos. Si acaso había alguna que otra familia hispana. Para ese tiempo, los puertorriqueños estábamos regados por otros barrios: Chelsea, Brooklyn . . . En Brooklyn, por los alrededores del Astillero y de Boro Hall. También había vecindarios puertorriqueños en el Este, por la calle 20; entre las calles 85 y 64, a lo largo de la Segunda y Tercera avenidas. Y había un sector de profesionales y familias acaudaladas en el Oeste, al otro lado del Parque Central. Allí vivían los doctores Henna, Marxuach . . .

—¿Qué relaciones había entre la comunidad?

—Bueno. Cada clase se desenvolvía en su ambiente. Los tabaqueros éramos los únicos que manteníamos relaciones colectivas. No existían sociedades exclusivamente puertorriqueñas. Pero los tabaqueros teníamos sociedades de socorros mutuos como *La Aurora, La Razón, El Ejemplo* . . . Los círculos educativos eran casi todos de ideología anarquista, excepto el Círculo de Trabajadores de Brooklyn, que admitía trabajadores de distintas ideologías. Los gremios del oficio eran la Internacional de Tabaqueros y La Resistencia . . . En mi barrio había un club llamado El Tropical que daba bailes y celebraba de vez en cuando alguna conferencia. Lo presidía un tal Gonzalo Torres. En el Oeste, recuerdo que también, para esta época, el Dr. Henna presidía el Club Ibero-Americano.

—Para ese entonces, ¿qué periódicos en español se publicaban aquí?

—*Las Novedades,* una publicación española, cuyo director era un tal García, a quien apodábamos El Curita; el semanario anarquista *Cultura Proletaria* y *La Prensa,* entonces semanario.

—¿Dónde compraste tu primera ropa aquí, en Nueva York?

—Me la fió el hebreo Markowsky, quien tenía una tienda en los bajos del edificio en que yo vivía. Allí compraban a crédito muchos tabaqueros.

—¿Se notaban diferencias raciales entre los boricuas?

—Entre tabaqueros, ninguna. Para nosotros no había problemas de raza ni de religión. Pero entre la llamada gente de bien muchos eran más postergadores que los mismos americanos.

—¿Cuánto ganabas para esa época?

—En Davis hacía un salario promedio de 30 dólares semanales.

—¿Y a cuánto ascendían tus gastos?

—Por cuarto, comida y ropa limpia yo pagaba unos 10 dólares semanales.

—¿Se jugaba ya la bolita en ese tiempo?

—Sí. Según he oído, ese juego empezó aquí para el 1870.

—¿Y en cuanto a escándalos entre boricuas?

—De vez en cuando se formaba alguna bronca pero sin resultados graves.

—¿Qué fiestas celebraban ustedes?

—En los hogares se conmemoraban las Navidades, Año Nuevo y Reyes.

—¿Sentían inquietudes por la situación de Puerto Rico?

—Desde luego.

—¿Te gustaría regresar?

—No me hables de cosas tristes. Yo he ido dos veces a Puerto Rico y ojalá pudiera largarme mañana mismo . . .

A fines de 1918 y principios de 1919, las noticias que se recibían de Puerto Rico hacían hincapié en la miseria y en las huelgas que asolaban al país. Había huelgas de miles de trabajadores agrícolas, a los que se perseguía y atropellaba. También los tabaqueros realizaban paros con frecuencia. A esto se sumaban las víctimas de los terremotos . . . *La Prensa* inició una colecta pública para ayudar a estas últimas, y como resultara mezquina la respuesta de los lectores, publicó un editorial quejándose de la poca preocupación por obras caritativas que había entre las comunidades hispanas. Esto originó una polémica en la que terciaron Luisa Capetillo, Gabriel Blanco y otros.

La posición expresada por Luisa fue la más discutida. Ésta culpaba a los gobernantes por la miseria en que se vivía en Puerto Rico. Pedía que se diera a conocer esa situación al pueblo progresista norteamericano, y terminaba diciendo: "La tiranía, como la libertad, no tienen patria, como tampoco la tienen los explotadores ni los trabajadores".

Para esta época Luisa estaba empleada como lectora en una fábrica de cigarros. Debo decir algo de esta gran mujer puertorriqueña, Luisa Capetillo se unió al liderato de la Federación Libre de Trabajadores y participó en mítines y huelgas a través de todo Puerto Rico. Puede decirse, en justicia, que fue la primera mujer sufragista en las Antillas. De temperamento agresivo y dinámico, se dedicó en cuerpo y alma a la defensa de los derechos obreros y a la causa de la liberación femenina. Llegó en este tiempo a Nueva York desde La Habana, donde había causado un "escándalo" al presentarse en las calles vestida con la falda pantalón que sólo las mujeres avanzadas de la época se atrevían a usar.

La última vez que hablé con Luisa fue en una casa de huéspedes que entonces tenía en la Calle 22, cerca de la Octava Avenida. Tenía que trabajar interminablemente y se veía siempre cansada. Pero a pesar de eso no perdía oportunidad de explicar a sus huéspedes sus ideas revolucionarias de fuerte tendencia anarquista. Esto no era óbice para que se comiera muy bien en su casa de hospedaje, porque además de su entusiasmo por la revolución, Luisa sentía gran afición por la cocina. Y como aquella noble mujer de Puerto Rico nunca se preocupó gran cosa por el dinero, allí comía todo el que se acercara con hambre, tuviera o no con qué pagar. Naturalmente, su "negocio" vivía de crisis en crisis, viéndose muchas veces en grandes aprietos para pagar el alquiler del departamento.

Las nuevas generaciones, y especialmente las mujeres de hoy, deberían conocer a Luisa Capetillo, su vida ejemplar de luchadora incansable. Sería una historia de gran interés humano. No sé qué fue de ella después de aquella entrevista.

Mientras tanto, miles de trabajadores puertorriqueños seguían arribando a Nueva York. Los apartamentos de los que ya residían aquí se abarrotaban de familiares, amigos y hasta de simplemente desamparados. Para este tiempo ya se calculaba que la comunidad puertorriqueña ascendía a 35,000 personas. De acuerdo con la estadística de la Internacional de Tabaqueros, había más de 4,500 puertorriqueños inscritos en los distintos gremios de la ciudad. La mayoría de los trabajadores carecían de las destrezas de un oficio. Constituían, pues, abundante mano de obra para cubrir las plazas de más baja remuneración.

No se realizaba ningún esfuerzo serio por organizar a la comunidad y hacer valer sus derechos ciudadanos. Las agrupaciones que existían, como he señalado antes, no respondían a otro propósito que el de organizar bailes. Una excepción de la época lo fue el Club La Luz, con domicilio en la Calle 120, esquina Avenida Lenox, que además de bailes celebraba de vez en cuando alguna velada cultural.

A principios de 1919 circuló el primer número del semanario *El Norteamericano,* publicado por South American Publishing Co., 310 de la Quinta Avenida. Alcanzó gran popularidad entre los hogares hispanos, pero al poco tiempo desapareció.

Para este tiempo visitó Nueva York el gran novelista español Vicente Blasco Ibáñez. Dictó tres conferencias en la Universidad de Columbia. La primera y más comentada giró en torno al tema: *Cómo ven los europeos a América.*

Pero el único acto que realmente merece recordarse, por haber dejado algún impacto en la comunidad puertorriqueña, fueron los Juegos Florales auspiciados por *La Prensa.* Constituyeron, sin duda, el acontecimiento más destacado de las comunidades de habla española en Nueva York desde principios de siglo. El jurado calificador fue integrado por Federico de Onís,

Orestes Ferrara, Pedro Henríquez Ureña y el hispanista norteamericano Thomas Walsh. La entrega de premios se efectuó el 5 de mayo en un acto en Carnegie Hall. Todos los pueblos iberoamericanos estuvieron representados. En ningún otro acto vi tantas mujeres bellas: mexicanas, españolas, dominicanas, cubanas, puertorriqueñas. Correspondió el primer premio a José Méndez Rivas, poeta colombiano, quien recibió la Flor Natural. El escritor dominicano M. F. Cesteros recibió otro premio. En cuanto a la parte de la concurrencia de Puerto Rico allí presente, todos salimos muy contentos. Un joven poeta puertorriqueño había recibido un *accésit* por su poema *Yo soy tu flauta* . . . Su nombre: Luis Muñoz Marín.

ónimo

lavaplatos; El deportado

"El deportado" y "El lavaplatos" fueron compuestos en los últimos años de la década de 1920 o en los primeros años de la década siguiente y pertenecen a un subgénero del corrido conocido como corrido de "inmigración", o sea, el que narra los trabajos y tragedias de los mexicanos en su peregrinaje hacia el norte de la frontera méxicoamericana, legal o ilegalmente, y sus tribulaciones para evitar a las autoridades estadounidenses y tratar de sobrevivir como trabajadores del campo, lavaplatos, albañiles, etc. "El lavaplatos" tiene que ver con la gran diferencia que existe entre lo que un joven mexicano sueña encontrar en los Estados Unidos y la realidad que le espera al cruzar la frontera; regresa a México, más pobre pero indudablemente más feliz. "El deportado" captura la queja de un joven al tener que dejar a su amado México y partir hacia los Estados Unidos durante la Revolución Mexicana, el trato humillante del cual es objeto en los Estados Unidos, su eventual desilusión, la deportación y su regreso feliz a México, una vez que la revolución ha terminado. (ChT)

Lecturas: Américo Paredes. *A Texas-Mexican Cancionero*. Urbana: University of Illinois Press, 1975.

lavaplatos

Soñaba en mi juventud
ser una estrella de cine
Y un día de tantos me vine
a visitar Hollywood.

Un día muy desesperado
por tanta revolución
Me pasé para este lado
sin pagar la inmigración.

Que vacilada,
que vacilada,
me pasé sin pagar nada.

Al llegar a la estación,
me tropecé con un cuate
Que me hizo la invitación
de trabajar en " el traque."

Yo "el traque" me suponía,
que sería algún almacén.
Y era componer la vía
por donde camina el tren.

Ay, que mi cuate,
ay, que mi cuate.
Cómo me llevó pa'l traque.

Cuando me enfadé del traque
me volvió a invitar aquél
a la pizca del tomate
y a desahijar betabel.

Y allí me gané indulgencias
caminando de rodillas,
como cuatro o cinco millas
me dieron penitencia.

Ay qué trabajo,
tan mal pagado,
por andar arrodillado.

Mi cuate, que no era maje
él siguió dándole guerra
y al completar su pasaje,
se devolvió pa' su tierra.

Y yo hice cualquier bicoca
y me fui pa' Sacramento,
cuando no tenía ni zoca,
tuve que entrarle al cemento.

Ay, qué tormento,
ay, qué tormento,
es el mentado cemento.

Échale piedra y arena
a la máquina batidora,
cincuenta centavos hora
hasta que el pito no suena.

En la carrucha mentada
se rajaron más de cuatro.
Y yo pos' como aguantaba,
mejor me fui a lavar los platos.

Qué arrepentido,
qué arrepentido
estoy de haberme venido.

Es el trabajo decente
que lo hacen muchos chicanos,
aunque con l'agua caliente,
se hinchan un poco las manos.

Pa' no hacérselas cansadas,
me enfadé de tanto plato,
y me alcancé la puntada
de trabajar en el teatro.

Ay qué bonito,
ay qué bonito,
circo, maroma y teatrito.

Yo les pido su licencia
pa' darles estos consejos
a los jóvenes y viejos,
que no tengan experiencia.

Aquel que no quiera creer
que lo que digo es verdad,
si se quiere convencer
que se venga para acá.

Y que se acuerde
de este corrido,
es lo único que le pido.

Ya el estage va salir,
ya empezamos a correr.
Ojos que te vieron ir,
¿cuándo te verán volver?

Adiós sueños de mi vida,
adiós estrellas del cine,
vuelvo a mi patria querida
más pobre de lo que vine.

eportado
Voy a cantarles señores,
voy a cantarles señores
todo lo que yo sufrí.
Desde que dejé mi patria,
desde que dejé mi patria
por venir a este país.

Serían las diez de la noche,
serían las diez de la noche,
comenzó un tren a silbar.
Oí que dijo mi madre,
"Ahí viene ese tren ingrato
que a mi hijo se va a llevar."

"Adiós mi madre querida,
adiós mi madre querida,
écheme su bendición.
Yo me voy al extranjero,
yo me voy al extranjero
donde no hay revolución."

Corre, corre maquinita,
corre, corre maquinita,
vámonos de la estación.
No quiero ver a mi madre
llorar por su hijo querido,
por su hijo del corazón.

Al fin sonó la campana,
al fin sonó la campana
dos silbidos pegó el tren.
"No lloren mis compañeros,
no lloren mis compañeros,
que me hacen llorar también."

Nos despedimos,
adiós paisanos,
porque ahora sí ya nos vamos.

Pasamos pronto Jalisco,
pasamos pronto Jalisco,
ay qué fuerte corría el tren.
La Piedad, luego Irapuato,
Silado luego La Chona,
y Aguas Calientes también.

Al recordar estas horas,
al recordar estas horas,
me palpita el corazón.
Cuando devise a lo lejos,
cuando devise a lo lejos
a ese mentado Torreón.

Cuando Chihuahua pasamos,
cuando Chihuahua pasamos
se notó gran confusión,
Los empleados de la aduana,
los empleados de la aduana
que pasaban revisión.

Llegamos por fin a Juárez,
llegamos por fin a Juárez,
y allí fue mi apuración.
"¿Que 'onde vas que de
'onde vienes?
¿Que cuánto dinero tienes
para entrar a esta nación?"

"Señores traigo dinero,
señores traigo dinero
para poder emigrar."
"Tu dinero nada vale,
te tenemos que bañar."

Ay, mis paisanos queridos,
ay mis paisanos queridos,

yo les platico no más.
Que me estaban dando ganas,
que me estaban dando ganas,
de volverme para atrás.

Crucé por fin la frontera,
crucé por fin la frontera,
y en un renganche salí.
Ay, mis queridos paisanos,
ay, mis queridos paisanos,
fue mucho lo que sufrí.

Los güeros son muy maloras,
los güeros son muy maloras,
se valen de la ocasión.
Y a todos los mexicanos,
y a todos los mexicanos,
los tratan sin compasión.

Ahí traen la gran polvareda,
ahí traen la gran polvareda,
y sin consideración.
Mujeres, niños y ancianos
los llevan a la frontera.
Nos echan de esta nación.

Adiós paisanos queridos,
adiós paisanos queridos,
ya nos van a deportar.
Pero no somos bandidos,
pero no somos bandidos,
venimos a camellar.

Los espero allá en mi tierra,
los espero allá en mi tierra,
ya no hay más revolución.
Vamos cuates queridos,
seremos bien recibidos
de nuestra bella nación.

Anónimo

Lamento de un jíbaro; Un jíbaro en Nueva York

Las siguientes son las letras de dos canciones compuestas en la forma tradicional de décima. Formadas por estrofas de diez versos, las décimas han sido compuestas oralmente por los poetas de las montañas desde la colonización de Puerto Rico. Los siguientes son dos ejemplos de canciones grabadas en 1960, como muchas otras que pueden ser cosechadas de la cultura popular de Nueva York y que expresan el carácter distintivo del puertorriqueño que emigra a la ciudad, la nostalgia por el terruño edénico y la idílica vida pastoril que se ha dejado atrás y el miedo de perder el lenguaje y la identidad propia. "Lamento de un jíbaro" fue grabado por su compositor con el acompañamiento tradicional de la guitarra, el cuatro (guitarra de cuatro cuerdas con tono más alto) y el güiro (calabaza seca que produce sonido por fricción), y en el estilo auténtico de los que viven en las montañas. En contraste, "Un jíbaro en Nueva York" fue instrumentado como salsa de la gran ciudad y cantado con ironía. (NK)

Lecturas: Nicolás Kanellos y Helvetia Martell. *Hispanic Periodicals in the United States: A Brief History and Comprehensive Bibliography.* Houston: Arte Público Press, 2000.

ᴺento de un jíbaro

Yo vengo desde las montas
del gran cerro de Guiarte
y traigo como estandarte
el canto hondo de Adjuntas
Allí yo dejé mi yunta
de bueyes que poseía
para hacer la travesía
a esta ciudad nuyorquina
y hoy ninguno se imagina
cuánto es yo mi serranía.

Allí yo dejé mi finquita
y todos mis animalitos
y el amor más infinito
de mi pobre viejecita
Y hoy ruego a Dios me permita
poder volver algún día
y contemplar la serranía
en donde tuve mi niñez
para pasar mi vejez
en Borinquen, tierra mía.

Estoy echando de menos
todo lo que allí dejé
Yo no me explico por qué
vine a este país ajeno
y allí vivía más sereno
y más tranquilo en mi bohío
contemplando la estancia
su verdor y su belleza
que dio la Naturaleza
a ese terruñito mío.

Aquí en suelo nuyorquino
siento dentro de mi pecho
la falta que a mí me ha hecho
el ambiente campesino
Tal vez sería mi destino
venir a tierras extrañas
Pero algún día a las montañas
de Adjuntas yo volveré
y mis despojos dejaré
guardados en sus entrañas.

jíbaro en Nueva York

Me refiero a los hispanos
que llegando a Nueva York
que al tirarse del avión
se les olvidó el castellano.
Allá encontré a Mariano
un jíbaro de Jagüey
que al montarse en el subway.
Le pregunté cómo estaba
y lo que me contestaba
Era, " I don't know what you say!"

Y como lo conocía
desde que estaba en Jayuya
seguí haciéndole preguntas
a ver lo que me decía.
Aún por eso no quería

declararse que era hispano.
Le pregunté por su hermano
Y me dijo, "Oye esto, brother,
I love my father and mother"
igual que un americano.

Y al fin por última vez
me dijo, "Estoy vacilando
pero siempre sigo hablando
en español y en inglés".
Siguió diciéndome "yes"
siempre en el mismo vaivén
y al desmontarse del tren,
no es mentira lo que digo
por decirme, "Adiós, amigo",
me dijo, "Goodbye, my friend!"

Anónimo

El jíbaro atravesao

Este poema publicado anónimamente en *El Curioso* de Brooklyn, el 16 de junio, 1934, reúne muchos de los temas y tendencias de la literatura popular de inmigración: expresarse por escrito utilizando dialecto popular, intensificar la identidad nacionalista por el roce de otras nacionalidades en la metrópoli, insistir en la endogamia como respuesta a la amenaza de aculturación y la pérdida de identidad. Durante la Depresión, también los temas del desempleo y la asistencia pública (Home Relief) eran frecuentes. Nótese que el autor considera a los italianos como extranjeros, lo cual nos lleva a concluir que aunque en todo respecto éste es un ejemplo de literatura de inmigración, sin embargo, en este aspecto de la identidad política, el autor como puertorriqueño se considera nativo en Brooklyn o en cualquier parte de los Estados Unidos. (NK)

Lecturas: Joaquín Colón. *Pioneros puertorriqueños en Nueva York.* Ed. Edwin Karli Padilla Aponte. Houston: Arte Público Press, 2001.

Yo nunca e podío quejarme
de vení a este país
porque si he tenío ambre
me la matao el "jom relif".

Yo nunca me enamorao
de ninguna de otra raza
porque la puertorriqueña
es la que da amor sin taza.

En tovía yo no me fijao
en mujer del ehtranjero
porque tengo oselvao
que no hay sal en el salero.

Yo no soy como aquel jíbaro
que a una italiana amor jizo
y con la mano y muy claro
le dijo "mi no capiso".

Américo Meana (fechas desconocidas)

Oración al "Home Relief"

Como muchos de los poetas de la clase trabajadora que contribuyeron con su verso al medio popular, Américo Meana fue un observador agudo de la realidad urbana. Sus poemas aparecieron durante los años de la Depresión en los periódicos hispanos en Nueva York. Se conoce poco acerca de este poeta puertorriqueño (Un corpus de su poesía junto con varios de sus trabajos se halló en los papeles de Jesús Colón). En su "oración", poema en prosa, que apareció en *El Curioso* de Brooklyn en junio de 1935, Meana satiriza el programa que ayuda a mucha gente pobre a sobrevivir durante la Depresión haciendo una comparación entre un dios y el programa de "relief", como se conoció hasta los años de 1960. (NK)

Lecturas: Bernardo Vega. *Memoirs of Bernardo Vega*. César Andreu Iglesias, ed. Trad. Juan Flores. New York: Monthly Review Press, 1984.

¡Oh, Home relief Piadoso, tú que todo lo das, que pagas la renta, que pagas la luz y pagas gas, haz que todos los santos y las vírgenes que están a tu mando sean puntuales y así mi papá no cogerá mucho en la bodega!

¡Oh, Home Relief, Dios del Bolsillo, mándame ropa y un buen pestillo!

¡Oh, Home Relief Adinerado, ordena que me traigan un ticket para comprar un traje de baño y otro para el teatro!

¡Oh, Home Relief Humanitario, no dejes que el Todopoderoso Mr. Hudson venga con la broma pesada de darme trabajo y díle que le aumente el cheque a mi papito, para que me compre un traje largo que necesito!

Adórote Home Relief, que a matar el hambre vienes. Te acojo con frenesí, pues sé el amor que me tienes.

Tú me amas con tal brío, que me das pan y jamón. Y para mitigar el frío, tú me regalas carbón.

Tú eres tan bueno que todo lo das, tú me pagas luz y me pagas gas: pero no conforme yo te pido más.

(Se le reza una salve a San Acércate).

Acércate Home Relief, que quiero verte cuando traes el cheque de la comida; si me atrasas el cheque, me das la muerte, pero si me lo traes, me das la vida.

Amén

Nota: Esta oración debe hacerse tres días antes de venir el cheque, luego se debe rezar un San Noteolvides y hay que regar la puerta con agua bendita en polvo.

ené Marqués (1919–1979)

carreta (fragmento)

Escrita en 1951, *La carreta* es la obra puertorriqueña de emigración por excelencia. En cada uno de sus tres actos, el texto dramatiza las experiencias trágicas de una familia de jíbaros (campesinos) en su movimiento migratorio de las montañas de Puerto Rico a los barrios humildes de San Juan, y de ahí a la metrópoli de Nueva York. Llevado por un fervor casi religioso hacia la potencialidad de la máquina —símbolo de la economía industrial moderna— para mejorar la vida humana, el hijo mayor (Luis) convence a su familia de la necesidad de abandonar la tierra y el trabajo agrícola. Una serie de calamidades arrojan a la familia en un espiral invertido de degradación moral y desgracia. La obra está escrita en un estilo de realismo poético, y el español original ficcionaliza el dialecto de los jíbaros. René Marqués hizo estudios en Nueva York por unos años, pero vivió la mayor parte de su vida en Puerto

Rico. Sin embargo, sus obras han sido consideradas como fundacionales en la representación de la experiencia puertorriqueña de migración y cruciales en la formación de la literatura de inmigración puertorriqueña. Su polémica imagen de la migración como cierto tipo de "viaje al infierno" ha influido en las generaciones más jóvenes de escritores inmigrantes puertorriqueños durante las últimas cinco décadas. Aunque profesionalmente era agrónomo, Marqués abandonó esa carrera para convertirse en uno de los escritores más notables de su país. En 1949 aceptó una subvención de la Fundación Rockefeller para estudiar teatro en la Universidad de Columbia y en el Taller de Teatro de Piscator; y en 1957 vivió por otro breve intervalo en la ciudad gracias a haber recibido la beca Guggenheim. Poco después de su regreso a Puerto Rico en 1950, empezó a escribir *La carreta*, obra que estrenó en Nueva York en 1953. La siguiente selección corresponde a las últimas escenas de la obra, después que Doña Gabriela (la madre) ha revelado a su hija Juanita un secreto que desconoce Luis: que él no es un hijo legítimo de la familia. (ALO)

Lecturas: René Marqués. *La carreta*. Río Piedras: Editorial Cultural, 1983; *El puertorriqueño dócil y otros ensayos, 1953–1971*. Río Piedras: Editorial Antillana, 1993.

(*Tocan a la puerta.* DOÑA GABRIELA *se seca las lágrimas rápidamente.*)

DOÑA GABRIELA: Hay alguien ahí.

JUANITA: Váyase al cuarto. Yo abriré.

DOÑA GABRIELA: No, no. Vete tú a preparar el almuerzo. Yo atenderé al que sea.

(DOÑA GABRIELA *va al pasillo de entrada,* JUANITA *duda un instante y luego sale del fondo.* DOÑA GABRIELA *abre la puerta y entra* MR. PARKINGTON, *un norteamericano alto de alrededor de cuarenta años. Viste de negro y lleva al brazo una gabardina de otoño. Trae un maletín de cuero en la mano y una sonrisa extremadamente amable en los labios. Habla español con fluidez, pero con marcado acento norteamericano.*)

PARKINGTON: ¡Muy buenos días!

DOÑA GABRIELA: ¡Buenoh . . . !

PARK: ¿La señora de la casa, sin duda?

DOÑA GABRIELA: ¿En qué puedo servirle?

PARK: Si no es molestia tendría el sumo placer en hablarle en nombre del Señor.

DOÑA GABRIELA: ¿Qué señor . . . ?

PARK: El Señor Creador del Cielo y de la Tierra. ¡He nombrado a Jehová, mi querida hermana! ¿Puedo pasar? (*Pasa sin esperar respuesta.*) Gracias, es usted sumamente amable. (DOÑA GABRIELA, *mirándole asombradísima cierra la puerta y le sigue hasta la sala. El visitante echa una ojeada y al ver la estampa del Corazón de Jesús, frunce el ceño, se acerca a la pared del fondo, mira la litografía y se vuelve murmurando despectivamente.*) Idolatry! Ignorant folks!

DOÑA GABRIELA: ¿Cómo dice?

PARK: (*Recobrando su sonrisa amable.*) Digo que tenemos que hablar, señora. ¿Puedo sentarme? (*Se sienta antes de que* DOÑA GABRIELA *pueda indicarle que lo haga.*) Gracias.

JUANITA: (*Invisible en la cocina.*) ¿Quién eh, mamá?

DOÑA GABRIELA: No sé. Un americano . . .

PARK: Parkington es mi nombre, hermana.

JUANITA: (*Apareciendo en la puerta del fondo con una lata de jamón picado en una mano y el abridor en la otra.*) ¿Y qué quiere?

DOÑA GABRIELA: Entoavía ehtoy ehperando que me lo diga.

PARK: (*Levantándose al ver a* JUANITA.) Mucho gusto, señorita.

JUANITA: (*Midiéndole de pies a cabeza mientras le habla a* DOÑA GABRIELA.) Mamá, te tengo dicho que aquí no se le abre la puerta a gente que uno no conose.

DOÑA GABRIELA: La puerta de mi casa siempre ha ehtao abierta. Aquí si la sierro eh por el frío. Bueno, señor, acabe de decir lo que tiene que decir. (JUANITA *sale fondo.*)

PARK: Muchas gracias, señora. La hospitalidad de los latinos es maravillosa. Siempre lo he dicho. Pues bien, tenga usted mi tarjeta. (*Se la entrega y vuelve a sentarse.*) Como verá soy representante de la iglesia de Dios, Incorporada.

DOÑA GABRIELA. (*Estupefacta.*) ¿Dioh incorporao? ¿Incorporao a qué?

PARK: No, no. Dios no está incorporado. La que está incorporada es la Iglesia.

DOÑA GABRIELA: ¿Y qué quiere decir eso?

PARK: (*En un aprieto.*) Quiere decir . . . verá usted . . . Incorporado es . . . una corporación.

JUANITA: (*Invisible en la cocina.*) ¡Cómo lah sentraleh, mamá! ¡Cómo lah sentraleh de Puerto Rico!

DOÑA GABRIELA: No entiendo. Pero siga . . .

PARK: Bueno, habrá usted leído en los periódicos . . . es algo que ha tenido una magnífica publicidad, una publicidad de primera plana . . . la creación del Comité Municipal Pro Mejora de los Puertorriqueños. El alcalde de esta gran democrática ciudad de New York está terriblemente interesado en ustedes. (JUANITA *aparece en la puerta del fondo y escucha con aire escéptico.*) El alcalde, siguiendo la doctrina de Jehová, no distingue entre negros o blancos, ricos o pobres, puertorriqueños o americanos.

JUANITA: ¿Dende cuándo?

PARK: (*Cortado.*) ¿Cómo dice la señorita?

JUANITA: La señorita dise que dende cuando el alcalde no hase dihtingoh.

PARK: (*En otro aprieto.*) Pues . . . Desde siempre. Pero claro, se han cometido errores en el pasado . . . Errores que todos lamentamos . . . ¡Eso no volverá a suceder! Ahora será otra cosa.

JUANITA: ¿Qué cosa?

PARK: ¿Cómo?

JUANITA: Digo, que qué cosa será otra de ahora.

PARK: Pues . . . el mejoramiento de la colonia puertorriqueña, señorita. Para que así pueda estar a nivel . . . (*Se da cuenta de que mete la pata.*) Quiero decir, para que sea igual . . . (*Se muerde la lengua a tiempo.*) Bueno . . . que no sea objeto de discriminación.

JUANITA: (*Apoyándose en el marco de la puerta de la cocina.*) De mó que noh van a haser mejoreh. Noh van a haser tan buenoh comoa los americanoh. Eso quere desir que ahora no somoh buenoh, que no somoh igualeh que uhtedeh.

PARK: ¡Por favor, señorita! Usted entiende mal. Quizás sea mi español.

JUANITA: (*Adelantándose un paso.*) Mire, "mihter", lo que uhté quiere desir se lo entiendo yo jahta en chino. Ehtá clarito como la lus del día. (*Mira hacia la ventana y se corrige.*) Como la lus del día en mi paih, por supuesto. (*Sale fondo.*)

PARK: ¡Oh, qué lástima! La señorita no entiende. Pero el caso es que la Iglesia de Dios, Incorporada, va a cooperar estrechamente con el Comité Municipal Pro Mejora de los Puertorriqueños. Es una labor titánica, hermana mía. ¡Pero lo haremos! Puede estar segura que la haremos. (*Saca unos folletos que va entregándole a* DOÑA GABRIELA.) La Iglesia de Dios, Incorporada, está a cargo de la labor social y religiosa en esta zona. Quizás otras Iglesias vengan también. Pero hermana mía, la salvación sólo está en Jehová, Jehová es el que señala el camino. Aquí tiene información reveladora. Está en español, muy bien traducido. Todo buen americano cree en Jehová y los puertorriqueños son buenos americanos. Nosotros no hacemos . . . "distingos", para usar la frase pintoresca y simpática de la señorita. Todos somos hijos de Jehová.

DOÑA GABRIELA: Dígame, señor. ¿Por qué uhté le llama Jehová a Dios? ¿Eso eh en ingléh?

PARK: (*Otra vez desconcertado.*) ¡No, señora! ¿Jehová es el nombre hebreo de Dios!

DOÑA GABRIELA: ¡Ah! ¿Uhté eh judío?

PARK: (*Ofendido.*) ¡No, hermana, yo soy americano! ¡Un buen americano! Jehová es el nombre que da la Biblia al Dios omnipotente. El único nombre, el verdadero. La Biblia, hermana, es la palabra. Los papistas, desgraciadamente, están muy desorientados. Pero es nuestra misión iluminarlos mediante la palabra de Jehová. Tome usted. Esta biblia le revelará a usted la verdad. Está en español, muy bien traducida del inglés. Y es gratis, completamente gratis.

JUANITA: (*Apareciendo en la puerta del fondo.*) No gahte máh saliva, "mihter". Mamá, ehte señor eh protehtante y lo que trata eh de venderte propaganda de su iglesia americana incorporá.

DOÑA GABRIELA: ¡Ah, era eso!

PARK: (*Protestando indignado.*) ¡Vender! ¡Señorita, le estoy regalando a su madre la palabra de Dios! ¡Gratis, completamente gratis!

DOÑA GABRIELA: (*Devolviéndole los libros y folletos.*) Lo siento mucho, señor. Aquí somoh católicoh.

PARK: ¡Pero no importa! Quédese con ellos, hermana. Léalos. ¡Son gratis!

DOÑA GABRIELA: Ni gratih podría leerloh. (*Se los entrega. JUANITA sale fondo.*)

PARK: ¡Pero eso ya es fanatismo!

DOÑA GABRIELA: No sé leer, señor. Pero grasiah detó móh.

PARK: (*Tratando de salir airoso de la situación.*) Pero . . . pero es que ustedes deben entender que nuestra misión no es sólo religiosa. Es también social.

DOÑA GABRIELA: (*Queriendo ser amable y demostrar interés por algo de lo que propone el visitante.*) ¡Ah, van a dar baileh!

PARK: (*Dando un salto.*) ¿Bailes?

DOÑA GABRIELA: (*Cohibida.*) ¿Pero uhté no dise . . . ?

PARK: (*Espantado.*) ¡Que me salga un cáncer en la lengua si yo he dicho semejante monstruosidad! ¡El baile es una invención del demonio! ¡Jamás, hermana, jamás! ¡Jamás verá usted a un hijo de Jehová cometiendo tan horrendo pecado!

DOÑA GABRIELA: ¡Ay uhté perdone!

PARK: Somos parte del Comité Pro Mejora de los Puertorriqueños. Y no resolvemos problemas sociales con bailes. Lo que hacemos son reuniones. Y se discuten problemas. Y se hace labor de orientación. (*Saca otra serie de folletos.*) Los puertorriqueños tienen que orientarse en esta civilización mecanizada. Tienen que conocer el mundo de las máquinas. Mire, aquí hay folletos muy útiles. Son en español, muy bien traducidos. (*Le va dando los folletos a* DOÑA GABRIELA.) Los obreros puertorriqueños tienen que conocer sus responsabilidades y rendir el máximo de labor. Nosotros los orientamos. Y así se evitan dificultades. Y se evitan accidentes. Como ese que acaba de ocurrir ahí en la fábrica de calderos.

DOÑA GABRIELA: ¿En la fábrica de calderoh?

PARK: Sí, señora, sí. Me tropecé con el tumulto momentos antes de venir aquí. (JUANITA *aparece en la puerta del fondo.*) Todo por un descuido, por una torpeza de un obrero puertorriqueño. Es por eso que le digo . . .

JUANITA: (*Adelantándose.*) ¿Un obrero puertorriqueño?

PARK: Sí, señorita. Es por eso que le digo que la orientación obrera es esencial en una sociedad altamente mecanizada.

DOÑA GABRIELA: ¿Qué pasó en la fábrica de calderoh?

PARK: El accidente que le dije. Porque New York, como bien afirma nuestro democrático alcalde, le abre los brazos a los puertorriqueños. Pero . . .

JUANITA: ¿Qué accidente? ¿Qué accidente?

PARK: (*Molesto por las interrupciones.*) ¿Pero no se lo he dicho ya?

DOÑA GABRIELA: (*Terriblemente angustiada.*) ¡No, no ha dicho uhté ná! ¡Diga, por la Vihnen del Carmen, diga lo que pasó!

PARK: Bueno, uno de esos accidentes comunes cuando se trata de gente que no está familiarizada . . .

JUANITA: (*Yendo a él, violenta.*) ¡Déjese de ehtupideseh y acabe! ¡Acabe de desir! ¿Qué pasó? ¿Qué pasó en la fábrica de calderoh?

PARK: Pero señorita, si no me deja usted hablar. Pues resulta que un obrero estaba examinando el interior de una de las máquinas. La máquina empezó a funcionar y el hombre quedó atrapado entre las mil piezas de acero que siguieron moviéndose a toda velocidad. El cuerpo del infeliz . . . (*Se oye tocar violentamente a la puerta al mismo tiempo que se escucha la voz apremiante de* LIDIA: *¡Juanita! ¡Juanita! ¡Juanita abre! ¡Juanita!"* JUANITA *corre a la puerta de la derecha y abre. Entra* LIDIA *demudada. Trata de hablar en voz baja a* JUANITA. DOÑA GABRIELA *da un paso hacia el pasillo pero se detiene en la sala con los ojos muy abiertos, los dedos de ambas manos apretados contra los labios como si quisiera impedir que algo vital escapara de su cuerpo.*)

LIDIA: (*Jadeante, en voz baja.*) ¡Juanita! El teléfono. Es la ofisina del "janitol". ¡Es urgente! Ven enseguida. ¡Es urgente! (JUANITA *y* LIDIA *salen presurosas por la derecha.*)

(DOÑA GABRIELA *se dirige lentamente al sofá del fondo. Se detiene frente a él, ante la imagen del Corazón de Jesús. Se deja caer de rodillas y hunde el rostro en el cojín del asiento del sofá. Sólo vemos su espalda encorvada que se mueve al ritmo de una respiración anhelante.* MR. PARKINGTON, *desconcertado, no sabe qué hacer. Al fin recoge sus cosas en silencio. Luego da un paso hacia* DOÑA GABRIELA. *Se detiene. Se vuelve lentamente y sale a la derecha. Intervalo. Inmovilidad. Silencio. Por la derecha entra* JUANITA. *Luego,* LIDIA. JUANITA *está muy pálida y sus movimientos dan la impresión de un momentáneo sonambulismo. Entra lentamente en la sala.* LIDIA, *llorando en silencio, la sigue a distancia. Al llegar al final del pasillo y ver a* DOÑA GABRIELA *de rodillas,* LIDIA *se detiene y se lleva las manos a la boca para ahogar un sollozo. Recostada sobre la pared, el rostro entre las manos, llora silenciosamente.* JUANITA *sigue avanzando. Se detiene junto a* DOÑA GABRIELA *y con la mirada perdida en el vacío dice:*)

JUANITA: El huérfano encontró lo que buhcaba, madre. Luis dehcubrió al fin el mihterio de lah máquinah que dan vida. (DOÑA GABRIELA *per-*

manece inmóvil. JUANITA *baja lentamente los ojos hacia la figura arrodillada.*) ¿Entendió lo que le dije, mamá?
(DOÑA GABRIELA *va alzando la cabeza hasta mirar el Corazón de Jesús.*)
DOÑA GABRIELA: Acógelo en tu seno, Señor. Sé buen padre pa mihijo.
JUANITA: Lo llevarán del hohpital a la funeraria máh sercana. Dentro de una hora podemoh ir a velarlo.
(DOÑA GABRIELA *se levanta.*)
DOÑA GABRIELA: No quiero que lo entierren en ehta tierra sin sol. ¿Cohtará mucho llevarlo a Puerto Rico?
JUANITA: No importa lo que cuehte. Se hará lo que uhté diga.
DOÑA GABRIELA: (*Notando la presencia de* LIDIA.) ¿Cómo ehtá la nena, Lidia? (LIDIA *corre a echarse en brazos de* DOÑA GABRIELA *y solloza convulsa sobre su hombro.* DOÑA GABRIELA *la acaricia maternal.*) Vamoh. Vamoh. No lloreh. Mihijo eh felis ahora. La tierra donde nasió será pa siempre la madre que lo haga dormir sin trabajoh ni doloreh. (LIDIA *se separa de los brazos de* DOÑA GABRIELA, *va al pasillo más calmada, enjugándose las lágrimas y sale derecha.* DOÑA GABRIELA *habla con acento iluminado.*) Porque ahora me doy cuenta lo que noh pasaba a toh. ¡La mardisión de la tierra! La tierra es sagrá. La tierra no se abandona. Hay que volver a lo que dejamoh pa que no noh persiga máh la mardisión de la tierra. Y yo vuervo con mihijo a la tierra de onde salimoh. Y hundiré mih manoh en la tierra colorá de mi barrio como lah hundía el abuelo pa sembrar lah semillah. Y mih manoh volverán a ser fuerteh. Y volverá a oler mi casa a pacholí y yerbabuena. Y habrá tierra afuera. Cuatro cuerdah a mediah. ¡Manque no sean máh! Eh la tierra buena. Eh tierra que da vía— Cuatro cuerdah sólo. ¡Manque no sean nuehtrah!
JUANITA: Y será nuehtrah. ¡Serán suyah, mamá! Porque yo también me vuelvo con uhté a mi barrio.
DOÑA GABRIELA: (*Como despertando de un sueño, suavemente.*) ¿Tú? ¿Tú también? Pero tú desíah que ahora la carreta de tu vía la dibah a guiar pa onde tú quisierah.
JUANITA: ¡Por eso, mamá, por eso! Porque la guío pa donde yo quiero. Y llegaremoh al barrio anteh de que Miguel venda esah cuerdah. Y si eh verdá que Miguel me quiere seré su mujer y la tierra será nuehtra. Y salvaremoh a Miguel de venir a buhcar el mihterio que mató a mi hermano. Y salvaremoh a Chaguito. Porque no eh cosa de volver a la tierra pa vivir como muertoh. Ahora sabemos que el mundo no cambia por sí mihmo. Que somoh nosotroh loh que cambiamoh al mundo. Y vamoh a ayudar a cambiarlo. Vamoh a dir como gente de digniá, como desía el abuelo. Con la cabesa muy alta. Sabiendo que hay cosah por qué luchar. Sabiendo que tóh los hijoh de Dióh somoh igualeh. Y mis hijoh aprenderán cosah

que yo no aprendí, cosah que no enseñan en la ehcuela. ¡Así volveremoh al barrio! ¡Uhté y yo, mamá, firmeh como ausuboh sobre la tierra nuehtra, y Luis dehcansando en ella!

DOÑA GABRIELA: Sí, así como tú diseh. Como ausuboh. Firme como ausuboh. (*La voz empieza a quebrarse.*) ¡Como ausuboh que lah maquinah no puéan jamáh talar! (*Solloza. Su llanto, largo tiempo contenido, va desbordándose ruidosamente, hasta que todo el cuerpo se sacude y empieza a troncharse. Poco a poco* DOÑA GABRIELA *va deslizándose al piso, al lado de* JUANITA, *y queda arrodillada, luego sentada sobre los talones, luego encorvada sobre sí misma como un ovillo pequeño, insignificante, agitado de sollozos y sollozos y transido de dolor, a las pies de la hija que se yergue firme y decidida.*)

Pedro Juan Soto (1928–)

Garabatos

"Garabatos" forma parte de la primera colección de cuentos de Pedro Juan Soto, *Spiks*, publicada en España en 1957. Al igual que otros escritores puertorriqueños de su generación (por ejemplo, René Marqués, ver su sección en esta antología), en los relatos de *Spiks* Soto nos ofrece una imagen sórdida de la vida de los emigrantes puertorriqueños en la ciudad de Nueva York mediante un estilo que es a la vez violentamente realista y poético. La pobreza y la discriminación, la suciedad y la degradación moral, la desesperanza y la crueldad son algunos de los atributos que caracterizan el mundo habitado por los personajes de estas ficciones. En un gesto autorreflexivo, "Garabatos" también tematiza el concepto problemático —compartido por muchos escritores contemporáneos de Soto— de que la vida migrante no sólo era antagónica a la creatividad literaria del hombre puertorriqueño sino que en general era una experiencia culturalmente emasculadora. Soto emigró con sus padres a la ciudad de Nueva York cuando tenía dieciocho años. Allí siguió sus estudios universitarios mientras trabajaba para sobrevivir. Más tarde fue matriculado en el ejército de los Estados Unidos y enviado a Corea. En 1954 regresó a Puerto Rico y trabajó en la editorial de la División de Educación a la Comunidad, uno de los proyectos educativos de mayor alcance social auspiciados por el estado a mediados del siglo xx. Eventualmente sería profesor de literatura hispanoamericana en la Universidad de Puerto Rico. En 1979, Soto sufrió una inmensa tragedia cuando su hijo, Franciso Soto Arriví, quien era militante del movimiento independentista puertorriqueño, fue emboscado y asesinado por la policía en uno de los crímenes políticos más dolorosos de la historia puertorriqueña reciente, conocido como la Masacre del Cerro Maravilla. (ALO)

Lecturas: Pedro Juan Soto. *Usmaíl*. Río Piedras: Editorial Cultural, 2000, 1959; *La sombra lejana*. Guaynabo: Editorial Plaza Mayor, 1999; *Spiks*. Río Piedras: Editorial Cultural, 1989, 1973.

El reloj marcaba las siete y él despertó por un instante. Ni su mujer estaba en la cama, ni sus hijos en el camastro. Sepultó la cabeza bajo la almohada para ensordecer el escándalo que venía desde la cocina. No volvió a abrir los ojos hasta las diez, obligado por las sacudidas de Graciela.

Aclaró la vista estregando los ojos chicos y removiendo las lagañas, sólo para distinguir el cuerpo ancho de su mujer plantado frente a la cama, en aquella actitud desafiante. Oyó la voz estentórea de ella, que parecía brotar directamente del ombligo.

—¡Qué! ¿Tú piensah seguil echao toa tu vida? Parece que la mala barriga te ha dao a ti. Sin embalgo, yo calgo el muchacho.

Todavía él no la miraba a la cara. Fijaba la vista en el vientre hinchado, en la pelota de carne que crecía diariamente y que amenazaba romper el cinturón de la bata.

—¡Acaba de levantalte, condenao! ¿O quiereh que te eche agua?

Él vociferó a las piernas abiertas y a los brazos en jarras, al vientre amenazante, al rostro enojado.

—¡Me levanto cuando me salga di adentro y no cuando uhté mande! ¡Adió! ¿Qué se cree uhté?

Retornó la cabeza a las sábanas, oliendo las manchas de brillantina en la almohada y el sudor pasmado de la colcha.

A ella le dominó la masa inerte del hombre: la amenaza latente en los brazos quietos, la semejanza del cuerpo al de un lagartijo enorme.

Ahogó los reproches en un morder de labios y caminó de nuevo hacia la cocina, dejando atrás la habitación donde chisporroteaba, sobre el ropero, la vela ofrecida a San Lázaro. Dejando atrás la palma bendita del último Domingo de Ramos y las estampas religiosas que colgaban de la pared.

Era un sótano donde vivían. Pero aunque lo sostuviera la miseria, era un techo sobre sus cabezas. Aunque sobre ese techo patearan y barrieran otros inquilinos, aunque por las rendijas lloviera basura, ella agradecía a sus santos tener donde vivir. Pero Rosendo seguía sin empleo. Ni los santos lograban cambiarlo. Siempre en las nubes, atento más a su propio desvarío que a su familia.

Sintió que iba a llorar. Ahora lloraba con tanta facilidad. Pensando: *Dios Santo si yo no hago más que parir y parir como una perra y este hombre no se preocupa por buscar trabajo porque prefiere que el gobierno nos mantenga por correo mientras él se la pasa por ahí mirando a los cuatro vientos como Juan Bobo, y diciendo que quiere ser pintor.*

Detuvo el llanto apretando los dientes, cerrando la salida de las quejas que pugnaban por hacerse grito. Devolviendo llanto y quejas al pozo de los nervios, donde aguardarían a que la histeria les abriera cauce y les transformara en insulto para el marido, o nalgada para los hijos, o plegaria para la Virgen del Socorro.

Se sentó a la mesa, viendo a sus hijos correr por la cocina. Pensando en el árbol de Navidad que no tendrían y los juguetes que mañana habrían de envidiarle a los demás niños. Porque esta noche es Nochebuena y mañana es Navidad.

—¡Ahora yo te dihparo y tú te caeh muelto!

Los niños jugaban debajo de la mesa.

—Neneh, no hagan tanto ruido, bendito . . .

—¡Yo soy Chen Otry! —dijo el mayor.

—¡Y yo Palón Casidi!

—Neneh, que tengo dolol de cabeza, pol Dioh . . .

—¡Tú no ereh Palón ná! ¡Tú ereh el pillo y yo te mato!

—¡No! ¡Maaa-mii!

Graciela torció el cuerpo y metió la cabeza bajo la mesa para verlos forcejear.

—¡Muchachoh, salgan de ahí! ¡Maldita sea mi vida! ¡ROSENDO ACABA DE LEVANTALTE!

Los chiquillos corrían nuevamente por la habitación gritando y riendo uno, llorando el otro.

—¡ROSENDO!

II

Rosendo bebía el café negro sin hacer caso de los insultos de la mujer.

—¿Qué piensah hacer hoy, buhcal trabajo o seguil por ahí, de bodega en bodega y de bar en bar, dibujando a tó esoh, vagoh?

El bebía el café del desayuno, mordiéndose los labios distraídamente, fumando entre sorbo y sorbo su último cigarrillo. Ella daba vueltas alrededor de la mesa, pasándose la mano por encima del vientre para detener los movimientos del feto.

—Seguramente iráh a la teltulia de loh caricortaoh a jugar alguna peseta prehtá, creyéndote que el maná va a cael de cielo hoy.

—Déjame quieto, mujer . . .

—¡Sí, siempre eh lo mihmo: déjame quieto! Mañana eh Crihmah y esoh muchachoh se van a quedal sin jugueteh.

—El Día de Reyeh eh en enero . . .

—A Niu Yol no vienen loh Reyeh. ¡A Niu Yol viene Santa Cloh!

—Bueno, cuando venga el que sea ya veremoh . . .

—¡Ave María Purísima, qué padre, Dioh mío! ¡No te preocupan na máh que tuh garabatoh! ¡El altihta! ¡Un hombre viejo como tú!

Él se levantó de la mesa y fue al dormitorio, hastiado de oír a la mujer.

Miró por la única ventana. Toda la nieve caída tres días antes estaba sucia. Los automóviles habían aplastado y ennegrecido la del asfalto. La de las aceras había sido hollada y orinada por hombres y perros.

Los días eran más fríos ahora porque la nieve estaba allí, hostilmente presente, envilecida, acomodada en la miseria. Desprovista de toda la inocencia que trajo el primer día.

Era una calle lóbrega, bajo un aire pesado, en un día grandiosamente opaco.

Rosendo se acercó al ropero para sacar de una gaveta un envoltorio de papeles. Sentándose en el alféizar, comenzó a examinarlos. Allí estaban todas las bolsas de papel que él había recogido para romperlas y dibujar. Dibujaba de noche, mientras la mujer y los hijos dormían. Dibujaba de memoria los rostros borrachos, los rostros angustiados de la gente del Barrio: todo lo visto y compartido en sus andanzas del día.

Graciela decía que él estaba en la segunda infancia. Si él se ausentaba de la mujer quejumbrosa y de los niños llorosos, explorando en la Babia imprecisa de sus trazos a lápiz, la mujer rezongaba y se mofaba.

Mañana era Navidad y ella se preocupaba porque los niños no tendrían juguetes. No sabía que esta tarde él cobraría diez dólares por un rótulo hecho ayer para el bar de la esquina. Él guardaba esa sorpresa para Graciela. Como también guardaba la sorpresa del regalo de ella.

Para Graciela él pintaría un cuadro. Un cuadro que resumiría aquel vivir juntos, en medio de carencias y frustraciones. Un cuadro con un parecido melancólico a aquellas fotografías tomadas en las fiestas patronales de Bayamón. Las fotografías del tiempo de noviazgo que formaban parte del álbum de recuerdos de la familia. En ellas ambos aparecían recostados contra un taburete alto, en cuyo frente se leía: "Nuestro Amor" o "Siempre Juntos." Detrás estaba el telón con las palmeras y el mar y una luna de papel dorado.

A Graciela le agradaría, seguramente, saber que en la memoria de él no había muerto nada.

Quizás después no se mofaría más de sus esfuerzos.

Por falta de materiales, tendría que hacerlo en una pared y con carbón. Pero sería suyo, de sus manos, hecho para ella.

A la caldera del edificio iba a parar toda la madera vieja e inservible que el superintendente traía de todos los pisos. De allí sacó Rosendo el carbón que necesitaba. Luego anduvo por el sótano buscando una pared. En el dormitorio no podía ser. Graciela no permitiría que él descolgara sus estampas y sus ramos.

La cocina estaba demasiado resquebrajada y mugrienta.

Escogió el cuarto de baño por fuerza. Era lo único que quedaba.

—Si necesitan ir al cualto de baño —dijo a su mujer— aguántesen o usen la ehcupidera. Tengo que arreglar unoh tuboh.

Cerró la puerta y limpió la pared de clavos y telarañas. Bosquejó su idea: un hombre a caballo, desnudo y musculoso, que se inclinaba para abrazar a una mujer desnuda también, envuelta en una melena negra que servía de origen a la noche.

Meticulosamente, pacientemente, retocó repetidas veces los rasgos que no le satisfacían. Al cabo de unas horas, decidió salir a la calle a cobrar sus diez dólares, a comprar un árbol de Navidad y juguetes para sus hijos. De paso traería tizas de colores del "candy store." Este cuadro tendría mar y palmeras y luna. Y colores, muchos colores. Mañana era Navidad.

Graciela iba y venía por el sótano, corrigiendo a los hijos, guardando ropa lavada, atendiendo a las hornillas encendidas.

Él vistió su abrigo remendado.

—Voy a buhcar un álbol pa loh muchachoh. Don Pedro me debe dieh pesoh.

Ella le sonrió, dando gracias a los santos por el milagro de los diez dólares.

IV

Regresó de noche al sótano, oloroso a whisky y a cerveza. Los niños se habían dormido ya. Él acomodó el árbol en un rincón de la cocina y rodeó el tronco con juguetes.

Comió el arroz con frituras, sin tener hambre, pendiente más de lo que haría luego. De rato en rato miraba a Graciela, buscando en los labios de ella la sonrisa que no llegaba.

Él retiró la taza quebrada que contuvo el café, y puso las tizas sobre la mesa, y buscó en los bolsillos el cigarrillo que no tenía.

—Esoh muñecoh loh borré.

El olvidó el cigarrillo.

—¿Ahora te dió por pintal suciedadeh?

Él dejó caer la sonrisa en el abismo de su realidad.

—Ya ni velgüenza tieneh . . .

Su sangre se hizo agua fría.

— . . . obligando a tus hijoh a fijalse en porqueríah, en indecenciah . . . Loh borré y se acabó y no quiero que vuelva sucedel.

Quiso abofetearla pero los deseos se le paralizaron en algún punto del organismo, sin llegar a los brazos, sin hacerse furia descontrolada en los puños.

Al incorporarse de la silla, sintió que todo él se vaciaba por los pies. Todo él había sido estrujado por un trapo de piso, y las manos de ella le habían exprimido fuera del mundo.

Fué al cuarto de baño. No quedaba nada suyo. Sólo los clavos, torcidos y mohosos, devueltos a su lugar. Sólo las arañas vueltas a hilar.

Aquella pared no era más que la lápida ancha y clara de sus sueños.

osé Luis González (1926–1996)

a noche que volvimos a ser gente

José Luis González es considerado el fundador de lo que se conoce en la historiografía puertorriqueña como la "generación de 1940", un grupo de escritores que luchó por modernizar la literatura nacional puertorriqueña al renovar su repertorio de técnicas narrativas y cambiar su temática que generalmente se basaba en dramas rurales por las complejidades de la cultura urbana, la dominación colonial y la migración. Nacido en Santo Domingo, de madre dominicana y padre puertorriqueño, González llegó a Puerto Rico con su familia cuando tenía cuatro años de edad. Vivió en la isla hasta 1957, cuando decidió irse a Nueva York como estudiante graduado de ciencias políticas en el New School for Social Research. Poco después, en 1963, estableció su residencia permanente en la ciudad de México y pronto se convirtió en ciudadano mexicano. Una vez que renunció a la ciudadanía de los Estados Unidos, las autoridades de inmigración norteamericana le prohibieron regresar a Puerto Rico por un período de veinte años, como castigo por su ideología marxista y su posición a favor de la independencia de Puerto Rico. "La noche que volvimos a ser gente" (1970) introduce un cambio en la representación de la vida del inmigrante que domina entre muchos de los escritores de su generación. De tono ligero, la narración no se extiende en el sentido de imposibilidad y desconfianza que encontramos en Pedro Juan Soto, por ejemplo, sino que revela al lector cómo la alegría y la luz pueden encontrarse también dentro de la oscuridad. (ALO)

Lecturas: José Luis González. *En Nueva York y otras desgracias.* México: Siglo Veintiuno Editores, 1973; *El país de cuatro pisos.* 3a ed. Río Piedras: Huracán, 1982.

¿Que si me acuerdo? Se acuerda el Barrio entero si quieres que te diga la verdad, porque eso no se le va a olvidar ni a Trompoloco, que ya no es capaz de decir ni dónde enterraron a su mamá hace quince días. Lo que pasa es que yo te lo puedo contar mejor que nadie por esa casualidad que tú todavía no sabes. Pero antes vamos a pedir unas cervezas bien frías porque con este calor del diablo quién quita que hasta me falle la memoria.

Ahora sí, salud y pesetas. Y fuerza donde tú sabes. Bueno, pues de eso ya van cuatro años y si quieres te digo hasta los meses y los días porque para acordarme no tengo más que mirarle la cara al barrigón ése que tú viste ahí en la casa cuando fuiste a procurarme esta mañana. Sí, el mayorcito, que se llama igual que yo pero que si hubiera nacido mujercita hubiéramos tenido que ponerle Estrella o Luz María o algo así. O hasta Milagros, mira, porque aquello fue . . . Pero si sigo así voy a contarte el cuento al revés, o sea desde el final y no por el principio, así que mejor sigo por donde iba.

Bueno, pues la fecha no te la digo porque ya tú la sabes y lo que te interesa es otra cosa. Entonces resulta que ese día le había dicho yo al foreman, que era un judío buena persona y ya sabía su poquito de español, que me diera un overtime porque me iban a hacer falta los chavos para el parto de mi mujer, que ya estaba en el último mes y no paraba de sacar cuentas. Que si lo del canastillo, que si lo de la comadrona . . . Ah, porque ella estaba empeñada en dar a luz en la casa y no en la clínica donde los doctores y las norsas no hablan español y además sale más caro.

Entonces a las cuatro acabé mi primer turno y bajé al come-y-vete ése del italiano que está ahí enfrente de la factoría. Cuestión de echarme algo a la barriga hasta que llegara a casa y la mujer me recalentara la comida, ¿ves? Bueno, pues me metí un par de hot dogs con una cerveza mientras le tiraba un vistazo al periódico hispano que había comprado por la mañana, y en eso, cuando estaba leyendo lo de un latino que había hecho tasajo a su corteja porque se la estaba pegando con un chino, en eso, mira, yo no sé si tú crees en esas cosas, pero como que me entró un presentimiento. O sea que sentí que esa noche iba a pasar algo grande, algo que yo no podía decir lo que iba a ser. Yo digo que uno tiene que creer porque tú me dirás qué tenía que ver lo del latino y el chino y la corteja con eso que yo empecé a sentir. A sentir, tú sabes, porque no fue que lo pensara, que eso es distinto. Bueno, pues acabé de mirar el periódico y volví rápido a la factoría para empezar el overtime.

Entonces el otro foreman, porque el primero ya se había ido, me dice: ¿Qué, te piensas hacer millonario para poner un casino en Puerto Rico? Así, relajando, tú sabes, y vengo yo y le digo, también vacilando: No, si el casino ya lo tengo. Ahora lo que quiero poner es una fábrica. Y me dice: ¿Una fábrica de qué? Y le digo: Una fábrica de humo. Y entonces me pregunta: ¿Ah, sí? ¿Y qué vas a hacer con el humo? Y yo bien serio, con una cara de palo que había que ver: ¡Adiós! . . . ¿y qué voy a hacer? ¡Enlatarlo! Un vacilón, tú sabes, porque ese foreman era todavía más buena persona que el otro. Pero porque le conviene, desde luego: así nos pone de buen humor y nos saca el jugo en el trabajo. Él se cree que yo no lo sé, pero cualquier día se lo digo para que vea que uno no es tan ignorante como parece. Porque esta gente aquí a veces se imagina que uno viene de la última sínsora y confunde el papel de lija con el papel de inodoro, sobre todo cuando uno es trigueñito y con la morusa tirando a caracolillo.

Pero, bueno, eso es noticia vieja y lo que tengo que contarte es otra cosa. Ahora, que la condenada calor sigue y la cerveza ya se nos acabó. La misma marca, ¿no? Okay. Pues como te iba diciendo, después que el foreman me quiso vacilar y yo lo dejé con las ganas, pegamos a trabajar en serio. Porque eso sí, aquí la guachafita y el trabajo no son compadres. Time is money, ya tú sabes. Pegaron a llegarme radios por el assembly line y yo a meterles los tubos: chan, chan. Sí, yo lo que hacía entonces era poner los tubos. Dos a cada radio, uno en cada mano: chan, chan. Al principio, cuando no estaba impuesto, a veces se me pasaba un radio y entonces, ¡muchacho!, tenía que correrle detrás y al mismo tiempo echarle el ojo al que venía seguido, y creía que me iba a volver loco. Cuando salía del trabajo sentía como que llevaba un baile de San Vito en todo el cuerpo. A mí me está que por eso en este país hay tanto borracho y tanto vicioso. Sí, chico, porque cuando tú quedas así lo que te pide el cuerpo es un juanetazo de lo que sea, que por lo general es ron o algo así, y ahí se va acostumbrando uno. Yo digo que por eso las mujeres se defienden mejor en el trabajo de factoría, porque ellas se entretienen con el chismorreo y la habladuría y el comentario, ¿ves?, y no se imponen a la bebida.

Bueno, pues ya tenía yo un rato metiendo tubos y pensando boberías cuando en eso viene el foreman y me dice: Oye, ahí te buscan. Yo le digo: ¿A quién, a mí? Pues claro, me dice, aquí no hay dos con el mismo nombre. Entonces pusieron a otro en mi lugar para no parar el trabajo y ahí voy yo a ver quién era el que me buscaba. Y era Trompoloco, que no me dice ni qué hubo sino que me espeta: Oye, que te vayas para tu casa que tu mujer se está pariendo. Sí, hombre, así de sopetón. Y es que el pobre Trompoloco se cayó del coy allá en Puerto Rico cuando era chiquito y según decía su mamá, que en paz descanse, cayó de cabeza y parece que del golpe se le ablandaron los sesos. Tuvo un tiempo, cuando yo lo conocí aquí en el Barrio, que de repente se ponía a dar vueltas como loco y no paraba hasta que se mareaba y se caía al suelo. De ahí le vino el apodo. Eso sí, nadie abusa de él porque su mamá era muy buena persona, médium espiritista ella, tú sabes, y ayudaba a mucha gente y no cobraba. Uno le dejaba lo que podía, ¿ves?, y si no podía no le dejaba nada. Entonces hay mucha gente que se ocupa de que Trompoloco no pase necesidades. Porque él siempre fue huérfano de padre y no tuvo hermanos, así que como quien dice está solo en el mundo.

Bueno, pues llega Trompoloco y me dice eso y yo digo: Ay, mi madre, ¿y ahora qué hago? El foreman, que estaba pendiente de lo que pasaba porque esa gente nunca le pierde ojo a uno en el trabajo, viene y me pregunta: ¿Cuál es el trouble? Y yo le digo: Que vienen a buscarme porque mi mujer se está pariendo. Y entonces el foreman me dice: Bueno, ¿y qué tú estás esperando? Porque déjame decirte que ese foreman también era judío y para los judíos la familia siempre es lo primero. En eso no son como los demás americanos, que entre hijos y padres y entre hermanos se insultan y hasta se dan por cualquier cosa. Yo no sé si será por la clase de vida que la gente lleva en este país. Siempre corriendo detrás del dólar, como los perros ésos del canódromo que ponen a correr detrás de un conejo de trapo. ¿Tú los has visto? Acaban echando el bofe y nunca alcanzan al conejo. Eso sí, les dan comida y los cuidan para que vuelvan a correr al otro día, que es lo mismo que hacen con la gente, si miras bien la cosa. Así que en este país todos venimos a ser como perros de carrera.

Bueno, pues cuando el foreman me dijo que qué yo estaba esperando, le digo: Nada, ponerme el coat y agarrar el subway antes de que mi hijo vaya a llegar y no me encuentre en casa. Contento que estaba yo ya, ¿sabes?, porque iba a ser mi primer hijo y tú sabes cómo es eso. Y me dice el foreman: No se te vaya a olvidar ponchar la tarjeta para que cobres la media hora que llevas trabajando, que de ahora palante es cuando te van a hacer falta los chavos. Y le digo: Cómo no, y agarro el coat y poncho la tarjeta y le digo a Trompoloco, que estaba parado allí mirando las máquinas como eslembao: ¡Avanza, Trompo, que vamos a llegar tarde! Y bajamos las escaleras corriendo para no esperar el ascensor y llegamos a la acera, que estaba bien crowded porque a esa hora todavía había gente saliendo del trabajo. Y digo yo: ¡Maldita sea, y que tocarme la hora del rush! Y Trompoloco que no quería correr: Espérate, hombre, espérate, que yo quiero comprar un dulce. Bueno, es que Trompoloco es así ¿ves?, como un nene. Él sirve para hacer un mandado, si es algo sencillo, o para lavar unas escaleras en un building o cualquier cosa que no haya que pensar. Pero si es cuestión de usar la calculadora, entonces búscate a otro. Así que vengo y le digo: No, Trompo, qué dulce ni qué carajo. Eso lo compras allá en el Barrio cuando lleguemos. Y él: No, no, en el Barrio no hay de los que yo quiero. Ésos nada más se consiguen en Brooklyn. Y le digo: Ay, tú estás loco, y en seguida me arrepiento porque eso es lo único que no se le puede decir a Trompoloco. Y se para ahí en la acera, más serio que un chavo de queso, y me dice: No, no, loco no. Y le digo: No, hombre, si yo no dije loco, yo dije bobo. Lo que pasa es que tú oíste mal. ¡Avanza, que el dulce te lo llevo yo mañana! Y me dice: ¿Seguro que tú no me dijiste loco? Y yo: ¡Seguro, hombre! Y él: ¿Y mañana me llevas dos dulces? Mira, loco y todo lo que tú quieras, pero bien que sabe aprovecharse. Y a mí casi me entra la risa y le digo: Claro, chico, te llevo hasta tres si quieres. Y entonces vuelve a poner buena cara y me dice: Está bien, vámonos, pero tres dulces, acuérdate, ¿ah? Y yo, caminando para la entrada del subway con Trompoloco detrás: Sí, hombre, tres. Después me dices de cuáles son.

Y bajamos casi corriendo las escaleras y entramos en la estación con aquel mar de gente que tú sabes cómo es eso. Yo pendiente de que Trompoloco no se fuera a quedar atrás porque con el apeñuscamiento y los arrempujones a lo mejor le entraba miedo y quién iba a responder por él. Cuando viene el tren expreso lo agarro por un brazo y le digo: Prepárate y echa palante tú también, que si no nos quedamos afuera. Y él me dice: No te ocupes, y cuando se abre la puerta y salen los que iban a bajar, nos metemos de frente y quedamos prensados entre aquel montón de gente que no podíamos ni mover los brazos. Bueno, mejor, porque así no había que agarrarse de los tubos. Trompoloco iba un poco azorado porque yo creo que era la primera vez que viajaba en subway a esa hora, pero como me tenía a mí al lado no había problema, y así seguimos hasta Columbus Circle y allí cambiamos de línea porque teníamos que bajarnos en la 110 y Quinta para llegar a casa, ¿ves?, y ahí volvimos a quedar como sardinas en lata.

Entonces yo iba contando los minutos, pensando si ya mi hijo habría nacido y cómo estaría mi mujer. Y de repente se me ocurre: Bueno, y yo tan seguro de que va a ser macho y a lo mejor me sale una chancleta. Tú sabes que uno siempre quiere que el primero sea hombre. Y la verdad es que eso es un egoísmo de nosotros, porque a la mamá le conviene más que la mayor sea mujer para que después la ayude con el trabajo de la casa y la crianza de los hermanitos. Bueno, pues en eso iba yo pensando y sintiéndome ya muy padre de familia, te das cuenta, cuando . . . ¡fuácata, ahí fue! Que se va la luz y el tren empieza a perder impulso hasta que se queda parado en la mismita mitad del túnel entre dos estaciones. Bueno, la verdad es que de momento no se asustó nadie. Tú sabes que eso de que las luces se apaguen en el subway no es nada del otro mundo: en seguida vuelven a prenderse y la gente ni pestañea. Y eso de que el tren se pare un ratito antes de llegar a una estación tampoco es raro. Así que de momento no se asustó nadie. Prendieron las luces de emergencia y todo el mundo lo más tranquilo. Pero empezó a pasar el tiempo y el tren no se movía. Y yo pensando: Coño, qué mala suerte, ahora que tenía que llegar pronto. Pero todavía creyendo que sería cuestión de un ratito, ¿ves? Y así pasaron como tres minutos más y entonces una señora empezó a toser. Una señora americana ella, medio viejita, que estaba cerca de mí. Yo la miré y vi que estaba tosiendo como sin ganas, y pensé: Eso no es catarro, eso es miedo. Y pasó otro minuto y el tren seguía parado y entonces la señora le dijo a un muchacho que tenía al lado, un muchacho alto y rubio él, tofete, con cara como de irlandés, le dijo la señora: Oiga, joven, ¿a usted esto no le está raro? Y él le dijo: No, no se preocupe, eso no es nada. Pero la señora como que no quedó conforme y siguió con su tosesita y entonces otros pasajeros empezaron a tratar de mirar por las ventanillas, pero como no podían moverse bien y con la oscuridad que había allá afuera, pues no veían nada. Te lo digo porque yo también traté de mirar y lo único que saqué fue un dolor de cuello que me duró un buen rato.

Bueno, pues siguió pasando el tiempo y a mí empezó a darme un calambre en una pierna y ahí fue donde me entró el nerviosismo. No, no por el calambre, sino porque pensé que ya no iba a llegar a tiempo a casa. Y decía yo para entre mí: No, aquí tiene que haber pasado algo, ya es demasiado de mucho el tiempo que tenemos aquí parados. Y como no tenía nada que hacer, puse a funcionar el coco y entonces fue que se me ocurrió lo del suicidio. Bueno, era lo más lógico, ¿por qué no? Tú sabes que aquí hay muchísima gente que ya no se quieren para nada y entonces van y se trepan al Empire State y pegan el salto desde allá arriba y creo que cuando llegan a la calle ya están muertos por el tiempo que tardan en caer. Bueno, yo no sé, eso es lo que me han dicho. Y hay otros que se le tiran por delante al subway y quedan que hay que recogerlos con pala. Ah, no, eso sí, a los que brincan desde el Empire State me imagino que habrá que recogerlos con secante. No, pero en serio, porque con esas cosas no se debe relajar, a mí se me ocurrió que lo que había pasado era que alguien se le había tirado debajo al tren que iba delante de nosotros, y hasta pensé: Bueno, pues que en paz descanse pero ya me chavó a mí, porque ahora sí que voy a llegar tarde. Ya mi mujer debe estar pensando que Trompoloco se perdió en el camino o que yo ando borracho por ahí y no me importa lo que está pasando en casa. Porque no es que yo sea muy bebelón, pero de vez en cuando, tú me entiendes . . . Bueno, y ya que estamos hablando de eso, si quieres cambiamos de marca, pero que estén bien frías a ver si se nos acaba de quitar la calor.

¡Aaajá! Entonces . . . ¿por dónde iba yo? Ah sí, estaba pensando en eso del suicidio y qué sé yo, cuando de repente— ¡ran!—vienen y se abren las puertas del tren. Sí, hombre, sí, allí mismo en el túnel. Y como eso, a la verdad, era una cosa que yo nunca había visto, entonces pensé: Ahora sí que a la puerca se le entorchó el rabo. Y en seguida veo que allá abajo frente a la puerta estaban unos como inspectores o algo así porque tenían uniforme y traían unas linternas de ésas como faroles. Y nos dice uno de ellos: Take it easy que no hay peligro. Bajen despacio y sin empujar. Y ahí mismo la gente empezó a bajar y a preguntarle al mister aquél: ¿Qué es lo que pasa, qué es lo que pasa? Y él: Cuando estén todos acá abajo les voy a decir. Yo agarré a Trompoloco por el brazo y le dije: ¿Ya tú oíste? No hay peligro, pero no te vayas a apartar de mí. Y él me decía que sí con la cabeza, porque yo creo que del susto se le había ido hasta la voz. No decía nada, pero parecía que los macos se le iban a salir de la cara: los tenía como platillos y casi le brillaban en la oscuridad, como a los gatos.

Bueno, pues fuimos saliendo del tren hasta que no quedó nadie adentro. Entonces, cuando estuvimos todos alineados allá abajo, los inspectores empezaron a recorrer la fila que nosotros habíamos formado y nos fueron explicando, así por grupos, ¿ves?, que lo que pasaba era que había habido un blackout o sea que se había ido la luz en toda la ciudad y no se sabía cuándo iba a volver. Entonces la señora de la tosesita, que había quedado cerca de mí, le preguntó al inspector: Oiga, ¿y cuándo vamos a salir de aquí? Y él le dijo: Tenemos que esperar un poco porque hay otros trenes delante de nosotros y no podemos salir todos a la misma vez. Y ahí pegamos a esperar. Y yo pensando: Maldita sea mi suerte, mira que tener que pasar esto el día de hoy, cuando en eso siento que Trompoloco me jala la manga del coat y me dice bien bajito, como en secreto: Oye, oye, panita, me estoy meando. ¡Imagínate tú! Lo único que faltaba. Y le digo: Ay, Trompo, bendito, aguántate, ¿tú no ves que aquí eso es imposible? Y me dice: Pero es que hace rato que tengo ganas y ya no aguanto más. Entonces me pongo a pensar rápido porque aquello era una emergencia, ¿no?, y lo único que se me ocurre es ir a preguntarle al inspector qué se podía hacer. Le digo a Trompoloco: Bueno, espérame un momentito, pero no te vayas a mover de aquí. Y me salgo de la

LITERATURA DE INMIGRACIÓN ★ 279

línea y voy y le digo al inspector: Listen, mister, my friend wanna take a leak, o sea que mi amigo quería cambiarle el agua al canario. Y me dice el inspector: Goddamit to hell, can't he hold it in a while? Y le digo que eso mismo le había dicho yo, que se aguantara, pero que ya no podía. Entonces me dice: Bueno, que lo haga donde pueda, pero que no se aleje mucho. Así que vuelvo donde Trompoloco y le digo: Vente conmigo por ahí atrás a ver si encontramos un lugarcito. Y pegamos a caminar, pero aquella hilera de gente no se acababa nunca. Ya habíamos caminado un trecho cuando vuelve a jalarme la manga y me dice: Ahora sí que ya no aguanto, brother. Entonces le digo: Pues mira, ponte detrás de mí pegadito a la pared, pero ten cuenta que no me vayas a mojar los zapatos. Y hazlo despacito, para que no se oiga. Y ni había acabado de hablar cuando oigo aquello que . . . bueno, ¿tú sabes cómo hacen eso los caballos? Pues con decirte que parecía que eran dos caballos en vez de uno. Si yo no sé cómo no se le había reventado la vejiga. No, una cosa terrible. Yo pensé: Ave María, éste me va a salpicar hasta el coat. Y mira que era de esos cortitos, que no llegan ni a la rodilla, porque a mí siempre me ha gustado estar a la moda, ¿verdad? Y entonces, claro, la gente que estaba por allí tuvo que darse cuenta y yo oí que empezaron a murmurar. Y pensé: Menos mal que está oscuro y no nos pueden ver la cara, porque si se dan cuenta que somos puertorriqueños . . . Ya tú sabes cómo es el asunto aquí. Yo pensando todo eso y Trompoloco que no acababa. ¡Cristiano, las cosas que le pasan a uno en este país! Después las cuentas y la gente no te las cree. Bueno, pues al fin Trompoloco acabó, o por lo menos eso creí yo porque ya no se oía aquel estrépito que estaba haciendo, pero pasaba el tiempo y no se movía. Y le digo: Oye, ¿ya tú acabaste? Y me dice: Sí. Y yo: Pues ya vámonos. Y entonces me sale con que: Espérate, que me estoy sacudiendo. Mira, ahí fue donde yo me encocoré. Le digo: Pero, muchacho, ¿eso es una manguera o qué? ¡Camina por ahí si no quieres que esta gente nos sacuda hasta los huesos después de esa inundación que tú has hecho aquí! Entonces como que comprendió la situación y me dijo: Está bien, está bien, vámonos.

Pues volvimos adonde estábamos antes y ahí nos quedamos esperando como media hora más. Yo oía a la gente alrededor de mí hablando en inglés, quejándose y diciendo que qué abuso, que parecía mentira, que si el alcalde, que si qué sé yo. Y de repente oigo por allá que alguien dice en español: Bueno, para estirar la pata lo mismo da aquí adentro que allá afuera, y mejor que sea aquí porque así el entierro tiene que pagarlo el gobierno. Sí, algún boricua que quería hacerse el gracioso. Yo miré así a ver si lo veía, para decirle que el entierro de él lo iba a pagar la sociedad protectora de animales, pero en aquella oscuridad no pude ver quién era. Y lo malo fue que el chistecito aquél me hizo su efecto, no te creas. Porque parado allí sin hacer nada y con la preocupación que traía yo y todo ese problema, ¿tú sabes lo que se me ocurrió a mí entonces? Imagínate, yo pensé que el inspector nos había dicho un embuste y que lo que pasaba era que ya había empezado la tercera guerra mundial. No, no te rías, yo te apuesto que yo no era el único que estaba pensando eso. Sí, hombre, con todo lo que se pasan diciendo los periódicos aquí, de que si los rusos y los chinos y hasta los marcianos en los platillos voladores . . . Pues claro, ¿y por qué tú te crees que en este país hay tanto loco? Si ahí en Bellevue ya ni caben y creo que van a tener que construir otro manicomio.

Bueno, pues en esa barbaridad estaba yo pensando cuando vienen los inspectores y nos dicen que ya nos tocaba el turno de salir a nosotros, pero caminando en fila y con calma. Entonces pegamos a caminar y al fin llegamos a la estación, que era la de la 96. Así que tú ves, no estábamos tan lejos de casa, pero tampoco tan cerca porque eran unas cuantas calles las que nos faltaban. Imagínate que eso nos hubiera pasado en la 28 o algo así. La cagazón, ¿no? Pero, bueno, la cosa es que llegamos a la estación y le digo a Trompoloco: Avanza y vamos a salir de aquí. Y subimos las escaleras con todo aquel montón de gente que parecía un hormiguero cuando tú le echas agua caliente, y al salir a la calle, ¡ay, bendito! No, no, tiniebla no, porque estaban las luces de los carros y eso, ¿verdad? Pero oscuridad sí porque ni en la calle ni en los edificios había una sola luz prendida. Y en eso pasó un tipo con un radio de esos portátiles, y como iba caminando en la misma dirección que yo, me le emparejé y me puse a oír lo que estaba diciendo el radio. Y era lo mismo que nos había dicho el inspector allá abajo en el túnel, así que ahí se me quitó la preocupación ésa de la guerra. Pero entonces me volvió la otra, la del parto de mi mujer y eso, ¿ves?, y le digo a Trompoloco: Bueno, paisa, ahora la cosa es en el carro de don Fernando, un ratito a pie y otro andando, así que a ver quién llega primero. Y me dice él: Te voy, te voy, riéndose, ¿sabes?, como que ya se le había pasado el susto.

Y pegamos a caminar bien ligero porque además estaba haciendo frío. Y cuando íbamos por la 103 o algo así, pienso yo: Bueno, y si no hay luz en casa, ¿cómo habrán hecho para el parto? A lo mejor tuvieron que llamar la ambulancia para llevarse a mi mujer a alguna clínica y ahora yo no voy a saber ni dónde está. Porque, oye, lo que es el día que uno se levanta de malas . . . Entonces con esa idea en la cabeza entré yo en la recta final que parecía un campeón: yo creo que no tardamos ni cinco minutos de la 103 a casa. Y ahí mismo entro y agarro por aquellas escaleras oscuras que no veía ni los escalones y . . . Ah, pero ahora va a empezar lo bueno, lo que tú quieres que yo te cuente porque tú no estabas en Nueva York ese día, ¿verdad? Okay. Pues entonces vamos a pedir otras cervecitas porque tengo el gaznate más seco que aquellos arenales de Salinas donde yo me crié.

Pues como te iba diciendo. Esa noche rompí el récord mundial de tres pisos de escaleras en la oscuridad. Ya ni sabía si Trompoloco me venía siguiendo. Cuando llegué frente a la puerta del apartamento traía la llave en la mano y la metí en la cerradura al primer golpe, como si la estuviera viendo. Y entonces, cuando abrí la puerta, lo primero que vi fue que había cuatro velas prendidas en la sala y unas cuantas vecinas allí sentadas, lo más tranquilas y dándole a la sin hueso que aquello parecía la olimpiada del bembeteo. Ave María, y es que ése es el deporte favorito de las mujeres. Yo creo que el día que les prohíban eso se forma una revolución más grande que la de Fidel Castro. Pero eso sí, cuando me vieron entrar así de sopetón les pegué un susto que se quedaron mudas de repente. Cuantimás que yo ni siquiera dije buenas noches sino que ahí mismo empecé a preguntar: Oigan, ¿y qué ha pasado con mi mujer? ¿Dónde está? ¿Se la llevaron? Y entonces una de las señoras viene y me dice: No, hombre, no, ella está ahí adentro lo más bien. Aquí estábamos comentando que para ser el primer parto . . . Y en ese mismo momento oigo yo aquellos berridos que empezó a pegar mi hijo allá en el cuarto. Bueno, yo todavía no sabía si era hijo o hija, pero lo que sí te digo es que gritaba más que Daniel Santos en sus buenos tiempos. Y entonces le digo a la señora: Con permiso, doña, y me tiro para el cuarto y abro la puerta y lo primero que veo es aquel montón de velas prendidas que eso parecía un altar de iglesia. Y la comadrona allí trajinando con las palanganas y los trapos y esas cosas, y mi mujer en la cama quietecita, pero con los ojos bien abiertos. Y cuando me ve dice, así con la voz bien finita: Ay, mi hijo, qué bueno que ya llegaste. Yo ya estaba preocupada por ti. Fíjate, bendito, y que preocupada por mí, ella que era la que acababa de salir de ese brete del parto. Sí, hombre, las mujeres a veces tienen esas cosas. Yo creo que por eso es que les aguantamos sus boberías y las queremos tanto, ¿verdad? Entonces yo le iba a explicar el problema del subway y eso, cuando me dice la comadrona: Oiga, ese muchacho es la misma cara de usted. Venga a verlo, mire. Y era que estaba ahí en la cama al lado de mi mujer, pero como era tan chiquito casi ni se veía. Entonces me acerco y le miro la carita, que era lo único que se le podía ver porque ya lo tenían más envuelto que pastel de hoja. Y cuando yo estoy ahí mirándolo me dice mi mujer: ¿Verdad que salió a ti? Y le digo: Sí, se parece bastante. Pero yo pensando: No, hombre, ése no se parece a mí ni a nadie, si lo que parece es un ratón recién nacido. Pero es que así somos todos cuando llegamos al mundo, ¿no? Y me dice mi mujer: Pues salió machito, como tú lo querías. Y yo, por decir algo: Bueno, a ver si la próxima vez formamos la parejita. Yo tratando de que no se me notara ese orgullo y esa felicidad que yo estaba sintiendo, ¿ves? Y entonces dice la comadrona: Bueno, ¿y qué nombre le van a poner? Y dice mi mujer: Pues el mismo del papá, para que no se le vaya a olvidar que es suyo. Bromeando, tú sabes, pero con su pullita. Y yo le digo: Bueno, nena, si ése es tu gusto . . . Y en eso ya mi hijo se había callado y yo empiezo a oír como una música que venía de la parte de arriba del building, pero una música que no era de radio ni de disco, ¿ves?, sino como de un conjunto que estuviera allí mismo, porque a la misma vez que la música se oía una risería y una conversación de mucha gente. Y le digo a mi mujer: Adiós, ¿y por ahí hay bachata? Y me dice: Bueno, yo no sé, pero parece que sí porque hace rato que estamos oyendo eso. A lo mejor es un party de cumpleaños. Y digo yo: ¿Pero así, sin luz? Y entonces dice la comadrona: Bueno, a lo mejor hicieron igual que nosotros, que salimos a comprar velas. Y en eso oigo yo que Trompoloco me llama desde la sala: Oye, oye, ven acá. Sí, hombre, Trompoloco que había llegado después que yo y se había puesto a averiguar. Entonces salgo y le digo: ¿Qué pasa? Y me dice: Muchacho, que allá arriba en el rufo está chévere la cosa. Sí, en el rufo, o sea en la azotea. Y digo yo: Bueno, pues vamos a ver qué es lo que pasa. Yo todavía sin imaginarme nada, ¿ves?

Entonces agarramos las escaleras y subimos y cuando salgo para afuera veo que allí estaba casi todo el building: doña Lula la viuda del primer piso, Cheo el de Aguadilla que había cerrado el cafetín cuando se fue la luz y se había metido en su casa, las muchachas del segundo que ni trabajan ni están en el welfare según las malas lenguas, don Leo el ministro Pentecostés que tiene cuatro hijos aquí y siete en Puerto Rico, Pipo y los muchachos de doña Lula y uno de los de don Leo, que ésos eran los que habían formado el conjunto con una guitarra, un güiro, unas maracas y hasta unos timbales que no sé de dónde los sacaron porque nunca los había visto por allí. Sí, un cuarteto. Oye, ¡y sonaba! Cuando yo llegué estaban tocando "Preciosa" y el que cantaba era Pipo, que tú sabes que es independentista y cuando llegaba a aquella parte que dice: Preciosa, preciosa te llaman los hijos de la libertad, subía la voz que yo creo que lo oían hasta en Morovis. Y yo allí parado mirando a toda aquella gente y oyendo la canción, cuando viene y se me acerca una de las muchachas del segundo piso, una medio gordita ella que creo que se llama Mirta, y me dice: Oiga, qué bueno que subió. Véngase para acá para que se dé un palito. Ah, porque tenían sus botellas y unos vasitos de cartón allí encima de una silla, y yo no sé si eran de Bacardí o Don Q, porque desde donde yo estaba no se veía tanto, pero le digo en seguida a la muchacha: Bueno, si usted me lo ofrece yo acepto con mucho gusto. Y vamos y me sirve el ron y entonces le pregunto: Bueno, ¿y por qué es la fiesta, si se puede saber? Y en eso viene doña Lula, la viuda, y me dice: Adiós, ¿pero usted no se ha fijado? Y yo miro así como buscando por los lados, pero doña Lula me dice: No, hombre, cristiano, por ahí no. Mire para arriba. Y cuando yo levanto la cabeza y miro, me dice: ¿Qué está viendo? Y yo: Pues la luna. Y ella: ¿Y qué más? Y yo: Pues las estrellas. ¡Ave María, muchacho, y ahí fue donde yo caí en cuenta! Yo creo que doña Lula me lo vio en la cara porque ya no me dijo nada más. Me puso las dos manos en los hombros y se quedó mirando ella también, quietecita, como si yo estuviera dormido y ella no quisiera despertarme. Porque yo no sé si tú me lo vas a creer, pero aquello era como un sueño. Había salido una luna de este tamaño, mira, y amarilla amarilla como si estuviera hecha de oro, y el cielo estaba todito lleno de estrellas como si todos los cocuyos del mundo se hubieran subido hasta allá arriba y después se hubieran quedado a descansar en aquella inmensidad. Igual que en Puerto Rico cualquier noche del año, pero era que después de tanto tiempo sin poder ver el cielo, por ese resplandor de los millones de luces eléctricas que se prenden aquí todas las noches, ya se nos había olvidado que las estrellas existían. Y entonces, cuando llevábamos yo no sé cuánto tiempo contemplando aquel milagro, oigo a doña Lula que me dice: Bueno, y parece que no somos los únicos que estamos celebrando. Y era verdad. Yo no podría decirte en cuántas azoteas del Barrio se hizo fiesta aquella noche, pero seguro que fue en unas cuantas, porque cuando el conjunto de nosotros dejaba de tocar, oíamos clarita la música que llegaba de otros sitios. Entonces yo pensé muchas cosas. Pensé en mi hijo que acababa de nacer y en lo que iba a ser su vida aquí, pensé en Puerto Rico y en los viejos y en todo lo que dejamos allá nada más que por necesidad, pensé tantas cosas que algunas ya se me han olvidado, porque tú sabes que la mente es como una pizarra y el tiempo como un borrador que le pasa por encima cada vez que se nos llena. Pero de lo que sí me voy a acordar siempre es de lo que le dije yo entonces a doña Lula, que es lo que te voy a decir ahora para acabar de contarte lo que tú querías saber. Y es que, según mi pobre manera de entender las cosas, aquélla fue la noche que volvimos a ser gente.

án Acosta (1943–)

súper (fragmento)

Nacido en Santiago de Cuba, Iván Acosta llegó a los Estados Unidos en 1961. Graduado del Instituto de Cinematografía de la Universidad de Nueva York, Acosta se ha mantenido activo en el teatro neoyorquino desde 1969. Ha dirigido el departamento de drama en español en la Henry Street Playhouse y en el Nuevo Teatro Federal, y ha recibido los premios "Thalia", "O.C.L.A." y el "Ariel" por su éxito musical "Grito 71" en 1971. Acosta fundó el Centro Cultural Cubano de Nueva York y produjo numerosas obras allí. El súper, que debutó en el Centro Cultural Cubano y del cual se presenta una selección en esta antología, trascendió del escenario teatral al cine, ganando cuatro prestigiosos premios de la cinematografía. En la siguiente escena se encuentran varios miembros de la familia Amador en una discusión con un misionero que va de puerta en puerta tratando de convertir a sus oyentes católicos, en este caso, la familia Amador. Las discrepancias entre las creencias de la familia y las del misionero exasperado por la paranoia anticomunista de Roberto Amador y la nostalgia de la familia por la Cuba anterior a la llegada de Castro al poder, los lleva a confundir la propaganda religiosa con la política. Así nos ofrece una perspectiva llena de humor pero también de intensidad sobre las experiencias de muchos cubanos que se exiliaron en los Estados Unidos después de 1959. Lo que empieza siendo una experiencia con potencial de conversión termina siendo un agrio recuerdo de la comida cubana, la música y la vida cotidiana en la isla. (KDM)

Lecturas: Iván Acosta. *El súper.* Miami: Ediciones Universal, 1982; *Un cubiche en la luna. Tres obras teatrales.* Houston: Arte Público Press, 1989.

(PANCHO *y* OFELIA *siguen discutiendo.* ROBERTO *sigue sentado en su butaca. En eso suena la puerta. Alguien está tocando.* AURELIA *va y la abre.*)

AURELIA: Bajen la voz, ahí están tocando. Debe de ser Felipe.

ROBERTO: ¿A esta hora?

PREDICADOR: Buenas noches. (*Entra sin pedir permiso.*)

AURELIA: ¿En qué le puedo servir?

PREDICADOR: El propósito eterno de Dios va triunfando ahora para el bien del hombre . . .

AURELIA: Eh, mire joven, usted me va a perdonar.

PREDICADOR: La Biblia informa que Jesús resucitó a Lázaro entre los muertos, después, después que Lázaro había estado muerto cuatro días.

AURELIA: Ay, mi hijito, si yo soy devota de Santa Bárbara . . .

PREDICADOR: ¿Tiene sentido para Ud. el que la gente viva en la tierra en hambre perpetua como sucede con millones de personas hoy en día?

PANCHO: Ahora sí que la arreglamos, mi hermano . . .

AURELIA: ¿Eh? . . . bueno, yo no creo que . . .

PREDICADOR: ¿Entonces el relato bíblico de que Jesús suministró alimento para miles de personas quizás no le sea importante a ustedes?

AURELIA: Pero, mire, ¿usted no podría venir otro día? Ahora estamos . . .

PREDICADOR: Cristo es la única salvación. Hay que salvarse aunque sea ahora mismo. Tenemos que volver a nacer . . . (*Le entrega un panfleto religioso a* OFELIA.)

OFELIA: Yo soy católica, hijo.

PREDICADOR: (*Va hacia la sala y le entrega panfletos a* ROBERTO *y a* PANCHO.) Los grandes poderes gastan más de cuarenta billones de dólares en armas de fuego, y para mantener armado, uniformado y equipado a un solo soldado, a un solo soldado. (*Se sienta.*)

ROBERTO: (ROBERTO *se para rápidamente.*) Ey, ey, mire joven, yo lo entiendo, pero usted tiene que entender que tenemos visita, estamos ocupados.

PREDICADOR: Para escuchar la palabra de Dios nunca se debe estar ocupado. Por eso yo les exhorto, en nombre de Jesucristo, que todos hablen de acuerdo, que no haya divisiones, que estén todos unidos en una misma mente, en una misma forma de pensar . . .

PANCHO: Mi hermano, eso es comunismo, ¡sácalo de aquí!

PREDICADOR: Es la Biblia, la palabra de Dios . . .

OFELIA: ¡Y no se va!

PREDICADOR: ¿Parece razonable el que una simple tortuga viva más de 150 años, mientras que la creación superior, el hombre, a pesar de la ciencia médica moderna, tenga que resignarse a la mitad de esa duración de vida, o aun menos?

ROBERTO: Bueno mire joven, nosotros estamos ocupados, ya se lo dije. (*Lo escolta hasta la puerta.*) Hágame el favor de marcharse, si desea venga otro día, pero ahora, ya está bueno.

PREDICADOR: Jehová ha declarado en lenguaje simbólico su propósito para el futuro. (*Va saliendo.*) Lean Génesis 3:15, lean Galatas 3:18, lean Ezequiel 38:23, Josué 9:11. El creador Dios Jehová . . . (*Desde afuera.*) Sálvense ahora. Sus nombres serán alabados por todo el cielo y la tierra cuando ajuste las cuentas con Satanás, los demonios y la gente inícua de la tierra.

(*Se continúan escuchando las palabras del predicador, fuera de escena. ROBERTO comienza a discutir con AURELIA y surge una improvisación entre los cuatro.*)

AURELIA: Oye, ¿qué cosa es ésta, chica?

ROBERTO: Mira que te he dicho que no abras la puerta sin mirar por la ventana.

OFELIA: Yo por eso es que no le abro la puerta a nadie, sin mirar primero quién es.

PANCHO: Se te cuelan aquí y te la arrancan.

ROBERTO: No, y con la partida de locos que andan sueltos en esta ciudad, mira pa'l asesino ese, el hijo de Sam. Esta mujer no aprende, se lo he repetido cuarenta mil veces, pero no aprende.

AURELIA: Yo creía que era Felipe.

ROBERTO: La verdad es que hay que tener cuidado.

(*Todos hablan a la vez sobre el mismo tema.*)

PANCHO: Oye Roberto, tú sabes que esto me recuerda a mí cuando estábamos allá en la invasión, había un tipo, igualito que éste, entonces . . . (ROBERTO *lo interrumpe.*)

ROBERTO: Está bien Pancho, vamos a hablar con las mujeres un rato, ¿Ok? Ofelia, pase para acá. Aurelia, deja ya la cocina y ven para acá. (OFELIA *y* AURELIA *van para la sala.*)

PANCHO: Aurelia por favor, tráigame otra cervecita.

AURELIA: ¿Tú también quieres otra, Roberto?

ROBERTO: (*Se acaricia el estómago.*) No, no, ni una más, no quiero romper más la dieta.

OFELIA: Hablando de dieta, oye Aurelia, mirándote bien, tú sabes que tú luces más delgada, no, ¿o es el vestido?

AURELIA: Que va, chica, metida en la cocina, ¿quién se aguanta la boca?

ROBERTO: La que si se cuida mucho es Aurelita. No come ni pan, ni arroz, ni frijoles, no quiere que le fríantel bistec en aceite.

OFELIA: Imagínate, está en la edad de la belleza. Aquí la moda es estar flaca. Sin embargo, allá, mientras más gorda una estaba, más saludable decían que una era. Yo me acuerdo cuando yo estaba en la escuela superior, me decían gata flaca. Aquí me hubieran dicho que estaba en la línea.

PANCHO: En la línea de Mohamad Ghandy. Yo sí que no entro en eso de gata flaca. A mí que me den carne antes que huesos. (*Se ríe fuerte.*)

AURELIA: Pero es tanto la propaganda acerca de las dietas, que una llega a contagiarse. Imagínate, ponen a esas muchachitas modelos, que son perfectas. Sus dientes, su pelo, las piernas, los ojos, son unas verdaderas muñequitas. La gente ve eso por televisión, entonces todo el mundo quiere lucir como ellas.

ROBERTO: Eso me recuerda cuando yo era jovencito. Las películas americanas, de vaqueros y las de guerra. Oye, todos eran rubios y de ojos azules, no se veía un nichardo.

PANCHO: Ah, sí, y medían seis y siete pies, ninguno era bajito. Fíjense en el caso de Alan Ladd. El tipo medía cinco con cuatro, y cuando iban a sacar la película, lo encaramaban en una caja de leche vacía.

ROBERTO: Y jamás perdían una batalla.

PANCHO: ¿Perder batalla? ¿tú estás loco? A los japoneses, a los alemanes, a los coreanos. No olvídate, ellos eran los héroes siempre, el enemigo siempre se mandaba a correr. Y a ellos no le entraban ni las balas. Imagínate tú, si son los creadores de Supermán.

OFELIA: Es verdad que estos americanos se la comen.

ROBERTO: (*Bostezando.*) Sí, por comérsela tanto ya se están empachando. (*La conversación toma un ritmo más lento.*) ¿Hasta cuándo tendremos que palearle nieve a esta gente, caballeros?

PANCHO: Hasta que decidas mudarte para la capital del exilio.

AURELIA: Bueno, déjeme decirle Pancho, yo prefiero la nieve, y la boila, y todo lo demás antes de irme para Miami. ¡Que va! ¡Ese cubaneo y ese chisme! Aquí por lo menos nadie se mete en la vida ajena.

PANCHO: Sí, y cuando a uno le da un patatún por la madrugada, no hay un vecino que le prepare un té a uno. Olvídense que no hay como Cuba. (AURELIA *bosteza y con mímicas le pregunta la hora a* ROBERTO *y él le contesta también con mímicas.* OFELIA *también bosteza.*) El gallo en la mañana, el cafecito, los buenos días del vecino que pasa, el sol ese que quema como candela, el guarapito. Ay cubita, cubita.

PANCHO: (*Cantando desafinado.*) Cuando salí de Cuba, dejé mi vida, la, la, la, la. Guantanamera, guajira *guantanamera* . . . (*Las luces se han ido oscureciendo.*)

OFELIA: Pancho, ¿qué te parece si nos vamos?
PANCHO:Usted es la jefa. ¿no? (*Se ríe.*)

ıbén Medina (1955–)

Poeta que Trabaja de Cocinero o Un Cocinero que Escribe Poesía;
lifas; Amor de Lejos . . .

Rubén Medina nació en la ciudad de México y llegó a los Estados Unidos en 1978. Ha vivido en California, Minnesota y Wisconsin donde ha desempeñado diversos trabajos como jardinero, lavaplatos, cocinero, obrero de la construcción, instructor de español y profesor de literatura. Obtuvo su licenciatura en 1981 en la Union for Experimenting Colleges and Universities (Cincinnati, OH). Hizo estudios de maestría en la Universidad de Minnesota-Minneapolis, y finalmente obtuvo su doctorado en Literatura en la Universidad de California, San Diego en 1991. Medina participó en varias organizaciones laborales, comunitarias y culturales, también como editor de *Visiones de la Raza* (Minneapolis) y *Correspondencia Infra* (México, D.F.) y como organizador cultural. Desde 1975, publica sus poemas en revistas literarias, suplementos culturales y antologías en México, Estados Unidos, Cuba, Nicaragua, España, entre otros países. Autor de *Báilame este viento, Marina* (1980), obra con la que obtuvo el primer premio en el Chicano Literary Contest en la Universidad de California en Irvine y *Amor de lejos . . . Fools 'Love* (1986), finalista en el Premio Casa de las Américas. Como ensayista ha publicado "Autor, autoridad y autorización: Escritura y poética de Octavio Paz" (El Colegio de México, 1999) y numerosos artículos acerca de la literatura y el cine chicano y mexicano. Actualmente, Medina está trabajando en su último libro de poesía titulado *Nomadic Nation/Nación Nómada.* Los poemas seleccionados para esta antología revelan la compleja odisea del poeta hacia el gran mundo del Norte, la discriminación y la espera infructuosa de las migajas de la anunciada jubilación. En su poesía se deconstruye el mito de la tierra de las grandes posibilidades, para enfrentar al lector con la dura experiencia cotidiana. No obstante, su poesía se resiste a inscribir meramente una visión apocalíptica o utópica. (AB)

Lecturas: Rubén Medina. *Amor de lejos/Fools' Love.* Houston: Arte Público Press, 1986.

Poeta que Trabaja de Cocinero o Un Cocinero que Escribe Poesía

Seamos honestos,
hay algunos inconvenientes
en esta profesión:
trabajar de noche
y los fines de semana,
el humorcito del manager,
4 dólares la hora,
los ojos del boss,
vacaciones de ya no vuelves,
la espalda del boss,
120 grados de sal en la piel,
el cuello del boss,

cerveza tras cerveza,
pleitos entre New Jersey y Guadalajara
sobre la gran grandeza de las sombras.
Pero en estas tierras
de las grandes oportunidades
trabajan conmigo
un cuentero de Michoacán,
una enfermera de Arizona,
un actor (no lo sabe) de Los Altos,

un estudiante de Hermosillo,
una bailarina de New York,
un activista de East Los,
un maestro de inglés,
y tres meseras preocupadas
por qué demonios hacer
con las migajas
de la anunciada jubilación.

Califas

Como Pedro, Juana y Enrique
nos vamos sin decir adiós
porque habremos de volver,
aunque también sea de noche.
Manejamos un camión U-haul
por el highway 15
al norte,
y una patrulla
nos sigue por todo California.
En el espejo retrovisor
existe una parte
de nuestra historia.

Y ellos saben
que no llevamos armas,
drogas,
o 7 mexicanos y 2 salvadoreños
—incluyendo un niño de tres días.
Pero gracias a Dios
existen el FBI,
la sexta flota,
los marines,
el B1 bomber,
la guardia nacional,
y otras cosas
que al lector no le gusta
leer en lo que llamamos
poesía.

Amor de Lejos . . .

Hay,
en este país,
sitio para el sordo,
porque de repente obedecerá.
Hay sitio para el ciego,
porque verá más de la cuenta.
Hay sitio para el que discute,
porque sólo dirá I understand.
Hay sitio para el cojo,
porque caminará,
voluntariamente.

En verdad,
en este país
hay sitio para todos:

los agradecidos, los de fino tacto,
los de fino olfato porque saben
    identificar
al enemigo, los amables en inglés
e hijos de puta en español,
los que huyeron del subdesarrollo
y ay, viven en el barrio, los que
    piensan volver,
los de la ternura de noche, los de
    sólo
20 dólares al día, los rectos,
los que a pesar de todo están tristes,
los que no están ni aquí ni allá,
los que escriben más cartas que un
    prisionero,

que encuentran a esto culturalmente
gusting, los estratégicos y ahora no
mañana tampoco, los más pobres de los
pres, los verdaderos constructores,
persignados y adiós memoria
od morning virgencita,
que se pintan el pelo,
que no necesitan pintarse el pelo,
que tuvimos un poco de suerte.

Hay,
en este país,
sitio para todos.
Vengan, vengan
pero atrás de la barrera
y green card en mano,
porque amor de lejos . . .

món "Tianguis" Pérez (fechas desconocidas)

río de un mojado (fragmento)

Ramón "Tianguis" Pérez lleva ese sobrenombre en honor a su lugar de nacimiento, San Pablo Macuiltianguis, un pueblo zapoteca en la Sierra de Juárez en Oaxaca, donde su familia administraba una tienda de manufactura de gabinetes. Cuando todavía era adolescente, se involucró en el movimiento revolucionario de Florencio Medrano (conocido como "El Güero" o "Tío") en las áreas rurales del sur y del centro de México. Después de la derrota del movimiento de Medrano, Pérez sobrevivió trabajando como carpintero, chofer de autobús, obrero, impresor y ebanista tanto en los Estados Unidos como en México. Sus experiencias como "mojado" o trabajador indocumentado son relatadas en su primer libro, *Diario de un mojado*, el cual es un testimonio honesto y directo del proceso de inmigración y contratación que los trabajadores mexicanos experimentan en el mundo del contrabando y caza de trabajadores por el Servicio de Inmigración y Naturalización de los Estados Unidos. Los escépticos han dudado en ocasiones que un trabajador sin educación que procede de las comunidades indígenas mexicanas pueda ser un escritor tan consumado, pero "Tianguis" probó sus habilidades una vez más con su segundo libro, *Diario de un revolucionario,* donde detalla sus experiencias en el movimiento de Medrano. En la selección del *Diario de un mojado* que se presenta a continuación, "Tianguis" recuerda cómo siguió la huella del campesino migratorio en el noroeste de los Estados Unidos. (NK)

Lecturas: Ramón "Tianguis" Pérez. *Diary of an Undocumented Immigrant*. Trad. Dick J. Reavis. Houston: Arte Público Press, 1991; *Diary of a Guerrilla*. Houston: Arte Público Press, 1999.

El autobús avanzaba por las extensas planicies, tan extensas que la vista no alcanzaba a ver el fin. Todo era campo de cultivo, limpio de hierbas y perfectamente trazadas las líneas que parecían irse abriendo vertiginosamente al paso del autobús que nos transportaba, tal como un abanico. Ante nosotros desfilaban inmensos campos de uva, luego campos sembrados de cebollas, betabel, aguacate, jitomate y otras tantas especies de frutas y legumbres que me imaginé que las cosechas serían por toneladas.

Allá, en el pueblo, también sembrábamos aquellas clases de frutas y legumbres, pero eran solamente para el consumo familiar y, de cuando en cuando, para vender a los vecinos. Mi madre era la que dirigía la siembra en la parcela; ella sabía qué clase de verduras sembrar y en qué temporada, ya fuera de calor, de frío, de nevada o lluvia. El trabajo de preparar la tierra corría a cargo de nosotros, los hermanos.

Por estos inmensos campos de California también anduvo mi padre "Doblando el lomo"—según sus propias palabras durante los tiempos como bracero. Nos contó la historia en una ocasión en que estábamos limpiando nuestro sembradío de maíz haciendo equipo con mis hermanos, todos trabajando excepto el menor que se entretenía arrancando hierbas y persiguiendo a los grillos que se encontraba a su paso. Había estado durante la cosecha de jitomates.

Nos decía que en California los surcos eran largos en terrenos completamente planos tal como yo los estaba viendo a través de la ventanilla del autobús. Nos lo describía porque en mi pueblo no había terrenos tan planos y extensos y nosotros nos lo imaginábamos un lugar exótico. Con mis hermanos buscamos California en el mapa, pero todo lo que pudimos ver entonces fue que estaba muy lejos de nuestro pueblo.

Contaba mi padre que entre los capataces que estaban al servicio del contratista, había uno que más que capataz, era un domador. Su labor era enseñar a los braceros recién llegados la manera cómo debían trabajar o más bien cómo le gustaba a él que trabajaran. Era temido entre los trabajadores; era un fulano alto y flaco como un poste del alumbrado público, mal encarado que usaba botas de montar, de bigote espeso, sombrero de ala ancha y una mirada que parecía de hierro. Su nombre era Pierre, pero todos le llamaban El Perro.

El Perro era extremadamente exigente y bastaba con que alguien gritara ¡Ahí viene el Perro! para que todos se pusieran a trabajar arduamente, pero al Perro no había manera de dejarlo contento, se la pasaba insultando a los trabajadores.

"Ándele, dóblese huevón, si ha venido a trabajar, pues a trabajar". Mientras el Perro estaba vigilando no había nada más que lo distrajera. Si algún bracero se detenía y se enderezaba para sobarse la cintura, el Perro inmediatamente le silbaba haciéndole una seña levantando la mano y doblando el dedo índice como una orden, eso indicaba que el bracero debía volver a doblarse sobre su surco. Claro que había alguno que otro rebelde que se rehusaba a obedecerle, pero para ellos existía el peligro de que los mandaran a descansar un par de días o en el peor de los casos, les cancelaban sus contratos y eran devueltos a México, como ya le había sucedido a algunos.

Sólo el contratista estimaba al capataz, porque hacía rendir a sus trabajadores a su máxima capacidad. Entre los braceros, aunque le obedecían, no
era bien visto. Un día, un hombre del estado de Querétaro, a quien llamaban
el Queretano, individuo bajo de estatura, delgado y con mucha facilidad de
palabra, se detuvo en medio del surco para sobarse la espalda, luego otro
bracero se trenzó con él jugando a las fuerzas, tratando cada uno de derribar
al otro, sólo por descansar y distraerse un minuto. El silbido del Perro se
escuchó inmediatamente, pero sólo uno de ellos obedeció la orden, el Queretano siguió de pie realizando movimientos que le ayudaran a descansar la
espalda. El Perro silbó por segunda vez, pero, era ya para que el Queretano se
fuera a descansar por el resto de aquel día, el Queretano sin mostrarle temor
alguno, pero tampoco sin tratar de ofenderlo, le dijo —"¿por qué eres tan
cabrón? Nosotros no somos máquinas, deberías estar aquí con nosotros, sólo
por un surco, para que sientas lo que nosotros sentimos". El Perro le ordenó
descansar el resto del día, y desde luego que era sin pago, el Queretano obedeció, pero todos lo admiraron por haberle respondido al capataz de aquella
manera. Muchos de los braceros le recomendaron que tuviera cuidado, porque
la siguiente amonestación, posiblemente fuera boleto para regresar a México.

El Queretano, en vez de amedrentarse, les propuso a los amigos de más
confianza idear la manera de molestar al Perro. Pasaron varios días para que
se decidieran, porque incluso los amigos le aconsejaban no hacer nada que
pudiera poner en peligro su trabajo, pensando en las dificultades que habían
tenido que pasar para ser contratados. Pero el Queretano los convenció, cuando les propuso el plan.

De esa manera, un día a la hora del lonche y ante la sorpresa de toda la
cuadrilla, escucharon al Perro decir maldiciones dentro de su Pickup, donde
acostumbraba comer, lejos de los braceros.

¡Hijos de su puta madre!, le oyeron gritar. Después lo vieron caminar
hacia ellos, sin dejar un sólo instante de proferir insultos y amenazas. Al
hablar le saltaban gotas de saliva de la boca, los puños apretados y por los
ojos parecía echar chispas. Era el Perro encolerizado, que caminaba en derredor de cada grupo, preguntando quien había sido el autor de aquella travesura, pero nadie dijo nada.

La idea del Queretano, había sido simplemente ir al Pickup del Perro,
sacar de la lonchera su ración de comida, llenarlo de piedras y dejar una nota
en que decía: "Perro, vete mucho a chingar a tu madre", a todos los compañeros nos dio gusto ver al Perro haciendo rabia, pero también temíamos
que se descubriera quién había hecho aquella travesura, decía mi padre que,
en caso de descubrirse, la deportación era segura. Pero gracias a Dios, nadie
dijo nada. El diablo del Queretano había roto la autoridad inmaculada del
Perro. Eso le ganó el respeto, aunque el resto de la cuadrilla nunca supo realmente quien había sido el autor.

El Perro, como venganza, comenzó a ser más duro, exigente, y castigaba por el menor motivo. Su carácter siempre fiero hacia los braceros, se fue empeorando día a día. Después de una semana o dos de soportar el áspero trato, el Queretano propuso que todos agarráramos a jitomatazos al Perro.

"Después de eso vamos a tener que hacer maletas —le habían contestado algunos—. El contratista no va a perdonar que se le trate de esa manera a su mejor capataz", pero poco a poco la mayoría estuvo de acuerdo en correr el riesgo con el Queretano. El plan era dejar al Queretano en medio de toda la cuadrilla, y que todos trabajaran a buen ritmo y él se iría rezagando para llamar la atención del capataz. Ya en el trabajo, así lo llevaron a cabo. El capataz, al ver al Queretano trabajar muy despacio comenzó a insultarlo. "¿Qué te ha pasado hoy Queretano hijo de puta?, ¿estás enfermo o es que quieres que te dé cuando menos una semana de descanso? ¿No te da vergüenza ver a tus compañeros adelantados?" El Queretano aguantó varios insultos más hasta que, en el momento oportuno, luego de que el Perro estaba entre él y el resto de sus compañeros, escogió un tomate a medio madurar y haciendo acopio de puntería y fuerza, lanzó el primer jitomate que fue a estrellarse en la espalda del Perro, quien al sentir el golpe se volteó hecho una fiera directamente sobre el Queretano, pero otro jitomate más proveniente de otra dirección, volvió a estrellársele en la espalda y enseguida otro y otro, que al rato era una lluvia de jitomates que le llegaban por todas direcciones y no halló más salida, que correr fuera del campo. Más de una vez lo vieron caerse de bruces al enredársele los pies con las plantas. Todo había resultado conforme el plan.

Todos vieron llegar al Perro a su Pickup, con sus ropas completamente manchadas por el ataque a jitomatazos, prendió el motor y salió a toda velocidad. Los braceros lo vieron alejarse hasta perderlo de vista, tras el polvo que iba levantando.

Rápidamente los compañeros del Queretano, lo ayudaron a emparejarse con todos. El siguiente paso era demostrarle al contratista, que ellos sabían trabajar muy bien, sin la vigilancia de su capataz. Cuando en la tarde el contratista llegó adonde ellos, vio que el trabajo había avanzado normalmente, y al no ver por ningún lado al Perro, preguntó por él a uno de los braceros, éste le señaló hacia la dirección que había tomado.

El contratista se fue a buscarlo y una hora más tarde estaba de regreso, todos esperaban algún castigo ejemplar y algunos estaban casi seguros de que les ordenaría empacar maletas, pero el contratista, con aire bonachón los estuvo observando trabajar, al final de la jornada les dijo: "Así que se la hicieron al Pierre, ¿no? Nadie lo quería, eso lo sé muy bien, ustedes estaban en su derecho."

Luego les informó que lo había encontrado un par de kilómetros más adelante, llorando su coraje sobre el volante de su camioneta, por último les dijo que lo había desempleado como capataz.

ario Bencastro (1949–)

Odisea del Norte (fragmento)

Mario Bencastro nació en El Salvador, donde empezó su carrera artística como pintor, pero eventualmente llegó a la conclusión de que las condiciones políticas y sociales de su país requerían una expresión escrita. Después de inmigrar en los Estados Unidos durante la guerra civil que sufrió su país, Bencastro empezó a escribir y a publicar poesías y cuentos. En 1989, su primera novela, *Disparo en la catedral* fue publicada en México, donde ganó los prestigiosos premios literarios de Diana y Novedades Internacional. Sus siguientes libros también han ganado premios en España y El Salvador. Mientras estos primeros esfuerzos literarios pueden ser considerados desde el marco de la literatura del exilio, la última obra de Bencastro, *Odisea del norte,* es la primera en explorar la vida de los inmigrantes en la ciudad moderna. La selección a continuación ilustra la precaria existencia de los inmigrantes que viven al día, y experimentan el conflicto cultural y la alienación en las grandes ciudades. La novela de Bencastro se basa libremente en sus propias experiencias y en las observaciones directas realizadas en su trabajo de servicio social para las comunidades de inmigrantes hispanos en Washington, DC. (NK)

Lecturas: Mario Bencastro, *Odisea del Norte,* Houston: Arte Público Press, 1999; *Disparo en la catedral,* Houston: Arte Público Press, 1997.

"¡Hoy será un precioso día en Washington!" exclamó la voz de la radio. "Cielo azul despejado, con temperatura en los 70 grados, soleado sin pronóstico de lluvia. ¡Perfecto día de primavera!"

Dos agentes de la policía hacían sus rondas por el barrio Adams Morgan, con las ventanas del carro-patrulla abiertas para recibir la brisa fresca que, al acariciar la arboleda del parque Rock Creek, acarreaba perfume de flores de múltiples colores proyectadas sobre el delicado cielo azul.

La metálica voz del transmisor de la central de policía los sacó de sus cavilaciones, ordenándoles dirigirse de inmediato a un edificio de la calle Harvard situado frente al parque zoológico, a escasos minutos de donde se hallaban.

Cuando llegaron al lugar indicado, tuvieron que abrirse paso entre los numerosos vecinos que habían acudido a los gritos desesperados de una mujer.

Ordenaron a la gente que se apartara y pudieron entonces apreciar la causa del tumulto: Un cuerpo despatarrado como pegado al cemento caliente. Cabeza demolida. Rostro de facciones desfiguradas en mueca de dolor. Ojos aún abiertos, de mirada enigmática. Brazos y piernas dispuestos en forma incoherente, discordes con la simetría normal del cuerpo humano. Una pierna doblada con el pie a la altura del cuello. Un hombro completamente separado como por la fuerza de un solo tajo.

—¡El hombre araña! —exclamó alguien.

Uno de los policías se acercó al que había gritado.

—¡Oye, más respeto, que esto no es broma!

El hombre dio la vuelta y se marchó cabizbajo. Pero cuando ya estaba fuera de alcance del agente, se volvió y gritó: "¡EI hombre araña! ¡El hombre araña!" y corrió en dirección del parque zoológico para esconderse entre unos arbustos.

El policía tuvo la intención de perseguirlo pero se conformó con pensar en un insulto, mordiéndose los labios para que no se le escapara por la boca.

—¿Hay alguien aquí que conozca a la víctima? —interrogó el otro agente, escrutando con la mirada indecisa al grupo de curiosos. Nadie se atrevió a decir nada.

—¿Usted? —preguntó a un hombre de piel bronceada—. ¿Lo conoce?

—No hablo inglés —contestó temeroso.

—¿Tú, conocer, muerto? —insistió el agente titubeando un castellano con fuerte acento.

—Tampoco hablo español —precisó el hombre en un burdo inglés—. Soy de Afganistán.

El policía mostró gran desconcierto ante el silencio de la gente. Un fuerte rugido de león vino del zoológico.

Una mujer finalmente se acercó al uniformado, con voz presa de ansiedad.

—Yo regresaba de la tienda y cuando subía las gradas para entrar en el edificio oí un grito . . . Luego vi la figura de un hombre en el cielo . . . Con los brazos extendidos como si volara . . . Pero se vino a pique y cayó de cabeza sobre el cemento . . . Quedó hecho una bola de carne y sangre . . . No se movió más . . .

La gente observaba con la boca abierta a la mujer que, aterrorizada, describía el suceso. El policía anotaba los detalles en una diminuta libreta. Un reportero tomaba incontables fotos por segundo, como si su propósito fuera satisfacer el hambre voraz de la cámara.

Volvieron a escucharse los gritos "¡EI hombre araña! ¡EI hombre araña!", pero esta vez fueron ignorados por completo.

Calixto se encontraba entre los espectadores, atemorizado, boquiabierto, lívido, sin poder decir una palabra sobre la tragedia; incapaz de atestiguar que cuando limpiaban el lado exterior de las ventanas del octavo piso, la cuerda atada a la cintura de su compañero se rompió. Temía que le culparan a él la muerte y terminar en la cárcel, si es que no lo deportaban por indocumentado. "Entonces", pensaba, "¿quién va a mantener a mi familia?"

El intendente del edificio observaba la escena desde el vestíbulo. Tampoco estaba dispuesto a abrir la boca. Temía perder el trabajo por permitir que limpiaran ventanas a semejante altura sin disponer del equipo apropiado para tan peligrosa faena. Descubrirían que empleaba indocumentados y les pagaba una tercera parte de lo que una compañía de limpieza normalmente cobraba.

La sirena de la ambulancia irrumpió en el vecindario con tal estridencia que asustó a los animales del zoológico. El león rugió como si protestara por el bullicio.

Los enfermeros se abrieron paso y extendieron la camilla en el suelo cerca del cuerpo. Al cabo de un corto examen, uno de ellos dijo secamente: "Ya está muerto", confirmando lo que todos sabían.

—¿Quién era? —preguntó un enfermero al policía—. ¿Cómo se llamaba?

—No se sabe. Nadie parece reconocerlo.

—Por las facciones de la cara diría que era latino —afirmó el otro enfermero al observar de cerca el cadáver.

—Quizás lo era —comentó el agente—. Esos siempre andan metidos en problemas.

—Posiblemente era de Centroamérica —dijo una señora, apretando la cartera contra su pecho—. En este barrio viven muchos de ellos. Ustedes saben, vienen huyendo de los problemas en sus países . . .

—Si no era de El Salvador seguramente era de Guatemala —afirmó un enfermero—. Aunque ahora vienen de todas partes. De Bolivia, Perú, Colombia. En el pasado éramos nosotros los que invadíamos sus países, ahora ellos invaden el nuestro. Muy pronto Washington parecerá Latinoamérica.

—Pobres diablos —dijo el otro enfermero—. Mueren lejos de su tierra, desconocidos.

En el zoológico, mientras tanto, el fuerte rugido del león fue correspondido por el de la leona. La pareja de felinos, ajena a los conflictos que se desarrollaban en sus alrededores, consumaba la reproducción de su especie, parte del antiguo ritual de primavera.

Los enfermeros metieron el cadáver en la ambulancia. Se marcharon los policías. Los curiosos desaparecieron. Una extraña mancha roja quedó dibujada en el cemento.

Calixto se internó en el zoológico y caminó distraídamente entre las jaulas de los animales, pensando en su compañero que tan sólo media hora atrás le comentaba que ya había comprado el boleto del avión para regresar a su país, donde planeaba abrir una tienda de abarrotes con los ahorros de cinco años de intenso trabajo en los Estados Unidos.

De pronto, Calixto se percató de que solamente en cosa de minutos se había quedado sin empleo, lo cual le afligió sobremanera al recordar que para conseguir el trabajo de limpiar ventanas, le había tomado cerca de mes y medio de constante búsqueda.

Permaneció en el zoológico el día entero y, mientras se debatía internamente entre regresar a su país o continuar buscando fortuna en Washington, recorrió el lugar varias veces de extremo a extremo. Cuando cerraron el parque se echó a caminar por largas calles con extraños nombres, hasta que por fin anocheció y no tuvo más remedio que regresar a su morada: un apartamento de un dormitorio que ocupaban veinte personas.

"Por lo menos estoy vivo," dijo para sí. "Con eso tengo bastante".

CAPÍTULO 10

Perspectivas de raza, género y clase

Incomprensible castellano

Memorias de mi viaje se puede considerar como artefacto del "México de afuera", ya que su autora emigró a los Estados Unidos con su familia durante la Revolución Mexicana. La familia Torres parte por barco de Veracruz en 1914. Llega a Texas City. De allí procede a Houston y por fin se establece en El Paso, Texas. Narrando los detalles de esta experiencia, el texto apareció por primera vez en forma epistolar con cartas dirigidas a Tía Ciria publicadas por separado entre 1914 y 1918 en *El Paso del Norte,* periódico redactado por Fernando Gamiochipi. Se publicó como libro en 1918. La forma sencilla de la expresión nos da una excelente idea de las reacciones de una niña bien de 13 años ante una nueva realidad y ante las peculiaridades de las varias culturas que encuentra a través de su itinerario: la anglosajona, la de raíz africana y la chicana. Al comentar el lenguaje híbrido de los chicanos, Torres actúa como traductora no sólo de lengua sino también —como indica Juanita Lawn en su reciente edición y traducción del texto— traductora de la cultura fronteriza. Este texto se destaca como ejemplar de una muy reducida cantidad de obras literarias producidas por mujeres mexicanas en los Estados Unidos durante este período histórico. (EGB)

Lecturas: Olga Beatriz Torres. *Memorias de mi viaje.* Trad. Juanita Luna-Lawhn. Albuquerque: University of New México Press, 1994.

Nos instalamos.

    Nuestra casa era un juguete, estilo misión, acabado de hacer: cinco piezas y baño, además del correspondiente "Sleeping Porch," en donde cómodamente instalamos o más bien dicho ya estaban instalados tres catres. Los muebles no eran muchos, pero los existentes nuevos enteramente y entre ellos un magnífico piano, que media hora después de instalados dejó escapar, a impulsos de mis manos, las siempre bellas notas del Himno Nacional mexicano, que seguramente, por la primera vez desde que salió de la fábrica, estremecían el cordaje de sus sonoros pulmones. Sobre él extendí, a guisa de cubierta, nuestra bandera, para hacerme la ilusión de que se había realizado en tierras extranjeras una conquista mexicana.

Sobre la mesa del comedor, una maceta en el centro, dejaba caer a sus lados un espárrago que la dueña de la casa nos había recomendado como un ojo de la cara. ¡Y pensar que en la Villa Olga de Mixcoac le hacemos tanto caso!

La casa tenía teléfono, dos estufas, una de gas y otra para leña, suficiente vajilla, trastos para la cocina, y en fin, cuanto puede necesitarse para pasar la vida sin incomodidades; en una palabra, nada había superfluo; pero nada faltaba tampoco, y todo esto por cuarenta y cinco pesos al mes ¿verdad que no es tan caro, tía?

Entre las numerosas mujeres que llegaron en busca de colocación, aceptamos a una que aseguró saber cuanto hubiera en materia de cocina; pero en realidad, poco sabía la pobre; pero en cambio, aprendí con ella el dialecto que hablan aquí la mayor parte de los mexicanos que ya tienen mucho tiempo en ésta.

Porque debes saber, tía Ciria, que no es tan fácil entender el castellano de los mexicanos de Texas, los cuales, en contacto con los americanos, han mexicanizado muchas palabras inglesas y han anglicanizado muchas castellanas, de manera que su dialecto, es una mezcla de español e inglés, incorrectos los dos, mal pronunciados los dos e incomprensibles en verdad.

Te citaré un ejemplo: un día faltó la criada en la mañana y cuando por la tarde llegó y le pregunté la causa de su falta, me contestó en la siguiente forma, que supongo ha de ser difícil que traduzcas:

"Venía yo de la Esmelda ayer; y pedí en el carro un trance para ir al Dipo, en donde me habían dicho que había una marqueta, y yo necesitaba comprar unas mechas, y ver si había un calentón barato, para el cual ya tengo bastante leña en la yardita; pero cuando ya iba llegando, se descompuso el traque y tuve que esperar, dirigiéndome a la casa de la familia López, de Chihuahua. Allí los babis habían roto un paquete de espauda, de ese que se usa en los bísquetes; y me pidió la señora prestado un daime, para comprar otro, y como yo no tenía más que ese, tuve que hacer el viaje a pie, y me puse mala, por eso no vine temprano."

¿Entendiste? ¿Verdad que no? Pues allá va la explicación: *esmelda,* le llaman aquí al barrio en donde está la fundición de metales que en inglés se llama *Smelter. Carro* le llaman al tranvía, porque en inglés se dice *car. Dipo,* es incorrección de *depot,* que en inglés es estación del ferrocarril. *Trance* es un boleto que dan en los tranvías para trasbordarse a otro tranvía sin pagar, del cual ya te hablé en otra carta, cuyo boleto en inglés se dice *transfer.* *Marqueta* dicen en vez de mercado, que en inglés es *market;* *mechas,* son cerillos, y lo han tornado del inglés *matches,* que significa cerillos. *Calentón* es un barbarismo castellano, pues lo usan en vez de calentador, especie de estufa portátil que se usa en el interior de las casas en invierno. *Yardita* es un diminuto mexicano de la palabra inglesa *yard* que significa patio, corral. *Traque* le llaman a la vía de tranvías que en inglés se dice *track. Porcha* es la palabra *porch,* castellanizada, y son esos portales de que te hablé en mi anterior. *Babis* es disparate de la palabra inglesa *babies,* niños. *Espauda,* usan en vez de *powder* levadura en polvo y *bísquetes,* es mexicanización de *biscuits,* que son pastelitos o pequeños panes. *Daime* lo usan los mexicanos en vez del inglés *dime,* que se pronuncia *daim* y es el nombre de las monedas de plata de a diez *centavos.*

Ya con estas explicaciones podrás traducir el incomprensible castellano de Carlota, (que así se llama la criada,) que es el mismo que usan la mayor parte de los trabajadores y servidumbre mexicana. ¡Americanos y compatriotas, necesitan intérprete para entenderles!

Tu sobrina.

Olga

Luisa Capetillo (1879–1922)

Cómo se prostituyen las pobres; La corrupción de los ricos y la de los pobres o cómo se prostituye una rica y una pobre

Conocida como la primera militante feminista de Puerto Rico, Luisa Capetillo es además una figura legendaria en la historia del movimiento obrero puertorriqueño. En muchos sentidos fue una intelectual de la clase obrera, dedicada no sólo al periodismo político y a la defensa de los derechos de los trabajadores sino también a la integración ideológica y práctica de los principios del anarquismo, la liberación de la mujer y del espiritismo de Allan Kardec. Para Capetillo, la revolución imponía tanto la transformación estructural en las relaciones opresivas de producción bajo el sistema capitalista como la transformación de los valores y de la vida personal. Por ello fue una vocera crítica de las nociones burguesas del matrimonio y la familia y de las definiciones dominantes sobre los roles culturales de las mujeres. El hecho de que fuera la primera mujer puertorriqueña en llevar públicamente pantalones es emblemático de su conducta política y culturalmente desafiante. A la par de sus tareas como activista, Capetillo también fue lectora en los talleres tabaqueros. Los lectores eran trabajadores que por saber leer y escribir, les leían periódicos, novelas y ensayos políticos a sus compañeros mientras éstos trabajaban en la producción de cigarros. Capetillo emigró a los Estados Unidos a comienzos del siglo XX. Allí continuó su activismo y se hizo miembro de la Unión Libre de Trabajadores. Los siguientes textos, "Cómo se prostituyen las pobres" y "La corrupción de los ricos y de los pobres", son ejemplos del tipo de producción dramática generada en el interior del movimiento obrero durante esa época. Más tarde, estas escenas fueron publicadas en *Influencias de las ideas modernas*, una colección de los escritos de Capetillo que se publicó en 1916. (ALO)

Lecturas: Luisa Capetillo. *Influencias de las ideas modernas. Notas y apuntes.* San Juan: Tipografía Negrón Flores, 1916; *Mi opinión. Sobre las libertades, derechos y deberes de la mujer.* [n.p.]: The Times, 1911.

ómo se prostituyen las pobres

Sala sencilla.

UNA MUJER: (*Con bata de casa sale a escena, seguida de un hombre bien vestido, que le da una moneda y le dice muy escandalosa.*) ¿Os agrada esta vida?

LA MUJER: No, pero, ¿qué recurso me queda?

EL JOVEN: Acudir a la fábrica.

LA MUJER: No sé oficio, además ¿qué ganaría?

EL JOVEN: Lo suficiente para manteneros.

LA MUJER: Me aconsejas que vaya a ganar un miserable jornal, que respire un aire impuro y que oiga las impertinencias de algún capataz grosero. Con eso no se remedia el mal, siempre seríamos una infinidad sacrificadas en holocausto a una mentira e hipocresía social. Es lo mismo que sea yo que otra, es carne humana que se humilla o se desprecia, que se vende y que se atrofia, que se ultraja que se utiliza y pisotea en nombre de la moral cristiana. (*Con energía.*) ¿Qué podéis decirme que otra no se merezca? Es igual, dejadme lo mismo yo que otra, si no podemos revindicarnos todas, pues ninguna, yo no soy mejor que ellas.

EL JOVEN: Es verdad, una sola es nada, todas vosotras tenéis derecho a ser felices y respetadas.

LA MUJER: El respeto social, en combinación con las fórmulas estúpidas, es una farsa. Decidme ¿de qué vale a la pobre niña tuberculosa ser respetada si no le evitan enfermarse, proporcionándole medios de vivir cómodamente? Después se le hace una apología de su virtud y su decoro, cuando ha dejado agriones de su alma y de su cuerpo en el taller. ¿Por qué ese respeto no garantiza la salud, y ahuyenta las privaciones? ¡Palabras! . . .

EL JOVEN: La ignorancia señora encarnada en el egoísmo.

LA MUJER: ¿Por qué esa virtud no la hace inaccesible a la podredumbre en la sepultura? ¿Por qué no evita la hediondez de la fermentación en la fosa? ¿Si enterrasen dos niñas de igual tamaño y edad, una virgen inmaculada, otra roída por el vicio y la miseria, la tierra respetará a una más que a la otra? ¿Se librará la virgen de los gusanos?

EL JOVEN: No, la naturaleza no establece distinciones, para ella igual es la virgen, que la prostituta. Ella es igualitaria, niveladora por excelencia.

LA MUJER: Entonces, amigo, ¿a qué sentir que viva de uno y otro modo? Lo mismo da, las hipocresías sociales no inquietan mi alma ni perturban mi cerebro.

EL JOVEN: Comprendo, pero si eso no os importa, debo recordaros que estáis expuestas a miles de enfermedades y a practicar vicios para hacer negocio complaciendo a esa turba de degenerados que os utilizan y luego tratan en depreciaros.

LA MUJER: Todo eso es muy espléndido para ser dicho, pero si Ud. se viera en mis circunstancias, seguramente que aceptaría de grado o por fuerza. Un día llegó un borracho y no le valieron razones, me daba asco acercarme a él. Pues nada, acostumbra a venir todos los viernes; seguramente que esta noche vendrá. ¿Qué voy a hacerle? . . .

EL JOVEN: Bien, tengo que marchar, perdonad mi insistencia, hasta otro día. (*Saluda cortésmente con el sombrero.*)

LA MUJER: (*Sola.*) Excelente joven, pero ya es muy tarde. ¿Qué puedo yo hacer? además lo mismo da realizarlo con uno solo que con varios. ¿No son todos hermanos según la Biblia y todas las religiones?, pues todo ese fárrago de inutilidades me resultan ridículas y tontas. Si todo está en venta, ¿a qué apurarse tanto porque nosotras cobramos? ¿Si la que se une a un hombre, ya sea por el registro civil o por fórmula religiosa, también se vende?, ¿no tiene el marido que atender todos los gastos? Son muy pocas las que van a las fábricas, ¿y eso no es una venta? ¿Por qué no querrán darle ese nombre? pero lo es como la nuestra.

UN HOMBRE BORRACHO: ¡Buenas noches!

LA MUJER: Adelante.

EL HOMBRE: ¿Se puede? Muy bien, pues date prisa que necesito irme. (*Tambaleándose.*)

LA MUJER: Pues, anda, que ya iré . . .

EL HOMBRE: No, sigue tú primero. Te quieres marchar ¿verdad? Miren Uds. estas ladronas, que ni pagándoles atienden bien, vamos, ¡que te zurro! (*Empujándola.*)

LA MUJER: Voy, grosero, ¿qué te figuras? Valiera más suicidarse . . .

EL HOMBRE: Para lo que sirves, ya podías haberlo hecho. (*Entran en la habitación contigua, él empujándola hacia delante.*)

Telón.

*corrupción de los ricos y la de los pobres o Cómo se prostituye una rica y una
obre.*

Personajes:
MARINA: joven de 18 años.
ROBERTO: novio de Marina.
DON PASCUAL: banquero.
DON FILIBERTO: Marqués de Azuria.

Salón elegante: una mesita con un florero.

MARINA: (*Entrando con dos estuches de joyas en la mano, que coloca
sobre la mesa, se sienta.*) Por fin se consumará el sacrificio esta noche.
Seré Marquesa de Azuria y haré rabiar a las hijas de la Duquesa que
siempre tratan de herirme con sus títulos. Yo no amo a ese hombre, pero
mi padre me ha deslumbrado con miles de ofrecimientos, y por fin me
decidiré. Estaba indecisa por Roberto, pero ya se acostumbrará. ¡Pobre
Roberto! cómo se molestará con mi determinación.

ROBERTO: (*Se asoma y, viendo a la joven sola, se decide a entrar.*) ¡Alma
mía, por fin vuelvo a verte!

MARINA: ¿Cómo has podido entrar? ¿No te han visto? (*Tomándole las manos.*)

ROBERTO: No te preocupes, tu padre rabiará, y luego se calmará. Pero
dime, cuéntame si has pensado en mí.

MARINA: En verdad que has estado ausente algún tiempo. ¿Qué hacías?

ROBERTO: En negocios de la casa, comprando en París, en Alemania, en
Barcelona. No he tenido tiempo para divertirme un día.

MARINA: Supongo que mi padre te habrá comunicado la noticia.

ROBERTO: ¿De qué se trata?

MARINA: De mi boda. Esta noche me caso.

ROBERTO: ¡Marina! . . . ¡Miserable! Para eso me envió al extranjero. ¡Y tú
también! ¿Tú consientes esta farsa? ¡Cobarde eres, e hipócrita! Para eso,
sí, apresuró mi marcha para que no me vieras, y poder empujarte a ese
abismo de interés, y no te defendiera, para burlarse de mí, y tú lo toleras
todo por un título vil . . .

MARINA: ¡Calla, que me ofendes! Y además, es mi padre, y debo obedecer.

ROBERTO: ¿Qué calle? ¿Qué es tu padre y por eso tiene derecho de
venderte? ¿Pero tú no lo comprendes que es la venta de tu cuerpo por un
título? Y eso es una vileza, una infamia que realizan con ese hombre, una
burla conmigo. ¡Canallas!

MARINA: ¡Silencio, que oirán! Y si yo te soporto, no lo harán de igual modo
los demás. Te amo y seré tuya, pero las circunstancias me han rodeado,
me han obligado a proceder de este modo.

ROBERTO: Y para eso me has dicho tantas veces en el jardín, que me amabas, allí debajo de los naranjos en flor que perfumaban el ambiente con sus azahares por entre los cuales se deslizaban los rayos de la luna, haciéndome soñar en un mundo ideal, en una felicidad nunca interrumpida. ¡Ah!, ¡sarcasmo del destino, pero qué ridículo soy en creerte! No, ¡yo debo olvidarte, cruel! Perjura, me alejaré y te maldeciré. Han destrozado mis ilusiones, entre ese viejo y tú. Me voy. No volveré a verte.

MARINA: (*Lo retiene.*) No, si te vas negando mi amor, me envenenaré y mi muerte será un recuerdo muy triste y doloroso para ti. (*Lo atrae hasta sentarlo en el sofá con ella.*) Ven, mi vida, si soy tuya, si mi alma y mis pensamientos son tuyos. (*Lo acaricia arreglándole el cabello, pasándole la mano por la frente con una sonrisa triunfadora.*)

ROBERTO: No puedo resistir a tus palabras, me subyugas. (*Levantándose.*) Esta mujer me volverá loco. De ningún modo, yo no debo consentir esta comedia tan infame. Si no amas a ese hombre, ¿por qué te vas a unir a él? ¡No! O él o yo . . .

MARINA: Ya apareció el amor, que ordena. Me casaré y te amaré a ti. Eres mi alma, mi vida . . .

ROBERTO: ¡No juegues de ese modo! ¡Marina! ¡No abuses de mi bondad, mi paciencia estallará, o iréis todos a pasarlo mal! ¡Te denunciaré a ti y a tu padre!

MARINA: No, tú no harás eso, tú me amas, ¿no es verdad?

ROBERTO: Pero no comprendes que me trastornas, que me irritas, que si me lo preguntas otra vez, para demostrártelo seré capaz de matar a tu padre, al marqués y de ahogarte a ti entre mis brazos . . .

MARINA: ¡Silencio! . . . he oído ruido en la galería. Vete y vuelve. A las doce te espero.

ROBERTO: Has dicho que me vaya. No me importa que llegue alguien. Si fuese tu padre, le arrojaría al rostro su proceder, su bajeza. Y me dices que vuelva, ¿a qué?

MARINA: Te lo diré, te esperaré en el jardín.

ROBERTO: Volveré, sí, pero esta noche resuelves tu decisión y mi suerte. Hasta la noche.

SEGUNDA ESCENA

D. PASCUAL: Buenas tardes, hija mía. Aquí tienes mi regalo de boda. (*Entrégale un pliego.*) Una hermosa finca que pertenecía a tu madre.

MARINA: Gracias.

FILIBERTO: A los pies de Ud. señorita. Alégrame infinito encontrar a ustedes.

MARINA: Beso a Ud. la mano. Os invito a ver los regalos de boda, venid.

FILIBERTO: Con mucho gusto.

MARINA: Venid, padre mío.

D. PASCUAL: Vamos, hija mía.

TERCERA ESCENA

Un jardín que da a la calle, una escalinata que comunica con el jardín y la casa de Marina. Envuelto en su capa, ROBERTO *abre la verja y se sienta. Aparece* MARINA *cubierta con un velo, bajando la escalera.*

ROBERTO: (*Tomándola de la mano.*) Aquí estoy, ¿para qué me querías?

MARINA: ¿Pero has podido suponer que yo me casaría? No, si todo era una farsa.

ROBERTO: Entonces, ¿qué vas a hacer? ¿cuáles son tus proyectos?

MARINA: Huir contigo, con mi herencia. He ido anoche donde mi abogado, a quien mi madre recomendó antes de morir, y le comuniqué mi propósito. Me ha entregado mi herencia y, además, traigo la escritura de una finca de mi madre, que me entregó mi padre ayer. De modo que si estás de acuerdo, marchamos.

ROBERTO: El automóvil espera, pues mi intención era en caso de que resistieras, llevarte en mis brazos ... (*Se abrazan y salen.*) No estaba dispuesto a esperar más.

CUARTA ESCENA

Comentarios en un café. Varios sentados frente a las mesas de un café.

UNO: (*Que llega.*) No sabéis el drama o comedia de anoche. Pues muy sencillo: un banquero quiere casar a su hija con un marqués arruinado. La hija acepta la proposición pero ella ama a otro. En la noche de la boda, cuando todo está preparado, ella recoge su herencia y huye con su novio dejando a todos esperando.

OTRO: Muy bien, ¡por las mujeres valientes!

UNO: Eso es para que los padres no hagan cálculos comerciales con las hijas. Eso es una corrupción, casar sin amor a dos.

Telón

aría Luisa Garza (1887–1990)

a mujer de talento

"La mujer de talento" es una crónica que claramente describe la ideología del "México de afuera", tal como era manifestada por los escritores inmigrantes del siglo xx. Al escribir regularmente, bajo el seudónimo de Loreley, su columna titulada "Crónicas femeninas" en *El Imparcial de Texas*, periódico de San Antonio, Garza criticó la americanización de las mujeres mexicanas en los Estados Unidos. Esta crónica en particular analiza la manera en la cual las mujeres con talento e inteligencia son censuradas y se transforman en objeto de escrutinio por parte de hombres y mujeres por no dedicarse a las actividades relacionadas con el hogar o la sociedad. La intención de Loreley es motivar a las mujeres a estudiar y a participar en la lectura y en la vida intelectual. Ella, sin embargo, concluye su crónica afirmando que una mujer inteligente es aquélla que desprecia la suciedad, mantiene su casa limpia, cuida su jardín y se rodea de pájaros. Loreley crea en sus escritos un espacio para la mujer, convirtiendo a sus lectoras en participantes activas. Pero ella no puede romper con los lazos que la atan a la tradición y, al final, les indica a las mujeres que deben permanecer en el hogar, al cuidado de sus tareas como inteligentes amas de casa. Loreley fue periodista y escritora. Además, trabajó como jefa editora de *La Época* y escribió para *El Demócrata, El Universal* y *Gráfico*. (GBV)

Lecturas: María Luisa Garza. *Escucha*. México: Editorial Cultura, 1928; *La Novia de Nervo*. San Antonio: Librería de Quiroga, 1922; *Los amores de Gaona, apuntes por Loreley*. San Antonio: Art Advertising Co., 1922.

Mucho se ha dicho de la mujer de talento y mucho se le ha criticado también . . . ésa es, creo yo, la mejor razón por qué hay pocas mujeres escritoras. Desde pequeña, la mujer escucha siempre la eterna frasecita: "Psht . . . esa es una marisabidilla."

Y con aquello, desde niña aprende a tener horror de las mujeres inteligentes y procura mejor dedicarse al "flirt" o entregarse por completo en brazos de la "reina moda" que a los libros.

Y nada más erróneo que esta idea.

La mujer culta atrae, encanta, seduce desde que se le trata.

Una mujer bonita, decía Napoleón . . . "es un dije . . . la buena . . . un tesoro". Yo no concibo que la bondad ilumine un espíritu iluso. La bondad es bella, por lo tanto es atributo de la inteligencia.

La mujer que lee, la mujer que se instruye, no en las vaciedades de Luis de Val sino en los libros sanos y pletóricos de enseñanza, gérmen de fecunda luz; ésa, bien puede atravesar sola, el embravecido mar de la vida.

Con mucha frecuencia, vemos infinidad de jóvenes que se pervierten y caen en la prostitución halagadas tan sólo por el señuelo de las sedas y el brillo de las joyas . . .

Estas incautas criaturas, puedo asegurarlo, no abrieron jamás otro libro que el magazine de última moda.

Conocí una muchacha que nacida entre el lujo y la riqueza, por un azar de la suerte, vino a hundirse en la miseria.

Era bella, era joven . . . podía haberse casado . . . pero los aspirantes a su mano al verla pobre, se dieron la media vuelta.

Alguno que siguió en el cortejo, bien supo el talento de la muchacha comprender que no era con rectos fines.

Podía haber seguido su vida fastuosa, lograda a costa del honor como tantas incautas lo hacen.

Pero esta mujer, tenía talento, tenía instrucción y en ella, buscó la coraza que le había de preservar del vicio.

LITERATURA DE INMIGRACIÓN ★ 305

Expatriada, su talento nada común le abrió las puertas redentoras del trabajo y cuando la creyeron hundida, ella iba alzándose por la luminosa vía del triunfo, que proporciona el saber.

Se dice frecuentemente . . . "es una literata . . . luego no sabe de su casa . . ." Bien; las que van a paseos, a bailes, a visitas, ¿no pierden más el tiempo que habían de invertir en las tareas del hogar, que lo puede perder una de esas "marisabidillas" a quienes tanto se ridiculiza?

Que se piense tantito . . . que se reflexione en quién perderá más el tiempo: la mujer que siempre está en casa o la que eternamente anda en la calle . . .

Una mujer de talento abomina de la suciedad, procura tener su casa limpia, el jardín cultivado, los pájaros muy cerca de ella . . .

Pese a quien pese, ni el hombre puede ser feliz jamás, teniendo por compañera a una frívola esposa que no sabe endulzar el hogar con su talento.

Ni el honor puede encomendarse a una casquivana, que es capaz de venderlo por traje "a la derniere" o un collar de perlas de oriente.

Julio G. Arce (Jorge Ulica) (1870–1926)

La estenógrafa

Entre las élites culturales que diseminaron la ideología del "México de afuera" hubo un refugiado político que, a través de sus escritos y por haber publicado un periódico, se convirtió en una figura de gran influencia. Julio G. Arce era editor de un periódico en Guadalajara, de donde se exilió a San Francisco, jurando nunca regresar a México por estar muy desilusionado de la Revolución. La serie de Arce, titulada "Crónicas diabólicas", fue publicada bajo el seudónimo de "Jorge Ulica" y llegó a ser la crónica más vendida en el suroeste por su habilidad de comentar con humor la vida de la comunidad de inmigrantes mexicanos. Por mucho, Ulica se apropió de la posición elitista del satírico que observa la comedia humana adjudicándose a sí mismo el papel de la conciencia de la comunidad. Los talentos particulares de Ulica incluyen la caricatura, la emulación del lenguaje coloquial y de la cultura popular de la clase trabajadora de inmigrantes y su capacidad para satirizar el conflicto cultural y la mala interpretación que se encuentra entre los "verdes" o inmigrantes ingenuos de las provincias de México. En "La estenógrafa" no sólo se muestra escandalizado sino también excitado por las mujeres descocadas méxico-americanas, mejor conocidas como "pelonas", personificadas en este caso por la estenógrafa. Las pelonas fueron presentadas por los cronistas como la figura más representativa de la liberación femenina estadounidense y de la pérdida de la moralidad. La mujer hispana que imitaba su manera de vestir y sus costumbres era objeto de una severa censura por hombres que buscaban preservar sus prerrogativas masculinas y su poder. (NK)

Lecturas: Julio G. Arce. *Crónicas diabólicas de "Jorge Ulica"/Julio G. Arce.* Juan Rodríguez, ed. San Diego: Maize Press, 1982.

Las siguientes son páginas arrancadas a mi diario.

Lunes. Ya tengo estenógrafa. La prosperidad de los negocios anunciada por los labios proféticos de los grandes hacendistas estadounidenses se ha traducido, en mis humildes oficinas, en la presencia, a horas hábiles, de una muchacha que toma el dictado mis cartas, las escribe en máquina, las firma imitando mis garrapatos y las despacha por correo. Una maravilla de mujer.

No es una belleza, pero no carece de ciertos rasgos finos y delicados. Vino a mí enviada por una agencia de colocaciones, y al presentárseme, me lanzó este discurso:

Me envía la Horses, Mules and Stenographers Agency, a solicitud de usted. Soy "eficiente," "fine," "educada"; tengo 25 años, nací de padres "Spanish" en Stockton; me gradué de "grammar school," "high school" y "Spanish class." Aquí están mis certificados.

Puso en mis manos, en seguida, los documentos que la acreditan como tri-graduada o sea graduada en las tres formas que ella había indicado. Entonces me sujetó a un interrogatorio, en vez de ser yo quien lo hiciera.

—¿Es Ud. casado o soltero?

—Casado.

—¿Por la "corte" o por el "padre"?

—Por todos lados.

—¿Cuánto tiempo hace que se casó usted?

—Mucho. La fecha se pierde en la obscuridad de los tiempos.

—¿Le pega a usted su mujer?

—No, hasta ahora.

—Bien. Pues me quedo al servicio de esta oficina por cien pesos al mes.

—Es mucho dinero . . .

Se abarató y quedamos en sesenta dólares, suma no muy alta si se tiene en cuenta que la muchacha hace todo el trabajo de un secretario particular, son-ríe muy provocativamente, mira de soslayo con una dulzura subyugadora y el aroma de "narcisos negros," su esencia favorita, llena la oficina entera.

Se quitó el abrigo, dejando ver unos brazos enormes de gordos y sublimes de torneados, me los paseó por la cara disimuladamente y se puso a tomar el dictado. No sé lo que le dictaría, pues me sentí mareado con el aroma de los narcisos y con el revolotear de los brazos. Cuando terminamos, mi estenó-grafa, con una gracia sin igual y con un desplante también inigualable, sacó de una enorme petaquilla que trajo consigo varias prendas de vestir, y en mi presencia mudó medias y zapatos, diciéndome que en el trabajo se deterioran mucho y que siempre cambiaba sus "cosas" de calle por otras de brega. Za-patos y medias los colocó tras mi archivador y se fue a su cuarto de trabajo.

Martes. Tuve dos disgustos con mi empleada. El primero porque no la llamé por su nombre, que es Rosie, sino diciéndola Miss Pink por ser esta palabra, Pink, su apellido. El segundo conflicto vino porque le supliqué me trajese las cartas para revisarlas.

—A mí nadie me revisa lo que escribo. O se me tiene confianza o no se me tiene.

Sollozó, lloró, y tuve que darle unas palmadas en los brazos para que se consolara. Me acercó mucho la cara, como para que la besara; pero no me atreví.

* * *

Miércoles. Nueva dificultad; pero de otra naturaleza. Estuvieron a visitarme las directoras de la High Morality Society, institución que vigila la recta conducta entre jefes de oficina y señoritas empleadas. Estaban contentísimas de mis manifestaciones de rectitud y de mi honradez sin tacha cuando descubrieron, tras el archivador, los zapatos y las medias de mi estenógrafa.

Traté de explicarles el caso, pero no admitieron excusas y ofrecieron publicar los hechos en su periódico, dar aviso a mi familia sobre el bochornoso descubrimiento y regañaron a Rosie. Hecha un mar de lágrimas quiso encontrar consuelo en mis palabras; pero no le dije una sola, temeroso de complicar los acontecimientos.

* * *

Jueves. Mi estenógrafa cambió de zapatos y de medias y como de costumbre, los puso tras el archivador. Temiendo un nuevo conflicto, los quité de allí y los guardé en el cajón de mi escritorio.

Salí a la hora del "lunch" sin acordarme de las prendas de Miss Pink, y al volver a la oficina encontré hecha una furia a mi secretaria.

—¿Dónde ha puesto usted mis zapatos y mis medias? —preguntóme colérica.

En el momento me dí cuenta de la situación, ensayé muchas disculpas para Rosie, pero no quiso aceptarlas.

—Es usted igual a todos —exclamó—. Empiezan por apoderarse de las medias y de los zapatos de "una" para besarlos, para olerlos, yo no sé para qué, y luego siguen con bromitas y coqueteos . . .

He jurado a mi empleada que ni siquiera me ha pasado por la imaginación besar u oler sus prendas pedestres y a fin de aplacarla, le dí tres pesos para su "lunch" tardío y permiso para holgar la tarde entera.

* * *

Viernes. A la hora del dictado tomó mi secretaria la siguiente breve misiva:

"Sr. Pascual Torumes. Hacienda del Big Huizache. Amigo Pascual: Me siento un poco agotado y voy a pasar el fin de la semana contigo. Pronto nos veremos. Ulica."

No cesa de revolotear en mi mente la acusación calumniosa de mi empleada, de ser yo igual a los demás y de que me he permitido besuquear u oler
las prendas que lleva en los pies. Me vino una obsesión tremenda, avasalladora, incontenible.

Cuando fue Rosie a su departamento, me apoderé de los choclos y de las
medias y los olí. La muchacha había vaciado en ambas prendas una onza, lo
menos, de "narcisos." Volví a poner todo en su sitio; pero con tan mala
suerte, que tiré un frasco de tinta, manchando un zapato.

Expliqué el hecho a Rosie como no intencional, le dí diez pesos para otros
choclos y ella se fue diciendo:

—¡Peor que los demás!

* * *

Sábado. Sin estenógrafa, Pascual, mi amigo, devuelve mi carta, diciéndome que ni como broma tolera lo que le he escrito. En la epístola leo: "Me
siento un poco AJOTADO y voy a pasar el fin de la semana contigo . . ." Era
tanto como suponer afeminado a un viejo amigo mío. Impaciente, llamé a
Rosie y le mostré la carta:

—Ha cometido usted un grave error. Agotar se escribe con ge y no con jota.

—Mire Ud., —repuso ella— yo escribo con la letra que más me simpatiza, y no me sujeto a "spanish foolishness." ¡Y me largo! Es Ud. el peor de
cuantos "bosses" he tenido. Ni una sola vez me ha invitado a cenar o al
"show." Taruguete . . . Tarugote ¿No sabe lo que pierde?

Cobró su sueldo y se ha ido, dejando en la estancia un olor a narcisos
negros . . .

Me voy pa' México

Netty y Jesús Rodríguez (fechas desconocidas)

Netty y Jesús Rodríguez formaron un matrimonio de comediantes que actuaban,
cantaban y bailaban en los teatros de variedades hispanos tan populares en el
suroeste durante la década de 1920 y en Nueva York durante la Depresión y en
los primeros años de 1950. La estrella del acto era Netty, que con frecuencia era
anunciada como actriz única en las marquesinas como "La Bella Netty", por su
belleza, su linda voz y su ingeniosa agudeza cómica. A través de sus diálogos
llenos de humor, Jesús y Netty dramatizaban el conflicto cultural que experi-
mentaban tanto los nativos méxicoamericanos como los inmigrantes mexicanos.
Con frecuencia utilizaron al pocho o agringado para ridiculizar las pretensiones
de aculturarse y con frecuencia reflejaron las tensiones que sufrían los hombres
y las mujeres debido al conflicto de culturas y de géneros sexuales experimen-
tados por los mexicanos en los Estados Unidos. Como se puede apreciar en el

LITERATURA DE INMIGRACIÓN ★ 309

siguiente boceto cómico, el cual termina en forma muy convencional para no escandalizar al público de clase obrera, el personaje de Netty presiona, estira e intenta ampliar los derechos de la mujer al cuestionar las prerrogativas masculinas. A través de la sátira, el grupo completo de dobles referencias hacia las culturas mexicana y angloamericana es glosado y explorado, como en mucha de la literatura de inmigración; pero fue precisamente a través de estos tipos de exploraciones culturales que se despertó una sensibilidad cultural méxicoamericana (al contrario de la posición del inmigrante mexicano). (NK)

Lecturas: Nicolás Kanellos. *A History of Hispanic Theatre in the United States.* Austin: University of Texas Press, 1990.

pítulo 3: La Plaza de Zacate
NETTY: ¿Cuándo salimos, Panchito?
JESÚS: Pues, ¿quién sabe, vida mía?
NETTY: Está muy mal lo que hicimos,
     y lo que es yo no me iría.
JESÚS: Ten un poco de paciencia.
NETTY: ¡*Pasencia!* Ya es demasiada.
JESÚS: ¡Cómo tienes impaciencia!
     Vale la pena guardar.
     No hay que retroceder
     por ir nuestra tierra a ver.
NETTY: Pos yo no me espero más.
     Me quedo y busco trabajo.
     Y si tú quieres, te vas
     porque yo, prieto, me rajo.
JESÚS: ¿Quíubo, chata? ¿Qué sucede?
     Cierre su pico atrevido,
     Ud. quedarse no puede
     porque se va su marido.
NETTY: Pos, vete, si quieres, anda.
     Porque yo aquí bien estoy.
     Y Ud. a mí no me manda,
     ¡y sépalo! ¡No me voy!
JESÚS: ¡Pero cómo viene fiera!
     El hombre manda, ¿lo oyó?
NETTY: Yo no soy su mandadera.
     Aquí el hombre manda, y . . . no.
JESÚS: ¿Y no manda? Eso creíste.
NETTY: No lo creí, que lo sé.
JESÚS: ¡Qué pronto te lo aprendiste!
     Y lo que yo te enseñé,

qué pronto se te olvidó.
El hombre es hombre *dondequiera*
y debe ser respetado siempre por su compañera.
Cuando me amarró en Celaya
con amantes ilusiones,
yo llevaba pantalones,
y Ud. llevaba la saya.
Y porque oyó platicar
que aquí la ley es tirante,
ya me quiere cambiar
lo de atrás pa' adelante.
¡Pues se equivoca la ingrata!
Si chilla porque está aquí,
le desquebrajo una pata,
pa' que se acuerde de mí.
NETTY: ¡Ah, cómo trae vaqueta!
    ¡Juéle con su valentía!
    Si llamo a la policía,
    ya verás si me respeta.
JESÚS: ¡Ora verás!
NETTY: ¡Ándele! ¡Pégueme!
JESÚS: ¿Pa' qué le voy a pegar,
    si en mi suelo mexicano
    sobra quien me quiera amar?
NETTY: ¡Cómo me las cargas, Pancho!
    Pero no importa, compadre,
    tengo el camino muy ancho
    pa' jalar donde me cuadre.
JESÚS: Pues que sea feliz, mi chatita,
    si no me quiere seguir.
    Quédese en hora bendita,
    al fin no me he de morir.
    Allá las tengo de amar,
    y en llegando a Manzanillo,
    allí me vuelvo a amarrar.
    Y allá no seré tan maje,
    buscaré una mujer
    muy mujer que no se raje
    y sepa agradecer
    los afanes del marido,
    una mexicana pura que no cambie de opinión
    y no deje las tortillas por *jot queques* y jamón.

NETTY: Que ya se está propasando.
JESÚS: Pos ¿por qué se rajó, desgraciada?
NETTY: ¡Cómo será, hablador! ¡Cállese!
JESÚS: ¿Por qué me he de callar?
 ¿Cuándo le negué mi amor
 pa' que se quiera quedar?
 ¿No trabajé muy bonito
 pa' comprarle güenos *tenis*?
NETTY: *Sure.*
JESÚS: ¿No la llevó su prietito
 a revalsarla por *Venice*?
NETTY: Ummmm hummmm.
JESÚS: ¿No me estuve camellando
 un año sin descansar?
 ¿Y Ud. nomás vacilando
 y enseñándose a polvear?
 A cómo será Ud. ingrata,
 ¡cómo me ha dado Ud. guerra!
 ¡Qué mal se porta mi chata!
 ¡Qué ya olvida hasta su tierra!
NETTY: Eso sí, no me lo diga.
JESÚS: Entonces, ¿por qué no vienes?
NETTY: ¿Cómo quiere que lo siga,
 si ya tierra allá no tienes?
JESÚS: Y me las echa de un kilo.
 Ya ni vergüenza le da.
 Cómo se ha hecho del estilo
 y las costumbres de acá.
 ¡Voy a sacar el divorcio!
NETTY: ¡*All right, very well, all right!*
JESÚS: Señora, no me las trabe.
 Si es que yo aprendí a *espiquiar*,
 hábleme como Ud. sabe,
 y no me la venga a enredar.
NETTY: No diga que se lo enredo,
 ¡que ya más claro no hay!
 Si Ud. se va, yo me quedo.
 ¡Adiós, Panchito! ¡*Bye bye, hoo hoo*!
JESÚS: ¿Para qué es su amor tirano,
 si está lleno de interés,
 si no es puro ni está sano,
 ni me promete honradez?

Porque en el pecho me lleve,
voyme a México, y verás.
Que el amor, aquí se muere.
Allá vive hasta demás.
Sí, a México querido
donde amar es un honor,
donde el amor ha vivido
sin más precio que otro amor.
NETTY: ¡Ay, Panchito de mi vida,
ya no puedo resistir,
triunfó mi patria querida,
yo también me *quero* ir!
JESÚS: Por fin se viene conmigo.
NETTY: Y esperando tu perdón,
pa' *dondequera* te sigo.
JESÚS: Pos, pa' México, mi chata.

Jesús Colón (1901–1974)

La flapper

En el período posterior a la firma del Acta de Jones de 1917, que hizo a los puertorriqueños ciudadanos de los Estados Unidos, Jesús Colón se convirtió en uno de los activistas sociales y políticos más vehementes de la comunidad inmigrante en Nueva York. Colón era un autodidacta cuyas raíces radicaban en la cultura del tabaco de Cayey, Puerto Rico. Produjo una amplia variedad de crónicas, editoriales y poesía que promovían su punto de vista con respecto a la moral entre la clase trabajadora hispana. Colón, gradualmente, hizo una transición hacia la escritura en inglés, el radicalismo político y el interés en los derechos de la comunidad hispana en Nueva York. Sin embargo, en su poesía temprana satirizaba la adopción de las mujeres hispanas de las costumbres angloamericanas, haciéndose eco de un tema común en la literatura de inmigración: lealtad cultural hispánica. Publicada como un soneto en el periódico *Gráfico* de Nueva York en 1927, "La flapper" da un punto de vista íntimo del conflicto cultural que estaba ocurriendo en las comunidades hispanas de la época, cuando los papeles de las mujeres se estaban liberando en los Estados Unidos. Como mucha de la literatura de inmigración, el pasado y el presente, las cultura angloamericana y la hispana son contrastadas en la última estrofa del poema. (EKP)

Lecturas: Jesús Colón. *Lo que el pueblo me dice*. Edwin K. Padilla Aponte, ed. Houston: Arte Público Press, 2001.

Como una niña Chole que fuera neoyorquina,
rasga el aire la "flapper" contoneándose toda.
Su traje, un futurismo de la última moda,
hace mil sugerencias con su seda divina.

Que la miren los hombres mientras ella camina
es su supremo anhelo. Si hay quien le hable de boda,
contesta con alguna carcajada que poda
la ilusión más sublime. ¡Carcajada asesina!

Reina experta del último salto mortal bailable,
niña pintarrajeada, superficial, variable,
como el liberto esclavo al probar nueva vida.

Por contraste me hacen recordar a mi abuela,
que hilando me contaba del gigante que vuela,
con su voz temblorosa cual plegaria perdida.

Consuelo Lee Tapia (1909–)

Las mujeres y la identidad puertorriqueña

Patriota, poeta, periodista y pianista, Consuelo Lee Tapia es mejor conocida como la fundadora, junto con su esposo, el poeta Juan Antonio Corretjer, del semanario *Pueblos Hispanos*. Esta importante publicación neoyorquina cuya posición era claramente antiimperialista y antifascista, defendió durante su breve rodaje (1943–1944) la independencia de Puerto Rico de los Estados Unidos, pero también atacó cualquier forma de intervención militar en América Latina. Nieta de uno de los escritores puertorriqueños más importantes del siglo XIX, Alejandro Tapia y Rivera, Lee Tapia emigró a la ciudad de Nueva York en las primeras décadas del siglo XX. Como miembro del Partido Comunista Americano desde 1937, sus convicciones políticas ejercieron una tremenda influencia en la reorientación ideológica de su renombrado marido (ver sección sobre Juan Antonio Corretjer en esta antología). Los dos se conocieron en la ciudad de Nueva York aproximadamente en 1942, cuando Corretjer fue liberado después de cinco años de prisión en una cárcel federal debido a su militancia nacionalista. De Nueva York ambos viajaron a Cuba en 1945, y el siguiente año finalmente les fue permitido regresar a su país. Una vez en Puerto Rico, Lee Tapia fundó la Unión del Pueblo, una escuela para alfabetizar a los adultos, y continuó su activismo político. Más tarde publicó su único poemario, *Con un hombro menos*. El siguiente artículo, "La mujer y la identidad puertorriqueña", fue publicado en *Pueblos Hispanos* el 23 de septiembre de 1944 para conmemorar la decimonónica revolución puertorriqueña para liberarse del colonialismo español conocida como el "Grito de Lares" (1868). En él, Lee Tapia rinde homenaje a una de los protagonistas de esta rebelión, la patriota Mariana Bracetti —conocida como el "Brazo de oro" por haber bordado la bandera que se convirtió en el símbolo nacional de la independencia puertorriqueña. Escrito en el contexto de la Segunda Guerra Mundial, este artículo es un llamado nacionalista a la acción de las mujeres puertorriqueñas basándose en el concepto intensamente politizado, aunque todavía tradicional, de la maternidad. (ALO)

Lecturas: Consuelo Lee Tapia. *Con un hombro menos*. San Juan: Instituto de Cultura Puertorriqueña, 1977.

Cuando Mariana Bracetti dedicó su vida a la libertad de nuestra patria contra la tiranía española consagró la maternidad puertorriqueña a luchar por sus cadenas y por criar a sus hijos libres.

Mariana Bracetti nos dio su vida para que ningún hijo de puertorriqueña naciera en la esclavitud. Puertorriqueña que no luche por la libertad del suelo patrio no cumple con el deber materno y sagrado que esta valerosa mujer interpretó en el sacrificio. Mariana Bracetti es más que luchadora por redimir su tierra del tirano; es también luchadora por libertar las madres puertorriqueñas. Mariana Bracetti no creyó suficiente dar vida a su hijo, sino que supo que el sólo dar vida no es maternidad sino se lucha para que esta vida respire el aire de la libertad.

Mariana nos trazó el camino. Nosotras las puertorriqueñas tenemos una promesa que cumplir; una promesa sagrada; una promesa de madre. Ya es tiempo que nosotras las madres puertorriqueñas agarremos la bandera y con todo el derecho, el valor, la abnegación y el sentido de justicia y deber nos pongamos cara a cara al enemigo y hundamos su resistencia en una ola de protesta hasta libertar nuestra patria.

En Lares, Mariana era una sola mujer en un mundo que todavía consideraba la mujer incapacitada para el sufragio. Hoy nosotras tenemos una historia de victorias para la maternidad; sufragio, mejores condiciones y conocimientos para criar a nuestros hijos como ciudadanos sanos y valerosos. Las madres del mundo lo están haciendo; nosotras lo haremos. Ahora es el momento. Que cada pueblo de nuestra isla oiga el grito de Mariana y se levante una hija a protestar; a protestar contra nuestra esclavitud patria; contra nuestra esclavitud como mujeres; contra la esclavitud de nuestros hijos. Ahora que el mundo entero lucha por el principio por el cual nuestra propia Mariana Bracetti tuvo su hijo en una prisión española, luchemos para que ningún puertorriqueño que dio su sangre en la lucha por la libertad la haya dado de balde; para que ningún puertorriqueño que hoy da su sangre para asegurarnos el derecho de unirnos al conjunto de naciones en la post guerra como nación que ha luchado por la democracia, deje su vida en lares extraños, sin la seguridad de que todas las madres puertorriqueñas son responsables por esa vida puertorriqueña. Que nuestros heroicos hijos regresen a una patria independiente y soberana es deber nuestro; deber de todos los puertorriqueños.

¡Puertorriqueñas oíd el Grito de Lares! ¡Oíd la voz de Mariana Bracetti! ¡Cumplid la promesa de Lares!

Y unámonos todos por la inmediata independencia de Puerto Rico.

Lucha Corpi (1945–)

Marina madre; Romance negro

Nacida en un pequeño pueblo tropical de Jáltipan, México, Corpi se mudó a los Estados Unidos y estudió en University of California-Berkeley, donde se involucró con el Movimiento de Libre Expresión y el Movimiento Chicano de Derechos Civiles. Obtuvo su licenciatura y una maestría en Literatura Comparada, y fue profesora en Oakland desde 1977. Con el paso de los años, Corpi publicó sus poemas tanto en revistas pequeñas y en antologías como en dos volúmenes completos, escritos en su lengua nativa, el español. Durante la década de 1980, Corpi comenzó a escribir novelas de detectives en inglés con tanto éxito de la crítica como el que había tenido con su poesía. Su obra poética y su prosa revelan una inserción política y fuertes valores feministas. Además, su poesía, mientras comparte los modelos de la lírica internacional, revela su sensibilidad de inmigrante a los Estados Unidos. Los poemas "Romance negro" y "Marina madre", de su libro *Palabras de mediodía/Noon Words,* son compuestos como una narrativa lírica de la lucha de la mujer contra el silencio al que se halla forzada. La dicotomía entre silencio versus habla/escritura, encierro versus libertad, espacio privado versus espacio público y la desaparición de la noche versus las resoluciones que se encuentran a la luz del mediodía ilustran la lucha filosófica. En el poema "Marina madre", la problemática figura de la indígena intérprete de Cortés es defendida por Corpi, quien la ve como una mística, una divinidad descendiente de la tradición y capaz de ver dentro del porvenir el futuro de la poeta y escritora chicana. (GBV)

Lecturas: Lucha Corpi. *Palabras de mediodía/Noon Words.* Houston: Arte Público Press, 2001; *Variaciones sobre una tempestad/Variations on a Storm.* Berkeley: Third Woman Press, 1990.

Marina madre

Del barro más húmedo la hicieron,
al rayo del sol tropical la secaron,
con la sangre de un cordero tierno
su nombre escribieron los viejos
en la corteza de ese árbol
tan viejo como ellos.

Húmeda de tradición, mística
y muda fue vendida . . .
de mano en mano, noche a noche,
negada y desecrada, esperando el alba
y el canto de la lechuza
que nunca llegaban.

Su vientre robado de su fruto;
hecha un puño de polvo seco su alma.

cuando creció le puso por nombre
"la chingada".

Tú no la querías ya y él la negaba
y aquél que cuando niño ¡mamá! le
    gritaba

Romance negro

Hay sabor de vainilla
en el aire dominical.

Desparramó la vainilla por el
silencio de la orilla

Melancolía de la naranja
que aún cuelga de la rama,
brillante y seductora,
sin esperanza de azahar.

Bebióse el candente líquido
de los labios

Y después . . . después desapareció
dejando sólo un rastro de sombra
lánguida al borde del agua.

Guadalupe se bañaba en el río
muy de tarde en un domingo.

Promesa de leche en los senos

Su madre la encontró y al verla
sacó de su morral un puño de sal
y se la echó por el hombro.

Vainilla el olor de los cabellos

Canela molida el sabor de los ojos

Y a los pocos días su padre
recibió una yegua fina de regalo.

Flor de cacao entre las piernas

Ah, la embriaguez de la caña
entre los labios.

Y Guadalupe . . . Guadalupe colgó
su vida del naranjo del huerto
y se quedó muy quieta ahí
con los ojos al río abiertos.

Él se acercó y la miró así
rodeada del agua
inundada de tarde

Hay sabor de vainilla
en el ambiente de la tarde.

Y en un instante arrancó la flor

Una nostalgia ancestral
se apodera de la mente.

Estrujó la leche hasta cambiarla
en sangre

De la rama cuelga una naranja
todavía sin promesa de azahar.

El descontento político

*lebramos el vigésimo cuarto aniversario de la bien conocida cuanto
:petable Sociedad de Obreros*

En 1898, a los diecisiete años, Sara Estela Ramírez llegó a Laredo, Texas, durante el período en que maestros mexicanos eran contratados por residentes mexicanos para enseñar en Texas. Esos ciudadanos fundaban sus propias escuelas tanto para preservar la lengua y la cultura, como para proteger a sus hijos de los ataques segregacionistas y discriminatorios. Su vida en la ciudad fronteriza fue corta pero muy productiva; no sólo enseñó, sino que también fundó y editó periódicos, asistió a las organizaciones de obreros y se convirtió en miembro activo del movimiento de Flores Magón contra el régimen dictatorial de Porfirio Díaz en México. Una poeta muy solicitada, cuyos versos han sido publicados en los periódicos en español de Laredo, Ramírez fue igualmente requerida por sus discursos apasionados en favor de las causas obreras y liberales en las manifestaciones de campesinos, mineros, trabajadores industriales y mujeres. En el discurso que sigue, Ramírez exhorta a los trabajadores a organizarse en sociedades de ayuda mutua y sindicatos. (NK)

Lecturas: Inés Hernández Tovar. *Sara Estela Ramírez: The Early Twentieth Century Texas-Mexican Poet*. Diss. University of Houston, 1984.

¡Vigésimo cuarto aniversario! ¡Cuánto dice esa fecha!

Veinticuatro años de noble lucha contra tantas y tantos gérmenes morbosos que aniquilan el esfuerzo de la agrupación, que se disponen terribles y rastreros a devorar el mutualismo; veinticuatro años de ir matando egoísmos y ambiciones, de ir sujetando rebeldías y enlazando las manos sobre esas rebeldías caídas; veinticuatro años de ir enlazando las almas por un principio de humanidad, por un sentimiento de altruismo innato en el corazón, altruismo que nos permite partir de nuestro con el querido compañero, visitarlo en sus enfermedades, consolarlo en sus tristezas y darle la mano en toda amargura y en toda prueba, hasta despedirlo cuando llegue su turno de llamar a la eternidad.

Ese es el mutualismo. Noble misión en verdad, misión sublime y santa, misión de caridad que desconocen o han descuidado los pueblos; los pueblos, cuyo elemento obrero disperso, segregado, extraño entre sí y . . . cuantas veces, triste es decirlo, más que extraño sujeto a enemistades ruines, ese elemento obrero se esquiva en lugar de buscarse, se ofende en lugar de ayudarse y rechaza odiándose, en vez de abrazarse amándose; se rechaza sin mirar que su sangre y sus congojas van amasando juntas el pan amargo que los dos devoran; sin mirar que sus brazos son los que mantienen viva la industria de los pueblos, su riqueza y su engrandecimiento.

Cuántas veces también, por apatía, permanecen aislados los gremios obreros, por falta de ese espíritu vigorizador que da energías y paciencia para afrontar reveces y salvar escollos.

El mutualismo necesita vigor de lucha y firmeza de convicción para avanzar en su obra unionista, necesita sacudir la apatía de las masas, encadenar con eslabones de abnegación las pasiones que desgarran sus fueros; necesita corazones que digan: soy para ti, como quiero que seas para mí, el mutualismo necesita de nosotros los obreros, los humildes, los pequeños gladiadores de la idea, necesita que saquemos de entre nuestros egoísmos, algo inmenso, algo divino, que nos haga sociables, que nos haga noblemente humanos. Y no piense el obrero en su humildad, no piense en su insignificancia, no razone nulificándose y no apartándose con desaliento del concerto social ¿Qué importa que sea un átomo, qué importa?

Los átomos invisibles por su pequeñez son los únicos factores del universo.

Así es él. El obrero es el brazo, el corazón del mundo.

Y es a él, luchador incansable y tenaz, a quien está encomendado el porvenir de la humanidad.

Que vosotros, obreros queridos, parte integrante del progreso humano, celebréis aún, incontables aniversarios, a que con vuestro ejemplo enseñéis a las sociedades a quererse para ser mutualistas, y a unirse para ser fuertes.

Nemesio García Naranjo (1885–1962)

Discurso pronunciado en el banquete con que el Sr. Ignacio E. Lozano,
obsequió a la Banda del Estado Mayor el 2 de noviembre de 1920

Después de un largo exilio político, García Naranjo fue uno de los líderes más conocidos de la comunidad de expatriados mexicanos durante la Revolución. Renombrado por su elocuencia como orador y editorialista, los ensayos y discursos de Naranjo fueron publicados en muchos de los periódicos del suroeste. García Naranjo fundó la *Revista Mexicana* en 1915 como foro para el mejor pensamiento y la mejor expresión literaria de la comunidad de exiliados; cuando la revista fracasó en 1920, empezó a trabajar como editor de *La Prensa*, un periódico de San Antonio que pertenecía y era dirigido por Ignacio Lozano, sin lugar a dudas el empresario cultural más poderoso del suroeste. Los dos hombres apoyaron la ideología nacionalista del "México de afuera", como puede ejemplificarse en el siguiente discurso, e intentaron unir a los expatriados y a los méxicoamericanos dentro de una visión culturalmente nacionalista. Como muchos otros exiliados políticos, García Naranjo usaba los periódicos no sólo como fuente de trabajo sino también como el *podium* para exponer su agenda política y sus escritos subversivos. Además de comentar y agitar desde una perspectiva conservadora sobre la Revolución —lo que lo llevó a ser juzgado en Laredo por violar las leyes federales de neutralidad— García Naranjo también atacó el racismo y la discriminación sufrida por los mexicanos en los Estados Unidos. (NK)

Lecturas: Nemesio García Naranjo. *Memorias de Nemesio García Naranjo*. 12 Vols. Monterrey: Talleres de "El Porvenir", s.f.

Capitán Campos:
Queridos Artistas:

Los desterrados somos como árboles ateridos y vosotros sois como pájaros que llegan y se posan y trinan sobre las ramas desnudas. Bello sería daros la bienvenida, cubriéndonos de frondas, de murmurios de vientos, de flores y hasta de frutos, cuyo peso obligue a nuestras ramas a una inclinación que parezca un saludo cordial. Para recibir a los pájaros, no hay más que un atavío apropiado: ¡el de la Primavera!

Pero, ... ¿cómo vestirnos de primavera, cuando el mensaje de amor que nos traéis, viene envuelto en nostalgias y melancolías? Oyendo vuestras canciones sentimos en nuestros nervios y músculos "circular el pavor de lo divino", que dijera el poeta; la garganta se anuda cruelmente y dos lágrimas gruesas y opacas, brotan de nuestros ojos, y allí se quedan, sin rodar por las mejillas, paralizadas en las pupilas, como si pretendiesen cegarnos, para que, libres de las visiones brumosas del destierro, puedan nuestros espíritus evocar la tierra ausente, en toda su integridad. Por eso mi brindis, en vez del atavío primaveral, se presenta entre vosotros, todo vestido de negro, como aquel caballero silencioso y doliente que se parecía a Musset como si fuese su hermano.

¿Qué nos habéis traído? ¡La Patria! Pues bien, la Patria no llega nunca al ostracismo envuelta en alegrías sino empapada en llanto. ¿Qué mexicano no se conmueve con las canciones de la tierra, si ellas son el mejor resumen de la nacionalidad? Nuestro pueblo es melódico por excelencia y vacía continuamente su alma en tonadas melancólicas y dolientes, fanfarronas y provocativas. Nuestro pasado se puede reconstruir con cantos. Las palabras de Cuauhtémoc sobre la hoguera —que son las más bellas de nuestra historia y quizás las más bellas de la historia humana— más que un alarido de guerrero o una imprecación de monarca, parecen el arpegio más sonoro de un rápsoda inmortal. Y en ese arpegio cantado sobre llamas, quedó troquelado el símbolo de nuestra raza, siempre atormentada por el Destino, ¡siempre orgullosa en su derrota, siempre superior a la victoria, y siempre dispuesta a sollozar con armonías!

¡Y cosa extraña! Este pueblo nuestro que es héroe y cantor a la vez, no ha sabido hacer nunca cantos heroicos. Francia, para repeler a los invasores de su suelo, en 1792, se puso solemne y cantó La Marsellesa. Nosotros somos distintos: nuestro himno grandioso y solemne —el Himno Nacional— fue compuesto por un español. En cambio, ¡con qué maestría cantamos la melodía sarcástica! Para vencer al pasado, nuestro pueblo entonó la canción acérrima de "Los Cangrejos", y para enterrar el Imperio de Maximiliano, se hizo oír de uno a otro confín de México, esa carcajada de sonidos que se llama la "Mamá Carlota".

Pero aún en esas canciones burlescas, ¡cuánto heroísmo en el fondo! ¡Cuánto dolor debajo de la socarronería clásica de las tonadas populares! Tal parece que nuestro pueblo, como el último emperador azteca, sigue riendo sobre su martirio . . . .

Todo esto nos habéis traído al destierro, queridos artistas, y por eso nos habéis enternecido. Nos habéis puesto en contacto con la Patria espiritual que es más bella y más grande que la Patria geográfica. Esta puede ser invadida y desaparecer: la otra es invulnerable y eterna. Quien vaya hoy a Atenas, no encontrará ya el alma griega de los tiempos heroicos; pero siempre podrá encontrar esa alma en las rapsodias homéricas y en las Teogonías de Hesiodo. Polonia durante un siglo, dejó de figurar en los mapas; pero como seguía palpitando en las notas heroicas y doloridas de Chopin y en los versos ardientes de Pouchtkine, pudo después de una centuria de esclavitud, volver a incorporarse entre las naciones libres. Mientras subsista el canto, subsiste la Patria. La gloria es humo; pero el recuerdo de ese humo, es lo que eleva a los pueblos transitorios y fugaces a la categoría de pueblos seculares.

Los fenicios no cantaron y nada queda en el mundo de estos mercaderes asiáticos. Cartago no cantó, y se hundió para siempre en la historia, a pesar del genio rutilante de Aníbal. México sí canta, y por eso al escuchar sus canciones, nos consuela la seguridad íntima de que jamás moriremos como Nación. Y no hemos muerto en las tierras segregadas de la Patria, hace tres cuartos de siglo. El espíritu mexicano sigue alentando al norte del río Bravo, entre los mexicanos expatriados, como si también en extraña tierra lo protegiese el cielo incomparable de Anáhuac. Y no solamente los que han venido de México, piensan en la Patria ausente: también los que aquí nacieron y se criaron siguen siendo irreductiblemente mexicanos. Todos llevan el nombre de México como un diamante incrustado en el corazón.

Y así como basta un toque de clarín, para que todos los soldados de un regimiento se pongan alertas y listos a acudir, así también cualquiera tonada romántica del terruño, tocada en el extranjero, hace que todos los mexicanos conmovidos evoquen a la Patria ausente y vuelvan los ojos iluminados hacia el Sur. Sí, allá en el Sur, está la tierra santa de promisión.

Capitán Campos:

Queridos Artistas:

La Banda de Estado Mayor, que parece una parvada de pájaros de la Patria, me hace recordar en estos momentos a otros pájaros que contribuyeron con sus trinos a la construcción de México. Nuestra historia comenzó a formarse cuando una Tribu errante, oyendo el canto de las aves agoreras y conducida por el resplandor de los astros propicios, dirigió sus pasos hacia el Sur. Buscaba la tribu el símbolo inmortal que hoy constituye el timbre más alto de nuestra bandera: un águila destrozando una serpiente. Los aztecas le preguntaban a las estrellas por el camino y éstas proyectaban rayos de plata sobre el Sur. Luego, interrogaban a los pájaros cantores, y los zenzontles y los ruiseñores contestaban con sinfonías de trinos. Y los sacerdotes, percibían en los cantos, voces nahuatlacas que comunicaban fervorosos a la tribu errante. ¿Oís? Los pájaros dicen "tihuí, tihuí", es decir, adelante, adelante. Y los aztecas obedecían a las aves, y continuaban su peregrinación. Después de un siglo, la tribu aún marchaba hacia el Sur, porque los augures creían seguir escuchado la palabra alentadora. "Tihuí, tihuí" —continuaban cantando los pájaros de las selvas.

Un día las aves se callaron y nuestros abuelos se detuvieron a contemplar algo grandioso: en el centro de una laguna de aguas transparentes se alzaba un peñón gigantesco; en el peñón crecía un nopal; y en el nopal estaba una águila devorando una serpiente: ¡Ésa era la Patria! Tal parece que los dioses al fijar a la tribu errante una laguna como asiento de su futuro imperio, quisieron brindarle un lugar inviolado en donde sólo se habían impreso las pisadas luminosas de los astros.

Pues bien, en estos momentos, ¿qué somos los desterrados sino una tribu dispersa y errante? ¿qué sois vosotros sino pájaros que nos empujan hacia el Sur? Tihuí, tihuí—cantaban los zenzontles hace setecientos años; y tihuí, tihuí, es lo que vosotros cantáis en la actualidad.

Oyendo vuestras canciones, oh rápsodas de mi tierra, entran deseos vehementes de caminar otra vez en busca del símbolo santo: una águila estrangulando una serpiente, es decir, ¡México ahogando para siempre las luchas intestinas!

Tomás R. Gares (1892–?)

El idioma castellano y Puerto Rico

Poco se sabe de la vida de Tomás Gares, el poeta puertorriqueño que parece haber sido ubicuo en la vida de la comunidad hispana de Nueva York desde la década de 1920 hasta los años cuarenta. En 1923 fue miembro fundador y vicepresidente de la más grande e importante sociedad mutualista de las comunidades hispanas en los Estados Unidos: la Hermandad Puertorriqueña. Gares también trabajó para un importante periódico de la comunidad, *Gráfico*, pero no limitó la publicación de su abundante repertorio poético a ese periódico solamente; su trabajo apareció también en muchos otros a través de los años. El poema presentado, publicado en *Artes y Letras* en 1934 y dedicado a un amigo puertorriqueño, el poeta y dramaturgo Antonio González, puede verse como su respuesta a la imposición del inglés por el gobierno militar de los Estados Unidos en Puerto Rico como el idioma oficial y la única lengua de instrucción permitida en las escuelas públicas. Tomás Gares observa como el emigrante ha sido desplazado económicamente y, al mirar hacia atrás a su patria, la experiencia es todavía más amarga porque el desplazamiento también abarca el de su historia y su cultura por la cultura oficial de los angloamericanos. (NK)

Lecturas: Bernardo Vega. *Memoirs of Bernardo Vega*. César Andreu Iglesias, ed. Trad. Juan Flores. New York: Monthly Review Press, 1984.

Dicen que el sonoro idioma castellano
Herido está de muerte en mi solar;
Dicen que es cuestión de tiempo su
　　abandono
Por otro idioma que no es el secular.

Dicen que el rico idioma de Cervantes
Por el de Shakespeare se habrá de
　　suplantar,
Que ya mi tierra estudia a Scott y a
　　Byron
Al dejar a Espronceda y Castelar.

Que somos un pueblo enfermo,
　　sometido,
Fácil de conquistar;
Y que el esclavo besa las cadenas
Que le suelen atar.

Que como esclavos al fin, lo dimos
　　todo:
Con nuestra sacrosanta libertad;
La tradición, las costumbres, el
　　idioma,
Y hasta el aprecio,
A nuestra propia humana dignidad.

Mas . . . todo es posible en esta
　　vida . . .
Hasta secarse el mar . . .
Convertirse las piedras en montañas
Y el sol su derrotero abandonar.

Podrán los tiempos detener su
　　marcha
Y las flores dejar de perfumar;

Mas . . . el idioma aquel de mis abuelos
Aprendido de niños al rezar . . .
Ese idioma en mi Patria será eterno
Nunca, nunca, le habremos de cambiar.
Mientras dure el recuerdo en la
memoria
Y la mente prosiga a funcionar . . .
Mientras dure en mi tierra la
conciencia
De su estirpe y de su herencia
ancestral . . .

Mientras circule sangre por las venas
De la mujer Boricua en el hogar . . .
Y en sus entrañas conciban nuevos
hijos
En mi país natal . . .
Mientras De Diego en nuestras
mentes sea
Símbolo del idioma nacional . . .
Mientras recuerde mi Patria su pasado
La lengua de Castilla se hablará . . .

áfico

itorial, 7 de agosto de 1927

Con escritores tan talentosos como Jesús Colón, Alberto O'Farrill, Gustavo O'Neill y Bernardo Vega trabajando como editores y columnistas, es difícil discernir quiénes exactamente fueron los autores del editorial, pero lo que es claro es que su posición política marca una transición desde la conciencia del inmigrante hacia la del ciudadano o residente permanente. En su lucha por los derechos de su comunidad, el editorial denuncia el racismo y la discriminación que prevalecen contra los ciudadanos del Harlem hispano mientras propone el concepto de un Estados Unidos multicultural, tan prevalente ahora, como la base para acreditar y defender a la comunidad. (NK)

Lecturas: Nicolás Kanellos y Helvetia Martell. *Hispanic Periodicals in the United States: A Brief History and Comprehensive Bibliography.* Houston: Arte Público Press, 2000.

La gran mayoría de nuestros detractores olvidan que los ciudadanos residentes en la vecindad de Harlem gozan de las prerrogativas y privilegios que lleva consigo la ciudadanía americana. Somos casi en nuestra totalidad naturales de Puerto Rico y otros, ciudadanos por naturalización. Cualquiera que esté identificado con la historia de este país, sabe que cuando hablamos de elementos extranjeros hablamos de nosotros mismos, pues no son otra cosa los habitanes de esta joven nación. Son los Estados Unidos una nación joven y creemos que la obra del acrisolamiento de las razas que la integran indica claramente que sus componentes pertenecen a todas las razas y a todas las naciones. De manera que nos hacemos tontos y ridículos al querer tildar a cualquiera persona que con nosotros convive de extranjero.

Muchos de los individuos que tratan de atropellar a nuestros conciudadanos en esta localidad, no fueron mejores que ellos antes de aprender aquí las costumbres y maneras del país. Se necesita ser ciego para no ver en cualquier individuo de los que ya se llaman ciudadanos completos, los ribetes de su antigua patria y de sus antiguas costumbres. Indica un grado muy pobre de inteligencia que se haga caballo de batalla el grito estúpido de unos cuantos intolerantes para combatir a ciudadanos dignos, especialmente cuando éstos respetan los derechos y prerrogativas de sus semejantes.

Nosotros, por supuesto, no participamos de este odio intransigente y no vamos a hacer bandera de combate de las animosidades y de los prejuicios que pudiera levantarse alimentando odios que a nada pueden conducir. Sin embargo, nos parece juicioso y muy prudente llamar la atención a todos los que están al presente sembrando vientos que muy pronto pueden redundar en tempestades.

Dos dedos de sentido común y un poco de genio investigador pueden darnos inmediato conocimiento acerca de la condición en que viven varias colonias en la localidad. Muchas de ellas están todavía a más bajo nivel que la nuestra. Tómese los records de la criminalidad y ofensas de la ley y esto indicará que tenemos razón en nuestro argumento.

Los últimos choques ocurridos entre habitantes del barrio y entre algunas autoridades que, también han bajado a lo común e ignorante en su juicio acerca de nuestra Colonia, nos hacen salir a la palestra dispuestos a arrostrar las consecuencias que vayan envueltas por nuestra justa y razonable defensa.

Joaquín Colón (1889?–1964)

Cómo unir a la colonia puertorriqueña

Junto con su hermano Jesús Colón, Joaquín fue parte de un grupo de traba-jadores autodidactas que se dedicaron a organizar las comunidades hispanas en Nueva York durante los primeros años del siglo xx. Joaquín Colón fue fundador y presidente de la Liga Puertorriqueña e Hispana. Esta organización estaba dirigi-da a proteger los derechos civiles, especialmente los de la comunidad puerto-rriqueña; como ciudadanos de los Estados Unidos, los puertorriqueños tenían derecho a ciertos privilegios pero, al contrario de los inmigrantes de otras partes del mundo, ellos no tenían consulados o embajadas que los asistieran o prote-gieran. Además de ser líder comunitario, Colón escribió con frecuencia colum-nas y cartas en periódicos publicados en español en la ciudad, incluyendo el *Boletín de la Liga Puertorriqueña e Hispana,* órgano de su propia asociación. En el siguiente ensayo, publicado en el boletín en 1932, Colón promueve su misión unificadora atacando a aquellos individuos, como los políticos, que anteponían sus propios intereses a los de la comunidad; en él proponía el desarrollo de una conciencia puertorriqueña basada en la cultura, la tradición y el carácter nacional más que en la ideología política. (EKP)

Lecturas: Nicolás Kanellos y Helvetia Martell. *Hispanic Periodicals in the Uni-*

ted States: A Brief History and Comprehensive Bibliography. Houston: Arte Público Press, 2000; Joaquín Colón. *Pioneros Puertorriqueños en Nueva York.* Edwin K. Padilla Aponte, ed. Houston: Arte Público Press, 2001.

Antes de avanzar mi humilde opinión sobre cómo organizar a los puertorriqueños en ésta metrópoli, permitídme que toque a la ligera las causas por las cuales, a mi entender, no estamos organizados.

Asomémonos primero al borde de nuestra cuna. Y contemplemos sin espejuelos color de rosa el taller donde se modeló nuestro carácter. ¿Cuándo ha florecido allí el espíritu de una unión dignificante, el espíritu de sincera fraternidad? El civismo, el orgullo regional; el interés colectivo y perenne por las miserias de la patria. Estas cualidades impensables para edificar y solidificar la unidad espiritual de un pueblo, nunca han logrado remontarse allí sobre el individualismo pedante enano. El Grito de Lares, único gesto macho de aquel pueblo, ¿qué otra cosa fue sino un pasadía de la traición, de la indiferencia, y de la falta de cohesión puertorriqueña? Allí nuestros "prohombres" se asocian, se alían, no para salvar la patria indigente, ni para resolver sus múltiples problemas, sino para salvar sus "prestigios políticos" y proteger su vida holgada y holgazana. La organización científica, tanto política como económica, la unión heroica por y para Puerto Rico exclusivamente, nunca ha germinado en aquel pueblo voluble, frívolo y sin responsabilidad ciudadana.

. . . Y nosotros venimos de allí. Sumidos en la miseria y mil veces engañados por los "apóstoles" de nuestra patria. Llegamos a estas playas sin fe en nada ni en nadie. Si algún hálito de fe resta en nosotros, ese también han tratado de matarlo más de una vez los falsos redentores puertorriqueños que nos han seguido hasta aquí. Estos pseudo-emancipadores que tenemos aquí son simplemente una imitación mala de aquellos de allá. Huelga decir que tienen menos escrúpulos, menos piedad, menos decoro. Miremos más de cerca sus características. Odian el trabajo, viven de la astucia, la falacia, de la "elocuencia". Algunos de ellos tienen talento pero no tienen carácter. Y los ideales en hombres sin carácter son meramente otros tantos artículos de venta para su sostén. Como no tienen el valor de arriesgarse en ninguna aventura donde ellos corran peligro individualmente, se dedican al mercado de conciencias boricuas. Ellos saben que el sentimentalismo es una de nuestras grandes debilidades, que olvidamos y perdonamos todo muy pronto. Se fabrican una reputación cualesquiera. Luego fundan una sociedad con un nombre atractivo y principios altruistas. Mientras todo marcha a la medida de su deseo, saltan, vociferan, haciendo alarde de abnegación. Cuando han chupado toda la sangre de la institución y han minado todos sus cimientos o después de haber hecho alguna conexión lucrosa, entonces, se retiran. Se retiran siempre honorablemente . . . como los mártires consagrados de la colonia. Más tarde, en otro momento propicio, Ud. oye saltos, voces de aliento, alardes de abnegación. Se acerca y mira. Allí están de nuevo aquellos que aparentamente se retiraron. Los mártires consagrados de la colonia, vendiendo otra vez sus nuevas recetas patrióticas. Y triunfan de nuevo. Esté Ud. seguro de ello. Para triunfar se rodean de una mediocridad puertorriqueña cuya única gloria consiste en ser amigos de los hombres de títulos y ver sus nombres en letra de imprenta al lado del de ellos. Estos hombres son sus correveidiles, los que pregonan por la esquinas y barberías la nueva mercancía patriótica a cambio de un poquito de roce con los "hombres de prestigio." ¿Recuerda Ud. aquella pobre gente en la islita que siempre le daban para bautizar a sus hijos a Don Fulano y Don Sutano aunque entraran por la cocina? ¿Y aquellos que siempre les hablan de su pariente lejano, el doctor tal, el licenciado cual, pero nunca mencionaron a su hermano, el ladrón, ni a su padre el borrachón? Pues aquí están también con nosotros. Vestidos como vestía Don Fulano allá en los días solemnes. Parecerse a Don Sutano, he ahí toda su finalidad. Estos son los instrumentos de nuestros embaucadores. Los "robots" que trabajan para ellos a cambio de un saludo inteligentemente entusiasta.

Tenemos entre nosotros otro elemento que de buena fe cree que sus ideas son las únicas sanas y nobles. Aquello que no lleve su sello para ellos no sirve. No reconocen lealtad puertorriqueña en nadie que no piense y sienta como ellos.

Hay otros puertorriqueños entre nostoros cuya obsesión es la de solucionar todos los problemas de los Estados Unidos y los del resto del mundo. Para esto el cuadro triste de nuestra colonia en Nueva York es secundario. Hay que resolver primero los problemas del Polo Norte y los de Polo Sur.

Tenemos muchos, muchísimos que están esperando que todo esté hecho para entonces ellos entrar triunfalmente y sentarse en los asientos de primera línea. Y lo hacen. Nunca han tenido responsabilidad ciudadana.

Hay otras razones que obstaculizan la asociación puertorriqueña en esta urbe. Pero no las creo de vital importancia. El espacio limitado tampoco me permitiría enumerarlas debidamente.

Mas tenemos una idea del terreno donde hemos de lanzar la semilla. Basado en estas observaciones yo creo que solamente podemos unirnos a base de puertorriqueñismo. Desarrollando una especie de fascismo boricua en Nueva York, que si bien dé cabida a todo aquel que se siente borinqueño no tolere a ningún individuo o grupo de individuos que se crea superior en forma alguna al concepto puertorriqueño escuetamente dicho sentido. Tenemos ante todo que reconocer que todos somos puertorriqueños. Y que por encima de toda ideología político-social hay una cultura, una tradición, una idiosincrasia soberana que nos vinculiza, nos caracteriza y nadie tiene el derecho de ignorar o relegar llamándose aún puertorriqueño. Tenemos que hacer conciencia puertorriqueña sin caer en un chauvinismo romántico-sentimental que nos prive de pensar con sensatez y equilibrio. Es necesario cerrarle las puertas al político profesional sea quien fuere. Con él dentro de nosotros, la unión es imposible. Debemos abrirle las puertas de par en par al historiador de Puerto Rico, al catedrático, al pedagogo, al hombre de ciencia, al conferenciante y al artista reconocido. Ellos reflejan diáfanamente ante los Estados Unidos y ante el mundo nuestra verdadera cultura y nuestro carácter. Es perentorio el que se organicen cooperativas y se adopten todos aquellos sistemas modernos de protección mutua que tiendan a normalizar nuestro status *económico*. Ésta es la labor al alcance de una magna sociedad por y para todos los puertorriqeños.

Como válvula de escape a nuestras pasiones, a nuestros caprichos, a nuestro instinto de buscón, a nuestro individualismo pedante y enano ahí está el campo abierto fuera de esta magna sociedad puertorriqueña, con su infinidad de logias, centros, dogmas, clubes políticos y sociales. Ahí me encontraréis a mí también en algún sitio luchando por la vida . . . de pantera a pantera.

Dejad ahí que las luchas mezquinas y heterogéneas sigan su inevitable curso. Mas en la asociación puertorriqueña por excelencia, presentamos frente unido con disciplina fascista en lo que concierne a la absorción de todas las demás ideas por la salvación de nuestra personalidad puertorriqueña. El faccioso, el disolvente tiene que ser boicoteado si es que esta sociedad puertorriqueña ha de subsistir.

Esta deuda la tenemos contraída con los ilustres desterrados de nuestra patria. Con aquellos que fueron perseguidos y encarcelados, con aquellos que sacrificaron todo desinteresadamente por nuestra causa. Esto se lo debemos a nuestros hijos.

Probemos primero que somos una entidad. Una entidad que tiene más de cuatro siglos y cuarto. Y que sabe hoy vivir al margen de la últimas innovaciones socioeconómicas de esta civilización. ¿Después . . . después . . . ? Cualesquier cosa es posible.

dolfo Uranga (fechas desconocidas)

s que vuelven

En la selección a continuación, escrita durante un período oscuro y difícil en la historia de los Estados Unidos, Rodolfo Uranga demuestra su profundo compromiso al apoyar la defensa de los derechos humanos de los inmigrantes mexicanos y de las comunidades méxicoamericanas en los Estados Unidos. La escasez de empleos y la desenfrenada pobreza que afectó a millones de americanos durante la Depresión llevó a los nativos a dirigir su cólera hacia la población de origen mexicano en los Estados Unidos. Esto trajo como consecuencia deportaciones masivas de trabajadores indocumentados e inclusive de ciudadanos. Evitando una retórica defensiva, Uranga encontró este momento propicio para exaltar las virtudes de sus compatriotas, ofreciendo de esa manera un antídoto para contrarrestar la virulenta satanización de los mexicanos estimulada por los medios masivos de comunicación y la imaginación popular. Uranga también hizo ver un aspecto de esta migración de retorno que con frecuencia tendía a ser ignorado: el potencial de beneficios que el país de origen recibe con los que regresan con las habilidades aprendidas al haber vivido y trabajado dentro del "vientre de la bestia". Hasta ahora la investigación no ha aportado información biográfica sobre Rodolfo Uranga. (EGB)

Lecturas: Nicolás Kanellos y Helvetia Martell. *Hispanic Periodicals in the United States. A Brief History and Comprehensive Bibliography.* Houston: Arte Público Press, 2000.

El más grande movimiento migratorio de la modernidad. Así puede llamarse a la corriente humana que, formada por millones de mexicanos, corrió primero de México a los Estados Unidos, y ahora ha vuelto al país nativo.

Tanto en la ida como en el regreso, esa corriente humana ha pasado por ardientes cauces de dolor dramático: persecuciones, expulsiones, despojos, humillaciones, tareas de esclavitud, salarios miserables, tratamientos brutales e injustos por las autoridades y mandones, aprehensiones en masa, con crueldad y otras penalidades incontables.

Ese ha sido el camino recorrido en los últimos tiempos por cientos de miles, millones de mexicanos, que primero salieron de la patria expulsados por los militarismos, las tiranías y la intolerancia religiosa, y ahora han vuelto, expulsados, también, por la miseria del "país más rico de la tierra"; arrojados por la intolerancia anglosajona, enemiga de todo lo español y lo indio; aventados cruelmente, en fin, por la "moderna inquisición de América", como fue llamado hace algún tiempo, por la comisión investigadora de Wickersham, el Servicio de Inmigración.

Pero a través de tanta negrura y tanto dolor, yo vislumbro grandes beneficios para nuestra gente.

En primer lugar, la emigración de millonadas de mexicanos fue indicio de audacia de espíritu de empresa y aventura, virtudes cardinales de la estirpe que muchos creían muertas. Los que salieron fueron los más sobrios y los más vigorosos, según dijo el Maestro Vasconcelos.

Y en Estados Unidos, la estancia de los nuestros fue una demostración de aptitud para la lucha por la vida de capacidad para el trabajo, para alternar en diferentes campos con otras razas que se creen mejores. En efecto, en laboriosidad, en constancia, en resistencia, en habilidad, o aplicación e inteligencia para las tareas educacionales, en unificación y espíritu de ahorro, aún superioridad, en múltiples casos, con respecto a los anglosajones.

Como periodista, especializado en el asunto, yo publiqué y conservo un sinfín de casos en que los mexicanos, actuando en un medio ajeno, a veces hostil, igualaron y superaron a los de otras razas en Estados Unidos de Norteamérica.

Quedó, pues, demostrado que la estirpe iberoamericana no es fatalmente inferior, como se afirma venenosamente en los textos de geografía e historia de los colegios y escuelas norteamericanas. Se probó que en un medio propicio, con oportunidades y tiempos favorables, nuestra raza es apta para una vida plena y civilizada.

Por cientos, por millares, en trenes repletos, el "México de Afuera" ha vuelto a la patria.

Yo los he visto venir en automóviles, en camiones, en vehículos de todas clases y marcas. Muchos de ellos traen sus muebles y otros bienes y en ocasiones algo de "dinerito", como ellos dicen. Otros vienen en la miseria, por largas temporadas sin trabajo, o porque la Inmigración les "cayó" de improviso, encarcelándolos y deportándolos sin darles tiempo para llevar sus "cosas".

Pero todos o casi todos traen un rico bagaje de experiencia, de conocimientos prácticos y utilísimos, de recursos y objetos para trabajar, hasta de civismo y de hombría.

Todos ellos han conocido ya al Tío Samuel, a fondo. Vivieron en el monstruo y vieron sus entrañas, como José Martí. Cuando llegaron a Estados Unidos, creían ingenuamente que aquello era Jauja, y que allí moraban exclusivamente todas las virtudes y todos los portentos. Los vicios y defectos, todo lo negro y malo era mexicano, hispanoamericano, propio de criollos, indios y mestizos.

Pero la realidad, la experiencia abrieron bien los ojos del "México de Afuera", y ahora vuelve a decir lo que realmente ha visto, al "México de adentro".

Todos o casi todos los mexicanos de afuera que vuelven al país, no sólo odian al imperialismo, porque han conocido sus maldades, sino también odian fuertemente a los sirvientes del imperialismo: el caudillismo y el pelelismo. Saben que los tres "ismos" son terribles pústulas que envenenan a América, a gran parte del mundo, y que deben extirparse urgentemente con el bisturí y el termocauterio, no con aguas de rosa ni pomadas.

Casi todos ellos aprendieron también a pensar en términos más amplios, por encima de las patrioterías y localismos.

Con el regreso del "México de afuera", muchos "hijos pródigos" vuelven al seno de nuestra gran familia. Son millares de jóvenes y niños que, nacidos y formados en Estados Unidos, casi se habían extraviado, ayancándose lamentablemente, olvidando hasta el propio idioma.

Una gran esperanza de mejoramiento económico y cívico, en tiempo no lejano, es lo que yo preveo a través de tanto dolor y tanta injusticia que han padecido esos millones de nuestros hermanos que ahora participan en el movimiento migratorio más grande de los tiempos modernos.

Erasmo Vando (1896–1988)

Carta abierta a don Luis Muñoz Marín, presidente del senado de Puerto Rico; Estados Unidos

Poeta, dramaturgo, actor, cronista y activista político, Erasmo Vando nació en Puerto Rico cuando la isla todavía era una colonia española. Emigró al sur de los Estados Unidos como trabajador y llegó hasta Nueva York, donde se convirtió en un líder de la comunidad, más notablemente como presidente de la Juventud Nacionalista. Vando fue considerado por Bernardo Vega como el mejor intérprete del jíbaro, el campesino puertorriqueño, en los escenarios de Nueva York, y Vando —como sus amigos autodidactas Vega y Jesús Colón— siempre forjó sus actividades artísticas e intelectuales dentro de esta perspectiva. En la "Carta abierta" que se presenta a continuación, Vando toma como suya la causa de la comunidad puertorriqueña desarraigada y destituida en Nueva York y en cualquier otro lugar de los Estados Unidos, y reta a los políticos puertorriqueños de la isla a abordar el problema de sus hermanos emigrados. En su poema "Estados Unidos", Vando da voz a todo el resentimiento que muchos inmigrantes sintieron ante su desilusión en la "tierra de los hombres libres". (NK)

Lecturas: Erasmo Vando. *Amores*. San Juan: Emelí Vélez de Vando e hijos, 1996.

EL CAÓTICO PROBLEMA DE LA COLONIA PUERTORRIQUEÑA, MISERIA, INCOMPETENCIA, DESCRÉDITO, INMORALIDAD, RUINA. LA NECESIDAD DE UNA INVESTIGACIÓN LEGISLATIVA. COOPERACIÓN.

Hon. Don Luis Muñoz Marín, Presidente del Senado Puertorriqueño.
Ciudad.

Mi Distinguido Compatriota y Amigo:

No bien habían desaparecido las huellas de las pisadas de la soldadesca invasora en las playas de Borinquen cuando comenzó el éxodo colectivo de la población nativa. Al estribillo de: "No te mueras sin ir a España" siguió, cosa natural el sonsonete de: "En el Norte está nuestra salvación". Desde entonces, muchos han sido los paisanos nuestros que, esperanzados, dejaron el lar nativo en pos de un nuevo El Dorado pleno de bienandanza y plenitud.

Llevados por lema el tradicional Vini Vidi Vinci, arribaron a estas latitudes firmes de propósito, pero carentes de los más elementales principios de preparación para abrirse campo dentro de un ambiente distinto al acostumbrado. Cuántos han venido desde entonces, no lo sabemos, pero los cálculos prudentes montan la cifra de exilados puertorriqueños a más de un millón de seres de los cuales se calcula radiquen en la ciudad de Nueva York alrededor de trescientos cincuenta mil. Hay también grandes núcleos de boricuas en California, Arizona, Alabama, Pensilvania, Hawai, Cuba, Santo Domingo, Venezuela, etc., siendo la creencia general que doquier que hay seres humanos hay puertorriqueños. Sabemos de dos familias radicadas en la cuidad de Nome, Alaska, y en la ciudad de Glen Cove, L. I. Existe el caso de la señora Nemesia López con once hijas y treintipico de nietos. (Sobre este caso de sorprendente fecundidad hablaremos en otra ocasión.) Pero más importante que la cantidad, aún, es el motivo por el cual salieron de su Patria, verde siempre, siempre tibia, a buscar fortuna a otros lugares exóticos, fríos, ajenos. El deber de vivir y el derecho a la vida, lanzó este enorme contingente humano en busca de un mendrugo de pan que el suelo nativo les negó. La despedida fue siempre la misma: destrozo almático, lágrimas en los ojos, en la mirada envidia por no ser los afortunados que marchaban y la cansada frase de: "Seguido que juntes el pasaje, mándamelo. Prefiero morir allá de pulmonía a morirme aquí a plazos de hambre o tuberculosis". ¡Terriblemente patético todo esto! Luego un punto negro en el horizonte que desaparecía más tarde como humo pardo y, una estela de perlas en el mar y en tierra un pañuelo que se agita cual blanca paloma, lágrimas en los ojos, esperanzas muchas en el alma y en estómago vacío, mucho vacío. . . . Ya acá: una ciudad maravillosa, gigantesca, sólida, asfixiante, extraña. Algo que nos dicen que es nuestro, pero que no nos pertenece. Es como decirle al chico "ese muñeco es tuyo, pero no lo saques del escaparate". Mogolla de razas varias cuyas colonias en cruenta competencia se tiran al degüello entre sí, pero que, cuando se toca de la colonia puertorriqueña, todas se unen para destruirnos, vejarnos, desorientarnos. Y aquí estamos, agitándonos en nuestras propias pequeñeces, desorganizados, desorientados, batidos por la intemperancia —barca sin timón en mitad de la olas—, soñando siempre con un mejor día en que podamos retornar al patrio suelo, rellena la bolsa y risueño el rostro. Todo inútil: víctimas de la politiquería nativa, fuimos fácil presa de la politiquería local, con la diferencia que en Puerto Rico nos explotaban nuestros paisanos y aquí lo somos por paisanos y extraños. La falta de adiestramiento vocacional ha sido uno de nuestros más grandes "handicapps"; la división otro. El idioma y las costumbres pertenecen a segunda categoría: otras razas triunfaron sin ellas. Y sin la ciudadanía, según muchos pasaporte fácil a la felicidad y la facilidad. Mil sociedades prueban de nuestra división y aislamiento, a pesar de que fungen todas de patriotismo, pero ni una sola institución que esté velando por la llegada y orientación del emigrado ansioso. Olvidados de todos y olvidados de nosotros mismos. Todos los gobiernos y todos los pueblos del orbe se ocupan del bienestar de sus súbditos. Los cuerpos legislativos hacen leyes y fomentan planes del bienestar. Menos el nuestro. Nuestros legisladores de antaño, enredados en el desbarajuste político de lucro personal, poco se acordaron de los que se fueron. Frente a frente con el problema de la decantada superpoblación se cruzaron de brazos ante nuestra desgracia. Su actitud los parangonó con la canción chabacana de Rafael Hernández: "Si te vas, adiós. De mi casa no te boto; si te quieres ir con otro, adiós. ¡Good-bye!" Sólo de década en década, se presentaba algún político queriendo explotar nuestra *afortunada posición estratégica de ciudadanos yanquies con voto en la propia tierra yanqui.* Los intentos fueron varios, pero ese mismo vicio divisional de que antes hablé fue droga salvadora. Fue el amargor de la cáscara de la nuez; no le pudo entrar el político.

Hoy nuestra situación es terrible: miseria, malos trabajos, salarios bajos, persecución racial, diatriba, explotación, y sobre todo esto: el nefasto problema moral que va arruinando paulatina, pero seguramente, nuestra juventud. Los chicos son pasto de la mariguana, el ron y otros vicios. Las chicas, la prostitución las acecha. Se explota nuestra carne y se degrada nuestro espíritu. Somos el escalón por el cual suben todos: eso somos, escalonera general de explotación continua. Nos explota el español, el cubano, el mejicano, el judío, el negro yanqui, todos, todos, y nosotros tranquilamente nos dejamos explotar. Tenemos un diario que de cuando en cuando hace un gesto de puertorriqueñismo, pero que es español a todos los vientos. Dos teatros: uno propiedad de un mejicano, el otro es cubano-judío. Naturalmente que tanto el diario como los teatros hacen uso de manos y labor boricuas, pero el punto es otro. Si somos los más; si la colonia puertorriqueña de Nueva York consta con más habitantes que las tres primeras ciudades de P.R., ¿por qué entonces no hay diarios, teatros, mercados, hoteles y otras industrias que valgan la pena, propiedades nuestras? La respuesta merece estudio y a eso vamos: Dentro de las circunstancias insulares, me refiero a las políticas, el Partido Popular Democrático —cuyo lema es: Pan, Tierra y Libertad— ha hecho una labor encomiable hasta ahora. ¿Por qué no se interesa la actual legislatura insular en los problemas del manoseado Octavo Distrito? Sugeriríamos a estos señores una apropiación monetaria para nombrar una comisión que estudie estos problemas que no admiten dilación. El problema, si bien es nuestro en toda su profundidad, lo es también vuestro por reflejo. De Puerto Rico no debe salir un ciudadano sin la seguridad de que viene preparado a enfrentarse con la vida del emigrado y de que leyes honradas lo protegen doquiera que va y una institución amiga le abre puertas cuando hallarlas abiertas necesita.

Estados Unidos

Esta república, por el culto desmedido a la
riqueza, ha caído sin ninguna de las trabas
de la tradición, en la desigualdad, injusticia
y violencia de los países monárquicos.

—José Martí

Un documento excelso que proclama
los derechos del hombre;
una bandera constelada;
historia que comienza roncando rebeldías,
y finaliza oliendo a imperialismo;
un pueblo heterogéneo, los residuos
de nuestra vieja Europa hechos república;
aleación de pasiones y prejuicios;
engreimiento entronizado;
engaño hecho dios en América;
carcajada del siglo;
sarcasmo de la época:
¡los Estados Unidos!

En su puerto, una estatua
mintiendo libertad, insulta al cosmos.
Adentro la injusticia: Sacco y Vanzetti, Mooney,
los Negros de Scottsboro;
el grito de las madres cuyos hijos
han muerto en las campañas imperiales;
el grito de los hijos cuyas madres
rodaron en el vicio;
el Ku-Klux-Klan gruñendo fanatismos;
el Indio prisionero en la montaña;
el Negro postergado y perseguido;
la Biblia alimentando la ignorancia;
dolor amortiguado
con el responso de los puritanos . . .
¡Dolor! ¡Dolor que el *chauvinismo* acalla!
¡Odios! ¡Rencor que el religioso enciende!
Eterno olor a sangre en el ambiente;
mediocridad con túnica encarnada;
nueva vida en el templo del dios Jano;
el altar de Minerva derruido;
ansias de poderío en cada alma;

la palabra de Dios en cada labio . . .
¡los Estados Unidos!

Imperando: Detroit,
Chicago, Nueva York.
¡Grandes fieras ahumadas
que comen carne humana
con colmillos erectos
con que pretenden desgarrar el cielo!
Detroit quiere ensuciar el firmamento
con la saliva de las chimeneas;
Chicago entra en la historia con el crimen,
se perpetúa en ella con el fuego
y los desmanes de sus pistoleros;
Nueva York se hace única y suprema
con su Tammany Hall —airosa cueva
de salteadores muy del siglo veinte—
y con su Wall Street tentacular
—estrecha y mal oliente
guarida de Ginart—.

Movimiento continuo
grandes fábricas
que succionan la sangre del obrero;
políticos, banqueros y bandidos,
tres personas distintas y ¡un ladrón verdadero!

(Des) encuentros culturales

lefistófeles (fechas desconocidas)

as agringadas por la fuerza

En una crónica publicada en *El Tiempo* (4 de marzo de 1897) de Las Cruces, Nuevo México, este autor desconocido experimentó con el cambio de códigos lingüísticos ya común en el habla de los méxicoamericanos a fines del siglo XIX. Como muchos de los cronistas inmigrados que le iban a seguir a este humorista, Mefistófeles satirizó despiadadamente no sólo la mezcla del español con el inglés sino la creciente tendencia de adoptar los hábitos culturales de los angloamericanos. También es de notar la censura, a veces no muy sutil, del materialismo identificado con la cultura dominante y el conflicto entre los nativos hispanos y los inmigrantes. (NK)

Lecturas: Nicolás Kanellos y Helvetia Martell. *Hispanic Periodicals in the United States: A Brief History and Comprehensive Bibliography.* Houston: Arte Público Press, 2000.

—Mamá, you know, ese mexicano que vino de México ya me está haciendo mal estómago.

—¡Pero por qué, hija! ¡What's the matter!

—You know, Mamá, he loves me, y ya hace tres días que no viene a sacarme a pasear, you know.

—Es verdad, yo supe que te quería, y como nos conviene, porque sé que es rico, lo hice de confianza y le di yo también la entrada en la casa, y le permití que te sacara a pasear, según nuestras costumbres americanas, y se me hace muy duro que ya no se pare por aquí en persona.

—Yes, Mamá, muy duro, that's true, pero mándalo llamar a ver si no se le hace a él también duro que uno le exija que cumpla con su deber, you know.

—All right, voy a mandarlo llamar, no se ha de burlar de las dos. Pero si viene no le vayas a decir lo que me contaron.

—What? What? Mamá, you make me sick.

—Supe que no salía de la casa de las Bravemore, y que también las saca a pasear y que vuelven hasta las doce o la una de la noche.

—Is that so? . . . con razón yo nunca quiero a esas 'pollas', I hate 'em, son mujeres, you know, yo nunca las saludo, a Joe su hermano yes, pero a ellas never.

—Pues ya sabes, yo también las aborresco; con Joe, that's different, es un muchacho muy amable; y lo que les ha de cuadrar de tu novio son sus *patías* tan grandes con su nariz grande en medio.

—I don't know, Mamá, about that.

—¿No sabes? *Patías* es whiskers.

—Oh, yes, I remember, y es capaz que como ven la chanza se las hayan agarrado, y la nariz también, oooh! I'm jealous, that makes me sick, you know.

—Well, well, voy a mandar que venga. Y entre tanto dime la verdad, ¿cómo se ha conducido cuando te has ido con él? No me ocultes nada, porque yo sé todo.

—¡Ay! Mamá, you frighten me don't be so. You know, la primera vez que me sacó me pareció muy político porque no le entendía todo lo que me decía en mexicano, the second time, you know, ya se me mostró más lovely y me proponía muchas cosas bonitas, lo que me cuadró very much, porque a mí no me gustan las políticas de México, y a la tercera vez ya me dejó muy encantada y satisfecha porque me hizo muy bien el corte, you know.

—La corte, quieres decir hija, no seas tan disparatoriadora.

—¡Oh! Mamá, I mean, me hizo bien el amor, I don't know 'bout la corte, I don't like it, nunca me han llevado a la corte, you know.

—Anda, anda, FULL, won't get a fight with you. Voy a mandar por ese mexicano de la capital, porque ¿sabes? a mí también me está haciendo mal estómago, y anda vístete y píntate para que no se le haga tan duro verte así. Pero antes baja las *sías,* sacude el polvo porque todo está muy *feyo,* muy *empolvao* y muy mugriento, ain't it?

—That's all right, Mamá.

Y en seguida se le oye cantar a la niña aquella canción de negros: —I want yer, ma honey yes, I want yer, mighty badly . . .

Eliseo Pérez Díaz (1871–1963)

La Rosa del Cayo (fragmento)

Nacido en Guanajay, Cuba, Pérez Díaz emigró a Cayo Hueso cuando era muy joven y más tarde se estableció en Tampa, Florida, donde se convirtió en un miembro activo del Partido Revolucionario Cubano. También fue a Cuba a luchar por su independencia. Después de la guerra, regresó a Tampa donde dirigió el periódico *La Prensa*. Pérez Díaz murió en 1963 después de cuarenta años de servicio en el Consulado Cubano de Tampa. Su experiencia en Tampa y Cayo Hueso lo inspiró a escribir *La Rosa del Cayo*, una novela histórica que traza los pasos de un joven independentista cubano en la revolución. La historia se centra en el amor de Rosa Valdés por Pablo González, un independentista cubano que deja Cayo Hueso con las fuerzas expedicionarias de los generales Serafín Sánchez y Carlos Roloff. Al escuchar que Pablo ha muerto en acción, Rosa, aconsejada por su madre, se casa con Carlos Roberts, un exitoso comerciante. Mientras tanto, Pablo se recupera de sus heridas y es ascendido a mayor en reconocimiento a su valentía. Cuando Rosa descubre que Pablo está vivo, le es difícil decidir entre la lealtad que le debe a su marido y su amor por Pablo. (CS)

Lecturas: Eliseo Pérez Díaz. *La Rosa del Cayo*. La Habana: El Fígaro, 1947.

Capítulo XXIII

Consternación en Cayo Hueso

Corría el mes de Junio de 1898 y un buen día dispuso el General en Jefe de las fuerzas cubanas, que el Coronel Bernabé Boza y el Teniente Coronel Carlos Mendieta, se trasladaran a Key West, para buscar recursos, porque los insurrectos a causa de la reconcentración decretada por el General español Weyler, se morían de hambre. Tan terrible medida había acabado con los sembrados de viandas y otros frutos, con las aves, con todo y no tenían modo de conseguir comestibles.

No había vapor disponible y la orden de Máximo Gómez era de hacer la travesía en la mejor embarcación que se obtuviera. El Generalísimo no olvidaba el cayo querido, ese pedazo de tierra americana tan recordado por los emigrados y que siempre figurará en la historia de Cuba con caracteres inmortales, como bendito asilo que fue para los que renunciando a vivir en la opresión, arribaron a sus costas.

En un frágil buque atravesaron los gloriosos y valientes oficiales del Ejército Libertador, la faja de mar que separa a Key West de Cuba y en el referido santuario hallaron la acogida cariñosa que siempre le dispensó la colonia cubana a sus hermanos de la isla, organizándose en seguida comisiones para colectar dinero, levantando la cantidad de $3,000.

Aconteció que ya los americanos estaban completando el bloqueo de Cuba con los buques de su flota de guerra, por lo que al pasar cerca de uno de ellos sin saber lo que ocurría, una goleta cargada de tasajo procedente de Montevideo, la apresó, llevándola a Key West.

Los americanos no usan ese producto alimenticio en sus comidas y vino bien para que los cubanos lo compraran.

Veinticinco toneladas de la carne seca fueron sacadas a subasta pública, después de haber sido la mercancía incautada por el gobierno, adquiriéndolas todas la Comisión nombrada para arbitrar los recursos que pidieron Boza y Mendieta.

Con el dinero recogido obtuviéronse otros víveres y zapatos, ropa, armas, municiones e infinidad de cosas en miscelánea, llevando el embarque en la nomenclatura de aquellas organizaciones el nombre de "Expedición del Tasajo".

Una gran asamblea se celebró en el histórico Teatro "San Carlos" y actuaron en la Mesa Directora, como Presidente, José Manuel Govín; Secretario, Nicanor Trelles; Tesorero, Justo Maristany y Vocales Luis Someillán y Sandalio Romaelle.

Romaelle era asturiano, y en Cuba, durante los años que antecedieron al movimiento independentista, comulgaba en las ideas anarquistas, figurando siempre de los primeros en las luchas de los obreros por su mejoramiento.

Aquel español tan sincero para la defensa de sus principios libertarios, nunca desmintió su estirpe filosófica. Y cuando los cubanos dieron el grito último el 24 de febrero de 1895, se asoció a ellos, yendo para Cayo Hueso, donde, como prueba de cuánto allí se le estimaba y quería, participaba juntamente con los emigrados y por deseo expreso de los mismos, en todas las comisiones que se nombraban para ayudar a la insurrección contra España.

Nada se ha escrito de este hombre de corazón ancho, buen orador, fiel a sus ideas, y el autor de este libro desea consignar en sus páginas un recuerdo imperecedero a su memoria, como justo galardón al que supo ponerse al lado de los oprimidos, sin importarle lo que de él pensaran los tiranos, con un civismo digno de su contextura moral y de su grandeza de alma, no superada por ninguno de sus connacionales.

Iban el Coronel Bernabé Boza y el Teniente Coronel Carlos Mendieta por las manufacturas, acompañados por la Comisión anteriormente mencionada, cuando al pasar por la de Mojasky & Company un tabaquero se acercó a Boza para preguntarle si conocía por casualidad en la guerra a un joven nombrado Pablo González, que salió de Cayo Hueso en la expedición de Sánchez-Roloff.

—¿Pablo González? A ver, a ver. ¡Ah! Sí, lo conozco.

—¿Pero vive?

—Yo creo que vive. Por lo menos, lo dejé en la Escolta del General Serafín Sánchez ya con el grado de Comandante. Muy valiente. Lo hirieron en combate al machete con una guerrilla, pero la última vez que lo vi en la provincia de La Habana, ya había curado de la herida.

José Valdés, el padre de Rosa, era el que había sostenido la conversación con el Jefe insurrecto y asombrado, sin apenas tenerse en los pies, volvió para su mesa y apoyando los codos en la tabla de trabajar, se llevó las manos a la cabeza como aturdido, pensando en la sorpresa.

—¡Ahora sí que la hemos hecho! —exclamó para sí mismo, virando el paño sobre el material de la tripa y la capa y encaminándose para su casa, donde entró gritando:

—¡Feliciana, Feliciana!

—¿Qué te pasa? ¿Nos hemos sacado la lotería?

—¿La lotería? No es poca la mala suerte que nos ha tocado. ¡Ahora sí que estamos despachados! ¿Qué dirá la gente?

—Pero hombre de Dios, di, ¿qué es lo que ocurre? —interrogaba Doña Feliciana toda excitada y temblando por la actitud de su marido.

—Que Pablo no ha muerto.

—¿Pero quién te ha dicho eso?

—Quien lo sabe. El Coronel Bernabé Boza. Hace un momento estaba en la fábrica la Comisión haciendo la colecta y se me ocurrió averiguar la verdad sobre el rumor que corrió en el pueblo antes de que Rosa se casara, de que había caído en un combate, y es mentira.

Doña Feliciana dio media vuelta sin saber qué decir y por último, ya más animada, repuso:

—Bueno, suponiendo que viva, que no lo creo hasta que lo vea, ¿qué puede pasar? Rosa no va a divorciarse por eso. Ella lo tomará como yo, que son cosas de la vida. ¿Quién iba a figurarse semejante noticia? Yo ni me acordaba del tal Pablo González. Bastantes malos ratos hemos sufrido con su indecisión para casarse cuando estaba aquí. Ahora puede ir, si vive, a freír bollitos.

—Y me dijo también Boza que es comandante y que se ha portado como todo un hombre de valor, peleando al machete con una decisión que ha asombrado a sus mismos compañeros de la manigua.

Esta argumentación detuvo a Doña Feliciana en sus comentarios. Pero al ver que su marido no se movía del sillón, anonadado por lo que acababa de saber le gritó:

—Pero sale de ahí hombre, que pareces una momia, ¡como si alguien de la familia se hubiera muerto!

—Es que no sé cómo llevarle esta noticia a Rosa. Puede darle hasta un síncope.

—Tú siempre con tus "sanacadas". No le va a dar nada. Ella está muy bien casada, con todo lo que quiere a su mano, no va a ser tan boba que se vaya a inquietar por eso.

Joseíto no pudo resistirlo más. Y tomando el camino para la calle de "La Farola", donde el capataz de Mojasky le había puesto a su mujer una casa lujosamente amueblada, entró y sin darle siquiera los buenos días, se sentó en la sala meditabundo. Al verlo en ese estado, la hija se apuró mucho preguntándole qué tenía, si estaba enfermo, y para no disgustarla más, resolvió abordarle el problema, aunque con cuidado.

—Rosa, la vida es una ensarta de sucesos que todos los días conocemos, malos y buenos. Hoy vengo a verte porque tengo que manifestarte algo sensacional, pero siempre he tenido confianza en ti, en tu buen sentido y espero que lo que te voy a decir no te saque de quicio. Prométeme que cualquier cosa que sea, lo recibirás sin perder los nervios porque así uno puede pensar cómo proceder sin perjudicarse.

—Pero di, Papá, qué es lo que ocurre, que me tienes en suspenso, pensando que a Mamá le ha pasado algo.

—No hija, tú mamá está bien, muy bien de salud y sabes que nada le falta. No, no es eso. Es que esta mañana me enteré en la tabaquería por uno de los oficiales que vinieron de Cuba a buscar recursos aquí para los insurrectos, que Pablo no ha muerto, que está en las fuerzas del General Serafín Sánchez con el grado ya de comandante. Que no hace todavía un mes lo dejó en la provincia de La Habana ya curado de una herida que recibiera en una batalla.

—¡Ay, Papá, que me alegro de esa noticia! El pobre, cómo sufrí cuando aquí se corrió que lo habían matado. Eso para que tú veas lo chismoso que es este pueblo. Lo inventaron y lo echaron a rodar y todo el mundo lo creyó, incluso nosotros. ¡Oh, sí, papá, estoy contentísima con haberme enterado de eso!

Joseíto la miró extrañado de aquella salida, cuando él esperaba nada menos que un "patatús". Y siguió observándola para determinar hasta qué punto llegaban los efectos del "pistoletazo". Y para ahondarla más, le preguntó:

—Dime, ¿esto no tendrá nada que hacer con una visita de Pablo a Cayo Hueso, si cuando se acabe la guerra decide volver aquí, que lo hará para casarse contigo, de acuerdo con lo que acordaron ustedes antes de que embarcara en la expedición?

—¡Oh, no Papá, yo estoy casada ya. Y si algún día me encontrara con él aquí, en el cayo, le explicaría lo que pasó del rumor tan insistente en todas partes de la ciudad; además de no haber recibido una sola carta suya desde que se fue. Él es un joven muy razonable, muy inteligente. Si por eso principalmente lo quería tanto. ¿Y por qué no decírtelo Papá? Todavía lo quiero, aunque por supuesto, yo no soy capaz de hacer nada malo. Pero ¿cómo puede una reprimir los sentimientos? Así es como estoy ahora, en este instante, lo que mi conciencia me dice y te lo comunico, porque bien sabes que para ti y Mamá yo no tengo secretos. ¿Quieres un poco de café que acabo de hacer?

—Bueno, lo tomaré.

Joseíto se rascó la cabeza. "¡Oh, las mujeres, las mujeres, que arcanos del corazón!" Pensaba, aunque no lo expresara en esa forma poética. Era su hija del alma, pero igual a todas. Ahora tenían que permanecer en guardia, por si algún día Pablo González regresaba de Cuba, como lo había dicho . . . Todavía consideraba a Rosa como su novia y vendría nada menos que a cumplir su palabra.

Despidióse Joseíto de su hija, con un beso que le dio ella y volvió para su casa en la calle Duval, encontrando a su consorte meciéndose en un sillón, al parecer preocupada.

Fijóse en su marido para leer en su rostro la impresión obtenida y le preguntó sin rodeos:

—¿Enteraste a Rosa?

—Sí, ya lo sabe todo.

—Y ¿qué dice?

—Pues, para no engañarte, lo ha tomado con calma, diciéndome que se alegra de la noticia.

—¿Qué dices? —saltó más que expuso Doña Feliciana, quedándose como petrificada frente a Joseíto.

—No te excites mujer, que las cosas hay que aceptarlas según vienen. Esto te lo he dicho muchas veces y te lo repito, porque tú siempre quieres arreglarlo todo a la cañona.

—Cañona o cañono, lo mismo me da, que tienes una pasta de mulo cansado que me desesperas.

Doña Feliciana a menudo increpaba a su marido con esos dicharachos. Y continuó:

—Es que no puedo creer que nuestra hija se ponga contenta con una noticia que nos va a desgraciar a todos. En cuanto Roberts se entere se va a disgustar mucho.

—Y, ¿por qué? —repuso Joseíto Valdés, que conocía lo flemático que era Roberts para la resolución de sus problemas—. En cuanto vuelva a la manufactura se lo digo, no vaya a pensar que lo estamos ocultando con alguna malicia.

Efectivamente, apenas llegó a la fábrica, dirigióse al escritorio del yerno y poniéndole la mano en el hombro le dijo:

—¿Qué tal Chale, cómo estás hoy?

—Muy bien. ¿Qué traer por aquí ?

—Nada de extraordinario, una de esas cosas que pasan en la vida, pero que los hombres las analizan detenidamente para que salgan bien.

—No entenderte Joseíto. Habla un poquito más claro.

—Pues, nada, no es cosa del otro mundo —y el tabaquero no acababa de hablar.

—Pero, José, no toma mi tiempo que necesita. Diga qué es.

—Que según me ha asegurado el Coronel Boza, ¿tú sabes? ese oficial cubano que vino aquí esta mañana a buscar dinero para mandar víveres a Cuba . . .

—Sí, ya sé quién decir tú —le interrumpió el capataz deseando que terminara con el mensaje, pues ya se cansaba.

—Bueno, pues me dijo que Pablo González vive.

—¡Oh, eso no es nada, eso yo saberlo. Yo tiene confianza en Rosa. Ella muy buena, no tener temor ninguno. Si Pablo viene aquí y ella querer conversar con él, ¿por qué no? Él no va tragar a ella.

Joseíto respiró. Ya esto no era flema, era una enfermedad que le cogía todo el cuerpo. "Vaya, hombre —pensó— gracias a Dios que no era lo que yo me figuraba. Menos mal que lo toma con filosofía. No hay duda. Estos americanos son muy sabios."

Y se fue tranquilizado para su mesa de trabajo.

Rosa en su casa, oraba. Cuando contrajo matrimonio llevó con ella la Santa adorada, su Virgen de la Caridad, que la ayudaba a salir de los trances apurados.

Posternóse ante la imagen, colgada en su alcoba de dormir y elevando al cielo sus manos suplicantes, se fijó con gran devoción en la cara de la virgen, pidiéndole amparo.

—Virgencita mía, estoy otra vez sufriendo. Mi corazón se debilita. No puedo evitarlo en cuanto me nombran a Pablo, que fue mi novio, tan buen mozo, tan dulce, tan simpático, tan valiente en la guerra. Sácame de este embrujo en que estoy metida. Yo te consulté, ¿te acuerdas? si debía aceptar la pretensión de Roberts y casarme con él y me guiñaste un ojo, sí, estoy segura que lo vi, diciéndome que lo hiciera. Ahora estoy preocupada, muy preocupada, porque él vive, Pablo vive, y no me queda duda de que vendrá a Cayo Hueso. Dame valor para resistir la prueba. No quiero faltarle a mi esposo, no es justo que lo haga. Él es muy bueno conmigo y yo soy una mujer decente. ¡Virgen de la Caridad, ampárame!

Y se quedó la joven en un aletargamiento, concentrada en su ruego, transportada al Altísimo e inundado su espíritu de la más sincera unción religiosa.

Se tiró en la cama vestida como estaba y durmió un poco, un sueño corto, pero con alucinaciones en las que veía acercarse a Pablo, bravo, reprochándole su acción y ella le explicaba lo sucedido. Era como una pesadilla que luchaba por quitar de su mente y cuanto más la rechazaba más arriba la tenía. Y gozaba con el contacto del hombre amado, aun negándose a acceder a sus deseos de abrazarla. Y . . . dio un grito, asustada, viéndose sola en su casa. Se levantó y tomó una taza de té para calmarse los nervios.

Sintiéndose mejorada dirigióse a la casa de sus padres. Joseíto se había ido para el trabajo y halló a su madre sola, tejiendo para entretenerse.

—Hola, vieja, ¿qué hay de nuevo por aquí?

Doña Feliciana le miró el semblante y se dijo para sí: "Hum, ahí hay algo. Ese corazón no está tranquilo. Usted verá como el Diablo mete la pata".

Rosa se echó a reír.

—Ya, ya sé lo que te preocupa. No seas boba que estoy tranquila. Acabo de hacer una oración a la virgen ¿Es que temes algo?

—Esa pregunta te cuadra mejor a ti. ¿Qué piensas?

—¿Yo? Nada, qué voy a pensar, que me he alegrado mucho de que Pablo vive. ¿Por qué voy a desear que hubiera muerto, cuando de él yo no tuve más que cariño y bondad? No Mamá, tú sabes que yo no tengo esos sentimientos.

Él fue mi prometido y no me dio motivo para que yo lo dejara. Fueron los chismes de este pueblo que Dios castigue por el daño que me ha hecho, metiéndome en este lío sin que yo quisiera, porque yo estaba muy a gusto de casarme con Pablo. ¿Qué si todavía lo amo? sí lo amo y no puedo remediarlo. Yo no lo diré en la calle, en ninguna parte, pero a ti Mamá te lo digo y así desahogo mi corazón. —Y al decir esto Rosa, dos gruesas lágrimas corrían por sus mejillas.

—Pero muchacha, tú me vuelves loca, ¿qué estás diciendo? —exclamó Doña Feliciana atribulada con las declaraciones y el llanto de su hija.

—Como Chale se entere de esta actitud tuya, pondrá en seguida pleito de divorcio.

—No, vieja, tú no me entiendes. Yo sé que estoy casada con un hombre muy bueno, que me da todo lo que quiero. Pero no puedo reprimir lo que siento por Pablo y eso es todo. Además, él no va a pedir separarse de mí, como tú piensas. Tú no lo conoces como yo. Está chiflado conmigo y no me dejaría por nada del mundo.

—Vaya, no estés creyendo en velorios. No hagas disparates que pueden costarte muy caros, a ti y a nosotros. Tu padre está muy bien en la fábrica, ganando dinero como nunca, porque Chale es el capataz, y si perdemos eso volveremos a la miseria que teníamos antes que te casaras con él.

—Pero, vieja, ¿quién te ha dicho que voy a hacer algo fuera de orden? Estás confundida. Ésa no es la cuestión. Es que Pablo me gustaba mucho y aún me gusta, con perdón de la virgen y del Señor. Mira, yo una vez oí un drama español aquí, en un ensayo, que la mujer le decía al hombre: "¡Arráncame el corazón o ámame porque te adoro!" Pues eso mismo me sucede a mí. Lo declaro sin intención de cometer pecado.

—¡Ah! sí, ese es el drama de "Don Juan Tenorio". Yo también lo recuerdo. Pero lo de nosotros es más serio que representaciones en el teatro. ¡Tiemblo al pensar que . . . ! ¡Alabado sea el Santísimo! —Doña Feliciana se persignó, haciéndose cruces en la cara y en el pecho, besándose las manos varias veces.

Rosa se levantó para irse, besando a su madre y diciéndole:

—Ahora voy a la tienda del judío Luis a probarme un vestido de seda que me regaló Roberts para mi cumpleaños.

—¿Tú ves, hija? nada te falta, buena ropa, toda clase de comodidades en tu casa, que es la mejor de la calle Farola.

—Sí —repuso Rosa burlona— indudablemente que la jaula es muy bonita, pero en vez de un sinsonte la ocupa un tocoloro. No hay comparación. Pablo me recitaba poesías y me cantaba al oído primores de frases que le gustan a las mujeres, mientras que Chale no me habla nada más que de negocios. Es muy seco. Yo lo quiero porque es mi marido, pero él no hace la diligencia para despertar en mí el amor que es tan necesario en la vida del matrimonio.

Y se marchó.

Al volver de la tienda ya Roberts había llegado a su casa. Lo saludó como siempre, amable, pero sin ninguna expresión de cariño. La criada, una morena jamaiquina, le preparó el baño y dio los últimos toques a la comida, casi siempre igual, con platos sanos, muy poco condimentados y a los que ya Rosa se había acostumbrado. De vez en cuando tomaban cerveza por la tarde, nunca en el almuerzo, a excepción de alguna visita que viniera a acompañarlos.

El matrimonio no había tenido sucesión y la independencia que les proporcionaba la falta de ocupación con los hijos, la empleaban en pasear, casi siempre separadamente. Los dos tenían completa libertad para andar solos por la calle, asistir a los salones de refrescos y Chale, una vez que otra, por variar, invitaba a su esposa a comer en un restaurante o lo hacía él solo.

Sentados ya en la mesa, Rosa no dijo una palabra acerca de Pablo. Lo había mantenido en reserva para ver cómo se producía su marido, que indudablemente ya lo sabría. Pero Roberts, sin escrúpulo de ninguna clase, como hombre de negocios al fin, porque le gustaban las cosas claras, mencionó el asunto, diciendo el rumor que corría de que el expedicionario vivía.

El arma más poderosa que tiene la mujer es la astucia, y tuvo buen cuidado la joven de no demostrar sus emociones con motivo de haber sabido que su ex-novio no había muerto. Ella continuó la conversación.

—Sí, eso dicen. Ahora falta que se confirme, porque tú sabes cómo es este pueblo que todo lo inventa.

—No, "my dear", (mi vida) a mí no me importaría que fuera verdad, porque yo nunca he desconfiado de ti y no lo iba a hacer ahora. —Como siempre se entendían en inglés.

—Ya lo sé, Chale, pero es pesado que una se encuentre en situación semejante, por las críticas de gente que no anda más que buscando causa para murmurar de los demás.

—¡Bah, no te preocupes por eso! Lo importante es que tú y yo vivamos en armonía. Hay mucha gente envidiosa y no pueden ver que tú, que eras una muchacha pobre, disfrutes ahora de riqueza. Déjalos que digan lo que quieran. Tú no hiciste nada malo. González prefirió irse para la guerra en Cuba a casarse contigo. Así que tú estabas en tu derecho de decidir para no quedarte soltera. Además, no hay comparación de lo que él podía ofrecerte con lo que yo te he dado. Una persona razonable, como eres tú, tenía que resolver en la forma que tú lo hiciste. La mujer que no aprovecha la oportunidad que se le presente, comete un error imperdonable, porque, como yo le oí cantar un día en la manufactura a un tabaquero: "Lo que sobran son mujeres y el hombre no tiene precio".

Rosa lo miró sonriéndose. ¡Con cuánta lógica hablaba! Pero si él supiera cómo estaba su corazón.

Sin embargo, su marido era un hombre tan bueno, que no habría fuerza humana que la hiciera cambiar de carácter. Ya podía venir Pablo González cuando quisiera, que se enfrentaría con una muralla inexpugnable. No, no lo haría, si por eventualidad de su pasión, quisiera dominarla. Se resistiría hasta morir si era preciso, antes que ceder a cualquier deseo sexual que intentara su ex-prometido.

Acabaron de comer y Carlos Roberts, el popular capataz de la fábrica de tabacos de Mojasky & Company, se sentó en un sillón a leer el periódico *The Key West Citizen* que se publicaba por la tarde.

Los telegramas de Washington comunicaban que el General W. R. Shafter había desembarcado en el puerto de Daiquirí, cerca de la bahía de Santiago de Cuba, con novecientos oficiales y diecisiete mil soldados, y que los españoles, ante tal amenza, se retiraban a sus trincheras y fortalezas de dicha bahía.

También, que la escuadra de buques de guerra de los Estados Unidos estaba ya frente a Santiago de Cuba, esperando la salida de los barcos del Almirante Cervera.

El Almirante Sampson había aceptado el ofrecimiento del Teniente R. P. Hobson de hundir el barco carbonero "Merrimac", a la entrada de la bahía, para impedir la salida de la escuadra de Cervera.

El Subsecretario de Marina Teodoro Roosevelt dimitió su cartera para ponerse al frente del primer regimiento de voluntarios de caballería denominado "Rough Riders" con el grado de teniente coronel, designado por el Presidente William McKinley.

El General Calixto García con miles de soldados insurrectos a su mando inmediato, está cooperando con el General Shafter para, conjuntamente con las tropas americanas, derrotar a los españoles.

Mr. Roberts se volvió para Rosa, sentada a su lado, y le dijo:

—Las noticias están muy interesantes. Todo hace creer que la guerra de Cuba durará poco. No creo que el gobierno de España pueda contrarrestar el poder que están desarrollando los Estados Unidos en los preliminares de ataque; y mucho menos con la ayuda que están prestando los cubanos, muy prácticos en el territorio de la isla.

La noticia de que los insurrectos se disponían a combatir juntos con los americanos, le agradaba mucho. Ella había nacido en Cuba y estaba asociada por su matrimonio con un hijo del Tío Samuel. El acontecimiento servía para los pueblos y de esa unión no podían salir más que beneficios para los sufridos cubanos.

Mientras tanto en la calle se comentaba la aparición de Pablo González otra vez en la arena de los corrillos, cada cual analizando el caso a su manera.

En el café "El Reconcentrado", situado en punto céntrico de la población, comentaban el asunto sentados alrededor de una mesa Ramón García, alias "Dantón", Rafael Martínez, conocido con el sobrenombre de "Tripita", compañeros de Pablo González en la fábrica de Villamil y el crítico de la fábrica de Mojasky, Fabián Miró, y al que sus amigos allí, por su petulante subiduría, le pusieron Fray Candil.

—¡Caballeros! —dijo éste— qué clase de lío se ha formado con el matrimonio de "La Rosa del Cayo". Parece ser cierto que el amigo de ustedes, Pablo González no ha sido manjar de las auras en el campo de la insurrección, quiero decir, que no lo mataron como en el pueblo se corrió, y al venir de Cuba para casarse con la novia que aquí dejó bajo palabra de que lo esperaría, se va a encontrar con que "un gavilán se llevó la pollona".

—Ésa ha sido una canallada de Joseíto Valdés —afirmó "Tripita" —porque para tener trabajo seguro en la manufactura, sacrificó a la hija, vediéndosela al capataz americano.

—Bueno —repuso Dantón más razonable— la gente dio en asegurar que lo habían matado en una batalla y como no se recibía carta de él, la familia creyó agarrar al comerciante. Ahora bien, la diferencia es muy grande entre el "conco" y el criollo. Pablo tiene un cerebro privilegiado, mientras que el otro es un negociante con dinero. He discutido con él cuando laboraba en Villamil, antes de embarcar en la expedición y daba gusto cómo explicaba los sistemas filosóficos que han contribuido a enraizar en el mundo los principios liberales. (En Cayo Hueso llamaban "Concos" a los americanos que nacían allí. Era como significado de "guajiro").

—Sí, y si vuelve, como esperamos, pues el Coronel Bernabé Boza asegura que lo dejó allá perfectamente bien de salud, tenemos que hacerle un homenaje porque es el joven cubano más brillante que ha pasado por Cayo Hueso —expresó Fabián Miró.

Todos asintieron, pensando ya en hacer los preparativos, por lo menos avisar al presidente del club San Carlos para la ocupación del salón teatro y ver al director de la Banda de la Libertad para que amenizara todas las fiestas.

Wilfredo Braschi (1918–1994)

Una oración bajo la nieve

Nacido en Nueva York en 1918, Wilfredo Braschi es reconocido por muchos como uno de los más notables periodistas puertorriqueños. Después de graduarse de la Universidad de Puerto Rico, Braschi terminó su doctorado en la Universidad de Madrid en 1953. Fue editor de los periódicos puertorriqueños *La Democracia* y *El Mundo*. Además, fue profesor de administración pública en la Universidad de Puerto Rico. Su libro *Cuatro caminos* (1963) fue ganador del premio del Instituto de Literatura Puertorriqueña. Aunque su fama como crítico literario ensombrece su producción creativa, Braschi es un escritor de cuentos que sabe cómo contar una historia. Su libro, *Metrópoli* (1968), una colección de treinta y un cuentos, se centra en revelar cómo es la vida en las grandes ciudades. En contraste con otros escritores que se concentran en describir la desesperanza y los aspectos insensibles de la vida citadina, los personajes de Braschi son guiados por el amor, la esperanza y la ternura. En "Una oración bajo la nieve", Braschi narra la relación entre un humilde orador puertorriqueño y su jefe, el director de una funeraria judía. El mensaje es claro: el amor entre los seres humanos trasciende las fronteras culturales. (JBF)

Lecturas: Wilfredo Braschi. *Metrópoli*. San Juan: Ediciones Juan Ponce de León, 1968.

En aquellos días se hallaba tan pobre que apenas salía a la calle. Cuando aventuraba el pie fuera de la casa, nervioso como las ratas, le empujaba una razón de peso: el hambre.

Allí en su buhardilla de Greenwich Village se sentía un agradable calor. Por la ventana sucia, con una mugre casi histórica, miraba los adoquines y las aceras que jugaban a esconderse bajo la nieve.

Como un niño castigado se pegaba a la pequeña vitrina de su mirador. Abajo los peatones dejaban huellas de lodo que parecían de sangre vistas desde arriba. Luego los copos iban borrándolas. Y el suelo venía a ser un gran papel de crepé blanco.

De pronto escuchó pasos en la escalera. Y una voz gutural grito:

—Mr. Gómez! I wanna tell you one thing! You must pay by working at the cellar! Hear me?

Repasaba su compromiso con Mrs. Bally. El acuerdo era sencillo. Si no pagaba tenía que bajar al sótano y pasarse las horas echando carbón a la caldera del edificio.

Sacando la cabeza de su tibio refugio respondió:

—¡Está bien, está bien! ¡Ya mismo voy!

Sin entenderle, Mrs. Bally le interrogó mostrando sus dientes paletudos, rellenos de oro:

—What the hell are you saying?

Gomez se excusó:

—Pardon me, pardon me, Mrs. Bally. I was just speaking my language!

La implacable Mrs. Bally se hundió en el hueco de la escalera. Antulio Gómez la siguió con la vista. El moño postizo de la patrona bailoteaba mientras sus chancletas iban marcando un monótono compás.

Dura faena la de lanzar paletadas de carbón de piedra a la insaciable caldera. Después de la intensa tarea los brazos le dolían. Las manos le ardían. Y un agrio sabor bituminoso se le apoderaba del paladar.

Siempre que concluía su labor de "carbonero" se asomaba a la tronera de su cuartucho. Por la empañada mirilla contemplaba su Nueva York, su Greenwich Village. En la gente que pasaba sorprendía la imagen de sí mismo, como si aquellas existencias transeúntes fueran jirones de su propia vida. No podía sustraerse a la meditación. Rememoraba sus días allá en la isla. Y pasaba revista a sus actividades en la metrópoli.

A propósito de su último empleo en la urbe. ¿Dónde se metía su patrono Jacobo Baulman? El semita le daba a ganar, muy a menudo, algunos dólares. Pintoresco tipo el judío Baulman. Empresario de pompas fúnebres, gustaba rodearse de bohemios. Debajo de su negro hongo se ocultaba un sentimental.

Antulio trabó amistad con él en las más lúgubres circunstancias. Desde entonces, sin ser su amigo íntimo, gozaba en su compañía.

Baulman le había convertido en orador. Y en una rara especie de agente de pompas fúnebres.

¿Cómo conoció al semita? Pegando la nariz al vidrio frío de la ventana, Antulio revivía la escena de su primer encuentro con Jacobo Baulman, su esporádico protector.

Asistía Gómez a uno de esos extraños y tristes velorios "latinos" de Nueva York. En la sala del "undertaker", pomposamente llamada Chapel, un hijo del difunto preguntó al viejo Baulman:

—¿Tiene usted orador hablado?

El "undertaker" se dio un golpecito en la rugosa frente. ¡Le cogían sin la debida providencia estos clientes de Harlem!

—No sabiendo que ustedes queriendo entierro con oración —hizo una breve pausa y bisbiseó. —Pero puedo buscarle "speaker". ¡No apurándose, señor!

Las vidas anónimas de los hispanos que hormiguean junto al Hudson no quieren bajar a la tumba sin un discurso. Jacobo Baulman sacaba el consiguiente partido económico a la espiritual inclinación de sus católicos parroquianos.

Aquella tarde, por un olvido, no había contratado "orador". La familia del difunto se sentía rebajada en su dignidad humana. ¿Su muerto rodaría al misterio sin una palabra cristiana? ¡Vaya con la Chapel de Jacobo Baulman!

Entretanto el ojo zahorí del "undertaker" descubría una melena chorreante, una corbata de pajarita y un bigotillo hirsuto.

—Are you living in Greenwich Village?

Antulio respondió que sí, que vivía en el "village". Chapurreó Baulman:

—¿Queriendo usted despedir el duelo con una oración?

Y antes de que contestara sí o no. Jacobo Baulman le presentaba a los deudos.

—El señor poeta va a despedir el duelo.

—¡Le viviremos eternamente agradecidos!

Pronunció el discurso con inspirado acento. Cuando el judío Jacobo Baulman le puso diez dólares en la mano como honorarios por su generosa intervención en el entierro, se avergonzó. ¡Sintió unas ganas de estrujárselos en la cara! Pero se contuvo, apretó la recompensa y se la echó al bolsillo del abrigo. Luego se fue a comer a un "automático".

Era casi un orador profesional. Un enterrador de pico de oro. Se lo reprochaba corazón adentro. Sin embargo, comenzaba a adaptarse a su peculiar empleo.

Si viniese Baulman. Si llamara encargándole un "duelito". Afuera soplaba el aire y en la superficie de su ventanuco golpeaba con su ala blanca la nieve.

Sintió unos pasos muy conocidos. Otra vez Mrs. Bally. Ahora traía un mensaje que le suavizaba la voz:

—I am sure it's busines for you, Mr. Gómez!

Y le extendió un telegrama. De la funeraria le pedían que se presentara al "Green Memorial". Asunto: un discurso.

¡Qué a punto venía la encomienda! La semana próxima no tendría que bajar al pequeño infierno del sótano a palear carbón.

Se vistió para la ocasión. Se echó a la intemperie. Pronto era uno más en la masa obscura del "subway".

¿Cómo se llamaba el difunto? Lo ignoraba. Para el caso resultaba lo mismo que saberlo. Hilvanarían un discurso como tantos otros.

El invierno parecía concentrado en el "Green Memorial". Picaba en el rostro la nieve. El cementerio era como una mínima aldea fantasma.

El sarcófago llegó sin comitiva. Sólo iban detrás de la caja mortuoria los oficiosos empleados de Jacobo Baulman envueltos en sus trajes negros .

¿Quién sería aquel solitario muerto? Antulio Gómez hubiera saciado su curiosidad preguntando a los dos tiesos "undertakers". ¿Para qué? ¡Un latino más que se hundía en la eternidad!

Inició el discurso como un "recuento" de la vida del difunto. Sobre el féretro la nieve amontonaba el hielo de la ventisca. Él continuaba haciendo la apología del que se iba.

¡Si se apareciera Baulman! Con toda seguridad el judío le llevaría a tomarse un "whiskie". Elogiaba al difunto con las palabras de clisé: hombre de pro, correcto caballero, ciudadano ejemplar, patricio exiliado. De pie, junto a la negra caja que iba emblanqueciéndose bajo la nieve, los empleados de la Chapel. ¿Cómo pudo Baulman dejarle en el "Green Memorial" con tan gélida compañía?

Aquella tarde el verbo se le encampanaba. A pesar de las frases gastadas que empleaba, despedía sinceramente al anónimo muerto. Concluyendo emocionado:

"Descansa en paz, amigo".

Todo había terminado. El ataúd del "ciudadano desconocido" quedó en la tumba. Los "undertakers" se acercaron a Antulio Gómez. Traían la paga. Casi con repulsión estiró la mano a tiempo que uno de los personajes decía:

—The boss left this for you.

—Where is he? —Interrogó Antulio.

—Don't you know, pal? We put him down this minute. He is gone. You just talked for him.

Abrió el sobre que le enviara Jacob Baulman. Antes de morir el viejo director de pompas fúnebres disponía que Antulio Gómez despidiera su duelo. Y le pagaba honorarios de lujo: varios miles de dólares.

Aquella noche Antulio Gómez no comió en el "automático" ni en casa de Mrs. Bally. Subió a su cuartucho, pegó la cara al cristal de la ventana, y lloró un rato.

Jesús Colón (1901–1974)

¡A la bullalanga latina le gusta el brillo!

Jesús Colón nació en Cayey, Puerto Rico y fue integrante de la primera inmigración puertorriqueña a Nueva York una vez se aprobó la ciudadanía americana (1917). En Nueva York formó parte de una generación de intelectuales obreros que usó el periodismo como un deber social, político y cultural. Su producción en español e inglés ofrece una crónica sobre los años más críticos de la inmigración puertorriqueña. Sus columnas periodísticas se caracterizaron por una visión agridulce del mundo, presentando en la mayor parte de las ocasiones una moraleja. Escribió bajo su autoría y mediante los seudónimos Miquis Tiquis y Pericles Espada. En "¡A la bullalanga latina le gusta el brillo!" se encuentra uno de los mejores ejemplos de la prosa mordaz característica del seudónimo Miquis Tiquis durante sus escritos en el periódico *Gráfico* (1927–1929). Los párrafos iniciales tienen el propósito de acaparar la atención de un lector obrero a través del colorido de la cultura popular y la musicalidad que proveen los nombres sonoros, los anglicismos y el coloquialismo. Inicia esta selección con un retrato esperpéntico de la *flapper* latina y después concentra toda su burla en desenmascarar al aspirante a candidato político que, amparado en el poder y el prestigio de cualquier título universitario, acude a la prensa comercial para que engrandezca con altisonantes palabras su mediocridad. Lamentablemente, la retórica vacía y "rimbombante"de este farsante cautiva y engaña al vulgo ignorante que aplaude alegremente sin comprender su "mentecada para pescar incautos". (EKP)

Lecturas: Jesús Colón. *The Way It Was and Other Writings*. Edna Acosta-Belén y Virginia Sánchez Korrol, eds. Houston: Arte Público Press, 1997; *Lo que el pueblo me dice . . .* Edwin Karli Padilla Aponte, ed. Houston: Arte Público Press, 2000.

No hay que dudarlo. A la bullalanga latina le gusta el brillo. El brillo chillón y bullanguero de los nombres sonoros, los títulos rimbombantes y las modas exageradas. A las hijitas horriblemente feas, nos gusta llamarlas Rosas Áureas, Luz Marías, en vez de, en honor a estas monstruosidades de la naturaleza, llamarlas Sinforosas o Anacletas.

Si quieres ver lector la caricatura de una *flapper* no tienes nada más que mirar a una latina que aspira a serlo. La *flapper yanqui* siempre busca que su conjunto de exageraciones tenga una apariencia chic, como se dice en alemán. Además poseen esa divina joya de la frialdad bien imitada. Ese arquear desdeñoso de ojos que al cruzar las piernas casi desde . . . desde . . . parecen no importarle que las miren. *Seeming frigidity, that's the phrase.* La *would be flapper* latina le gusta que la miren y para conseguirlo se pinta como una mascarita. Dos chapotas mal puestas en cada buche y cuatro bien pronunciadas montañas de rouge en los labios. Critican primero, los nuevos fads; después los adaptan, llevándolos hasta la exageración. Lorelei Lee, si pudiera salirse de las páginas famosas del libro de Anita Loos, las miraría con lástima. Pero dejemos a las *flappers.*

Donde nuestro gusto chillón en cuanto al brillo y la ostentación se revela más a las claras, es en eso de las honorabilidades y de los títulos. ¡Oh baby! Nuestro latinismo indo-afroárabe se revela con todos los tintes salvajes e infantiles de las razas semi-literatas.

Hay ca presidente y ca vocal en nuestras sociedades que, si dejan de elegirles, aunque fuere sólo para sargento de armas, llorarían como muchachitos. ¡Why, eso sería terrible! Su nombre, su puesto, su distinción en la Colonia. Sus esperanzas. De más está hablar de las madres que se esgüesan lavando docenas de docenas allá en la islita, para que su niño esté en el Norte haciéndose de un título—cualquier título. *Don't make any difference.* La cosa es que tenga título. Y después, a leer la prensa, y a recortar. ¡Oh huesos sagrados de Clarín y Bonafoux! Nuestra prensa contemporánea, bombásticamente caballerosa, se ocupara de lo demás.

"Eminente galeno" a uno que se graduó de medicina, sin práctica alguna de hospital; "notable ingeniero", a un civil que de tres puentes construidos, dos han sido desplomados como castillo de naipes por las aguas del río, "Distinguido jurisconsulto" a otro que mandó a buscar todos los catálogos de las universidades de los cuarenta y ocho estados, para ver dónde se podría colar con sus créditos deficientes. ¡Médicos!, matasanos, ingenieros con saliva, abogaditos de trompito, con una mal aprendida high school. ¡Y cómo se inflan! Y cómo conversan; esto es lo mejor, su conversación. Perlas puras de la divina fabla del *Sporting Page.* Si hay alguien en el grupo que ose siquiera cambiar a un tema más al alcance de sus títulos, entonces se citan tres o cuatro autores que se conocen de oídas y, otra vez, para el "ring y la pelota". Si acaso, como "camouflauge", tienen en sus oficinas un buen número de obras carcomidas, empolvadas, nunca abiertas, y quizá que otra revista de su profesión hojeada a veces. Pero estudiar en serio después de graduarse . . . ¡Ni a changazos! ¿Acaso ya no tienen su diploma?

Pero esta bullalanga intelectualizada tiene un gran arma: la admiración africana y fetichista de la bullalanga de abajo hacia los títulos, no importa lo que haya detrás de ellos. Usan sus papeles universitarios como de ¡Ábrete Sésame! ante la masa ignora y después de ser admitidos y estar seguros de que se sabe quiénes son, lo demás es fácil.

Son invitados a un club o asamblea cualquiera y, al entrar, son recibidos por un susurro general y sumiso de; "Ahí viene el licenciado." Incienso de esclavos . . .

La presidencia cede casi inmediatamente la palabra al distinguido jurisconsulto. El distinguido jurisconsulto, después de toser aristocrá- ticamente mientras se pasea de aquí para allá algunos minutos, adopta una pose ya estudiada con anterioridad frente a la consola de su casa, y empieza. Nos habla primero de nuestra falta de unión (whatever that is) y define lo que para él es unión. Por lo general es algo que esté muy de acuerdo con su futuro personal.

Del tema de la unión, según él, pasa a los resultados prácticos para la Colonia (y no para él) y para la raza, y para Puerto Rico, para Sur América y hasta para el mismísimo Rey Don Alfonso. Como todo esto es una solemne mentecatada para pescar incautos que no saben que los únicos beneficiados serían los bootleggers y boliteros de la "cliquee", todo esto es adornado muy bonitamente con adjetivaciones repetidas y terminaciones como "el alma avasalladora de la raza" (aplausos), "el honor vilipendiado de la Colonia" (más aplausos), "la reencarnación del espíritu de los Conquistadores" (aplau- sos ensordecedores). La bullalanga que lo oye no se pone a analizar lo que ha dicho el distinguido. Su cerebro, aletargado por el sonido de las grandes frases, no observa que este honorable tío no ha dicho natín de lo que en buena ley debe ser buscado para la Colonia.

A estos párrafos dichos con voz trémula, como de mandolina mal afinada, le sigue el cierre. Aquí viene aquello de "los cachorros del León, desunidos y dispersos" y un poco de fraternida, liberta y unida, y el toque de gracia, el que es costumbre decirse con los ojos semicerrados, un pie alante y otro atrás, y la mano estirada en el vacío lánguidamente, algo como "el peñón irredento batido sin cesar por la aguas del Caribe, en paciente espera del esfuerzo de su hijos". Aquí se queda daylight. Los vivas, los aplausos. Y la bullalanga sale sin pensar ni siquiera por un minuto en su renta enorme, su buhardilla insalubre, su pega insegura, sus hijos en el "home". Mas va con- tenta porque no oyó hablar de su miseria y del caos político-económico social de su patria. Oyó hablar del "deber" y el "honor" y las hermosas pues- tas de sol de su tierra.

¡Beeaauutiful!

Y estamos como estamos

Por eso:

La bullalanga sin seso.

berto G. Fernández (1951–)

crucijada

Roberto G. Fernández es una de las figuras de mayor relieve en el campo de la literatura cubanoamericana. Nacido en Sagua La Grande, Cuba, emigró con su familia a los Estados Unidos en 1961. Luego de graduarse de la escuela secundaria, ingresó en la Universidad de Florida Atlantic donde hizo su licenciatura y maestría. Más tarde recibió su doctorado de Florida State University. Autor de numerosas novelas y cuentos donde se parodian los valores de la comunidad cubana del sur de la Florida, Fernández, en este cuento nos muestra que el amor por los seres queridos transciende las ideologías políticas. (JBF)

Lecturas: Roberto Fernández. *Holy Radishes.* Houston: Arte Público Press, 1995.

Había decidido dirigirme por el Circuito Norte y entroncar con la Vía Blanca en vez de manejar a Santa Clara y allí tomar la Central. La semana anterior me la había pasado leyendo las Gestas del 95, y me entusiasmó la idea de pasar por Quintín Banderas, Martí y Máximo Gómez, siguiendo la ruta que había trazado. Sin embargo, con el primer pueblo que me encontré fue Encrucijada. Para un hombre que cree en símbolos y premoniciones el letrero a la entrada del pueblo me atemorizó. Por suerte, es un pueblo pequeño así que respiré profundo y pisé el acelerador hasta la tabla.

Iba camino del aeropuerto a recoger a la tía Mercy que llegaba a las nueve de la mañana. Había salido a las seis de la tarde del día anterior para llegar con suficiente tiempo en caso de cualquier contratiempo. Soy muy precavido. Para entretenerme por el camino me había puesto a contar palmas reales. Es un árbol prodigioso, verdaderamente generoso. Produce palmiche para los puercos, palmito para ensaladas, pencas para techar bohíos, yaguas para formar paredes, tablas para corrales, y lo que más me identifica con la palma es esa esbeltez y elegancia que siempre me hacen recordar a Mercy. Es más, la moneda nacional debería llamarse palma. Qué bonito sonaría: ¿Cuánto cuesta esa chiva? 150 palmazos con 23 centavos.

Cuando la mente me comienza a divagar en un viaje largo es sorprendente lo que se me puede ocurrir. Claro que hay ciertas circunstancias que provocan. Por ejemplo, lo que me llevó a cavilar sobre las lavanderías lo produjo la gota de sudor que me cayó en un ojo. En seguida se me ocurrió que con el calor y lo que se suda en este país, si se instalaran lavanderías automáticas a la entrada y salida de cada pueblo, todos llegarían a su destino oliendo a limpio y no a sudor. Con que gusto se abrazaría la gente, y qué cordialidad reinaría.

Iba a caer en una tercera divagación cuando me vino a la mente el motivo de mi viaje, Mercedes, así se llama la tía Mercy. A pesar que hace treinta y cinco años que no se ven son muy allegadas. Así son las tocayas. Mercy tenía diez cuando se despidieron. Esto es lo que sé: es la única hermana de Matilde, la madre de Mercy. Se escribieron sin interrupción por treinta y tres años, número místico. Ese primer sábado que Mercy no recibió la carta mensual pasó el día turbada, deprimida. Se levantó tarde. Se preparó café en silencio y ni saludó al sinsonte que se posaba todas las mañanas en el marco de la ventana para oírla cantar. Ese decaimiento de Mercy lo sentí como si me estuviera pasando a mí. Soy, en realidad, muy despegado, excepto con Mercy. Desde la tarde que la vi comprando ajonjolí en el kiosco de Pepe Gabilondo y Migdalia la Conga, me embriagó tal pasión que nunca he experimentado la sobriedad que me pudiera haber proporcionado otra mujer. Esa madrugada, Mercy comenzó a sollozar en silencio. Ahogaba los quejidos en la almohada para que no la escuchara. Yo le tendí un brazo sin que supiera que estaba despierto. Lo hice para confrontarla sin que tuviera que explicarme el porqué de su angustia. Así transcurrieron innumerables noches de desvelo hasta aquel amanecer que no pudo más, y despertó al despierto entre gemidos y sollozos. Me pidió que no me burlara de ella, pero presentía que algo le había pasado a su tía y que a pesar de los años y la distancia que las separaban las unía un cariño especial. Ese cariño para mí es inexplicable. Soy de los de "ojos que no ven, corazón que no siente". Pero quizás la sangre llame como los tambores.

Continuaron los meses de desasosiego sin noticias de Mercedes. Una tarde de mayo, llegó una carta que remitía Consuelo Esparza desde Anoka, Minnesota. La remitente, una mexicana, comunicaba, en aquellos renglones, que Mercedes había llegado allí hacía dos años deshauciada de un asilo de ancianos de Macon, Georgia, donde tenía entendido había vivido hasta que la botaron por no tener los recursos para costearlo. Seguía informando que en la cartera le había encontrado un sobre con nuestra dirección y suponía que éramos familia. Agregaba que en Transitions Gardens of Rest, donde trabajaba en la limpieza, habían admitido a doña Mercedes a cambio del traspaso de toda su pensión. También nos comunicaba que Mercedes no podía escribir pues le temblaban mucho las manos y que ella se había atrevido a ponernos unas letras a pesar de que Mercedes nunca se lo había pedido.

—¿Y dónde queda ese lugar? —Recuerdo que me preguntó Mercy, angustiada.

—A juzgar por la latitud es un pueblo sepultado bajo las nieves —le respondí.

Debo admitir que si hubiera estado tan preocupada por un tío en vez de la tía hasta creo me hubiera puesto celoso. Y sabrá Dios qué ideas descabelladas se me hubieran ocurrido, y hasta hubiera desencadenado en una desgracia. En lo que a Mercy se refiere, Otelo aprendió de mí.

El epistolario entre Consuelo Esparza y Mercy floreció. En su última carta la mexicana escribía: "entre los latinos que trabajamos en Transitions Gardens hemos podido reunir suficiente dinero para que doña Mercedes pueda ir a visitarlos".

Llegué al aeropuerto con horas de anticipación y no me acerqué hasta que anunciaron el vuelo. La gente se aglomeraba buscando caras conocidas y se escuchaban las rítmicas explosiones de besos y abrazos. Yo no tendría que pasar por todo ese drama que consideraba de tan poco gusto. Estaba exento. No conocía a la anciana. La multitud se fue dispersando portando consigo los trofeos que le habían llegado del exterior.

La anciana no aparecía por ninguna parte. Estaba convencido que el viaje había sido en vano, y lamenté no haberme dado cuenta cuando crucé por los pueblos con nombre de prócer. Estaba más que seguro que había gastado tiempo, dinero y permiso de trabajo cuando apareció una figura portando un bastón y un sombrero azul, en cuyo centro anidaba una rosa blanca. Avanzaba lentamente de la mano de una aeromoza. Me acerqué y leí la tarjeta que le colgaba del cuello. *Hello my name is*: María de las Mercedes del Risco Castellanos. *Home*: Transitions Gardens of Rest, Anako, Minnesota. Final destination: San Antonio de las Vueltas *Responsible party:* Mercedes Ramos del Risco. *Relationship:* Niece

Había llegado Mercedes con su factura de embarque, como mercancía. Me identifiqué a la aeromoza y le dirigí la palabra a la anciana por primera vez.

—Soy el esposo de Mercy. Gusto en conocerla al fin. Mercy no pudo venir. Está arreglando todo para su llegada. Está contentísima.

—Ah sí, —respondió Mercedes mientras contemplaba la escalera mecánica como si fuera el último gran paso de avance de la humanidad.

Su interés en la escalera me sorprendió. Me preguntó cuántos escalones tendría la escalera si no estuviera girando.

—Aproximadamente unos sesenta y siete escalones —respondí. Ella parecía no hacerle mucho caso a mis cálculos. Esto me molestó. Tengo muy buen ojo.

—Y, ¿en este país nieva mucho? —me preguntó.

Le sonreí por primera vez. Y le seguí el juego.

—Sí, efectivamente. Aquí se celebraron los juegos olímpicos de invierno el año pasado. Pero en Anoka caerá mucha nieve también.

—¿Anoka? —Me miró risueña—. ¿Qué es eso, un bicho?

Me volví a reír pensando que la juguetona vieja empezaba a caer bien.

Acomodada, miró a su alrededor y preguntó qué marca de carro era. Un Citroen, respondí con satisfacción.

—Papá maneja un Chandler. Un Chandler Six con capota verde y motor Pikes Peak. ¡Eso sí es algo que ver!

A pesar de la molestia que me causó el desdén con el que se había referido a mi Citroen, que cuidaba como una joya, le ofrecí una taza de café con leche. Mercy se había preocupado de que me llevara un termo. Se llevó la taza a los labios, lo saboreó y guardó silencio hasta ya pasado Cuatro Caminos.

—El otoño aquí debe ser peligroso —afirmó Mercedes.

—¿Por qué dice eso? —Pregunté sorprendido.

—Porque cuando esas palmas dejen caer las pencas a mediados de otoño habrá muchos lesionados. ¿Y de qué color se tornan?

Yo también me había fijado en los mismos árboles camino al aeropuerto y no sé por qué no le contesté y cambié la conversación.

—Mercy la está esperando. Preparándole unas guineas que se va a chupar los dedos. Habrá tiempo que no come guineas.

—Así que la encargada del hotel se llama Mercy. ¡Qué casualidad! A mí también me decían Mercy de joven.

—No, no, no. No va para un hotel. Se va a quedar con nosotros. Mercy es su sobrina, la hija de su hermana Matilde.

—Matilde nunca tuvo hijos, —respondió tajantemente.

—Matilde era la madre de Mercy. —Le alcé la voz. No me gusta que me contradigan.

—Usted estará hablando de otra Matilde. *That is certainly not my Matilde.* Matilde del Risco Castellanos jamás llegó a tener familia. Felipe, su esposo, murió dos días después de la boda. Su muerte fue una verdadera tragedia, tan joven, tan lleno de vida. Se parecía a Clark Gable. Habían ido a Mayajigua, de luna de miel, y Felipe hacía alardes de jinete. Estaba tronando, cayó un rayo y el caballo se desbocó con el estruendo. Felipe no llegó a ver la rama baja del algarrobo que lo degolló. El caballo se calmó y galopó en dirección a las cabañas de los enamorados con el cuerpo decapitado de Felipe. Cuando mi hermana lo vio, quedó muda. Un año entero estuvo sin hablar. Matilde le ha guardado luto toda la vida. Nunca se ha vuelto a fijar en otro hombre. Ha dedicado toda su vida a hacer raspadura de hicacos en forma de caballitos.

No tenía conocimiento de ningún Felipe. Al menos ni Matilde ni Mercy me habían hablado del tal Felipe. Arturito era el padre de Mercy y si se pareció a alguien en vida sería a Sancho Panza.

—Si no me cree —continuó Mercedes— mañana mismo llamamos por teléfono a Matilde, o nos llegamos hasta la playa. Nos la encontraremos donde siempre recogiendo hicacos para sus dulces.

—Su hermana murió hace diez años. —Esta vez me contuve y no le alcé la voz.

—*You are crazy!* —Mercedes sonrió.

Mantuve la vista en la carretera y traté de pensar en algún tema de conversación que nos alejara del hombre sin cabeza, pero nada me venía a la mente. No soy gran conversador. La palabra no es mi don. Así pasó una hora en silencio hasta que Mercedes reanudó el diálogo

—Y usted, ¿es el chofer del hotel?

—Sí, —le dije para no contradecirla.

—Estos asientos de vinil son muy calurosos. Se pegan a la piel. El Chandler de Papá tiene asientos de cuero. Si quiere podemos pasar a verlo, hasta quizás Papá se lo deje manejar. Me sorprendió que no me recogiera en el aeropuerto. Cuando no lo vi, supuse que habría venido a buscarme en el coche de línea. Él sabe lo que me gusta sentir el aire batiéndome el cabello.

Mercedes sacó la cabeza por la ventanilla y la mantuvo así por largo rato. Pensé que pudiera venir algún carro en dirección contraria y decapitarla. Mercy nunca me lo perdonaría. Le saqué conversación para que metiera la cabeza.

—Leí que en Anoka fabrican sirope de un árbol. ¿Sabe usted cuál?

Mercedes respondió, pero no la pude oír con el murmullo del viento. Le volví a hacer la misma pregunta y entonces metió la cabeza dentro del Citroen.

—No sé de qué me habla. El aire de aquí emborracha.

—Decía que en Anoka, el pueblo donde vive, hacen sirope de un árbol.

—No sé qué es Anoka, ni de qué árbol habla.

Volví a concentrarme en la carretera y mantuvimos silencio hasta entrar en Camajuaní. Mercedes me sacó de mi ensimismamiento.

—¿Por aquí no hay un pueblo que se llama Encrucijada?

Por qué tuvo que mencionar ese lugar. Me ericé.

—Sí hubo un pueblo con ese nombre durante la colonia, pero ya no existe, se lo llevó un ras de mar.

Mercedes aceptó mi falsa explicación. —Casi estamos al llegar —me apresuré en decirle para que no analizara mi explicación y cayera en cuenta que en Encrucijada un ras de mar sería un imposible.

—Va a conocer a sus sobrinas nietas, Yameylysis y Tamysleisis.

—Tienen nombres de virus —observó Mercedes.

Casi detuve el Citroen para gritarle que se largara y que hiciera el resto del viaje a pie, pero me contuve. Yo le había puesto el nombre a las niñas.

—Ya estamos a diez minutos de la casa. —Dije con voz indignada.

Mercedes no contestó y comenzó a tararear una canción:

> Al doblar las cuatro esquinas
> me encontré con un convento
> el convento era de monjas
> todas vestidas de negro
> con una vela en la mano
> que parecía un entierro.

—Mercy se muere por verla. Y las niñas están contentísimas con su visita, trataba de suavizar la tirantez.

Mercedes ni se inmutó y volvió a hablar de las características del Chandler de su padre.

—El Pikes Peak es el motor más potente que existe. ¿Qué motor tiene el suyo?

—Pues no sé exactamente. Un motor francés.

—El Pikes es una verdadera maravilla. Puede cambiar de velocidad sin cancanear, bajar las lomas con toda seguridad, detenerse en firme sin patinar, y dominar cualquier situación que se le presente en la carretera. No en balde dice Papá que es un carro con el estilo para circular en las grandes avenidas y la potencia para subir el Turquino.

De pronto, su mente dio un frenazo y preguntó.

—¿A dónde es que vamos?

—¿A dónde?

—Usted sabrá. Para eso es el chofer.

—Le dije ya que soy el esposo de Mercy, su sobrina.

—¿Sobrina?

—Mercy es la hija de Matilde, su hermana.

—No sea terco. Matilde no tuvo familia. Encontró la desgracia en su luna de miel.

—Sí que la tuvo. Con Arturito, su marido.

—Le repito que Matilde nunca conoció más hombre que Felipe. Usted estará confundido con algún otro visitante de su hotel, *with another visitor.*

Me dieron ganas de dar la vuelta y devolverla al aeropuerto con una nota en la tarjeta que aún le colgaba del cuello, señalando en grandes letras, "Mercancía Dañada". Pero desistí. Di dos vueltas alrededor del pueblo antes de llegar a la casa. Utilicé cada segundo para volverle a explicar una y otra vez quién era Mercy. Pero Mercedes parecía no querer comprender.

—Es su sobrina, —dije una última vez casi sin aliento.

Mercedes sacó la cabeza por la ventanilla. Cuando divisé la casa con el amplio portal y las dos chirimoyas que flanqueaban la entrada, ya venían las niñas corriendo en nuestra dirección. Los estruendos del Citroen las habían alertado. Frené y las niñas y sus amigas del barrio formaron un círculo. Rodearon el carro y usaban el capó y el maletero de tambor. Cuando terminaron aquel areíto de bienvenida, cuando ya se habían calmado, le dije a la mayor que se llevara a toda la tribu dentro de la casa, que su madre querría estar a solas con la tía. Mis hijas son muy obedientes.

María de las Mercedes salió sin ayuda, apoyada en su bastón y se recostó en el carro. Mercy avanzó hacia ella, cubriéndola con una lluvia de besos. Mercedes quedó absorta sin poder comprender. Su mirada era de desconcierto. No sé por qué no se me ocurrió permanecer allí al lado de Mercy para cuando Mercedes le explicara que no existía, que era producto de la imaginación del chofer. Pero no fue así. Me había alejado, caminando hacia la carretera. Contemplaba una solitaria palma. No sé exactamente qué sucedió entre ellas, pero sí les puedo decir casi con certeza cuantos anillos encontrarán en el tronco de esa palma el día que la corten para ampliar el camino. De pronto, sentí una envidia irracional por el Chandler del padre de Mercedes. ¿Dónde estaría ese carro tan potente que humillaba al mío? ¿Cuántos cilindros tendría? ¿Sabría la vieja el paradero del mismo? ¿Lo habrían enterrado junto con el padre, estilo faraón? De alguna manera tendría que arrancarle el secreto. Ya estaba dispuesto a interrumpir a Mercy y la tía y preguntarle sobre el destino de la máquina cuando me atemoricé. Se me reflejó el temor en la sien, las arterias me latían con fuerza. ¿Podría haber alguna conexión entre el Chandler y el olvido? ¿Terminaría también afirmando que nunca me había casado y que no tenía hijas? ¿Llegaría a negar a Mercy, lo que más quería en la vida? Estoy casi seguro que el día que olvidó a la sobrina comenzó a recordar el Chandler. Regresé a la casa, y ya no conversaban. Mercedes se encontraba sentada en el sillón, meciéndose mientras las niñas embobadas bajo el embrujo de la tía escuchaban las hazañas del Chandler y los números de la charada china.

Entré a la casa y busqué a Mercy. Estaba en la cocina preparando una limonada para la tía. Cerré los ojos y repasé la imagen de mi esposa: sus amplios senos, las curvas de sus caderas, los fuertes muslos, los delicados pies, su sonrisa. Suspiré aliviado. El mal del Chandler aún no me había atacado.

—Y a ti, ¿qué te pasa? —dijo Mercy mientras se secaba las lágrimas.

—Nada, que te quiero mucho, —respondí.

—Tía Mercedes no se acuerda muy bien de quién soy. Le enseñé el cuarto que le preparé con tanto trabajo y me dijo que tenía una casa de huéspedes muy bonita y con mucha luz.

No le respondí a Mercy para asegurarle con una mentira que todo estaría bien al otro día, o para hacerla confrontar la verdad que ya sospechaba. Mercy había continuado hablando.

—Ve al patio y mata la guinea más gorda, la que tiene el ala caída. Voy a hacerle una sopa. Y quiero que Tía se quede a vivir aquí con nosotros. Nos reducimos un poco. Quiero que pase sus últimos años aquí conmigo en esta casa de huéspedes.

—No puede ser. Sólo tiene permiso por 21 días —dije tajantemente.

—Pues se hará lo que se tiene que hacer —me respondió sin alterarse.

—Aquí no hay dinero para mantener a otra persona —dije con autoridad—. Tu tía no aporta nada. No es como los otros que vienen a resolver.

—Pues se buscará. —Por primera vez Mercy me había desafiado.

—Mañana mismo empezamos con el papeleo para que se quede. La única nieve que volverá a ver tía Mercedes será la del congelador.

Mercy sonaba determinada y supe en ese momento que pronto emprendería otro viaje a la capital. Entonces, me dirigí al gallinero. Estaba allí con su ala caída, picoteando una lombriz. Recuerdo que no sé por qué le dije: —Felipe, ven acá—. No puso resistencia cuando le agarré para torcerle el pescuezo.

Issac Goldemberg (1945–)

Crónicas; Autorretrato

Issac Goldemberg nació en Chepén, Perú, y emigró a los Estados Unidos en 1964, después de haber vivido y trabajado en un kibbutz en Israel, estudiado en Barcelona y regresado a su país a escribir su primera novela, *La vida a plazos de don Jacobo Lerner*. Su prosa y poesía reflejan la incómoda realidad de su experiencia como judío peruano. Sus obras altamente personales se caracterizan por su constante búsqueda de la identidad y un intento de sintetizar sus componentes culturales y de experiencia —el peruano, el judío, el inmigrante a los Estados Unidos. Los poemas a continuación, de su poemario titulado *La vida al contado,* evocan la casi prohibida naturaleza del judaísmo en una sociedad predominantemente hispano-católica y la dificultad de reconciliar esos espacios culturales diferentes. (KDM)

Lecturas: Issac Goldemberg. *Hombre de paso/Just Passing Through.* Hannover: Ediciones del Norte, 1981; *La vida al contado.* Lima: Lluvia Editores, 1989.

Crónicas

Sábado aferrado a la memoria
Han corrido los muchachos del barrio a repartirse el pan
   y se ha cortado la oración
La casa se hunde como una palabra en silencio
La hospitalaria abuela reposa en la penumbra como un
   ídolo
Mi padre reza con su voz patriarca y centinela
Mi madre enciende el horno
   (aún queda tiempo)
Amasa nuestro pan con sus silencios

Autorretrato

Yo y mi judío a cuestas
observándonos de espaldas
y sin embargo
oreja a oreja:
él imperturbable
diríase desdeñoso de la muerte
dando campanazos contra el tiempo
en su misión de ir rodando

por el abismo de la historia
él su rostro adolescente
rezagado en los espejos
tatuado del pie al alma
Yo y mi judío a cuestas
calcamoniados hasta la corva nariz
que se nos gasta
en olfatear el Reino de la Tierra

lores Prida (1943–)

ser y cantar

Nacida en el pequeño pueblo de Caibarién, Cuba, Dolores Prida llegó a los dieciséis años a los Estados Unidos con su familia después del triunfo de la Revolución Cubana y la llegada de Fidel Castro al poder. Empezó a escribir mientras vivía todavía en Cuba y continuó cultivando su vocación cuando era estudiante y a través de su vida profesional como editora y corresponsal. La carrera de Prida ha sido bendecida con numerosas representaciones exitosas de sus obras premiadas en los Estados Unidos, Venezuela, Puerto Rico y la República Dominicana. En su obra se entrelaza con maestría lo universal con lo específico, utilizando un cambio de códigos cuidadosamente creado y, en ocasiones, intraducible; elementos de la religión y de la cultura popular; y un fino sentido del humor y de la ironía. Ha recibido numerosos premios nacionales e internacionales y un doctorado Honoris Causa en Literatura por el Mt. Holyoke College de Massachusetts. En *Coser y cantar,* una obra teatral bilingüe, Prida logra representar dos partes —la cubana (Ella) y la otra asimilada (She)— del mismo cuerpo de una mujer, quién después de emigrar a Nueva York, lucha constantemente consigo misma por cuestiones de idioma, costumbres, identidad y enajenación cultural. (KDM)

Lecturas: Dolores Prida. *Beautiful Señoritas & Other Plays.* Houston: Arte Público Press, 1991.

Personajes
ELLA, una mujer
SHE, la misma mujer
La acción se desarrolla en un departamento en la ciudad de Nueva York en el presente/pasado.

Escenario
Un sillón, una silla y una cómoda con un espejo imaginario están ubicados a un lado del escenario mirando hacia el público. Una mesa baja con un teléfono en la parte de atrás y hacia el centro del escenario. Atrás, unos estantes con un tocadiscos, discos y libros. Hay salidas posteriores a la derecha e izquierda del escenario.

A la derecha del escenario es el área de ELLA. A la izquierda del escenario es la de SHE. Pilas de libros, revistas y periódicos rodean el área de SHE. Un par de patines para hielo y raquetas de tenis se ven por algún lugar. La cómoda de SHE tiene un vaso con bolígrafos y lápices y varias botellas de vitaminas. SHE lleva puestos pantalones cortos para correr y zapatillas de gimnasia.

El área de ELLA está un poco desorganizada. Ejemplares de *Cosmopolitan,* *Vanidades* y *TV Guía* rodean su cama. La mesa de ELLA está repleta de cosméticos, una figura de la Virgen de la Caridad y una vela. Una larga concha y un par de maracas se ven. ELLA está vestida con un quimono rojo corto.

Nota importante de la autora

En realidad, esta obra es un monólogo largo. Las dos mujeres son una y están jugando un juego de ping-pong verbal y emocional. A lo largo de la acción, excepto en la confrontación final, ELLA y SHE nunca se miran una a la otra, actúan independientemente y pretenden que la otra no existe, aunque cada una continuamente traspasa los pensamientos, sentimientos y conducta de la otra.

Esta obra NUNCA se debe actuar en un solo idioma.

Primer acto

En la oscuridad oímos "Qué sabes tú", una grabación de Olga Guillot. Las luces se van encendiendo lentamente. Sobre el sillón de ELLA, *vemos una pierna desnuda en el aire, una mano sube por la pierna y comienza a aplicarle crema.* ELLA *se pone crema en ambas piernas, mientras canta junto con el disco.* ELLA *se sienta en la cama, toma un cepillo para el cabello, se cepilla el cabello y usando el cepillo como un micrófono continúa cantando al son de la música. Llevada por la canción,* ELLA *sale de la cama y "actúa" frente al espejo imaginario de la cómoda. En algún momento durante la escena previa, las luces van iluminando suavemente el otro sillón.* SHE *está leyendo la revista* Psycology Today. *Al comienzo no podemos ver su cara. Como* ELLA *está actuando frente al espejo, los ojos de* SHE *se asoman sobre la revista. Se ve impaciente.* SHE *se levanta y apaga el tocadiscos, cortando la canción que canta* ELLA. SHE *comienza a levantar los periódicos y las revistas del piso y las apila ordenadamente.*

ELLA: (*Con exasperación contenida.*) ¿Por qué haces eso? ¡Sabes que no me gusta que hagas eso! Detesto que me interrumpas así. ¡Yo no te interrumpo cuando tú te imaginas que eres Barbra Streisand!

SHE: (*A sí misma, buscando su reloj.*) What time is it? (*Encuentra el reloj.*) My God, twelve thirty! The day half-gone and I haven't done a thing . . . And so much to be done. So much to be done. (*Mirando uno de los periódicos.*) . . . Three people have been shot already. For no reason at all. No one is safe out there. No one. Not even those who speak good English. Not even those who know who they are . . .

ELLA: (*Lamiéndose los labios.*) Revoltillo de huevos, tostadas, queso blanco, café con leche. Hmmm, eso es lo que me pide el estómago. Anoche soñé con ese desayuno.

ELLA sale del escenario cantando "Es mi vivir una linda guajirita". Oímos el sonido de ollas y fuentes. Al mismo tiempo, SHE *pone una grabación de ejercicios físicos de Jane Fonda y comienza a hacer ejercicios en el medio de la habitación. Cantando, ELLA regresa con una bandeja llena de comida para el desayuno y apaga el grabador. ELLA se sienta en el piso al estilo japonés y empieza a comer. SHE también se sienta y toma un vaso de jugo de naranja.*

SHE: Do you have to eat so much? You eat all day, then lie there like a dead octopus.

ELLA: Y tú me lo recuerdas todo el día, pero si no fuera por todo lo que yo como, ya tú te hubieras muerto de hambre. (*ELLA come. SHE toma sorbitos de jugo de naranja.*)

SHE: (*Distraída.*) What shall I do today? There's so much to do.

ELLA: (*Con la boca llena.*) Sí, mucho. El problema siempre es, por dónde empezar.

SHE: I should go out and jog a couple of miles.

ELLA: (*Tomando un trozo de comida.*) Sí. Debía salir a correr. Es bueno para la figura. (*Toma otro pedazo.*) Y el corazón. (*Toma otro pedazo.*) Y la circulación. (*Otro pedazo.*) A correr se ha dicho. (*ELLA continúa comiendo. SHE se para y abre una ventana imaginaria que da a la audiencia. SHE mira hacia fuera, respira hondo, se estira.*)

SHE: Aaah, what a beautiful day! It makes you so . . . so happy to be alive!

ELLA: (*Desde la mesa, sin mucho entusiasmo.*) No es para tanto.

SHE: (SHE *va a su cómoda, se sienta, toma bolígrafo y papel.*) I'll make a list of all the things I must do. Let's see. I should start from the inside. . . . Number one, clean the house . . .

ELLA: (*Todavía comiendo*) Uno, limpiar la casa.

SHE: Two, take the garbage out.

ELLA: Dos, sacar la basura.

SHE: Then, do outside things. After running, I have to do something about El Salvador.

ELLA: Salvar a El Salvador.

SHE: Go to the march at the U.N.

ELLA: (*Ha terminado de comer, levanta su basura y se muestra entusiasta con los planes.*) Escribir una carta al editor del *New York Times.*

SHE: Aha, that too. (*Agrega eso a la lista.*) How about peace in the Middle East?

ELLA: La cuestión del aborto.

SHE: Should that come after or before the budget cuts?

ELLA: (*Con placer.*) Comprar chorizos mexicanos para unos burritos.

SHE: (*Escribiendo.*) See that new Fassbinder film. (ELLA *pone cara aburrida.*) Find the map . . . (SHE *escribe.*)

ELLA: (*Seria.*) Ver a mi madrina. Tengo algo que preguntarle a los caracoles. (*Rocía Agua Florida alrededor de su cabeza.*)

SHE: (*Exasperada.*) Not again! . . . (*Piensa.*) Buy a fish tank. (*Escribe eso.*)

ELLA: ¿Una pecera?

SHE: I want to buy a fish tank, and some fish. I read in *Psychology Today* that it is supposed to calm your nerves to watch fish swimming in a tank.

ELLA: (*Comienza la música de fondo.*) Peceras. (*Se sienta a su cómoda. Mira fijamente al espejo. Se pierde en recuerdos.*) Las peceras me recuerdan el aeropuerto cuando me fui . . . los que se iban, dentro de la pecera. Esperando. Esperando dentro de aquel cuarto transparente. Al otro lado del cristal, los otros, los que se quedaban: los padres, los hermanos, los tíos. . . . Allí estábamos, en la pecera, nadando en el mar que nos salía por los ojos . . . Y los que estaban dentro y los que estaban afuera solo podían mirarse. Mirarse las caras distorsionadas por las lágrimas y el cristal sucio —lleno de huellas de manos que se querían tocar, empañado por el aliento de bocas que trataban de besarse a través del cristal . . . Una pecera llena de peces asustados que no sabían nadar, que no sabían de las aguas heladas . . . donde los tiburones andan con pistolas . . .

SHE: (*Vigorosamente tachó esa línea de la lista.*) Dwelling in the past takes energies away.

ELLA: (ELLA *mira el mapa entre los objetos que se hallan sobre su mesa. Levanta la estatua de la Virgen de la Caridad.*) ¿Dónde habré puesto el mapa? Juraría que estaba debajo de la Santa . . . (ELLA *mira debajo de la cama. Encuentra un viejo y sucio zapato tenis. Le trae recuerdos.*) Lo primerito que yo pensaba hacer al llegar aquí era comprarme unos tenis bien cómodos y caminar todo Nueva York. Cuadra por cuadra. Para saber dónde estaba todo.

SHE: I got the tennis shoes actually, they were basketball shoes . . . But I didn't get to walk every block as I had planned. I wasn't aware of how big the city was. I wasn't aware of muggers either . . . I did get to walk a lot, though . . . in marches and demonstrations. But by then, I had given up wearing tennis shoes. I was into boots . . .

ELLA: . . . Pero nunca me perdí en el subway . . .

SHE: Somehow I always knew where I was going. Sometimes the place I got to was the wrong place, to be sure. But that's different. All I had to do was choose another place . . . and go to it. I have gotten to a lot of right places too.

ELLA: (*Con satisfacción.*) Da gusto llegar al lugar que se va sin perder el camino.

Se oyen disparos fuertes afuera y luego la sirena de la policía, ruido, gritos, chillidos. Ambas mujeres se ponen nerviosas y preocupadas. Corren a la ventana y regresan sin saber qué hacer.

SHE: There they go again! Now they are shooting the birds on the trees!

ELLA: ¡Están matando las viejitas en el parque . . .

SHE: Oh, my God! Let's get out of here!

ELLA: . . . Y los perros que orinan en los hidrantes!

SHE: No, no. Let's stay here! Look! They've shot a woman riding a bicycle . . . and now somebody is stealing it!

ELLA: ¡La gente corre pero nadie hace nada!

SHE: Are we safe? Yes, we are safe. We're safe here . . . No, we're not! They can shoot through the window!

ELLA: ¡La gente grita pero nadie hace nada!

SHE: Get away from the window!

ELLA: (*Pausa.*) Pero, ¿y todo lo que hay que hacer?

Miran alrededor indecisas, entonces comienzan a hacer cosas diferentes alrededor de la habitación, pero dejan de hacerlo inmediatamente. SHE *toma un libro.* ELLA *va a la cocina. Oímos ruidos de ollas y fuentes.* ELLA *regresa comiendo las sobras de una olla grande.* ELLA *se sienta enfrente del espejo, se mira con orgullo. Apoya la olla, toca su cara, ensaya diferentes sonrisas, ninguna de las cuales es una sonrisa feliz.*

ELLA: Si pudiera sonreír como la Mona Lisa me tomarían por misteriosa en vez de antipática porque no enseño los dientes . . .

SHE: (*Está sentada en el sillón mirando fijamente el cielo raso.*) That's because your face is an open book. You wear your emotions all over, like a suntan . . . You are emotionally naive . . . or rather, emotionally primitive . . . perhaps even emotionally retarded. What you need is a . . . a certain emotional sophistication . . .

ELLA: . . . sí, claro, eso . . . sofisticación emocional . . . (*Piensa sobre eso.*) . . . sofisticación emocional . . . ¿Y qué carajo es sofisticación emocional? ¿Ser como tú? ¡Tú, que ya ni te acuerdas cómo huele tu propio sudor, que no reconoces el sonido de tu propia voz! ¡No me jodas!

SHE: See what I mean! (SHE *se levanta, va a su cómoda, busca el mapa.*)

ELLA: (*Exasperada.*) ¡Ay, Dios mío, ¿qué habré hecho yo para merecérmela? ¡Es como tener un . . . un pingüino colgado del cuello!

SHE: An albatross . . . you mean like an albatross around your neck. Okay, Okay . . . I'll make myself light, light as a feather . . . light as an albatross feather. I promise. (SHE *continúa buscando el mapa.*) Where did I put that map? I thought it was with the passport, the postcards . . . the traveling mementos . . . (*Continúa buscando entre unos papeles en una caja pequeña. Encuentra unas cuentas contra la preocupación. Esto le trae recuerdos. Juega con las cuentas por un rato.*) . . . I never really learned how to use them . . . (ELLA *continúa buscando algo.*) Do you know what regret means?

ELLA: (*Distraída.*) Es una canción de Edith Piaff.

SHE: Regret means that time in Athens, many years ago . . . at a cafe where they played bouzuki music. The men got up and danced and broke glasses and small dishes against the tiled floor. The women did not get up to dance. They just watched and tapped their feet under the table . . . now and then shaking their shoulders to the music. One Greek man danced more than the others. He broke more glasses and dishes than the others. His name was Nikos. It was his birthday. He cut his hand with one of the broken glasses. But he didn't stop, he didn't pay any attention to his wound. He kept on dancing. He danced by my table. I took a gardenia from the vase on the table and gave it to him. He took it, rubbed it on the blood dripping from his hand and gave it back to me with a smile. He danced away to other tables . . . I wanted to get up and break some dishes and dance with him. Dance away, out the door, into the street, all the way to some cheap hotel by the harbor, where next morning I would hang the bedsheet stained with my blood out the window. But I didn't get up. Like the Greek women, I stayed on my seat, tapping my feet under the table, now and then shaking my shoulders to the music . . . a bloodied gardenia wilting in my glass of retsina . . .

ELLA: No haber roto ni un plato. That's regret for sure.

El reloj marca la hora. Alarmadas, se levantan rápidamente y buscan sus zapatos.

SHE: (*Poniéndose las botas. Apurada, alarmada.*) I have to practice the speech!

ELLA: (*Se pone los zapatos de tacos altos.*) Sí, tienes que aprender a hablar más alto. Sin micrófono no se te oye. Y nunca se sabe si habrá micrófono. Es mejor depender de los pulmones que de los aparatos. Los aparatos a veces fallan en el momento más inoportuno.

Están paradas espalda contra espalda, una mirando hacia la derecha del escenario y la otra hacia la izquierda respectivamente. Hablan al mismo tiempo.

SHE: (*En inglés.*) A E I O U.

ELLA: (*En español.*) A E I O U. Pirámides.

SHE: Pyramids.

ELLA: Orquídeas.

SHE: Orchids.

ELLA: Sudor.

SHE: Sweat.

ELLA: Luz.

SHE: Light.

ELLA: Blood.

SHE: Sangre.

ELLA: Dolphins.

SHE: Delfines.

ELLA: Mountains.

SHE: Montañas.

ELLA: Sed.
SHE: Thirst.
Se congela la escena. Se dan dos golpes. Ellas salen del ensimismamiento.
ELLA: Tengo sed.
SHE: I think I'll have a Diet Pepsi.
ELLA: Yo me tomaría un guarapo de caña. (SHE *va a la cocina.*)
ELLA: (*Buscando el mapa. Se detiene frente al espejo y mira su cuerpo, pasa la mano por las caderas, canta un fragmento de "Macorina" y continúa buscando el mapa detrás de los muebles, por las paredes, etc. De repente, pareciera como si ELLA oyera algo del departamento de al lado. ELLA pega la oreja a la pared y escucha con más cuidado. Su cara muestra confusión. ELLA se pregunta a sí misma, profundamente, seriamente intrigada.*) ¿Por qué sería que Songo le dió a Borondongo? ¿Sería porque Borondongo le dió a Bernabé? ¿O porque Bernabé le pegó a Muchilanga? ¿O en realidad sería porque Muchilanga le echó burundanga? (*Pausa.*) . . . ¿Y Monina? ¿Quién es Monina? ¡Ay, nunca lo he entendido . . . el gran misterio de nuestra cultura! (SHE *regresa bebiendo Diet Pepsi. Se sienta en la cama y bebe suavemente, mirando el teléfono con concentración intensa. La atención de ELLA está también dirigida al teléfono. Ambas lo miran hipnotizadas.*) El teléfono no ha sonado hoy.
SHE: I must call mother. She's always complaining.
ELLA: Llamadas. Llamadas. ¿Por qué no llamará? Voy a concentrarme para que llame. (*Se concentra.*) El teléfono sonará en cualquier momento. Ya. Ya viene. Suena. Sí. Suena. Va a sonar.
SHE: (*Sentada en posición de loto, meditando.*) Ayer is not the same as yesterday.
ELLA: Estás loca.
SHE: I think I'm going crazy. Talking to myself all day.
ELLA: It must be. It's too soon for menopause.
SHE: Maybe what I need is a good fuck after all.
ELLA: Eres una enferma.
SHE: At least let's talk about something important—exercise our intellects.
ELLA: ¿Como qué?
SHE: We could talk about . . . about . . . the meaning of life.
ELLA: Mi mamá me dijo una vez que la vida, sobre todo la vida de una mujer, era coser y cantar. Y yo me lo creí. Pero ahora me doy cuenta que la vida, la de todo el mundo: hombre, mujer, perro, gato, jicotea, es, en realidad, comer y cagar . . . ¡en otras palabras, la misma mierda!
SHE: Puke! So much for philosophy.
Ambas buscan entre los libros y las revistas. ELLA toma la revista Vanidades, *hojea las páginas.* SHE *comienza a leer la revista* Self.

ELLA: No sé que le ha pasado a Corín Tellado. Ya sus novelas no son tan románticas como antes. Me gustaban más cuando ella, la del sedoso cabello castaño y los brazos torneados y los ojos color violeta, no se entregaba así, tan fácilmente, a él, el hombre, que aunque más viejo, y a veces cojo, pero siempre millonario, la deseaba con locura, pero la respetaba hasta el día de la boda . . .

SHE: I can't believe you're reading that crap.

ELLA: (*Hojeando la revista un poco más.*) Mira, esto es interesante: ¡un test! "Usted y sus Fantasías". A ver, lo voy hacer. (*Toma un lápiz de la mesa.*) Pregunta número uno: ¿Tienes fantasías a menudo? (*Piensa.*)

SHE: Yes. (ELLA *escribe una respuesta.*)

ELLA: ¿Cuán a menudo? (*Piensa.*)

SHE: Every night . . . and day.

ELLA: (*Escribe una respuesta.*) ¿Cuál es el tema recurrente de tus fantasías?

SHE: (*Sensualmente traviesa.*) I am lying naked. Totally, fully, wonderfully naked. Feeling good and relaxed. Suddenly, I feel something warm and moist between my toes. It is a tongue! A huge, wide, live tongue! The most extraordinary thing about this tongue is that it changes. It takes different shapes . . . It wraps itself around my big toe . . . then goes in between and around each toe . . . then it moves up my leg, up my thigh . . . and into my . . .

ELLA: ¡Vulgar! No se trata de esas fantasías. Se trata de . . . de . . . de ¡Juana de Arco!

SHE: I didn't know that Joan of Arc was into . . .

ELLA: Ay, chica, no hablaba de fantasías eróticas, sino de fantasías *heróicas* . . . a lo Juana de Arco. A mí Juana de Arco me parece tan dramática, tan patriótica, tan sacrificada . . .

SHE: I don't care for Joan of Arc? Too hot to handle! . . . ha, ha, ha. (*Ambas se ríen del chiste malo.*)

ELLA: (*Levantando una silla sobre su cabeza.*) Mi fantasía es ser una superwoman: ¡Maravilla, la mujer maravilla! (*Pone la silla en el piso y se tira y revolea sus brazos y sus piernas en el aire, como si estuviera nadando.*) . . . Y salvar a una niña que se ahoga en el Canal de la Mancha, y nadar, como Esther Williams, hasta los blancos farallones de Dover . . . (*Se levanta y se sienta en la silla como si la montara.*) ¡Ser una heroína que cabalgando siempre adelante, hacia el sol, inspirada por una fe ciega, una pasión visionaria, arrastre a las multitudes para juntos salvar al mundo de sus errores!

SHE: Or else, a rock singer! They move crowds, all right. And make more money. How about, La Pasionaria and her Passionate Punk Rockers!

ELLA: (*Enojada.*) Tú nunca me tomas en serio.

SHE: My fantasy is to make people happy. Make them laugh. I'd rather be a clown. When times are as bad as these, it is better to keep the gathering gloom at bay by laughing and dancing. The Greeks do it, you know. They dance when they are sad. Yes, what I really would like to be is a dancer. And dance depression . . . inflation . . . and the NUCLEAR THREAT . . . AWAY!

ELLA: (*A sí misma, desencantada.*) Pero tienes las piernas muy flacas y el culo muy grande.

SHE: (*Ignorando las acotaciones de* ELLA.) Dancing is what life is all about. The tap-tapping of a hundred feet on Forty-Second Street is more exciting than an army marching off to kill the enemy . . . Yes! My fantasy is to be a great dancer . . . like Fred Astaire o Ginger Rogers!

ELLA: ¿Cuál de ellos, Fred Astaire o Ginger Rogers?

SHE: Why can't I be both?

ELLA: ¿Será que eres bisexual?

SHE: (*Pone la cabeza entre las piernas como si hiciera ejercicios.*) No. I checked out. Just one.

ELLA: ¿Nunca has querido ser hombre?

SHE: Not really. Men are such jerks.

ELLA: Pero se divierten más. ¿De veras que nunca te has sentido como ese poema?: ". . . Hoy, quiero ser hombre. Subir por las tapias, burlar los conventos, ser todo un Don Juan; raptar a Sor Carmen y a Sor Josefina, rendirlas, y a Julia de Burgos violar . . ."

SHE: You are too romantic, that's your problem.

ELLA: ¡Y tú eres muy promiscua! Te acuestas con demasiada gente que ni siquiera te cae bien, que no tiene nada que ver contigo.

SHE: (*Flexionando sus músculos.*) It keeps me in shape. (*Maliciosa.*) And besides, it isn't as corny as masturbating, listening to boleros.

ELLA: (*Tapándose los oídos.*) ¡Cállate! ¡Cállate! ¡Cállate! (*Va hacia la ventana y mira hacia fuera. Pausa.*) Está nevando. No se ve nada allá afuera. Y aquí, estas cuatro paredes me están volviendo . . . ¡bananas! (ELLA *va a la mesa, toma una banana y comienza a comerla.* SHE *juega con una vieja raqueta de tenis.*) Si por lo menos tuviera el televisor, podría ver una película o algo . . . pero, no . . .

SHE: Forget about the TV set.

ELLA: ¡Tuviste que tirarlo por la ventana! Y lo peor no es que me quedé sin televisor. No. Lo peor es el caso por daños y perjuicios que tengo pendiente.

SHE: I don't regret a thing.

ELLA: La mala suerte que el maldito televisor le cayera encima al carro de los Moonies que viven al lado. ¿Te das cuenta? ¡Yo, acusada de terrorista por el Reverendo Sun Myung Moon!¡A nadie le pasa esto! ¡A nadie más que a mí! ¡Te digo que estoy cagada de aura tiñosa!

SHE: You are exaggerating. Calm down.

ELLA: Cada vez que me acuerdo me hierve la sangre. Yo, yo, ¡acusada de terrorista! ¡Yo! ¡Cuando la víctima he sido yo! ¡No se puede negar que yo soy una víctima del terrorismo!

SHE: Don't start with your paranoia again.

ELLA: ¡Paranoia! ¿Tú llamas paranoia a todo lo que ha pasado? ¿A lo que pasó con los gatos? ¡Mis tres gatos, secuestrados, descuartizados, y luego dejados en la puerta, envueltos en papel de regalo, con una tarjeta de Navidad!

SHE: You know very well it didn't happen like that.

ELLA: ¿Y la cobra entre las cartas? How about that snake in the mail box? Who put it there? Who? Who? Why?

SHE: Forget all that. Mira cómo te pones por gusto . . . Shit! We should have never come here.

ELLA: (*Calmándose.*) Bueno, es mejor que New Jersey. Además ¿cuál es la diferencia? El mismo tiroteo, el mismo cucaracheo, la misma mierda . . . coser y cantar, you know.

SHE: At least in Miami there was sunshine . . .

ELLA: Había sol, sí, pero demasiadas nubes negras. Era el humo que salía de tantos cerebros tratando de pensar. Además, aquí hay más cosas que hacer.

SHE: Yes. Más cosas que hacer. And I must do them. I have to stop contemplating my navel and wallowing in all this . . . this . . . Yes, one day soon I have to get my caca together and get out THERE and DO something. Definitely. Seriously. (*Pausa silenciosa. Ambas están perdidas en sus pensamientos.*)

ELLA: I remember when I first met you . . . there was a shimmer in your eyes . . .

SHE: Y tú tenías una sonrisa . . .

ELLA: And with that shimmering look in your eyes and that smile . . .

SHE: . . . pensamos que íbamos a conquistar el mundo . . .

ELLA: . . . But . . .

SHE: . . . I don't know . . . (SHE *va a su mesa y toma un frasco de vitaminas.*) Did I take my pills today?

ELLA: Sí.

SHE: Vitamin C?

ELLA: Sí.

SHE: Iron?

ELLA: Sí.

SHE: Pain killer?

ELLA: Of course . . . because camarón que se duerme se lo lleva la corriente.

SHE: A shrimp that falls asleep is carried away by the current?

ELLA: No . . . that doesn't make any sense.

SHE: Between the devil and the deep blue sea?

ELLA: . . . No es lo mismo que entre la espada y la pared, porque del dicho al hecho hay un gran trecho.

SHE: Betwixt the cup and the lip you should not look a gift horse in the mouth.

ELLA: A caballo regalado no se le mira el colmillo, pero tanto va el cántaro a la fuente, hasta que se rompe.

SHE: An eye for an eye and a tooth for a tooth.

ELLA: Y no hay peor ciego que el que no quiere ver. (*Ambas están lánguidas. Con ganas de dormir.*)

SHE: (*Bostezando.*) I have to be more competitive.

ELLA: (*Bostezando.*) Después de la siesta.

Se quedan dormidas. Las luces se van difuminando. Se oye música de fondo, ésta permanece a través de todo el monólogo de ELLA.

ELLA: (*Voz enojda de niña.*) Pero, ¿por qué tengo que esperar tres horas para bañarme? ¡No me va a pasar nada! . . . ¡Los peces comen y hacen la digestión en el agua y no les pasa nada! . . . Sí, tengo muchas reglas. ¡Debía ser abogada! ¡Debía ser piloto! ¡Debía ser capitán! Debía ser una tonina y nadar al otro lado de la red, sin temer a los tiburones! (*Pausa. Ahora como una adolescente rebelde.*) Y no voy a caminar bajo el sol con ese paraguas! ¡No me importa que la piel blanca sea más elegante! . . . ¡No se puede tapar el sol con una sombrilla! ¡No se puede esperar que la marea baje cuando tiene que subir! (*Como un adulto.*) . . . No se puede ser un delfín en las pirámides. No se le puede cortar la cabeza al delfín y guardarla en la gaveta, entre las prendas más íntimas y olvidar el delfín. Y olvidar que quiso ser el delfín. Olvidar que quiso ser la niña desnuda, cabalgando sobre el delfín . . .

SHE: (*Las luces se proyectan sobre* SHE. *Cosiendo.*) So, you don't have dreams. So, you can't remember your dreams. So, you never talk about your dreams. I think you *don't want* to remember your dreams. You always want to be going somewhere, but now you are stuck here with me, because outside it's raining blood and you have been to all the places you can possibly ever go to! No, you have nowhere to go! Nowhere! Nowhere! (ELLA *le da una bofetada con fuerza a* SHE. *El reloj suena dos veces. Se despiertan. Las luces se encienden completamente.* SHE *se golpea suavemente ambas mejllas.*) A nightmare in the middle of the day!

ELLA: Tengo que encontrar ese mapa. (*Buscan el mapa.*)

SHE: (*Toma un libro, pasa las páginas. Encuentra un marcador en una página. Lee en silencio, luego en voz alta.*) "Picasso's gaze was so absorbing one was surprised to find anything left on the paper after he looked at it . . ." (*Piensa acerca de esta imagen. Entonces, suavemente.*) Think about that . . .

ELLA: Sí. Claro. Así siento mis ojos en la primavera. Después de ver tanto árbol desnudo durante el invierno, cuando salen las primeras hojas, esas hojitas de un verde tan tierno, me da miedo mirarlas mucho porque temo que mis ojos les vayan a chupar todo el color.

SHE: I miss all that green. Sometimes I wish I could do like Dorothy in "The Wizard of Oz" close my eyes, click my heels and repeat three times, "there's no place like home" . . . and, puff! be there.

ELLA: El peligro de eso es que una pueda terminar en una finca en Kansas.

SHE: . . . I remember that trip back home . . . I'd never seen such a blue sea. It was an alive, happy blue. You know what I mean?

ELLA: A mí no se me había olvidado. Es el mar más azul, el más verde . . . el más chévere del mundo. No hay comparación con estos mares de por aquí.

SHE: . . . It sort of slapped you in the eyes, got into them and massaged your eyeballs . . .

ELLA: Es un mar tan sexy, tan tibio. Como que te abraza. Dan ganas de quitarse el traje de baño y nadar desnuda . . . lo cual, por supuesto, hiciste a la primera oportunidad . . .

SHE: . . . I wanted to see everything, do everything in a week . . .

ELLA: (*Riendo.*) . . . No sé si lo viste todo, pero en cuanto a hacer . . . ¡el trópico te alborotó, chiquitica! ¡Hasta en el Malecón! ¡Qué escándalo!

SHE: (*Riendo.*) I sure let my hair down! It must have been all that rum. Everywhere we went, there was rum and "La Guantanamera" . . . And that feeling of belonging, of being home despite . . .

ELLA: (*Nostálgica.*) ¡Aaay!

SHE: ¿Qué pasa?

ELLA: ¡Ay, siento que me viene un ataque de nostalgia!

SHE: Let's wallow!

ELLA: ¡Ay, sí, un disquito!

> *SHE pone un disco. "Nostalgia habanera" cantado por Olga Guillot. Ambas cantan y bailan al compás de la música. Ésta continúa a través de la escena.*

BOTH: (*Cantando.*)

"Siento la nostalgia de volver a ti
más el destino manda y no puede ser
Mi Habana, mi tierra querida
cuándo yo te volveré a ver
Habana, cómo extraño el sol indiano de tus calles
Habana etc . . ."

ELLA: ¡Aaay, esta nostalgia me ha dado un hambre!
SHE: That's the problem with nostalgia—it is usually loaded with calories! How about some steamed broccoli . . .
ELLA: Arroz . . .
SHE: Yogurt . . .
ELLA: Frijoles negros . . .
SHE: Bean sprouts . . .
ELLA: Plátanos fritos . . .
SHE: Wheat germ . . .
ELLA: Ensalada de aguacate . . .
SHE: Raw carrots . . .
ELLA: ¡Flan!
SHE: Granola!
ELLA: ¿Qué tal un arroz con pollo, o un ajiaco?
SHE: Let's go!
Salen hacia la cocina. Las luces se apagan. El disco toca hasta el final. Oímos el golpeteo de ollas y fuentes. Cuando las luces se encienden de nuevo, ellas están acostadas en sus respectivas camas.
ELLA: ¡Qué bien! ¡Qué rico! Esa comida me ha puesto erótica. I feel sexy. Romántica.
SHE: How can you feel sexy after rice and beans? . . . I feel violent, wild. I feel like . . . chains, leather, whips. Whish! Whish!
ELLA: No, no, no! Yo me siento como rosas y besos bajo la luna, recostada en una palmera mecida por el viento . . .
SHE: Such tropical, romantic tackiness, ay, ay, ay.
ELLA: Sí, . . . y un olor a jasmines que se cuela por la ventana . . .
SHE: I thought you were leaning on a swaying coconut tree.
ELLA: . . . Olor a jasmines, mezclado con brisas de salitre. A lo lejos se escucha un bolero. (*Canta.*) "Te acuerdas de la noche de la playa. Te acuerdas que te di mi amor primero . . . "
SHE: . . . I feel the smell of two bodies together, the heat of the flesh so close to mine, the sweat and the saliva trickling down my spine . . . (*Ambas empiezan a excitarse.*)
ELLA: . . . y unas manos expertas me abren la blusa, me sueltan el ajustador, y con mucho cuidado, como si fueran dos mangos maduros, me sacan los senos al aire . . .
SHE: . . . And ten fingernails dig into my flesh and I hear drums beating faster and faster and faster!
Se detienen, exhalando un profundo signo de satisfacción. Se desplazan de la cama a velocidades diferentes y van a sus cómodas. ELLA enciende un cigarrillo sensualmente. SHE se pone crema en la cara, suave y sensualmente. Cantan de manera sexy y relajada.

ELLA: "Fumar es un placer . . .

SHE: . . . Genial, sensual . . .

ELLA: . . . Fumando espero . . .

SHE: . . . Al hombre que yo quiero . . .

ELLA: . . . Tras los cristales . . .

SHE: . . . De alegres ventanales . . .

ELLA: . . . y mientras fum . . . "

SHE: (*Sonríe.*) . . . I remember the first time . . .

ELLA: Ja ja . . . a mí me preguntaron si yo había tenido un orgasmo alguna vez. Yo dije que no. No porque no lo había tenido, sino porque no sabía lo que era . . . Pensé que orgasmo era una tela.

SHE: I looked it up in the dictionary: orgasm. Read the definition, and still didn't know what it meant.

ELLA: A pesar del diccionario, hasta que no tuve el primero, en realidad no supe lo que quería decir . . .

SHE: It felt wonderful. But all the new feelings scared me . . .

ELLA: (*Arrodillada sobre la silla.*) . . . Fui a la iglesia al otro día . . . me arrodillé, me persigné, alcé los ojos al cielo —es decir al techo— muy devotamente, pero cuando empecé a pensar la oración . . . me di cuenta de que, en vez de pedir perdón, estaba pidiendo . . . ¡aprobación! . . . ¡permiso para hacerlo otra vez!

SHE: Oh God, please, give me a sign! Tell me it is all right! Send an angel, una paloma, a flash of green light to give me the go ahead! Stamp Upon me the Good Housekeeping Seal of Approval, to let me know that fucking is okay!

ELLA: ¡Ay, Virgen del Cobre! Yo tenía un miedo que se enterara la familia. ¡Me parecía que me lo leían en la cara!

Se caen de espaldas de la risa. El teléfono suena tres veces. Paran de reír abruptamente, miran el teléfono con ansiedad y esperanza. Después de cada timbre cada una extiende la mano para atender, pero se detienen. Finalmente, después del tercer timbrazo, SHE *atiende.*

SHE: Hello? . . . Oh, hiii, how are you? . . . I am glad you called . . . I wanted to . . . Yes. Okay. Well, go ahead . . . (*Escucha.*) Yes, I know . . . but I didn't think it was serious. (*Escucha.*) . . . You said our relationship was special, untouchable . . . (*Sollozando.*) then how can you end it just like this . . . I can't believe that all the things we shared don't mean anything to you anymore . . . (*Escucha.*) What do you mean, it was meaningful while it lasted?! . . . Yes, I remember you warned me you didn't want to get involved . . . but, all I said was that I loved you . . . Okay. I shouldn't have said that . . . Oh, please, let's try again! . . . Look . . . I'll . . . I'll come over Saturday night . . . Sunday morning we'll make love . . . have

brunch: eggs, croissants, Bloody Marys . . . we'll read the *Times* in bed
and . . . please, don't . . . how can you? . . .

ELLA: (*Reaccionando con calma a la conversación, y tornándose cada vez
más enojada* ELLA *le quita el teléfono a* SHE.) ¿Pero quién carajo tú te
crees que eres para venir a tirarme así, como si yo fuera una chancleta
vieja? ¡Qué huevos fritos ni ocho cuartos, viejo! ¡Después de tanta hambre que te maté, los buenos vinos que te compré! ¡A ver si esa putica que
te has conseguido cocina tan bien como yo! ¡A ver si esa pelúa te va a
dar todo lo que yo te daba! ¡A ver si esa guaricandilla . . .! (*De repente,
desesperada.*) Ay, ¿cómo puedes hacerme esto a mí? ¡A mí que te adoro
ciegamente, a mí, que te quiero tanto, que me muero por ti! . . . Mi amor
. . . ay, mi amor, no me dejes. Haré lo que tú quieras. ¡Miénteme,
pégame, traicióname, patéame, arrástrame por el fango, pero no me
dejes! (*Llora desconsolada. Escucha. Se calma. Ahora, estoicamente
melodramática y resignada.*) Está bien. Me clavas un puñal. Me dejas
con un puñal clavado en el centro del corazón. Ya nunca podré volver a
amar. Mi corazón se desangra, siento que me desvanezco . . . Me iré a
una playa solitaria y triste, y a media noche, como Alfonsina, echaré a
andar hacia las olas y . . . (*Escucha las tres pulsaciones. Se enoja.*) ¿Así
es como respondes cuando vuelco mi corazón, mis sentimientos en tu
oído? ¿Cuando mis lágrimas casi crean un corto circuito en el teléfono?
¡Ay, infeliz! ¡Tú no sabes nada de la vida! Adiós, y que te vaya bien. De
veras . . . honestamente, no te guardo rencor . . . te deseo lo mejor . . .
¿Yo? . . . yo seguiré mi viaje. Seré bien recibida en otros puertos. Ja, ja,
ja . . . De veras, te deseo de todo corazón que esa tipa, por lo menos, ¡sea
tan BUENA EN LA CAMA COMO YO! (*Arroja el teléfono. Las dos se
sientan en el piso con las espaldas pegadas. Pausa larga.* ELLA *fuma.*
SHE *está arrepentida.*)

SHE: You shouldn't have said all those things.

ELLA: ¿Por qué no? Todo no se puede intelectualizar. You can't dance everything away, you know.

SHE: You can't eat yourself to numbness either.

ELLA: Yeah.

SHE: You know what's wrong with me? I can't relate anymore. I have been
moving away from people. I stay here and look at the ceiling. And talk
to you. I don't know how to talk to people anymore. I don't know if I
want to talk to people anymore!

ELLA: Tu problema es que ves demasiadas películas de Woody Allen, y ya
te crees una neoyorquina neurótica. Yo no. Yo sé como tener una fiesta
conmigo misma. Yo me divierto sola. Y me acompaño y me entretengo.
Yo tengo mis recuerdos. Y mis plantas en la ventana. Yo tengo una

solidez. Tengo unas raíces, algo de que agarrarme. Pero tú . . . ¿tú de qué te agarras?

SHE: I hold on to you. I couldn't exist without you.

ELLA: But I wonder if I need you. Me pregunto si te necesito . . . robándome la mitad de mis pensamientos, de mi tiempo, de mi sentir, de mis palabras . . . ¡como una sanguijuela!

SHE: I was unavoidable. You spawned me while you swam in that fish tank. It would take a long time to make me go away!

ELLA: Tú no eres tan importante. Ni tan fuerte. Unos meses, tal vez unos años, bajo el sol, y, ¡presto! . . . desaparecerías. No quedaría ni rastro de ti. Yo soy la que existo. Yo soy la que soy. Tú . . . no sé lo que eres.

SHE: But, if it weren't for me you would not be the one you are now. No serías la que eres. I gave yourself back to you. If I had not opened some doors and some windows for you, you would still be sitting in the dark, with your recuerdos, the idealized beaches of your childhood, and your rice and beans and the rest of your goddam obsolete memories! (*Por primera vez se ponen frente a frente, están furiosas.*)

ELLA: ¡Pero soy la más fuerte!

SHE: I am as strong as you are! (*Con cada línea, se arrojan almohadas, libros, papeles, etc.*)

ELLA: ¡Soy la más fuerte!

SHE: I am the strongest!

ELLA: ¡Te robaste parte de mí!

SHE: You wanted to be me once!

ELLA: ¡Estoy harta de ti!

SHE: Now you are!

ELLA: ¡Ojalá no estuvieras!

SHE: You can't get rid of me!

ELLA: ¡Alguien tiene que ganar!

SHE: No one shall win!

De afuera llegan ruidos de sirenas, tiros, gritos. Corren hacia la ventana, caminan hacia atrás asustadas, hablando simultáneamente.

SHE: They are shooting again!

ELLA: ¡Y están cortando los árboles!

SHE: They're poisoning the children in the schoolyard!

ELLA: ¡Y echando la basura y los muertos al río!

SHE: We're next! We're next!

ELLA: ¡Yo no salgo de aquí!

SHE: Let's get out of here! (*Se oye otro tiro. Se miran entre ellas.*)

ELLA: El mapa . . .

SHE: Where's the map?

abel Allende (1942–)

gonautas (fragmento)

Isabel Allende nació en 1942 dentro de una familia chilena que radicaba en el Perú, donde su padre era diplomático. Cuando cumplió tres años, sus padres se divorciaron y su madre regresó a Chile. Allí se criaron Isabel y sus hermanos. Allende empezó su carrera como periodista para la revista *Paula* en Chile. Durante su exilio en Venezuela, a consecuencia del golpe militar chileno en 1973, Allende empezó a escribir novelas. La primera de ellas, *La casa de los espíritus*, surgió de una carta que escribió a su abuelo donde relataba la historia de su familia. En esta novela creó una biografía poética en la cual lo mágico y lo real se entrelazaban, y donde la escritora pudo exorcizar su propio sufrimiento y explicar su lugar en el mundo como exiliada. Como inmigrante en los Estados Unidos desde 1988, Allende continuó escribiendo biográficamente. En su memoria, *Paula*, se purificó del dolor y sufrimiento que le causó la enfermedad y muerte de su hija. En los Estados Unidos, también escribió *El plan infinito*, una de las pocas novelas escritas por inmigrantes que narran una historia desde la perspectiva de un angloamericano. *Hija de la fortuna*, de la cual se ha extraído "Argonautas", narra la historia de una inmigrante chilena llamada Elisa, que viaja desde Valparaíso, Chile, hasta San Francisco durante la fiebre del oro en busca de su amante, Joaquín Andieta, personaje inspirado en el legendario bandido Joaquín Murieta (ver *El corrido de Joaquín Murieta*). Allende narra desde la perspectiva de una mujer que tiene que disfrazarse de hombre para poder sobrevivir. Lo innovador en *Hija de la fortuna* es que la perspectiva de la autora es también la de la inmigrante, sus espectativas, su dificultad para ajustarse a una nueva vida aquí, sus desilusiones y, finalmente, su confiada participación en la construcción de una nueva sociedad en este país. (CV)

Lecturas: Isabel Allende. *Hija de la fortuna*. New York: Harper Libros, 1999; *Retrato en sepia*. New York: Rayo, 2001.

Tao Chi'en y Eliza Sommers pusieron por primera vez los pies en San Francisco a las dos de la tarde de un martes de abril de 1849. Para entonces millares de aventureros habían pasado brevemente por allí rumbo a los placeres. Un viento pertinaz dificultaba la marcha, pero el día estaba despejado y pudieron apreciar el panorama de la bahía en su espléndida belleza. Tao Chi'en presentaba un aspecto estrambótico con su maletín de médico, del cual jamás se separaba, un atado a la espalda, sombrero de paja y un *sarape* de lanas multicolores, comprado a uno de los cargadores mexicanos. En esa ciudad, sin embargo, la facha era lo de menos. A Eliza le temblaban las piernas, que no había usado en dos meses y se sentía tan mareada en tierra firme como antes lo había estado en el mar, pero la ropa de hombre le daba una libertad desconocida, nunca se había sentido tan invisible. Una vez que se repuso de la impresión de estar desnuda, pudo disfrutar de la brisa metiéndose por las mangas de la blusa y por los pantalones. Acostumbrada a la prisión de las enaguas, ahora respiraba a todo pulmón. A duras penas lograba cargar la pequeña maleta con los primorosos vestidos que Miss Rose había preparado con la mejor intención y al verla vacilando, Tao Chi'en se la quitó y se la puso al hombro. La manta de Castilla enrollada bajo el brazo pesaba tanto como la maleta, pero ella comprendió que no podía dejarla, sería su más preciada posesión por la noche. Con la cabeza baja, escondida bajo su sombrero de paja, avanzaba a tropezones en la pavorosa anarquía del puerto. El villorrio de Yerba Buena, fundado por una expedición española en 1769, contaba con menos de quinientos habitantes, pero apenas se corrió la voz del oro empezaron a llegar los aventureros. En pocos meses aquel pueblito inocente despertó con el nombre de San Francisco y su fama alcanzó hasta el último confín del mundo. No era todavía una verdadera ciudad, sino apenas un gigantesco campamento de hombres de paso.

La fiebre del oro no dejó a nadie indiferente: herreros, carpinteros, maestros, médicos, soldados, fugitivos de la ley, predicadores panaderos, revolucionarios y locos mansos de variados pelajes habían dejado atrás familia y posesiones para cruzar medio mundo en pos de la aventura. "Buscan oro y por el camino pierden el alma", había repetido incansable el capitán Katz en cada uno de los breves oficios religiosos que imponía los domingos a los pasajeros y la tripulación del *Emilia,* pero nadie le hacía caso, ofuscados por la ilusión de una riqueza súbita capaz de cambiar sus vidas. Por primera vez en la historia el oro se encontraba tirado por el suelo sin dueño, gratis y abundante, al alcance de cualquiera resuelto a recogerlo. De las más lejanas orillas llegaban los argonautas: europeos escapando de guerras, pestes y tiranías; yanquis ambiciosos y corajudos; negros en pos de libertad; oregoneses y rusos vestidos con pieles, como indios; mexicanos, chilenos y peruanos; bandidos australianos; hambrientos campesinos chinos que arriesgaban la cabeza por violar la prohibición imperial de abandonar su patria. En los enlodados callejones de San Francisco se mezclaban todas las razas.

Las calles principales, trazadas como amplios semicírculos cuyos extremos tocaban la playa, estaban cortadas por otras rectas que descendían de los cerros abruptos y terminaban en el muelle, algunas tan empinadas y llenas de barro, que ni las mulas lograban treparlas. De repente soplaba un viento de tempestad, levantando torbellinos de polvo y arena, pero al poco rato el aire volvía a estar calmo y el cielo límpido. Ya existían varios edificios sólidos y docenas en construcción, incluso algunos que se anunciaban como futuros hoteles de lujo, pero el resto era un amasijo de viviendas provisorias, barracas, casuchas de planchas de hierro, madera o cartón, tiendas de lona y cobertizos de paja. Las lluvias del reciente invierno habían convertido el muelle en un pantano, los escasos vehículos se atascaban en el barro y se requerían tablones para cruzar las zanjas cubiertas de basura, millares de botellas rotas y otros desperdicios. No existían acequias ni alcantarillas y los pozos estaban contaminados; el cólera y la disentería causaban mortandad, salvo entre los chinos, que por costumbre tomaban té, y los chilenos, criados con el agua infecta de su país e inmunes, por lo tanto, a las bacterias menores. La heterogénea muchedumbre pululaba presa de una actividad frenética, empujando y tropezando con materiales de construcción, barriles, cajones, burros y carretones. Los cargadores chinos balanceaban sus cargas en los extremos de una pértiga, sin fijarse a quienes golpeaban al pasar; los mexicanos, fuertes y pacientes, se echaban a la espalda el equivalente a su propio peso y subían los cerros trotando; los malayos y los hawaianos aprovechaban cualquier pretexto para iniciar una pelea; los yanquis se metían a caballo en los improvisados negocios, despachurrando a quien se pusiera por delante; los californios nacidos en la región exhibían ufanos hermosas chaquetas bordadas, espuelas de plata y sus pantalones abiertos a los lados con doble hilera de botones de oro desde la cintura hasta las botas. El griterío de peleas o accidentes, contribuía al barullo de martillazos, sierras y picotas. Se oían tiros con aterradora frecuencia, pero nadie se alteraba por un muerto más o menos, en cambio el hurto de una caja de clavos atraía de inmediato a un grupo de indignados ciudadanos dispuestos a hacer justicia por sus manos. La propiedad era mucho más valiosa que la vida, cualquier robo superior a cien dólares se pagaba con la horca. Abundaban las casas de juego, los bares y los *saloons,* decorados con imágenes de hembras desnudas, a falta de mujeres de verdad. En las carpas se vendía de cuanto hay, sobre todo licor y armas, a precios exuberantes porque nadie tenía tiempo de regatear. Los clientes pagaban casi siempre en oro sin detenerse a recoger el polvo que quedaba adherido a las pesas. Tao Chi'en decidió que la famosa *Gum San,* la Montaña Dorada de la cual tanto había oído hablar, era un infierno y calculó que a esos precios sus ahorros alcanzarían para muy poco. La bolsita de joyas de Eliza sería inútil, pues la única moneda aceptable era el metal puro.

Eliza se abría paso en la turba como mejor podía, pegada a Tao Chi'en y agradecida de su ropa de hombre, porque no se vislumbraban mujeres por parte alguna. Las siete viajeras del *Emilia* habían sido conducidas en andas a uno de los muchos *saloons,* donde sin duda ya empezaban a ganar los doscientos setenta dólares del pasaje que le debían al capitán Vincent Katz. Tao Chi'en había averiguado con los cargadores que la ciudad estaba dividida en sectores y cada nacionalidad ocupaba un vecindario. Le advirtieron que no se acecara al lado de los rufianes australianos, donde podían atacarlo por simple afán de diversión, y le señalaron la dirección de un amontonamiento de carpas y casuchas donde vivían los chinos. Hacia allá echó a andar.

—¿Cómo voy a encontrar a Joaquín en esta pelotera? —preguntó Eliza, sintiéndose perdida e impotente.

—Si hay barrio chino, debe haber barrio chileno. Búscalo.

—No pienso separarme de ti, Tao.

—En la noche yo vuelvo al barco —le advirtió él.

—¿Para qué? ¿No te interesa el oro?

Tao Chi'en apuró el paso y ella ajustó el suyo para no perderlo de vista. Así llegaron al barrio chino —*Little Canton,* como lo llamaban— un par de calles insalubres, donde él se sintió de inmediato como en su casa porque no se veía una sola cara de *fan güey,* el aire estaba impregnado de los olores deliciosos de la comida de su país y se oían varios dialectos, principalmente cantonés. Para Eliza, en cambio, fue como trasladarse a otro planeta, no entendía una sola palabra y le parecía que todo el mundo estaba furioso, porque gesticulaban a gritos. Allí tampoco vio mujeres, pero Tao le señaló un par de ventanucos con barrotes por donde asomaban unos rostros desesperados. Llevaba dos meses sin estar con una mujer y ésas lo llamaban, pero conocía demasiado bien los estragos de los males venéreos como para correr el riesgo con una de tan baja estopa. Eran muchachas campesinas compradas por unas monedas y traídas desde las más remotas provincias de China. Pensó en su hermana, vendida por su padre, y una oleada de náusea lo dobló en dos.

—¿Qué te pasa, Tao?

—Malos recuerdos . . . Esas muchachas son esclavas.

—¿No dicen que en California no hay esclavos?

Entraron a un restaurante, señalado con las tradicionales cintas amarillas. Había un largo mesón atestado de hombres que codo a codo devoraban de prisa. El ruido de los palillos contra las escudillas y la conversación a viva voz sonaban a música en los oídos de Tao Chi'en. Esperaron de pie en doble fila hasta que lograron sentarse. No era cosa de elegir, sino de aprovechar lo que cayera al alcance de la mano. Se requería pericia para atrapar el plato al vuelo antes que otro más avispado lo interceptara, pero Tao Chi'en consiguió uno para Eliza y otro para él. Ella observó desconfiada un líquido verdoso, donde flotaban hilachas pálidas y moluscos gelatinosos. Se jactaba de reconocer cualquier ingrediente por el olor, pero aquello ni siquiera le pareció comestible, tenía aspecto de agua de pantano con guarisapos, pero ofrecía la ventaja de no requerir palillos, podía sorberse directamente del tazón. El hambre pudo más que la sospecha y se atrevió a probarlo, mientras a su espalda una hilera de parroquianos impacientes la apuraba a gritos. El platillo resultó delicioso y de buena gana hubiera comido más, pero Tao Chi'en no le dio tiempo y cogiéndola de un brazo la sacó afuera. Ella lo siguió primero a recorrer las tiendas del barrio para reponer los productos medicinales de su maletín y hablar con el par de yerbateros chinos que operaban en la ciudad, y luego hasta un garito de juego, de los muchos que había en cada cuadra. Era éste un edificio de madera con pretensiones de lujo y decorado con pinturas de mujeres voluptuosas a medio vestir. El oro en polvo se pesaba para cambiarlo por monedas, a dieciséis dólares por onza, o simplemente se depositaba la bolsa completa sobre la mesa. Americanos, franceses y mexicanos constituían la mayoría de los clientes, pero también había aventureros de Hawaii, Chile, Australia y Rusia. Los juegos más populares eran el *monte* de origen mexicano, *lasquenet* y *vingt-et-un*. Como los chinos preferían el *fan tan* y arriesgaban apenas unos centavos, no eran bienvenidos a las mesas de juego caro. No se veía un solo negro jugando, aunque había algunos tocando música o sirviendo mesas; más tarde supieron que si entraban a los bares o garitos recibían un trago gratis y luego debían irse o los sacaban a tiros. Había tres mujeres en el salón, dos jóvenes mexicanas de grandes ojos chispeantes, vestidas de blanco y fumando un cigarrito tras otro, y una francesa con un apretado corsé y espeso maquillaje, algo madura y bonita. Recorrían las mesas incitando al juego y a la bebida y solían desaparecer con frecuencia del brazo de algún cliente tras una pesada cortina de brocado rojo. Tao Chi'en fue informado que cobraban una onza de oro por su compañía en el bar durante una hora y varios cientos de dólares por pasar la noche entera con un hombre solitario, pero la francesa era más cara y no trataba con chinos o negros.

CAPÍTULO 13

Reflexiones sobre el yo dislocado

Julia de Burgos (1914–1953)

Adiós en Welfare Island; Poema para mi muerte; Yo misma fui mi ruta

Julia de Burgos es una de las poetas puertorriqueñas más celebradas del siglo xx. Nació en medio de una pobreza relativa en el pueblo de Carolina, y por ello, Burgos no estaba muy relacionada con los círculos culturales urbanos de la intelectualidad de la clase media puertorriqueña de su tiempo. Sin embargo, rápidamente ganó reconocimiento institucional con su primera colección poética, *Poemas en veinte surcos* (1938), que fue aclamada como un gran evento literario y recitada públicamente por primera vez en los prestigiosos salones del Ateneo Puertorriqueño en 1939. Burgos empezó su trayectoria intelectual como maestra rural en 1933 y fue más tarde contratada para escribir guiones para niños por una estación de radio pública. Durante esos años fue también miembro activo del Partido Nacionalista Puertorriqueño. Después de pasar dos años en La Habana, Burgos emigró a la ciudad de Nueva York en 1942. Ahí primero trabajó como periodista para la publicación antiimperialista *Pueblos Hispanos* y más tarde hizo trabajos menores. Pobre y sufriendo adicción al alcohol, Burgos murió trágicamente en 1953, después de haber sido descubierta inconsciente y sin identificación en las calles del Harlem hispano. La poesía de Burgos es diversa en sus formas y temas. Éstos abarcan desde las disertaciones metafísicas al rapto patriótico, desde canciones líricas de amor hasta protestas sociales enfáticas. Su obra es también la poesía del exilio, poblada de imágenes de fluidez y movimiento: ríos, mares infinitos, cielos, rutas indefinidas y la nada. Es una poesía que celebra lo nómada sobre la comodidad que ofrecen el hogar o las raíces. (ALO)

Lecturas: Julia de Burgos. *Song of the Simple Truth. Obra Poética Completa. The Complete Poems of Julia de Burgos*. Willimantic: Curbstone Press, 1997; *El mar y tú: otros poemas*. Río Piedras: Ediciones Huracán, 1996.

iós en Welfare Island

Tiene que partir de aquí,
en este mismo instante
mi grito al mundo.

En algún lugar la vida fue olvidada
y busco refugio en profundidades de
    lágrimas
y pesares
sobre este gran imperio de soledad
y oscuridad.

¿Dónde está la voz de la libertad
libertad de reír,
de moverse
sin el pesado fantasma del desespero?

¿Dónde está la forma de la belleza
inquebrantable en su velo simple y
    puro?

¿Dónde está el calor del cielo
virtiendo sus sueños de amor en
espíritus quebrados?

Tiene que partir de aquí
en este mismo instante,
mi grito al mundo.
Mi grito que no es más mío,
pero de él y de ella para siempre,
los camaradas de mi silencio,
los fantasmas de mi sepultura.

Tiene que partir de aquí
olvidado pero inquebrantable,
entre camaradas del silencio
muy adentro en Welfare Island
mi despedida al mundo.

Poema para mi muerte

Morir conmigo misma, abandonada y sola,
en la más densa roca de una isla desierta.
En el instante en ansia suprema de claveles,
Y en el paisaje un trágico horizonte de piedra.

Mis ojos todos llenos de sepulcros de astro,
y mi pasión, tendida, agotada, dispersa.
Mis dedos como niños, viendo perder la nube
y mi razón poblada de sábanas inmensas.

Mis pálidos afectos retornando al silencio
—¡hasta el amor, hermano derretido en mi senda!—
Mi nombre destorciéndose, amarillo en las ramas,
y mis manos, crispándose para darme a las yerbas.

Incorporarme el último, el integral minuto,
y ofrecerme a los campos con limpieza de estrella,
doblar luego la hoja de mi carne sencilla,
y bajar sin sonrisa, ni testigo a la inercia.
Que nadie me profane la muerte con sollozos,
ni me arropen por siempre con inocente tierra;
que en el libre momento me dejen libremente
disponer de la única libertad del planeta.

¡Con qué alegría comenzarán mis huesos
a buscar ventanitas por la carne morena
y yo, dándome, dándome feroz y libremente
a la intemperie y sola rompiéndome cadenas!

¿Quién podrá detenerme con ensueños inútiles
cuando mi alma comience a cumplir su tarea,
haciendo de mis sueños un amasijo fértil
para el frágil gusano que tocará a mi puerta?

Cada vez más pequeña rendida,
cada instante más grande y más simple la entrega;
mi pecho quizá ruede a iniciar un capullo,
acaso irán mis labios a nutrir azucenas.

¿Cómo habré de llamarme cuando sólo me quede
recordarme, en la roca de una isla desierta?
Un clavel interpuesto entre el viento y mi sombra,
hijo mío y de la muerte, me llamarán poeta.

Yo misma fui mi ruta

Yo quise ser como los hombres quisieron que yo fuese:
un intento de vida;
un juego al escondite con mi ser.
Pero yo estaba hecha de presentes,
y mis pies planos sobre la tierra promisoria
no resistían caminar hacia atrás,
y seguían adelante, adelante,
burlando las cenizas para alcanzar el beso
de los senderos nuevos.

A cada paso adelantado en mi ruta hacia el frente
rasgaba mis espaldas el aleteo desesperado
de los troncos viejos.

Pero la rama estaba desprendida para siempre,
y cada nuevo azote la mirada mía
se separaba más y más de los lejanos
horizontes aprendidos:
y mi rostro iba tomando la expresión que le venía de adentro,
la expresión definida que asomaba un sentimiento

de liberación íntima;
un sentimiento que surgía
del equilibrio sostenido entre mi vida
y la verdad del beso de los senderos nuevos.

Ya definido mi rumbo en el presente,
me sentí brote de todos los suelos de la tierra,
de los suelos sin historia,
de los suelos sin porvenir,
del suelo siempre suelo sin orillas
de todos los hombres y de todas épocas.

Y fui toda en mí como fue en mí la vida . . .

Yo quise ser como los hombres quisieron que yo fuese:
un intento de vida;
un juego al escondite con mi ser.
Pero yo estaba hecha de presentes;
cuando ya los heraldos me anunciaban
en el regio desfile de los troncos viejos,
se me torció el deseo de seguir a los hombres,
y el homenaje se quedó esperándome.

emente Soto Vélez (1905–1993)

rizontes (fragmento)*; Estrella de cinco puntas; Poema #3*

Clemente Soto Vélez fue el primer prisionero político traído a los Estados Unidos. Miembro activo del Partido Nacionalista Puertorriqueño durante los años turbulentos de los 1930, fue sentenciado (junto con otros líderes nacionalistas como Pedro Albizu Campos y Juan Antonio Corretjer) a siete años de prisión en las prisiones federales, acusado de intentar la caída de la autoridad colonial de los Estados Unidos en la isla. Una vez que fue dejado en libertad en 1942, Soto Vélez se mudó permanentemente a Nueva York, donde rearticularía su ideología política, convirtiéndose en miembro del Partido Comunista de América y en colaborador en los periódicos antiimperialistas y antifascistas *Pueblos Hispanos* y *Liberación*. Sus primeras obras poéticas, sin embargo, datan de mediados de los 1920 y están ligadas a uno de los grupos literarios de Puerto Rico más audaces: los atalayistas. Estridentemente experimental e innovador, este grupo de poetas pretendía alterar las convenciones del lenguaje poético, subvirtiendo las nociones establecidas de la coherencia lógica a favor de la fragmentación lingüística. De la misma manera, para los atalayistas, la poesía era no sólo un acto verbal, sino también un estilo de vida revolucionario. No es sorprendente que a comienzos de los 1930, Soto Vélez (quien era el filósofo del grupo) y muchos de sus pares se convirtieran en activos participantes del movimiento nacionalista. Para ellos, la poesía y la política eran concebidas como el mismo compromiso radical con la vida. El período literario de Soto Vélez más productivo y creativo ocurrió en Nueva York durante los 1950. A través de esos años, refinó sus principios poéticos iniciales, produciendo espléndidas colecciones como *Caballo de palo* (1959), la cual estableció su reputación poética. Permaneció en Nueva York hasta su muerte en 1993. (ALO)

Lecturas: Clemente Soto Vélez. *Caballo de palo.* San Juan: Instituto de Cultura Puertorriqueña, 1976.

Horizontes (fragmento)

—Las circunstancias —hablando entre nosotros— suelen lanzar, a veces, bromas un tanto pesadas. En realidad, el imperialismo es una broma de la ignorancia.

El imperialismo, en cualquier punto de la imaginación creadora, es la negación de la libertad.

Este libro —un libro no consiste en el número de sus páginas, sino en su elevación de lo justo y lo verdadero—, ha viajado a través de todos los torbellinos de la persecución. Ha estado en las manos íntimas de veraces revolucionarios; ha estado en los anaqueles de las imprentas; ha estado en la cárcel: siempre expuesto a ser absorbido por la ambición imperialista. Su autor —mejor dicho, su compañero—, fue arrestado por el imperialismo, en el momento mismo en que escribía "La Revolución y lo Revolucionario", siéndole aplicado, además de la prisión, el destierro . . .

Estrella de cinco puntas

Manos con manos que tengan
estrellas de cinco puntas:
estrellas de cinco puntas
con estrellas sin estrella.
Manos que despierten suelos
con voces de carreteras
empapadas de sudor
de curvas que comen piedras.
Manos que amarren el aire
que abre a la guerra sus piernas
para beberse la sangre
joven de toda la tierra.
Manos que sepan nunca

que mataron a sabiendas
y que mataron matando
sin matar todas las guerras.
Manos que corten los grillos
de sembrados entre rejas,
con tijeras de palabras
en alfabetos de siembras.
Manos que escuchen el grito
que se saca la cosecha
encinta de los arados,
en las zanjas de la lengua.
Manos que quemen el cielo
de la boca que se cierra,

por temor a que le pongan
hierro de sombras mineras.
Manos que conquisten juntas
los secretos de las yerbas
que suben por los tejados
rubios de la primavera.
Manos que aprieten las frutas
coloradas de las cercas
que alimenten los caminos
rojos de mis entretelas.
Manos que absorban racimos
de luceros en sus células
y sientan en cada poro
el alfiler de las venas.
Manos que ensarten agujas
de pulsaciones sangrientas
con los pulmones del viento
que se arrastra en las aceras.
Manos con manos que esculpan
con buriles de azoteas
las sombras de las estatuas
que anduvieron sin cadenas.
Manos que prendan la estufa
del aliento, sin prenderla,
con dedales de esperanza

y panales de soleras.
Manos que guíen sin guiar
trenes con ruedas sin ruedas
por raíles de alabanza
con acero sin vergüenza.
Manos que quemen la cárcel
sin recuerdo que recuerda,
donde mi sombra templaba
cinco guitarras de hogueras.
Manos que viertan la sangre
en la redonda ponchera
de la estrella parpadeante
que sale por mis arterias.
Manos que escriban con sangre
palmo a palmo epifonemas
con paladares de acero
en amapolas despiertas.
Manos que toquen un piano
de relámpagos sin tregua,
con arco iris de dedos
y pentagramas en vela.
Manos que abran en la sangre
yemas con dedos sin yemas,
para que la vida viva
sin vivir sin que se muera.

ema #3

Lo conocí
viviendo
como una i encarcelada en la miel
    de sus abejas,
pero eran dulce amargo las rajas de
    la miel,
y por haberse enamorado
de la libertad
perdidamente,

y por no renunciar
a su amor ni ella a su amante,
la tierra para él
es huracán de estrellas perseguidas,
porque la libertad no puede ser
amante
sino de quien ama
la tierra con su sol y su cielo.

anuel Ramos Otero (1948–1990)

llywood memorabilia

El trabajo de Manuel Ramos Otero representa un punto sin retorno en la tradición literaria puertorriqueña y en sus reflexiones sobre migración. Tanto en su poesía como en su prosa, Nueva York deja de ser una máquina que trágicamente devora la vida del desprivilegiado inmigrante. En vez de eso, la ciudad es un lugar de soledad y alienación, donde los dramas personales se desdoblan con juegos irónicos. Un complejo y, con frecuencia, un lírico violentamente prosaico y un maestro de la técnica narrativa, Ramos Otero no pide disculpas en su poderosa ficcionalización de los mundos habitados por marginales y personajes dislocados socialmente, donde la homosexualidad en particular es tomada no sólo como una presencia, sino también con una dignidad ética y literaria que se mantuvo ausente en la tradición previa. En 1968, poco después de graduarse de la Universidad de Puerto Rico, Ramos Otero emigró a Nueva York, donde su producción literaria floreció. Sus obras más importantes fueron publicadas en la influyente, aunque de corta duración, revista puertorriqueña *Zona de carga y descarga* (1972–1975), de la cual fue coeditor. "Hollywood memorabilia" es uno de sus primeros y más aclamados textos y fue incluido en su primera colección de cuentos, *Concierto de metal para un recuerdo y otras orgías de soledad.* Ramos Otero murió prematuramente en 1990, víctima del sida. (ALO)

Lecturas: Manuel Ramos Otero. *Concierto de metal para un recuerdo y otras orgías de soledad.* Río Piedras: Editorial Cultural, 1971; *La novelabingo.* New York: Libro Viaje, 1976; *El libro de la muerte (poems).* Río Piedras: Cultural/Waterfront, 1985.

Yo soy Dios. Y crearé un personaje que se llamará Ángel. Se llamará John. Se llamará Paul. En las tardes trabajo con las oficinas del gobierno en un programa de investigación social para crear un sistema perfecto de movilidad. No. Las deficiencias del capitalismo no me interesan. ¿Por qué? Porque tengo veinte y tres años y pienso que a los treinta moriré con un ataque imprevisto de tuberculosis (como Greta Garbo en *Camille).* De noche trabajo de proyeccionista en un cine de segunda (de segunda porque no se exhiben películas nuevas anoche, por ejemplo, presentamos *Lady Hamilton* y Vivian Leigh estuvo estupenda) y salgo muy tarde en la noche. Tan tarde salgo que camino hasta casa y no me queda tiempo para conocer a nadie en el camino, entablar una relación espontánea y rápida e invitarle a que pase a casa a tomar café (también tengo té de jazmín porque conocí a un chico que adora el té de jazmín pero de todas formas no importa porque dijo que llegaría a las ocho y después de esperarlo hasta la madrugada supe que no vendría; aún no he abierto la caja con sobres individuales de té de jazmín).

Ah, claro. ¿Dije que soy autor? Escribo cuentos cortos y dejo que la vida se me agujeree con oraciones que solamente yo comprendo. Por eso soy un autor. No. No soy escritor. Escritores los periodistas de *El Día.* Los de *La Noche.* Los de *El Mundo.* Los de *El País.* Yo soy un autor con part-time de researcher y proyeccionista (aunque existe la posibilidad de que ser autor no es profesión alguna y soy tan sólo un proyeccionista con part-time de researcher). Aun cuando no tiene importancia vivo en la ciudad. ¿El nombre? No. No es necesario. Todas las ciudades son iguales. Oscuras. Tristes. Parezco introvertido. Y sin embargo no creo que lo soy. Adoro el cine. Sobre todo Hollywood de los treinta y los cuarenta Ruby Keeler y Busby Berkeley y Humphrey Bogart y Orson Welles y John Ford y Rita Hayworth y Greta Garbo y Vivien Leigh (a la Garbo y a la Leigh las prefiero sobre todas, especialmente a la Garbo de *Ninotchka* y a la Leigh de *Gone With the Wind*) y Ernst Lubitsche y Linda Darnell y John Huston. No es necesario conectar mi introversión con la obsesión cinematográfica. Simplemente las ideas corren hasta la cabeza y no puedo evitarlo. Como ahora, por ejemplo recuerdo que en la Superior conocí a Ángel Antonio y me dio aquel complejo de Scarlet O'Hara y Ashley Wilkes que aún conservo y cada vez que tomo una ducha recuerdo el tema de Tara y lo tarareo. Recuerdo que Ángel era flaco de ojos oscuros y piel clara y pelo castaño con mechones rubios. Como Ashley. A veces la realidad se vuelve turbia y desde la cabina de proyección recurro a la creación de las imágenes (trasposición de las imágenes y lo veo surgir en el lienzo de la pantalla). Quisiera estudiar cinematografía y hacer cine. Talento no sé. Pero si deseo y devoción son suficientes no me falta nada para decir aquí comienzo. Mientras tanto leo a Andrew Sarris en el *Village Voice* (bien . . . no lo voy a ocultar . . . vivo en New York y pensé que al mencionar que leo el *Voice* lo otro llegaría por conexión del pensamiento sigiloso) y a veces a Manny Farber y James Agee. No, no importa. Hoy proyecto *Citizen Kane* y cuando mencionaron rosebud la mente se escapó y llegó a la niñez no tan lejana. La recapturé entre los labios de Agnes Moorehead.

La investigación social y la movilidad y el problema de los negros (escucho el ruido de varios suspiros de pechos insultados que consideran el racismo el issue universal) no me interesa tanto como el cine y Joan Crawford en *Grand Hotel* . . . (varios ¡ahhhhhhs! vomitados que al fin y al cabo me tienen sin cuidado porque ya no resisto a las señoras que se levantan temprano en la mañana y acuden a misa vestidas de negro sin nada en el estómago y se golpean el pecho tres veces con interrupciones, ni a la gente que critica al presidente de la Universidad del Estado por sospechársele homosexual reprimido debido a sus manerismos desbocados durante los discursos de graduación, ni la gente que opina que estudiante es sinónimo de sometimiento tradicional y que la revolución en los países coloniales y el comunismo son lo mismo). Todo me parece tremenda porquería burguesocialista, izquierdoderechista. Después de todo la mierda es mierda (revisando a Gertrude Stein).

Sobre el otro issue. Yo soy Dios. No se sorprenda nadie de mi divinidad aficionada. No quiero escuchar palmaditas de reconocimiento ni gritos de exasperación. Si prefiere Buda soy Buda. Si prefiere a David soy David (así me gano la admiración de los judíos que monopolizan el sistema de tiendas por departamentos). Si prefiere a Lenin soy Lenin. Ahora que sobre todo si prefiere a Marilyn en *Gentlemen Prefer Blondes*, la semana entrante la proyecto.

Bueno, el personaje se llamará yo. Porque después de varias recapitulaciones de la memoria, aún no se me facilita el comienzo. Pero el comienzo perdura en cada segundo que pasa. Ocurre que el comienzo y el final pertenecen al mismo espacio y ya no se distinguen sus formas. Cierto. Comienzo y final son lo mismo. Voy a morir a los treinta arrollado por un vehículo de transportación (como Vivien Leigh en *Waterloo Bridge*). Voy a morir sin haber descubierto las conclusiones de los absolutos que me robaron la memoria. La primera vez que me lo dije tenía que buscar definición para dos palabras: realidad e ilusión. Y entonces la vida me satisface. La felicidad se comprende. Porque resignarme a la felicidad que deja la Coca Cola en los agujeros de la boca, porque resignarme a la felicidad que dejan los modelos de primavera de Cardín, o la felicidad después de la recolección de fondos para los veteranos de Viet Nam; esa felicidad externa de saber que se nos aprueba el comportamiento, para mí no existe. Por eso necesito definir estas palabras porque sé que guardan el secreto, el Sésame.

El pensamiento me asaltó en medio de *She Done Him Wrong*. Y no sé por qué. Mae West no me hace pensar que la vida es un tedio. Pero mi vida es un tedio. Porque no distingo si quiero vivir cada día como si fuera el último; si Ángel Antonio es lo mismo que Ilusión de la Vida Ángel Antonio (en otras palabras quiero saber si la ilusión se finaliza cuando se llena con rasgos, si Ángel es el final de la ilusión por ser la ilusión creada). Eso pensé al dejar la Superior y sentir la fatiga en el pecho y la nostalgia y la soledad y mirar a la realidad y sentir miedo. El miedo se llama ilusión. El miedo se llama amor entrenado de que la vida es nada sin amor.

La otra noche proyecté *King Kong* para sentirme solo. Con la misma soledad de King Kong. Bruta. Tierna. Sin lugar en la vida. Esta mañana comentaba una señora en el subway de la Séptima Avenida que Israel quiere declarar la guerra pero la memoria se diluyó en el ruido. Parece que no lo comprendo ni que se me comprende. Pero al dejar el cine conocí a Paul y no hablamos de nada porque fue muy extraño. Tenemos el mismo signo zodiacal y ninguno de los dos rechaza la timidez y el silencio. Bueno, le conocí. Tiene el cabello delgado y el cuerpo rubio. También a la inversa. Actor desempleado de soap opera de televisión; no me atrevo a preguntarle si le gusta Stanislavsky. En el rostro y en la forma en que se desliza en su cama en el modo de mover los labios y en la sonrisa recuerda a James Dean (pero el de *East of Eden* y no el de *Rebel Without a Cause*). Andrew Sarris prefiere *Rebel* porque naturalmente prefiere a Nicholas Ray sobre Elia Kazan. Tema para más investigación porque no comprendo demasiado a Ray. Me agrada Paul por su nerviosismo etéreo (será porque Paul es una versión italo-americana de Ángel o porque la ilusión con sus rasgos estandarizados se repite). Por eso creo que moriré a los treinta muy violentamente (como Rita Hayworth en *The Lady From Shanghai*). Porque la vida se apresura y aquí ya pienso en los veinte y cuatro repentinos y en los quince recordados con delirio.

¡Ah! Porque además se piensa que la vida es juventud en el rostro (muy Dorian Gray) de la misma forma que se piensa que el amor existe. Por eso si supiera en qué niveles la realidad y la ilusión quedan intersecadas quizás se solucione todo. Es imposible explicar que para mí, Amorangelilusión persiste en la mente torturada. Que si no es joven se vegeta y que si el amor llegara tarde mejor que no llegue y para estar seguro: suicidio a los treinta y el cielo que nos espera.

Estoy reconstruyendo esta realidad sofocada por la existencia diluida para cerrar espacios de tiempo. Soy Dios porque no hay nada más fácil. Dios defecando tristeza en la cara de la vida. Soy Dios porque creando a Ángel y creando a Paul (creando además a John, ángulo esencial del triángulo, de la Divina Trinidad Parasitaria, recreo la nada definida de la vida, o de mi vida; pero realmente no importa que piense que mi vida y la vida son lo mismo) regresa la memoria en cuadros inmóviles y se detiene y me dice caramba qué te ocurre pensé que eras feliz.

Pero entonces ¿por qué me siento sólo? Ángel se fue de la memoria para quedar sustituido por John que se fue de la memoria para quedar sustituido por Paul que se irá de la memoria para quedar sustituido por . . . (Me encanta Hitchcock en *Suspicion.*) Si dejamos un ángulo abierto posiblemente continúen los triángulos. Eso sí, que el final siempre llega y por eso digo que moriré a los treinta (como Ava Gardner en *The Barefoot Contessa*).

El único valor importante en la vida (digo mi vida pero ya se sabe que mi vida y la vida son lo mismo) es la soledad. Pero uno se cansa de ella. Y entonces el amor. Pero jamás se encuentra o si se encuentra cómo se define. La soledad por ejemplo se presiente porque se vuelve física. El amor no se materializa. Por lo cual Ángel-John-Paul son espectros de la mente que sufre. Ahora sólo vivo de noche y lo demás no importa. Las mañanas son demasiado solas cuando se despierta y John ya no se encuentra debajo de las sábanas y entonces la memoria es algo como la secuencia de los pianos blancos de Busby Berkeley; llena de imágenes repetidas: John y el comienzo: lo conocí el año pasado al salir del cine en la madrugada después de la proyección de *Casablanca*. Tenía los cabellos largos y claros y el cuerpo flaco y los ojos azules (en los ojos azules se aparta de los moldes iniciados con Ángel Antonio y finalizados con Paul; por eso creo que el ángulo creado por John tiene que expresar pasajes incisivos y determinantes que aún no descubro; quizás los ojos azules demuestran que el triángulo no es perfecto y la historia no es una continuación interminable de sucesos idénticos) y lo llevé a vivir conmigo y olvidé a Ángel por el primer período de tiempo. Si las ilusiones se olvidan y uno vive por las ilusiones la vida pierde su significado. Por eso creo que si muero a los treinta será en New York, arrollado y despedazado por un tren (como Leigh y Garbo en *Anna Karenina*).

Ángel y John son de Acuario; Paul y yo somos de Cáncer. ¿Importa? Cualquier nivel de la ilusión tiene más significado que cualquier nivel de la realidad. No quiero decir que tengo las definiciones. Pero se piensa que si la realidad fatiga porque se conoce, se presiente un algo aparte mejor que el tedio continuo de la realidad. ¿Acaso existe? Posiblemente la ilusión es la proyección de la mente imposible. Lo que no ocurrirá. Pero si no ocurre para qué se piensa. Para qué se sospecha. A veces los modelos de la rutina, como el trabajo, la broma social, el sufrimiento de haber perdido al amante, se vuelven demostraciones incontrolables de ilusión.

Antes de llegar al cine, casi siempre me detengo en el camino a cenar. Con esa soledad del que busca el amor absoluto mientras desliza la mantequilla por el pedazo de pan. Con esa soledad que se desarrolla cuando se ha sido proyeccionista de cine de segunda en una cabina cúbica, gris, limitada por el sonido de los Bell & Howell y la oscuridad. Entonces me siento en el stool de la cabina de proyección y miro por las aberturas de la pared que corresponden al proyector que no se usa desde que quedó sin movimiento en medio de la escena de la lluvia y gazebo en *Top Hat*. A veces interrumpo la mirada y escucho los suspiros de la audiencia sumergida en una soledad libre y desierta . . . (como la chica joven que lloraba en la escena final de *Imitation of Life*; o el chico vestido de revolucionario que casi no respira durante la proyección de *The Fountainhead*). Todo lo sé. Más que por proyeccionista de cine de segunda, por la cualidad divina que la soledad otorga. Se convierte el alma tímida en alma vulnerable; todo se escucha, todo se siente, todo se espera.

No es posible que se viva para dormir hasta las doce del mediodía, levantarse y tomar café, marchar al part-time de researcher (por cierto que los resultados del último field test no se muestran favorables), dejar la oficina, cenar y crearle ilusiones a la gente que nunca se conoce, a la gente que no sabe que soy un fabricante nocturno de ilusiones, a la gente que no sabe que Greta Garbo y Vivien Leigh se multiplican en mi mente (el último artículo de *Look* sobre la Garbo: *Garbo is* 65, con la portada en plata y negro, me ha dejado incierto porque se intenta destruir su leyenda con el método usual de las instituciones seudorealistas), a la gente que desconoce las definiciones de un proyeccionista.

Escribo y lo dije al principio. Autoreo mi biografía sin disfraces falsos. El cine no es un disfraz sino el espejo del alma. Tiene esa honestidad que no se expresa, para la cual no hay vocablos. Escribo mi vida que es un recuerdo de emociones reconstruidas a través de Rita Hayworth en *Gilda,* de Gloria

Swanson en *Sunset Boulevard,* ¡etcétera, etcétera! Sigo creyendo que la muerte será violenta a los treinta (como Bette Davis en *The Letter*).

Es necesario creer que la soledad tiene final. Que el amor si no se alcanza no importa porque de todas formas se muere, la muerte concluye la vida. Comienzo a creer que las realidades son los lados oblicuos de la ilusión. Que la ilusión es la existencia misma; no es llenar la ilusión porque la ilusión se termina; para ser ilusión tiene que estar vacía, desnuda, sin colores deslizados en la cara. Comienzo a creer que la muerte es la ilusión pura que cuando me llegue el momento (digo que será a los treinta) quedaré consumado sin artificios vagos; que cuando llegue la muerte el residuo que deja el amor frustrado y la soledad eterna sobre el ombligo, cobrará sentido y se volverá visual (como las imágenes de cine) y entonces Ángel-John-Paul quedará resuelto. Entonces, no quiero que puedan preocuparme las horas desesperadas que paso en busca de las conclusiones vitales sin las que la vida es absurda (por eso la vida es absurda), que no me preocupe la sospecha de que la soledad y el amor no existen en nivel alguno (imagino que pudiera ser un proceso biológico, una demostración de procesos químicos del cuerpo y eso me trae el temor). Acaban de informarme que las conclusiones de field-test demuestran que la movilidad social no tiene bases sólidas en el capitalismo (viviendo en una sociedad capitalista supongo que el gobierno federal descontinuará los fondos y quedaré en la calle con pocas probabilidades de conseguir la inmortalidad en el campo de la investigación; realmente, o verdaderamente o vidamente ¡no importa!).

Mientras tanto no creo que la espera sea larga. Hace un tiempo que siento un marco suave cada vez que llego a la cabina y la puerta se cierra. Comienzo la proyección en un letargo tranquilo y cuando las imágenes comienzan a ser expulsadas en la pantalla el espacio va perdiendo sus formas. Hace tiempo que siento que las imágenes regresan ahogadas después que la luz las rechaza para volverlas oscuras y se acumulan en la cabina para que yo las acaricie. En cambio he sentido transformaciones lentas en mi piel y a veces cuando trato de encontrarme donde la mente piensa, donde dejé a la mente, me siento proyectado en la pantalla como si la carne ya no fuera carne y fuera una imagen de luz. Hace algún tiempo que al quedar hermético en la cabina siento cómo cambio lugares con alguien en el film. Lo vengo haciendo con frecuencia (he tenido resultados estupendos con *Queen Christina* en la escena final). Espero una llamada telefónica de Paul diciendo que quisiera verme y me encuentra en On Luck para el almuerzo. Porque dije que la soledad me aburre y porque cazar mariposas no es lo mismo que cazar mariposas; porque en New York es invierno y las calles se quedan tan solas en la madrugada; porque no quiero que Paul se vuelva recuerdo porque un recuerdo no es lo mismo que un recuerdo. La llamada lo decide. Dije antes que la muerte es la ilusión pura. Pero hay que morir para saberlo. El tiempo que me queda es corto (hace algún tiempo que siento que pierdo poderes de los límites físicos de la persona y a veces estoy en la cabina y a veces soy parte de cada fragmento, de cada imagen, de cada rostro proyectado).

Pronto, por un gesto perfecto de magia, no sé lo que ocurra. Pero ya comienzo por desvanecerme. El autor, el proyeccionista, Dios, parecen quedar desintegrados en átomos constantes de luz y siento un impulso flojo que me proyecta con suavidad en el lienzo. El tiempo del proyector al lienzo nunca fue más largo y siento partículas perdidas que aún no terminan su viaje. No quiero pensar en la posibilidad siempre presente de que la proyección se interrumpa sin que los átomos logren integrarse en la ilusión esperada.

PARTE IV
Literatura de exilio

CAPÍTULO 14

Conflictos por la independencia americana

El Amigo de los Hombres

El amigo de los hombres: A todos los que habitan las islas y el vasto continente de la América española

La siguiente es una selección del libro, *El Amigo de los Hombres* . . . publicado bajo el seudónimo de El Amigo de los Hombres en Filadelfia en 1812, dos años después de que se declarara la independencia de México por el padre Miguel Hidalgo y Costilla. Su argumento y tono son típicos de las polémicas encontradas a través de los periódicos hispanos y otras publicaciones en los Estados Unidos, donde se discute la necesidad de liberar a las colonias españolas, adaptar la constitución de los Estados Unidos y la estructura de la República Americana para ser una nación independiente en Hispanoamérica. La apelación que el autor hace a América en el texto era usada en forma común en la España de ese tiempo para significar todos los países del Nuevo Mundo, así como, más específicamente, las colonias españolas. El seudónimo era necesario porque, en ese tiempo, el autor era casi con seguridad un ciudadano español y, como tal, sujeto a represalias por las ideas revolucionarias expresadas. Como mucha de la literatura del exilio, *El Amigo de los Hombres* . . . fue creado para introducirse en forma clandestina en las colonias españolas y representó un reto para la editorial al ser publicado en el periódico *The Spaniard*. El tratado fue publicado por uno de los primeros impresores americanos, Joseph Blocquerst, quien probablemente fue pagado por el autor para imprimir su libro. (NK)

Lecturas: El Amigo de los Hombres. *El amigo de los hombres: A todos los que habitan las islas y el vasto continente de la América española*. Philadelphia: Imprenta de A. J. Blocquerst, 1812.

Americanos: he leído el No. 16 del periódico intitulado el *Español*, y la obra escrita por Don Álvaro Flórez de Estrada sobre los asuntos de la América, y los medios de reconciliarla con el gobierno español de la península: estoy escandalisado de ver a estos dos hombres, dotados de bastantes luces, y de firmeza de carácter, prostituirse a las miras interesadas y tortuosas de la política ministerial; y declarándose por sus campeones entre las rocas de la prepotente y orgullosa Albion, insultar a los derechos, y a la alta dignidad de todos los pueblos del nuevo mundo. El *Español* no ha tenido rubor de confesar que su pluma varía, como los intereses y las combinaciones de la política; y Flórez Estrada, que ha preconisado con tanto entusiasmo la libertad originaria e inviolable de los pueblos, se contradice y se degrada ahora, contribuyendo a los planes horrorosos de la tiranía. Voy a extractar las principales proposiciones de sus escritos; y preparaos a oír las paradoxas más absurdas y atrevidas.

Proposición I. Los nuevos gobiernos de América han usurpado la autoridad, y hecho reformas y constituciones sin contar con el pueblo. No hay en ellos representación legítima, ni la obra de la voluntad general.

Proposición II. La América Española no puede erigirse en Estados independientes, imitando a los del pueblo anglo-americano, porque las circunstancias son absolutamente diversas, y se labrará precisamente su ruina.

Proposición III. La América Española ha reconocido la soberanía en Fernando VII de Borbón; y después de su ausencia, en los gobiernos españoles, que susecivamente le han representado. Luego no puede separarse de esta obediencia sin faltar a sus empeños más solemnes, y violar la santidad del juramento.

Proposición IV. La América Española se obligó a sostener con la Madre-Patria la guerra contra los franceses; y sería una abominación el desistir de este empeño glorioso, y abandonar a sus hermanos los españoles europeos en las garras del tirano.

Proposición V. La América debe auxiliar a la España, aun por el sólo título de gratitud.

Proposición VI. Debe, en fin, comprometerse en las manos generosas del gobierno inglés, y confiar en él para una amigable y racional transacción con el gobierno español de la península.

Contestación imparcial a estas proposiciones.

A la primera. Los nuevos gobiernos de América han reasumido la autoridad soberana con el mismo derecho que los de la península; y han convocado al pueblo de sus provincias para comunicarle el estado de las cosas, y remitir a su examen y deliberación el partido y las medidas que juzgase necesario tomar en la crisis presente. El pueblo eligió con toda libertad sus representantes, y delegó en ellos todas sus acciones y derechos para que acordasen y estableciesen lo que fuera más conveniente a su felicidad: anunciando por todas partes el deseo de su independencia con el voto unánime y decidido de la voluntad general. Ved aquí la autorización del congreso general de Caracas, del de Buenos Ayres, del de Santa Fé, etc., etc., etc., y no sé, que haya habido ni pueda haber nunca una autorización más solemne, o más legítima. Negar al pueblo, en qualquier parte del universo, la facultad de atender a su conservación, y mejorar su suerte, adoptando los medios que considere más oportunos, es blasfemar contra los dogmas santos de la naturaleza, ultrajar a la razón y a la dignidad del hombre, confundir todos los principios, y proclamar con horrorosa impudencia los sistemas exécrables de la tiranía. Tachar de *Rebeldes y Usurpadores* a los primeros que concibieron el proyecto de abatir y exterminar al despotismo insolente, y romper valerosamente las cadenas a sus hermanos, es condenar el acto más bello de la virtud y del heroísmo. Qualquiera, en estos casos, tiene autoridad para levantar el grito, y derribar a los tiranos; y también para impedir la anarquía, tomando interinamente las riendas del gobierno, y defendiendo la libertad y los derechos de toda la asociación, hasta que pueda reunir al pueblo, y que éste libremente resuelva sobre sus destinos. ¡Gloria immortal a los que tengan valor para tan arduas y sublimes empresas! De este modo se realizaron muchas veces en Grecia y en Roma, en Suiza, en Olanda, y en la América Inglesa, las que establecieron la libertad y la prosperidad brillante de cada uno de estos pueblos en sus respectivas épocas.

La reacción para combatir y derrocar a la tiranía, no puede ser emprendida jamás por el consejo de la multitud: es indispensable, que sea siempre el resultado de los cálculos, y exfuerzos generosos de algunos individuos, que todo lo posponen al bien de sus hermanos, y a la gloria de su país. No cabe en la política, ni aun en la naturaleza otro medio de exterminar a los tiranos, y restablecer la libertad del pueblo. Así, pues, viene a ser un delirio y un absurdo todo lo que dicen los publicistas y escritores españoles en esta materia contra los regeneradores americanos. Los cargos que forman contra estos hombres ilustres, comprenden a todos los héroes que desde el principio del mundo hasta la época presente se han immortalizado, recobrando la independencia, y los derechos preciosos de sus Patrias.

A la segunda. La imposibilidad que anuncian los declamadores asalariados del partido ministerial, o del extrangero, se oculta a las luces de la razón. La América Española tiene en su mismo seno recursos mucho más poderosos, y medios más felices para labrar y sostener su independencia, que los que tenía el pueblo anglo-americano en un país ingrato, desierto, pobre, y asolado. Para saberlo basta tener sentido común, y conocer la geografía física y política del hemisferio americano: por esto no puedo menos que reírme de las paradoxas y paralogismos decatinados que hacían los escritores a que contesto.

No hay potencia alguna en la Europa, a excepción del gobierno de Cádiz, que pueda hallar sus intereses en contradicción con los de la libertad y la independencia de la América: y si, por desgracia, una política extraviada, o una ambición demasiado ciega de algún feroz gobierno tratase de impedir la regeneración política de esta parte del mundo, yo preveo que nada conseguiría, porque el amor de la libertad es fecundo en prodigios, y todo cede a sus incansables y generosos esfuerzos. La historia de todos los tiempos y de todas las naciones está llena de estos exemplos admirables y constantes, que deberían haber desengañado para siempre a los proyectistas de la tiranía.

Los negros y los mulatos (dicen los publisistas superficiales que no juzgan de las cosas sino por las ideas mezquinas del espíritu de partido, y por el exemplo de la parte francesa de la isla de Santo Domingo) serán siempre un escollo terrible para la independencia de la América. Yo no alcanzo el fundamento sólido de esta profecía. En primer lugar: sólo en la isla de Cuba, en la de Puerto Rico, en la parte Española de la de Santo Domingo, en Caracas, y en la capital del Perú, hay número grande de esclavos y gentes de color: aunque menos que el que se pondera, pues aun en la isla de Cuba, que es donde abundan más, son inferiores al número de los blancos. Por el cálculo del Baron de Humblot hay en cada centenar de habitantes 54 blancos y 46 de color: sacando, pues, de esta última cantidad la que forma el número crecido de pardos libres que confunden su causa y sus intereses decididamente con los blancos, es visible la grande superioridad de éstos.

En segundo lugar: la mala política en franquear de un golpe la libertad a los negros, fue entre otras causas la que produxo los desastres espantosos en la isla de Santo Domingo; y no faltan ni pueden faltar a la previsión del entendimiento humano medios seguros para evitar este mal. Sería ridículo el sostener, que solamente los mandatarios de un gobierno que reside a mil y seiscientas leguas de distancia, pueden conservar la paz y el buen orden entre los blancos y negros de la América; y que este don no puede caber a ninguno de sus naturales. En fin: conocido el peligro, fácil es prevenirlo, y combinar medidas que lo imposibiliten. Éste es uno de los puntos que debe ocupar la atención más seria y más profunda de los regenadores americanos; y es de esperar que el orden de los sucesos confundirá todos los cálculos de sus enemigos.

Al exemplo de las catástrofes, acontecidas en la parte francesa de Santo Domingo, se puede oponer el de los esclavos romanos, que honrados sabia y oportunamente con el don precioso de la libertad civil, fueron por mucho tiempo la fuerza más robusta de la eminente república que dio leyes al universo. Tratad de hacer felices a los hombres de todas las clases y estados: sabed proporcionar el bien, y darlo a conocer, con pureza, imparcialidad, y desvelo generoso; y no temáis que se malogre el fruto de vuestras ilustres y benéficas tareas.

Se dice que la antipatía y la oposición entre las castas harán la ruina de la América, si abandona al gobierno de Cádiz, y se hace independiente.

Parece que este gobierno, confinado en un rincón de la península española, conserva exclusivamente el talismán de estupendos prodigios: todo lo sabe, y todo puede desde aquel obscuro rincón; y de nada son capaces los habitantes de la vasta y rica extensión del nuevo mundo . . . Yo sé que hay efectivamente esa oposición entre los morenos y pardos en los países donde abundan: pero comprendo también, que es muy fácil neutralizar la acción de estos zelos, o llamese antipatria, y sacar muy útiles ventajas de lo que parece ser un funesto mal. Los pardos aspiran a la estimación de los blancos: desean confundirse con ellos; y a la segunda o tercera generación están ya enlazados en sangre y en intereses, de modo que forman una sola casta con los blancos: por cuya razón la influencia de los morenos es nula; y su poder físico y moral de ningún riesgo, si se toman con previsión las medidas correspondientes.

La oposición entre los españoles europeos y los americanos nace de otros principios, que la política y la justicia deben prontamente disipar y extinguir. Los españoles europeos tenían una preferencia decidida sobre los de América, y desplegaban una vanidad y orgullo insoportables, creyéndose de una especie superior a la de los americanos. Ellos poseían todos los empleos honoríficos y todos los destinos lucrosos en esta parte del mundo. Los especuladores y comerciantes eran los más insaciables y desnaturalizados monopolistas, que bebían la sangre de los americanos, y los veían perecer con semblante feroz, teñido en gozo. Los virreyes y mndatarios del gobierno español autorizaban y protegían estos horrores, porque convenía tener en el abatimiento y en la nulidad a los hijos de la América. Así, pues, no es de extrañar la referida oposición: mas ella cesará desde el momento en que cesen las causas que la producían; y los europeos se verán desde luego naturalmente al nivel de los americanos, y obligados a hermanar con ellos sus intereses, su existencia, sus derechos, y su estimación. Cuando la legislación es sabia, y el gobierno imparcial, celoso, y austero, las pasiones pierden su animosidad particular, y dirigidas por el amor de la Patria, y el de la humanidad, contribuyen con dulce y constante armonía al bien general de toda la asociación, por que en él se afirma el de cada individuo.

A la tercera. Los virreyes y autoridades españolas en la América, y no sus pueblos, han reconocido la soberanía en Fernando VII, y en los gobiernos precarios y monstruosos que le han representado desde su ausencia de la península. Si la fuerza tenía a los americanos en la esclavitud, y en la imposibilidad de explicar entonces sus sentimientos y sus votos, ¿quién puede negar esta verdad que es tan incontestable, como notoria al mundo entero? Más aun quando libremente, y con todo conocimiento jurasen los americanos esa obediencia ¿quién ignora, que tales comprometimientos no son irrevocables, y que se deben rescindir y cancelar desde que se conocen opuestos a los derechos, y a la felicidad de los pueblos, y desde que hay proporción y medios para executarlo? ¿No es esto lo mismo que han hecho los españoles en la península, y lo que han verificado todos los pueblos del mundo que han tenido bastante valor y virtud para derrocar al inmundo y funesto despotismo, y eregir sobre sus ruinas la obra magestuosa de la libertad? En todos casos, la ley suprema, y la solamente inviolable, es la salud del pueblo; y todo pacto o empeño que la ofende, es nulo por su naturaleza. Nadie puede renunciar a los derechos que se reservó en el pacto social, y que son imprescriptibles en su especie, ni permitir que se le despoje de ellos, porque nadie puede querer lo que es contrario a su bien. La voluntad general se decide necesariamente por la mayor conveniencia de los intereses comunes, y por lo que más acerque todos los individuos de la asociación al goze de su libertad y derechos originarios. Luego: no pudo aprobar el destino de la esclavitud, su degradación, su infelicidad, y su oprobio. Luego: debió reclamar contra la violencia, romper las cadenas; y proporcionarse la suerte más venturosa que le fuese posible.

A la cuarta. Los virreyes, gobernadores, y autoridades españolas en la América son los que parecen haberse comprometido a ese empeño, y no los americanos; porque la voluntad general no podía explicarse libremente bajo el yugo de la tiranía, como he demostrado en la contestación anterior. Sin embargo: los americanos serían generosos, y continuarían auxiliando a sus hermanos de España, si el gobierno de Cádiz no les hostilizase con la ferocidad más horrorosa, y por los medios más infames; y si no disipase, como ha hecho hasta ahora, los immensos tesoros de la América sin utilidad alguna de la nación.

A la quinta. La América debe a la España la misma gratitud que los inocentes esclavos a los que armados con el hierro destructor los despojaron de la libertad, y los cargaron de afrentosas y pesadas cadenas: la misma que deben los que gozaban en paz de una rica propiedad, a los que se la han robado, y no contentos con esto, los han oprimido de más en más contándolos en la clase de bestia. No obstante, los americanos olvidarían tres siglos de despotismo, violencias, robos, y maldades, imputándolo solamente al gobierno español, si los nuevos déspotas que han usurpado la autoridad en la península desde la revolución, no hubiesen procedido en razón inversa de sus intereses, y con escándalo de la razón y de la humanidad, levantando barreras odiosas y sangrientas entre los españoles de Europa, y los de América. Serían entonces generosos, repito, y auxiliarían a los peninsulares en su terrible y justa contienda: pero todo lo imposibilita la conducta obcecada y atroz del gobierno de Cádiz. Él es el que debe responder a la nación española, y al universo entero, de éste y otros males espantosos de que ha sido, y continúa siendo causa voluntaria. Todo lo necesita ahora la América para consolidar y defender su independencia contra ese mismo gobierno, y contra todos los que intentan hostilizarla.

A la sexta. Como la América está firmemente resuelta a sostener y defender la libertad y la independencia que ha recobrado; y como sus ilustres habitantes han jurado perecer todos cubiertos de gloria en defensa de sus justos derechos antes que someterse otra vez a España, ni a otra alguna potencia del mundo; es inútil la mediación del gobierno inglés: los americanos no tienen que esperar ni que temer ya de los españoles de Europa. No reconocen ni quieren reconocer para nada su gobierno: tampoco admitirán sus ofertas por ningún caso, ni bajo ningún pretexto. Quando la nación Española se encuentre libre de sus tiranos domésticos y extrangeros, y forme una potencia ya consolidada, y digna de figurar en el rango político de las otras naciones cultas, la reconocerán entonces los estados independientes de la América, y admitirán sus relaciones diplomáticas y mercantiles, según el derecho de gentes, y bajo las formas del derecho público a que se preste para con las demás potencias. Entre tanto nada tienen que tratar ni estipular con ella.

Esta exposición sencilla y terminante que está de acuerdo con la voluntad general de los americanos españoles, sirve ya de contextación a lo que se lee en una gazeta de Philadelphia, *La Aurora* del día 5 de este mes, relativo al nombramiento de comisionados ingleses para la reconciliación de la América. Esta noticia se dice copiada del *Morning Chronicle*; y no podemos creer que sea cierta. Sobre todo: el interés sagrado de la libertad y felicidad de los americanos exige, que no se permita entrada en sus puertos a ningún comisionado de esta especie, porque sería un medio para introducir el espíritu incendiario de la guerra civil, y minar los más bellos y gloriosos cimentos de la regeneración política de la América. CONSTANCIA Y PREVISIÓN, Americanos: se trata de imponeros otra vez el yugo infame de la esclavitud. Considerad como enemigo a todo el que os hable de reconciliación o de condescendencia con los débiles y orgullosos tiranos que desde Cádiz pretenden encadenar a todo el hemisferio de Colón. Temed las ofertas, aun las más liberales y generosas, que se os inspiren por el gobierno español, o por el extrangero: los medios de que se vale en estos casos el Machiavelismo de la política ministerial, no pueden seros desconocidos. *Timeo Danaos & dona ferentes*; es la máxima que debéis tener presente, o magistrados y xefes ilustres que tenéis en vuestras manos los destinos de 16 millones de habitantes, los de todo el pueblo americano. Preservadle de las tramas y odiosas tentativas que se forman para arrebatarle la gloria y el bien preciosísimo de que ha comenzado a gozar. Este bien es el más puro y el más inestimable de que es capaz la especie humana: pero se necesita de grandes sacrificios y de constantes desvelos para asegurarlo. No desmerezcáis la alta opinión que habéis empezado a conseguir, y que debe eternizar vuestros nombres en los fastos más brillantes de la historia. Yo espero que lo executéis de este modo: y entre tanto me río de las ficciones y cuentos miserables que siembra la intriga ministerial para desacreditaros, y para poner en duda la firme resolución, y los exfuerzos grandiosos de la América regenerada. Coro y Maracaibo, únicos puntos que obedecen al tirano de Puerto Rico en el suelo de la confederación venezolana, pronto abrirán sus puertas a los reconquistadores de Valencia, y se reunirán llenos de gozo a sus hermanos. Sobre los muros de Montevideo deben tremolar ya las banderas victoriosas de los libertadores del pueblo argentino; y en breve sonará desde el uno al otro mar coronada de triunfos, y de paz deliciosa y pura, la gloria de la independencia americana en todo el continente que estaba sometido a la tiranía de los españoles europeos. Yo no dudo de que se comunique también a las islas, y que se disipe de una vez el prestigio que deslumbra todavía a los pusilánimes, y a los asalariados del gobierno de Cádiz, o del extranjero. Concluyo, pues, exhortandoos a que llevéis adelante con firmeza incontrastable tan gloriosa empresa, porque este es el medio más enérgico y más convincente para contextar y confundir a los periodistas españoles, y a los extrangeros que consagran sus plumas a los planes execrables de la violencia y del despotismo.

Washington, &., &c., &c., 10 de diciembre de 1811.

Joaquín Infante (fechas desconocidas)

Canción patriótica que, al desembarcar el general Mina y sus tropas en la tierra de Santander, compuso Joaquín Infante, auditor de la división

La "Canción patriótica . . ." compuesta por el soldado Joaquín Infante, fue impresa en un volante en 1817 y seguramente fue distribuida entre las tropas que venían a liberar a Texas del yugo español durante la fallada rebelión encabezada por el Padre Miguel de Hidalgo y Costilla. Representa uno de los muy pocos vestigios en verso que documentan la insurrección mexicana en Texas. Como en todos los cantos de guerra, Infante apela al naciente nacionalismo mexicano. La insurrección fue brutalmente reprimida, y es muy probable que el autor de estos versos haya sido degollado en San Antonio. El volante de la "Canción patriótica . . ." fue impreso por el mismo Samuel Bangs, el impresor oficial de la República Mexicana que había impreso el primer periódico de Texas: *La Gaceta de Texas* (1814). (NK)

Lecturas: Laura Gutiérrez de Witt. "Cultural Continuity in the Face of Change: Hispanic Printers in Texas." *Recovering the U. S. Hispanic Literary Heritage. Vol. II.* Erlinda Gonzales-Berry y Chuck Tatum, eds. Houston: Arte Público Press, 1996. 260–278.

Acabad Mexicanos	Con que infames tiranos
De romper las cadenas	Redoblan vuestras penas.

De tierras diferentes
Venimos a ayudaros
Y a defender valientes
Derechos los más caros.
En vuestra insurrección
Todo republicano
Toma gustosa acción
Quiere daros la mano.

Acabad Mexicanos
De romper las cadenas
Con que infames tiranos
Redoblan vuestras penas.

Mina está a la cabeza
De un cuerpo auxiliador:
Él guiará vuestra empresa
Al colmo del honor.
Si españoles serviles
Aumentan vuestros males,
También hay liberales
Que os den lauros a miles.

Acabad Mexicanos
De romper las cadenas
Con que infames tiranos
Redoblan vuestras penas.

Venid, pues, Mexicanos
A nuestros batallones
Seamos todos hermanos
Bajo iguales pendones
Forzad con noble zaña
Ese yugo insolente
Que os impone la España
Tan debidamente.

Acabad Mexicanos
De romper las cadenas
Con que infames tiranos
Redoblan vuestras penas.

Nuestra gloria ciframos
En que seáis exaltados:
Veros, pues, procuramos
Libres y emancipados
De nuestros sacrificios
No queremos mas premio:
Los sucesos propicios
Serán, si hacemos gremio.

Acabad Mexicanos
De romper las cadenas
Con que infames tiranos
Redoblan vuestras penas.

Abajo los partidos
Y toda vil pasión
Estando siempre unidos
Formaremos nación.
Independencia, gloria,
Religión, libertad,
Grávense en vuestra historia
Por una eternidad.

Acabad Mexicanos
De romper las cadenas
Con que infames tiranos
Redoblan vuestras penas.

Los mozos, los ancianos,
Las mujeres también
Esfuerzos sobrehumanos
Hagan hoy por su bien.
Y si los opresores
No huyeren arredrados,
Por vuestros defensores
Serán exterminados.

Acabad Mexicanos
De romper las cadenas
Con que infames tiranos
Redoblan vuestras penas.

sé Álvarez de Toledo y Dubois (1779–1858)

exicanos: llegado es el tiempo señalado por la Providencia . . . ;
￼anifiesto . . . (fragmento)

Nacido en La Habana, Cuba, el 14 de mayo de 1779, José Álvarez de Toledo y Dubois recibió una educación naval en Cádiz y más tarde sirvió brevemente en la flota española antes de ser elegido como representante de Santo Domingo ante las cortes de Cádiz en 1812. Durante los años formativos de Álvarez de Toledo, Europa y América sufrieron un tumultuoso y dramático cambio. La independencia de los Estados Unidos, la Revolución Francesa, el surgimiento de Napoleón, la revolución de Haití y la invasión francesa de España ayudaron a iniciar movimientos independentistas en América Latina, empezando con México en 1810. Como miembro de las cortes españolas, Álvarez de Toledo expresó simpatía por la independencia de los países latinoamericanos y huyó a los Estados Unidos, donde ganó el apoyo del Secretario de Estado James Monroe para auxiliar la independencia de Cuba y de México. Álvarez de Toledo fue un escritor prolífico que publicó numerosas obras en los Estados Unidos con el afán de incitar la revolución en México y el resto de Hispanoamérica. Fue también uno de los fundadores de los primeros periódicos de Texas. Su tentativa más ambiciosa fue participar con el insurgente mexicano José Bernardo Gutiérrez de Lara en una invasión filibustera a Texas en 1813 apoyada por los Estados Unidos. Después que la fuerza invasora tomó San Antonio, Álvarez de Toledo se hizo cargo del ejército, pero fue derrotado por las fuerzas españolas poco después. En 1816, abandonó sus actividades insurgentes, buscó la reconciliación con España y trabajó con el gobierno español contra los insurgentes. Regresó a España, donde sirvió como consejero del rey Fernando VII y le fueron asignados varios puestos diplomáticos. Murió en París el 16 de abril de 1858. Los siguientes panfletos políticos, uno escrito por Álvarez de Toledo y un colega insurgente, José Bernardo Gutiérrez, en Filadelfia en 1811, y el otro, escrito por Álvarez de Toledo en Charleston en 1812, reflejan las ideas republicanas y las actitudes a favor de los Estados Unidos tan populares entre muchos insurgentes latinoamericanos del período. (GP)

Lecturas: José Álvarez de Toledo y Dubois. *Manifiesto o satisfacción pundonorosa: a todos los buenos españoles, europeos, y a todos los pueblos de la América, por un diputado de las Cortes reunidas en Cádiz.* [Philadelphia]: s.n., [1811]; *Contestación a la carta del Indio Patriota, con algunas reflexiones sobre el diálogo —entre el Entusiasta Liberal, y el Filósofo Rancio— y sobre las notas anonymas con que ha salido reimpreso el Manifiesto de dn. José Álvarez de Toledo.* Filadelfia: Imprenta de A.J. Blocquerst, 1812.

￼*exicanos: llegado es el tiempo señalado por la Providencia . . .*

MEXICANOS: llegado es el tiempo señalado por la Providencia para que sacudáis el yugo bárbaro, y afrentoso, con que por el espacio de casi 300 años os oprimió ignominiosamente el despotismo más insolente. Ahora quiere el gobierno de Cádiz obligaros a que continuéis arrastrando las mismas cadenas, con que os apricionaron los reyes de España, los quales no tenían sobre vosotros más autoridad, que la que vosotros mismos les prestasteis para ser por ella gobernados: de consiguiente desde el momento mismo en que este depositario de vuestro poder desapareció, o desde que vosotros por la falta de justicia con que por dicho tiempo os ha gobernado la más inaudita tiranía, o desde que de común acuerdo queréis variar todo el sistema, y establecer libremente nuevo gobierno, y nuevos empleados, para mejorar vuestra desgraciada suerte, podéis hacerlo sin que halla autoridad ninguna sobre la tierra que os lo pueda impedir en justicia.

MEXICANOS: los que aun vivís en la preocupación de que la autoridad regia dimana del Cielo, reflexionad, que antes de conocerse los reyes, existieron los hombres, y existieron baxo un gobierno más legítimo. ¿Quién dudará un solo momento, que el Autor de la Naturaleza, por su infinita bondad autorizó a cada hombre en particular, y a todos en general, con la libertad necesaria, y con suficiente razón para hacer uso de ella? Así como del mismo modo ha permitido a cada sociedad que eligiese, y formase el gobierno que le pareciese más conveniente a sus intereses, conservación, y costumbres; y depositase la soberanía en una, o más personas, según mejor les acomodase, a fin de limitar la autoridad de que jamás pueden desprenderse los pueblos, y que nadie puede usurparles legítimamente. El querer probar que hay una norma de gobierno señalada por DIOS, a la que sugetó a todos los hombres como pretenden los supersticiosos, y más que todo los tiranos, y monopolistas de Cádiz; es el absurdo, es la blasfemia más grande que se ha dicho en política; es una pretención ridícula, y grosera; y el que la comete, no conoce la historia, ni vale hacer uso de su razón. Hasta ahora no se ha encontrado ninguna clase de gobierno cuyo extablecimiento nos venga de DIOS: todo lo contrario nos consta documentalmente, que todas las formas de gobierno que hasta ahora conocemos, es puramente obra de los hombres, sin que la Divinidad del Todo Poderoso haya tenido otra parte que la de dejarlos obrar libremente; y de esto debemos inferir que todas las formas de gobierno son compatibles con los fines del Autor de la Naturaleza.

El gobierno monárquico tan decantado, y que tanto nos recomiendan los sultanes de Cádiz, como obra admirable, y precisa, porque en él nos envuelven la religión que profesamos, sabemos por los libros de la Sagrada Escritura, que los antiguos patriarcas, ni tuvieron, ni pretendieron jamás la autoridad real: ni de derecho, ni de hecho: por el contrario, los principios y la continuación del poder real eran incompatibles con las de los patriarcas, y nadie ignora la oposición que hay entre estas dos potestades. Los primeros hombres dejaron a sus hijos en una total independencia entre sí, y con igual derecho para procurarse por sí mismos su particular subsistencia, y la de toda su familia, del modo que les fuese más fácil, menos peligroso, y más conveniente. Fueron éstos mismos hombres gozando de esta libertad, y felicidad, mientras que por el corto número pudieron reunirse en ideas, y en intereses: mas luego que se multiplicaron, empezaron a separarse, y las pasiones comenzaron a excitarse, y a temerse unos a otros. En este estado comprendieron la necesidad de buscar árbitrios para evitar los desordenes que reynaban entre ellos, y para prevenir los que en lo sucesivo ocurriesen. Determinaron pues, reunirse todas aquellas familias que mejor convenían en ideas, para formar un solo cuerpo, o una pequeña nación, a fin de establecer un sistema que les proporcionase del mejor modo posible su felicidad, sus comodidades, y que al mismo tiempo los defendiese de las tentativas que pudieran intentarse contra ellos, y sus hijos en lo venidero; y ved aquí el modo como empezó cada particular a depositar el derecho real que tenía de gobernarse a sí mismo; y ved al mismo tiempo el modo cómo empezó a formarse la soberanía que jamás puede residir sino en la suma total, del derecho particular, o real que cada uno ha recibido del Autor de la Naturaleza: así que, nadie puede usurparle a otro este derecho sagrado, inclinándolo a contrariar las ideas que directamente miran a su conservación, y libertad natural, sin cometer un asesinato, igual al que comete un hombre que armado de un puñal quita a otro la vida, para robarle sus riquezas. Todo lo que sea forzar a los hombres, a obrar contra sus intereses, es lo que se llama tiranía, despotismo, &c., &c., &c.. Esto es justamente lo que han hecho los reyes de España con vosotros MEXICANOS, y es lo que quatro miserables bandidos quieren desde Cádiz continuar exerciendo, aún con mayor desprecio de vuestros derechos, y con mayor perjuicio de vuestros intereses. Mas volviendo al asunto, digo, que los primeros hombres que más se distinguieron por su talento, prudencia, sabiduría, buenas costumbres, y valor; fueron los primeros elegidos para el mando, y los que más trabajaron en beneficio de toda la asociación; del establecimiento del gobierno, de las mejoras, y reformas que la experiencia de todos los tiempos, y del conocimiento humano les proporcionaba, adquiriéndose de este modo el aprecio, y el amor de toda la sociedad . . . los que eran débiles, cobardes, y desconocían los sentimientos, y el modo cómo debían manejarse para contribuir al bien general, y a la más recta justicia, fueron sujetos por la unánime voluntad, de toda la asociación a los primeros.

De todo resulta, que los primeros gobiernos que establecieron los hombres, fueron fundados sobre la más exacta, y distributiva justicia; sobre la prudencia, y moderación; y ved aquí la causa, o el origen de dónde dimana la palabra gobierno, república, o reyno legítimo. Las primeras reglas que estos gobiernos establecieron por el acuerdo, y voluntad general de toda la asociación, es lo que en el día llamamos leyes constitucionales de la monarquía, de la república, &c., &c., &c.. Baxo este sistema de gobierno: es decir, en donde los individuos conservan el derecho sagrado de concurrir libre-

mente a la formación de la ley que los ha de gobernar; es en donde han bri-
llado más la virtud, la sabiduría, y el amor de la patria; porque es en donde
la suma del interés particular hace crecer, o aumentar en razón directa el
interés general; y de consiguiente el poder de toda la asociación. Estos gobiernos que no están sujetos al interés, y capricho de un solo hombre; son los
que por más largos años saben conservar el bien precioso, y dulce de la paz;
y son al mismo tiempo los que mejor saben hacer la guerra en defensa de sus
derechos, como lo hizo Roma, Olanda, Zuisa, y los Estados Unidos de la
América. Por el contrario, los gobiernos semejantes a los últimos que ha
tenido la España (incluyendo al que actualmente existe en Cádiz), fundados
sobre la más execrable violencia, sobre los principios más contradictorios, y
sobre la más pérfida injusticia; son los que han tenido siempre el detestable,
y horroroso nombre de tiránicos. Los mandarines y agentes de un gobierno
semejante para sostenerse, se han visto en la cruel necesidad de proteger a la
canalla, fomentar los vicios, y emplear a los intrigantes en perjuicio y
deshonor de los hombres beneméritos, y de juicio; reduciendo de este modo
al oprobio, a la degradación; y a quanta clase de calamidades, a los que la
mala suerte les ha proporcionado vivir baxo dichos gobiernos. Éstos han
sido, y son vistos con horror y desprecio, de los hombres sensatos, y de juicio
y más que todo, de los gobiernos liberales, francos, y fundados sobre el
magestuoso derecho de la igualdad. Creo haber probado suficientemente que
DIOS no ha establecido con preferencia, ni exclusión ninguna clase de gobierno: de consiguiente resulta que los hombres pueden elegir libremente, el
que más convenga a sus intereses, seguridad, y conservación. Esto supuesto,
y también el que nada tiene que hacer el Autor de la Naturaleza, con lo que
los hombres pueden hacer libremente en uso del derecho que este mismo
Autor les ha concedido: yo les pregunto, MEXICANOS, ¿Qué es lo que os
prometéis del gobierno de Cádiz dominado por el extranjero, y por los
monopolistas de aquella plaza? Americanos: particularmente los que habitáis
las islas; creed, que si os descuidáis, si abandonáis vuestros intereses, y
seguridad, sino prevenía en tiempo oportuno los medios que os deben poner
a cubierto de las tentativas de alguna ambiciosa potencia europea, que tal
vez, y sin tal vez el gobierno de Cádiz, trabaja disimuladamente para entre-
garos a ella, pasaréis infaliblemente a otro dueño que continuará escla-
visandoos con la misma, o mayor tiranía que los sultanes de España. Esto
supuesto, y también que solamente es de derecho natural, y no del Divino
como pretenden los baxas de Cádiz. ¿Por qué no usáis de este mismo derecho para formar un gobierno sabio, liberal, y que asegure vuestra suerte, y la
de vuestras futuras generaciones? ¿No os mueve isleños y MEXICANOS, la
pacífica felicidad que disfruta Venezuela, Santa Fé, Buenos Ayres, Chile, el
Perú, y la que pronto va a disfrutar Lima? Yo os aconsejo hijos ilustres del
famoso Moctesuma, que no envainéis vuestras espadas hasta no haber

restablecido el orden, y dado entera libertad a vuestro país. Y vosotros generales, tened presente: que no cumpliréis con el alto encargo que os han confiado los pueblos, sino contribuís por quantos medios son dables al establecimiento de un gobierno provicional; sin el qual, ni vuestros esfuerzos, y sacrificios; ni la preciosa sangre americana derramada con tanto heroísmo, y abundancia en los campos de batalla, tendrán el efecto deseado. ¿Qué es lo que puede estorbar el establecimiento en un gobierno semejante? Yo no encuentro una cosa más fácil: expidase desde luego por los generales, orden para que todos los ayuntamientos de las villas, lugares, y ciudades que están baxo su mando, elijan un cabildante en quienes concurran las circunstancias de ser americano de luces, ideas liberales, y amante de la libertad de su patria. Estos representantes (así deben llamarse) deberán concurrir al parage más seguro: y reunidos todos, deben resumir la soberanía de los pueblos que representan, ínterin estos no pueden nombrar libremente sus representantes, y establecer el gobierno legítimo. El interino se debe ir consolidando cada vez más, al paso que los exércitos adelanten; pues deben agregarse a la junta gobernativa, otros tantos vocales, quantos cabildos se le reunan: éste es el verdadero camino que os debe conducir al templo de la immortalidad y de la gloria. De este modo desaparecerá muy en breve esa gavilla de tiranuelos, y vuestros hermanos se reunirán al momento al nuevo gobierno, a la paz, y dulce armonía que reyna siempre entre los verdaderos republicanos. De este modo repito mis queridos compatriotas, desaparecerán aquellos días de horror, y de desolación con que el nuevo Silla ha cubierto de luto, y espanto al opulento reyno de México. Yo espero no muy lejos aquel día glorioso en que cada uno de vosotros qual otro Catón, os dirijáis al gran palacio, y preguntéis, ¿quál es el nombre del monstruo que ha sacrificado, a tantos republicanos ilustres? ¡Venegas os responderán! Aunque yo espero seguramente que para entonces no tendréis que decir aquello de que, ¿Venegas los ha sacrificado, y Venegas existe aún? No, no existirá si seguís mis consejos; mas si os abandonáis, si preferís vuestra felicidad particular, al bien, y a la gloria de vuestra patria; si mezquinas paciones os impiden el llevar adelante con resolución, y firmeza la gran obra que habéis empezado; yo os aseguro que entonces váis a ser mucho más esclavos, que lo habéis sido hasta aquí porque es menester que sepáis, que los tiranos de Cádiz tratan de (acuerdo con sus fingidos aliados), de pasar a esa Capital a hecharos nuevas ordenas, y a oprimiros con mayor ignominia que lo han hecho sus antepasados. *Así que: valor, unión, y firmeza* os encarga un americano desgraciado, y perseguido por la canalla europea; pero seguro ya en un país libre, no perdonará ocasión ni medio alguno, aunque sea a costa de los mayores sacrificios, para contribuir a la regeneración venturosa del Nuevo Mundo. Esto os los ofrece, y cumplirá.

Filadelfia, 1° de octubre de 1811

Manifiesto o satisfacción pundonorosa, a todos los buenos españoles, europeos, y a todos los pueblos de la América, por un diputado de las cortes reunidas en Cádiz. Americanos, los que habitáis las islas y el inmenso continente que sometió a su imperio la antigua España oíd mis voces que se exhalan sobre las fecundas y pacíficas riberas del hermoso Delaware, exaltadas por el amor santo de la humanidad, y el celo generoso de la patria. Trabajad por hacer felices a los pueblos del Nuevo Mundo, y por ser la admiración y la dulce envidia de la orgullosa y tiranizada Europa . . . Que el espíritu de partido, y las mezquinas pasiones, el desnaturalizado, y las preocupaciones funestas, no nos estorben el vuelo a la cumbre de la gloria. Es preciso sacrificarlo todo al bien general; y sobre las bases más puras y sólidas construir la obra que debe hacer inmortal y admirable a la América en las edades venideras. Aprovechaos de las luces y de los errores del género humano: estudiad las constituciones de todos los pueblos antiguos y modernos; y calculad a la luz de la historia y de la filosofía, cual puede ser la forma de gobierno más adaptada a las distantes, inmensas, y ricas provincias del hemisferio indiano: El gobierno federal es sin duda el que más os conviene: pero es menester, que se apoye y se estreche la confederación en los principios más liberales y luminosos: que las constituciones particulares de cada estado ofrezcan un manantial de virtudes sociales, y un fondo inagotable de prosperidad pública. En la Constitución de los Estados Unidos podéis encontrar bellas cosas, elegid lo bueno, y evitad lo que puede ser funesto a la América en algún día. No olvidéis jamás, que la libertad civil, la igualdad delante de la Ley, son derechos inajenables, y los más preciosos del hombre; que un pueblo es más o menos feliz en razón de la mayor o menor imparcialidad y firmeza con que se le protege, y se le conserva en el goce de estos derechos, y de todos los otros a que no se puede renunciar en el pacto social; y que la justicia, la moderación, y la buena fe son los medios únicos y eficaces para consolidar la armonía y la grandeza real de un estado; y para granjear el amor de toda la asociación, y la confianza y respeto de las potencias extranjeras. Si la América labra su independencia, y la afirma sobre estos principios venerables, ella será el domicilio más venturoso de la especie humana. Los españoles europeos que la adversidad obligue a salir de su patria esclavizada, o sumida en ruinas, hallarán un asilo seguro, y los medios más fáciles para subsistir en estos deliciosos y opulentos países, que la naturaleza ha colmado con sus más excelentes dones. Al mismo tiempo que abriréis vuestro seno a todos los hombres de bien, cualquiera que sea su nación y estado lo franquearéis con mayor gozo a nuestros hermanos, a aquellos que tan íntimamente están enlazados con vosotros por la sangre, la Religión, y las costumbres, y que hablan vuestro mismo idioma. Americanos: el mundo ha fijado la vista sobre vosotros: después de tres siglos de esclavitud y de ignominia, váis a ocupar un rango sublime entre las naciones cultas, y a sobrepujar la gloria y el poder majestuoso de la Antigua Europa. Mucho tenéis que hacer: mas no se obtienen grandes cosas sin grandes sacrificios, y sin una constancia inalterable, generosa, y superior a los reveses y a los halagos de la fortuna. Corred adonde os llama la diestra omnipotente y augusta de la Providencia; y acordaos siempre de que la libertad es el más precioso de todos los bienes; y que nunca será mucho lo que se haga por ella. Pueblo de Santo Domingo, cuyos derechos he reclamado en vano: me enternece tu desgraciada suerte, ora abandonado en la cima de todos los males, ora vendido o cedido al extranjero como un rebaño de animales estúpidos, y últimamente despreciado, y olvidado en la miseria, y bajo el peso de afrentosas y tristes cadenas, sin que muevan a tus tiranos los gemidos y las lágrimas con que pides remedio a tu dolorosa situación: acuérdate de que eres libre por el derecho de la naturaleza, y por la ley eterna del Todo Poderoso; por el precio mismo de la sangre que has derramado con tanto heroísmo para reconquistar y sostener la independencia de la isla contra el extranjero. Los momentos son preciosos: si despedazas los hierros que te oprimen; y te dedicas a la agricultura, a las artes, y a la industria, abriendo tus puertos con la libertad del comercio a todas las naciones, puedes ser feliz, y hacer olvidar los antiguos y horrorosos días de la esclavitud y de la miseria. Todos los americanos que han labrado su independencia, o que trabajan por adquirirla y consolidarla, son tus hermanos. Hallarás en ellos un apoyo incontrastable: los mismos sentimientos, el mismo interés, y la misma Gloria deben unir en este grande empeño a todos los pueblos de la América, y hacer que unos a otros se auxilien y sostengan con dulce fraternidad, y poderosa energía. De ti (pues) depende el preferir la libertad a la servidumbre, la felicidad a tan penosos males, y la gloria a una ignominia eterna.

élix Varela (1788–1853)

emoria sobre la esclavitud; Amor de los americanos a la independencia

Félix Varela llegó a los Estados Unidos como exiliado político en 1823, huyendo de una sentencia de muerte pronunciada en su contra por el gobierno absolutista español. Después de una activa vida de militancia política liberal, servicio religioso y compromiso pedagógico en Cuba, nunca regresó a su país de origen. Varela, el filósofo que primero presentó el estudio de las ciencias experimentales en el currículo académico cubano, era también un sacerdote católico. A lo largo de su exilio en los Estados Unidos, continuó su misión vocacional en Filadelfia y Nueva York, polemizando con teólogos protestantes, liderando la causa de los inmigrantes pobres irlandeses y escribiendo prolíficamente sobre asuntos religiosos. En 1837, fue nombrado Vicario General de Nueva York. Pero Varela no abandonó su compromiso como militante político. Escribió profusamente sobre asuntos cubanos, y desde Filadelfia empezó a publicar un periódico donde criticaba el régimen colonial español (*El Habanero*), el cual circulaba clandestinamente en la isla. La siguiente selección transmite un sentido del incansable compromiso al pensamiento crítico que caracterizaba la vida intelectual de Varela y que motivó a sus compatriotas a llamarlo "el primero que nos enseñó a pensar". Varela es uno de los pocos intelectuales hispanos que han sido conmemorados en las estampillas del correo de los Estados Unidos. (ALO)

Lecturas: Félix Varela. *Jicoténcal.* Houston: Arte Público Press, 1995.

Memoria sobre la esclavitud

Que demuestra la necesidad de extinguir la esclavitud de los negros en la isla de Cuba, atendiendo a los intereses de sus propietarios.

La irresistible voz de la naturaleza clama que la isla de Cuba debe ser feliz. Su ventajosa situación, sus espaciosos y seguros puertos, sus fértiles terrenos serpenteados por caudalosos, y frecuentes ríos, todo indica su alto destino a figurar de un modo interesante en el globo que habitamos. Cubríala en los primeros tiempos un pacífico y sencillo pueblo que, sin conocer la política de los hombres, gozaba de los justos placeres de la frugalidad, cuando la mano de un conquistador condujo la muerte por todas partes, y formó un desierto que sus guerreros no bastaban a ocupar. Desapareció como el humo la antigua raza de los indios conservada en el continente a favor de las inmensas regiones donde se internaban. Sólo se vieron habitadas las cercanías de varios puertos, donde el horror de su misma victoria condujo a los vencedores rodeados de una pequeña parte de sus víctimas, y las cumbres de lejanos montes, donde hallaron un espacioso asilo algunos miserables que contemplaban tristemente sus albergues arruinados, y las hermosas llanuras en que poco antes tenían sus delicias.

No recordaría unas ideas tan desagradables como ciertas si su memoria no fuera absolutamente necesaria para comprender la situación política de la isla de Cuba. Aquellos atentados fueron los primeros eslabones de una gran cadena que, oprimiendo a millares de hombres, les hace gemir bajo una dura esclavitud sobre un suelo donde otros recibieron la muerte, cadena infausta que conserva en una Isla, que parece destinada por la naturaleza a los placeres, la triste imagen de la humanidad degradada.

Era imposible que el canal de comunicaciones de dos mundos no recibiera el torrente de luces del civilizado y los inmensos tesoros que poseía el inculto, y aun era más imposible que con tales elementos no hubiera bastado un solo siglo para formar una nueva Atlántida. Sin embargo, la tenebrosa política de aquellos tiempos (si es que entonces tenía alguna la España), después de haber dejado la Isla casi desierta, procuró impedir la concurrencia no sólo de los extranjeros, sino aun de los mismos nacionales, escaseando los medios de una inmigración que hubiera consolidado los intereses de los nuevos poseedores.

Se declaró enseguida una tremenda guerra a la prosperidad de aquellos países, creyéndolos destinados por la provincia para enriquecer a éstos, e ignorando las verdaderas fuentes del engrandecimiento de unos y otros, fuentes obstruidas por la avaricia de algunos con perjuicio de todos.

Esta conducta del gobierno produjo un atraso en la población de aquella hermosa Isla y animó a una potencia cuyas luces la han inclinado siempre a diversos y seguros caminos para hallar sus intereses, ánimo digo, a la Inglaterra en la empresa de brindarnos brazos africanos que cultivasen nuestros campos. La Inglaterra, esa misma Inglaterra que ahora ostenta una filantropía tan hija de su interés como lo fueron sus pasadas crueldades, y yo no sé si diga como lo son sus actuales, pero disfrazadas opresiones, esa misma Inglaterra, cuyo rigor con sus esclavos no ha tenido ejemplo, esa misma introdujo en nuestro suelo el principio de tantos males. Ella fue la primera que con escándalo y abominación de todos los virtuosos no dudó inmolar la humanidad a su avaricia, y si ha cesado en estos bárbaros sacrificios es porque han cesado aquellas conocidas ventajas. Pero ¡qué digo han cesado! . . .

El Brasil . . . yo no quiero tocar este punto . . . la Inglaterra nos acusa de inhumanos, semejante a un guerrero que después de inmolar mil víctimas a su furor, se eleva sobre un grupo de cadáveres, y predica lenidad con la espada humeante en la mano y los vestidos ensangrentados. Ingleses, en vuestros labios pierde valor la palabra filantropía; excusadla, sois malos apóstoles de la humanidad.

Una funesta imprevisión de nuestro gobierno en aquellos tiempos fue causa de que no sólo aprobase el tráfico de negros, sino que, teniéndolo como un especial beneficio, asignó un premio de cuatro pesos fuertes por cada esclavo que se introdujese en la isla de Cuba, además de permitir venderlos al precio que querían sus dueños, como si los hombres fueran uno de tantos géneros de comercio. De este modo se creyó que podía suplirse sin peligro la falta de brazos, ¡sin peligro, con hombres esclavos! El acaecimiento de Santo Domingo advirtió muy pronto al gobierno el error que había cometido; empero siguió la introducción de negros . . .

Sin embargo, me sirve de mucha complacencia poder manifestar a las Cortes, que los habitantes de la isla de Cuba miraron con horror esa misma esclavitud de los africanos que se ven precisados a fomentar, no hallando otro recurso, pues además de la falta de brazos para la agricultura, el número de sirvientes libres se reduce al de algunos libertos, digo algunos, porque es sabido que aun esta clase no quiere alternar con los esclavos, y sólo cuando no hallan otra colocación se dedican al servicio doméstico. Mucho menos se encuentran criados blancos, pues aun los que van de Europa, en el momento que llegan a La Habana no quieren estar en la clase de sirvientes. De aquí resulta que los salarios son exorbitantes, pues el precio corriente es de catorce a veinte duros mensuales, y siendo una cocinera u otro criado de algún mérito, jamás baja de veinticinco duros.

Suplico al congreso me dispense que haya molestado su atención, refiriendo pormenores caseros, pues su noticia ilustra mucho para la inteligencia del extraordinario fenómeno de que un pueblo ilustrado y amable como el de La Habana, compre esclavos y más esclavos. El gobierno, lo repetiré mil veces, el gobierno es quien puede evitar esto, proporcionando el aumento de libertos que por necesidad tendrán que ocuparse en el servicio doméstico, bajando el precio de los salarios que con el tiempo serán muy moderados cuando se destierre la esclavitud, y algunos blancos no tengan a menos dedicarse a igual servicio. Me atrevo a asegurar que la voluntad general del pueblo de la isla de Cuba es que no haya esclavos, y sólo desea encontrar otro medio de suplicar sus necesidades. Aunque es cierto que la costumbre de dominar una parte de la especie humana inspira en algunos cierta insensibilidad a la desgracia de estos miserables, otros muchos procuran aliviarla, y más que amos son padres de sus esclavos.

Yo estoy seguro de que pidiendo la libertad de los africanos conciliada con el interés de los propietarios y la seguridad del orden público por medidas prudentes, sólo pido lo que quiere el pueblo de Cuba. Mas yo no quiero anticipar el plan de mis ideas, y suplico a la Corte me permita continuar la narración de los hechos que sirven de base a las proposiciones que debo hacer sobre esta materia.

La introducción de africanos en la isla de Cuba dio origen a la clase de mulatos, de los cuales muchos han recibido la libertad por sus mismos padres, mas otros sufren la esclavitud. Esta clase, aunque menos ultrajada, experimenta los efectos consiguientes a su nacimiento. No es tan numerosa, pues no ha recibido los refuerzos que la de los negros en los repetidos cargamentos de esta mercancía humana, que han llegado de África; pero como son menos destruidos, se multiplican considerablemente. Ambas clases reunidas forman la de originarios de África, que según los cómputos más exactos a principios de 1821, excedía la población blanca como tres a uno. Los esclavos se emplean en la agricultura y en el servicio doméstico, mas los libres están casi todos dedicados a las artes, así mecánicas como liberales, pudiéndose decir que para un artista blanco hay veinte de color. Estos tienen una instrucción, que acaso no podía esperarse, pues la mayor parte de ellos saben leer, escribir y contar y además su oficio que algunos poseen con bastante perfección, aunque no son capaces de igualar a los artistas extranjeros, por no haber tenido más medio de instruirse que su propio ingenio. Muchos de ellos están iniciados en otras clases de conocimientos, y no envidian a la generalidad de los blancos.

La necesidad, maestra de los hombres, hizo que de su infortunio sacaran los originarios de África estas ventajas, pues hallándose sin bienes y sin estimación han procurado suplir estas faltas en cuanto les ha sido posible por medio de trabajo, que no sólo les proporciona una cómoda subsistencia, sino algún mayor aprecio de los blancos; al paso que éstos han sufrido un golpe mortal por la misma civilización de los africanos. Efectivamente, desde que las artes se hallaron en manos de negros y mulatos se envilecieron para los blancos, que sin degradarse podían alternar con aquellos infelices. La preocupación siempre tiene gran poder, y a pesar de todos los dictámenes de la filosofía, los hombres no se resignan a la ignorancia cuando un pueblo justa o injustamente desprecia tales o cuales condiciones. De aquí se infiere cuán infundada es la inculpación que muchos han hecho a los naturales de La Habana, por su poco empeño en dedicarse a las artes, y no falta quien asegura que el mismo clima inspira la ociosidad. El gobierno es quien la ha inspirado, y aun diré más, quien la ha exigido en todas épocas. Yo sólo pido que se observe que esos mismos artistas oriundos de África no son otra cosa que habaneros, pues apenas habrá uno u otro que no sea de los criollos del país.

Las leyes son las únicas que pueden ir curando insensiblemente unos males tan graves, mas éstas por desgracia los han incrementado, autorizando el principio de que provienen. El africano tiene por la naturaleza un signo de ignominia, y sus naturales no hubieran sido despreciados en nuestro suelo si las leyes no hubieran hecho que lo fueran. La rusticidad inspira compasión a las almas justas, y no desprecio; pero las leyes, las tiránicas leyes, procuran perpetuar la desgracia de aquellos miserables, sin advertir que el tiempo, espectador tranquilo de la constante lucha contra la tiranía, siempre ha visto los despojos de ésta sirviendo los trofeos en los gloriosos tiempos de aquella augusta madre universal de los mortales.

Resulta, pues, que la agricultura y las demás artes de la isla de Cuba, dependen absolutamente de los originarios de África, y que si esta clase quisiera arruinarnos le bastaría suspender sus trabajos y hacer una nueva resistencia. Su preponderancia puede animar a estos desdichados a solicitar por fuerza lo que por justicia se les niega, que es la libertad y el derecho de ser felices. Hasta ahora se ha creído que su misma rusticidad les hace imposible tal empresa; pero ya vemos que no es tanta, y que, aun cuando lo fuera, serviría ella misma para hacerlos libres, pues el mejor soldado es el más bárbaro cuando tiene quien le dirija. Pero, ¿faltarán directores? Los hubo en la isla de Santo Domingo, y nuestros oficiales aseguraban haber visto en las filas de los negros los uniformes de una potencia enemiga, cuyos ingenieros dirigían perfectamente todo el plan de hostilidades.

Pero, ¿a qué recurrir a la época pasada? ¿Los países independientes no pueden dar esta dirección y suministrar otros medios para completar la obra?

En el estado actual de Haití, con un ejército numeroso, aguerrido, bien disciplinado, y lo que es más, con grandes capitanes, ¿no podría emprender nuestra ruina que sería su mayor prosperidad? Ya la ha emprendido, pues se sabe que dirigieron a nuestras costas dos fragatas con tropas para formar la base del ejército, que muy pronto se hubiera aumentado extraordinariamente, mas el naufragio de dichos buques libertó a la isla de Cuba de esta gran calamidad. Se advierte una frecuente comunicación entre ambas islas, cuando antes apenas se recibían dos o tres correspondencias al año. En el estado de independencia en que se halla la de Santo Domingo, ya sea que los negros acometan a los blancos y se apoderen de toda la isla, ya sea que se unan por tratados pacíficos, no han de ser unos y otros tan estúpidos que no conozcan el mal que pueden recibir de la isla de Cuba, y las ventajas que experimentarían insurreccionando. Es, pues, casi demostrado que hay una guerra entre las dos islas, y que la de Santo Domingo no perderá la ventaja que le presta el gran número de nuestros esclavos, que sólo espera un genio tutelar que los redima.

Por lo que hace a Bolívar, se sabía en La Habana que había dicho que con dos mil hombres y el estandarte de la libertad tomaría la isla de Cuba, luego que esto entrase en sus planes. Otro tanto debe esperarse de los mejicanos y si por nuestra desgracia, llegamos a tener una guerra con los ingleses, yo no sé que dificultad podrán tener en arruinar la isla de Cuba cuando son amos del mar y les sobra talento y libras esterlinas (por más pobres que estén) para introducirnos millares de emisarios.

Es preciso no perder de vista que la población blanca de la isla de Cuba se halla casi toda en las ciudades y pueblos principales, mas los campos puede decirse que son de los negros, pues el número de mayorales, y otras personas blancas que cuidan de ellos es tan corto, que puede computarse por nada. También debe advertirse que saliendo veinte leguas de La Habana, se encuentran dilatados terrenos enteramente desiertos, y así está la mayor parte de la Isla. Todo esto manifiesta la facilidad con que se puede desembarcar un ejército, organizado, y emprender su marcha sin que se tenga noticia de ello hasta que no esté encima de alguno de los puntos principales, y que cualquier enemigo puede apoderarse de nuestros campos que le entregarán gustosos sus moradores, y destruir de un golpe nuestra agricultura, que es decir nuestra existencia.

Se aumentan nuestros temores con la rápida ilustración que adquieren diariamente los libertos en el sistema representativo, pues la imprenta los instruye, aunque no se quiera, de sus derechos, que no son otros que los del hombre, tan repetidos por todas partes, y les hace concebir deseos muy justos de ser tan felices como aquellos a quienes la naturaleza sólo diferenció en el color.

La imagen de sus semejantes esclavos los atormenta mucho, porque recuerda el oprobio en que se mira su origen, y es muy natural que estos hombres procuren de todos modos quitar este obstáculo de su felicidad libertando a sus iguales. Además, su inferioridad a los blancos nunca ha sido tan notable para ellos ni tan sensible como en el día, que por la constitución están privados de los derechos políticos, que sólo se le franquea una puerta casi cerrada por su naturaleza, y aún se les excluye de formar la base de la población representada, de modo que son españoles, y no son representados. Ellos no tanto desean serlo, como sienten el desprecio de la exclusión, porque al fin un artista, un hombre útil a la sociedad en que ha nacido se ofende mucho de ver que se le trate como a un extranjero, y tal vez como a un bruto.

Cuando se habla de libertad entre esclavos, es natural que éstos hagan unos terribles esfuerzos para romper sus cadenas, y si no lo consiguen, la envidia los devora, y la injusticia se les hace más sensible. Los blancos de la isla de Cuba no cesan de congratularse por haber derrocado el antiguo despotismo, recuperando los sagrados derechos de hombres libres y ¿quieren que los originarios de África sean espectadores tranquilos de estas emociones? La rabia y la desesperación los obligará a ponerse en la alternativa de la libertad o la muerte.

Debo advertir a las Cortes que en los oriundos de África se nota un conocido desafecto a la constitución, pues jamás han dado el menor signo de contento, cuando es sabido que en todas las fiestas y regocijos públicos ellos son los primeros en alborotar por todas partes. Los sensatos observaron en La Habana que cuando llegó la noticia del restablecimiento del sistema pareció que la tierra se había tragado los negros y mulatos, pues se podían contar los que había en las calles, sin embargo de la alegría general, y por algún tiempo guardaron un aire sombrío e impotente. No se crea que esto lo hacen por ignorancia, por adhesión al antiguo sistema, pues ya sabemos que por dos veces han procurado derrocarlo, declarándose libres, y estoy seguro de que el primero que dé el grito de independencia tiene a su favor a casi todos los originarios de África. Desengañémonos: constitución, libertad, igualdad, son sinónimos; y a estos términos repugnan los de esclavitud, desigualdad de derechos. En vano pretendemos conciliar estos contrarios.

Pero supongamos que tenemos todos los medios para una gloriosa resistencia, y que salimos vencedores: claro está que ya habrán cesado todas nuestras relaciones mercantiles, destruyéndose enteramente la agricultura, y una gran parte de la población así blanca como negra. En muchos años, nuestro país no podrá prestar seguridad al comerciante para sus empresas, y este estado de decadencia animará al mismo u otro enemigo a un nuevo asalto que consume la obra. La isla de Cuba, cuyo comercio merece tanta consideración en todo el orbe, quedará reducida a un depósito de pobres pescadores hasta que se apodere de ella otra potencia que sacará las ventajas que ha despreciado la España. No nos alucinaremos, la isla de Cuba es un coloso, pero está sobre arena; si permanece erigido es por la constante calma de la atmósfera que le rodea; pero ya tenemos probabilidad de que le agiten fuertes huracanes, y su caída será tan rápida y espantosa como inevitable, si con anticipación no consolidamos sus cimientos.

En tales circunstancias no queda otro recurso que remover la causa de estos males procurando no producir otros que puedan comprometer la tranquilidad de aquella Isla, quiero decir, dar la libertad a los esclavos de un modo que ni sus dueños pierdan los capitales que emplearon en su compra, ni el pueblo de La Habana sufra nuevos gravámenes, ni los libertos en las primeras emociones que debe causarles su inesperada dicha, quieran extenderse a más de lo que debe concedérseles, y por último auxiliando a la agricultura en cuanto sea posible para que no sufra, o sufra menos atrasos por la carencia de esclavos.

Nos faltan medios para tan ardua empresa y el siguiente proyecto de decreto presenta algunos de cuya utilidad juzgarán las Cortes con su acostumbrada prudencia.

Amor de los americanos a la independencia

Por un error funesto o por una malicia execrable suele suponerse que el amor a la independencia en los americanos proviene de su odio a los europeos, y no que este odio se excita por el mismo amor a la independencia y por los esfuerzos que suelen hacer los europeos para que no se consiga. Los americanos tienen por enemigos a los antiindependientes, sean de la parte del mundo que fueren, y aprecian a todos los que propenden a su libertad aunque fuesen hijos del mismo Hernán Cortés. ¿Qué influye el origen de los hombres, ni qué tenemos que recordar ahora la conducta de unos seres que envueltos en los siglos, ya sólo existen en las páginas de la historia?

La conducta actual de muchos de los europeos es la verdadera causa del odio lamentable que se ha excitado entre los de uno y otro hemisferio. Fijen su suerte con la del país donde habitan y que acaso los ha hecho felices, no trabajen por verlo subyugado a un pueblo lejano de quien sólo puede recibir mandarines y órdenes de pago o de remisión de caudales, observen una conducta franca, y todo está concluido, porque el odio no es a las personas sino a la causa que sostienen.

Los americanos nacen con el amor a la independencia. He aquí una verdad evidente. Aun los que por intereses personales se envilecen con una baja adulación al poder, en un momento de descuido abren el pecho y se lee: *independencia.* ¿Y a qué hombre no le inspira la naturaleza este sentimiento? ¿Quién desea ver a su país dominado y sirviendo sólo para las utilidades de otro pueblo? A nadie se oculta todo lo que puede ser la América, y lo poco que sería mientras la dominase una potencia europea, y principalmente la España. Los intereses se contrarían, y es un imposible que un gobierno europeo promueva el engrandecimiento de estos países cuando éste sería el medio de que sacudiesen el yugo. La ilustración en ellos inspira temores a su amo, y aun el progreso de su riqueza si bien le halaga por estar a su disposición no deja de inquietarle por lo que puede perder.

Unas regiones inmensas, ricas, ilustradas, y fuertes por sola su situación geográfica, dependientes de un país europeo que en su comparación es un palmo de tierra, pobre, ignorante, al contacto de naciones fuertes, sin el dominio de los mares ni esperanza de tenerlo; esta dependencia, digo, sería un fenómeno político, el más extraordinario, y que sin duda no debía esperarse. En consecuencia se han puesto, y se han debido poner según la política europea, aunque no según la razón, justicia y humanidad, todos los medios para que los países de América no sean más que lo que conviene a su amo que sean; que la ilustración no vaya sino hasta donde baste para sacar a los pueblos del estado de salvajes, en el cual no serían útiles, ni halagarían el orgullo de sus dominadores, pero no hasta un grado en que conozcan todo lo que valen, pues en tal caso se harían valer. Para conseguir este intento inhumano, se les ha procurado separar del contacto de las naciones extranjeras, bajo pretextos ridículos por mal forjados. Mas la ilustración, que siempre empieza por una pequeña llama, y concluye por un incendio que arrasa el soberbio edificio de la tiranía, ha conducido ya a los pueblos de América a un estado en que seguramente no quisieron verlo sus opresores. Tienen mucho que aprender, pero saben lo bastante para conocer lo que pueden prometerse a sí mismos y lo que puede prometerles un amo.

Queriendo ocultar su crueldad con el viso de conmiseración, han ocurrido siempre, y ocurren muchos (aun de los que quieren pasar por corifeos de libertad) al degradante efugio de sacar partido de los mismos vicios del gobierno español en América y fingen con hipocresía que se compadecen de la suerte que le cabrá, si se abandona a sí misma. Ellos pretenden protegerla, pero dominándola; enriquecerla, pero chupándola cuanto produzca; ilustrarla, pero privándola de todos los medios del saber. No está, dicen, en estado de ser libre, ¡Ah! ni lo estaría, crueles, mientras fuese vuestra; ella lo es, esto creo que basta para que creáis que puede serlo; dejad de agitarla, ya la veréis tranquila. Vuestras maquinaciones y ataques, si bastan para tenerla en vigilancia, nada disminuyen su decisión ni pueden impedir su gloriosa presa ¡Ah! deponed esa cruel piedad que os separa del rango de hombres libres a que queréis pertenecer y al que yo confieso que pertenecéis por otros títulos.

Un gobierno a millares de leguas, sin conocimiento alguno de estos países y sin amor a ellos, sino en cuanto le utilizan, rodeado de un enjambre de pretendientes, que sólo aspiran a conseguir un permiso para robar y oprimir, permiso que consiguen sin más que el favor de una cortesana o el soborno de un palaciego; un gobierno débil para la defensa, y sólo fuerte para la opresión de estos países que mira sólo como una hacienda donde trabajan sus esclavos para proporcionarles medios de sostener sus hijos, que son los peninsulares; un gobierno que premia la sumisión con la injusticia y hace de la generosidad un título de envilecimiento; un gobierno que por ignorancia o por una política maquiavélica, lejos de promover la industria en estos países, propenden a que haya en ellos un ocio inevitable, contentándose con que algunos trabajen para sacar plata con qué sostener un diluvio de holgazanes peninsulares con el título de empleados; este gobierno, digo, ¿cómo no ha de ser detestado por todo el que no se olvide que es americano? ¿No lo detestan los mismos peninsulares? ¿No lo abominan los españoles residentes en América? ¿Cuál de ellos habla siquiera una vez de gobiernos, sin hacer mil increpaciones contra el español? ¿Cómo quieren, pues, que los americanos se avengan a vivir bajo un gobierno que ellos mismos abominan y pintan del modo más ridículo?

Es preciso que los hombres no tratemos de engañarnos mutuamente, cuando el engaño es imposible y su pretensión es peligrosa. No son, no, tan brutos los americanos que crean que les hace un beneficio la mano que les da de palos; los europeos residentes en América pueden resignarse a aguantarlos por el amor que conservan a su país, en cuyo obsequio creen que deben sacrificarse; pero los americanos nada tienen que les interese en España, y para el caso les es tan indiferente Madrid como Constantinopla. Si fuera posible cambiar las cosas, esto es, hacer de la América la metrópoli, y de España una colonia, es indudable que tendrían los peninsulares los mismos sentimientos que ahora tienen los americanos y que serían los primeros *insurgentes,* expresión que sólo significa: *hombre amante de su Patria y enemigo de sus opresores.* Metan la mano en su pecho, como suele decirse, y hablen después los europeos.

¿Quién podrá, pues, dudar de que la opinión general de los americanos está por su independencia? ¿En qué puede fundarse la descabellada, o más bien ridícula suposición, de que sólo un corto número como dicen de *criollos* está por la independencia, y que el pueblo americano quiere ser esclavo? ¡Ah! Se funda en que como he dicho anteriormente, los ilustrados peninsulares creen, o fingen creer, que los americanos se hallan en el estado de salvajes; se fundan, sí, en una ignorancia que suponen, porque han puesto todos los medios para que exista, pero que por desgracia de ellos y fortuna nuestra ha desaparecido de la parte del pueblo influyente y va desapareciendo de la gran masa, condenada por sus opresores a vivir siempre esclava y conducida por sus hermanos a vivir libre y feliz. La decisión universal y constante de los pueblos de América es una prueba auténtica de su voluntad de separarse del gobierno español, y la sangre derramada en mil batallas o en patíbulos que sólo deshonran a los déspotas que los erigieron, ha encendido cada vez más el fuego del amor patrio, y el odio a la tiranía. Desgraciadamente han tenido sus desavenencias sobre el modo de ser libres, o mejor dicho sobre las personas a quienes se podía encargar el sagrado depósito de la libertad; pero en medio de estos disturbios, ¿se ha notado un sólo momento en que los americanos quisiesen volver al yugo de España? A pesar de haber ganado el gobierno español (como es fácil en todos los países) algún corto número de personas, y de suponer que tenía un gran partido, para ver si de este modo podía formárselo; ¿qué ha logrado? Dar una prueba la más evidente de que ha gobernado, y pretende gobernar, contra la voluntad de los pueblos. Y el gobernar un pueblo contra su voluntad, ¿qué otro nombre tiene que el de tiranía?, ¿y la mitad del Nuevo Mundo, deberá sufrir la tiranía de una manchita europea? Las hojas del proceso criminal de España están tendidas por las inmensas regiones de este hemisferio, y tienen por juez al género humano. Ved, dicen los americanos al resto de los hombres, ved cuál existen en los más hermosos países del globo después de una dominación de más de trescientos años; ved la opulencia de nuestros vecinos obtenida con menores medios y en menor tiempo, por la influencia de un gobierno libre; ved la obstinación de España en su errónea y cruel conducta, y no preguntéis su crimen, ni los motivos de nuestra separación.

El americano oye constantemente la imperiosa voz de la naturaleza que le dice: yo te he puesto en un suelo que te hostiga con sus riquezas y te asalta con sus frutos; un inmenso océano te separa de esa Europa, donde la tiranía ultrajándome, holla mis dones y aflige a los pueblos; no la temas: sus esfuerzos son impotentes; recupera la libertad de que tú mismo te has despojado por una sumisión hija más de la timidez que de la necesidad; vive libre e independiente; y prepara un asilo a los libres de todos los países; ellos son tus hermanos. Sí, no hay que dudarlo, esta es la voz de la naturaleza, porque es la de la razón y la justicia. Hombres generosos que preferís la libertad de los pueblos al bárbaro placer de dominarlos, abandonad esa mísera y horrenda mansión del despotismo donde sus satélites como tigres os devoran; dejad un suelo donde la virtud es un crimen y el talento una desgracia; venid, sí, venid cuanto antes a reuniros a vuestros hermanos de América; ellos sólo están armados contra sus opresores, que son los vuestros.

Pero ¡cuánta es la temeridad de los que conociendo esta opinión americana y sus sólidos fundamentos, aún se atreven, no como quiera a contrariarla, sino a hacer inútiles esfuerzos para que continúe la desgracia de estos países! ¿No es su imprudencia la causa de sus males? ¿Podían esperar otra cosa? ¿Qué harían ellos con los americanos, si fuesen a su país a ayudar a esclavizarlos? Se ponderan las desgracias que han sufrido los europeos en las revoluciones de América, pero se ha callado siempre con estudio de su verdadera causa. No se ha dicho que han producido tales desastres los mismos que los lamentan y que la táctica del gobierno español, aunque bien torpe en todo, no ha dejado de tener alguna delicadeza en poner en movimiento el resorte de la desconfianza entre naturales y europeos, para que éstos cometan toda clase de imprudencia y aquéllos se entreguen a toda clase de venganza, que es el modo más seguro de detener una revolución, cuando no de impedirla, y el sacrificio de los hombres nada importa a la política si consigue su intento.

La prueba más clara de que el odio de los americanos no es a los europeos, sino a su conducta, es que Buenos Aires, de donde fueron echados casi todos al principio de la revolución, en el día es para ellos, no como quiera un asilo, sino una verdadera Patria. Se desengañaron acerca del carácter e intenciones de los americanos; conocieron el lazo que les había tendido el mismo gobierno español; mudaron de conducta y viven como hermanos. Es cierto que en Colombia se ha visto el congreso obligado a prohibir la entrada a los españoles, mas esta providencia ha sido arrancada por la temeridad con que algunos aún se atrevían a inquietar el país, y acaso más bien ha sido una medida prudente, para no tener que perseguir, más que una real persecución. Al gobierno español ya no le quedan otras armas que las de la intriga, y es constante que las ha puesto en acción en Colombia más que en ningún otro de los países independientes. La fuerza vale allí poco, porque sobre con qué repelerla, y sólo queda la intriga.

La revolución de México ha sido mucho más afortunada, porque ha sido la última, y es claro que según se avanza el tiempo, se disminuye en desgracia, porque se convencen los que las causan de la inutilidad de tales sacrificios. Muchos europeos hicieron al principio sus escaramuzas, más por rutina que por convicción, pero al fin ellos mismos protegen el actual gobierno (a excepción de algunos ilusos) y gozan de aprecio en el país y se vanaglorian de contribuir a su felicidad.

Convengamos, pues, en que el amor a la independencia es inextinguible en los americanos; que no procede de odio a los europeos, sino que este odio es el resultado de una oposición al bien que se desea; que las desgracias son totalmente voluntarias en los que las sufren; que ellas serían nulas cuando los fuese el temerario empeño de arrostrar contra la opinión general justa y comprobada; que las intrigas del gobierno español están bien conocidas, y que se aproxima el tiempo en que los europeos residentes en América conozcan que los americanos no son, como creen, sus enemigos, sino sus hermanos, y que aun los mismos ilusos que tienen la ingratitud de trabajar por la esclavitud del país que los ha enriquecido, se convencerán de que el odio que se les tiene, no es a sus personas, sino a su conducta.

ilia Casanova de Villaverde (1832–1897)

norial presentado al Congreso de los Estados Unidos pidiendo derechos gerantes para los cubanos

Audaz escritora epistolar, Emilia Casanova de Villaverde es tema de una biografía publicada en Nueva York en 1874, durante la década que abarca la primera guerra de independencia cubana, la Guerra de los Diez Años. Sin necesidad de abrigarse de la reputación literaria y tertuliana de su famoso esposo, Cirilo Villaverde, autor de la novela decimonónica clásica de Cuba, *Cecilia Valdés,* Casanova presenta varios discursos a cubanos exiliados para fomentar el espíritu independentista y separatista para apoyar la guerra contra España. Además, se cartea con algunos de los personajes más destacados del período, generales, presidentes, y directores de periódicos, en español e inglés, desde su querido refugio Mott Haven. A continuación se encuentra el apasionado discurso que presentó el 4 de marzo de 1872 ante el Congreso de Estados Unidos, en nombre de una organización patriótica de mujeres, la "Liga de las Hijas de Cuba", en que pide que el gobierno estadounidense considere los derechos beligerantes de los cubanos alzados por abolición y libertad. (KDM)

Lecturas: Emilia Casanova de Villaverde. *Apuntes biográficos de Emilia Casanova de Villaverde.* New York: [n.p.], 1874.

La "Liga de las Hijas de Cuba" pide al Congreso de los Estados Unidos que reconozca la beligerancia de los cubanos sublevados contra la dominación de España; y espera que su petición tenga éxito porque se apoya en razones de justicia, de decoro y de conveniencia.

Los partidarios de la esclavitud y los enemigos de las instituciones republicanas han propalado calumnias y falsedades para oscurecer la verdad y engañar al pueblo de los Estados Unidos, inspirándole equivocados conceptos acerca de la índole, la naturaleza y las tendencias de la revolución cubana. La "Liga de las Hijas de Cuba" no pretende fatigar la atención del Congreso con la extensa y enojosa refutación que sería necesaria para ir contradiciendo una por una esas calumnias; se limitará a recordar hechos de tanta notoriedad que no requieran comprobantes y deja las deducciones al buen criterio del parlamento americano.

Lo que en Cuba existe no es una sedición pasajera, provocada por causa fortuita y sostenida por intereses personales, ni mucho menos es un alzamiento de populacho, movido por malas pasiones y dirigido por agentes extranjeros, como dicen los partidarios de España. Lo que hay en Cuba es una revolución popular, política y social, preparada muy de antemano, que ha pasado y está pasando por todos los trámites porque han pasado y pasan, y precisamente tienen que pasar semejantes revoluciones.

Todo el mundo sabe lo que significa la dominación de España, pues las páginas más negras de la historia de la humanidad, son las que refieren las atrocidades de que se han hecho reos los españoles donde quiera que han tenido poderío. Los Países Bajos, Italia, Portugal, México, Chile, el Perú y la mayor parte del continente americano han gemido bajo su intolerable yugo, y todos esos países lo han sacudido y se han hecho independientes. Cuba y Puerto Rico, entre todas las colonias españolas del Nuevo Mundo, son las únicas que aún no tienen existencia propia; pero por lo que hace a Cuba, no ha sido por culpa suya, sino por causas ajenas a su voluntad, y sobre todo porque el gobierno de los Estados Unidos ha ayudado a España a mantenerla esclavizada.

Hace más de 50 años que los cubanos trabajan por emanciparse. En 1818 comenzaron los preparativos de la guerra de independencia que principió en los campos de Yara en Octubre de 1868. Durante más de cincuenta años puede decirse que no ha habido en Cuba un sólo día de sosiego, porque las conspiraciones se han ido sucediendo unas tras otras sin interrupción; y desde 1818 empezaron las incesantes proscripciones que han mantenido expatriados a los cubanos más notables por su talento, su saber y su patriotismo.

Desde 1818 hasta 1825 hubo Juntas Revolucionarias de cubanos emigrados en Nueva York, en Filadelfia, en México y en Jamaica. En 1823 y en 1826 fueron comisiones a Venezuela y al Perú en busca de ayuda material para principiar la guerra de independencia. En 1826 subieron al patíbulo en Puerto Príncipe las primeras víctimas de la libertad de Cuba. Por ese tiempo se alistaron en Cartagena, en Kingston y en Tampico, expediciones militares costeadas por cubanos. Antes y después fracasaron en La Habana las asociaciones llamadas de "Los Soles de Bolívar" y del "Águila Negra" y otros proyectos de alzamiento que llevaron a las cárceles, a los presidios y al destierro, a lo mejor de la población cubana. Otra tentativa se malogró en 1843, otra en 1848, otra en 1855 y muchos fueron los condenados a muerte en todas ellas. En 1850, ocurrió la invasión de Cárdenas, por el general Narciso López, en 1851 las sublevaciones de Puerto Príncipe y de Trinidad, y el mismo año tuvo lugar la corta y desastroza campaña que finalizó con la muerte del heroico López. Y los comprometidos en todos los acontecimientos han sido siempre hombres de buena posición social: lo cual prueba que la mayor parte y la mejor parte de la población cubana desea, hace mucho tiempo, emanciparse de la dominación española. Cuba, como todos los pueblos que conquistan su libertad, ha tenido que pasar por dos períodos: el de la educación y el de la acción: el primero de propaganda y de martirio, el segundo de combate y de triunfo. La propaganda y el martirio principiaron en 1818 y la acción la inauguró Carlos Manuel de Céspedes en octubre de 1868, cuando proclamó la guerra de independencia en Demajagua, y cuando él y sus compañeros empezaron por dar libertad a sus esclavos.

Se sabe que Céspedes y Aguilera dieron libertad a sus esclavos antes de ponerse al frente de la insurrección y es notorio que la primera ley promulgada por la asamblea republicana, reunida en Guáimaro declaró absolutamente libres a todos los habitantes de Cuba, sin distinción; pero hay quien sostenga que en uno y en otro caso influyeron más las necesidades perentorias del momento que los principios liberales contrarios a la institución de la esclavitud. Es falso. Los cubanos han sido siempre opuestos al tráfico de esclavos y partidarios de la abolición de la esclavitud; y el gobierno español ha propendido siempre y en todos tiempos a aumentar el número de los esclavos y a perpetuar la institución servil. De ambos asertos hay pruebas fehacientes en multitud de documentos oficiales publicados en Madrid desde 1799 hasta la fecha; eso consta en escritos dados a luz hace más de treinta años, por Mr. Turnbull, Lord Carlisle, el Dr. Madden, el Rev. Mr. King y otros abolicionistas ingleses que han residido en Cuba largo tiempo; y lo mismo aparece atestiguado en repetidos informes presentados al parlamento de Inglaterra por comisiones especiales encargadas de investigar este asunto.

Desde 1837 datan las persecuciones del gobierno español contra el Sr. Saco y otros abolicionistas cubanos; en 1843 fueron encausados y penados en La Habana muchos individuos por hostiles a la esclavitud; en 1853 y 1854 se imprimieron en Nueva York numerosos papeles escritos por cubanos que abiertamente se declararon partidarios de la abolición; y si alguna duda pudiera caber no hay más que traer a la memoria las explícitas manifestaciones que más de una vez ha hecho el gobierno de los Estados Unidos desde 1822 hasta 1855. Ahí están los papeles de estado americanos para demostrar que el gobierno de esta república ha creído siempre que los cubanos habrían de abolir la esclavitud tan luego como lograran hacerse independientes, y por eso han ayudado a España, directamente, para que prolongue su dominación en Cuba. Por eso impidió que Simón Bolívar llevase a La Habana una expedición libertadora en 1826; y hay dos despachos memorables de Mr. Forsyth y de Daniel Wester, fechados en 1822 y en 1842, que terminantemente expresan que los Estados Unidos se oponían a la abolición de la esclavitud en Cuba *porque haría peligrosa la tranquilidad y la prosperidad de los estados del sur,* y porque la abolición de la esclavitud en Cuba —*sería un golpe mortal para la existencia de la esclavitud en los Estados Unidos;* razón por la cual ofrecieron y volvieron a ofrecer a España su poderoso auxilio para que pudiese mantener esclavos a los negros y subyugados a los cubanos; y no hace tanto tiempo de cuando Jefferson Davis fue ministro, bajo la presidencia Franklin Pierce, para que falte en Washington quien se acuerde de lo que entonces ocurrió, y de cómo y por qué fracasó la proyectada expedición del general Quitman. Es verdad innegable que el gobierno de los Estados Unidos estaba convencido, desde hace más de cincuenta años, de que la independencia de Cuba sería precursora inmediata de la abolición de la esclavitud en esa isla, y ha impedido la independencia para prevenir la abolición; y también es innegable y evidente que mientras España domine habrá esclavitud en Cuba, y que esta lepra social irá desapareciendo a medida que vaya avanzando el ejército cubano, como ya ha desaparecido de todas las comarcas de donde han sido expulsados los españoles.

El gobierno español ha publicado de oficio un libro voluminoso en que constan los nombres y profesiones de los condenados a pena de confiscación de bienes por haber tomado parte en la insurrección, o por simpatizar con ella; en ese libro se ven los millones de pesos a que asciende el valor de las fincas y demás propiedades confiscadas y no pudiera invocarse mejor testimonio para comprobar no sólo que la parte más ilustrada y la más rica de la población cubana es acérrima enemiga de la dominación española, sino que una porción considerable de los hacendados, cuya riqueza estriba en la posesión de esclavos, ha tomado parte en el movimiento revolucionario, o simpatizan con él, no obstante que lo primero que proclamaron los jefes de la insurrección fue la emancipación inmediata de los esclavos, sin remuneración para los dueños.

Otro hecho palpable y evidente es que la guerra de independencia lleva ya muy cerca de tres años y medio de duración; que los patriotas han demostrado su incontrastable resolución de triunfar o perecer en la demanda; y que España, a pesar de los desesperados esfuerzos que ha estado haciendo durante todo este tiempo, después de haber consumido enormes sumas de dinero, después de haber contraído deudas que nunca podrá pagar y después de haber sacrificado más de 40,000 de sus hijos, no cuenta ni con la más remota probabilidad de sofocar la rebelión.

Doscientos hombres mal armados se arrojaron a desafiar el poder de España, proclamando la independencia y la abolición de la esclavitud, el 10 de octubre de 1868. La guarnición española de Cuba pasaba entonces de diez y nueve mil soldados perfectamente armados y equipados, por una numerosa escuadra de buques de vapor. Posteriormente se han alistado en Cuba al pie de 50,000 voluntarios peninsulares, han salido a campaña sobre 12,000 hombres de fuerzas irregulares, y han ido de España más de 60,000 soldados de línea, que entre todos hacen un total de más de 140,000 hombres destinados a impedir la insurrección en las poblaciones y a combatirla en los campos; y esto sería increíble si no estuviera atestiguado por documentos oficiales publicados en La Habana y en Madrid por el mismo gobierno español. También dicen esos documentos que de sólo el puerto de Nueva York, además de lo que ha ido de España, se han importado desde que empezó la guerra, más de 52,000 fusiles, sin contar cañones y pertrechos de todas clases, que la maestranza de artillería ha puesto en manos de voluntarios más de 80,000 armas de fuego, amén de las que ellos por su cuenta han llevado de España y de los Estados Unidos; que la marina española en las aguas cubanas contaba 52 buques de guerra antes de agregarle 30 cañoneros construidos en los arsenales americanos, y que después lo han reforzado con varias fragatas blindadas y otros buques menores.

Los patriotas cubanos mientras tanto, sin plazas fuertes, sin artillería, sin puertos de mar, sin marina y sin previa organización militar, no han recibido más que escasas y tardías remesas de armamento debidas a sacrificios pecuniarios de los empobrecidos emigrados y a la incansable perseverancia del general Manuel Quesada.

Con malas escopetas y con instrumentos de labranza han tenido que hacer frente en más de una ocasión a los Estados Unidos; con cañones de cuero y de madera, cargados con piedras muchas veces, han respondido a la metralla y a las granadas lanzadas por excelentes piezas de artillería americana; para defenderse del inmejorable parque sacado por los españoles de Broadway y de Maiden-Lane— han tenido que apurar la inventiva hasta encontrar en los bosques y en las cavernas de sus montañas, materiales con qué fabricar pólvora de inferior calidad; y sin embargo, descalzos, casi desnudos, desprovistos de todo, hace ya más de tres años que están peleando, y han jurado pelear hasta vencer o morir. Las mujeres, los ancianos y los niños, comparten con los hombres las penalidades de la campaña y los rigores de esa guerra sin cuartel han reducido a cenizas sus hogares y sus valiosas fincas; y los 200 compañeros inexpertos que se agruparon al lado de Carlos Manuel de Céspedes en octubre de 1868, son en la actualidad 12,000 soldados aguerridos que todavía ocupan los mismos campos en que primero levantaron el estandarte de la rebelión, y hoy empuñan buenas armas arrebatadas a sus enemigos. Los que han hecho tales sacrificios y luchan con tanto denuedo, no se han de rendir; no cabe lo posible que España pueda prolongar indefinidamente la desastrosa contienda que está acabando de aniquilar su apurado erario; y todavía no se ha dado ejemplo de sublevarse una colonia española que al cabo no se haya hecho independiente. Y son muchas las colonias que España ha tenido y ha perdido.

Es principio inconcluso de derecho de Gentes que los gobiernos constituidos son árbitros de reconocer la beligerancia de las colonias levantadas contra su metrópoli, siempre y cuando a los dichos gobiernos les convenga, dado el caso que las tales colonias tengan probabilidades, o siquiera posibilidad de alcanzar su independencia. —Cuba no sólo es posible, y es probable, sino que es seguro que la alcanzará. —Si la poderosa España de los monarcas austriacos no tuvo fuerza para retener las posesiones de Europa; si a la España de los Borbones, en cuyos dominios nunca se ponía el sol, se le fueron emancipando uno a uno todos los virreinatos del continente americano, ¿podrá subyugar a Cuba sublevada, la pobre España de Amadeo de Saboya, que ha llegado a tal punto de abatimiento que acaba de pasar la vergüenza de tener que andar dos años de corte en corte mendigando un príncipe que quisiera sentarse en su trono desocupado? ¿Podrá recobrar su autoridad perdida la nación que jamás ha podido recuperar lo que le han quitado (ni siquiera a Gibraltar) y que el otro día salió huyendo de Santo Domingo?

Cincuenta años de tentativas desgraciadas, tres años de una guerra emprendida bajo los auspicios más desfavorables y sostenida con valor heroico, la resistencia opuesta a fuerzas incomparablemente superiores, las ventajas obtenidas en lucha tan desigual, la abolición de la esclavitud y los sacrificios espontáneos que han hecho los cubanos, son otras tantas prendas de que pelearán sin descanso hasta haber asegurado la independencia, aunque para ello sea forzoso aniquilar por completo la riqueza de su patria; y son otros tantos títulos que tienen para que los Estados Unidos los consideren como beligerantes ya que no reconocen la existencia de su gobierno republicano como lo han reconocido varias repúblicas de la América meridional.

Se comprende, por más que no se aplauda, que los Estados Unidos prestaran su poderosa cooperación para mantener a Cuba esclavizada mientras hubo por qué temer que el ejemplo de la emancipación de los esclavos de Cuba pudiera anticipar la libertad de los negros en los estados del sur, y comprendiéndolo no parece extraño que en diciembre de 1822 quisieran aliarse con Francia para garantizarle a España "por tiempo ilimitado", la tranquila posesión de su colonia, ni que en julio de 1823 quisieran contraer igual compromiso con Inglaterra, ni mucho menos que en 1852 se resistieran a tomar parte de la alianza triple, cuyo proyecto iniciaron de común acuerdo Inglaterra y Francia; pero, ahora, que no hay tales temores, es incomprensible que el gobierno de Washington haga causa común con España contra un pueblo vecino que aspira a constituirse en república y a elevar a la categoría de hombres libres a medio millón de seres humanos, reducidos a la abyecta condición de esclavos; y sin embargo, a eso equivale el negarse a reconocer la beligerancia de los cubanos y permitir que los españoles se provean de municiones, para llevar adelante la bárbara guerra de exterminio que están haciendo ha más de tres años, a las puertas mismas de la Unión americana. El mercado cubano es uno de los que más productos rinde a la agricultura, a la industria y al comercio americano, la prosperidad de Cuba interesa a esta nación tanto como la de cualquiera de sus propios estados, la ruina absoluta de la isla es inevitable si la presente lucha se prolonga por mucho tiempo, y el mero reconocimiento de beligerancia por parte de los Estados Unidos bastaría para precipitar su terminación definitiva.

La "Liga de las Hijas de Cuba" no pide para sus compatriotas más que estricta neutralidad, está íntimamente convencida de que si el cuerpo legislador se ha abstenido hasta ahora de adoptar una resolución relativa a este asunto es porque no está al cabo de lo que sucede, y ruega al Congreso de los Estados Unidos que, tomando en cuenta esta manifestación, indague la verdad de lo expuesto y resuelva reconocer derechos de beligerantes en los cubanos que se han sublevado contra la dominación de España y han proclamado la abolición inmediata, absoluta e incondicional de la esclavitud.

Firmado: Rosalía Hernández, Presidenta; E. C. de Villaverde, Secretaria.

Enrique José Varona (1849–1933)

Al pueblo de Cuba

El manifiesto a continuación, quizá producto de Enrique José Varona, fue escrito el 10 de septiembre de 1898, poco después de la victoria de los Estados Unidos sobre España en la Guerra de 1898. Un urgente llamado a la paz y el orden, el texto revela la ansiedad sentida por muchos exiliados cubanos revolucionarios sobre la suerte de la independencia cubana si los Estados Unidos los consideraba incapaces de estabilizar la situación política de la Isla. Muchos intelectuales y políticos cubanos de prestigio que vivían exiliados firmaron el manifiesto. Filósofo, poeta, sociólogo, periodista, profesor universitario y escritor prolífico, Varona fue una de las figuras cubanas más respetadas de su tiempo. Un veterano de la primera guerra por la independencia cubana (la Guerra de Diez Años, 1868–1878) y a favor de una autonomía política durante el período entre guerras (1878–1895), para 1895 Varona estaba convencido de que España no haría ningún tipo de concesiones políticas a Cuba. Una vez empezada la guerra, buscó refugio en la ciudad de Nueva York y eventualmente llegó a ser director del periódico revolucionario *Patria* (después de la muerte de José Martí, ver su sección en esta antología). Varona regresó a Cuba en 1898, y ahí fue nombrado secretario de la Tesorería y secretario de Educación y Cultura por la administración militar de los Estados Unidos. Más tarde, y como militante del Partido Conservador Nacional, Varona fue elegido para la vicepresidencia de la República en 1912. (ALO)

Lecturas: Enrique José Varona. *Estudios literarios y filosóficos*. La Habana: Imprenta La Nueva Principal, 1883; *Artículos y discursos*. La Habana: Imprenta de A. Álvarez, 1891; *Cuba contra España. Manifiesto del Partido Revolucionario Cubano a los pueblos hispano-americanos*. New York: S. Figueroa, 1895.

En momentos decisivos para el porvenir de un pueblo, como lo son los actuales para el cubano, se impone la necesidad suprema de la unión de todos sus elementos vitales en identidad de propósitos y uniformidad de conducta.

La lucha casi secular en que hemos estado empeñados por alcanzar un estado de derecho, que nos permitiera el libre desarrollo de nuestras actividades materiales y morales, toca a su fin. Nuestra tercera guerra de independencia, sostenida por el espíritu indomable de un pueblo entero, ha traído por resultado tal quebranto del dominio de España, que ha bastado el amago de la invasión americana para que la soberanía de la metrópoli se haya venido abajo. Cuba ha dejado de ser colonia de España. Su pueblo ha entrado, de pleno derecho, en posesión de su libertad e independencia.

La obra que empezaron nuestros heroicos compatriotas, la ha consumado el pueblo de la Unión Americana, que ha armado el brazo de sus hijos para acabar de romper las cadenas de Cuba. Obedeciendo una resolución del congreso federal, las fuerzas de los Estados Unidos ocupan hoy una parte del territorio de nuestra isla, y pronto, en virtud de pacto con España, ocupará todo el resto.

Este hecho, por importante que resulte, es sólo un accidente de la guerra que los Estados Unidos se ha visto obligado a dirigir contra España, para forzarla a evacuar un país, que dominaba contra la voluntad expresa de la mayoría de sus habitantes. La resolución conjunta del congreso federal del 19 de abril del corriente año determina los límites precisos de la acción de las fuerzas de los Estados Unidos en el conflicto entre Cuba y España. Habían de acudir a nuestra isla, como acudieron, para compeler a la metrópoli a abandonarla; de modo que el pueblo cubano, poseedor otra vez de los beneficios de la paz pudiera organizarse de la manera más adecuada a sus necesidades y aspiraciones.

Resulta de lo expuesto que la ocupación militar de Cuba por las fuerzas americanas, y el régimen que la acompaña, son puramente transitorios. Es una situación de fuerza, por lo tanto accidental. Lo permanente es la libertad que hemos alcanzado, y el derecho a la independencia que se nos ha reconocido.

Al asentar esto, como hecho fundamental, no tenemos por qué desconocer ni las obligaciones de gratitud en que estamos con respecto a los Estados Unidos, ni la responsabilidad moral que éstos han contraído ante el mundo, saliendo en cierto modo fiadores de que el pueblo cubano sabrá desarrollarse en paz y florecer a la plena luz de la justicia y de la libertad. De ningún modo son incompatibles los deberes y sentimientos del pueblo americano y los nuestros, antes bien se armonizan, como obedecen a un mismo elevado ideal de civilización y progreso.

Nosotros hemos combatido por el principio que han asentado los norteamericanos como base del derecho público en América: que el consentimiento de los gobernados es lo que legaliza el poder de los gobiernos. Recabando nuestra plena autonomía para organizarnos y regirnos, según los dictados de nuestra conciencia y las condiciones de nuestra existencia colectiva, afirmamos y ponemos en práctica el principio americano, probando así su virtualidad y eficacia para el mejoramiento de los hombres y los pueblos.

Trabajando ahora por el orden y la paz con el mismo ardor y constancia, con que nos empeñamos en la guerra, demostraremos que somos dignos de los sacrificios que ha impuesto en nuestro favor la nación americana y desvaneceremos todo recelo de que sea prematura la libertad política que hemos conseguido. De este modo corresponderemos al insigne favor recibido, haciendo ver que no arroga perjuicios, ni siquiera serios cuidados a nuestros favorecedores.

Porque conocemos la historia y el espíritu de nuestro pueblo, tan laborioso y avisado en los días de paz, como perseverante y dispuesto al sacrificio, cuando pelea por sus derechos, tenemos plena confianza de que estará a la altura de esta nueva situación, y sabrá abrirse camino en medio de los obstáculos que presenta, ocasionados por lo que dejamos detrás, más bien que por lo que tenemos delante.

Este convencimiento y el deber de todo ciudadano en las horas críticas, nos han impelido a dirigir la voz a nuestros compatriotas todos, a los habitantes de Cuba que hayan identificado su suerte con la de nuestro amado país, para decirles cómo juzgamos la situación y cuál es, en nuestro sentir, el propósito que debe inspirarnos y la conducta que nos imponen la previsión y el patriotismo. Nada puede sernos tan funesto ahora como la confusión de ideas y la dispersión de fuerzas, que es su consecuencia. Y por natural que resulte la incertidumbre, al entrar por un camino aún no trillado, debemos vencerla, fijando la vista en el noble objeto que nos proponemos alcanzar.

Creemos que la suerte de Cuba está principalmente en manos de sus hijos. De nuestro esfuerzo bien dirigido dependerá ante todo que se conforme según nuestros legítimos deseos y nuestros innegables derechos. Afirmemos primeramente nuestra aspiración política, que es la misma por la que se han sacrificado tres generaciones de hombres, y al afirmarla declaremos nuestro firme propósito de poner a su servicio toda nuestra actividad, nuestra inteligencia y nuestro corazón.

osé Martí (1853–1895)

n todos y para el bien de todos

Hijo de pobres emigrantes españoles que llegaron a Cuba a mediados del siglo XIX, en la década de 1890 José Martí habría de convertirse en la figura crucial para la lucha por la independencia cubana. Desde su temprana juventud, Martí se había involucrado en actividades anticoloniales, sufriendo su primera deportación en 1871 por su trabajo periodístico clandestino a favor de la Guerra de los Diez Años (1868–1878). Este fue el comienzo de su larga vida como exiliado político. Sólo regresaría a Cuba por un breve intervalo a finales de la década del setenta, y finalmente en 1895, cuando moriría peleando en una de las primeras batallas de la guerra revolucionaria que él mismo había planeado y dirigido. Martí vivió una gran parte de su vida en los Estados Unidos (1882–1895). Durante su exilio en la ciudad de Nueva York trabajó como traductor y periodista para varias publicaciones tanto en lengua inglesa como española. Reconocido por sus posiciones críticas respecto al emergente imperialismo norteamericano sobre América Latina, se le invitó a ocupar puestos diplomáticos para las repúblicas de Argentina y Uruguay. Sin embargo, a partir de 1890, Martí abandonó estas tareas para dedicarse por completo a reanudar la insurgencia cubana. En 1892 fundó el Partido Revolucionario y el periódico *Patria*. Fundamental para el desarrollo de los planes políticos de Martí era ganarse el apoyo de los muchos cubanos de la clase trabajadora agrupados en comunidades de emigrados dispersas a lo largo del territorio de los Estados Unidos pero especialmente concentradas en los centros tabaqueros de la Florida. Éste era el público al cual se dirigió Martí en el siguiente discurso pronunciado en Tampa, Florida, el 26 de noviembre del 1891. Cansado de las divisiones dentro del movimiento revolucionario, a las que atribuía el fracaso de la guerra del 1868, "Con todos y por el bien de todos" es un llamado a la unidad patriótica por sobre diferencias de clase, raza u origen nacional. (ALO)

Lecturas: José Martí. *Nuestra América*. Villahermosa: Gobierno Constitucional de Tabasco, 1944.

Cubanos:

Para Cuba que sufre, la primera palabra. De altar se ha de tomar a Cuba, para ofrendarle nuestra vida, y no de pedestal, para levantarnos sobre ella. Y ahora, después de evocado su amadísimo nombre, derramaré la ternura de mi alma sobre estas manos generosas que ¡no a deshora por cierto! acuden a dármele fuerzas para la agonía de la edificación: ahora, puestos los ojos más arriba de nuestras cabezas y el corazón entero sacado de mí mismo, no daré gracias egoístas a los que creen ver en mí las virtudes que de mí y de cada cubano desean; ni al cordial Carbonell, ni al bravo Rivero, daré gracias por la hospitalidad magnífica de sus palabras, y el fuego de su cariño generoso; sino que todas las gracias de mi alma les daré, y en ellos a cuantos tienen aquí las manos puestas a la faena de fundar, por este pueblo de amor que han levantado cara a cara del dueño codicioso que nos acecha y nos divide; por este pueblo de virtud, en donde se aprueba la fuerza libre de nuestra patria trabajadora; por este pueblo culto, con la mesa de pensar al lado de la de ganar el pan, y truenos de Mirabeau junto a artes de Roland, que es respuesta de sobra a los desdeñosos de este mundo; por este templo orlado de héroes, y alzado sobre corazones. Yo abrazo a todos los que saben amar. Yo traigo la estrella, y traigo la paloma, en mi corazón.

No nos reúne aquí, de puro esfuerzo y como a regañadientes, el respeto periódico a una idea de que no se puede abjurar sin deshonor; ni la respuesta siempre pronta, y a veces demasiado pronta, de los corazones patrios a un solicitante de fama, o a un alocado de poder, o a un héroe que no corona el ansia inoportuna de morir con el heroísmo superior de reprimirla, o a un menesteroso que bajo la capa de la patria anda sacando la mano limosnera. Ni el que viene se aferra jamás con la lisonja, ni es este noble pueblo que lo reciba pueblo de gente servil y llevadiza. Se me hincha el pecho de orgullo, y amo aún más a mi patria desde ahora, y creo aún más desde ahora en su porvenir ordenado y sereno, en el porvenir, redimido del peligro grave de seguir a ciegas, en nombre de la libertad, a los que se valen del anhelo de ella para desviarla en beneficio propio; creo aún más en la república de ojos abiertos, ni insensata ni tímida, ni togada ni descuellada, no sobreculta ni inculta, desde que veo, por los avisos sagrados del corazón, juntos en esta noche de fuerza y pensamiento, juntos para ahora y para después, juntos para mientras impere el patriotismo, a los cubanos que ponen su opinión franca y libre por sobre todas las cosas —y a un cubano que se las respeta.

Porque si en las cosas de mi patria me fuera dado preferir un bien a todos los demás, un bien fundamental que de todos los del país fuera base y principio, y sin al que los demás bienes serían falaces e inseguros, ése sería el bien que yo prefiriera: yo quiero que la ley primera de nuestra república sea el culto de los cubanos a la dignidad plena del hombre. En la mejilla ha de sentir todo hombre verdadero el golpe que reciba cualquier mejilla de hombre; envilece a los pueblos desde la cuna el hábito de recurrir a camarillas personales, fomentadas por un interés notorio o encubierto, para la defensa de las libertades: sáquese a lucir, y a incendiar las almas, y a vibrar como el rayo, a la verdad, y síganla, libres, los hombres honrados. Levántese por sobre todas las cosas esta tierna consideración, este viril tributo de cada cubano a otro. Ni misterios, ni calumnias, ni tesón en desacreditar, ni largas y astutas preparaciones para el día funesto de la ambición. O la república tiene por base el carácter entero de cada uno de sus hijos, el hábito de trabajar con sus manos y pensar por sí propio, el ejercicio íntegro de sí y el respeto, como de honor de familia, al ejercicio íntegro de los demás; la pasión, en fin, por el decoro del hombre —o la república no vale una lágrima de nuestras mujeres ni una sola gota de sangre de nuestros bravos. Para verdades trabajamos, y no para sueños. Para libertar a los cubanos trabajamos, y no para acorralarlos. ¡Para ajustar en la paz y en la equidad los intereses y derechos de los habitantes leales de Cuba trabajamos, y no para erigir, a la boca del continente, de la república, la mayordomía espantada de Veintimilla, o la hacienda sangrienta de Rosas, o el Paraguay lúgubre de Francia! ¡Mejor caer bajo los excesos del carácter imperfecto de nuestros compatriotas, que valerse del crédito adquirido con las armas de la guerra o las de la palabra que rebajarles el carácter! Éste es mi único título a estos cariños, que han venido a tiempo a robustecer mis manos incansables en el servicio de la verdadera libertad. ¡Muérdanmelas los mismos a quienes anhelase yo levantar más, y ¡no miento! amaré la mordida, porque me viene de la furia de mi propia tierra, y porque por ella veré bravo y rebelde a un corazán cubano! ¡Unámonos, ante todo, en esta fe; juntemos las manos, en prenda de esa decisión, donde todos las vean, y donde no se olvida sin castigo; cerrémosle el paso a la república que no venga preparada por medios dignos del decoro del hombre, para el bien y la prosperidad de todos los cubanos! ¡De todos los cubanos! ¡Yo no sé qué misterio de ternura tiene esta dulcísima palabra, ni qué sabor tan puro sobre el de la palabra misma de hombre, que es ya tan bella, que si se la pronuncia como se debe, parece que es el aire como nimbo de oro, y es trono o cumbre de monte la naturaleza! ¡Se dice cubano, y una dulzura como de suave hermandad se esparce por nuestras entrañas, y se abre sola la caja de nuestros ahorros, y nos apretamos para hacer un puesto más en la mesa, y echa las alas el corazón enamorado para amparar al que nació en la misma tierra que nosotros, aunque el pecado lo trastorne, o la ignorancia lo extravíe, o la ira lo enfurezca, o lo ensangriente el crimen! ¡Como que unos brazos divinos que no vemos nos aprietan a todos sobre un pecho en que todavía corre la sangre y se oye todavía sollozar el corazón! ¡Créese allá en nuestra patria, para darnos luego trabajo de piedad, créese, donde el dueño corrompido pudre cuanto mira, un alma cubana nueva, erizada y hostil, un alma hosca, distinta de aquella alma casera y magnánima de nuestros padres e hija natural de la miseria que ve triunfar al vicio impune, y de la cultura inútil, que sólo halla empleo en la contemplación sorda de sí misma! ¡Acá, donde vigilamos por los ausentes, donde reponemos la casa que allá se nos cae encima, donde creamos lo que ha de reemplazar a lo que allí se nos destruye, acá no hay palabra que se asemeje más a la luz del amanecer, ni consuelo que se entre con más dicha por nuestro corazón, que esta palabra inefable y ardiente de cubano!

¡Porque eso es esta ciudad; eso es la emigración cubana entera; eso es lo que venimos haciendo en estos años de trabajo sin ahorro, de familia sin gusto, de vida sin sabor, de muerte disimulada! ¡A la patria que allí se cae a pedazos y se ha quedado ciega de la podre, hay que llevar la patria piadosa y previsora que aquí se levanta! ¡A lo que queda de patria allí, mordido de todas partes por la gangrena que empieza a roer el corazón, hay que juntar la patria amiga donde hemos ido, acá en soledad, acomodando el alma, con las manos firmes que pide el buen cariño, a las realidades todas, de afuera y de adentro, tan bien voladas allí en unos por la desesperación y en otros por el goce babilónico, que con ser grandes certezas y grandes esperanzas y grandes peligros, son, aun para los expertos, poco menos que desconocidas! ¿Pues qué saben allá de esta noche gloriosa de resurrección, de la fe determinada y metódica de nuestros espíritus, del acercamiento continuo y creciente de los cubanos de afuera, que los errores de los diez años y las veleidades naturales de Cuba, y otras causas maléficas no han logrado por fin dividir, sino allegar tan íntima y cariñosamente, que no se ve sino un águila que sabe, y un sol que va naciendo, y un ejército que avanza? ¿Qué saben allá de estos tratos sutiles, que nadie prepara ni puede detener entre el país desesperado y los emigrados que esperan? ¿Qué saben de este carácter nuestro fortalecido, de tierra en tierra, por la prueba cruenta y el ejercicio diario? ¿Qué saben de pueblo liberal, y fiero, y trabajador, que vamos a llevarles? ¿Qué sabe el que agoniza en la noche, del que lo espera con los brazos abiertos en la aurora? Cargar barcos puede cualquier cargador; y poner mecha al cañón cualquier artillero puede; pero no ha sido esa tarea menor, y de mero resultado y oportunidad, la tarea única de nuestro deber, sino la de evitar las consecuencias dañinas, y acelerar las felices, de la guerra próxima, e inevitable —e irla limpiando, como cabe en lo humano, del desamor y del descuido y de los celos que la pudiesen poner donde sin necesidad ni excusa nos pusieron la anterior, y disciplinar nuestras almas libres en el conocimiento y orden de los elementos reales de nuestro país, y en el trabajo que es el aire y el sol de la libertad, para que quepan en ella sin peligro, junto a las fuerzas creadoras de una situación nueva, aquellos residuos inevitables de las crisis revueltas que son necesarias para constituirlas. ¡Y las manos nos dolerán más de una vez en la faena sublime, pero los muertos están mandando, y aconsejando, y vigilando, y los vivos los oyen, y los obedecen, y se oye en el viento ruido de ayudantes que pasan llevando órdenes, y de pabellones que se despliegan! ¡Unámonos, cubanos, en esta otra fe: con todos, y para todos: la guerra inevitable, de modo que la respete y la desee y la ayude la patria, y no nos la mate, en flor, por local o por personal o por incompleta, el enemigo: la revolución de justicia y de realidad, para el reconocimiento y la práctica franca de las libertades verdadera!

¡Ni los bravos de la guerra que me oyen tienen paces con estos análisis menudos de las cosas públicas, porque al entusiasta le parece crimen la tardanza misma de la sensatez en poner por obra el entusiasmo; ni nuestra mujer, que aquí oye atenta, sueña más que en volver a pisar la tierra propia, donde no ha de vivir su compañero, agrio como aquí vive y taciturno; ni el niño, hermano o hijo de mártires y de héroes, nutrido en sus leyendas, piensa en más que en lo hermoso de morir a caballo, peleando por el país, al pie de una palma!

¡Es el sueño mío, es el sueño de todos; las palmas son novias que esperan; y hemos de poner la justicia tan alta como las palmas! Eso es lo que queríamos decir. A la guerra del arranque, que cayó en el desorden, ha de suceder, por insistencia de los males públicos, la guerra de la necesidad, que vendría floja y sin probabilidad de vencer, si no le diese su pujanza aquel amor inteligente y fuerte del derecho por donde las almas más ansiosas de él recogen de la sepultura el pabellón que dejaron caer, cansados del primer esfuerzo, los menos necesitados de justicia. Su derecho de hombres es lo que buscan los cubanos en su independencia; y la independencia se ha de buscar con alma entera de hombre. ¡Qué Cuba, desolada, vuelve a nosotros los ojos! ¡Qué los niños ensayan en los tronco de los caminos la fuerza de sus brazos nuevos! ¡Qué las guerras estallan, cuando hay causa para ella, de la impaciencia de un valiente o de un grano de maíz! ¡Qué el alma cubana se está poniendo en fila, y se ven ya, como al alba, las masas confusas! ¡Qué el enemigo, menos sorprendido hoy, menos interesado, no tiene en la tierra los caudales que hubo de defender la vez pasada, ni hemos de entretenernos tanto como entonces en dimes y diretes de localidad, ni en competencias de mando, ni en envidias de pueblo, ni en esperanzas locas! ¡Qué afuera tenemos el amor en el corazón, los ojos en la costa, la mano en la América, y el arma al cinto! ¿Pues quién no lee en el aire todo eso con letras de luz? Y con letras de luz se ha de leer que no buscamos, en este nuevo sacrificio, meras formas, ni la perpetuación del alma colonial en nuestra vida, con novedades de uniforme yanqui, sino la esencia y realidad de un país republicano nuestro, sin miedo canijo de unos a la expresión saludable de todas las ideas y el empleo honrado de todas las energías —ni de parte de otros aquel robo al hombre que consiste en pretender imperar en nombre de la libertad por violencias en que se prescinde del derecho de los demás a las garantías y los métodos de ella. Por supuesto que se nos echarán atrás los perímetros de la política, que olvidan cómo es necesario contar con lo que no se puede suprimir —y que se pondrá a refunfuñar el patriotismo de polvos de arroz, so pretextos de que los pueblos, en el sudor de la creación, no dan siempre olor de clavellina. ¿Y qué le hemos de hacer? ¡Sin los gusanos que fabrican la tierra no podrían hacerse palacios suntuosos! En la verdad hay que entrar con la camisa al codo, como entrar en la res el carnicero. Todo lo verdadero es santo, aunque no huela a clavellina. ¡Todo tiene la entraña fea y sangrienta; es fango en las artesas el oro en que el artista talla luego sus joyas maravillosas; de lo fétido de la vida saca almíbar la fruta y colores la flor; nace el hombre del dolor y la tiniebla del seno maternal, y del alarido y el desgarramiento sublime; y las fuerzas magníficas y corrientes de fuego que en el horno del sol se precipitan y confunden, no parecen de lejos a los ojos humano sino manchas! ¡Pasa a los que no tienen miedo a la luz; caridad para los que tiemblan de sus rayos!

Ni vería yo esa bandera con cariño, hecho como estoy a saber que lo más santo se toma como instrumento del interés por los triunfadores audaces de este mundo, si no creyera que en sus pliegues ha de venir la libertad entera, cuando el reconocimiento cordial del decoro de cada cubano, y de los modos equitativos de ajustar los conflictos de sus intereses, quite razón a aquellos consejeros de métodos confusos que sólo tienen de terribles lo que tiene de terca la pasión que se niega a reconocer cuánto hay en sus demandas de equitativo y justiciero. ¡Clávese la lengua del adulador popular, y cuélguese al viento como banderola de ignominia, donde sea castigo de los que adelantan sus ambiciones azuzando en vano la pena de los que padecen, u ocultándoles verdades esenciales de su problema, o levantándoles la ira —y al lado de la lengua de los aduladores, clávese la de los que se niegan a la justicia!

¡La lengua del adulador se clave donde todos la vean —y la de los que toman por pretexto las exageraciones a que tiene derecho la ignorancia, y que no puede acusar quien no ponga todos los medios de hacer cesar la ignorancia, para negarse a acatar lo que hay de dolor de hombre y de agonía sagrada en las exageraciones que es más cómodo excomulgar, de toga y birrete, que estudiar, lloroso el corazón con el dolor humano hasta los codos! En el presidio de la vida es necesario poner, para que aprendan justicia, a los jueces de la vida. El que juzgue de todo, que lo conozca todo. No juzgue de prisa el de arriba, ni por un lado; no juzgue el de abajo por un lado ni de prisa. No censure el celoso el bienestar que envidia en secreto. ¡No desconozca el pudiente el poema conmovedor, y el sacrificio cruento, del que se tiene que cavar el pan que come; de su sufrida compañera, coronada de corona que el injusto no ve; de los hijos que no tienen lo que tienen los hijos de los otros por el mundo! ¡Valiera más que no se desplegara esa bandera de su mástil, si no hubiera de amparar por igual a todos las cabezas!

Muy mal conoce nuestra patria, la conoce muy mal, quien no sepa que hay en ella, como alma de lo presente y garantía de lo futuro, una enérgica suma de aquella libertad original que cría el hombre en sí, del jugo de la tierra y de las penas que ve, y de su idea propia y de su naturaleza altiva. Con esta libertad real y pujante, que sólo puede pecar por la falta de la cultura que es fácil poner en ella, han de contar más los políticos de carne y hueso que con esa libertad de aficionados que aprenden en los catecismos de Francia o de Inglaterra, los políticos de papel. Hombres somos, y no vamos a querer gobiernos de tijeras y de figurines, sino trabajo de nuestras cabezas, sacado del molde de nuestro país. Muy mal conoce a nuestro pueblo quien no observe en él como a la par de este ímpetu nativo que lo levanta para la guerra y no lo dejará dormir en la paz, se ha criado con la experiencia y el estudio, y cierta ciencia clara que da nuestra tierra hermosa, un cúmulo de fuerzas de orden, humanas y cultas —una falange de inteligencias plenas, fecundadas por el amor al hombre, sin el cual la inteligencia no es más que azote y crimen—, una concordia tan íntima, venida del dolor común, entre los cubanos de derecho natural, sin historia y sin libros, y los cubanos que han puesto en el estudio la pasión que no podían poner en la elaboración de la patria nueva —una hermandad tan ferviente entre los esclavos íntimos de la vida y los esclavos de una tiranía, aniquiladora—, que por este amor unánime y abrasante de justicia de los de un oficio y los de otro; por este ardor de humanidad igualmente sincero en los que llevan el cuello alto, porque tienen alta la nuca natural, y los que lo llevan bajo, porque la moda manda lucir el cuello hermoso; por esta patria vehemente en que se reúnen con iguales sueños, y con igual honradez, aquéllos a quienes pudiese divorciar el diverso estado de cultura —sujetará nuestra Cuba, libre en la armonía de la equalidad, la mano de la colonia que no dejará a su hora de venírsenos encima, disfrazada con el guante de la república. ¡Y cuidado, cubanos, que hay guantes tan bien imitados que no se diferencian de la mano natural! A todo el que venga a pedir poder, cubanos, hay que decirle a la luz, donde se vea la mano bien: ¿mano o guante? —Pero no hay que temer en verdad, ni hay que regañar. Eso mismo que hemos de combatir, eso mismo nos es necesario. Tan necesario es a los pueblos lo que sujeta como lo que empuja: tan necesario es en la casa de familia el padre siempre activo, como la madre, siempre temerosa. Hay política hombre y política mujer. ¿Locomotora con caldera que la haga andar, y sin freno que la detenga a tiempo? Es preciso, en cosas de pueblos, llevar el freno en una mano, y la caldera en la otra. Y por ahí padecen los pueblos: por el exceso de freno, y por el exceso de caldera.

¿A qué es, pues, a lo que habremos de temer? ¿Al decaimiento de nuestro entusiasmo, a lo ilusorio de nuestra fe, al poco número de los infatigables, al desorden de nuestras esperanzas? Pues miro yo a esta sala, y siento firme y estable la tierra bajo mis pies, y digo: —Mienten—. Y miro a mi corazón, que no es más que un corazón cubano, y digo: —Mienten.

¿Tendremos miedo a los hábitos de autoridad contraídos en la guerra, y en cierto modo ungido por el desdén diario de la muerte? Pues no conozco yo lo que tiene de brava el alma cubana, y de sagaz y experimentado el juicio de Cuba, y lo que habrían de contar las autoridades viejas con las autoridades vírgenes y aquel admirable concierto de pensamiento republicano y la acción heroica que honra, sin excepciones apenas, a los cubanos que cargaron armas; o, como que conozco todo eso, al que diga que de nuestros veteranos hay que esperar ese amor criminal de sí, ese postergamiento de la patria a su interés, esa traición inicua a su país, le digo: —¡Mienten!

¿O nos ha de echar atrás el miedo a las tribulaciones de la guerra, azuzado por gente impura que está a paga del gobierno español, el miedo a andar descalzo, que es un modo de andar, ya muy común en Cuba, porque entre los ladrones y los que los ayudan, ya no tienen en Cuba zapatos sino los cómplices y los ladrones? ¡Pues como yo sé que el mismo que escribe un libro para atizar el miedo a la guerra, dijo en versos, muy buenos por cierto, que la jutía basta a todas las necesidades del campo en Cuba, y sé que Cuba está otra vez llena de jutías, me vuelvo a los que nos quieren asustar con el sacrificio mismo que apetecemos, y les digo: —Mienten.

¿Al que más ha sufrido en Cuba por la privación de la libertad le tendremos miedo, en el país donde la sangre que derramó por ella se la hecho amar demasiado para amenazarla? ¿Le tendremos miedo al negro, al negro generoso, al hermano negro, que en los cubanos que murieron por él ha perdonado para siempre a los cubanos que todavía lo maltratan? Pues yo sé de manos de negro que están más dentro de la virtud que las de blanco alguno que concozco: yo sé del amor negro a la libertad sensata, que sólo en la intensidad mayor y natural y útil se diferencia del amor a la libertad del cubano blanco: yo sé que el negro ha erguido el cuerpo noble, y está poniéndose de columna firme de las libertades patrias. Otros le temen: yo lo amo: a quien diga mal de él me lo desconozca, le digo a boca llena: —Mienten. ¿Al español en Cuba habremos de temer? ¿Al español armado, que no nos pudo vencer por su valor, sino por nuestras envidias, nada más que por nuestras envidias? ¿Al español que tiene en el Sardinero o en la Rambla su caudal y se irá con su caudal, que es su única patria o al que lo tiene en Cuba, por apego a la tierra o por la raíz de los hijos, y por miedo al castigo opondrá poca resistencia, y por sus hijos? ¿Al español llano, que ama la libertad como la amamos nosotros, y busca con nosotros una patria en la justicia, superior al apego a una patria incapaz e injusta, al español que padece, junto a su mujer cubana, del desamparo irremediable y el mísero porvenir de los hijos que le nacieron con la estigma de hambre y persecución, con el decreto de destierro en su propio país, con la sentencia de muerte en vida con que vienen al mundo los cubanos? ¿Temer al español liberal y bueno, a mi padre valenciano, a mi fiador montañés, al gaditano que me velaba el sueño febril, al catalán que juraba y votaba porque no quería el criollo huir con sus vestidos, al malagueño que saca en sus espaldas del hospital al cubano impotente, al gallego que muere en la nieve extranjera, al volver de dejar el pan del mes en la casa del general en jefe de la guerra cubana? ¡Por la libertad del hombre se pelea en Cuba, y hay muchos españoles que aman la libertad! ¡A estos españoles los atacarán otros; yo los ampararé toda mi vida! A los que no saben que esos españoles son otros tantos cubanos, les decimos: —¡Mienten!

¿Y temeremos a la nieve extranjera? Los que no saben bregar con sus manos en la vida, o miden el corazón espantadizo, o creen que los pueblos son meros tableros de ajedrez, o están tan criados en la esclavitud que necesitan quien les sujete el estribo para salir de ella, esos buscarán en un pueblo de componentes extraños y hostiles la república que sólo asegura el bienestar cuando se le administra en acuerdo con el carácter propio, y de modo que se acendre y realce. A quien crea que falta a los cubanos coraje y capacidad para vivir por sí en la tierra creada por su valor, le decimos: —Mienten.

Y a los lindoros que desdeñan hoy esta revolución santa cuyos guías y mártires primeros fueron hombres nacidos en el mármol y seda de la fortuna, esta santa revolución que en el espacio más breve hermanó, por la virtud redentora de las guerras justas, al primogénito heroico y al campesino sin heredad, al dueño de hombres y a sus esclavos; a los olimpos de pisapapel, que bajan de la trípode calumniosa para preguntar aterrados, y ya con ánimos de sumisión, si ha puesto el pie en tierra este peleador o el otro, a fin de poner en paz el alma con quien puede mañana distribuir el poder; a los alzacolas que fomentan, a sabiendas, el engaño de los que creen que este magnífico movimiento de almas, esta idea encendida de la redención decorosa, este deseo triste y firme de la guerra inevitable, no es más que el tesón de un rezagado indómito, o la correría de un general sin empleo, o la algazara de los que no gozan de una riqueza que sólo se puede mantener por la complicidad con el deshonor o la amenaza de una turba obrera, con odio por corazón y papelachos por sesos, que irá, como del cabestro, por donde la quiera llevar el primer ambicioso que la adule, o el primer déspota encubierto que le pase por los ojos la bandera —a lindaros, o a olimpos, y a alzacolas— les diremos: —Mienten—. ¡Ésta es la turba obrera, el arca de nuestra alianza, el tahalí, bordado de mano de mujer, donde se ha guardado la espada de Cuba, el arenal redentor donde se edifica, y se perdona, y se prevé y se ama!

¡Basta, basta de meras palabras! Para lisonjearnos no estamos aquí, sino para palparnos los corazones, y ver que viven sanos, y que pueden; para irnos enseñando a los desesperanzados, a los desbandados, a los melancólicos, en nuestra fuerza de idea y de acción, en la virtud probada que asegura la dicha por venir, en nuestro tamaño real, que no es de presuntuoso, no de teorizante, ni de salmodista, ni de melómano, ni de cazanubes, ni de pordiosero. Ya somos uno, y podemos ir al fin: concocemos el mal, y veremos de no recaer; a puro amor y paciencia hemos congregado lo que quedó disperso, y convertido en orden entusiasta lo que era, después de la catástrofe, desconcierto receloso; hemos procurado la buena fe, y creemos haber logrado suprimir o reprimir los vicios que causaron nuestra derrota, y allegar con modo sincero y para fin durable, los elementos conocidos o esbozados, con cuya unión se puede llevar la guerra inminente al truinfo. ¡Ahora, a formar filas! ¡Con esperar, allá en lo hondo del alma, no se fundan pueblos! Delante de mí vuelvo a ver los pabellones, dando órdenes; y me parece que el mar que de allá viene, cargado de esperanza y de dolor, rompe la valla de la tierra ajena en que vivimos, y revienta contra esas puertas sus olas alborotadas . . . ¡Allá está, sofocada en los brazos que nos la estrujan y corrompen! ¡Allá está, herida en la frente, herida en el corazón, presidiendo, atada a la silla de tortura, el banquete donde las bocamangas de galón de oro ponen el vino del veneno en los labios de los hijos que se han olvidado de sus padres! ¡Y el padre murió cara a cara al alférez, y el hijo va, de brazo con el alférez, a pudrirse a la orgía! ¡Basta de meras palabras! De las entrañas desgarradas levantemos un amor inextinguible por la patria sin la que ningún hombre vive feliz, ni el bueno ni el malo. ¡Allí está, de allí nos llama, se la oye gemir, nos la violan y nos la befan y nos la gangrenan a nuestros ojos, nos corrompen y nos despedazan a la madre de nuestro corazón! ¡Pues alcémonos de manera que no corra peligro la libertad en el triunfo, por el desorden o por la torpeza o por la impaciencia en prepararla; alcémonos, para la república verdadera, los que por nuestra pasión por el derecho y por nuestro hábito del trabajo sabremos mantenerla; alcémonos para darles tumba a los héroes cuyo espíritu vaga por el mundo avergonzado y solitario; alcémonos para que algún día tengan tumba nuestros hijos! Y pongamos alrededor de la estrella, en la bandera nueva, esta fórmula del amor triunfante: "Con todos, y para el bien de todos".

El laúd en el destierro

imno del desterrado

Vagabundear es la palabra que mejor describe la vida y la obra del poeta cubano José María Heredia. Nacido de padres dominicanos, Heredia pasó su niñez viajando de un país a otro: de Cuba a Florida, Santo Domingo, Venezuela, México, y eventualmente, aunque por un corto período, de regreso a Cuba. Los libros fueron su hogar, especialmente los de autores clásicos a los que estudiaba y traducía. La poesía de Heredia está constituida por todas las convenciones de la estética neoclásica, estructuralmente relacionada con los modelos clásicos de la antigüedad como la oda, el himno y el canto, pero su lenguaje y sus temas, poblados por imágenes de soledad, desplazamiento, miedo, muerte, ruinas, sueños o pesadillas, resultan ya incuestionablemente románticos. Heredia estudió leyes en México y en la Universidad de La Habana. Durante su más largo período de residencia como adulto en Cuba (1821–1823), fue evidente su adhesión como miembro de los círculos liberales intelectuales que criticaban el comercio de esclavos y otras formas absolutistas del gobierno español. En 1823 las autoridades coloniales lo acusaron de estar involucrado en un plan revolucionario para derrocar el régimen español en la isla (conocido como "Soles y Rayos de Bolívar"). Heredia logró escapar a los Estados Unidos, donde vivió un año, y en 1825 se estableció permanentemente en México. Durante su corto desterrado en Nueva York compiló y publicó su primer libro de poesías y escribió algunos de sus textos más memorables, siendo uno de ellos el "Himno del desterrado" que fue escrito en 1825, cuando iba rumbo a su exilio final en México. Su himno llegó a ser el modelo a seguir por muchos poetas del exilio cubanos y puertorriqueños en Nueva York durante el siglo XIX. (ALO)

Lecturas: José María Heredia. *Poesías completas*. Miami: Ediciones Universal, 1970; Anónimo. *El laúd del desterrado*. Matías Montes-Huidobro, ed. Houston: Arte Público Press, 1995.

Reina el sol, y las olas serenas
corta en torno la prora triunfante,
y hondo rastro de espuma brillante
va dejando la nave en el mar.

¡Tierra! Claman; ansiosos miramos
al confín del sereno horizonte,
y a lo lejos descúbrese un monte . . .
Le conozco . . . ¡Ojos tristes, llorad!

Es el *Pan* . . . En su falda respiran
el amigo más fino y constante,
mis amigas preciosas, mi amante . . .
¡Qué tesoros de amor tengo allí!

Y más lejos, mis dulces hermanas,
y mi madre, mi madre adorada,
de silencio y dolores cercada
se consume gimiendo por mí.

Cuba, Cuba, que vida me diste,
dulce tierra de luz y hermosura,
¡cuánto sueño de gloria y ventura
tengo unido a tu suelo feliz!

¡Y te vuelvo a mirar . . .! ¡Cuán
        severo,
hoy me oprime el rigor de mi suerte!
La opresión me amenaza con muerte
en los campos do al mundo nací.

Mas, ¿qué importa que truene el
        tirano?
Pobre sí, pero libre me encuentro,
sólo el alma del alma es el centro:
¿qué es el oro sin gloria ni paz?

Aunque errante y proscripto me miro
y me oprime el destino severo,
por el cetro del déspota ibero
no quisiera mi suerte trocar.

Pues perdí la ilusión de la dicha,
dame ¡oh gloria! Tu aliento divino,
¿Osaré maldecir mi destino,
cuando puedo vencer a morir?

Aún habrá corazones en Cuba
que me envidien de mártir la suerte,
y prefieren espléndida muerte
a su amargo azaroso vivir.

De un tumulto de males cercado
el patriota inmutable y seguro,
o medita en el tiempo futuro,
o contempla en el tiempo que fue.

Cual los Andes de luz inundados
a las nubes superan serenos,
escuchando a los rayos y truenos
retumbar hondamente a su pie.

¡Dulce Cuba!, en tu seno se miran
en el grado más alto y profundo,
las bellezas del físico mundo,
los horrores del mundo moral.

Te hizo el cielo la flor de la tierra,
mas tu fuerza y destinos ignoras,
y de España en el déspota adoras
al demonio sangriento del mar.

¿Y qué importa que al cielo te tiendas
de verdura perenne vestida,
y la frente de palmas ceñida
a los besos ofrezcas del mar,
si el clamor del tirano insolente,
del esclavo el gemir lastimoso,
y el crujir del azote horroroso
se oye sólo en tus campos sonar?

Bajo el peso del vicio insolente
la virtud desfallece oprimida,
y los crímenes y oro vendida
de las leyes la fuerza ve.

Y mil necios, que grandes se juzgan
con honores al peso comprados
al tirano idolatran, postrados
de su trono sacrílego al pie.

Al poder el aliento se oponga,
y a la muerte contraste la muerte:
la constancia encadena la suerte,
siempre vence quien sabe morir.

Enlacemos un nombre glorioso
de los siglos al rápido vuelo:
elevemos los ojos al cielo,
y a los años que están por venir.

Vale más a la espada enemiga
presentar el impávido pecho,
que yacer de dolor en el lecho
y mil muertes muriendo sufrir.

Que la gloria en las lides anima
el ardor del patriota constante,
y circunda con halo brillante
de su muerte el momento feliz.

¿Y la sangre teméis . . . ? En las lides
vale más derramarla a raudales,
que arrastrarla en sus torpes canales
entre vicios, angustias y horror.

¿Qué tenéis? ¡Ni aun sepulcro seguro
en el suelo infelice cubano!
¿Nuestra sangre no sirve al tirano
para abono del suelo español?

Si es verdad que los pueblos no pueden
existir sino en dura cadena,
y que el cielo feroz los condena
a ignominia y eterna opresión:
de verdad tan funesta mi pecho
el horror melancólico abjura,
por seguir la sublime locura
de Washington y Bruto y Catón.

¡Cuba! Al fin te verás libre y pura
como el aire de luz que respiras,
cual las ondas hirvientes que miras
de tus playas la arena besar.

Aunque viles traidores le sirvan
del tirano es inútil la saña,
que no en vano entre Cuba y España
tiende inmenso sus olas el mar.

iguel Teurbe Tolón (1820–1857)

empre; *Cantar de las cubanas*

Hasta recientemente se creía que Miguel Teurbe Tolón había nacido en Pensacola, Florida, pero nueva información indica que nació en Matanzas, Cuba. Desde muy joven aprendió inglés, francés, italiano y latín y publicó su primer libro de poesías a la edad de veintiún años. En 1847 se convirtió en el editor de *El Aguinaldo Matancero* y publicó su novela *Lola Guara*. Sus convicciones antiespañolas lo forzaron al exilio en los Estados Unidos en 1848. En Nueva York fue corrector del *New York Herald* y fue nombrado secretario de la Junta de Anexión Cubana. Junto con los poetas cubanos Juan Clemente Zenea y Joaquín Santacilia, Teurbe Tolón publicó *El laúd del desterrado* (1856), una colección de poesía del exilio que se considera como la primera antología de literatura del exilio publicada en los Estados Unidos. Aprovechando un decreto de amnistía promulgado por las autoridades españolas en Cuba, regresó a su isla natal donde murió de tuberculosis el 16 de octubre de 1857. Teurbe Tolón era profundamente romántico. Únicas en imágenes y ricas en recursos retóricos, las siguientes selecciones se caracterizan por un sentimiento de nostalgia y soledad y una llamada a la emancipación cubana. (JBF)

Lecturas: Anónimo. *El laúd del desterrado*. Matías Montes-Huidobro, ed. Houston: Arte Público Press, 1995.

Siempre

Vivir en extraño suelo
rico y libre, mas no mío,
y ver en un pardo cielo
un sol que parece frío;
   Muertas dichas recordar
en mi encierro solitario,
y verlas todas pasar
envueltas en un sudario:
   Levantar, buscando a Dios,
mis tristes ojos en tanto,
y llorando ambos a dos,
no verles, ciegos de llanto:
   Soñar que a la patria torno,
que aire de Cuba respiro,
y abrir los ojos . . . y en torno
volverlos con un suspiro:

   Creer que en mis brazos cierro
la madre amorosa y cara,
y ver que un brazo de hierro
me rechaza y nos separa:
   Ver mi pasado ya muerto,
mi porvenir enlutado,
y más allá, en un desierto,
un sepulcro abandonado . . .
   Eso, eso noche y día,
y momento tras momento
es pensar que como arpía
se posa en mi pensamiento
y devora el alma mía.

Cantar de las cubanas

Coro
Destrenzad vuestros cabellos,
sedas y joyas dejad:
lloremos mientras no suene
¡el canto de Libertad!

veremos aparecer,
y más alto que los sones
de la fiesta, hondo gemido
vendrá a apagar el ruido
de las voces del placer.

I
Vestido está de tinieblas
nuestro patrio dulce Cielo:
vestido también de duelo
está nuestro corazón.

II
Entre la danza ruidosa,
fatídica sombra errante
de la Patria agonizante

III
No, no bañen nuestras frentes
del salón las luces vivas;
no vayamos cual cautivas
a la zambra del Sultán.
Nuestros ojos no se encuentren
con los ojos del Tirano
no se hiera nuestra mano
con su garra al tropezar.

IV

A un vil siervo nuestras almas
negar deben sus amores:
nuestros nobles amadores
hierro empuñen, ¡y a lidiar!

No haya más en nuestro pecho
que la Patria y la Esperanza:
sólo un grito—¡de Venganza!
sólo un canto—¡Libertad!

Pedro Santicilia (1826–1910)

España

"A España" es uno de los textos que aparecen en *El laúd del desterrado*, una importante colección de poesía publicada en la ciudad de Nueva York en 1858 por un grupo de cubanos exiliados comprometidos a terminar con el colonialismo español en su país. Desde su niñez, Pedro Santicilia conoció la amargura del destierro. En 1836, cuando apenas tenía diez años de edad, toda su familia fue deportada a España en medio de una campaña represiva dirigida por el infame capitán general español Miguel Tacón contra cualquier cubano que fuera sospechoso de simpatizar con ideas liberales o abolicionistas. Santicilia regresaría a Cuba en 1845 sólo para empezar una vida cultural y periodística de activismo y conspiración contra el régimen español. En 1852 fue de nuevo deportado a España por su participación en la conspiración separatista de Narciso López en 1848, y poco después logró llegar a Nueva York. Ahí continuó sus actividades revolucionarias como periodista y escritor en la vibrante comunidad de exiliados hispanoamericanos. Más tarde, Santicilia se estableció permanentemente en la ciudad de México, su país adoptivo, al casarse con una de las hijas del presidente Benito Juárez, y llegó a ser por séptima ocasión diputado en el congreso federal Mexicano. "A España" presenta muchas de las convenciones que se conocen en la historia literaria hispanoamericana como "poesía de emancipación". Tal poesía intenta hacer con palabras lo que los revolucionarios están haciendo con sus fusiles en el campo de batalla: consumar en términos simbólicos la más completa y profunda ruptura con la metrópoli que rigió el continente por más de cuatro siglos. (ALO)

Lecturas: José María Heredia. *Poesías completas*. Miami: Ediciones Universal, 1970; Anónimo. *El laúd del desterrado*. Matías Montes-Huidobro, ed. Houston: Arte Público Press, 1995.

Aún era yo muy niño y me contaban
Que fuiste grande y poderosa un
     tiempo,
Que tus naves llenaban el océano,
Que llenaba tu nombre el universo;
Que tus legiones por doquier
     triunfantes

Asombraban el mundo con sus hechos
Y que eran los hidalgos de tu tierra
Dechados de cumplidos caballeros;
Que temblaban de espanto las
     naciones
Al escuchar tu formidable acento,
Y que el sol sin cesar, en tu bandera

Alumbraba el escudo de tu pueblo.
Eso y aún más que guarda la memoria
De tu poder, España, me dijeron,
Y yo de Cuba en las remotas playas
Acariciaba cual dorado sueño,
La esperanza feliz de ver un día
Rico en recuerdos tu fecundo suelo.
Lleno de fe, con férvido entusiasmo,
Empapado en patriótico ardimiento,
Mil veces ¡ay! desde la verde orilla
De mi tierra infeliz, busqué a lo lejos,
Con ansiosa mirada hacia el oriente
La sombra de tus montes corpulentos,
Y mil veces a mil imaginaba
Mirar distante entre la mar y el cielo,
A través de las brumas y el espacio
La sombra aquella de tus montes
    bellos.
Así embriagado en dulces ilusiones,
Ignorante, feliz, niño inexperto,
Soñaba con tus bravos capitanes,
Soñaba con tus grandes monumentos,
Con tus bellas mujeres, con tus bardos,
Con tus fiestas, combates y torneos,
Y sin cesar, España, en la memoria,
Un culto consagraba a tus
    recuerdos . . .
—Pero el tiempo voló, con él volaron
De aquella edad los mágicos ensueños,
Y no más por el prisma del engaño,
Pude mirar, España, tus portentos.
El ídolo toqué que tantas veces
Admiraba inocente desde lejos,
Aparté los girones de su manto
Y el barro inmundo contemplé del
    cuerpo,
Entonces ¡ay! las ilusiones bellas
Que agitaban mi ardiente
    pensamiento,
Cual hojas por el cierzo arrebatadas,
Para más no volver desaparecieron.
¡Palpé la realidad!—El desencanto

Al entusiasmo sucedió en mi pecho,
Y en vez de admiración, sentí en el
    alma
Un sentimiento, España, de desprecio,
Porque vi tus ciudades despobladas,
Transformados tus campos en
    desiertos,
Convertidas tus fábricas en ruinas
Y sin bajeles tus antiguos puertos;
Y vi también la patria de Virriato
Emancipada del pendón ibero,
Y la roja bandera de Inglaterra
Dominando las aguas del Estrecho;
Y los hermanos contemplé—si
    hermanos
Alguna vez los españoles fueron—
Que en discordias civiles divididos
Se devoraban como tigres fieros,
Manchando así la tierra, que fecunda
Tantos laureles produjera un tiempo.
En vano interrogué—¿Dónde, decía,
Está de los fenicios el portento?
¿En qué lugar se ocultan de Cartago
Las riquísimas minas y el comercio?
¿Por qué no admiro de la antigua Roma
El pasado esplendor? ¿Por qué no
    encuentro
Los cármenes floridos y canales
Que dejara al partir Agareno?
¡Todo desapareció! Ruinas tan solo
Descubre la mirada del viajero
Al recorrer los solitarios campos
Fértiles por do quiera, pero yermos;
Y cual suele mirarse allá en el foso
De algún castillo que respeta el tiempo
Los reptiles inmundos que se agitan,
Y bullen, y se agrupan en el cieno;
Así también en derredor se miran
De tus ricos, grandiosos monumentos,
Bullir como reptiles en el fango,
Atrasados y bárbaros tus pueblos . . .
¡Desdichada nación!—Ayer tu nombre

Llenaba con su gloria el Universo,
Hoy . . . olvidada vives de la historia
Que menosprecia referir tus hechos.
¡Oh, si la frente alzaran del sepulcro
los que en Lepanto y San Quintín
    cayeron!
¡Cómo ruborizados la ocultaran,
Al contemplar las glorias de sus nietos!
¡Balanguinguí! ¡Joló! ¡Las Chafarinas!
¡Esas gloriosas son del pueblo ibero!
¡Después de los gigantes que pasaron
Sólo quedan . . . parodias de
    pigmeos . . . !
Para vencer tus invencibles naos
Fue preciso la cólera del cielo,
Mas vino Trafalgar, y tus escuadras
Una sombra no son de lo que fueron.
En África, y en Asia, y en Europa,
Se paseaban triunfantes tus guerreros,
Y no bastando a tu poder un mundo,
Otro mundo más grande te dio el cielo;
Pero tus hijos crueles y feroces,
De sangre, y oro, y de maldad
    sedientos,
Las inocentes tribus de aquel mundo
Devoraron cual buitres carniceros,
Y mil pueblos, y mil que allí vivían,
En tropel a la tumba descendieron . . .
Cayó del Anáhuac la monarquía
Y de los Incas sucumbió el imperio;
Atahualpa, Caonabo, Moctezuma,
Hatuey, Guatimozín . . . ¡todos
    cayeron!
Y apenas de sus nombres la memoria
Entre lágrimas guardan los
    recuerdos . . .
¡Sanguinaria nación! ¡Como Saturno
Devoraste los hijos de tu seno,
y después cual Caín, a tus hermanos
Sacrificaste con encono fiero.
Como el árbol del mundo americano
A cuya sombra que emponzoña el
    suelo,

Callan las aves y la planta muere,
Se marchita la flor y huye el insecto;
Así también a la funesta sombra
De tu pendón fatídico y sangriento,
Huye la libertad, cesa la industria,
Calla la ilustración, muere el progreso.
Hija de los desiertos africanos,
Parece que la mano del Eterno
Para librar de tu contacto a Europa
Hasta el éter alzó los Pirineos.
¿Qué se hicieron, España, tus laureles?
¿Qué se hicieron, tus ínclitos
    guerreros?
Tus conquistas, tus glorias de otros
    días,
Tus matronas, tus sabios, ¿qué se
    hicieron?
Apenas de ese inmenso poderío
Conservan ya tus hijos el recuerdo,
Que hasta el recuerdo de tu antigua
    gloria
Lo ignora, España, tu atrasado pueblo.
Generación raquítica y bastarda
De mendigos, y frailes, y toreros,
¿Cómo ha de comprender ¡ay! las
    proezas
Que acabaron sus ínclitos abuelos?
¿Cómo ha de comprender que hubo
    un Padilla
De noble audacia y corazón de fuego
El pueblo que en abyecta servidumbre
Dobla tranquilo a la opresión el
    cuello?
¿Cómo ha de comprender cuánto
    fue grande
El alma de Guzmán llamado el bueno,
La gente que enervada en los placeres
Ni tiene fe, ni fibra, ni denuedo?
¿Cómo admirar pudieran esos hombres
De espíritu servil y flaco aliento
La abnegación sublime de Numancia,
Ni de Sagunto los preclaros hechos?

448 ★ EN OTRA VOZ: ANTOLOGÍA DE LA LITERATURA HISPANA DE LOS ESTADOS UNIDOS

¡Hijos espúreos! ¡Raza degradada!
¡Degenerada estirpe de pigmeos!
¡Acaso con la fábula confunda
Las gloriosas hazañas de otros
    tiempos!
¡Acaso con escéptica sonrisa
La relación escuché como un cuento
De los hechos titánicos que un día
Renombre dieran al pendón ibero!
De tu inmenso poder, mísera España,
Sólo quedan memorias y recuerdos;
Las naciones que ayer te obedecían
Hoy pronuncian tu nombre sin respeto:

Y mañana la historia en sus anales
Escribirá con lágrimas tus hechos,
Y tus hijos . . . ¡tal vez aver-
    gonzados!
Maldecirán sus bárbaros abuelos . . .
Por eso con amargo desencanto
Vi tus ciudades, y estudié tus
    pueblos,
Y en vez de admiración, sentí en
    el alma
Un sentimiento, España, de
    desprecio.

Bonifacio Byrne (1861–1936)

Mi bandera

Conocido como el "Poeta de la Independencia Cubana", Bonifacio Byrne nació en Matanzas, ciudad conocida como la "Atenas de Cuba". Un frecuente articulista de los periódicos locales, Byrne publicó su primer poemario en 1893. Debido a su vinculación a la guerra de independencia, se exilió en Tampa, Florida, donde trabajó como lector en una fábrica tabaquera. Miembro fundador del Club Revolucionario Cubano de Tampa, Byrne fue comentarista para periódicos dirigidos a comunidades de exiliados, como *Patria, El Porvenir* y *El Expedicionario*. Regresó a Cuba de su exilio en 1899 y se convirtió en superintendente escolar en su ciudad natal. Autor de cinco poemarios, Byrne es reconocido por los críticos como un excelente poeta modernista, pero su fama se debe a su poesía patriótica. En ella, él alaba a los héroes y mártires de las luchas cubanas por la independencia así como los símbolos del nacionalismo cubano. En "Mi bandera", uno de los poemas más citados de la literatura cubana, Byrne demuestra su patriotismo y su fiero espíritu nacionalista al ver con desilusión, a su regreso a la isla, cómo la bandera norteamericana ondea junto a la cubana. (JBF)

Lecturas: *A Century of Cuban Writers in Florida*. Carolina Hospital y Jorge Cantera, eds. Sarasota: Pineapple Press, 1996.

Al volver de distante ribera,
con el alma enlutada, y sombría,
afanoso busqué mi bandera
¡y otra he visto además de la mía!

Con le fe de las almas austeras
hoy sostengo con honda energía
que no deben flotar dos banderas
donde basta con una: ¡la mía!

En los campos que hoy son un osario
vio a los bravos batiéndose juntos,
y ella ha sido el honroso sudario
de los pobres guerreros difuntos.

Orgullosa lució en la pelea,
sin pueril y romántico alarde:
¡al cubano que en ella no crea
se le debe azotar por cobarde!

En el fondo de obscuras prisiones
no escuchó ni la queja más leve,
y sus huellas en otras regiones
son letreros de luz en la nieve . . .

¿No la véis? Mi bandera es aquélla
que no ha sido jamás mercenaria,

y en la cual resplandece una estrella
con más luz, cuanto más solitaria.

Del destierro en el alma la traje
entre tantos recuerdos dispersos
y he sabido rendirle homenaje
al hacerla flotar en mis versos.

Aunque lánguida y triste tremola,
mi ambición es que el sol con su
      lumbre
la ilumine a ella sola— ¡a ella sola!—
en el llano, en el mar y en la cumbre.

Si deshecha en menudos pedazos
llega a ser mi bandera algún día . . .
¡nuestros muertos alzando los brazos
la sabrán defender todavía! . . .

a Rodríguez de Tió (1843–1924)

al 10 de octubre

"Oda al 10 de octubre" es un poema patriótico escrito por la puertorriqueña Lola Rodríguez de Tió en conmemoración del aniversario de la primera guerra de independencia cubana, conocida como la Guerra de los Diez Años (1868–1878). Se leyó públicamente por primera vez en la ciudad de Nueva York ante una audiencia de expatriados cubanos y puertorriqueños comprometidos con el fin del régimen colonial español en las islas. Muchos de los presentes en aquella ocasión habían sido forzados al exilio ante la reanudación de la insurgencia cubana en 1895. Rodríguez de Tió era bastante conocida en su época no sólo por su poesía sino también por sus convicciones liberales y por el apoyo que abiertamente le prestó a un fallido intento por independizar a Puerto Rico en 1868, conocido como el "Grito de Lares". En esa ocasión compuso la letra de una canción que más tarde habría de convertirse en el himno revolucionario de Puerto Rico, "La Borinqueña". Rodríguez de Tió fue desterrada de Puerto Rico en tres ocasiones por un gobierno colonial cada vez más intransigente y vigilante: de 1877 a 1879 (a Caracas); de 1889 a 1891 (a La Habana); y una tercera vez en 1896. En esta última ocasión se le obligó a exiliarse en la ciudad de Nueva York por apoyar públicamente la lucha de independencia cubana. En Nueva York se unió a la comunidad de exiliados caribeños de esa ciudad, pero en 1899 fijaría su residencia permanente en Cuba. Muchos de sus poemas exhiben las convenciones románticas del amor a la patria, y expresan el deseo político de unidad antillana. Posiblemente sus versos mejor conocidos (y con frecuencia atribuidos erróneamente a Martí) son: "Cuba y Puerto Rico son/de un pájaro las dos alas/reciben flores o balas/ en un mismo corazón". En 1910 Cuba correspondería el amor de esta hija puertorriqueña al nombrarla a la Academia Cubana de las Artes y las Ciencias. (ALO)

Lecturas: Lola Rodríguez de Tió. *Obras completas*. San Juan: Instituto de Cultura Puertorriqueña, 1968.

I

Aquí vengo a consagrar
como en noble monumento,
alma, lira y pensamiento,
de la patria en el altar.
Vengo mi puesto a ocupar,
y con voz propiciatoria
alzo mi canto en la memoria
de los mártires de ayer,
haciendo reverdecer
¡los laureles de su gloria!

II

Fecha solemne y bendita
Que encierra todo un poema,
Hoy como elocuente emblema
En nuestra mente palpita.
Con llanto y sangre está escrita
En cada pecho cubano,
Y aunque se ensañe el tirano
No la empañará el olvido;
¡que el llanto nunca es perdido
ni se hace el crimen en vano!

III

Por ti, Cuba idolatrada,
Muchos mártires cayeron,
Y muchas tumbas se abrieron
En tu tierra ensangrentada . . .
Mas ¿qué importa? libertada
Serás de la garra fiera,
Y he de ver en tu ribera
Sobre tus palmas flotar,
Al eco de mi cantar
¡los pliegues de tu bandera!

IV

Al evocar el pasado
entre los despojos yertos,
se ven tus caudillos muertos
surgir del sepulcro helado:
y es que de nuevo empeñado
está su nombre inmortal,
con el pueblo colosal
que en el dolor se agiganta,
y ni el martirio le espanta
¡ante el supremo ideal!

V

¡Céspedes, Martí, Agramonte!
¡Moncada, Crombet, Maceo!
¡Bien puede tanto trofeo
ensanchar el horizonte!
¡Alto su vuelo remonte
la Fama, si ha de alcanzar
héroes en que ve brillar
del sol tan vivos destellos,
que puede orgullosa en ellos
el triunfo inmortalizar!

VI

¡Ellos no han muerto! Aún alumbran
con su espíritu guerrero,
el glorioso derrotero
de otros héroes que se encumbran;
y vibran los corazones
agitándose en legiones
dignas de espartanas lides,
en pos de dos adalides
que asombran con sus acciones.

VII

Aunque se abra una tumba
en tu suelo cada día,
no temas que la energía
que arde en tus hijos, sucumba;
en vano el cañón retumba
con ronco estruendo de guerra,
si en el llano y en la sierra
se oye al eco repetir:
—¡Sabe el cubano morir
para libertar su tierra!—

VIII

Con esfuerzo que aún asombra,
Zayas al campo se lanza,
¡y a tan hermosa esperanza
hiere una bala en la sombra! . . .
¡Ni una vez mi labio nombra,
sin que se encienda en amor,
al que en su primer fulgor
cayo, sin cansar la espada,
en mitad de la jornada
simbolizando el valor!

IX

Pero ¡ah! Que su sangre humea
y clama al cielo piedad,
porque ya la humanidad
impune el crimen no vea.
La luz del sol centellea
sobre sus despojos fríos,
y al ver en hirvientes ríos
correr la sangre y el llanto,
ante el horror y el espanto
se hunde en los mares sombríos.

X

Es inútil la violencia
del déspota sanguinario,
si no levanta un calvario
donde enclavar la conciencia;
al grito de independencia
no hay pueblo que no despierte,
y no bendiga la suerte
de luchar por su rescate,
aunque en el rudo combate
¡halle por premio la muerte!

XI

Hay otra tierra . . . ¡la mía!
que con ardoroso empeño,
despierta del torpe sueño
que alargó la tiranía.
tal vez, tal vez llegue el día,
—en época no muy lejana—
en que a la patria cubana
siga en virtud y en valor,
ya que en su inmenso dolor
¡el mismo Dios las hermana!

XII

¡Pronto será, Cuba hermosa,
que la libertad querida,
abra mil fuentes de vida
en tu tierra generosa!
¡Una vez espada ociosa
y el rudo opresor rendido,
darás el odio al olvido,
y en tu gloriosa ribera
cubrirás con tu bandera
al vencedor y al vencido!

ancisco Gonzalo "Pachín" Marín (1863–1897)

emisario; Martí

"Pachín" Marín nació en Arecibo, Puerto Rico, el 12 de marzo de 1863, bajo el nombre de Francisco Gonzalo Marín Shaw. Desde muy joven mostró una inclinación hacia la literatura y la música. Marín empezó su carrera como periodista con la publicación de un periódico manuscrito y más tarde continuó su labor en periódicos locales. En 1887 fundó *El Postillón*, periódico en el cual criticaba el régimen español. Estas actividades provocaron su primer exilio en Santo Domingo, de donde fue también desterrado bajo la dictadura de Ulises Hereaux (1886–1889), empezando de esta manera su destino de eterno exilio. En 1892, publicó *Romances* en Nueva York, donde fue nombrado secretario del "Club Borinquen", centro revolucionario dedicado a la recaudación de fondos para la lucha por la independencia de Puerto Rico. En Nueva York conoció y entabló amistad con José Martí, a quien ayudó a publicar y distribuir propaganda revolucionaria cubana. En 1896, Marín decidió unirse al Ejército Cubano de Liberación y participó en la invasión de la isla bajo el General Máximo Gómez. El 26 de octubre de 1897 murió solo en un pantano víctima de la fiebre y del hambre. Murió a los 34 años sin haber visto a Puerto Rico o a Cuba liberados. Los poemas incluidos en esta selección, "El emisario" y "Martí", recurren a temas que se hacen comunes en la obra de Marín. En ambos encontramos como motivos principales el despertar de un pueblo hacia la lucha por la liberación de la patria, el exilio y el acoso de la muerte. (CV)

Lecturas: Francisco Gonzalo Marín. *Romances*. Nueva York: s.n., 1892; *En la arena*. Cuba: s.n., 1898.

El emisario

Soñé que había muerto.
Aún del cuadro el recuerdo me
    anonada:
un cuarto, dos blandones, mi cadáver
e, invisible, la ronda de la Trágica.
Allí una sociedad ceremoniosa
por el vestido, la actitud, el habla
y, a lo lejos, el ritmo melancólico
de las viudas campanas.

Entró mi novia, hermosa como
    nunca,
contempló mi faz pálida
y, al verla sollozar, quise ¡imposible!
levantarme y hablarla.
Luego vino mi madre. Estaba loca;
dio un grito la insensata,
y al besarme en los labios sentí
    adentro
desbordarse el torrente de mis
    lágrimas.

Reinó un instante de silencio, sólo
la estrofa funeraria
en ondas misteriosas del recinto
el ambiente poblaba.

De pronto resonaron en la puerta
de un hombre las pisadas.
Era un mancebo de mirar olímpico,
presencia varonil, noble, gallarda.
Entró arrastrando las espuelas de
    oro,
el fusil a la espalda,
al cinto un espadín y el chambergo
una de bronce *estrella solitaria*.

"Yo soy el emisario de Borinquen",
dijo con voz que manda.
"Basta ya de llorar; dejad al muerto
en poder de esas damas,
y venid como mi hueste formidable
a redimir a Puerto Rico esclava".

La conmoción eléctrica de Volta
se apoderó de mi alma;
volvió a correr la sangre por las venas,
radió la luz de nuevo en la mirada,
otra vez vi asomar en la memoria

el sol de la esperanza . . .
Me desprendí del ataúd de un salto,
a madre y novia las besé aterradas
y, después de abrazar al mensajero,
salí con él ciñéndome la espada.

rtí

Él era niño. La Habana,
tras noche lóbrega y fría,
de la embriaguez de una orgía
despertó aquella mañana.
Con su albornoz de sultana,
tinto en sangre de inocente
cubrió del niño la frente
en que, bruñido alabastro,
su luz reflejaba un astro
moribundo de Occidente.

Le habló. Su pueblo dormía
a la margen de un ribazo,
inerte el robusto brazo,
enteca el alma bravía.
Le dijo así: ¡Patria mía!
Esa frase solamente
oyó el indiano durmiente
y, de entre el cieno y la escoria,
se alzó asombrando a la Historia,
mirándola frente a frente.

Sintió el espanto letal
de aquella hecatombe odiosa
y vio la plebe asquerosa
erigida en tribunal.
Un gemido maternal
se alzó, en forma de plegaria,
pues mientras la victimaria
turba ¡a la Punta! decía,
un niño mártir se hundía
en la grieta presidiaria.

Vedlo. En frágil barquichuelo
surca las ondas azules.
¡Un tul perdido en los tules
de la inmensidad del cielo!
No llega con loco anhelo,
arma al brazo, el ojo alerta,
a profanar la desierta
isla que al nauta electriza . . .
¡Colón es quien esclaviza
y Martí quien la libera!

Hombre, traspuso el lindero
y luego, mustia frente,
como un fantasma doliente
corrió por el mundo entero.
De la libertad obrero,
lejos de los patrios lares,
levantó a su tierra altares
y, sacerdote ya ungido,
habló con su pueblo herido
por debajo de los mares.

Después ¡oh! negro cendal
cubra mi cítara enferma,
la Naturaleza yerma
cante un himno funeral.
Arrope noche glacial
estos pensamientos míos,
giman los bosques umbríos,
vista de duelo la palma,
que algo de Cuba y del alma
se ha despeñado en Dos Ríos.

Francisco Sellén (1836–1907)

Hatuey (fragmento)

Poeta, traductor y dramaturgo, Francisco Sellén estuvo profundamente relacionado con la lucha por la independencia cubana. Encarcelado por sus actividades revolucionarias en Cuba, escapó y se exilió en los Estados Unidos en 1868.
Desde entonces se convirtió en una fuerte y frecuente voz del exilio hispano en
la prensa. Comenzó publicando libros de poesía y traducciones del inglés y el
alemán en Nueva York en 1869. La obra de Sellén, *Hatuey,* se basa en documentos que provienen del más importante promotor de la Leyenda Negra
española, Fray Bartolomé de las Casas, quien en su *Breve relación de la destrucción de las Indias* detalla las atrocidades cometidas por los españoles durante la
conquista de las Indias. Sellén escoge la figura histórica de Hatuey como base
para el nacionalismo cubano porque los cubanos tenían una gran necesidad de
identificarse con una figura que no fuera española en su lucha por desarrollar una
identidad propia para el Nuevo Mundo. También se identificaba con la situación
difícil de los amerindios durante la conquista por los españoles. En *Hatuey,* Sellén identifica al amerindio como al *buen salvaje,* que vive en un tipo de paraíso
precolombino, el cual es destruido violentamente por los españoles. En la obra,
la resistencia contra los conquistadores y el entrejuego entre los traidores y los
leales que termina con la muerte de Hatuey son una representación perfecta de
las luchas por la independencia, los problemas internos de los revolucionarios y
el martirio general sufrido por los patriotas cubanos. Sellén se propone hacer de
Hatuey el primer drama nacional de Cuba. En la climática escena a continuación, Hatuey es martirizado por las autoridades españolas a pesar de la intervención de Las Casas, el protector de los indígenas. (MS)

Lecturas: Francisco Sellén. *Hatuey. Poema Dramático.* New York: A. Da Costa
Gómez, 1891.

Tienda de Velázquez

VELÁZQUEZ
Grijalva, ¿al prisionero habéis leído
La sentencia a morir entre las llamas
Por traidor y rebelde?

GRIJALVA
Ya dispuesto
A hacerlo a su prisión me
    encaminaba,
Mas el Padre Las Casas, a quien
    mueve
profundo celo por salvar las almas

De estas gentes, se había adelantado,
Y no creí oportuno . . .

VELÁZQUEZ
Bien, Grijalva,
Suspended por ahora la sentencia.
(*Sale* GRIJALVA.)
A la súplica ardiente, a las instancias
Del buen Las Casas he cedido, y
    pronto
Aquí estará el rebelde cuya causa
Con tanto fuego defendió: le lleva

Lejos su ardor, su corazón le engaña.
No es lo mismo ganar almas al cielo,
Que gobernar provincias conquistadas.
Mi autoridad, al consentir, padece
Mas ya se acerca: pero ¡qué
    arrogancia!
Buen augurio no es.
(*Entra* HATUEY *rodeado de
    guardas.*)
Dejadnos solos.

HATUEY
Cacique de cristianos, ¿qué me
    mandas?

VELÁZQUEZ
La ley a perecer en una hoguera
Te ha condenado: en tu defensa habla.

HATUEY
¿Qué puedo yo decir? ¿Por qué el
    cristiano
Mi libertad, mi suelo me arrebata,
Y a morir me condena?

VELÁZQUEZ
Traidor fuiste.

HATUEY
¿A quién traidor he sido?

VELÁZQUEZ
A tu monarca,
Que es mi señor y tu señor: revelad
Contra su autoridad te alzaste en armas.

HATUEY
No soy rebelde ni traidor: yo libre
Como el viento nací, como las aguas,
Y como el guaraguao que donde
    quiera
Tiende el vuelo y anida en las
    montañas.

Jamás tuve señor: vivir no puedo,
Como el guaní, si libertad me falta.
Por lo mío he luchado: la justicia
Se encuentra de mi parte.

VELÁZQUEZ
¡Cuánta audacia!
¿Naciste por ventura en este suelo
Donde usurpas el mando? ¿De
    Guajaba
No eras cacique? Di, ¿no abandonaste
Tu suelo, y a excitar la desconfianza
Y el odio hacia el cristiano aquí
    viniste?

HATUEY
Extraño aquí no soy: ésta es mi raza.
Cuando al furor y a la codicia vuestra
La tierra en que nací quedó entregada;
Cuando libre, cual antes, ya no pude
Regir mi pueblo; y, obediente esclava,
Nuevos Semíes adoró Quisqueya,
Al suelo de mis padres di la espalda.
Por bien de los míos aquí vine;
Tú, por su mal, pusiste aquí las plantas.

VELÁZQUEZ
Nos trajo un noble fin, un alto objeto.
Fuera están del alcance de tu raza.
Nuestras virtudes: el honor nos guía,
La religión nos mueve.

HATUEY
¿De qué hablas?
Os guía sed de oro inextinguible;
Una codicia que jamás se sacia:
La perfidia en vosotros se aposenta;
La piedad no halla asilo en vuestras
    almas.
¿Qué os merece respeto? ¿Qué hay
    sagrado
Para vosotros? ¿No cayó engañada,

Con frases de amistad, en manos tuyas
Anacaona Hermosa, y en las llamas
El ciego amor a que a los cristianos
   tuvo
Recompensado fue?

VELÁZQUEZ
¡Por Cristo! ¡Basta!
De mi paciencia y mi bondad abusas.
Si oirte me he dignado, es a Las
   Casas
A quien lo debes: al traidor tan sólo
Con la hoguera o el hierro se le habla.

HATUEY
Arráncame la vida: hacia el cristiano
Me anima intensa e implacable saña
Mientras en Cuba el español impere,
Odio es mi oficio, mi virtud venganza.

VELÁZQUEZ
Pues lo quieres, hare que en ti se
   cumpla
El fallo de la ley. ¡Entren los guardas!

HATUEY
La muerte para mí la bienvenida
Más que la muerte el español me
   espanta.
(*Entran los guardas.*)

VELÁZQUEZ
Al prisionero maniatad: llevadle
De nuevo a su prisión, y que Grijalva
Venga al punto
(*Salen los guardas con* HATUEY.)
¡La cólera me ahoga!
No sé cómo paciencia tuve tanta,
Y para castigar sus demasías
No le corté la lengua con mi espada.
(*Entra* GRIJALVA.)
Grijalva, que se cumpla la sentencia
Y expíe su traición en vivas llamas.

Partid al punto, y no se pierda tiempo.
El padre Franciscano con él vaya:
De todo en cargo estáis: mas mucho
   importa
Que Fray Bartolomé no sepa nada.
Conocido es su amor hacia esas
   gentes,
Y ahorrar quiero un dolor al buen
   Las Casas.

GRIJALVA
Quedarán vuestras órdenes cumpli-
   das
Como queréis.
(*Sale.*)

VELÁZQUEZ
(*Solo, paseándose en la tienda*)
Su muerte es necesaria;
Necesario también un escarmiento
Y queda así la paz asegurada.
(*Pausa.*)
Mas ¿no es aquel Las Casas?
   Sí . . . dirige
Sus pasos hacia aquí . . . Nueva
   campaña
Tendré que sostener . . . ¿Habrá
   sabido? . . .
Pues bien: le haré perder toda
   esperanza.
(*Entra* LAS CASAS.)

LAS CASAS
¿Es acaso verdad que habéis resuelto
Que se ejecute al punto la sentencia?
¿El prisionero ha de morir?

VELÁZQUEZ
Sí, Padre.

LAS CASAS
¿Por qué, señor, andar con tanta
   priesa?

¿Por qué precipitarse? Yo esperaba
No ver aquí brillar la horrible
   hoguera
Que en la Española ardió.

VELÁZQUEZ
Padre, es preciso.
Rencor, venganza y odio sólo alienta
Ese rebelde: influjo entre los suyos
Tiene, y ha de emplearlo en contra
   nuestra.

LAS CASAS
Considerad, señor, que es un salvaje.
Mudables pensamientos sólo
   expresa,
Sensaciones no más: Almas de niño,
Quieren después lo mismo que
   desechaban;
Y castigar a un niño fuera crimen:
Y el salvaje ¿qué es?

VELÁZQUEZ
Tened en cuenta
Que un saludable ejemplo es
   necesario.

LAS CASAS
Nunca fue necesario la crudeza,
Y al cabo el triunfo de la bondad
   obtiene.
¿No está ya en nuestras manos?
   ¿Qué pudiera
Hacer o maquinar?— Inerme, solo,
Aniquiladas las mezquinas fuerzas
Con que oso resistir, en vanas voces
Dejad que exhale sus fundadas quejas.
Para él, perdón.

VELÁZQUEZ
Debilidad sería.

LAS CASAS
Patrimonio del fuerte es la clemencia:
Magnánimo es el grande.

VELÁZQUEZ
Mas a veces
El rigor es virtud

LAS CASAS
¡Virtud funesta!
La sangre derramada, sangre pide;
Y odios, venganzas y rencores siembra.

VELÁZQUEZ
Verter alguna a tiempo nos evita
Mucha más derramar.

LAS CASAS
Tal vez prudencia
Lo llamen, o quizá razón de Estado:
No lo sé; mas también hay una excelsa
Virtud, —la caridad.

VELÁZQUEZ
Digno de Las Casas:
Un rigor aparente es la represa
Que males pronto a desbordar
   contiene.
También a veces amputar se ordena
Un miembro, y se conserva así la vida.

LAS CASAS
De humano tenéis fama . . . Pero vuela,
Vuela el tiempo, señor: con cada
   instante
La hora del suplicio se acelera.
No pido su perdón: tan sólo quiero
Una prórroga, un plazo; porque lenta
La justicia ha de ser, de Dios imagen,
Que castiga a vuestras plantas: yo
   os suplico
Que suspendáis al punto la
   sentencia . . .

Piedad, señor, piedad, o no me
muevo . . .

VELÁZQUEZ
¡Alzad, oh Padre! ¡Alzad por vida
vuestra!
Que se haga cual pedís.

LAS CASAS
Gracias, Velázquez.
Os lo premie el Señor con dicha
eterna.
(*Sale.*)

VELÁZQUEZ
(*Después de breve pausa.*)
¡Insensata piedad! . . . Aunque yo
espero
Que ya Luzbel le tiene de su
cuenta . . .
(*Se pasea en silencio.*)
Mas ¿qué pasa? Rumor de voces oigo
(*Se dirige a la puerta y mira al campo.*)
Los soldados en torno se congregan
De un objeto . . . Ordaz viene . . .
(*Entra* ORDAZ.)
Y bien ¿qué ocurre
En nuestro campo, Ordaz? ¿Una
querella?

DIEGO DE ORDAZ
Señor, la joven india a quien yo debo
la vida, sin aliento en la ribera
Del río yace.

VELÁZQUEZ
¿Lastimada acaso?
¿Necesita auxilios?

Ha de pagar quien fuere . . .

DIEGO DE ORDAZ
No: ya es muerta.

VELÁZQUEZ
¿Muerta decís? El crimen con la vida
Ha de pagar quien fuere . . .

DIEGO DE ORDAZ
Ha sido ella.
Ella misma, señor, un fin violento
Puso a la vida suya.

VELÁZQUEZ
¿En qué manera?

DIEGO DE ORDAZ
Visitó esta mañana al prisionero:
Lo que hubo entre los dos, misterio
queda.
Mas tenida era en precio entre los
suyos;
Lirio la apellidaban, predilecta
Joya y amor de todos, y la hermana
Del indio aquel que en amistad
estrecha
Estaba con Hatuey. Salir la vieron
Llorosa, las facciones descompuestas;
Vagar después a solas cabe el río;
Y luego detenerse en la ribera,
Y alejarse, y volver; y de repente,
Allí donde las aguas más se encrespan
Y forman remolinos, arrojarse.
Corrimos en su auxilio: vana empresa;
Pues si bien cual un pez nadar sabía,
Su empeño en acabar con la existencia
Fue tal, que rastro de ella en la
corriente
No había; y cuando al fin entre las
hierbas
Que cubren un remanso de las aguas
Flotar la vimos, ya cadáver era.
¡Pobre moza!

VELÁZQUEZ
Traedla al campamento,
Y que la entierren como Dios ordena.

Campos de Yara

HATUEY

Este el campo es de Yara donde muero:
Las selvas estas son, los prados verdes,
El sol, el mar, el cielo, el monte, el río
Que libre contemplé, que tantas veces
Yo libre recorrí, pero que ahora
A mis ojos por vez postrera esplenden.
¡Suelo que mis cenizas hoy fecundan!
¡Campos que dejo esclavos! Para
    siempre
mi despedida os doy. Mas en vosotros,
en lunas por venir, para nuestras gentes
También ha de empezar dura
    enseñanza.
¡Feliz quien de tu sol el brillo viere,
¡Oh! grande, suspirado, hermoso día
De redención! Tu luz baña mi frente.
Se abre ya lo futuro ante mis ojos;
Y ya morir, Hatuey, tranquilo puedes.
Una secreta voz en mi proclama
Que aquello que la fuerza sola
    adquiere,
Cuanto la fuerza ejecutar ordena,
Y cuanto por la fuerza se mantiene,
Del Semí la sanción jamás obtuvo
Y por la fuerza, al fin, también
    perece.—
A la hoguera arrojadme: estoy
    dispuesto.

EL PADRE FRANCISCANO

A fin más alto el pensamiento vuelve.
No has de perder el alma: hay otra
    vida.
El cuerpo va a la tierra, tras la muerte;
Y el alma, o bien disfruta eternos
    goces,
O tormentos innúmeros padece.

HATUEY

¿Qué hacer para alcanzar la
    ventura tanta?

EL PADRE FRANCISCANO

Renuncia a tus Semíes para siempre,
Y culto rinde a nuestro Dios; entonces
En el cielo hallarás dicha perenne:
Mas si te niegas, a un horrible
    infierno
Irás, del que jamás salir esperes.

HATUEY

¿Van al cielo los españoles?
    ¿Y cristianos
al cielo van también?

EL PADRE FRANCISCANO

Entrada tienen
Los buenos, nada más.

HATUEY

No quiero entonces
Ir ni siquiera do los buenos fueren:
Que el infierno es mejor, sin su
    presencia,
Que un cielo donde esté esa inicua
    gente.
(*Entra resueltamente en la hoguera.
Profundo silencio de algunos
momentos:* EL PADRE FRAN-
CISCANO *se arrodilla.*)

GRIJALVA

¡Vive Dios que el salvaje tiene bríos
Y como un héroe de otros tiempos
    muere!
(*Entra* LAS CASAS.)

LAS CASAS

En el nombre del Rey, que se suspenda
La ejecución.

GRIJALVA

Muy tarde la orden viene.

LAS CASAS

¡Funesta prontitud! . . . Tal vez sea
    tiempo . . .

GRIJALVA
(*Señalando la hoguera.*)
Es tarde: ya a otro mundo pertenece.
(*Pausa de unos momentos de
solemne silencio.*)

LAS CASAS
(*Arrodillándose: muchos le imitan.*)
Señor, que te encarnaste en forma
humana
Para salvarnos de la eterna muerte;

Que el dolor de ser hombre conociste,
Y sus errores a piedad te mueven;
Que ves en el abismo de las almas,
Y la flaqueza humana compadeces;
Que juzgas las acciones de los
hombres
Por tus divinas, ignoradas leyes:
Abre tu cielo al infeliz salvaje,
Y perdón sus verdugos en ti
encuentren.

José Martí (1853–1895)

I; V; XXXIX

Versos sencillos es la obra más conocida de José Martí, y fue el segundo y último poemario publicado en vida del autor (1891). Popularizados en la famosa canción "Guantanamera", muchos de estos versos son cantados con el corazón por todo el mundo hispano, formando parte activa de la memoria poética de la cultura. En contraste con las formas más complejas desplegadas por Martí en sus poemas de los años ochenta (ver "Amor de ciudad grande" en esta antología), en *Versos sencillos,* según el título sugiere, Martí habría de recurrir a estructuras poéticas más apegadas a formas tradicionales de la poesía popular en lengua castellana: el verso octosílabo, la cuarteta y el cuarteto (estrofas de cuatro versos con rima abab, o ABBA) y la simetría rítmica. Mas esta simplicidad es engañosa. Los *Versos sencillos* son complejos tanto en sus implicaciones filosóficas como en sus contextos políticos. En un nivel, estos versos pueden ser leídos como una muy sutil y personal respuesta de Martí ante una nueva amenaza colonial: el despegue del moderno imperialismo norteamericano. Aquí el himno del exiliado deja atrás las quejas contra España (con su retórica engolada) para contender mediante otros lenguajes con una nueva cultura política. El poemario fue escrito en 1891, poco después de que Martí participara en una conferencia monetaria internacional convocada por el gobierno de Washington con el fin solapado de asegurar la preponderancia comercial de los Estados Unidos sobre el resto de la América. Martí reacciona horrorizado ante esa posibilidad, que para él implicaba ponerle cortapisas a la soberanía política de la América hispana y a sus posibilidades de desarrollo económico. Una vez terminada la conferencia, Martí acaba exhausto y enfermo, y su médico le ordena reposo inmediato en el campo. En pacífica proximidad con la naturaleza, Martí habría de escribir estos versos exquisitos y formalmente equilibrados, despojados de beligerancia o heroísmos enfáticos, y atravesados por la asordinada nostalgia de una armonía ya del todo imposible en el mundo moderno. (ALO)

Lecturas: José Martí. *José Martí: Major Poems. A Bilingual Edition.* Philip S. Foner, ed. Trad. Elinor Randall. New York: Holmes & Meier Publishers, 1982; *Simple verses.* Trad. Manuel A. Tellechea. Houston: Arte Público Press, 1997.

I

Yo soy un hombre sincero
De donde crece la palma,
Y antes de morirme quiero
Echar mis versos del alma

Yo vengo de todas partes,
Y hacia todas partes voy:
Arte soy entre las artes,
En los montes, monte soy.

Yo sé los nombres extraños
De las yerbas y las flores,

Y de mortales engaños,
Y de sublimes dolores.

Yo sé bien cuando el mundo
Cede, lívido, al descanso,
Sobre el silencio profundo
Murmura el arroyo manso.

Todo es hermoso y constante,
Todo es música y razón,
Y todo, como el diamante,
Antes que luz es carbón.

V

Si ves un monte de espumas
Es mi verso lo que ves:
Mi verso es un monte, y es
Un abanico de plumas.

Mi verso es como un puñal
Que por el puño echa flor:
Mi verso es un surtidor
Que da un agua de coral.

Mi verso es de un verde claro
Y de un carmín encendido:
Mi verso es un ciervo herido
Que busca en el monte amparo.

Mi verso al valiente agrada:
Mi verso, breve y sincero,
Es del vigor del acero
Con que se funde la espada.

XXXIX

Cultivo una rosa blanca,
En julio como en enero,
Para el amigo sincero
Que me da su mano franca.

Y para el cruel que me arranca
El corazón con que vivo,
Cardo ni oruga cultivo:
Cultivo una rosa blanca.

CAPÍTULO 16

Contra la tiranía

Andrea Villarreal (1881–?)
Teresa Villarreal (fechas desconocidas)

¿Qué hacéis aquí hombres? Volad, volad al campo de batalla

Andrea y Teresa Villarreal fueron dos apasionadas revolucionarias, miembros del Partido Liberal Mexicano que compartieron el exilio con su hermano, Antonio Villarreal, y los hermanos Flores Magón, entre otros. Desde su exilio en San Antonio, Texas, las hermanas fueron la vanguardia del feminismo mexicano, así como insurgentes y fundadoras de su propio periódico: *El Obrero* (1909), editado por Teresa; y *La Mujer Moderna* (1915–1919), editado por Andrea. También escribieron para otro de los primeros periódicos feministas-insurgentes, *Vesper,* así como para el famoso periódico de Flores Magón, *Regeneración,* el que fue clausurado en varias ocasiones por agentes del gobierno norteamericano bajo pretexto de que violaba las leyes de neutralidad. En el siguiente ensayo publicado el 21 de enero de 1911 en *Regeneración,* las hermanas Villarreal postulan la explotación del trabajador mexicano en los Estados Unidos como base para su exhortación de convertirlos en revolucionarios en su propia tierra. Terminan su defensa en apoyo de la revolución al citar a otro famoso escritor revolucionario en el exilio, Santiago de la Hoz, establecido en Laredo, Texas. La familia Villarreal regresó a México después de la Revolución, y en 1952 Andrea Villarreal solicitó la Medalla Mexicana de la Revolución como reconocimiento a su participación en los periódicos insurgentes. Antonio Villarreal fue derrotado en tres ocasiones en su candidatura para la presidencia de México. (NK)

Lecturas: Nicolás Kanellos y Helvetia Martell. *Hispanic Periodicals in the United States: A Brief History and Bibliography.* Houston: Arte Público Press, 2000.

No la plegaria doliente y aterida ha de brotar de nuestros corazones que el infortunio ha sido impotente para domeñar.

La adversidad que abate y quiebra voluntades frágiles, es fuente inagotable de aliento y fortaleza para los espíritus que en la lucha encuentran la satisfacción de altos anhelos.

Mujeres somos; pero no hemos sentido flaquezas que nos empujen a abandonar la pelea. Mientras más punzante era el dolor que nos hería, más se acrecentaba el cariño que profesamos a la causa de la libertad. Porque hemos sufrido sin que nos embargue el vértigo de arrepentimientos cobardes, derecho tenemos a elevar nuestra voz que convoca a la acción; derecho tenemos a demandar entereza de los que vacilan, a aguijonear a los rezagados, a sacudir a los indiferentes y apostrofar a los viles.

Nos dirigimos a vosotros, mexicanos que residís en los Estados Unidos. En las montañas de Chihuahua, en Sonora, Veracruz y diez estados más, vuestros hermanos luchan esforzados contra el despotismo que por espacio de seis lustros ha entorpecido el progreso del pueblo mexicano. Bravos y abnegados han sacrificado su bienestar y arriesgan su vida en el santo empeño de conquistar la libertad. Tienen que contender con los recursos enormes de la Dictadura; con el oro que la Dictadura arrebata a la Nación y lo convierte en ametralladoras y fusiles que vomitan la muerte; tienen que contender con un ejército de forzados embrutecidos por la disciplina y por la disciplina transformados en máquinas de asesinar; y sobre todo, tienen que contender con la morbosa apatía de millones de esclavos que no se animan a tomar el fusil para emanciparse, que acostumbrados a oprobiosa servidumbre, no alcanzan a concebir que tienen derecho a una vida mejor y que ese derecho fácilmente pueden obtenerlo, rebelándose contra aquellos que se los han arrebatado.

Hay otro obstáculo con que tropieza el movimiento insurreccional: la dificultad de conseguir fusiles y pertrechos de guerra en territorio mexicano. ¡Cuántos valientes no se lanzan a la revolución porque les es materialmente imposible adquirir armas de fuego en los dominios de Porfirio Diaz! El Gobierno mexicano ha recogido los fusiles que había en tiendas y armerías y los tiene almacenados en los grandes centros donde hay fuertes destacamentos de la Federación.

Mexicanos que vivís en los Estados Unidos: en este país hay fusiles en abundancia a la disposición de quien quiera comprarlos. Armaos e id a México. No os incitamos a que violéis las leyes de neutralidad. No. Comprar un fusil en este país y cruzar la línea individualmente con el propósito de reunirse a las fuerzas insurgentes que operan en suelo mexicano, no es un delito en contra de las leyes americanas.

Sacudid vuestra indolencia y volad, volad al campo de batalla donde el rebelde heroísmo ataca, fulmina, forcejea y vence o muere: si vence, el advenimiento de la libertad se acerca; si muere, el gesto de la agonía se transfigura en símbolo de gloria.

O ¿qué . . . ? ¿Teméis a la muerte? No seáis avaros de la mísera existencia que arrastráis, cadena pesada de infinitas desventuras. ¿Podréis acaso creer por un momento que es digna de vivirse la vida que alentáis, o mejor dicho, la vida que sufrís? Escuchadnos. Hablamos a los desheredados, a los proscritos, a los jornaleros mexicanos que vagan por este suelo cual nómadas hambrientos, en busca de trabajo y de pan. Se os roba descaradamente el fruto de vuestra labor; por el hecho de ser mexicanos se os paga menos que a los individuos de cualquier otra raza; se os desprecia, se os ultraja. ¿Qué placeres disfrutáis que puedan haceros amable la existencia? ¿Es un placer trabajar, trabajar sin cesar en beneficio de los que saben enriquecerse con el trabajo ageno? ¿Es un placer sacrificar constantemente fuerza y vitalidad en la ingrata faena diaria, hasta llegar al agotamiento físico o hasta contraer enfermedades que os imposibiliten para ganaros el sustento y os arrojen a la mendicidad? ¿Es un placer encontrar siempre en el hogar, al regreso del trabajo, los mismos cuadros sombríos de la miseria odiosa: la familia amontonada en un tugurio infecto y sin luz, la esposa prematuramente envejecida por la congoja y las privaciones, los chichuelos harapientos, escasos de alimentación y de enseñanza, acercándose a la edad en que, como el padre, han de ser uncidos al yugo de la servidumbre: única herencia que deja a los trabajadores de mañana esta generación dócil y envilecida . . . ?

¿Qué hacéis aquí, hombres? Dondequiera hallaréis fusiles, parque y dinamita. Id, id a México a ejecutar sicarios y a conquistar para vosotros y vuestros hijos: TIERRA Y LIBERTAD.

No dejéis abandonados a vuestros hermanos que se han levantado en armas contra el despotismo; ni tampoco penséis que sólo los mexicanos que viven en México tienen el deber de combatir por la libertad. El mismo deber pesa sobre vosotros y vosotros tenéis infinitamente más facilidades que ellos para conseguir armas.

Un fusil con dotación de 200 cartuchos convierten al esclavo en hombre. Obrad como hombres, mexicanos que residís en los Estados Unidos. Daos prisa en armaros y salvad rápidamente la distancia que os separa de los campos de batalla.

Mas si titubeáis, si el miedo os detiene, si el espectro de la muerte os produce sacudimientos de pavor y os obliga a permanecer alejados del peligro; si carecéis de valor para cumplir con vuestros deberes, dejad que arrojemos a vuestros rostros, huérfanos de decoro, los versos candentes de Santiago de la Hoz:

¡Pueblo: levanta tu cerviz airado
Y lánzate a los campos de combate!
Y si eso no haces si la Diosa Astrea
En vano auxilio de tu honor implora,
Si no levantas la incendiaria tea,
Si no brilla en tus ojos una aurora
De furia vengadora;
¡Mientras clame humillada la justicia,

Mientras el César triunfe y duerma
	Bruto,
Mientras mi amada Patria esté de
	luto:
Yo, en vez de la caricia,
Con que te halaga el orador cobarde,
Fustigaré tu miedo y tu impudicia
Con la palabra que revienta y arde!

nrique Flores Magón (1877–1954)

imno revolucionario

Entre las muchas figuras de la política mexicana que llegaron a los Estados Unidos como exiliados durante el porfiriato, estuvieron los hermanos Flores Magón: Jesús, Ricardo y Enrique. Como miembros declarados del movimiento progresista de México, en 1900 empezaron publicando *Regeneración*, un periódico semanal en la ciudad de México. En su origen, denunciaban los excesos del gobierno represivo del presidente mexicano Porfirio Díaz, para posteriormente condenar la injusticia de la propiedad privada de la tierra. Fueron arrestados y encarcelados en varias ocasiones por atreverse a retar abiertamente al presidente, a los líderes políticos locales y a los influyentes terratenientes. Los hermanos finalmente dejaron México y se establecieron en San Antonio y más tarde en Los Ángeles y Saint Louis, donde continuaron publicando *Regeneración* con el apoyo monetario de los liberales mexicanos, entre los que se incluía Francisco I. Madero, quien en 1911 logró suceder a Díaz en la presidencia. La siguiente selección captura el radicalismo de los hermanos. Enrique, su autor, invoca al proletariado mexicano a rebelarse contra el opresor y tomar la tierra privada que legítimamente le pertenece. (ChT)

Lecturas: Dirk W. Raat. *Revoltosos: Mexico's Rebels in the United States, 1903–1923*. College Station: Texas A&M University Press, 1981.

Proletarios: al grito de guerra,
Por Ideales luchad con valor;
Y expropiad, atrevidos, la tierra
Que detenta nuestro explotador.

I

Proletarios: precisa que unidos
Derrumbemos la vil construcción
Del Sistema Burgués que oprimidos
Nos sujeta con la explotación;
Que ya es tiempo que libres seamos
Y dejemos también de sufrir.
Siendo todos iguales y hermanos,
Con el mismo derecho a vivir.

Proletarios: al grito de guerra, etc.

II

Demostremos que somos con-
    scientes,

Y que amamos la Idea de verdad,
Combatiendo tenaces de frente
Al rico, al fraile y a la Autoridad:
Pues si libres queremos, hermanos,
Encontrarnos algún bello día.
Es preciso apretar nuestras manos
En los cuellos de tal Trilogía.

Proletarios: al grito de guerra, etc.

III

Al que sufra en los duros presidios
Por la Causa de la Humanidad,
Demos pruebas de ser sus amigos
Y luchemos por su libertad.
Que es deber arrancar de las garras
De los buitres del Dios Capital
A los buenos que, tras de las
    barras,
Amenaza una pena mortal.

Proletarios: al grito de guerra, etc.

IV

Si en la lucha emprendida queremos
Conquistar nuestra emancipación,
Ningún Jefe imponerse dejemos,
E impidamos así una traición.
Pues los hombres que adquieren un puesto
En el cual ejercer un poder,
Se transforman tiranos bien presto
Porque el medio los echa a perder.

Proletarios: al grito de guerra, etc.

V

Proletarios: alzad vuestras frentes,
Las cadenas de esclavos romped.
Despojaos de prejuicios las mentes
Y las Nuevas Ideas aprended.
¡Y al llamar del clarín a la guerra,
Con arrojo al combate marchad
A tomar para siempre la Tierra
Y también a ganar Libertad!

Proletarios: al grito de guerra,
Por Ideales luchad con valor;
Y expropiad, atrevidos, la tierra
Que detenta nuestro explotador.

Ricardo Flores Magón (1873–1922)

La intervención y los presos de Tejas (fragmento)

Entre las muchas figuras de la política mexicana que llegaron a los Estados Unidos como exiliados durante el porfiriato, estuvieron los hermanos Flores Magón: Jesús, Ricardo y Enrique. Como miembros declarados del movimiento progresista de México, en 1900 empezaron a publicar *Regeneración,* un periódico semanal en la ciudad de México. En su origen, denunciaban los excesos del gobierno represivo del presidente mexicano Porfirio Díaz, para posteriormente condenar la injusticia de la propiedad privada de la tierra. Fueron arrestados y encarcelados en varias ocasiones por atreverse a retar abiertamente al presidente, a los líderes políticos locales y a los influyentes terratenientes. Los hermanos Flores Magón finalmente huyeron de México y se vinieron a los Estados Unidos donde continuaron publicando *Regeneración* —primero en San Antonio y después en Los Angeles y San Luis— con el apoyo monetario de los liberales mexicanos, entre los que figuraba Francisco I. Madero, quien en 1911 fue elegido presidente de México. La siguiente selección publicada en 1914 logra capturar el radicalismo ideológico de los hermanos. Ricardo, su autor, protesta contra las injusticias por parte de las fuerzas oficiales del estado de Texas tanto como las fuerzas federales de los Estados Unidos contra un grupo de tejanos que había emprendido una marcha a México para unirse con sus compatriotas contra la opresión del proletariado mexicano. El autor logra atar los intereses de los burgueses en México con los de los burgueses en los Estados Unidos. (NK)

Lecturas: Ricardo Flores Magón. *Epistolario y textos de Ricardo Flores Magón.* México: Fondo de Cultura Económica, 1964.

Camaradas:

El hombre es libre, verdaderamente libre, cuando no necesita alquilar sus brazos a nadie para poder llevarse a la boca un pedazo de pan, y esta libertad se consigue solamente de un modo: tomando resueltamente, sin miedo, la tierra, la maquinaria y los medios de transporte para que sean propiedad de todos, hombres y mujeres.

Esto no se conseguirá encumbrando a nadie a la presidencia de la república; pues el Gobierno, cualquiera que sea su forma —republicana o monárquica—, no puede estar jamás del lado del pueblo. El Gobierno tiene por misión cuidar los intereses de los ricos. En miles de años no se ha dado un solo caso en que un Gobierno haya puesto la mano sobre los bienes de los ricos para entregarlos a los pobres. Por el contrario, dondequiera se ha visto y se ve que el Gobierno hace uso de la fuerza para reprimir cualquier intento del pobre para obtener una mejora en su situación. Acordaos de Río Blanco, acordaos de Cananea, donde las balas de los soldados del Gobierno ahogaron, en las gargantas de los proletarios, las voces que pedían pan; acordaos de Papantla, acordaos de Juchitán, acordaos del Yaqui, donde la metralla y la fusilería del Gobierno diezmaron a los enérgicos habitantes que se negaban a entregar a los ricos las tierras que les daban la subsistencia.

Esto debe serviros de experiencia para no confiar a nadie la obra de vuestra libertad y vuestro bienestar. Aprended de los nobles proletarios del sur de México. Ellos no esperan a que se encumbre un nuevo tirano para que les mitigue el hambre. Valerosos y altivos, no piden: toman. Ante la compañera y los niños que piden pan, no esperan que un Carranza o un Villa suban a la presidencia y les den lo que necesitan, sino que, valerosos y altivos, con el fusil en la mano, entre el estruendo del combate y el resplandor del incendio, arrancan a la burguesía orgullosa la vida y la riqueza.

Ellos no esperan a que un caudillo se encarame para que se les dé de comer: inteligentes y dignos, destruyen los títulos de propiedad, echan abajo los cercados y ponen la fecunda mano sobre la tierra libre. Pedir es de cobardes; tomar es obra de hombres. De rodillas se puede llegar a la muerte, no a la vida. ¡Pongámonos de pie!

Pongámonos de pie, y con la pala que ahora sirve para amontonar el oro a nuestros patrones, abramos su cráneo en dos, y con la hoz que troncha débiles espigas cortemos las cabezas de burgueses y tiranos. Y sobre los escombros de un sistema maldito, clavemos nuestra bandera, la bandera de los pobres, al grito formidable de ¡Tierra y Libertad!

Ya no elevemos a nadie; ¡subamos todos! Ya no colguemos medallas ni cruces del pecho de nuestros jefes: si ellos quieren tener adornos, adornémoslos a puñaladas. Quienquiera que esté una pulgada arriba de nosotros es un tirano: ¡derribémosle! Ha sonado la hora de la Justicia, y al antiguo grito, terror de los burgueses: ¡la bolsa o la vida!, substituyámoslo por éste: ¡la bolsa y la vida! Porque si dejamos con vida a un solo burgués, él sabrá arreglárselas de modo de ponernos tarde o temprano otra vez el pie en el pescuezo.

A poner en práctica ideales de suprema justicia, los ideales del Partido Liberal Mexicano, un grupo de trabajadores emprendió la marcha un día del mes de septiembre del año pasado, en territorio del estado de Texas. Esos hombres llevaban una gran misión . . . iban bien abastecidos de ideas generosas a inyectar nueva savia al espíritu de rebeldía que en esa región degeneraba rápidamente en espíritu de disciplina y de subordinación hacia los jefes. Esos hombres iban a establecer un lazo de unión entre los elementos revolucionarios del sur y del centro de México, y los elementos que se han conservado puros en el norte. Bien sabéis la suerte que corrieron esos trabajadores: dos de ellos, Juan Rincón y Silvestre Lomas, cayeron muertos a los disparos de los esbirros del estado de Texas, antes de llegar a México, y el resto, Rangel, Alzalde, Cisneros y once más, se encuentran presos en aquel estado, sentenciados unos a largas penas penitenciarias, otros de ellos a pasar su vida en el presidio, mientras sobre Rangel, Alzalde, Cisneros y otros va a caer la pena de muerte. Todos estos trabajadores honrados son inocentes del delito que se les imputa. Sucedió que una noche, en su peregrinación hacia México, resultó muerto un "shériff" texano llamado Candelario Ortiz, y se descarga la culpabilidad de esa muerte sobre los catorce revolucionarios. ¿Quién presenció el hecho? ¡Nadie! Nuestros compañeros se hallaban a gran distancia de donde se encontró el cadáver del esbirro. Sin embargo, sobre ellos se trata de echar la responsabilidad de la muerte de un perro del capital, por la sencilla razón de que nuestros hermanos presos en Texas son pobres y son rebeldes. Basta con que ellos sean miembros de la clase trabajadora y que hayan tenido la intención de cruzar la frontera, para luchar por los intereses de su clase, para que el capitalismo norteamericano se les eche encima tratando de vengar en ellos la pérdida de sus negocios en México. Si nuestros compañeros fueran carrancistas o villistas; si ellos hubieran tenido la intención de ir a México a poner en la silla presidencial a Villa o Carranza, para que éstos dieran negocio a los norteamericanos, nada se les habría hecho, y antes bien las mismas autoridades norteamericanas les habrían protegido; pero como son hombres dignos que quieren ver completamente libre al trabajador mexicano, la burguesía norteamericana descarga sus iras sobre ellos y pide la pena de muerte, como una compensación a los perjuicios que está sufriendo en sus negocios por la revolución de los proletarios.

En cambio, los asesinos de Rincón y de Lomas están libres. La misma burguesía norteamericana, que pide la muerte de Rangel y compañeros, colma de honores y de distinciones a los felones que arrancaron la vida de dos hombres honrados. He aquí, proletarios, lo que es la justicia burguesa. El trabajador puede morir como un perro; ¡pero no toquéis a un esbirro! Aquí y dondequiera el trabajador no vale nada; ¡los que valen son los que nada hacen! Las abejas dan muerte a los zánganos de la colmena que comen, pero no producen; los humanos, menos inteligentes que las abejas, dan muerte a los trabajadores —que todo lo producen— para que los burgueses, los gobernantes, los polizontes y los soldados, que son los zánganos de la colmena social, puedan vivir a sus anchas, sin producir nada útil.

Esa es la justicia burguesa; esa es la maldita justicia que los revolucionarios tenemos que destruir, pésele a quien le pese y caiga quien cayere.

Mexicanos: el momento es solemne. Ha llegado el instante de contarnos: somos millones, mientras nuestros verdugos son unos cuantos. Disputemos de las manos de la justicia capitalista a nuestros hermanos presos en Texas. No permitamos que la mano del verdugo ponga en sus nobles cuellos la cuerda de la horca. Contribuyamos con dinero para los gastos de la defensa de esos mártires: agitemos la opinión en su favor.

Basta ya de crímenes cometidos en personas de nuestra raza. Las cenizas de Antonio Rodríguez no han sido esparcidas todavía por el viento; en las llanuras texanas se orea la sangre de los mexicanos asesinados por los salvajes de piel blanca. Que se levante nuestro brazo para impedir el nuevo crimen que en la sombra prepara la burguesía norteamericana contra Rangel y compañeros.

Mexicanos: si tenéis sangre en las arterias, uníos para salvar a nuestros hermanos presos en Texas. Al salvarlos no salvaréis a Rangel, a Alzalde, a Cisneros y demás trabajadores: os salvaréis vosotros mismos, porque vuestra acción servirá para que se os respete. ¿Quién de vosotros no ha recibido un ultraje en este país por el solo hecho de ser mexicano? ¿Quién de vosotros no ha oído relatar los crímenes que a diario se cometen en personas de nuestra raza? ¿No sabéis que en el sur de este país no se permite que el mexicano se siente en la fonda, al lado del norteamericano? ¿No habéis entrado a una barbería donde se os ha dicho, mirándoos de arriba a abajo: "aquí no se sirve a mexicanos"? ¿No sabéis que los presidios de los Estados Unidos están llenos de mexicanos? ¿Y habéis contado, siquiera, el número de mexicanos que han subido a la horca en este país o han perecido quemados por brutales multitudes de gente blanca?

Si sabéis todo eso, ayudad a salvar a vuestros hermanos de raza presos en Texas. Contribuyamos con nuestro dinero y nuestro cerebro a salvarlos; agitemos en su favor; declarémonos en huelga por un día como una demostración de protesta contra la persecución de aquellos mártires, y si ni protestas, ni defensas legales valen; si ni la agitación y la huelga producen el efecto deseado de poner a los catorce prisioneros en absoluta libertad, entonces insurreccionémonos, levantémonos en armas y a la injusticia respondamos con la barricada y la dinamita. Contémonos: ¡somos millones!

¡Viva Tierra y Libertad!

Mariano Azuela (1873–1952)

Los de abajo (fragmento)

Mariano Azuela es uno de los muchos escritores e intelectuales mexicanos que huyeron de México durante la Revolución Mexicana en busca de refugio temporal en los Estados Unidos, pero él es indiscutiblemente uno de los más importantes. Nació en un pueblo del estado de Jalisco, México, y se recibió de médico en Guadalajara, la capital del estado, para regresar a su lugar de origen a practicar su profesión en 1909, inmediatamente antes de que estallara la Revolución Mexicana. Establecido ya como escritor después de publicar sus "Impresiones de un estudiante" en 1896 en un semanario de la ciudad de México, siguieron sus muchos bocetos y cuentos; publicó su primera novela en 1911. *Los de abajo*, su obra más famosa y una de las que se cree haber iniciado y perfeccionado el género conocido como "la novela de la Revolución", fue publicada en 1915 en El Paso, Texas, donde vivió como exiliado después de ser el médico del ejército de Pancho Villa. *Los de abajo* fue publicada en forma seriada y como libro por *El Paso del Norte*, un diario de El Paso, y fue más tarde reimpresa por completo en la ciudad de México en 1924. Azuela regresó a México después de la Revolución y vivió escribiendo y practicando la medicina entre los menos privilegiados de Jalisco. En *Los de abajo*, Azuela refleja un profundo cinismo e incluso amargura sobre la Revolución, basándose en su directa participación en algunas de las más fieras batallas. El idealismo que lo llevó a unirse a las tropas de Villa se convirtió en desaliento al presenciar muchos actos de brutalidad innecesaria y también al recibir noticias de la ciudad de México respecto a que los ideales de la Revolución habían sido traicionados incluso por sus líderes. En la siguiente selección, Solís, uno de los personajes de Azuela —el que viene a expresar más fielmente la perspectiva del autor sobre la Revolución— se encuentra atrapado en la furiosa vorágine de una batalla. Él reflexiona sobre las consecuencias de esa batalla una vez que las fuerzas revolucionarias han vencido a sus enemigos. (ChT)

Lecturas: Mariano Azuela. *Esa sangre*. México: Fondo de Cultura Económica, 1956; *Los de abajo*. Barcelona: Editorial Andrés Bello, 1999.

El atronar de la fusilería aminoró y fue alejándose. Luis Cervantes se animó a sacar la cabeza de su escondrijo, en medio de los escombros de unas fortificaciones, en lo más alto del cerro.

Apenas se daba cuenta de cómo había llegado hasta allí. No supo cuándo desaparecieron Demetrio y sus hombres de su lado. Se encontró solo de pronto, y luego, arrebatado por una avalancha de infantería, lo derribaron de la montura, y cuando, todo pisoteado, se enderezó, uno de a caballo lo puso a grupas. Pero, a poco, caballo y montados dieron en tierra, y él, sin saber de su fusil, ni del revólver, ni de nada, se encontró en medio de la blanca humareda y del silbar de los proyectiles. Y aquel hoyanco y aquellos pedazos de adobes amontonados se le habían ofrecido como abrigo segurísimo.

—¡Compañero! . . .

—¡Compañero! . . .

—Me tiró el caballo; se me echaron encima; me han creído muerto y me despojaron de mis armas . . . ¿Qué podía yo hacer? —explicó apenado Luis Cervantes.

—A mí nadie me tiró . . . Estoy aquí por precaución . . . , ¿sabe? . . .

El tono festivo de Alberto Solís ruborizó a Luis Cervantes.

—¡Caramba! —exclamó aquél—. ¡Qué machito es su jefe! ¡Qué temeridad y qué serenidad! No sólo a mí, sino a muchos bien quemados nos dejó con tamaña boca abierta·

Luis Cervantes, confuso, no sabía qué decir.

—¡Ah! ¿No estaba usted allí? ¡Bravo! ¡Buscó lugar seguro a muy buena hora! . . . Mire, compañero; venga para explicarle. Vamos allí, detrás de aquel picacho. Note que de aquella laderita, al pie del cerro, no hay más vía accesible que la que tenemos delante; a la derecha la vertiente está cortada a plomo y toda maniobra es imposible por ese lado; punto menos por la izquierda: el ascenso es tan peligroso, que dar un solo paso en falso es rodar y hacerse añicos por las vivas aristas de las rocas. Pues bien; una parte de la brigada Moya nos tendimos en la ladera, pecho a tierra, resueltos a avanzar sobre la primera trinchera de los federales. Los proyectiles pasaban zumbando sobre nuestras cabezas; el combate era ya general; hubo un momento en que dejaron de foguearnos. Nos supusimos que se les atacaba vigorosamente por la espalda. Entonces nosotros nos arrojamos sobre la trinchera. ¡Ah, compañero, fíjese! . . . De media ladera abajo es un verdadero tapiz de cadáveres. Las ametralladoras lo hicieron todo; nos barrieron materialmente; unos cuantos pudimos escapar. Los generales estaban lívidos y vacilaban en ordenar una nueva carga con el refuerzo inmediato que nos vino. Entonces fue cuando Demetrio Macías, sin esperar ni pedir órdenes a nadie, gritó:

—¡Arriba, muchachos! . . .

—¡Qué bárbaro! —clamé asombrado.

—Los jefes, sorprendidos, no chistaron. El caballo de Macías, cual si en vez de pezuñas hubiese tenido garras de águila, trepó sobre estos peñascos. "¡Arriba, arriba!", gritaron sus hombres, siguiendo tras él, como venados, sobre las rocas, hombres y bestias hechos uno. Sólo un muchacho perdió pisada y rodó al abismo; los demás aparecieron en brevísimos instantes en la cumbre, derribando trincheras y acuchillando soldados. Demetrio lazaba las ametralladoras, tirando de ellas cual si fuesen toros bravos. Aquello no podía durar. La desigualdad numérica los habría aniquilado en menos tiempo del que gastaron en llegar allí. Pero nosotros nos aprovechamos del momentáneo desconcierto, y con rapidez vertiginosa nos echamos sobre las posiciones y los arrojamos de ellas con la mayor facilidad. ¡Ah, qué bonito soldado es su jefe!

De lo alto del cerro se veía un costado de la Bufa, con su crestón, como testa empenachada de altivo rey azteca. La vertiente, de seiscientos metros, estaba cubierta de muertos, con los cabellos enmarañados, manchadas las ropas de tierra y de sangre, y en aquel hacinamiento de cadáveres calientes, mujeres haraposas iban y venían como famélicos coyotes, esculcando y despojando.

En medio de la humareda blanca de la fusilería y los negros borbotones de los edificios incendiados, refulgían al claro sol casas de grandes puertas y múltiples ventanas, todas cerradas, calles en amontonamiento, sobrepuestas y revueltas en vericuetos pintorescos, trepando a los cerros circunvecinos. Y sobre el caserío risueño se alzaba una alquería de esbeltas columnas y las torres y cúpulas de las iglesias.

—¡Qué hermosa es la Revolución, aun en su misma barbarie! —pronunció Solís conmovido.

Luego, en voz baja y con vaga melancolía:

—Lástima que lo que falta no sea igual. Hay que esperar un poco. A que no haya combatientes, a que no se oigan más disparos que los de las turbas entregadas a las delicias del saqueo; a que resplandezca diáfana, como una gota de agua, la psicología de nuestra raza, condensada en dos palabras: ¡robar, matar! . . . ¡Qué chasco, amigo mío, si los que venimos a ofrecer todo nuestro entusiasmo, nuestra misma vida por derribar a un miserable asesino, resultásemos los obreros de un enorme pedestal donde pudieran levantarse cien o doscientos mil monstruos de la misma especie! . . . ¡Pueblo sin ideales, pueblo de tiranos! . . . ¡ Lástima de sangre!

Muchos federales fugitivos subían, huyendo de soldados de grandes sombreros de palma y anchos calzones blancos.

Pasó silbando una bala.

Alberto Solís, que, cruzados los brazos, permanecía absorto después de sus últimas palabras, tuvo un sobresalto repentino y dijo:

—Compañero, maldito lo que me simpatizan estos mosquitos zumbadores. ¿Quiere que nos alejemos un poco de aquí?

Fue la sonrisa de Luis Cervantes, tan despectiva, que Solís, amoscado, se sentó tranquilamente en una peña.

Su sonrisa volvió a vagar siguiendo las espirales de humo de los rifles y la polvareda de cada casa derribada y de cada techo que se hundía. Y creyó haber descubierto un símbolo de la revolución en aquellas nubes de humo y en aquellas nubes de polvo que fraternalmente ascendían, se abrazaban, se confundían y se borraban en la nada.

—¡Ah —clamó de pronto—, ahora sí! . . .

Y su mano tendida señaló la estación de los ferrocarriles. Los trenes resoplando furiosos, arrojando espesas columnas de humo, los carros colmados de gente que escapaba a todo vapor.

Sintió un golpecito seco en el vientre, y como si las piernas se le hubiesen vuelto de trapo, resbaló de la piedra. Luego le zumbaron los oídos . . . Después, oscuridad y silencio eternos . . .

ustavo Solano (1886–?)

ngre (fragmento)

Poeta, dramaturgo y periodista salvadoreño, Gustavo Solano se convirtió en una persona no grata para varios países de Centroamérica y México durante un período de casi veinte años en el que atacó las dictaduras y defendió su sueño de una América Central unificada. Solano vino primero a los Estados Unidos como cónsul de El Salvador en Nueva Orleáns, donde fundó y editó el periódico bilingüe *La Opinión* y publicó libros de poesía. Su activismo político lo llevó a Estados Unidos, Cuba, Puerto Rico y México y causó su encarcelamiento en la ciudad de México en 1916, el ser declarado persona no grata ahí y en Centroamérica por insultar al gobierno de Guatemala (1918) y haber sido declarado un traficante de armas (1924). A pesar de su vida aventurera de revolucionario, Solano pudo producir numerosas comedias y obras de realismo social en escenarios profesionales. En el sur de California estableció su base en la década de los veinte, donde no sólo escribió para el teatro sino que también trabajó como periodista para el periódico de Los Ángeles *El Heraldo de México* y también para periódicos de San Diego y del norte de México. "Sangre", la tragedia en cuatro actos de Solano, describe los crímenes y finalmente la caída del sangriento dictador guatemalteco Manuel Estrada Cabrera. En la selección que aparece a continuación, Solano hace alusión al drama clásico español "La vida es sueño" al describir el encarcelamiento del dictador al que Solano caracterizó como un ser indulgente con sus desatadas pasiones e instintos, exactamente como el protagonista de la famosa obra de Calderón de la Barca. (NK)

Lecturas: Gustavo Solano. *Composiciones escogidas.* Hermosillo: Talleres Gráficos Cruz Gálvez, 1923; *Sangre: crímenes de Manuel Estrada Cabrera.* Guatemala: s.n., 1910, 1919.

CABRERA
(*Entristecido, lamentándose.*)
En mi cueva, entristecido,
crueles, sombrías y amargas
se me hacen las horas largas,
me siento desfallecido;
lo tengo bien merecido.

(*Viendo al cielo.*)
¡Esta es mi pena Señor!

fui un pretoriano, un traidor;
mas, no obstante, encadenado,
aun añoro del pasado
mi trono de dictador.

Veintidós años de mando
hicieron sentir mi mano
de déspota y de tirano;
fui al pueblo asesinando,

siempre, siempre matando,
erguido en mi pedestal,
tuve como todo ideal,
como norma en la jornada,
como religión sagrada
la religión del puñal.

Fui un Nerón, César austero;
del crimen émulo fui,
cuanto quise cometí.
asombro del mundo entero
fue mi nombre; verdadero
lombrosiano, mi terror
infundió a todos pavor.
Conviví con la venganza
me sentí un emperador.

En el frío campanario
de la muerte, siempre fiero,
me torné en el campanero,
doblando por el Calvario
de inocentes; temerario
sin ejemplo quise ahogar
de la sangre en rojo mar
al pueblo que gobernaba,
por eso, cuando mataba,
sentí más sed de matar.

Fui grande, fui poderoso;
sentí fruición de esplendores,
tuve riquezas y honores,

y en el crimen, victorioso,
llegué a creerme coloso.
mi sol no se ha de eclipsar
me decía, sin pensar,
con mi orgullo adormecido,
pense al fin iba a ser vencido . . .
¡qué amargo es el despertar!

¡Bien perdido! ¡Bien amado!
me pasó el sueño profundo,
hoy me siento Segismundo
en mi cueva, encadenado;
¡pasó el brevaje encantado . . . !
¿Sueño acaso? Mi prisión
es realidad o ficción
a descifrar no me empeño,
porque al fin la vida es un sueño
como dijo Calderón . . .

(*En esos momentos pasa un entierro.*
Gente con trajes de esqueletos,
llevando velas encendidas
en las manos descarnadas.
Al ver el entierro, como asaltado
por terribles elucubraciones.)

Mis víctimas van pasando . . .
¡Las estoy reconociendo!
¿A quién llevan? No comprendo
(*Buscando aire.*)
Aire . . . ¡me estoy asfixiando!!

Lirón (fechas desconocidas)

Postal

Escrito por un poeta aún no identificado que usa el seudónimo de Lirón (que probablemente significa gran lira), la colección de poemas *Bombas de mano* (1938) refleja los fuertes sentimientos antifranquistas y antifascistas de los exiliados españoles en Nueva York, durante la Guerra Civil Española, en la segunda mitad de los años treinta. Publicada por una organización de inmigrantes patriotas, muchas de las páginas del libro, e incluso su portada, contienen caricaturas grotescas y versos satíricos y mordaces que atacan al dictador Francisco Franco, a los fascistas y a la Iglesia. La selección que aparece a continuación, "Postal", sirve para informar al General Franco, "El Generalísimo", que el escritor pretende "honrarlo" erigiendo una estatua de él sobre un pedestal de desecho y materia escatológica. Creado en perfectos octosílabos, el poema es de gran creatividad y un lúdico uso del lenguaje y la imaginación popular. (KDM)

Lecturas: Lirón. *Bombas de mano*. New York: Sociedades Hispanas Confederadas, 1938.

Al lacayo bastardísimo
y traidor militarote,
a quien, muchos, como mote,
llaman el Generalísimo.
Sabrás, Paco cretinísimo,
que en esta neutral nación
he abierto una suscripción
para hacerte un monumento
de basura y excremento
que perpetúe tu traición.

Monumento colosal,
en cuya base apestosa
se levante tu afrentosa
figura de General:
Vestido de caporal

marroqui-italo-tudesco,
quedarás hecho un grotesco
caudillo de porquería;
pero con la bizarría
de un matachín rufianesco.

Ya verás tú qué exitazo
este monumento alcanza,
pues cundirá la asechanza,
la traición y el cuartelazo.
Y a ti, so ma . . . riscalazo,
de odiosa y triste memoria,
vendrán los "burros de noria",
servilones a adorarte,
y exclamarán al besarte:
¡Caballeros, esto es GLORIA!

Juan Antonio Corretjer (1908–1985)

nmaus; Pegaos a la pared

Juan Antonio Corretjer es considerado por muchos el "poeta nacional" de Puerto Rico no sólo por las emociones patrióticas y el tono épico que dominan una parte significativa de su poesía, sino también por su incisiva reelaboración de las tradiciones poéticas puertorriqueñas tanto populares como cultas. Pocos poetas contemporáneos han cultivado las formas métricas tradicionales de la lírica en lengua española, tales como la décima o el arte del pie quebrado, con la frescura, elegancia y maestría técnica de Corretjer. Militante nacionalista desde su juventud, durante la era de mayor agitación política a favor de la independencia de Puerto Rico (en la década del treinta), Corretjer fue condenado a siete años de prisión (1935–1942) por las autoridades coloniales de los Estados Unidos. Cinco de esos años los pasó en la prisión federal de Atlanta, Georgia. Una vez liberado, a Corretjer no se le permitió regresar a Puerto Rico inmediatamente y tuvo que radicarse en la ciudad de Nueva York. Allí fundó, junto con su esposa Consuelo Lee Tapia (ver selección en esta antología), el semanario antiimperialista *Pueblos Hispanos.* A lo largo de este período Corretjer entraría en contacto con el Partido Comunista de los Estados Unidos y con el ideario marxista. Esto lo llevaría eventualmente a modificar algunas de sus perspectivas estrictamente nacionalistas para incorporar el concepto de la lucha de clases a su visión del proyecto nacional puertorriqueño. Después de cuatro años de expatriación obligatoria impuesta por el gobierno norteamericano, Corretjer regresa a Puerto Rico en 1946 y rompe relaciones con los partidos nacionalista y comunista del país. Eventualmente habría de fundar su propia organización política, la Liga Socialista Puertorriqueña (circa 1968). Convencido de la ilegitimidad de la soberanía norteamericana sobre Puerto Rico, Corretjer postuló que la isla se encontraba en un estado de guerra con los Estados Unidos y condenó cualquier tipo de colaboración con el régimen. Particularmente se opuso a la participación en los procesos electorales del país, los que consideraba una farsa mientras Puerto Rico se encontrara ocupado militarmente por el ejército de los Estados Unidos. Poesía nacionalista, y en cierto sentido nacionalismo poético, en Corretjer la militancia política y el acto poético parecen ser una y la misma cosa. De su sensibilidad política/poética dan cuenta los siguientes textos publicados por primera vez en *Pueblos Hispanos*, en el contexto de la oposición internacional al fascismo y en solidaridad con las fuerzas democráticas españolas. (ALO)

Lecturas: Juan Antonio Corretjer. *Días antes: Cuarenta años de poesía (1927–1967).* Ramón Felipe Medina, comp. Río Piedras: Editorial Antillana, 1973; *Yerba bruja.* Ciales: Ediciones Casa Corretjer, 1992; *Poesía y revolución.* Río Piedras: Editorial Qease, 1981.

Emmaus

Íbamos en la limpia mañana. El sol sus rayos
quebraba en los difusos cristales de la tierra.
Estallaba el paisaje en una honda
palpitación de vida. La marea
del subido color se nos entraba
con mano de puñales por las almas inquietas,
echadas, como pájaros, a volar sobre el mundo,
solas, despavoridas, deslumbradas y bellas.
¡Qué soledad tan fría! ¡Y el campo estaba todo
sonoro, y florecido por la magia despierta!
¡Y estábamos nosotros sordos y anochecidos,
lunas sin sol, oídos sin alertas!
Blando y recto, el camino,
ruta propicia a nuestras plantas era.

E íbamos vacilantes, temblorosos,
como novel acróbata en la cuerda.
Cuando, calladamente, a nuestros hombros
—ignorada la súbita presencia —
unióse un misterioso peregrino,
sin rica alforja y sin pasión viajera.
El ángel de la música sus alas
abría, y desgranaba perlas
su verbo prodigioso. El gesto, humilde,
tocado por la gracia. Primavera
una huella de rosas a su paso dejaba
y la brisa, al besarlo, se volvía de seda.
Y no podíamos verlo. ¡Y no podíamos verlo! ¡Y no podíamos verlo!
El corazón quemaba. El corazón ardía, como hoguera.
El pulso agigantaba su tic-tac doloroso
y el cerebro brillaba como volcán de estrellas.
Estaban nuestros ojos cerrados a la dicha,
estaban nuestras almas a la ignorancia abiertas.
Estaban nuestros pechos heridos, y la herida
insensible y oscura como cerrada puerta.
Pero llegamos juntos a la posada, y juntos
fuimos a la suprema unidad de la mesa.
El pan transubstanciado salió de entre sus dedos,
mientras su revelada corporeidad deshecha,
como una sinfonía vibraba en nuestros nervios,
como un elixir suave corría en nuestras venas.

Pegaos a la pared

¿Por qué los fusiláis? ¿No veis que mueren
para vivir, muriendo en otra vida
más larga y firme, sin olvido o riesgo?
¿Por qué los fusiláis? ¡Si os están dando
sus vidas en bandejas de holocausto,
si por vosotros dan también sus vidas,
ellos, los grandes, los sublimes, los diáfanos!
Si vuestros hijos le alzaran columnas
de lírico granito y eterno mármol
en el mismo lugar que vuestras manos
fecundan con su sangre redentora.
Si vuestros hijos no sabrán el nombre
del victimario, y, por amar la víctima
os darán al desprecio sin memoria,
¿por qué los fusiláis?

Afuera el pueblo
está callado, herido, iluminado
por la secreta luz de internas iras.
Sus manos laboriosas estrangulan
vengadores anhelos contenidos,
sus manos, por los callos prestigiadas,
sus manos buenas, hábiles, honradas.
Manos de insospechadas dulcedumbres
en el remanso del hogar bendito,
manos de claridades milagrosas
en el recinto del taller y el horno,
manos ahora crispadas, cual tornillos
impiadosas y frías, preparadas
a echar el lazo a vuestros cuellos mismos.
Eran vuestros hermanos, y, ahora os miran
como si fueseis, en brutal materia,
las hienas que ellos ven en vuestros ojos.
¡Desgraciados! Cambiad vuestros fusiles.
Cambiad la mira del heróico pecho
que es campo frutecido y madurado
en todo fruto noble, bello, grato.
Cambiad la mira hacia la frente turbia
en la cual no hay idea que derrame
un solo rasgo de verdad desnuda.
    Cambiad la mira hacia el horrendo pecho,
resorte de nefastos sentimientos,
de impiedad, de miseria, egoísmos.
Pegaos a la pared. Pegaos al hecho
de carne y hueso y de dolor sin llanto.
Pegaos al pueblo que redime y sangra.
Vosotros mismos sois ¡pegaos al pueblo!

Carmita Landestoy (fechas desconocidas)

¡Yo también acuso! (fragmento)

Carmita Landestoy pertenece a una considerable migración de dominicanos de la clase media que llegaron a los Estados Unidos huyendo de la sofocante sumisión impuesta por el dictador general Rafael Leónidas Trujillo (1930–1961). Una mujer de considerable educación como para ocupar puestos gubernamentales a un nivel medio, Landestoy tenía, sin embargo, un criterio propio. Por ello abandonó el régimen y se convirtió en su ardiente oponente en el exilio. El título original de su libro en español, *¡Yo también acuso!*, intencionalmente recuerda el tono exhortativo de "J'accuse", el título de la manifestación de Emilio Zolá en el caso Dreyfus. La textura de su prosa buscó una cualidad inventiva. Es evidente un claro deseo de diferenciarse de aquellos que evitaron manifestarse en una "crítica de tiranías" y prefirieron "escribir calmadamente sobre teoría en una oficina llena de luz y paz". Presentando a Trujillo como un gobernante egoísta y sediento de poder que no cedería ante nada para conseguir sus intereses personales, Landestoy exhorta a otros gobernantes de la región a romper relaciones diplomáticas con "ese ser sin escrúpulos". El dictador estaba en la cima de su poder cuando apareció el libro de Landestoy en la ciudad de Nueva York en 1946. Ella sabía que se arriesgaba seriamente porque otros oponentes de Trujillo en los Estados Unidos habían ya pagado con su vida su atrevimiento. Pero desafió el peligro, jactándose de "no tener miedo a la muerte". (STS)

Lecturas: Carmita Landestoy. *¡Yo también acuso!* New York: Azteca Press, 1946; Silvio Torres-Saillant. "Before the Diaspora: Early Dominican Literature in the United States". *Recovering the U.S. Hispanic Literary Heritage. Vol. III.* María Herrera-Sobek y Virginia Sánchez Korrol, eds. Houston: Arte Público Press, 2000. 250–267.

Está demostrado que las dictaduras y el establecimiento de un partido único para sostenerse en el poder, tuvo su origen en Roma, lo heredaron los latinos y a través de los españoles pasó a Latinoamérica.

Las tiranías latinoamericanas son un mal muy viejo, tienen raíces muy profundas, y muchas y muy variadas son las causas que las producen: señalarlas y combatirlas por medio de la educación, el ambiente, alimentación, higiene, etc., es, debe ser tarea inmediata de los pensadores, sociólogos, pedagogos, pero mientras eso se realice en el tiempo, como primer paso para que cesen las presentes tiranías, ahora mismo, inmediatamente, todos los países de América deben romper relaciones diplomáticas con los tiranos, porque de lo contrario se repetirá el caso de Bolivia o algo peor aún, y "pagarán justos por pecadores".

Las tiranías son problemas de América y sería deslealtad consigo mismo y con la humanidad, que los gobiernos del continente permanezcan indiferentes. Por tanto, yo creo que como segundo paso inmediato también, a todo el que sea elegido libremente por el pueblo para ejercer el poder, se le debe exigir, para que no tengan oportunidad de apoderarse de las fuentes de riquezas nacionales, que hagan lo que han hecho Grau San Martín y Rómulo Bentacourt, presidentes de Cuba y de Venezuela: un inventario de sus bienes antes de asumir el poder.

Trujillo se ha apoderado de las fuentes de riquezas del país. El dinero en manos de este ser sin escrúpulos es un arma muy poderosa que encuentra casi todos los caminos y sutilmente utiliza todos los medios imaginables para comprar o silenciar conciencias.

Trujillo ha ido dominando poco a poco muchos sectores del continente Americano a través de las embajadas y consulados y de sus espías, de ahí que sean tan pocos los que abiertamente enfoquen el problema de las tiranías, prefieren escribir teorías tranquilamente en su oficina llena de luz y de paz, y esto ha dado lugar a que en Trujillo se haya enseñoreado la idea de que puede manejarlo todo y a todos, así al que no puede comprar para que lo elogie, o silenciar para que permanezca neutral, trate de destruirlo. De ahí que cuando el oro fracasa, inmediatamente ordene a sus esbirros que repartan los pasquines que envía desde Santo Domingo.

Yo siento que, cuando llegamos a cierto sector en el camino, cuando "la exigencia de expresión de los pensamientos" nos apremia de tal modo, que parece corto el trecho que nos falta por recorrer para expresar nuestras ideas por escrito, duele perder tiempo en polémicas que oscurecen los problemas en vez de iluminarlos, enturbian la visión y hacen que se sienta frío en el alma, pero como la realidad es otra, suplico al amable lector que me excuse por informarle de lo siguiente, que me ha obligado a escribir éste "A manera de prólogo": Ya en prensa este libro, recibo el primer pasquín de Trujillo, una forma nueva: Un folleto titulado "Mis relaciones con el Presidente Trujillo", que ha publicado en mi nombre en Santo Domingo y que ha enviado a New York y Washington para ser distribuido por sus esbirros. La primera página no es mía, no lleva mi firma, le siguen una parte solamente de mi correspondencia, y algo de mi labor periodística y termina con su pasquín. Debía haber pensado que el que "tiene techo de vidrio no tira piedras al vecino".

Tanto mi correspondencia como mi labor periodística puede publicarse, uso el lenguaje obligado bajo su tiranía; si Trujillo publicara la correspondencia de los más altos dignatarios dominicanos, la mía resultaría muy parca en elogios. Yo no hice política, sino una labor de asistencia social en pro de las clases necesitadas del país, y además, porque se desempeñe un empleo eso no quiere decir que uno le venda su alma al tirano, eso sólo se ve en los cuentos de hadas, en los cuales, el diablo, a cambio de algo sobrenatural, como "convertir paja en oro", etc., exige el alma de los favorecidos.

Yo soy responsable de mis actos, cuando me he determinado a luchar en pro de los derechos humanos en un sentido más amplio, he iniciado una serie de artículos que, como todo lo que escribo, he calzado con mi firma; y cuando he tenido que mostrar en particular, no más que algunos aspectos de la tiranía que sufre mi país, escribo este libro que también calzo con mi firma, mientras Trujillo se ampara del anónimo, y porque soy mujer y pobre por añadidura, me cree indefensa y me ataca con las más innobles armas. No ataca a Mr. Robert C. Hicks, quien ha escrito acerca de los crímenes de su tiranía, el libro "Sangre en las calles", como tampoco ataca a los periodistas y periódicos que no se le han vendido, que han publicado innumerables artículos acerca de él y de sus familiares. Ah, es que como son norteamericanos, les tiene miedo. Con tantos títulos militares que se ha dado él mismo, Trujillo nunca ha luchado abiertamente y en noble lid con nadie, y solamente ha tirado al blanco contra los dominicanos, y esto por la espalda, amparado por las fuerzas invasoras.

Yo soy la única dominicana que está haciendo una labor periodística en el exterior por los derechos humanos, esto es, contra las tiranías, por tanto yo bien sé que Trujillo usará todos los medios que pueden pagarse con dinero para el descrédito moral de mi persona y para suprimir mi vida.

Trujillo puede fabricar todos los pasquines que quiera, así como tratar de amedrentarme con llamadas telefónicas y tratar de calumniarme con mis amistades como han hecho ya. A mí no me asusta la muerte, y en cuanto a lo demás, el tiempo y sólo el tiempo es el único juez.

Vergüenza es para los dominicanos y para el continente, que un hombre que descienda a la bajeza de mandar pasquines, ocupe la primera magistratura en una nación libre y soberana en América.

CAPÍTULO 17

Exilios contemporáneos

Lino Novás Calvo (1905–1983)

La vaca en la azotea

Escritor de cuentos, novelista y traductor, Lino Novás Calvo nació en Galicia, España, y emigró a Cuba con su familia cuando todavía era un niño. Esperando encontrar una vida mejor que la dejada en España, el niño descubrió, al mudarse de un lugar a otro sin encontrar mucha estabilidad, que la vida en la isla era igualmente difícil. La crueldad de su niñez y adolescencia dejó a Novás Calvo con gran resentimiento hacia su padre; esto puede ser apreciado a través de muchos de sus cuentos. Publicó su primer poema mientras trabajaba como chofer de taxi. Esto le abrió la puerta para seguir escribiendo en España, donde vivió hasta la caída de la República Española en 1939. Después de regresar a Cuba, inmigró de nuevo, esta vez a la ciudad de Nueva York, donde se exilió en 1960, después del triunfo de la Revolución Cubana. Novás Calvo, junto con Alejo Carpentier y Enrique Labrador Ruiz, es conocido como uno de los talentos más creativos de su generación; todos ellos contribuyeron en gran medida a la tradición moderna de ficción cubana, una trayectoria que Novás Calvo mantuvo incluso en el exilio. El uso del lenguaje coloquial ayuda a sus lectores a entender los problemas de sus muchos personajes, cuando enfrentan sus alrededores, preocupados porque no encajan en una situación o lugar particular. La siguiente selección, tomada de un cuento sobre la Revolución Cubana, consiste de una carta que contiene las enloquecidas divagaciones de una actriz muerta que fue abandonada después de la Revolución por el destinatario de la carta. (KDM)

Lecturas: Lino Novás Calvo. *El negrero*. Madrid: Espasa-Calpe, 1993; *Un experimento en el Barrio Chino*. Madrid: Reunidos, 1936; *La luna nona y otros cuentos*. Buenos Aires: Nuevos Romances, 1942; *Maneras de contar*. New York: Las Américas, 1970.

Mi Más Que Olvidado Chucho Monquenque (Dondequiera que estés):

No esperes, al empezar, una larga queja en esta carta. Demasiado tarde para eso ¿Quejas para qué? A lo hecho pecho y la vaca en la azotea. Vino el gran huracán, se llevó toda la ilustre hojarasca, dejó las raíces, unas en tierra otras engrifadas en el aire. También algunas ramas floridas aunque aplastadas, como tu antigua servidora viviendo de milagro. Porque el milagro existe, ya nadie lo niega, en este monte. O bien puede existir, lo mismo da y lo mismo tiene.

No sé si de ti se me habrá pegado sin saberlo tu afición al cuento. Por lo menos ahora me tienta. Tantas cosas se me han pegado de ti, Chucho Moquenque, incluso tu inclinación a cambiar de pareja, o mejor de oveja. ¿Te acuerdas de los bailes del Luyanó? Tú, Chucho, siempre fuiste muy sinvergüenza. Como los gavilanes, siempre escapando. Pica y huye. Por eso tan pronto viste venir la quema levantaste vuelo.

—Tú, mi ángel, te quedas por un tiempito —me dijiste—. Mientras yo allá preparo el palenque.

Gentes que te conocen me han informado; ya sé cómo ha de ser ese palenque. No eres hombre para eso. Siempre a salto de mata. Te llevaste, para venderlo en remate, todo lo que había en la caja y el banco.

Me dejaste la casita, el solar (de qué valían), el empleo en telégrafos (duraría un suspiro), un niño pequeño que enseguida empezó a crecer demasiado aprisa. Me dijiste antes de dar el brinco:

—Ritica, es la hora de ahuecar; unos meses más, y no habrá escape.

¡Razón que tú tenías Chucho Moquenque! Tres meses después se acabó el año y con él tantas cosas, tantas cosas, incluso para mí Chucho Moquenque y para él, naturalmente Rita Fernández. Punto. Telón grueso. Finish. Y a otra cosa.

De esta otra cosa quiero hablarte en esta carta. Tengo mis motivos. Trece años se cumplen hoy de tu escapada. Decías tú que ese número te era propicio. Ojalá. Ya yo no sé si te guardo rencor. En tal caso, será el que se guarda al muerto que uno ha matado. Cada uno es como es y quien sabe si contigo hubiera sido peor. Cuando me vi quedar sola sentí alivio. Tú habías decidido, no había por qué inquietarse, la suerte estaba echada. Te dije con la mente: "abur, Chucho, hasta que ñangüe". Y tomé mi camino.

No vacilé, porque era el único. Corrí a recostarme al nuevo jefe. La mujer que tú dejaste, Chucho, era hermosa. Tú mismo le decías: "Ritica, ¡qué linda, pero qué linda tú eres!" Ese capital, por lo menos, me dejabas. El nuevo jefe no duró mucho, y tampoco mi empleo en correos. Todo empezó a cambiar tan deprisa. No te voy a cansar con eso: todo el mundo lo sabe. Por sobre mí pasaron, desde entonces, oficialmente, tres hombres, esto sí te lo tengo que contar. Y algunos más. Morir, para morir siempre hay tiempo, lo peor es agonizar. A esto uno se resiste. Creo que todos llevamos un corcho en el alma, especialmente si se es cubano, para no sumergirnos. Pero hasta los corchos, como la Isla, se empapan. Desde entonces, no hemos hecho sino caminar hacia atrás; para atrás, para atrás. ¡Vieras tú lo que es eso!

Pero no es de eso de lo que quiero hablarte.

Tu hijo —porque era tuyo, Chucho, era tuyo, aunque tú lo dudaras— tendría ahora veinte años. Ya no los tiene. Siete había cumplido cuando tú te fugaste. Noté entonces que cada vez más se te iba pareciendo. Quizás por eso, no sé, se lo regalé enseguida a las Juventudes, si tú sabes lo que es eso. Lo dudo, pero es lo de menos. No lo había vuelto a ver desde entonces. Recados, algunas cartas (cada vez más, agipró) de más y más espaciadas, y más nada. Supuse que lo estarían educando, a su manera de educar allá por el campo, de un campamento a otro. Llegó a la excelencia, o cómo ahora le llamen, en un instituto. Me lo mandó a decir. Ya entonces era cuadro. Me pareció bien, aunque a mí me estaba yendo tan mal, como a todo el mundo, vaya un consuelo. Al verlo tuve como un espanto. En su uniforme (un dril duro y claro) se me figuró tu imagen, a su edad, te ponías chamarreta para ir a la playa. Tus mismos ojos humosos y entrecerrados para ocultar el mal que había en ellos, tu mismo pelo espeso en flecha hacia la frente, tu propia boca móvil, diciendo y desdiciendo lo que pensabas. Un instante dudé entre correr a abrazarlo y echarme a correr. O quizás a buscar algo con qué darle en la frente.

Tú recordarás, Chucho, que siempre me decías una actriz nata, quizás porque en aquellos primeros años universitarios participaba en algunos dramitas. Te impresionó sobre todo mi papel de loca en la obrita de Novás Calvo. Entonces me dijiste: "Pero, Ritica ¿no será verdad que tú estás realmente loca? Imposible fingir con tanta verdad". Ambos reímos. La Revista de Avance te dio la razón. Algunos malos estudiantes empezaron a llamarme La Loca. Era allá por el año treinta y uno. Entonces los dos dejamos los estudios.

Te estarás diciendo a qué viene esto. Te lo voy a decir. Siempre sospeché que por creerme actriz desconfiabas de mí, de pie y acostada. Pienso incluso que fue acumulación de tus dudas la que al fin llegado el pretexto, te lanzó de mí como un cohete. No te debe de haber pesado dejarme sola en el vórtice con niño y todo en aquel cascarón de casa que era nuestra (¡Ah, nuestra!) en el Reparto Kholy. Quizás, si pudieras, hasta te la hubieras llevado. No te creía yo entonces capaz de tanto. Al fin resignada me consolé diciendo: "Por lo menos me ha dejado nuestro hijo". Porque, sí, Chucho, te repito que era realmente nuestro, tuyo y mío, por mucho que hayas desconfiado de la actriz que no existía o que estaba sumergida.

La actriz resurgió cuando —en fuga tú, captado el niño— se vio sola en el cascarón. Nunca tú sabrás, Chucho, lo que fue para mí verme sola en aquella borrasca. Quiero ahorrártelo, por mal que yo te quiera, aunque contártelo sería como resumir calamidades sin fin de infinidad de otras personas. No puedes imaginártelo: en medio de las más sucias rachas de la tierra y el cielo. Qué hacer entonces, sino agachar la cabeza, o mejor tratar de alzarla por encima de la marejada. Morir mismo sería la gloria. Pero ya digo que uno se resiste a morir. Nunca había podido suponer que fuera tan difícil morir y . . . tan fácil matar.

Para que comprendas esto tengo que hacerte un poco de historia. Como te dije, al principio fui pasando de un hombre a otro. Aún era hermosa, y la actriz que en mí estaba renaciendo me ayudaba. Yo misma, ensayando ante la luna del ropero —por lo menos el espejo nunca me lo llevaron— me asombraba de mi arte. Usé también la grabadora que me dejaste, y que usabas para tus clases de francés en la normal. Coordinaba gesto y voz como una profesional. La actriz se hizo revolucionaria, pasó de un buró a otro buró, de un responsable a otro, con buen donaire. Que te hable un poco de ella para lo que vas a ver no estará de más.

Esa actriz, Chucho, tú nunca la has conocido. No era la que habías visto en las tablas, tampoco la que luego creías que actuaba. Era esas dos más una tercera, en una pieza. Me asombré yo misma de que me saliera tan bien, tan natural. De tanto fingir llegué acaso a identificarme con la mentira. Primero, para conservar la casa, tan pronto te escapaste y se llevaron el niño. La querían toda. Como fieras hambrientas pululaban en derredor. Prometían dejarme un rincón, tal vez el cuarto de atrás, o acaso el de la azotea. Luego —ahora eran ex-criadas con sus críos y maridos— podían cederme la mitad anterior o la posterior. Fingí. Me armé de palabras y coraje. Me hice revolucionaria. Fui a ver a éste y al otro. Llegué a Díaz Aztaraín, al Dr. Cabral . . . ¿Te acuerdas del Dr. Cabral? Es el hijo del alienista que trató a mi ardiente madre, alienista él mismo. Se había ido a la sierra en el último año de medicina y, de regreso, lo pusieron a cargo de los locos. Por fin logré que no me tocaran la casa. Fue lo único que al fin no me tocaron.

Pero todo aquí se estaba viniendo abajo. Irte tú, y empezar a irse todo; las telas, los zapatos, los alimentos, hasta el agua. ¡Ay, Chucho, que tú, por mal que te quiera, nunca sepas lo que es eso! Como por magia bruja. Por algún tiempo fuimos —habló por vecinos y compañeros— estirando lo que había, hasta quedar todos empercudidos. Las colas del racionamiento daban tres vueltas a cada cuadra. De eso no tengo que hablarte. Salió seguramente en la prensa de todo el mundo. Pero una cosa es leerlo y otra sufrirlo. A mí me peloteaban de un lado para otro, de una oficina para otra, y de mi ración tenía que dar una parte a la o las que por mí hacían la cola. Tenía que acudir al buró aunque nada hubiera que hacer, y al regreso me ponía dichosa si encontraba un huevo o una taza de arroz. A veces demoraba por Obispo, Galiano, San Rafael, con el temor secreto de no hallar nada, pero estos paseos postergados por calles antes tan bien surtidas no hacían más que ampliar mi agonía. Primero, los espejos, altos, anchos, cuadrados, de todas las medidas, implacablemente brillantes, devolviéndome la imagen desgastada, ojerosa, pintada, como la de una loca que estuviera yo representando. Y luego, esas vidrieras vacías, las interminables vidrieras huecas, bocas abiertas de cadáveres. Dicho así, sin más, te parecerá literatura. ¡Habías de verlo a través de mí! Aquella mi imagen en los espejos se me fue inflamando en la mente. Me veía otra, y era otra.

Pero aun había una tercera, que yo tendría que crear. No tardaría mucho. No era siquiera el hambre misma. Ésta, yo ya apenas la sentía. Me iba acomodando, lo mismo que a la repetición de frases y consignas. No tienes idea, mi muerto (porque tú ya verás, fuiste el muerto), hasta qué degrado se va uno reduciendo a maquinita. Una maquinita dilapidada como esas que aún ruedan por ahí tosiendo su agonía.

Entonces nos va cercando un miedo oscuro, como hecho de sombras de caimanes, o acaso de tiñosas, que se acercaran para devorarnos. El miedo a quedarnos incluso al fin sin lo poquito que aún nos queda para que aún circule alguna sangre por las venas.

Tal llegó a ser mi estado. Ya ni para aquellos paseos del martirio por delante de los espejos sarcásticos y los escaparates vacíos me quedaban fuerzas. Volvía a casa movida tan sólo por la avidez de poder cambiar lo que tuviera —el sueldo de un mes, alguna vieja prenda de vestir o de calzar— por algo más que comer. A veces, con riesgo, se hacía. Iba tan en aumento la gente que se arriesgaba a este tráfico que, por lo mismo, se hacía menos peligroso.

Fue una tarde de aquellas cuando uno de esos semi-suicidas vino a ofrecerme una vaquita lechera. La tenía, para sí, en un bajareque de Orfila (Ah ¿te acuerdas de Orfila, Chucho Moquenque?) y al parecer le había llegado el turno de salir en uno de esos vuelos de gusanos que tú sabes. El hombre (que la suerte le acompañe) se había enterado de que yo guardaba aún el traje nuevo que tú en tu prisa olvidaste en la tintorería. Me pidió además las prendas de oro, plata y platino que me quedaran. Le di cuánto pude, y una noche me trajo, no sé cómo, la vaquita, y entre los dos (no sé tampoco cómo) la subimos a la azotea y la metimos en tu cuarto. Para algo había de servir ese cubículo adonde tú por las noches subías a componer tus venenosos artículos.

Fue un regalo de San Lázaro, o quizás del Viejo Touleno, a quien le había pedido algún alivio.

La vaquita era joven, mansa y buena. Yo vivía entonces con el gozo de regresar a los matorrales a buscarle la hierba más fina en pago de los chorros de leche que me daba cada día. Fue como una vuelta a la gloria. En mi vida tuve algunos amores. A ti mismo, Chucho Moquenque te quise mucho en un tiempo, por más que nunca lo creyeras. Pero como a aquella vaquita no quise nunca a nadie.

Tú mismo cantabas a veces, con burla, que los bienes y las glorias de la vida o nunca vienen o nos llegan tarde. Embebida, como yo estaba en mi nueva dicha y mi nuevo amor por la vaquita: llegué, te juro, a olvidarme de Bebo (tu hijo, sabes, tu hijo) que jamás, ni en el sueño, se había apartado de mí. El mundo entero reducido a una vaquita lechera.

Me había hecho experta. Había leído, y preguntado, como para una tesis. Sabía cuidarla. Mi única cosa, mi adorada vaquita. Tú, Chucho Moquenque, ahora en ese país de la abundancia (si es que aún vives) jamás, jamás, podrás entender esto. Porque en ese sentido estás bien muerto. No creas que esto es una imagen. Tú estás, en verdad, muerto. Muerto de un tiro en la frente, donde te correspondía, porque de allí, de la frente, nos vienen todos los males. Te lo dice tu ex-Rita Fernández, que tiene por qué saberlo.

Pero eras tú, Chucho, quien vino de súbito, una noche, a quitarme la vaquita. Tú, en la forma de tu hijo (o vice-versa) a la edad de 21 años. Cuando lo vi entrar avancé tres pasos para echármele al cuello, pero su cara (aquellos ojos oblicuos, aquel brillo cruel en ellos, aquella mueca torcida) me detuvo. Lo abracé, sí, como te abrazaba a ti cuando sabía que me repelías y, por tanto, yo por dentro te repelía.

Más tarde había de recordar una de tus tantas y sardónicas citas de profesorcito de literatura diciendo: —No eres tú el que me engaña; el que me engaña es mi sueño—. Porque sí, Chucho Ruiz, Chucho ruín, mi sueño eras tú, aunque nunca lo creas.

Vino el hijo, vino tu Raulín (Bebo) y al instante me estremecí. Raulín era Chucho vuelto a crecer. Venía hecho un hombre, con tierna barba, ojos de jutía y boba torcida. Lo primero que hizo fue rondar la casa, otear el traspatio. Volvió al comedor (donde yo me había quedado clavada) con una sonrisa cruel y estas palabras:

—Vieja, qué bien te has defendido. Aquí hay espacio para más gente.

De un brinco, sin dar tiempo a mi respuesta, iba escaleras arriba. A la mitad se volvió para mirarme por sobre el hombro y de nuevo vi aquellos dientes afilados de perro que muerde, o de muerte. Debo de haberme transfigurado porque por dentro yo lo estaba. Un minuto después lo estaría también él mirando a la vaquita. Un atropello de pensamientos pasó por mi cabeza mientras miraba a lo alto de la escalera para verlo reaparecer. Tardó bastante. Debe de haber estado ojeando y palpando la vaquita, asombrado, como comprador. Reapareció y se detuvo en lo alto. No podría yo describirte su cara. Era la de un Satán joven que yo había visto en una estampa. Ahora su sonrisa era con todos los dientes y sus ojos me dijeron primero lo que luego a media escalera me dijo su boca . . . tu boca:

—Vieja, esto sí está mal. Va contra la ley. Habrá que entregar al pueblo esa vaquita.

Mano y corazón y pensamiento se movieron en mí al unísono. Él había dejado su FN (así le llaman) sobre mesa. La empuñé de un salto. No creo que él haya tenido siquiera tiempo de percibirlo. Ponía justo los pies en el primer escalón cuando tiré del gatillo. Cayó redondo.

Necesitaría yo un mar de palabras para decirte lo que pasó después. Palabras como olas. Tu hijo alzó los brazos, abrió la boca y vino a dar con la frente en el piso de baldosas. No creo que los vecinos hayan sentido nada; sólo un tiro, breve y seco como el quebrar de un gajo seco. Tu gajo, Chucho, tu gajito, ya bajo tierra.

Pero los vecinos acudieron a mis alaridos. Digo mal; no eran ya míos, eran de la otra, la actriz, que ya para siempre ocupó mi lugar. Porque yo, la que fue tu Rita, acabó allí mismo, y fue la otra la que la suplantó.

Antes de una hora la radio estaba dando la noticia. La actriz andaba por la casa aleteando, graznando, como herida. Cantaba a veces, a veces reía. Se sumía en largos silencios, y luego hablaba con los ausentes. Cuando llegaron los milicianos, estaba ejecutando pasos de ballet en torno a su hijo muerto, a tu hijo asesinado, que eras tú mismo.

No, no creas que me hubiese vuelto realmente loca. Al menos, no del todo, pero lo bastante para dar a la actriz el impulso y la soltura suficientes para hacer convincente actuación. La misma radio comentó (el receptor estaba abierto y yo podía oírlo muy bien) que la criminal había perdido el juicio, pues había matado a su hijo y tenía una vaca en la azotea.

Fui a la cárcel como en escena. Salí cantando el himno del 26 de julio y hablaba con los desconocidos, como si fueran familiares, de cosas incongruentes. A un miliciano le llamaba Chucho y le recordaba lo mucho que nos habíamos querido en Puentes Grandes, y a una miliciana le decía Mamita. Me salía tan naturalmente la locura.

La noticia cundió pronto y llegó a oídos del Dr. Cabral. No sé si te he dicho que el Dr. Cabral tuvo conmigo cierto enredo amoroso cuando bajó de la sierra y antes de que lo pusieran al frente de los locos, y de las locas. Luego, de pasada, cuando bajaba a La Habana, venía a pasar un par de horas conmigo. Por entonces, ya yo era una consumada histriona del amor, y el Dr. Cabral estaba encantado con mi actuación. Se iba diciendo:

—¡Pero, mi ángel, qué sabrosa tú eres!

La noticia de mi crimen debió de intrigarle y me pidió, para examinarme. No debió de ser difícil. A los pocos días, no sé cuántos, estaba a su cuidado en el nuevo reclusorio. No hubo juicio que yo supiera. Tampoco vi el entierro de Raulín.

Desde entonces soy una figura célebre entre las locas presas. Ando suelta, hablando sola y contando a las locas mentiras que creen y verdades de las que dudan. Cuanto más fantásticas las mentiras, más fáciles de ser creídas. También les enseño a cantar y bailar, lo cual —oigo decir al Dr. Cabral— tiene un gran valor terapéutico. Soy la estrella de este teatro permanente del absurdo.

El tiempo no ha empañado mis facultades de actriz. Creo que el papel de loca se ha incorporado talmente de mí que, aunque quisiera, ya no podría actuar como cuerda. Muchas veces han venido aquí alienistas extranjeros, y el

Dr. Cabral les ha explicado mi caso, y ha dejado que me examine. Me han sometido a multitud de pruebas, desde los reflejos a las más insidiosas preguntas. He aprendido a dominar todo eso. Ni uno de ellos parece haber salido con alguna; para todos yo soy una loca genial, pero loca de todos modos.

La duda está en mí, y por eso te escribo esta carta, voy a encomendar al Dr. Cabral, a ver si él quiere o puede hacerla llegar a tus manos. Aquí estoy muy bien tratada tengo privilegios, me divierto mucho con mis papeles. Sacarme de aquí, mandarme a recoger tomates, sería como quitarme por segunda vez mi vaquita. Con frecuencia el Dr. Cabral ordena que me lleven a su consulta —tiene allí un local espléndido con anchos y mullidos sofás— a examinarme. Entonces volvemos a nuestros buenos tiempos de amor. La mujer es distinta, pero el amor que nos hace es el mismo.

Mi duda, Chucho, es ésta: ¿Me cree el Dr. Cabral realmente loca? Mil veces me lo pregunto.

eledonio González (1923–)

s primos (fragmento)

Celedonio González nació en La Esperanza, Cuba y vivió en ese pequeño pueblo de la provincia de Las Villas hasta que se marchó al exilio en los Estados Unidos en 1960. Conocido como "El cronista de la Diáspora", González es uno de los autores que mejor ha narrado la vida del cubano en los Estados Unidos. Sus tres novelas, *Los primos* (1971), *Los cuatro embajadores* (1973), *El espesor del pellejo de un gato ya cadáver* (1978) y su volumen de cuentos, *La soledad es una amiga que vendrá* (1971), reflejan las esperanzas, añoros, triunfos y sinsabores del cubano que vive en una tierra muy diferente a la que él conoció. En *Los primos*, González usa múltiples artificios retóricos para darnos un retrato fiel y auténtico de la vida del cubano en el Miami de los años sesenta. (JBF)

Lecturas: Celedonio González. *Los primos*. Miami: Ediciones Universal, 1971.

Una mañana que no presagiaba nada, Arturito oyó el timbre de la puerta y abrió a un tipo que le explicó que tenía una muela picada, la cual quería arreglarse o sacarse. Arturito no conocía a aquel hombre que tenía todas las trazas de ser paisano suyo, aunque vio algo escurridizo en su mirada, que no chocaba con la de él en ningún momento. Aunque también podía achacarlo a la supersensibilidad del desterrado, que todo lo ve oscuro. Le abrió la boca al hombre antes de sentarlo en la silla del gabinete, tenía una muela enferma y le dijo que se sentara. En el momento en que estaba preparando la maquinita, sintió que el hombre se paró y fue tan rápido que cuando se viró ya estaba de regreso en la silla. Supuso que había ido a escupir y le enseñó el vasito con agua y el cubo debajo. Por la puerta que había dejado abierta el supuesto paciente venían ya dos altos y rubios agentes del F.B.I. Dicen que para cubrir una de estas plazas hay que ser abogado por lo menos. ¡Y que aspectos de personas decentes tienen! Esa fue, su reacción, por lo demás cualquier otro intento hubiera sido inútil. Estuvo detenido hasta el otro día y fue puesto en libertad en vista del juicio señalado para principios del mes de agosto siguiente. Eduardo, al enterarse, dio inútiles carreras por donde pudo, y sacó la impresión de que aquéllo sería una cosa pasajera, sin consecuencias ulteriores. No pudo visitar a Arturito en la prisión; no sé por qué disposición administrativa que él no entendió. Habló hasta con cubanos que trabajaban para el gobierno y todos le dijeron que no se preocupara, que eso había pasado ya y que lo más que le saldría sería una buena amonestación para que interrumpiera sus trabajos clandestinos. Que anteriormente había habido cubanos que después del juicio seguían trabajando, aunque guardando mejor las apariencias. El problema radicaba en que había cantidad de dentistas en la ciudad, y el colegio, con la fuerza e influencia que se le supone, había protestado varias veces y ejercido presión con las autoridades, temiendo que los dentistas cubanos les robaran hasta la clientela americana. Eduardo no las tenía todas consigo, como si fuera con él el problema; no así Arturito que seguía como si tal cosa, con su flema habitual. Era verdad que los americanos se habían portado bien, soportando cosas que a otras gentes no les era permitido, pero esto podía cambiar, ahí radicaban los temores de Eduardo. Ya, en cambio, se notaba el proceso de asimilación, pues al principio el pueblo acogió aquella avalancha como algo temporal. Los cubanos habían llegado a romper el ritmo de las cosas pero ya se irían. Acabaron hasta con el silencio de cementerio de Miami, y se atravezaron en las aceras formando grupos en las esquinas, mas eso pasaría pronto, los mandarían para su tierra y "aquí no ha pasado nada" dejando bien alto, una vez más, el pendón de la hospitalidad americana. Pero aquello se alargaba demasiado y hasta los americanos empezaron a desconfiar y a criticar a aquella gente que vivía en bulla permanente y fuera de sus casas, sin cortar el jardín todos los sábados, como hacían hasta los millonarios por su propia mano. Ya habían empezado el éxodo voluntario. El South West era un pedazo de Cuba y por cualquier parte de la ciudad había cubanos . . . Los hijos del país huían como espantados y se iban a vivir en barrios remotos de reciente creación. Los edificios de apartamentos crecían como arte de magia, eso sí, les gustaban los altos alquileres que —como nunca antes en una ciudad de gente retirada—, se cobraban por pocilgas que hubieran rehusado los ratones. Ellos se iban y los cubanos se alegraban de ello, pues vivían más a gusto entre sí y no necesitaban el inglés para trabajar. Lo que resultó un obstáculo fue no saber español y los americanos se pusieron a estudiarlo. El alemán dejó de ser la segunda lengua del país. Ahora lo era la de Cervantes. Y el español se puso de moda. Las universidades adquirían libros por arrobas y todo lo que se escribía de la cubana revolución tenía mercado en los innumerables centros culturales dispersos por la nación. Decían que en los otros exilios Miami era el cementerio del sexo. También eso dejó de existir. Había bares y lugares de amor tarifado como en la vieja Habana. Cuba se había mudado y lo había traído todo consigo . . .

apítulo IV

Miami seguía creciendo y cambiando de aspecto. De aquella ciudad de retirados y vacacionistas sólo quedaban vestigios en la playa. Pero al pasar el puente era otra cosa. Los negocios cubanos de todas clases proliferaban por doquier. Ya intervenían hasta en el campo de los seguros y préstamos y hasta había funerarias con velorios al estilo cubano. Ahora había más trabajo, cuyas fuentes provenían de inversionistas que habían hecho dinero aquí o lo habían podido sacar de la Isla. El refugio quedó reducido a su mínima expresión. Sólo se daba un cheque mensual a personas impedidas de trabajar por su edad, y este gasto del gobierno federal lo cubrían plenamente las contribuciones —los impuestos— que ingresaban los cubanos en la Hacienda americana. Ya la colonia no constituía carga para nadie y la Administración había dejado de presionar en su afán de dispersar a los cubanos del área de Florida, cosa por demás imposible a menos que emplearan métodos coercitivos, que nunca usaron. Los cubanos llegaban, los relocalizaban en estados remotos: California, New York, Chicago y en proporciones más pequeñas en todos los demás, incluyendo Hawaii. Hubo uno relocalizado en Alaska, compatriota a quien parece que no le fue bien el clima, porque su foto en tamaño gigante, existente como propaganda en el refugio, ha sido retirada. Al año de vivir el criollo en las frías latitudes, empacaba y volvía para el sur, en busca de "su ciudad". Y de relocalización ni el recuerdo. Por los récords escolares sabían las autoridades que los alumnos que habían dejado de asistir un año, al siguiente volvían. Y ello no podía significar otra cosa que el regreso de sus padres al área y el fracaso de la relocalización. Uno de los puntos planteados por el que mandaba en Cuba cuando la célebre "Crisis de Octubre", en el arreglo que se produjo a cambio del desmantelamiento de las plataformas lanza-cohetes y regreso a Rusia de los conos nucleares, dicen que fue la dispersión de los cubanos de la Florida: relocalización. Fueron cinco puntos los planteados en el pacto culminados por las epístolas intercambiadas entre el ministro ruso Nikita Krushev y el entonces presidente norteamericano John Kennedy.

Fracasadas aquellas disposiciones, producto del desconocimiento de la idiosincracia latina por nuestros vecinos del norte —cosa en la que siempre han incurrido— se fue acelerando la cubanización del ambiente a ojos vista.

Algunos cubanos parecían exteriormente adaptados y otros no. Eduardo, como se sabe, pertenecía al segundo grupo y sólo pretendía regresar a toda costa, viendo la dispersión como la arribazon de cubanos por los "vuelos de la Libertad", como algo perjudicial a la lucha. Era partidario de la suspención de los vuelos y cuando se enteró de la suspensión de envío de cosas a Cuba se sintió complacido. Decía "¿Cómo vamos a volver si la única forma es la guerra y queremos una tan especial que no la conseguiremos jamás?" Por aquel tiempo comenzaron a llegar en masa los cubanos del norte a Miami. Todo el que ahorraba unos pesos volvía y compraba un dúplex —dos casas juntas— y con el alquiler de la que arrendaba casi pagaba la suya. Con este problema vital resuelto, buscaba trabajo y quedaba esperando tiempos mejores. Fue tanta la gente que llegó, que lo que se construía no corría parejo con la demanda y los alquileres empezaron a subir. No sólo los americanos se aprovechaban de la situación, sino que los cubanos hacían lo mismo y se puso muy difícil conseguir apartamento, y cuando se obtenía costaba no menos de 135 dólares mensuales, un mes en fondo y un contrato de arrendamiento por un año. Se respondió a esto con una inusitada demanda en la compra de casas. Empezaron a subir los *down-payments* —las entradas— y la situación se puso imposible. Se edificaba a toda velocidad. Infinidad de cubanos se dedicaron al giro de la construcción, y donde menos se esperaba surgía una casa de apartamentos. Al minuto estaba alquilada a precio elevadísimo. Talmente parecía que el crecimiento de la ciudad corría en proporción inversa a las posibilidades de que Cuba fuera liberada . . .

Capítulo XV

Eduardo había rebasado la etapa de la lucha interior, pero desembocaba en una más dolorosa. Se sabía seguro él, porque a esa conclusión convergían todos sus análisis, pero quedaban los que habían venido, y ahora posiblemente se fueran sin tener nada que ver con esa desición aplastante. Trató de dialogar con Gerardo, y todas sus ilusiones se estrellaron ante la roca inconmovible de su juvenil manera de ver las cosas. Zoilita los miraba y no abría la boca, y eso le hacía sentirse peor. La sombra del regreso solitario le seguía día y noche, y aunque estaba convencido de la certeza de su juicio, comprendía que sus hijos no tenían por qué ser una copia al carbón de su pensamiento. No era justo imponerles a ellos una conducta que no podían comprender y que para sus mentes era una cosa descabellada y trataba por todos los medios de lograr, aunque fuera un grado de comprensión mínimo sin conseguirlo. También sufría por el dilema cruel en que él y los acontecimientos habían hundido a Elena.

* * *

Eduardo desistió de la idea. Bien conocía a su hijo. Ya sería inútil tratar de seguir dialogando con él, y se dijo, mirando la pantalla apagada del portátil: "¿Por qué a nosotros?" Puede que fuera mejor yacer en una de aquellas lomas y así habría terminado todo. Rápido como un relámpago desechó aquel pensamiento. No, eso no; enfrentaría cualquier cosa con valor, aunque fuera lo peor. Otras personas atravesaron antes que él por similares situaciones y siguieron adelante. Además, él no se rendiría ni aun en contra de su familia, que lo era todo para él. Alguien tenía que poner al descubierto la cobardía que imperaba y había decidido hacerlo. Nada cambiaría sus planes, aunque para ello tendría que sufrir. ¿Acaso no hacía muchísimo tiempo que estaba sufriendo y podía seguir? Insistiría otra y otra vez. Puede que con más tiempo consiguiera otros resultados. Mañana volvería a insistir. Siempre le había pasado lo mismo; era muy calculador. Cuando creía a todos y a todo en su contra, resultaba que estaba equivocado y las cosas no existieron nunca tan malas como él se lo creyó. Además, todos los jóvenes son duros de pelear. ¿No era él así en sus tiempos? Hablaría con la madre, ella lo entendería mejor que él y entonces las cosas cambiarían. El muchacho siempre era testarudo con él, pero con la madre era diferente: se ponía como una seda. Las mujeres tienen argumentos distintos, y si son madres, todavía superiores. No hablaba con Elena del proyecto hacía mucho tiempo. Había preferido no precipitar los acontecimientos, pero ya era hora. En la noche, donde hombre y mujer se entienden y más se puede hablar, lo trataría ahora decisivamente, y aunque se desvelaran ella y él, la cosa no podía postergarse más. En cualquier momento podía llegar el permiso, y era mejor estar preparado. ¿Sería que él había fallado en la crianza de sus hijos? Pero él que siempre trató de poner la patria por encima de todo lo demás. Entonces, ¿dónde estaba la falla? Por más que se devanaba los sesos, no la encontraba. ¿Cómo era posible que de su casa no saliera la conjunción en una idea, cuando él había martillado en aquellas cabecitas desde que vinieron al mundo? Siguió con la amargura reflejada en su rostro, cavilando hasta el infinito.

José Kozer (1940–)

stá oscuro, mi hermana, está oscuro; Que mi mujer cubana nacida en Nueva rk; Este señor don gringo está hoy muy académico

Hijo de judíos emigrados de Checoslovaquia y Polonia, José Kozer nació y vivió en Cuba hasta sus veintiún años. Luego se estableció en Nueva York, en 1960, al comenzar su carrera de poeta y profesor en Queens College y City University of New York. De pluma prolífica, mucha de su obra lucha por recordar, o mejor dicho, no olvidar los múltiples elementos que definían a su familia en su doble exilio, primero por su partida de Europa por el holocausto nazi y luego después del triunfo de la Revolución Cubana en 1959. En los poemas a continuación, Kozer capta ese deseo eterno que tiene todo inmigrante de retomar el pasado y traérselo al presente, de pertenecer a todos lados y también a sólo uno. Va más allá del pasado y presente histórico de Cuba y otras naciones, más allá de la política cubana e internacional para regresar al seno familiar y a una cena cotidiana de su vida más joven e inocente en Cuba. También se muestra la resistencia de un estudiante ante el ataque que un profesor anglo hace del español caribeño en favor del castellano. (KDM)

Lecturas: José Kozer. *Las plagas*. New York: Exilio, 1971; *Antología breve*. Santo Domingo: Luna Cabeza Caliente, 1981; *Réplicas*. Matanzas: Vigía, 1998.

Está oscuro, mi hermana, está oscuro
el cuarto y el futuro:
abuela está rondando,
su cadáver tiene un diente artificial,
un esqueleto falso.
Sylvia, hemos nacido en Cuba.
Sylvia, hemos nacido,
y de mamá y papá
no ha llegado una sola noticia.
Sylvia, no recuerdo el barrio.
Tú y yo tan rara vez hablamos de Martí.
No te veo en la terraza,
no te veo llegar a las cuatro de la escuela,
no te veo el quince de junio entregar la virginidad.
Sylvita, abuela está rondando.
Tiene los ojos llenos de lágrimas checoeslovacas.
Como tiene la cadera apostillada
la van a enterrar en Israel.
Hermana, hermana, hermana.

Que mi mujer cubana nacida en Nueva York,
mi alumno Celestino de Caguas a la insurrección,
mi colega Rafael que se mama la "r" como un puertorriqueño,
o la nena de Myrna que llevaron a Bayamón,
para ser reconocida por abuela y abuelo Báez.
Fuego, mi gente, que hoy cae el premio gordo
aquí en el barrio.
Mi sangre, prieta, con las canillas flacas.
Mi sangre, negra, con el seno hecho un guarapo por los niños.
Mi tierra, varón: me rindo al júbilo.
Se sacó la lotería el guagua de René,
con hambre en la boca y con sueño en el catre.

Myrna cose, Myrna teje, Myrna plancha.
Los muchachos de La Perla se han dejado bigote.
Parece que en la escuela hablaron de otro himno.
Mencionaron a Somoza, a Batista, a Trujillo.
Alguien puso en la pizarra que IBM tacletea.
Sostuvieron las horas inmortales, besaban el guagua de René.

Este señor don gringo está hoy muy académico,
está hoy muy profesor este señor,
declama que hay un español orbicular,
para comunicar cosas sublimes de universidad.
Está muy enganchado a su corbata este señor,
con la "c" tan castiza que escupe,
diciéndonos que no al español caribe,
diciéndonos que no, que así no se hace,
y que es hace con "h" y no es con "s".
Y el señor acicalado tiene la razón.
Digo que el señor que está hoy muy gringo,
habrá de tener profundos y oculares motivos,
para pedir que se hable con estilo,
pro aras del estudio,
para pedir que se pronuncie con dicción,
fonología, evitando la ley de la onomatopeya,
tildando de cacofonía,
la invasión antillana de la América del Norte.
No confundamos los prismas:
son muy extensos los vocabularios del hombre,
son extensísimas las dicciones,
también se dice polla, verga, tronco, palo y bicho.

Reinaldo Arenas (1943–1990)

ntes que anochezca (fragmento)

En 1980 cientos de cubanos ocuparon la embajada del Perú en La Habana demandando asilo político. La respuesta del gobierno cubano a esta crisis fue abrir el vecino puerto de Mariel y permitir que miles de sus ciudadanos abandonaran la isla inmediatamente. En ese éxodo habría de partir hacia el exilio en los Estados Unidos el poeta y novelista Reinaldo Arenas. Nacido en la provincia de Holguín, Arenas se crió en el campo y sólo se mudó a La Habana cuando, ya adulto, quiso seguir su profesión de escritor. Abiertamente crítico de las políticas del gobierno revolucionario, perseguido y encarcelado por el Estado en sus campañas antihomosexuales durante los años sesenta, para Arenas se fue haciendo cada vez más difícil publicar en Cuba. La crisis del Mariel le ofreció una inesperada oportunidad para escapar. Sin embargo, para esta figura de "la conciencia desdichada", la vida en el exilio habría de ser igualmente una experiencia de desilusión. No bien llegar a Miami se vio agobiado por la homofobia de sus compatriotas exiliados, y más tarde Nueva York no sería para él sino una meca de banalidad. En los años ochenta, Arenas contrajo el virus del sida y comenzó a escribir su autobiografía *Antes que anochezca*, publicada póstumamente en 1992. Este extraordinario texto ejemplifica el humor y la imaginación irónicamente lírica que caracteriza su obra. El siguiente fragmento corresponde a los pasajes finales de la autobiografía. En ellos se describe poéticamente el estado febril de sus últimos días de vida en la ciudad de Nueva York. Al terminar de escribir esta autobiografía, Arenas se suicidó. (ALO)

Lecturas: Reinaldo Arenas. *Antes que anochezca: autobiografía*. Barcelona: Tusquets, 2000; *Arturo, la estrella más brillante*. Miami: Ediciones Universal, 2001.

Desalojo

También en 1983 el dueño del edificio en que vivía decidió echarnos del apartamento; quería recuperar el edificio y necesitaba tenerlo vacío, para repararlo y alquilarlo por una mensualidad mayor a la que nosotros pagábamos. Fue una guerra entre el dueño y los inquilinos; aquél se las arregló para rompernos el techo de la casa y el agua y la nieve entraban en mi cuarto. Era difícil mantener una guerra contra los poderosos, sobre todo cuando uno no tiene ni la residencia en un país extranjero y desconoce hasta el idioma y el lenguaje jurídico. Finalmente, tuve que abandonar el cuarto en que vivía. Me trasladaron para un viejo edificio, cerca de la casa en que antes habitaba. En este país la cosa más normal es que la gente se esté mudando con frecuencia, pero yo en Cuba una de las cosas que más había padecido era el hecho de no tener un lugar donde vivir y tener que andar siempre ambulante; tener que vivir en el terror de que en cualquier momento me pusieran en la calle y no tener nunca un lugar que me perteneciera. Y ahora en Nueva York tenía que pasar por lo mismo. De todos modos no me quedó más remedio que cargar mis bártulos y mudarme para el nuevo tugurio. Después me enteré de que las personas que siguieron firmes en el apartamento cogieron hasta veinte mil dólares del dueño para mudarse. Mi nuevo mundo no estaba dominado por el poder político, pero sí por ese otro poder también siniestro: el poder del dinero. Después de vivir en este país por algunos años he comprendido que es un país sin alma porque todo está condicionado al dinero.

Nueva York no tiene una tradición, no tiene una historia; no puede haber historia donde no existen recuerdos a los cuales aferrarse, porque la misma ciudad está en constante cambio, en constante construcción y derrumbe, para levantar nuevos edificios; donde ayer había un supermercado, hoy hay una tienda de verduras y mañana habrá un cine; luego se convierte en un banco. La ciudad es una enorme fábrica desalmada, sin lugar para acoger al transeúnte que quiera descansar; sin sitios donde uno pueda, simplemente, estar sin pagar a precio de dólar la bocanada de aire que se respira o la silla en que nos sentamos a tomarnos un descanso.

anuncio

En 1985 murieron dos de mis grandes amigos: Emir Rodríguez Monegal, la persona que mejor había interpretado todos mis libros, y Jorge Ronet, junto con quien yo había emprendido enormes aventuras nocturnas. Emir murió de un cáncer fulminante; Jorge murió del SIDA; la plaga que, hasta ese momento, tenía solamente para mí connotaciones remotas por una especie de rumor insoslayable, se convertía ahora en algo cierto, palpable, evidente; el cadáver de mi amigo era la muestra de que muy pronto yo también podía estar en esa misma situación.

os sueños

Los sueños y también las pesadillas han ocupado gran parte de mi vida. Siempre fui a la cama como quien se prepara para un largo viaje: libros, pastillas, vasos de agua, relojes, una luz, lápices, cuadernos. Llegar a la cama y apagar la luz ha sido para mí como entregarme a un mundo absolutamente desconocido y lleno de promesas, lo mismo deliciosas que siniestras. Los sueños han estado siempre presentes en mi vida; la primera imagen que recuerdo de mi infancia es de un sueño; un sueño terrible. Yo estaba en una explanada rojiza y unos enormes dientes se me acercaban por ambos lados, pertenecientes a una boca inconmensurable que hacía un extraño ruido, y mientras los dientes avanzaban, se hacía más agudo; cuando iban a devorarme, despertaba. Otras veces, estaba yo jugando en uno de los altos aleros de la casa del campo y, de pronto, por un movimiento equívoco, sentía un extraordinario escalofrío, las manos me sudaban, resbalaba y comenzaba a caer en un inmenso vacío oscuro; aquella caída se prolongaba como una infinita agonía y despertaba antes de reventar .

Otras veces los sueños eran en colores y personajes extraordinarios se acercaban a mí, ofreciéndome una amistad que yo quería compartir; eran personajes descomunales pero sonrientes.

Más adelante soñaba con Lezama, que estaba en una especie de reunión en un inmenso salón; se oía una música lejana y Lezama sacaba un enorme reloj de bolsillo; frente a él estaba su esposa, María Luisa; yo era un niño y me acercaba a él; abría sus piernas y me recibía sonriendo y le decía a María Luisa: "Mira, qué bien está, qué bien está". Ya para entonces él había muerto.

Otras veces soñaba que, aunque había estado en Estados Unidos, había regresado a Cuba no sé por qué razón —tal vez por el desvío de algún avión o porque me habían engañado y me habían dicho que podía ir sin ningún problema— y me veía de nuevo allí; en mi cuarto calenturiento y sin poder salir; estaba condenado a quedarme allí para siempre. Tenía que recibir un extraño aviso para irme al aeropuerto, alguien tenía que recogerme en algún automóvil y no llegaba; yo sabía que ya no podía salir más de allí; que vendría la policía y me arrestaría. Ya había recorrido el mundo y sabía lo que era la libertad, y ahora, por una extraña circunstancia, estaba en Cuba y no podía escapar. Despertaba y, al ver las paredes deterioradas de mi cuarto en Nueva York, sentía una indescriptible alegría.

En otro sueño, quiero acercarme a la casa donde estaba mi madre y hay una tela metálica frente a la puerta. Llamo y llamo para que me abran la puerta; ella y mi tía están al otro lado de la tela metálica y yo les hago señales, me llevo la mano al pecho y de mi mano empiezan a salir pájaros, cotorras de todos los colores, insectos y aves cada vez más gigantescas; comienzo a gritar que me abran, y ellas me miran a través de la tela metálica; yo sigo produciendo toda clase de gritos y de animales, pero no puedo cruzar la puerta.

En algún sueño yo soy un pintor; tengo un estudio vasto y pinto enormes cuadros; yo creo que los cuadros que pinto tienen que ver con los seres queridos; en ellos predomina el azul y en él se disuelven las figuras. De pronto, entra Lázaro joven, esbelto; me saluda con un tono de desencanto; camina hasta la gran ventana que da a la calle y salta por la ventana; yo comienzo a gritar y bajo las escaleras; el apartamento estaba en Nueva York, pero al bajar las escaleras estoy en Holguín y allí está mi abuela y unas de mis tías; les digo que Lázaro se ha tirado por la ventana y todas corren a la calle, que es la calle 10 de Octubre, donde está la casa que habita mi madre; allí, contra el fango y bocabajo está Lázaro muerto. Yo le levanto la cabeza y miro su hermoso rostro enfangado; mi abuela se acerca, contempla su rostro y mira hacia el cielo diciendo: «¿Por qué, Dios mío?». Más adelante, traté de interpretar aquel sueño de diversos modos; no fue Lázaro el muerto, sino yo; él es mi doble; la persona a quien más yo he querido es el símbolo de mi destrucción. Por eso era lógico que las personas que fueron a ver el cadáver fueran mis familiares y no los de Lázaro.

He soñado que en mi infancia el mar llegaba hasta mi casa; llegaba cruzando decenas de kilómetros y todo el patio se inundaba; era maravilloso flotar en aquellas aguas; yo nadaba y nadaba; mirando el techo de mi casa inundado, oliendo el olor del agua que seguía avanzando en una enorme corriente.

En Nueva York soñé una vez que podía volar, privilegio imposible para un ser humano, aun cuando a los homosexuales nos digan pájaros. Pero yo estaba ahora en Cuba y volaba sobre los palmares; era fácil, sólo había que pensar que uno podía volar. Estaba después cruzando la Quinta Avenida de Miramar y las palmas que la bordeaban; era hermoso ver todo el paisaje mientras yo, dichoso y radiante, lo sobrevolaba más arriba que las copas de las palmeras. Despertaba aquí en Nueva York y aún me parecía que estaba por los aires.

Estando en la playa de Miami pasando unas vacaciones tuve un sueño terrible. Estaba en un inmenso urinario lleno de excrementos y tenía que dormir allí. En aquel lugar había centenares de pájaros raros que se movían con gran dificultad. Aquel lugar se poblaba cada vez más por aquellos horribles pájaros, que iban cerrando la posibilidad de escapatoria; todo el horizonte quedaba sellado por aquellos pájaros que tenían algo de metálicos y hacían un ruido sordo, como de alarmas. De pronto, descubría que todos ellos habían logrado meterse en mi cabeza y que mi cerebro se agigantaba para darles albergue; mientras ellos iban albergándose en mi cabeza, yo envejecía. Pasé varias noches en Miami con la misma pesadilla y me despertaba bañado en sudor. Tomé un avión de regreso a Nueva York. Como siempre, me fui a la cama lleno de cosas y con un gran vaso de agua, preparándome para el sueño. Antes de dormir, siempre leo por lo menos una o dos horas, y estaba terminando la lectura de *Las mil y una noches*. Estábamos ya en 1986; Lázaro había estado hablando conmigo un rato y se acababa de marchar; no había salido aún del edificio, cuando sentí un enorme estallido en el cuarto; era una verdadera explosión. Pensé que era uno de mis amantes celosos o algún ladrón que había roto la ventana de cristal que daba a la calle; evidentemente, el estruendo fue tan grande que tenían que haber cogido una barra de hierro y haberla lanzado contra la ventana. Cuando llegué a la ventana, el cristal estaba absolutamente intacto. Algo muy extraño había ocurrido dentro del cuarto: el vaso de agua sobre la mesa de noche, sin que yo lo hubiese tocado, había hecho explosión; se había pulverizado. Llamé corriendo a Lázaro que aún no había abandonado el edificio e hicimos una enorme inspección en todo el apartamento; yo pensé que me habían disparado y que le habían dado al vaso, pues en varias ocasiones yo había sido amenazado de muerte por la Seguridad del Estado cubana; en otras ocasiones habían entrado a mi apartamento y registrado mis papeles; otras veces la ventana que yo había dejado cerrada, estaba abierta y nada se habían llevado, por lo que no podía ser un ladrón. Pero el misterio de aquella noche sigue siendo para mí totalmente indescifrable. ¿Cómo era posible que un vaso de vidrio hubiese estallado haciendo aquella explosión tan descomunal? Al cabo de una semana comprendí que aquello era un aviso, una premonición, un mensaje de los dioses infernales, una nueva noticia terrible que me anunciaba que algo realmente novedoso estaba por ocurrirme; que ya en ese momento me estaba ocurriendo. El vaso lleno de agua era quizás una especie de ángel guardián, de talismán; algo había encarnado en aquel vaso que durante años me había protegido y me había librado de todos los peligros: enfermedades terribles, caídas de árboles, persecuciones, prisiones, disparos en medio de la noche, pérdida en medio del mar, ataques por pandillas de delincuentes armados en Nueva York en varias ocasiones. Una vez fui asaltado en medio del Central Park; unos jóvenes me registraron, con una pistola apuntándome la cabeza, para sólo encontrar cinco dólares; me manosearon tanto mientras me registraban, que terminamos haciendo el amor y, al final, yo les pedí por favor que me dieran un dólar para regresar a mi casa y me lo dieron. Ahora, ¡toda aquella gracia que me había salvado de tantas calamidades parecía terminar!

Otra vez, había llegado a mi apartamento en Nueva York y allí había un negro enorme que, después de romper la ventana, se había llevado toda mi ropa y, armado, avanzaba amenazante. Yo había podido correr y gritar que había un ladrón en el edificio; varias personas habían aparecido en el pasillo, entre ellos un puertorriqueño con una escopeta de dos cañones, ante lo cual el negro se había tenido que dar a la fuga, dejando todas mis pertenencias, mientras yo salía ileso.

En una ocasión un delincuente con un paraguas, a quien yo le había preguntado la hora, me había contestado con una grosería. Creo que le dije varias cosas estúpidas y por último le di un empujón. Él, que evidentemente estaba enfurecido, le quitó una tapa metálica que tenía en la punta su sombrilla y me fue arriba, arremetiéndome con un tremendo punzón, que era en lo que terminaba aquel paraguas. Me hizo varias heridas en la frente; me lanzaba golpes directos a los ojos; evidentemente, quería sacármelos, pero no lo logró. Bañado en sangre llegué a mi apartamento, pero a la semana ya estaba bien; mi ángel de la guarda otra vez me había acompañado.

Pero ahora, algo mucho más poderoso, más misterioso y siniestro que todo lo que anteriormente me había sucedido, parecía controlar la situación; había caído en la desgracia. El estallido del vaso era el símbolo de mi absoluta perdición. Perdición: así lo interpreté unas semanas más tarde y, al parecer, desafortunadamente, con toda razón.

Lázaro y yo estábamos en Puerto Rico en una playa solitaria. Lo había llevado allí porque me recordaba las playas de Cuba. Él abría un libro y comenzaba a leer, cuando llegó una pandilla de asaltantes; eran más de seis. Uno de ellos nos apuntaba con una pistola que ocultaba ostensiblemente bajo un pañuelo. "Tírense al suelo y nos dan todo lo que tengan o los matamos aquí mismo", dijo uno. Yo fui a coger un palo y a arremeter contra alguno de entre ellos, pero Lázaro me dijo que no lo hiciera que era muy peligroso. Nos tiramos al suelo, ellos nos hicieron un registro y se llevaron lo poco que teníamos allí: unas patas de rana, una careta. Cuando se iban, yo les pedí que me devolvieran la careta; uno de los delincuentes no quería devolvérmela, pero otro dijo que me la dieran, que no podían hacer nada con ella. Pudieron habernos matado, pero mi ángel de la guarda nos protegió; el mismo que me hizo sobrevivir en el Morro, el que me avisó cuando estaba llegando a la base naval de Guantánamo que el terreno estaba minado. Otra vez nos había salvado.

Pero ahora, había estallado el vaso; ya no había salvación.

¿Qué era aquel vaso que había estallado? Era el dios que me protegía, era la diosa que siempre me había acompañado, era la misma luna, que era mi madre transformada en Luna.

¡Oh Luna! Siempre estuviste a mi lado, alumbrándome en los momentos más terribles; desde mi infancia fuiste el misterio que velaste por mi terror, fuiste el consuelo en las noches más desesperadas, fuiste mi propia madre, bañándome en un calor que ella tal vez nunca supo brindarme; en medio del bosque, en los lugares más tenebrosos, en el mar; allí estabas tú acompañándome; eras mi consuelo; siempre fuiste la que me orientaste en los momentos más difíciles. Mi gran diosa, mi verdadera diosa, que me has protegido de tantas calamidades; hacia ti en medio del mar; hacia ti junto a la costa; hacia ti entre las rocas de mi isla desolada, elevaba la mirada y te miraba; siempre la misma; en tu rostro veía una expresión de dolor, de amargura, de compasión hacia mí; tu hijo. Y ahora, súbitamente, Luna, estallas en pedazos delante de mi cama. Ya estoy solo. Es de noche.

rta de despedida

Queridos amigos: debido al estado precario de mi salud y a la terrible depresión sentimental que siento al no poder seguir escribiendo y luchando por la libertad de Cuba, pongo fin a mi vida. En los últimos años, aunque me sentía muy enfermo, he podido terminar mi obra literaria, en la cual he trabajado por casi treinta años. Les dejo pues como legado todos mis terrores, pero también la esperanza de que pronto Cuba será libre. Me siento satisfecho con haber podido contribuir aunque modestamente al triunfo de esa libertad. Pongo fin a mi vida voluntariamente porque no puedo seguir trabajando. Ninguna de las personas que me rodean están comprometidas en esta decisión. Sólo hay un responsable: Fidel Castro. Los sufrimientos del exilio, las penas del destierro, la soledad y las enfermedades que haya podido contraer en el destierro seguramente no las hubiera sufrido de haber vivido libre en mi país.

Al pueblo cubano tanto en el exilio como en la Isla los exhorto a que sigan luchando por la libertad. Mi mensaje no es un mensaje de derrota, sino de lucha y esperanza.

Cuba será libre. Yo ya lo soy.

uisa Valenzuela (1938–)

e noche soy tu caballo

En 1969, mientras estudiaba en la Universidad de Iowa, Luisa Valenzuela comprendió su responsabilidad hacia Latinoamérica. En los Estados Unidos, lejos de las pesadillas de la dictadura, Valenzuela se sintió con la suficiente libertad para escribir historias y novelas sobre las crueles realidades de

Argentina durante los últimos años de 1970 y los primeros de 1980. Su posición fue firme contra las atrocidades cometidas durante la llamada "guerra sucia", guerra desencadenada por el ejército argentino contra los ciudadanos "sospechosos". Torturas, desapariciones de disidentes, censura, el exilio forzado de cientos de miles de personas caracterizan esta guerra. En "De noche soy tu caballo", Luisa Valenzuela, muestra una gran precisión en el uso del lenguaje, la exploración de la psicología del personaje, la confrontación entre ficción y realidad y la aguda crítica del poder político. (AB)

Lecturas: Luisa Valenzuela. *Cuentos completos y uno más.* México: Alfaguara, 1998; *Cambio de armas.* Hanover: Ediciones del Norte, 1995.

Sonaron tres timbrazos cortos y uno largo. Era la señal, y me levanté con disgusto y con un poco de miedo; podían ser ellos o no ser, podría tratarse de una trampa, a estas malditas horas de la noche. Abrí la puerta esperando cualquier cosa menos encontrarme cara a cara nada menos que con él, finalmente.

Entró bien rápido y echó los cerrojos antes de abrazarme. Una actitud muy de él, él el prudente, el que antes que nada cuidaba su retaguardia —la nuestra—. Después me tomó en sus brazos sin decir una palabra, sin siquiera apretarme demasiado pero dejando que toda la emoción del reencuentro se le desbordara, diciéndome tantas cosas con el simple hecho de tenerme apretada entre sus brazos y de irme besando lentamente. Creo que nunca les había tenido demasiada confianza a las palabras y allí estaba tan silencioso como siempre, transmitiéndome cosas en formas de caricias.

Y por fin un respiro, un apartarnos algo para mirarnos de cuerpo entero y no ojo contra ojo, desdoblados. Y pude decirle Hola casi sin sorpresa a pesar de todos esos meses sin saber nada de él, y pude decirle

te hacía peleando en el norte
te hacía preso
te hacía en la clandestinidad
te hacía torturado y muerto
te hacía teorizando revolución en otro país.

Una forma como cualquiera de decirle que lo hacía, que no había dejado de pensar en él ni me había sentido traicionada. Y él, tan endemoniadamente precavido siempre, tan señor de sus actos.

—Callâte, chiquita ¿de qué te sirve saber en qué anduve? Ni siquiera te conviene.

Sacó entonces a relucir sus tesoros, unos quizá indicios que yo no supe interpretar en ese momento. A saber, una botella de cachaza y un disco de Gal Costa. ¿Qué habría estado haciendo en Brasil? ¿Cuáles serían sus próximos proyectos? ¿Qué lo habría traído de vuelta a jugarse la vida sabiendo que lo estaban buscando? Después dejé de interrogarme (callâte, Chiquita, me diría él.) Vení, Chiquita, me estaba diciendo, y yo opté por dejarme sumergir en la felicidad de haberlo recuperado, tratando de no inquietarme. ¿Qué sería de nosotros mañana, en los días siguientes?

La cachaza es un buen trago, baja y sube y recorre los caminos que debe recorrer y se aloja para dar calor donde más se la espera. Gal Costa canta cálido, con su voz nos envuelve y nos acuna y un poquito bailando y un poquito flotando llegamos a la cama y ya acostados nos seguimos mirando muy adentro, seguimos acariciándonos sin decidirnos tan pronto a abandonarnos a la pura sensación. Seguimos reconociéndonos, reencontrándonos.

Beto, lo miro y le digo y sé que ése no es su verdadero nombre pero es el único que le puedo pronunciar en voz alta. Él contesta:

—Un día lo lograremos, chiquita. Ahora prefiero no hablar.

Mejor. Que no se ponga él a hablar de lo que algún día lograremos y rompa la maravilla de lo que estamos a punto de lograr ahora, nosotros dos, solitos.

"A noite eu sou teu cavalho" canta de golpe Gal Costa desde el tocadiscos.

—De noche soy tu caballo —traduzco despacito. Y como para envolverlo en magias y no dejarlo pensar en lo otro:

—Es un canto de santo, como en la macumba. Una persona en trance dice que es el caballo del espíritu que la posee, es su montura.

—Chiquita, vos siempre metiéndote en esoterismos y brujerías. Sabés muy bien que no se trata de espíritus, que si de noche sos mi caballo es porque yo te monto, así, así, y sólo de eso se trata.

Fue tan lento, profundo, reiterado, tan cargado de afecto que acabamos agotados. Me dormí teniéndolo a él todavía encima.

De noche soy tu caballo . . .

. . . campanilla de mierda del teléfono que me fue extrayendo por oleadas de un pozo muy denso. Con gran esfuerzo para despertarme fui a atender pensando que podría ser Beto, claro, que no estaba más a mi lado, claro, siguiendo su inveterada costumbre de escaparse mientras duermo y sin dar su paradero. Para protegerme, dice.

Desde la otra punta del hilo una voz que pensé podría ser la de Andrés —del que llamamos Andrés— empezó a decirme:

—Lo encontraron a Beto, muerto. Flotando en el río cerca de la otra orilla. Parece que lo tiraron vivo desde un helicóptero. Está muy hinchado y descompuesto después de seis días en el agua, pero casi seguro es él.

—¡No, no puede ser Beto! —grité con imprudencia. Y de golpe esa voz como de Andrés se me hizo tan impersonal, ajena:

—¿Te parece?

—¿Quién habla? —se me ocurrió preguntar sólo entonces. Pero en ese momento colgaron.

¿Diez, quince minutos? ¿Cuánto tiempo me habré quedado mirando el teléfono como estúpida hasta que cayó la policía? No me la esperaba pero claro, sí, ¿cómo podía no esperármela? Las manos de ellos toqueteándome, sus voces insultándome, amenazándome, la casa registrada, dada vuelta. Pero yo ya sabía ¿qué me importaba entonces que se pusieran a romper lo rompible y a desmantelar placares?

No encontrarían nada. Mi única, verdadera posesión era un sueño y a uno no se lo despoja así no más de un sueño. Mi sueño de la noche anterior en el que Beto estaba allí conmigo y nos amábamos. Lo había soñado, soñado todo, estaba profundamente convencida de haberlo soñado con lujo de detalles y hasta en colores. Y los sueños no conciernen a la cama.

Ellos quieren realidades, quieren hechos fehacientes de esos que yo no tengo ni para empezar a darles.

Dónde está, vos los viste, estuvo acá con vos, dónde se metió. Cantá, si no te va a pesar. Cantá, miserable, sabemos que vino a verte, dónde anda, cuál es su aguantadero. Está en la ciudad, vos lo viste, confesá, cantá, sabemos que vino a buscarte.

Hace meses que no sé nada de él, lo perdí, me abandonó, no sé nada de él desde hace meses, se me escapó, se metió bajo tierra, qué sé yo, se fue con otra, está en otro país, qué sé yo, me abandonó, lo odio, no sé nada. (Y quémenme no más con cigarrillos, y patéenme todo lo que quieran, amenacen, no más, y métanme un ratón para que me coma por dentro, y arránquenme las uñas y hagan lo que quieran. ¿Voy a inventar por eso? ¿Voy a decirles que estuvo acá cuando hace mil años que se me fue para siempre?

No voy a andar contándoles mis sueños, ¿eso qué importa? Al llamado Beto hace más de seis meses que no lo veo, y yo lo amaba. Desapareció, el hombre. Sólo me encuentro con él en sueños y son muy malos sueños que suelen tranformarse en pesadillas.

Beto, ya lo sabés, Beto, si es cierto que te han matado o donde andes, de noche soy tu caballo y podés venir a habitarme cuando quieras aunque yo esté entre rejas. Beto, en la cárcel sé muy bien que te soñé aquella noche, sólo fue un sueño. Y si por loca casualidad hay en mi casa un disco de Gal Costa y una botella de cachaza casi vacía, que por favor me perdonen: decreté que no existen.

Juan Armando Epple (1946–)

Garage Sale

Oriundo de Valdivia, Chile, Juan Armando Epple se cuenta entre los muchos chilenos que salieron de su país tras el golpe militar en 1973 que derrocó a Salvador Allende. Poco después de haber terminado su carrera académica en

Chile se encontraba cursando un doctorado en Harvard, hasta que se recibió y trasladó al estado de Oregón, al otro lado del país. Epple nos comunica con emoción una experiencia muy personal y a la vez universal: el desarraigo del exilio y el choque cultural que experimenta un chileno al encontrar que sólo él está perdido en el pasado. En su cuento "Garage Sale" se pone a la venta una abuela, ya gastada y acabada en una sociedad en donde el nivel de productividad o autosuficiencia tildan a las personas de útiles o desechables. Aun más sorprendente es que el chileno, cuya madre permaneció en Chile al salir él con su esposa e hija, se disponga a comprar a la anciana para darle una abuelita a su hija, sin decirle la verdad. (KDM)

Lecturas: Fernando Alegría y Jorge Ruffineli. *Paradise Lost or Gained: The Literature of Hispanic Exile.* Houston: Arte Público Press, 1990.

Voy a dar una vuelta, dijo, y, antes que alcanzara a preguntarle adónde, ya estaba sacando el auto en retroceso, metiendo las ruedas en los lirios que él mismo se había encargado de trasplantar desde la casa que tuvimos en Springfield, antes de trasladarnos a Eugene. Los lirios son los más perjudicados cuando anda enrabiado o confundido con alguno de esos trabajos que le suelen encargar, y que empieza a escribir con entusiasmo pero luego deja de lado explicando que no puede agarrar bien el hilo.

La typewriter de mi daddy es como la sewing machine que tiene mi mamá, ésa que compró usada en un garage sale y que a veces trabaja bien y otras se atasca. Cuando él escribe sin parar por una hora es porque está contestando una carta de uno de sus amigos, esos testamentos de diez páginas que les ha dado por intercambiarse por correo, reclama mi mamá. Y cuando escribe un ratito y luego hay un silencio largo en su cuarto es porque está pensando en algún problema —como esos homeworks que nos da Miss Greenfield—, y ya sabemos que en cualquier momento va a bajar, va a dar una vuelta por la cocina destapando las ollas o va a pasar directamente al yard a regar sus tomates, diciendo que le sirve para concentrarse.

—Apuesto que tu papá quería ver el noticiero y tú le cambiaste el canal —le dije a Marisol, que ya se había instalado frente al televisor con un paquete de galletas y los discos de Def Leppard desparramados por el suelo, enchufada en uno de esos programas musicales donde los cantantes cambian de escenario a cada estrofa.

—No, él me dijo que hoy tenía que escribir algunas cartas. Además, el único programa que le interesa es el noticiero de las siete. Yo le fui a decir que por qué no aprovechaba de escribirle también una carta a la abuela y así la traíamos de una vez, aunque sea de visita. Entonces él se levantó del asiento y pumm . . . salió. ¿Crees que fue al post office?

Como no entiendo ni papa del fútbol americano, y no me hablen del béisbol, sin contar lo difícil que es agarrar el inglés de las películas (es como hablar masticando una papa, explica Marta, tratando de imitar alguna frase), la única forma de sacarle el cuerpo a las preguntas de Marisol es salir a la calle a calentar un poco los músculos. Aunque esta frase ya no me alcanza ni para metáfora, porque cada vez que me topo con un espejo veo que he seguido aumentando varias libras por año, y ya me están asomando las primeras canas. Es la verdad más interesante del hombre, celebra Marta, aunque no deja de pasarme un dedo por la aureola de fraile que también se me va dibujando en la nuca. Además, cada vez que me decido a salir a correr me encuentro compitiendo con cientos de atletas que no sólo compran las mismas zapatillas Nike, sino que están convencidos de que Eugene es la capital mundial del jogging, y todos y los más modestos se conforman con ganar el maratón de Nueva York. Al final he optado por entrenarme en la clásica silla de ruedas de este país, aunque sea para imaginar que vamos a descubrir nuevas rutas, deslizándome por calles rigurosamente diagramadas, con sus semáforos y policías de tránsito regulando el ejercicio, jurándole fidelidad a este auto que lucía tan imponente los primeros días, y que ahora se mueve a saltos, como un Pinto resfriado.

Cuando estaba aprendiendo a manejar y el Chino (que es de Antofagasta, y ni él sabe de dónde le cayó el apodo) me enseñó algunas técnicas básicas de mantención, como medir el aire de las ruedas, cambiarle el aceite, ponerle antifreeze al radiador, pensé que sería útil agenciarme algunas de esas herramientas que él trae en el maletero de su convertible (éste sí que es convertible compadre, celebra pasándole una manga ostentosa al capot de los años de la cocoa, porque se convierte hasta en cama cuando se presenta la ocasión), me detuve una vez frente a uno de esos letreros que anuncian "Garage Sale", buscando algo extra para equipar el auto. Con una curiosidad que poco a poco se fue convirtiendo en obsesión descubrí que los garage sale consistían en pequeños mercados familiares que los gringos instalan en el garage o el patio de sus casas, donde ponen a la venta objetos de segunda mano o incluso nuevos, traídos seguramente de sus safaris turísticos o de esas irresistibles liquidaciones de las grandes tiendas, y que acumulan en sus casas hasta que la pasión ingenua por la novedad los obliga a ofrecerlos por unos pocos dólares para dejar más espacio para otras adquisiciones. En las primeras salidas me dejé llevar por el entusiasmo, un entusiasmo a precio casi regalado por la variedad de artículos dispuestos en mesitas o depositadas como al descuido en los prados de tarjeta postal. Comencé a llevar a la casa inesperados trofeos que activaban una mirada entre compasiva y recelosa de Marta: un arado del tiempo anterior a la gasolina (esa parcela que tuvimos que vender apresuradamente en el sur para poder salir a tiempo del país), litografías, anzuelos, marcos de retratos, una guayabera mexicana nueva, que usé hasta en pleno invierno, no tanto para imaginarme cómo nos habría ido en ese país si nos hubiera llegado la visa a tiempo, sino para revivir las despedidas en la Bomba Bar, anotar las direcciones, repasar el lenguaje cifrado para comunicarnos noticias, y el gringo Hoefler mirando de reojo las sillas vacías, decidido a quedarse hasta el último por alguna secreta razón ancestral, y ahora un brindis por "El azote de Puebla", un par de pistolas Colt 45 en imitación de lata, de ésas idealizadas en las novelas de cowboy de un tal Marcial Lafuente Estefanía que resultó ser luego un español que decidió exiliarse en un rincón de su propio país y que pudo ganarse la vida escribiendo historias de un Far West que diagramaba con la ayuda de un mapa arrancado de un *National Geographic* magazine, discos de Frankie Avalon o Los Cuatro Latinos, y esos best sellers que se desvaloran tan rápido que hay que arrumbarlos en una caja a ver si alguien se los lleva gratis, help yourself. Suspendí mis compras de ocasión cuando, al volver una tarde con un maniquí escultural que merecía estar en mi oficina, encontré a Marta atareada arrumbando nuestros propios desusos en el garage, tratando de organizar mejor nuestro espacio:

—Si vas a seguir con tu deporte de los garage sale, vale más que te dejes de coleccionar fantasmas y me consigas algo útil. Hace tiempo que te pedí que me busques unos frascos para conservas, o una aspiradora que funcione, ya que no quieres comprar una nueva.

En el tiempo que llevamos fuera de Chile habíamos tenido que cambiar de país dos veces (porque en unos para conseguir visa de residencia hay que tener primero contrato de trabajo, en otros para conseguir trabajo hay que tener primero permiso de residencia, sin contar con que hay otros donde no nos aceptan ni de turistas) y estando en Estados Unidos veníamos recorriendo más de cinco estados, hasta encontrar un trabajo más o menos estable en Eugene. Oregón nos atrajo de inmediato, como un imán secreto, por su extraordinario parecido con el Sur de Chile. Nuestros desplazamientos nos obligaban a hacer y deshacer maletas, vender o regalar los pocos muebles que juntábamos, embalar y desembalar los libros de Darío, porque eso sí, una debe despedirse de la aspiradora, las ollas, y hasta su juego de loza, pero al perla los libros hay que instalárselos en la mejor parte del camión, allá vamos a comprar todo nuevo, m'ijita, no se preocupe. También había que enviarles la nueva dirección a algunos familiares y a los amigos que aún nos reconocen en el mapa, presentar en otra escuela los certificados de colegio y vacunas de Marisol, quien ya no sabía qué poner en la sección país de origen, optando finalmente por escribir con sus mayúsculas MARISOL (lo que al menos le garantizaba un puesto seguro en las clases de geografía), y hasta diseñar una huerta improvisada en el patio de la casa para plantar un poco de cilantro y albahaca. Porque eso sí, estos exiliados tan orgullosos siempre están dispuestos a viajar, a "buscar nuevos horizontes", pero donde van siguen suspirando empanadas y humitas que les solía preparar la abuela.

Cuando le dio por los garage sale no me preocupé mucho, porque me parecía una distracción inofensiva y hasta novedosa, pero cuando empezó a alabar ante los chilenos las ventajas de esos "mercados persas", como los llamaba, tuve que cortarle un poco la afición, pues los amigos, como me confidenció Hilda, ya nos estaban llamando "Los Persas".

En la escuela no saben dónde queda Chile, y por eso me llaman a veces hispanic or latin. Una vez que le dije a la English teacher que era un país muy bonito, con muchas montañas y frutas, me sonrió y me dijo que era una gran verdad, que ella tenía muy buenas memorias de un viaje que hizo a Acapulco. Quizás no lo ubican porque en el mapa se ve tan chico, como un fideo, y por eso han tenido que salir tantos chilenos a vivir en otros países. Pero lo que no entiendo entonces es por qué, si es tan chico, todo lo que hay allá es tan grande. Cada vez que se juntan los chilenos en la casa —porque en cada ciudad donde hemos vivido siempre hay un grupo de chilenos que se llaman por teléfono todos los días y se juntan a comer—, se dedican a crear un país que no creo que entre en ningún mapa. A decir que las sandías de allá son mucho más grandes y dulces que las que venden en Safeway, que las uvas son del porte de las ciruelas de aquí, que el Mount Hood no le llega ni a los talones al Aconcagua, que no hay como un caldillo de congrio, que debe ser un pescado enorme como un tiburón pero que sabe muy sabroso, que el vino que se vende aquí parece tinta dulce o la cerveza tiene gusto a pichí, y que no hay comparación entre el pan amasado del Sur y las rebanadas de plástico que venden aquí. Un día se juntaron a discutir una cosa de pasaportes y a revisar una lista que traía el tío Romilio, inventándose sobrenombres que empezaban con la letra L (como Loco, Lampiño, Lolosaurio, Lucifer, Latoso, Libertador de Lanco, y así). Nosotros los niños nos pusimos a hacer dibujos. Yo dibujé una cordillera y se la fui a mostrar a mi papi. El miró mi dibujo un largo rato, se puso serio, y luego me corrigió con un lápiz la cordillera diciendo que era mucho más alta y difícil de cruzar. No se dio cuenta que también había dibujado un avión. Esa tarde se dedicó a criticar todo lo que decían los tíos, que así tenemos que llamar a los grandes pero no porque sean tíos, sino porque son chilenos que se visitan, a decir que las empanadas son originarias de China y que la cueca es un baile que llevaron a Chile desde África. Al final las visitas se enojaron y se fueron, y uno de los tíos le gritó desde la puerta a mi papi que lo único que le estaba quedando en claro era que nosotros ahora nos creíamos persas.

Marisol nos había puesto en aprietos una vez más con su lógica inocente, justo ese día de sol y kuchen de moras alemanas, cuando se me ocurrió hacer un comentario sobre la harina que venden en los supermercados y ella aprovechó para decir: si la abuelita sabe hacer mejor kúchenes, ¿por qué no vamos a Chile a visitarla? Darío se paró y caminó hacia la cocina, ¿alguien quiere más café?, dándome esa mirada de usted-salió-con-el-tema-y-lo-resuelve. Pero como a estas alturas del exilio es difícil explicarle a una niña que creció en este país lo que significa tener una L en el pasaporte, traté de explicarle que los pasajes están últimamente por las nubes, que el papá ha estado haciendo esfuerzos por ahorrar dinero, pero apenas estamos en condiciones de comprar un pasaje, y no es justo que viaje a Chile sólo uno de nosotros, ¿verdad? No sé si quedó muy convencida, pero se comió un pedazo extra de kuchen, estuvo haciendo figuritas con la servilleta y luego anunció que tenía la tele reservada hasta las doce.

Yo aproveché para ir a encerrarme a la oficina, pero al rato subió, levantó con curiosidad mis papeles como si estuviera muy interesada en ver lo que escribo, y luego, mirando por la ventana, me propuso: ¿por qué no invitamos a la abuela a que venga a pasar el verano con nosotros? Es sólo un pasaje, ¿verdad? Y a una niña a la que se le ha estado pintando por años un país hecho de sabores y olores definitivos, de memorias fijas y obsesivas, de rostros que parecen estar todavía a la vuelta de la esquina, y sobre todo de presencias familiares que van creciendo a medida que se alejan en el tiempo que nos distanciamos, no se le puede decir de un día para otro que la abuela murió a los pocos meses de tener que abandonar nosotros Chile. Por eso sólo le sacudí un poco la chasquilla sabihonda, es buena idea señorita, vamos a ver qué podemos hacer, y salí.

Ese día recorrí varios garage sales, sin buscar nada en especial, y si me detuve frente a esa casa fue para examinar unas herramientas de labranza que tenían allí, con los precios cuidadosamente marcados en papelitos blancos, para ver si encontraba algún azadón para la huerta. Estaba por regresarme cuando descubrí a la anciana, instalada en una silla reclinable, con la vista perdida en un mundo anterior a todos los domingos de preguntas y garage sales. Al principio pensé que era otro maniquí, puesto artísticamente en la silla para realzar un vestido azul, con encajes de terciopelo, o la caja de diseños hindú que le habían puesto en el regazo. Pero al acercarme a revisar unas camisas y observarla de reojo, vi con sorpresa que la figura estiraba la mano, cogía un abanico de 25 centavos de la mesa, recuerdo de alguna excursión a Sevilla, y se empeñaba en abanicarse con movimientos enérgicos, pero con un dejo de coquetería.

El dueño de casa, viéndome estrujar el cuello de una camisa sport, se me acercó con una sonrisa de oreja a oreja y la típica pregunta de supermercado: May I help you? Acto seguido me aseguró que esas camisas estaban casi nuevas, y que habían decidido vender parte de sus pertenencias porque la hija acababa de casarse y ellos se mudaban a un departamento. Usted sabe, agregó, a medida que envejecemos necesitamos menos espacio.

Por una reacción impulsiva, que ponía en tensión los dilemas que me estaban fastidiando, le pregunté a mi vez, apuntando con el dedo:

—¿Y cuánto cobra por esta abuela?

El ciudadano me miró con la boca abierta, y luego se metió rápidamente en la casa.

Inicié rápidamente la retirada, anticipando una merecida colección de insultos que me darían una visión más académica del inglés, pero antes de doblar la esquina sentí que me llamaba con un tono casi dulce. Una señora rubia estaba a su lado, secándose las manos en el delantal.

—*What about five hundred bucks?* —me dijo poniéndome una mano amistosa en el hombro, y bajando la voz en los números, como si fuera la proposición del año.

Tomando mi confusión por cálculo, la señora agregó:

—La verdad es que vale mucho más. Con decirle que ni siquiera habíamos pensado en venderla.

—Además —terció el marido— está completamente sana, y sólo recién ha comenzado a usar anteojos. Hace un mes le hicimos un chequeo completo, y el médico nos aseguró que vivirá muchos años más. Así como va, nos pronosticó el doctor —mi hipotético pariente iba a lanzar una carcajada aprobatoria, pero la señora se la cortó de un codazo— capaz que los entierre a ustedes.

—¿De verdad está para la venta? —les insistí, perplejo.

—Es que como el departamento es muy pequeño, la única solución que nos quedaba era mandarla a un centro de ancianos, y la verdad es que ella, tan acostumbrada a la vida familiar, no merece terminar allí. Nosotros no nos imaginábamos que existía esta otra solución: una familia joven, llena de proyectos, porque usted, por su acento, debe ser un inmigrante hispano ¿verdad? que le ofrezca una nueva oportunidad, y en ese ambiente latino donde se valoran tanto las tradiciones antiguas . . .

—¿Cuánto puede ofrecer por ella? —agregó la señora—. Además se la entregamos con todos sus efectos personales, y no sabe usted todos los objetos valiosos que ha acumulado en su vida. Incluso le daremos varios artefactos de cocina, porque ha de saber usted que ella suele preparar unos pasteles de manzana de primera, con una receta secreta que heredó de su madre, y le gusta cocinar en sus propias fuentes.

Demoramos un par de horas en la transacción, y luego de convenir la forma de pago, decidimos que volvería a buscarla en dos semanas. Una decisión prudente, porque hay que tener en cuenta que estos cambios no pueden hacerse de un día para otro.

Esa noche, durante la cena noté que Darío estaba más callado que de costumbre, y además se le ocurrió tomar mate, algo que casi nunca hace porque dice que le produce insomnio. Pero de pronto, mirando a Marisol que se entretenía en dibujar algo en una servilleta, empezó a proponer, con un entusiasmo de recién llegado, una serie de cambios en el orden de la casa, y a preguntar si todavía teníamos la cama plegable que compramos cuando vino a visitamos el chilote Heriberto desde California.

Porque tenemos que preparar un dormitorio extra, les dejé caer, gozando por anticipado de la sorpresa: hoy le reservé un pasaje a la abuela, y viene a visitamos en dos semanas más.

Luego salí al patio, porque todavía había luz afuera, y las colinas que rodeaban el Willamette Valley extremaban las gradaciones del verde hasta confundirlo con los destellos dorados del sol. Era como estar otra vez frente al Lago Llanquihue, respirando al ritmo secreto de las estaciones, pero sin estar allá.

Pero salí también porque quería cerciorarme que los porotos verdes estaban afirmando bien sus guías en las estacas, que había pasado ya el peligro de las heladas, y que el azadón que mis inesperados parientes gringos me habían dado de yapa era de buena calidad.

nma Sepúlveda (1950–)

e había acostumbrado; Aquí estoy ahora

Nacida en Argentina y criada en Chile, Emma Sepúlveda llegó como exiliada a los Estados Unidos en 1974, un año después del golpe de estado con el que Augusto Pinochet impuso una dictadura militar en el país. Después de estudiar para su doctorado, Sepúlveda se convirtió en profesora en la Universidad de Nevada y se ha mantenido profundamente comprometida con su vida académica y comunitaria, especialmente como activista de problemas políticos hispanos, leyes de inmigración y el exterminio en masa de los judíos en la Segunda Guerra Mundial. Ha servido como fundadora, oficial y miembro del consejo de organizaciones para la unidad latina; también ha sido activista por los derechos humanos, por lo cual recibió el Premio Thornton de la Paz en 1994. Mucha de su actividad política ha sido posible gracias a que en 1979 Sepúlveda se convirtió en ciudadana de los Estados Unidos y, en 1994, fue postulada como candidata del Partido Demócrata para el senado del estado de Nevada. A pesar de su creciente vinculación y compromiso con los problemas políticos de los Estados Unidos, mucha de su poesía recuerda la cultura de represión instituida por la dictadura en Chile antes de que ella dejara el país. En "Me había acostumbrado", de su poemario *Muerte al silencio*, Sepúlveda explora los aspectos más íntimos de la autocensura bajo el régimen dictatorial. En "Aquí estoy ahora", explora el estado indeterminado de los inmigrantes y exiliados. (NK)

Lecturas: Emma Sepúlveda. *Death to Silence/Muerte al silencio.* Trad. Shaun T. Griffin. Houston: Arte Público Press, 1997; *A la muerte y otras dudas/To Death and Other Doubts.* Madrid: Ediciones Torremozas, 1996.

Me había acostumbrado

Es que me había acostumbrado
a no decirlo
a guardarlo adentro
como la sangre
que galopa por las venas
sin desbocarse
me había hecho fuerte
con esta mudez
que se esconde sola
me bastaba pensarlo
y volverlo a pensar
para darle sentido
a este silencio perpetuo
me había acostumbrado a callar
a dibujar sueños en la memoria
a contarme cuentos
en la soledad del espejo
a hacerme una
con la voz de la sombra
me había inventado un mundo propio
con los alucinógenos de la respiración
para beberme con sorbos cortos
las amenazas del tiempo
y esperar
esperar hasta que alguien o algo
me dijera que podía hablar.

Aquí estoy ahora

Aquí
estoy
yo
ahora
Emma
y
una
suerte
de
apellidos
sin nada de lo que traje
y bien poco de todo
esperando que me den respuesta

a un exilio que tanto dura
y nada borra
esperando que me den un certificado
que diga que no me voy
y que no vuelvo
hasta que los huesos decidan
si es aquí
o es allá
el lugar en donde las cruces callan
y son los muertos los que hablan.

tías Montes-Huidobro (1931–)

lio (fragmento)

Nacido y criado en Cuba, Matías Montes-Huidobro fue un joven y, sin embargo, maduro autor dramático antes de que dejara la isla tras el arribo del régimen castrista en 1959. No obstante, continuó escribiendo en el exilio y ha llegado a ser quizá uno de los dos o tres dramaturgos cubanos más conocidos en los Estados Unidos y en el extranjero. Al empezar a residir en los Estados Unidos, Montes-Huidobro comenzó simultáneamente una distinguida carrera como profesor en la Universidad de Hawaii-Manoa. Un dramaturgo prolífico, escritor de prosa y poesía, ha publicado numerosas colecciones de cuentos, poemas y dramas individuales cuyas representaciones ha visto en escenarios de los Estados Unidos y el extranjero. Sus temas son universales y se establecen en un período indefinido de tiempo, con pocas excepciones como *Las caretas* que se desarrolla en la temporada de carnaval en Cuba. La selección aquí incluida, tomada del segundo acto, presenta a los actores Victoria, Román y Miguel atrapados en la paranoia que ataca a los intelectuales y artistas cubanos en lo que se refiere a la libertad de expresión y la posible censura o retribución. Es sólo a través del teatro que dos de los amigos descubren las verdaderas convicciones políticas del otro amigo, convicciones que podrían costarle la vida o el encarcelamiento. (KDM)

Lecturas: Matías Montes-Huidobro. *Desterrados al fuego.* México: Fondo de Cultura Económica, 1975; *Obras en un acto.* Honolulu: Persona, 1991.

MIGUEL: (*Abriendo los ojos, pero sin incorporarse, como un locutor algo afónico.*) En versión definitiva destinada a ponerle punto final a tanto infundio, Miguel Ángel Fernández ha decidido, una vez por todas y por última vez, redactar el texto correspondiente para que Victoria del Pueblo no se atraque tanto. (*Se pone de pie y hace una reconstrucción de su propia entrada en escena.*) "Miguel Ángel , borracho como una cuba, bajando de la Sierra Maestra y saliendo de la Plaza Cívica, emula a Fidel

Castro y hace su entrada en el escenario del Teatro Nacional, que el cabrón luminotécnico, siguiendo las instrucciones del dramaturgo, ha dejado casi a oscuras, con mala leche, para que se destarre. Víctima de una cabrona conjura internacional entre el marxismo-leninismo y el imperialismo yanqui, sudoroso y con peste a grajo, llevado por el narigón de su coyunda, La Gorda del Pueblo, ha sido expuesto al sol que raja las piedras en la plaza cívica, donde finalmente fue redimido por un torrencial aguacero, decretado por el clero, la contrarrevolución y el imperialismo yanqui. Buscando refugio en el sagrado templo de Talía, entra empapado en el Teatro Nacional, donde se ve finalmente expuesto a la jodida joda de Román y Victoria. Dando los tropezones del caso, víctima del Complejo de Segismundo, se ve atrapado en las redes de 'la vida es sueño', y busca el áncora de salvación del soliloquio. (*Declama, con el vestido en la mano, refiriéndose al "living-room".*)

¡Válgame el cielo, qué veo!
¡Válgame el cielo, qué admiro!
(*Mirando al vestido.*)
Con poco espanto lo miro,
con mucha duda lo creo.
Decir que sueño es engaño;
bien sé que despierto estoy.
¿Yo Miguel Ángel no soy?
Dadme cielos, desengaño.
(*Dirigiéndose a* ROMÁN.)
Decidme, ¿qué pudo ser
esto que a mi fantasía
sucedió mientras dormía
y aquí me he llegado a ver?
(*Declamatorio, al centro del escenario.*)
Pero sea lo que fuere,
¿quién me mete a discurrir?
Dejadme, quiero servir
y venga lo que viniere".
(*Pausa. Pensando lo que acaba de decir.*) ¿Se dan cuenta que Calderón era comunista? Porque miren, piénsenlo bien. Si "La Revolución es como el melón, verde por fuera y roja por dentro", el primer verso, "pero sea lo que fuere" le viene como anillo al dedo; y si es cierto que "con la Revolución todo y sin la Revolución nada", ¿quién va a "meterse a discurrir"? Lo que es como decir que hay que meterse la lengua en el culo. "Dejadme vivir, quiero servir . . ." (*Puntualizando*): haciendo guardia, trabajo voluntario, metiéndome a miliciano . . . y "venga lo que viniere" (*Concluyendo animado.*) "¡Patria o Muerte,

Venceremos! (*Transición.*) ¡Si la Gorda me oye les aseguro que me propone para el premio Lenin!

ROMÁN: Yo creí que tú estabas con todo esto, Miguel Ángel.

MIGUEL: Pues claro que lo estoy. Esos versos de Calderón me los creo a pie
juntillas y de ahí no hay nadie quien me saque. (*En un inesperando
impulso afectivo, quizá con algo de borrachera, se acerca para abrazar
a* ROMÁN, *que trata de zafarse del abrazo.*) Porque, aunque tú no lo
creas, Román, en el fondo te quiero como a un hermano y no es posible
que comas tanta mierda, ¡coño!

ROMÁN: (*Zafándose.*) Déjame, Miguel Ángel. Estás borracho.

MIGUEL: O te aprendes esos versos de Calderón o tendrás que irte al carajo.

ROMÁN: Eso sí que no, Miguel Ángel. Yo tengo que creer de verdad.

MIGUEL: Tienes que lavarte el cerebro como cualquier hijo de vecino. ¿Es
que tú crees que a mí no me ha costado trabajo?

VICTORIA: A ti no te ha costado tanto trabajo.

MIGUEL: ¿Cómo lo sabes? ¿Por qué tú crees que he tenido que embo-
rracharme? Me he pasado todo el día en la Plaza Cívica gritando por más
de ocho horas, "¡Patria o Muerte!¡Venceremos!" Desgañitándome . . .
Eso me da derecho a meterme los tragos que me dé la gana . . .

VICTORIA: No se te olvide que aquí nadie tiene derecho a nada, y no te
vayas a creer que eres mejor que nadie. Desde que saliste de Nueva York
estabas dispuesto a jugarte el todo por el todo. Esos versos de Calderón,
"pero sea lo que fuere" y "venga lo que viniere", ya te los sabías de
memoria desde entonces. Desde ese momento ya tenías vendida tu alma
al Diablo.

MIGUEL: ¿Y qué derecho tienes tú a juzgarme? ¿Quién eres tú para tirar la
primera piedra?

VICTORIA: No es necesario que vayas a parar al Nuevo Testamento. Ya tenemos bastante con Calderón.

MIGUEL: Pero tú eres quien sacaste a relucir al Diablo. Después de todo, tú
también firmaste. ¿O es que te has olvidado? Déjate de hipocresías y
golpes de pecho. (*Pausa.*) Aquí el único que no firmó fue Román. Sin
contar que tú también saliste con Fidel a comerte un plato de *spaghettis.*

VICTORIA: Estás distorsionando la verdad. Yo sólo me tomé un café con
leche.

MIGUEL: Y te voy a advertir una cosa, Román. Tienes que definirte. Públicamente. ¿O es que a ti te parece justo que yo ande injertando versos del
discurso de Fidel a los metalúrgicos mientras tú andas haciendo metá-
foras con la guillotina?

ROMÁN: ¿Y qué tengo que ver yo con la guillotina?

MIGUEL: (*Señalando a la guillotina.*) ¿Y esto qué cosa es? ¿La hoz y el
martillo?

ROMÁN: Yo no tengo nada que ver con eso. Yo no he mandado a poner en escena ninguna guillotina. Como tampoco tengo que ver con ese mural de la Sierra Maestra. Eso es asunto tuyo.

MIGUEL: Entonces, ¿quién carajo la mando poner? A otro perro con ese hueso. ¿No eres tú dramaturgo?

VICTORIA: ¿Qué traes entre manos? ¿Es que acaso quieres meter a Román en un lío?

MIGUEL: Lo que dices es una canallada, Victoria. Me conoces demasiado bien y sabes que yo no soy capaz de meter a Román en un lío semejante. Porque si yo soy el Poeta de la Revolución, tú eres Victoria del Pueblo. Ni tú ni yo podemos engañarnos. Porque si yo versifico esa lírica a los metalúrgicos y a los choferes de las guaguas que escribe Fidel, tú eres la que la repites noche tras noche. Si tú sufres noche tras noche fingiendo lo que no eres, ¿qué sabes tú por lo que yo paso? Tú y yo nos conocemos demasiado bien para poder engañarnos, y lo digo frente a Román, porque Román sabe que no hay nada que ocultar . . . (*Furioso.*) ¡Coño! Saben que en el fondo los quiero a los dos . . . a ti . . . y a Román . . . Y si algo bueno han tenido estos últimos años es que algunas cosas que existían entre nosotros . . . que nos separaban . . . se han borrado para siempre . . . (*A* VICTORIA, *más directamente.*) Yo sé que quizás quede ese desprecio que siempre has sentido por mí . . . porque . . . porque eso es inevitable . . . Porque yo también, en algún momento, he llegado a . . . (*Furioso.*) ¡Coño!, me cago en la mierda, yo detesto hablar con el corazón en la mano!

ROMÁN: ¿Por qué? ¿Por qué no podemos hablar con el corazón en la mano? ¿No sería mejor para todos?

VICTORIA: (*Acercándose a Miguel.*) Entonces . . . entonces eres tú el que está en peligro . . . el que tiene que salvarse . . .

ROMÁN: Si habláramos todos con el corazón en la mano . . .

MIGUEL: ¡No se puede hablar con el corazón en la mano! ¡No se puede hablar con el corazón! Se puede hablar con la cabeza . . . Con el estómago . . . Con la boca llena de mierda . . . Pero no se puede hablar con el corazón en la mano, porque acabaríamos con el corazón tinto en sangre . . . ¿Te acuerdas cuando Fidel Castro nos metió a la Biblioteca Nacional y nos dijo que le diéramos a la sin hueso, que aquí no se le hacía caso a nadie?

ROMÁN: Daño a nadie.

MIGUEL: Sí, daño a nadie . . . Y que había libertad para decir todo lo que a uno le diera la gana y toda aquella pila de mierda . . . ? ¡Coño, yo no dije esta boca es mía! La gente que lo dice todo, que no se queda con nada por dentro, acaba rehabilitada en las granjas agrícolas . . . sembrando malanga . . . en las cárceles . . . en los paredones de fusilamiento . . . con la boca abierta llena de moscas en las cunetas de las carreteras. En boca cerrada no entran moscas, Román, y es mejor cerrarla cuando uno está vivo . . . (*Está junto a la guillotina, refiriéndose a ella.*) Más vale que quites cuanto antes este detallito de la guillotina, porque si tú eres responsable . . .

ROMÁN: Pero no lo soy.

MIGUEL: (*Alargándole un libreto que había quedado en una silla.*) Mira las acotaciones. A lo mejor has metido una guillotina sin darte cuenta . . . Más vale cuenta . . . Más vale que esa guillotina se la lleven a casa de la puta que la parió antes de que empiece a cortar cabezas por su cuenta . . . (*A* VICTORIA.) Tú eres testigo de que he hecho lo que he podido.

VICTORIA: A lo mejor es una idea de Rubén.

MIGUEL: No, Rubén no tiene cojones para tanto. Él se está cagando de miedo.

ROMÁN: ¿Miedo a qué?

MIGUEL: Miedo a todo, Román. El miedo que tiene todo el mundo . . . ¡Carajo, es imposible hablar contigo! Me desespera que ni siquiera Victoria te haya abierto los ojos . . . Hasta el pobre Rubén tiene miedo, lo cual yo diría que es una medida de seguridad . . . Es el instinto de supervivencia . . . Lo que pasa es que él para colmos, le tiene miedo a todo, y a algo más. Hoy estaba hecho un manojo de nervios. Se fue para la playa temblando de pies a cabeza.

VICTORIA: ¿Qué quieres decir con que le tiene miedo a todo y . . . a algo más?

MIGUEL: Que es maricón.

VICTORIA: No sabía que ese era un tipo diferente de miedo.

MIGUEL: Bueno, les voy a decir una cosa. Si yo fuera maricón también tendría ese tipo de miedo. No sé, pero alguien está corriendo la bola que se prepara una redada contra los pájaros, que la revolución y la homosexualidad son incompatibles, que no se puede ser buen revolucionario y buen maricón . . . Serán cosas o no de la contrarrevolución, campañas del imperialismo yanqui, pero si yo fuera una loca perdida como Rubén, me estaría cagando en los pantalones . . . o en lo que sea.

ROMÁN: Pero no tiene sentido.

MIGUEL: Eso pregúntaselo a su mujer y a Fidel Castro, porque él es de los que juega en los dos equipos . . . En fin, que Rubén está cogido en una trampa, en un callejón existencialista que se le quedó a Sartre en el tintero . . . Hay que imaginarse el dilema de la decisión . . . Lo tomo o lo dejo. Como o dejo de comer . . . El personaje que tiene que elegir entre la tranca y el trancazo.

ROMÁN: Maldita sea la gracia que tiene.

MIGUEL: No, si no tiene ninguna. ¡Es una decisión del coño de su madre. "Con la Revolución todo y sin la Revolución nada". ¡Ayuno y abstinencia! ¡Le zumba el merequetén! ¡Ni que fuéramos místicos! Es lo que se llama una toma de conciencia, y Rubén tendrá que decidir con qué posición quedarse, con la vertical o la supina.

VICTORIA: Espero que La Gorda no sospeche nada de esto.

MIGUEL: La Gorda más que la bibijagua. Es ojos y oídos del mundo. Los otros días le dio un sermón marxista-leninista y estuvo a punto de ponerle un cinturón de castidad. Le contó la persecución a los homosexuales en época de Stalin y lo puso histérico con la vida, pasión y muerte de Mayakowski, asegurándole que Mayakowski se suicidó porque era maricón.

VICTORIA: ¿Pero qué sabe ella de lo que está diciendo?

MIGUEL: ¿Se acuerdan de Nueva York, cuando nos burlábamos de ella . . . ?

ROMÁN: Yo nunca me burlé de Beba.

MIGUEL: ¿Se acuerdan como llegaba cargada de paquetes del A&P?

ROMÁN: (*Tono ligero.*) ¿A quién se le puede olvidar? Me parece estarla viendo. Y enseguida empezaba a recogerlo todo. Cada cosa en su lugar.

VICTORIA: Para después meterse en la cocina a preparar la comida.

MIGUEL: (*Rápido, dando vueltas por el escenario, enumerando.*) ¡La carne asada, el arroz con pollo, la ropa vieja . . . !

VICTORIA: (*Riendo.*) ¡Qué manera de comer!

MIGUEL: (*Ligero crecendo.*) ¡El picadillo a la criolla, las masitas de puerco fritas, el bacalao a la vizcaína . . . !

ROMÁN: Ella lo hacía todo sin quejarse, siempre de buen humor . . . No protestaba jamás, a pesar del día que había tenido, trabajando en la factoría haciendo *overtime* . . . Después, a lo sumo, le echábamos una mano para recoger la mesa.

MIGUEL: (*Crescendo algo furioso.*) ¡Los frijoles negros, la fabada asturiana, el potaje de garbanzos . . . !

VICTORIA: ¡Aquello sí era trabajo voluntario!

MIGUEL: (*Clímax, frenético, ilógico, furioso a gritos.*) ¡La natilla! ¡El flan! ¡Las torrejas! ¡El arroz con leche! ¡El pudín diplomático!

VICTORIA: (*Pensando, sin seguir el frenesí de* MIGUEL ÁNGEL.) Yo a veces pensaba que era tanto como el teatro, cuando uno repite una escena una y otra vez . . . (*Ensimismada en su análisis.*) Como si ella representara un papel . . .

MIGUEL: (*Transición rápida, deténiendose en seco.*) ¿Por qué se te ocurría pensar en eso? ¿No te parece una cosa rara?

VICTORIA: ¿No lo has pensado tú?

MIGUEL: No en aquel momento, pero lo he pensado después.

ROMÁN: Pero no era una escena de teatro . . . Era . . . era demasiado natural . . .

MIGUEL: ¿Pero es que una escena de teatro no puede ser completamente natural?

ROMÁN: Sí, es posible . . . (*Pensando.*) Como pasa con esas actrices que trabajan tan bien que uno no se da cuenta de que están trabajando.

VICTORIA: Pero ahora es otra. Cuando la veo, nunca puedo recordarla llegando del mercado y haciendo las cosas que hacía en Nueva York. ¿No les parece extraño?

MIGUEL: Desde que llegó no ha puesto un pie en la cocina.

ROMÁN: Si todos hemos cambiado, quizá ella haya cambiado también.

VICTORIA: Es . . . como si hubieran puesto a otra persona en su lugar . . . (*A MIGUEL ÁNGEL.*) Tú lo debes saber mejor que nosotros, Miguel Ángel.

MIGUEL: Es que La Gorda y yo mantenemos nuestras distancias.

ROMÁN: Y sin embargo, ahora, cuando lo piensa uno, todo resulta demasiado exacto, demasiado preciso tal vez. Casi demasiado natural. Como si en el fondo, cuando llegaba de la calle, estuviera ocultando algo.

MIGUEL: ¡Coño! ¡A lo mejor me estaba pegando los tarros!

ROMÁN: Es que ha cambiado mucho. Hasta su sentido del humor.

MIGUEL: No sabía que tenía sentido del humor.

ROMÁN: Bueno, porque tú no le hacías mucho caso.

VICTORIA: ¿No les parece que ha cambiado más de la cuenta? Porque, después de todo, nosotros no somos exactamente los mismos que éramos antes y, sin embargo, tampoco somos completamente diferentes. Podemos . . . reconocernos. (*A MIGUEL ÁNGEL.*) Quizá tú puedas recordar algún detalle . . . algo que sea significativo.

MIGUEL: No hay nada significativo. La Gorda en la cocina. La Gorda limpiando la casa. La Gorda lavando los platos. Y si quieren La Gorda en la cama. Pero nada que valga la pena recordar. Es que yo la miraba lo menos posible. Como si hubiéramos estado juntos todo el tiempo y no hubiéramos estado juntos jamás. Como si la viera por fuera, entrando, saliendo, pero nunca viéndola de verdad . . . (*Pausa.*) Pero después, cuando regresamos, empecé a darme cuenta de que existía. No sé cómo explicarlo. Era otra cosa. (*Pausa.*) Después vino lo del viaje a Pekín. Cuando ella me dio la noticia de que íbamos a Pekín, me quedé sorprendido. ¿Cómo era posible que ella lo supiera primero que yo? Porque si yo era el Poeta de la Revolución y ella, coño, ella no era nada ni nadie . . . (*Pausa.*) ¿Acaso no era una ignorante? ¿Cuándo dijo algo que valiera la pena repetir? (*Pausa.*) Hasta que un día empecé a cogerle miedo. La Gorda sabía cómo era yo. Conocía mis debilidades, mis flaquezas, mi cinismo, si quieren llamarlo así. Se me ponía la carne de gallina. (*Pausa.*) Después, durante el viaje a Pekín, ella era conocida por todo el mundo en la delegación cubana . . . y se le trataba con una especie de deferencia, muy sutil, que se mezclaba a veces con algo de temor . . . Se trataba de tú con Fidel. Hablaba con la plana mayor del Partido Comunista como si se hubieran conocido de toda la vida. (*Furioso, junto a la ventana.*) ¡A La Gorda la conocían hasta los chinos! ¡La debí tirar por la ventana cuando todavía tenía tiempo para hacerlo! ¿Qué tiene que ver La Gorda, que está metida en la Federación de Mujeres Cubanas, el Consejo de Cultura, en la Asociación de Profesionales Revolucionarios, en la Escuela de Periodismo y hasta en la sopa, con la cocinera aquélla del tamal y del majarete? Es que yo, como Rubén, estoy también entre la tranca y el trancazo.

VICTORIA: (*Tras una breve pausa.*) Entonces ella lo sabe todo.

MIGUEL: Claro que lo sabe todo, porque mientras nosotros hablábamos sin pelos en la lengua, ella, estoy seguro, segurísimo, nos vigilaba metida en un plato de tasajo . . . Porque siempre hemos dicho lo que nos ha dado la gana . . .

VICTORIA: Sobre todo tú, Miguel Ángel, con tus juegos de palabras.

MIGUEL: Lo sabe todo. Y lo que es peor, me conoce como la palma de su mano. Porque se lo he dicho. Porque yo mismo me he burlado delante de ella de esas butifarras de Fidel que todo el mundo se traga como una salchicha gigantesca. ¿Se dan cuenta? Estoy atrapado. Se está vengando. Acabará apretándome los cojones con un torniquete.

VICTORIA: (*Alejándose hacia la puerta. Se vuelve.*) Hay que irse.

MIGUEL: (*Confundido, sin entender.*) ¿Irse?

VICTORIA: A Nueva York. A cualquier parte. Lo importante es salir de aquí. Desterrarse cuantas veces sea necesario.

Gustavo Pérez Firmat (1949–)

El año que viene estamos en Cuba (fragmento)

Novelista, poeta y crítico literario, Gustavo Pérez Firmat nació en La Habana, en 1949. En 1960, a la edad de once años se fue de Cuba con su familia. Mucha de su narrativa, poesía y crítica literaria cultiva el bilingüismo y el biculturalismo cubano como temas principales. Extremamente perito en el juego de palabras español e inglés, Pérez Firmat manifiesta una sinceridad y un humor a veces chocantes con respecto a la batalla lingüística y cultural que enfrentan los inmigrantes y exiliados en los Estados Unidos al negociar a diario su supervivencia en la vida fragmentada de los que no son miembros de la mayoría cultural en Estados Unidos. Pérez Firmat mantiene que esta vida comprende un exilio eterno, un espacio en el cual ni es fácil de vivir ni de salir; por un lado, es a un lugar deseado y, por otro, es incómodo. El siguiente fragmento demuestra cómo el autor percibe la dualidad de estar vinculado a dos espacios por distintas razones y la lógica de ver al pasado como un país extranjero, en su caso, Cuba. (KDM)

Lecturas: Gustavo Pérez Firmat. *El año que viene estamos en Cuba.* Houston:

Arte Público Press, 1997; *Anything but Love: a Novel.* Houston: Arte Público Press, 2000.

Hace años los cubanos de Miami solían repartir a sus compatriotas exiliados en dos bandos: aquellos que podrían volver a Cuba y aquellos que no. De alguien que no podría volver se decía, "ése no tiene regreso". La idea que motivaba estos juicios justos o injustos (que variaban según los criterios políticos del que los enunciaba) era excluir de la Cuba de mañana a los batistianos acérrimos o a los fidelistas arrepentidos.

Aunque mucho ha llovido desde esos buenos y malos tiempos, los cubanos residentes en Estados Unidos seguimos frente a la misma disyuntiva: ¿tenemos regreso o no? Para mí al menos, ya no es una pregunta política sino una interrogante personal que cada uno ha de responder a su manera. En mi caso, y por mucho que yo a veces quiera negarlo, me temo que la respuesta ha de ser negativa —o sea, yo *no* tengo regreso. A casi todos los inmigrantes y exiliados nos llega un momento cuando empezamos a definirnos no por el lugar donde nacimos sino por el lugar donde vivimos. Eso es lo que me ha sucedido a mí. Regresar a Cuba para mí equivaldría a un segundo exilio. Tendría que dejar mi trabajo, quizás abandonar a mis hijos, rehacer toda mi vida.

No obstante, el regreso sigue siendo para mí una tentación casi irresistible, un sueño tan insistente que se ha convertido en obsesión. Como miles de exiliados, me entretengo, me ilusiono y hasta me atormento pensando en el regreso. Quizás sí sería posible comenzar de nuevo. Quizás me engaño al creer que ya he vivido en este país demasiado tiempo. Aun después de tantos años, aun después de casas y carreras y matrimonios e hijos, Cuba me llama con la promesa de una vida nueva —*una* vida: no media vida o una vida y media. Escribo estas frases en agosto de 1994, cuando la situación política en Cuba parece estar en transición. La economía de la isla sigue en ruinas y el descontento público va en alza. El cinco de agosto miles de cubanos se lanzaron a las calles de La Habana para expresar su descontento con el régimen —la primera vez en muchísimos años que ocurre una manifestación así. A la vez, los balseros siguen llegando. Aunque nadie puede vaticinar qué va a pasar en Cuba, y aunque es un error subestimar la capacidad de resistencia de Castro, no cabe duda de que la dictadura ha entrado en sus fases finales.

Para cubanos americanos como yo, el cambio en Cuba acarreará alivio y perplejidad —será un alivio porque le pondrá punto final a una larga pesadilla histórica, pero nos dejará perplejos porque nos veremos obligados a abandonar maneras de pensar y sentir que nos han sostenido por más de treinta años. El destierro es sin duda desconcertante, pero después de tres décadas de exilio, la posibilidad de regreso puede ser más desconcertante aún. ¿Qué le sucede al exiliado que puede volver y decide no hacerlo? ¿En qué se convierte? ¿En un pos-exiliado, un ex-exiliado? Cuando el régimen de Castro desaparezca, vivir como cubano en Estados Unidos tal vez será más y no menos difícil. Hasta ahora hemos sido exiliados. Después de ese momento, tendremos que ser otra cosa. Por lo menos el exilio es una identidad (para algunos, ha sido también una carrera). Pero no queda del todo claro qué es lo que viene después del exilio si no es el regreso. Mi proyecto en este libro es desentrañar cómo puedo ser cubano en Estados Unidos cuando ya no pueda seguir considerándome exiliado. Escribo en anticipación del momento cuando tenga que decidir no regresar a Cuba.

El biculturalismo no es ni una bendición, como dicen algunos, ni una maldición, como dicen otros: es una contradicción. Biculturalistas de naturaleza, los miembros de la generación "uno y medio" ocupan una posición intermedia que los singulariza. Pero los singulariza al hacerlos plural, al convertirlos en hombres híbridos y mujeres múltiples. A mi padre, por ejemplo, no le queda más remedio (y más consuelo) que ser cubano. Sus treinta y tantos años de residencia en este país casi no han hecho mella en sus costumbres criollas. Domina el inglés algo mejor que cuando llegó, pero todavía siente hacia los americanos esa mezcla de incomprensión, admiración y desdén que siempre lo caracterizó. El hecho de que mi madre y todos sus hijos y nietos son ciudadanos americanos no parece haber disminuido su despego de la cultura de este país. Mi padre nunca será americano, y no le hablen de solicitar la ciudadanía, porque se enfada. A pesar de que dentro de unos años va a haber vivido más tiempo en Miami que en Marianao, sigue tan poco asimilado ahora como ese día de octubre en 1960 cuando se bajó del *ferry* en Cayo Hueso. Puede ser "residente permanente" de Estados Unidos, pero seguirá siendo ciudadano eterno de Cuba.

Mis hijos, que nacieron en este país de padres cubanos, y a quiénes he sometido a fuertes dosis de cubanía, son americanos por los cuatro costados. Igual que mi padre no puede ser "rescatado" de su cubanía, ellos no pueden ser "rescatados" de su americanidad. Aunque pertenecen a la denominada "Generación ABC" (*American-Born-Cubans*), son cubanos sólo en nombre, o mejor dicho, en apellido. Un mote más justo sería "Generación CBA" (*Cuban-Bred-Americans*), ya que ellos mantienen vínculos con Cuba, pero son vínculos forjados por las vivencias de sus padres y sus abuelos, y no por experiencia propia. Para David y Miriam, que actualmente tienen diez y trece años, la tierra donde yo nací es como el humo de los tabacos de su abuelo —ubicua pero impalpable.

Como mi padre, yo también fumo tabacos, pero en vez de comprarlos por caja en una tabaquería de Miami, los compro uno a uno en la tienda de un melenudo "tabaquista" de Chapel Hill. Si fumar tabacos es un índice de cubanía, soy cubano a medias, puesto que sólo fumo dos o tres veces a la semana después de la comida. Mientras mis hijos ven sus programas favoritos de televisión —*Step By Step* o *Seinfeld*— yo prendo mi Partagás y contemplo cómo mis raíces se desvanecen en el aire. Fumando espero —más no sé bien qué. Si para mi padre Cuba es un peso pesado, y si para mis hijos es una ficción feliz, para mí Cuba es una posibilidad. Al estar arraigado tanto en Cuba como en Estados Unidos, pertenezco a un grupo de exiliados que podría genuinamente escoger si regresar o no. Mi padre no tiene esa opción porque, de cierta manera, nunca abandonó la isla. Él sueña con un regreso irrealizable, porque más que regreso es retroceso. Mis hijos tampoco pueden volver, porque no es posible regresar a un lugar donde nunca han vivido. A mi hijo le agrada decirles a sus amigos que él es cubano, pero David sólo puede afirmar su cubanía en inglés. Acuñados entre la primera y la segunda generación, aquellos que pertenecen a la generación intermedia comparten la nostalgia de sus padres y el olvido de sus hijos. Para nosotros, volver es también irnos. Se nos ha llamado una generación puente; yo añadiría que con igual justeza se nos podría llamar una generación abismo.

Estas diferencias entre las diversas generaciones en mi familia me pesan y me apasionan. Quisiera buscarles solución de continuidad, poder afirmar que existen valores, actitudes, afectos, normas de conducta que trascienden desplazamientos y desarraigos. Para mí las cosas tienen sentido sólo cuando encuentro maneras de vincular a mis padres con mis hijos, y maneras de vincularme yo con ellos. Me hace falta creer que los segmentos generacionales pueden formar una línea continua, una línea que atravesara tanto el Dade County Auditorium como el Durham Athletic Park. Trazar la trayectoria de esa línea es el propósito de estas páginas.

o: El pasado es otro país
La Habana. 24 de octubre, 1960

Esa mañana mi madre nos despertó más temprano que de costumbre. Era día de colegio, pero no pensábamos ir. En el pasillo que daba a mi dormitorio, una larga fila de maletas llegaba hasta la puerta de entrada. Yo había viajado a Estados Unidos con mis padres varias veces, siempre tomando el *City of Havana,* el *ferry* que hacía la breve travesía entre La Habana y Cayo Hueso. Desde ahí solíamos tomar un tren hasta Crowley, un pueblo arrocero en el estado de Louisiana, donde mi padre tenía negocios. Al principio yo era el único de mis hermanos con edad suficiente para acompañar a mis padres; más tarde Pepe vino y la última vez Carlos también hizo el viaje. La única que no había estado antes en el norte era Mari, la más pequeña de la familia. Como siempre, me vestí esa mañana anticipando con placer el viaje en barco. Me gustaba despertar al día siguiente y ver los bancos de arena colocados a lo largo de la costa como si fueran almohadas.

Llegamos al muelle un par de horas antes de que el *ferry* zarpara. El lugar me era conocido, ya que el almacén de víveres de mi padre estaba cerca de allí. Mi Tía Cuca nos acompañó hasta el muelle donde mi padre se reunió con nosotros. La partida del *ferry* se demoró más de una hora porque en el último instante surgió algún problema con el pasaporte de mi padre; pero al fin el contratiempo quedó resuelto y poco después del mediodía el *City of Havana* empezó a alejarse de su embarcadero. Tía Cuca y otros familiares se despidieron desde el muelle. Pepe y yo llevábamos en las manos las pequeñas cajas de metal donde guardábamos el dinero que gastábamos en los viajes a Estados Unidos. La parte más divertida de estos viajes siempre era abastecernos de soldaditos, tanques y otros juguetes de guerra en el *Ten Cent* de Crowley.

Esta escena tuvo lugar cuando yo tenía once años; mis hermanos, Pepe y Carlos, tenían nueve y siete, respectivamente; y Mari acababa de cumplir cinco años. Aunque Fidel Castro llevaba menos de dos años en el poder, Cuba ya estaba encaminada hacia el totalitarismo. El hombre que iba a rescatar al pueblo cubano de décadas de gobiernos corruptos y autoritarios, se convertiría en el peor tirano de nuestra historia. Con la nacionalización de las compañías de servicios públicos, los bancos y las empresas norteamericanas, gran parte de la riqueza del país ya había pasado a manos del gobierno. Diez días antes, el 14 de octubre, el régimen había promulgado una ley confiscando los almacenes de víveres y otras empresas de propietarios cubanos. Varios días después de la intervención del almacén, mis padres decidieron abandonar el país. Para entonces casi 100,000 cubanos —muchos de ellos profesionales u hombres de negocios que habían perdido su trabajo o sus bienes— habían optado por el destierro. Cientos de miles más seguirían sus pasos. Para el 1973, casi una décima parte de la población de Cuba residiría fuera de la isla —per cápita, el éxodo mayor en la historia de Latinoamérica. Ese elevado porcentaje de exiliados ha permanecido constante hasta hoy en día. Hace años había un chiste que preguntaba por qué Cuba era el país más grande del mundo. La respuesta: porque tenía su territorio en el Caribe, sus gobernantes en Moscú y su población en Miami.

Aunque en octubre de 1960 el gobierno cubano permitía sacar del país sólo sesenta dólares, mi padre tenía algún dinero en una cuenta de banco en Nueva York, y pensaba que esa cantidad nos daría para vivir hasta que el régimen de Castro se desplomara. En las elecciones presidenciales de ese otoño, tanto el Senador Kennedy como el Vicepresidente Nixon habían adoptado fuertes posturas anticastristas. De hecho, Kennedy se había declarado a favor de una acción militar contra el gobierno de Castro. No hubiera sido la primera vez que los americanos intervinieran en Cuba, con más o menos justificación. En 1898, al concluirse la guerra entre los españoles y los americanos, el General Rufus Shafter, comandante en jefe de las tropas norteamericanas en Cuba, pronunció una frase hiriente pero profética: "Permitir

LITERATURA DE EXILIO ★ 525

que los cubanos se gobiernen es como almacenar pólvora en el infierno". Tristemente, la historia de la Cuba republicana ha confirmado su vaticinio. Mis padres pensaban permanecer en Estados Unidos hasta que se cayera Fidel. Ningún gobernante cubano había durado en el poder más de unos cuantos años. ¿Por qué no iba a suceder lo mismo con Castro? En poco tiempo los cubanos se hartarían de la Revolución o los Marines desembarcarían en el Malecón. Entonces nosotros y los demás exilados podríamos regresar a nuestra patria. Mi padre volvería a su almacén, mi madre volvería a su casa y a la rutina de los bautizos y cumpleaños, mis hermanos y yo regresaríamos a nuestras escuelas y a nuestras "tatas" o niñeras. Nuestras vidas retomarían su curso normal.

No sucedió así. Nos fuimos, pero no volvimos. Mi padre, Gustavo, que tenía cuarenta años en 1960, todavía sueña con recuperar su almacén. Mi madre, Nena, que le lleva un año, todavía se queja de que en Cuba nunca tuvo que fregar pisos y limpiar inodoros, aunque dice que nunca piensa regresar a ese país de ladrones y asesinos. Y nosotros —los hijos de Nena y Gustavo— todavía estamos tratando de comprender el impacto que el exilio ha tenido sobre nuestras vidas.

He rememorado nuestra partida de Cuba cientos, quizás miles de veces. He soñado con ella, he elaborado fantasías, he comparado recuerdos con mis padres y mis hermanos. En mis sueños nocturnos y diurnos, la escena ocurre tal y como la he descrito, salvo un detalle. A medida que el *ferry* se retira lentamente de su embarcadero, miro hacia el muelle y veo a un niño que me dice adiós. Tiene mi edad, o quizás uno o dos años menos, y está vestido con una camiseta de franjas horizontales y pantalones cortos que le llegan casi hasta las rodillas. No se le ven las medias porque tiene puestas botas de vaquero, y está pelado a la malanga, con un engominado mechón de pelo sobre la frente. A juzgar por su aspecto se trata de un muchacho de buena familia, un niño de su casa.

Al mirarlo, me doy cuenta de que ese niño soy yo. En mi fantasía, habito dos lugares a la vez. Estoy en el muelle y estoy en el *ferry*. Desde el muelle, me puedo ver en la cubierta del *ferry*, despidiéndome y empequeñeciendo más y más, hasta que la figura que queda es como un revolotear de alas. Desde el *ferry*, me puedo ver en el muelle, despidiéndome y empequeñeciendo más y más, hasta que la figura que queda es como un revolotear de alas. En la última imagen de la fantasía me encuentro en el *ferry*, con las manos agarradas a la barandilla, mirando al niño que fui, al niño que ya no era, que se desvanece poco a poco. Al final, el único niño es el que viaja en el *ferry*, que se adentra en alta mar.

Más de tres décadas después, la distancia entre el niño que fui y el hombre que soy me parece insalvable. Tengo cuarenta y cuatro años, soy profesor en una universidad norteamericana, y escribo este libro desde mi hogar en Chapel Hill, Carolina del Norte. Igual que mis hermanos, soy ciudadano norteamericano. No he vuelto a Cuba desde ese día, y tal vez nunca lo haré. Mi esposa es americana y mis dos hijos entienden el español pero casi no saben hablarlo. Cuando era niño, soñaba con asistir a Annapolis y convertirme en marinero, pero sin duda mi futuro real era el almacén, como lo fue para mi padre y para mi abuelo. En mi familia de comerciantes y tenderos, nadie había sido profesor universitario. Hasta hoy mis padres no saben bien qué es lo que hace un profesor de literatura.

¿Qué guardo en común con ese niño que quería ir a Annapolis? Me gustaría pensar que yo surgí de ese niño, aunque quizás sea más cierto que divergí de él. Quisiera afirmar que yo crecí "de" él, como crece un árbol de sus raíces. Así se expresaría en inglés, un idioma que hace posible diversos tipos de crecimiento. En español se crece y punto; pero en inglés el verbo admite diversos matices, según el adverbio con el cual se combine: *grow up* es crecer; *grow old* es envejecer; *grow fond* es encariñarse; *grow distant* es distanciarse. En inglés, acostumbrarse a algo es permitir que "crezca" dentro de nosotros; y las flores no se cultivan, "se crecen". Se puede crecer hacia dentro, *ingrow;* hacia afuera, *outgrow;* hacia adelante, *grow out of;* y hasta se puede crecer hacia atrás o volver a crecer, *grow back.* Sí, el idioma inglés nos permite crecer en todos los sentidos.

La paradoja de volver a crecer, de un crecimiento que es también una recuperación, capta la relación que deseo entablar con ese niño que quedó en el muelle. Quisiera dejar que crezca dentro de mí hasta convertirnos nuevamente en el mismo ser. El exilio es una mutilación. El exiliado abandona no sólo su patria y sus posesiones sino parte de sí. Sobre todo si es muy joven, pues entonces se destierra antes de alcanzar una identidad duradera y estable. Igual que cierta gente al perder un brazo o una pierna continúa sintiendo escozor o dolor en el miembro ausente, el exiliado padece la ausencia de esa parte de sí que dejó atrás. Yo siento la ausencia del niño cubano dentro de mí —y más ahora que lo evoco en español, mi lengua materna. Él es mi brazo ausente, un fantasma que a veces me acosa como un remordimiento, y otras me ampara como un ángel de la guarda. Para ser una persona completa, para fundir ser y crecer, me urge rescatarlo.

Salí de Cuba casi en la adolescencia, cuando los juegos de soldaditos y vaqueros empezaban a aburrirme. Crecí y maduré. ¿Qué le pasó al niño que dejé atrás? ¿La Revolución aceleró su crecimiento? ¿Y cómo hubiera sido yo de haberme quedado en Cuba?

En otra fantasía, imagino que regreso a Cuba treinta años después de mi partida, y en una calle cualquiera de La Habana Vieja, quizás cerca de los muelles, me encuentro con ese niño, ya convertido en hombre. Debíamos ser idénticos, pero no es así. Él está más tostado por el sol. Yo me parezco a mi padre, pero él se parece a Gustavo más aún. Porta pantalones khaki y una camisa de mangas cortas. Yo tengo puesta una combinación de guayabera y Levi's. Es posible que él sea ingeniero, o tal vez gerente de un almacén. ¿Me reconocería en ese hombre? ¿Tendríamos algo que decirnos? ¿Y en qué idioma nos comunicaríamos —en el mío o en el de él? Y si conversáramos en mi idioma, ¿sería en español o en inglés?

Ese niño que dejé en el muelle es una parte de mí que he superado, y una parte de mí que nunca superaré. Hay momentos cuando me parezco más a él que a ese otro niño que, un mes después de salir de Cuba, se matriculó en una escuela llena de americanos en Miami. En esas ocasiones, se me traba la lengua cuando intento hablar en inglés y mi mujer y mis hijos me parecen criaturas de otro planeta. Pero en otros momentos me sucede lo opuesto, y casi no me reconozco en ese muchacho que permaneció en Cuba. Entonces lo veo en el muelle, diciéndome adiós. A veces cuando lo veo despidiéndose, quisiera retorcerle el pescuezo, decirle que me deje en paz. Yo no escogí el exilio, aunque de tener suficiente edad, seguramente hubiera actuado igual que mis padres. Quién sabe si el exilio es un destino o una elección.

En una fotografía en blanco y negro que mi madre tomó en el *ferry*, mi hermano Pepe y yo estamos jugando en la cubierta. Estoy haciendo payasadas mientras Pepe imita a Jerry Lewis. Detrás de nosotros se ve el mar. Mi hermano Carlos y mi hermana Mari se esconden detrás de unos bultos, y sólo se les ve una pierna y dos manos, como si sus miembros ya hubieran abandonado sus cuerpos. A un lado está mi padre, con lentes calovares en una gruesa armadura negra, y un tabaco a medio fumar en la mano. Mira la cámara con una expresión ausente, como si no supiera dónde está. En rumbo a Estados Unidos con visa de turista, quizás anticipa o intuye que dentro de unas semanas, cuando la visa caduque, tendrá que pedir asilo político e iniciar una nueva vida. Al contemplar la fotografía que mi madre tomó hace treinta y cuatro años, me pregunto si mi padre también vio a algún fantasma en el muelle que le decía adiós.

* * *

Todos recordamos el día cuando, por primera vez, abandonamos nuestro hogar —sea para asistir a la universidad, o para casarnos, o sencillamente para vivir por nuestra cuenta. Imagínense cuánto más vívidos son los recuerdos del que abandona no sólo su hogar sino su patria. Nadie que haya dejado su país natal —y la razón no importa— olvida el día en que partió. No conozco a ningún cubano exiliado que no atesore un cuento o una anécdota sobre el día en que salió de Cuba. Optar por el destierro es uno de esos sucesos que aumenta en importancia con el transcurrir de los años. Nos acostumbramos al exilio como a una casa, y después de cierto tiempo nos resulta inconcebible no vivir entre esos muebles y esas paredes. Ya que la gran mayoría de los cubanos llegó a este país con la esperanza —y más, con la certeza— de regresar a nuestro país en corto tiempo, quizás la salida de Cuba no nos pareció tan importante al principio. Pero con el pasar del tiempo se convierte en el episodio central de nuestras vidas. Al volver una y otra vez a ese día, los recuerdos maduran, adquieren firmeza y precisión. Igual que todos los americanos de cierta edad saben exactamente dónde estaban la tarde que asesinaron al Presidente Kennedy (yo estaba en la clase de latín), los exiliados cubanos nos acordamos del día cuando dejamos nuestro país.

Hace unos años estaba en una reunión de profesores con un par de amigos, ambos cubanos. Mientras esperábamos a que comenzara la próxima sesión de conferencias, que seguramente sería tan tonta como la previa, nos pusimos a hablar sobre el día que salimos de Cuba. Yo les hice el cuento del *ferry* y de las treinta maletas y les hablé de la desconcertante sensación de que nos íbamos de vacaciones. A su vez, Jorge y Tony relataron las circunstancias de su partida. Ambos habían viajado a este país por avión, unos pocos meses después de la fallida invasión de Playa Girón, sin nada más que la ropa que tenían puesta y un par de dólares en el bolsillo. Tony vino solo como parte de la Operación Peter Pan, un programa patrocinado por la Iglesia Católica para sacar niños de Cuba. Vivió un par de años con una familia americana, hasta que sus padres obtuvieron el permiso para dejar la isla. Jorge vino con su madre y su hermano mayor.

Tony recordaba que su vuelo estaba lleno de señoras mayores que, cuando el avión estaba listo para despegar, se santiguaron y se pusieron a rezar. Jorge también había venido en un vuelo lleno de viejas con rosarios. "Así es," dijo Tony. "Y cuando el piloto anunció que habíamos salido de territorio cubano, una de la viejas en el medio del avión se paró, levantó los brazos al cielo, y gritó a voz en cuello . . ." Jorge completó la frase —"¡Viva Cuba Libre!"

Veinticinco años antes, Jorge y Tony habían salido de Cuba en el mismo vuelo. Sus recuerdos coincidían punto por punto. Para los dos esa señora que se paró y gritó se había transformado en una figura mitológica, ya que dividía sus vidas en mitades —una cubana y la otra americana. Tres décadas más tarde, todavía podían recordar el grito de esa mujer como si el incidente hubiera sucedido poco antes. Y ahora aquí estaban, en un hotel en Nueva York, desenterrando ese recuerdo que compartieron sin saberlo, un recuerdo que era parte indispensable de sus vidas.

PARTE V

Epílogo

Guillermo Gómez-Peña (1955–)

Lección de geografía finisecular; Old Border Letter

Reconocido internacionalmente, Guillermo Gómez-Peña es en la actualidad uno de los artistas latinos más distinguidos. Gómez-Peña, escritor y actor, nació en la ciudad de México y emigró a los Estados Unidos en 1978, donde se ha identificado con las luchas políticas y culturales asociadas con el Movimiento Chicano. Pocos artistas contemporáneos han realizado reflexiones tan profundas ideológicamente y complejas estéticamente sobre los problemas del colonialismo y de la otredad, las identidades (trans)fronterizas, y las implicaciones políticas y éticas del llamado "proceso de globalización" como lo ha hecho Gómez-Peña. Sus desafiantes actuaciones en vivo son provocativas hacia las creencias preestablecidas del público y, al mismo tiempo, intentan alcanzar la intensidad espiritual de los rituales tradicionales y las prácticas chamanísticas, además de implicar el repertorio completo de los medios electrónicos posmodernos (tecnologías audiovisuales avanzadas y la internet, por ejemplo). Las fronteras entre la tradición y la innovación, el pasado y el presente, el aquí y el allí, el tú y el yo, son profundamente problematizados tanto en su arte como en su escritura. Gómez-Peña ha recibido numerosos premios, como el Prix de la Parole y el New York Bessie Award, entre otros, y en 1991 fue honrado con el prestigioso MacArthur Fellowship. (ALO)

Lecturas: Guillermo Gómez-Peña. *The New World Border: Prophecies, Poems, and Loqueras for the End of the Century.* San Francisco: City Lights, 1996.

Lección de geografía finisecular
dear reader/dear audience
repeat with me out loud:
México es California
Marruecos es Madrid
Pakistán es Londres
Argelia es París
Cambodia es San Francisco
Turquía es Frankfurt
Puerto Rico es Nueva York
Centroamérica es Los Ángeles
Honduras es New Orleans
Argentina es París
Beijing es San Francisco
Haití es Nueva York

Nicaragua es Miami
Chiapas es Irlanda
your house is also mine
your language mine as well
& your heart will be mine
one of these nights
es la fuerza del sur
el Sur en el Norte
el Norte se desangra
el Norte se evapora
por los siglos de los siglos
& suddenly you're homeless
you've lost your land again
estimado antipaisano
your present dilemma is

to wander
in a transient geography de locos
without a flashlight

without a clue
sin visa, ni flora
joder

Old Border Letter

looking for the primal source of my melancholy
I open a drawer
& find a letter dated September '80
a year & a half after my move to California
predating my Chicano identity
I quote:
> *querida M:*
> *(I wonder who is this M who appears in so many*
> *poems of mine)*
> *E.U. construye 7 bombas por hora*
> *inconcebibles en su refinamiento*
> *Nantli Ixtaccíhuatl aún no se embaraza*
> *y Quetzalcóatl el muy víbora*
> *   no quiere regresar*
> *Madre Muerta Inmaculada*
> *que pianito electrocutas . . .*
> *los pendejos esperamos*
> *seguimos esperando y escribiendo*
> *waiting & writing*
> *aquí*
> *al noreste de la página*

> *P.D.: la migra me trae finto*
> *mi identidad está un poco inflamada*
> *y el café americano me sabe a orines*

uis Rafael Sánchez (1936–)

a guagua aérea (fragmento)

Con tono jubiloso "La guagua aérea" (1987) nos presenta una profunda reflexión sobre los modos en que la emigración ha redefinido la geografía real e imaginaria de Puerto Rico en cuanto nación. Suspendido en el aire, el constante fluir migratorio entre Nueva York y San Juan ha tendido a disolver la idea tradicional y rígida de "frontera nacional" haciendo de la metrópoli neoyorquina una isla más dentro del fragmentario archipiélago puertorriqueño. Como en tantas de sus obras, en este texto Luis Rafael Sánchez ha echado mano de un lenguaje lúdico y jocoso, distanciándose así del tono solemne que ha caracterizado las reflexiones puertorriqueñas en torno a lo nacional. Sánchez es profesor titular de la Universidad de Puerto Rico, Recinto de Río Piedras, y ha sido distinguido con numerosas designaciones como profesor visitante en diversas universidades de los Estados Unidos, muy especialmente en la City University de Nueva York. Se podría decir que Sánchez también es un permanente pasajero de "la guagua aérea". Dramaturgo, narrador y ensayista, una parte significativa de su obra se caracteriza por la refinada elaboración poética de las modalidades orales del español puertorriqueño, y por su intenso trabajo con los íconos y mitos de las culturas populares y de masas. (ALO)

Lecturas: Luis Rafael Sánchez. *La pasión según Antígona Pérez*. 15a. ed. Río Piedras: Editorial Cultural, 1998, *La guagua aérea*. 2a ed. [San Juan]: Editorial Cultural, 1994.

Tras el grito de espanto se descuelgan, uno a uno, los silencios. La azafata empieza a retroceder, angelical e inocente como personaje de Horacio Quiroga, rubia de helada intensidad que avivaría la libídine del enamoradizo King Kong. Los rostros ansiosos de los viajeros comparten las más desorbitadas premoniciones y se vuelven, al encuentro con la mano que porta el revólver, el cuchillo, la bomba de hechura casera. Porque el grito de espanto sería la irresistible delación histérica de otro secuestrador de aviones o de un desquiciado amenazante. Un Padre Nuestro pincha y revienta los silencios que se descolgaron. La azafata continúa el retroceso. La azafata se ha mirado en el espanto y el espanto no ha evitado marcarla con una palidez que es contundencia y promesa del desmayo. Pero, el secuestrador de aviones o el desquiciado amenazante no está a la vista. Contritos, masculados, estallan varios Padres Nuestros a niveles diversos de fe y oralidad. Rápido se hace la luz, sopetonazo violador de la retina y el galope de los latidos queda alumbrado. La guagua aérea se convierte en un mamut autopsiado por indiscretas fluorescencias a treinta y un mil pies de altura sobre el nivel del mar. El capitán o chofer de la guagua aérea y el ingeniero de a bordo o mecánico aparecen y su calculada inexpresión causa una expresión de cautela, el resto de la tripulación se alerta, el conato de histeria prende, crece, amenaza, la azafata está a media pulgada de la consunción por el horror. Pero, el secuestrador de aviones o el desquiciado amenazante no está a la vista.

De pronto, inigualables su escándalo y su sorpresa, una carcajada corrompe, pareadamente, el silencio y el Padre Nuestro que en unos labios había adelantado hasta la del amén. Pura en su ofensa, tan y tan nítido el paréntesis por ella recortado que cabría pegada en una página, la carcajada contagia los cientos de viajeros de la guagua aérea que rutea todas las noches entre los aeropuertos de Puerto Rico y Nueva York; carcajadas llamativas por su emisión desordenada y feroz, desorden que enfatiza una automática convergencia, ferocidad que trasluce secretos e inolvidables resentimientos. Un asustado de oficio diría que el mucho bamboleo y el mucho jamaqueo por el desternillamiento general hace peligrar la guagua aérea esta noche. Y ángeles de vuelo bajo y tendencia fisgonera sacrificarían el oropel sagrado de sus bucles por saber de qué demonios se ríe ese gentío mestizo que vuela, campechano, por sus lados. Sólo la tripulación, uniformemente gringa esta noche, parece inmune a la risa, parece inmune a la plaga de la risa, parece inmune a la burla del pavor que desencajó el rostro angelical e inocente de la azafata rubia.

Las carcajadas amenazan desnivelar la presión y la velocidad que mejor sirven a la guagua aérea, las carcajadas amenazan porque, ahora, a la vista de todos está presente el increíble motivo del pavor. Por el pasillo alfombrado de la guagua aérea, con caminares de hampón tofete y buscabullas, jaquetona, indiferente a los escándalos y los terrores que su presencia convoca, se desplaza una oronda, ensimismada, saludable pareja de jueyes. Paradójicarrente, el notable esplendor de su salud es la profecía de su inminente destino —mañana serán salmorejo en Prospect o relleno de alcapurrias en South Bronx o jueyes al carapacho en Sunset Park o asopao en el Lower East Side o habitantes temporeros de una jueyera en las cultivadas tinieblas de un *basement* proscritas a las miradas inspectoras del *super* y del *landlord*. Pero, esta noche, su notable esplendor y su sorpresivo provecho de la guagua aérea como servidumbre de paso o improvisado litoral son sujeto de comentarios ágiles y vivaces novelerías y precipitantes de la intranquilidad absoluta que ya reina en la desenvoltura de las actitudes y en el recurso del verbo agitado y en la coreografía anárquica de los cuerpos que se agachan y se incorporan y se desmembran en los espacios carcelarios de los asientos, absoluta intranquilidad espoleada por el discurso patriótico acendrado y el contrainterrogatorio asimilista, por los chistes de color a escoger y las guiñadas de lanzados mujeriegos y lanzadas hombreriegas, por las confesiones detalladas—que la autobiografía nos seduce, por el testimonio airado de las humillaciones recurrentes en el *crosstown* y en el *elevator,* en el *fucking job* y en la universidad liberal, en la *junkería* del judío, intranquilidad absoluta que, repentinamente tiende una raya invisible pero sensible entre el bando de ellos los gringos y el bando de nosotros los puertorriqueños, raya que precisa la insostenible conclusión de una mulata que obsequia a su recién nacido con los caldos nutritivos de su caldosa y radiante teta—mientras *más rubias más pendejas;* intranquilidad por la que teme, o así lo parece, la tripulación uniformemente gringa esta noche. Asombrada por el colapso de la modernidad electrónica, asombrada de que el riguroso instrumental de seguridad no detectara la materia infanda, la tripulación reclama la identificación pronta del dueño de la pareja de jueyes con gestos propios de una comedia expresionista demasiado alemana aunque melificada por el recuerdo adorable y zumbón de los señores

Buster Keaton y Charlie Chaplin. Las reclamaciones insistentes de vigoroso gesticulario y las ofertas insistentes de potenciales albaceas de jueyes las ataja con teatral boconería el cincuentón fibroso medio dormido y medio fastidiado que avanza hasta las primeras filas de la guagua aérea y con llamativas habilidades manuales, bobamente llamadas del subdesarrollo, inmoviliza la pareja fugitiva a la que increpa, falsamente gruñón y complacido—*los pongo a soñar de gratis con una inyección de Valium por el ojo de la contentura y con la putada que me pagan.* La euforia triunfa, se colectiviza, la risa que descongestiona la razón de horizontes nublados y los bronquios de mucosidad excedente, por cuantiosa, congestiona. Un alguien que revisaba los cadáveres despanzurrados que ilustran la actualidad del periódico *El Vocero* declara *me ahogué* y una alguien que elogiaba el *show* del Gallito de Manatí en el Teatro *Jefferson* declara *me meé* y un avispado induce *está la noche lo que se dice de a galón* a lo que varios avistados responden *a ese galón me apunto yo* y otro avispado filosofa en décima que procede el sopón de gallina. La guagua aérea efervesce, u oscila entre la atmósfera de tumulto y el peso de la quimera, entre la agresividad de salir adelante y la cruz secular del ay bendito, una mujer dispuesta que esconde bajo un turbante floreado el secreto bien guardado de sus rolos informa que brinca mensualmente el charco y se olvidó de en qué lado del charco es que vive, una adolescente crispada por maquillada y desesperada porque a René le cambió la voz y hubo que darlo de baja de *Menudo* oye con desinterés al adolescente crispado por desorientado que sabe que va a Newark pero que no sabe a qué va, otra señora de naturaleza gregaria y despachada desenfunda y muestra una colcha tejida que cubrirá una cama *king size,* bajo las protecciones artesanas de la colcha tejida un espontáneo y atonal cuarteto canturrea y bala, felicísimo, la balada *En mi viejo San Juan,* un caballero de pose instruida mesurada le pregunta a la mulata de la teta caldosa y radiante si no se conocieron antes—tal vez en las fiestas patronales que en honor de la Monserrate se celebran en la ciudad de Hormigueros. La mulata de la teta caldosa y radiante replica que nunca ha estado en la ciudad de Hormigueros. El mismo caballero de pose instruida y mesurada le pregunta a la muchacha aprisionada en un mameluco color calabaza si no se conocieron antes—tal vez en las fiestas patronales que en honor de los Santos Ángeles Custodios se celebran en la ciudad de Yabucoa. La muchacha aprisionada en un mameluco color calabaza replica que nunca ha estado en la ciudad de Yabucoa y apostilla que lo de ella es *Bachelor, Bocaccio* y *Topaz,* en la cocina de la guagua aérea un orfeón, chillón a propósito, majaderea con el estribillo *Si no me dan de beber, lloro,* un hombre sumido en la absorbente indignación refiere el encarcelamiento de su hijo por negarse a declarar ante el Gran Jurado Federal, quien lo escucha argumenta que ser nacionalista en Puerto Rico acarrea un secreto prestigio pero que ser nacionalista en Nueva York acarrea una pública hostilidad. A resonante escolta de interjecciones empiezan a encadenarse las anécdotas, angustiosas y risibles, desgarradas y superficiales, amablemente heroicas en su formulación de resistencia a las afrentas, a los prejuicios descubiertos, a los prejuicios solapados; infinitas anécdotas en las que los puertorriqueños abarrotan el centro absoluto de la picardía, de la listeza, del atrevimiento, de la malicia, anécdotas deleitosas por su inteligente montaje narrativo, anécdotas conmovedoras por su increíble acontecimiento, anécdotas narradas en el más reconocible estilo arroz y habichuelas; anécdotas a las que concurre un jíbaro alerta que no habla en jíbaro docilizado, jíbaro que sí habla en jaiba y sí en inglés del bueno si el inglés del bueno es la necesidad y sí en descomunal sentido común, anécdotas de puertorriqueños a quienes visitaron un día juntamente el desempleo, el hambre y las ganas de comer, anécdotas patéticas de sometidos que reniegan y se disculpan por el error de ser puertorriqueños y anécdotas de puertorriqueños que se enfogonan y maldicen si se duda de que lo son, anécdotas de la vida atroz y la vida desacompasada, de la vida tratada de tú a tú y con voluntad, anécdotas de sobrevivientes de cuero duro y corazón sin deudas, anécdotas que chispean como amables centellas con un idioma español puertorriqueño exacto en su balbuceo y su fractura, con un idioma español puertorriqueño estupendamente vasto y basto, con un idioma español puertorriqueño vivificantemente corrupto como el idioma español argentino y como el idioma español mejicano y el idioma español venezolano y como el idioma español español, anécdotas por millar de viajeros entre el paraíso desacreditado y precario que es Nueva York, y el paraíso erosionado e inhabitable que es Puerto Rico. Un asustado de oficio predeciría, como un Walter sin zodíaco y sin templo universal y sin capas de lentejuelas místicas, como un Walter Mercado de segunda mano, que la guagua aérea explota esta noche porque la risería sediciosa y la energía humana que transporta es combustible peligroso. Y ángeles de vuelo bajo y tendencia fisgonera sacrificarían el oropel sagrado de una ala eucarística y breve por saber de qué carajo bembetea ese gentío mestizo que vuela, campechano, por sus lados. Sólo la tripulación uniformemente gringa esta noche, parece inmune a la risa y decidida a combatirla con el expedito reparto de sándwiches de pavo desabrido, saquitos de maní, coca cola por un tubo y siete llaves, juegos de barajas y las plásticas meditaciones del Capitán que se arriesga a la pacificación de la ascendente bayoya con unas bayoyitas que ni prenden ni crecen ni amenazan —*Ladies and gentlemen, this is the Captain speaking, now the dangerous kidnappers are back in their bags, now that it is really sure that we are not going to be taken to an unexpected meeting with that poco simpático señor Fidel Castro I invite all of you to look thru the windows and catch the splash of the milky way. In a few minutes we will be showing without charge, tonight, a funny movie starring that funny man Richard Pryor.* Mi vecina de asiento contiguo me pregunta con hostil imper-

turbación *¿Qué dijo ese hombre?* Pero, no logro contestarle porque el vecino
de la fila superior próxima que jacta de viajar sin maletas y que repite *yo vivo
con una pata en Nueva York y la otra en Puerto Rico* y que repite *yo me gano
los billetes en Manhattan pero me los gasto en Santurce* y que repite *yo soy
el hermano de to el mundo pero no soy el compañero de nadie, compañeros
son los cojones que siempre acompañan a uno* me toma la delantera y me
avasalla y me convierte a su lealtad cuando empieza a seriar la respuesta con
una monotonía que se hace soportable porque apunta hacia el sarcasmo —*El
Capitán quiere matarnos por andar arrebatao, el Capitán quiere matarnos la
nota para que soltemos los topos y agarrarlos él* y recoge y aquieta la monotonía y la voz y susurra en dialecto orgásmico las interferencias más ácidas
del Capitán y la azafata rubia, que si escritas tendrían inmediato despliegue
en el *Penthouse* o en el *Playboy.* Mi vecina de asiento contiguo no alcanza a
oír las inferencias pues ha retomado sus dos conversaciones simultáneas
sobre la huelga de los locos en un manicomio de Puerto Rico —*dicen que
amenazan con ponerse sanos* y sobre las terquedades reincidentes del Presidente Reagan —*dicen que ese verdugo está acabando con El Salvador.* La
carcajada inicial aquella que le abrió la puerta a la risa sediciosa práctica-
mente unánime fertiliza la cordialidad ruidosa que se explaya por la cabina
turista de la guagua aérea, cordialidad ruidosa que se expresa en la ruidosa
tolerancia con la que se asiente o se niega una opinión tajante y en la gratitud
ruidosa con la que se acoge un halago a las flores de papel que se traen de
regalo a una tía que se mudó a un *proyecto* de New Jersey y en el repartir ruidoso y el ruidoso compartir que es propio de quienes padecen juntos y aman
lo mismo—una caja de pastelillos de guayaba, un saco lleno de polvorones,
una docena de piononos, una sarta de pirulíes, unas rueditas de salchichón,
una pipita de ron caña curado con pasas del que se bebe sin neuróticos remil-
gos; cordialidad ruidosa apasionada, indiferente a los desprecios que sus
alborotos y sus confianzudos roqueteos y sus toscos gustos paladares y su
proclividad a amistarse de entrada y porque sí consiguen de quienes se guare-
cen en primera clase y entre sorbo y sorbo de champaña californiana y *teta-
a-tete* con alguna azafata de nariz razonable y modos sutiles aventuran un
racionalizado *they are my people but* o aventuran un resentido *wish they learn
soon how to behave* o aventuran un inesperable *they will never make it
because they are trash;* cordialidad ruidosa y apasionada que se sube, se
espuma y se desborda en cuanto el cincuentón fibroso recita sus posdatas
exculpatorias —*Si no puedo vivir en Puerto Rico porque allí no hay vida
buena para mí pues me lo traigo conmigo poco a poco, en este viaje cuatro
jueyes de Vacía Talega en el anterior un gallo castado, en el próximo cuanto
disco grabó el artista Cortijo.* Y prosigue la enumeración y la defiende con
las amplitudes editoriales de la sonrisa y lo gobierna el recuerdo saboreado
de otras queridas mudanzas, de otras abreviaciones para la distancia de otras

rescatadas pertenencias entrañables que vistas con miopía del corazón y juicio deformado no exceden la chapucería costumbrista, el mediocre color local, el folklore liviano, el síndrome del lelolai. Pero, que trascendidas en su nada impotente apariencia y enderezado su torcido prestigio de chabacanería prescindible, son reiteradas, útiles, insoslayables revelaciones de un temperamento que, día a día, modula su diferencia y asegura su permanencia a pesar de y no obstante que y tal vez si y aunque tampoco y desde luego y quizás un y acaso por y además tartamudeces dialécticas o recursos de inauguración enunciativa brotados de la gramática catastrofista que se emperra en conjugar nuestra inexorable y devastadora yankización; temperamento único, diferente, permanente, nuestro, temperamento que cimenta nuestra dependencia sacrosanta del cariño militante de la familia y el vecindario—que uno se va a Nueva York y lo despiden cuatro, que dos regresan a Nueva York y lo reciben ocho; temperamento que mantiene fluida nuestra reserva de humor—que gustamos de la risa que tumba y escandaliza y del relajito picante; temperamento que sostiene nuestro imperio sentimental—que sufrimos y lloramos a manos llenas, operáticamente, cinemejicanamente; risa nuestra, llanto nuestro, apenas discernibles como los que se equivocan ahora mismo en la guagua aérea. Porque reputándose de dicharachero y reputándose de la tángana y ajeno a la sombra chinesca que su cuerpo proyecta en la pantalla de cine que un sobrecargo desenrolla el cincuentón fibroso multiplica los aparentes con un tal Cayo de Cayey que viaja a abrazar sus dos nietos que no ve desde septiembre y con una tal Soledad Romero que se dispara hacia Puerto Rico en cuanto la batería del alma le falla y con un tal Isidro junqueño que vino a vender unas tierritas porque el hijo se le metió en *tróbol* y no quiere que la cárcel se lo dañe y con una tal Laura Serrano a quien el invierno agrava pero que no puede faltar al destino figurado en Nueva York y con un tal Yacoco Calderón loiceño que se muda unos meses al Barrio y que *pa jartarse de ganar chavos* y con una tal Gloria Fragoso que viene a Nueva York a impedir que se muera su hijo moribundo Vitín y con un tal Bob Márquez que saluda con un fogoso y asumido *puertorriqueño negro y palante* y con otro tal que mojiganga con el nombre y dice *en Nueva York yo estoy prestao;* lanzados a la encandilada cháchara pasillera, compartiendo desempolvadas esperanzas, repitiendo *de dónde es usted* con la urgencia de un registrador demográfico terciando *si es de Río Grande conocerá a Mister Pagán que enseña Artes Industriales* y *si es de Aguadilla conocerá a Tata Barradas,* en la guagua aérea los puertorriqueños replantean la adversidad y la dicha de las fragancias provincianas del país que se quedó en pueblo grandote o del pueblo que se metió a país chiquito, puertorriqueños que ceremonian la difícil ilusión de que a Nueva York sólo viajan en estricta calidad de préstamo, puertorriqueños que juran por la reverenciada memoria de sus muertos que permanecerán en Nueva York temporeramente y en lo que salen a flote y en lo que en Puerto

Rico se arregla la cosa y en lo que ahorran un pronto alto para la casa en la séptima sección de Levittown, puertorriqueños que en cualquier noche de la semana suben a la guagua aérea si traen consigo el pasaje abierto que garantiza la vuelta, el pasaje abierto que a cualquier hora la necesidad urgente de volver porque la Abuela está en agonía o el Viejo se murió de repente, el pasaje abierto, que liquida a cualquier hora la hambruna de regresar a la isla atesorada en los fuegos de la memoria gentil que distorsiona, la isla que es *isla de la palmera y la guajana con cintos de bullentes arrecifes,* el pasaje abierto que le pone coto al frenesí súbito de desandar monte y playa de la isla y de derrochar el tiempo en el vueltón por la plaza y de aplanar mañana, tarde y noche las bonitas por feas calles de siempre como un inefable obrero de la inefable *Vaguing Company* y de recuperar las amistades en un conservatorio de tres días o en una jumeta de las que empiezan y no acaban y de volver momentáneamente a lo que permanece inalterable por desgaste o por fracaso o por inercia y que no posee ni los desparpajos de las realidades mágicas ni las repercusiones líricas de la nostalgia; el pasaje abierto que certifica que en Nueva York no le saldrán raíces e impedirá que lo entierren en tierra que no es la propia; puertorriqueños que se asfixian en Puerto Rico y respiran en Nueva York y que en Puerto Rico no dan pie con bola y en Nueva York botan la bola y promedian el bateo en cuatrocientos, puertorriqueños a quienes desasosiega el seguido tongonco insular y el metropolitano luchar a brazo partido los sosiega, puertorriqueños a los que confunde y duele y pugilatea el no poder vivir de corrido en Puerto Rico e innecesariamente fastidiados e innecesariamente incómodos se esclavizan a las innecesarias explicaciones —*chico en la isla sólo funciona el beber y el vacilar, chico en Puerto Rico todo es una jodida complicación, chico en Puerto Rico me entretiene y me dispersa la indisciplina y la apoteosis verbal, chico en Puerto Rico la gente te falla y se queda como si se comiera una batata, chico ya yo eché mi suerte acá y allá estoy como perdido aunque a lo mejor pruebo un tiempito allá y si me disgusta me juyo otra vez hacia acá,* puertorriqueños que quieren estar allá pero que tienen que estar acá y puertorriqueños que están allá y sueñan con estar acá; puertorriqueños de vidas espaciadas entre las interrogantes como puñaladas que manan de los dos adverbios, puertorriqueños instalados en la errancia permanente entre el allá y el acá y por eso, informalizan el viaje hasta convertirlo en poco menos que una trillita en una guagua, no obstante aérea la guagua para que se eleve con seguridades sobre el charco azul a que se reduce al puertorriqueño el Atlántico; cruce sobre el Atlántico y chofer y acto escueto de llegar para poder volver a salir y poder volver a llegar concelebrados en el aplauso emotivo y cerrado que arrancará el aterrizaje de la guagua aérea. Mi vecina de asiento contiguo vuelve al incidente de los jueves que desembocó en accidente y me asesta, naturalmente el inevitable *¿de dónde es usted?* en cuanto se escucha el *in a few minutes we are going to land* *in the John F. Kennedy International Airport.* Le contesto *de Puerto Rico* para que ella me conteste sospechosamente espiritista, *eso se le ve en la cara* y añade *yo pregunto que de qué pueblo.* De Humacao le digo y le complazco porque dice complacida *yo estuve en Humacao una vez* pero me mira como si le debiera, como si torpemente fallara al rito impostergable de añadir *y usted de qué pueblo es,* como si, estúpidamente, olvidara que en la guagua aérea se impone el remanente de la comunidad tribal y el diálogo sin tapujos y la apertura del uno a los otros y la conciencia de una aparente igualdad en el riesgo y el destino que obliga y la solidaridad de los isleños que es pura flama. *De dónde es usted le pregunto* aunque me requetesé la respuesta. Con unos coqueteos de ojos reídos y un descarado trajín de abundante sangre en la cara me dice de Puerto Rico y me obliga a decirle, razonablemente espiritista, *eso lo ve hasta un ciego* y añado *de qué pueblo de Puerto Rico.* Y me especifica *de Nueva York.* Parece, desde luego, un manoseado lugar común o un lamentable traspiés geográfico o una broma con sorna como caja de resonancia o una novedosa discriminación de colindancias o la callada y dulce venganza del invadido que invadió al invasor. Es, desde luego, todo eso y poco más. Es la historia que no historian los libros de Historia. Es el envés de la retórica que se le escapa a la política. Es el dato incontable que ignora la estadística. Es el aserto transparente que confirma la utilidad de la poesía. Es la justicia tardía que recompensa por las zozobras de quienes vieron la isla del alma difuminarse para siempre desde la borda del vapor *Borinquen* y el vapor *Coamo,* es la reinvindicación de quienes subieron, alelados, pioneros, a las catorce horas de encierro en las estrechas e incómodas y tembluzcas máquinas de volar de la Pan American. Es el curso arrasador de la realidad y su alucinante propuesta del nuevo espacio furiosamente conquistado. Que es el de una nación flotante entre dos puertos de contrabandear esperanzas.

LISTA DE EDITORES, COLABORADORES Y TRADUCTORES

Editores

NICOLÁS KANELLOS es Brown Foundation Professor de literatura hispana en la Universidad de Houston y director del proyecto de investigación, Recovering the U.S. Hispanic Literary Heritage. Kanellos es autor de monografías, antologías y libros de consulta sobre literatura y cultura hispanas, incluyendo *A History of Hispanic Theater in the United States: Origins to 1940* (1990), *The Handbook of Hispanic Culture in the United States* (1993) y *Hispanic Periodicals in the United States: A Brief History and Comprehensive Bibliography* (2000). En 1994, el presidente Bill Clinton nombró al Dr. Kanellos al Consejo Nacional de Humanidades.

KENYA DWORKIN Y MÉNDEZ, Associate Professor de Español en la Universidad Carnegie Mellon, es experta en literatura caribeña y en literatura y teatro hispanos de los Estados Unidos. Ha trabajado como directora de *Lucero: A Journal of Iberian and Latin American Studies* y está compilando las obras literarias y teatrales producidas por los tabaqueros de Tampa en los siglos XIX y XX.

JOSÉ B. FERNÁNDEZ, Decano Asociado de Artes y Ciencias de la Universidad de Central Florida, es un historiador y crítico literario que ha publicado libros y artículos sobre la literatura colonial hispana así como sobre escritores de la diáspora cubana. También es coautor y editor de varios libros de texto en español. La traducción y edición crítica de Fernández, con Martín Favata, de *The Account,* por Alvar Núñez Cabeza de Vaca, se ha convertido en el texto estándar de esta obra fundacional.

ERLINDA GONZALES-BERRY, Directora del Programa de Ethnic Studies de la Universidad de Oregon State, ha publicado libros, antologías y artículos sobre literatura chicana, escritoras y la literatura y cultura de su estado natal, Nuevo México. Entre las antologías que ha coeditado se cuentan *Las Mujeres Hablan: An Anthology of Nuevo Mexicana Writers* (1988), *Pasó por Aquí: Critical Essays on New Mexico Literary Tradition, 1542-1988* (1989) y *Recovering the U.S. Hispanic Literary Heritage, Vol. II* (1996).

AGNES LUGO-ORTIZ, Associate Professor de Español en Dartmouth College, es especialista en literatura latinoamericana del siglo XIX, así como en estudios de la mujer. Es autora de *Identidades imaginadas: Biografía y nacionalidad en Cuba (1868–1898)*. Actualmente está preparando el libro *Paradoxes of Modern Identity: Biography, Portraiture and Nationality in Slaveholding Cuba (1760–1886)*.

CHARLES TATUM, Decano de Humanidades de la Universidad de Arizona, ha publicado libros, antologías y obras de consulta sobre literatura y cultura chicanas, y ha desempeñado el cargo de codirector de *Studies in Latin American Popular Culture* desde 1981. Su obra *Chicano Literature* (1982) es fundacional de la crítica literaria chicana. También es coeditor de *Recovering the U.S. Hispanic Literary Heritage, Vol. II* (1996).

Coordinadora

ALEJANDRA BALESTRA fue coordinadora del programa nacional de investigación Recovering the U.S. Hispanic Literary Heritage en la Universidad de Houston hasta el 2002. Balestra tiene maestrías en literatura y lingüística de la Universidad de Buenos Aires y de la Universidad de Houston y ha publicado artículos sobre escritores hispanoamericanos, hispanos de los Estados Unidos y sobre temas lingüísticos.

Colaboradores

(EA)   Emilia Arce, Department of Spanish and Portuguese, University of Texas

(GBV) Gabriela Baeza Ventura, Hispanic Studies Department, University of Houston

(AB)   Alejandra Balestra, Department of Modern and Classical Languages, George Madison University

(EC)   Elvira Casamayor, Hispanic Studies Department, University of Houston

(KD)   Kenya Dworkin y Méndez, Department of Modern Languages, Carnegie Mellon

(JBF)   José B. Fernández, History Department, University of Central Florida

(MG)   María Magdalena García, Hispanic Studies Department, University of Houston

(MF)   Maura Fuchs, Hispanic Studies Department, University of Houston

(EGB)   Erlinda Gonzales-Berry, Department of Ethnic Studies, Oregon State University

(SH)   Spencer Herrera, Department of Spanish and Portuguse, University of New Mexico

(NK)   Nicolás Kanellos, Hispanic Studies Department, University of Houston

(EL)   Enrique Lamadrid, Department of Spanish and Portuguese, University of New Mexico

(LL)   Luis Leal, Chicano Studies Department, University of California, Santa Barbara

(FL)   Francisco Lomelí, Chicano Studies Department, University of California en Santa Barbara

(ALO)   Agnes Lugo-Ortiz, Department of Spanish & Portuguese, Dartmouth College

(EO)   Edna Ochoa, Hispanic Studies Department, University of Houston

(JO)   Julián Olivares, Hispanic Studies Department, University of Houston

(EP)   Edwin Karli Padilla Aponte, Department of Arts and Humanities, University of Houston-Downtown

(BP)   Beatrice Pita, Department of Literature, University of California, San Diego

(GP)   Gerald Poyo, History Department, St. Mary's University, San Antonio

(MS)   Marcela Salas, Spanish Department, Rice University

(VSK)   Virginia Sánchez Korrol, Department of Puerto Rican and Latino Studies, Brooklyn College, CUNY

(CS)   Consuelo Stebbins, Department of Foreign Languages and Literatures, University of Central Florida

(AS) Alexandra Sununu, Estudiosa Independiente, New York

(ChT) Charles Tatum, College of Humanities, University of Arizona

(STS) Silvio Torres-Saillant, English Department, Syracuse University

(CV) Carolina Villarroel, Brown Foundation Director of Research, Recovering the U.S. Hispanic Literary Heritage Project

(LW) Lara Walker, Hispanic Studies Department, University of Houston

(KW) Karina Wigozki, Hispanic Studies Department, University of Houston

(TEW) Tonya E. Wolford, Hispanic Studies Department, University of Houston

Traductores de encabezados e introducción

Alejandra Balestra, Department of Modern and Classical Languages, George Madison University

Carmen García, Department of English, Reading and Foreign Languages, Texas Southern University

Agnes Lugo-Ortiz, Department of Spanish and Portuguese, Dartmouth College

Dora Pozzi, Department of Modern and Classical Languages, University of Houston

Sonia Sánchez-Dupré, Hispanic Studies Department, University of Houston

PERMISOS

Acosta, Iván. Fragmento de *El Súper*. Ediciones Universal, 1982. Reimpreso con permiso del autor.

Allende, Isabel: 'Argonautas' (de *Hija de la fortuna*), © Isabel Allende, 1998.

Alurista. "when raza?" y "la canería y el sol" en *florícanto en aztlán*. UCLA Chicano Cultural Center, 1971. Reimpresos con permiso del autor.

Alurista. "pues ¡y qué!" en *z eros*. Bilingual Press/Editorial Bilingüe, 1995. Reimpreso con permiso del autor.

Anónimo. "La indita Plácida Romero/Indita Ballad of Plácido Romero" en *Tesoros del Espíritu: A Portrait in Sound of Hispanic New Mexico*. Compilado por Herman Bustamente. Cantados por Margaret Johnson. El Norte Publications, 1994. Reimpreso con permiso de Tomás Atencio, Estevan Arellano, Dwight Durán y Enrique R. Lamadrid.

Anónimo. "Trovo del café y el atole" en *Tesoros del Espíritu: A Portrait in Sound of Hispanic New México*. Compilado por Tomás Atencio y Estevan Arellano. El Norte Publications, 1988. Reimpreso con permiso de Tomás Atencio, Estevan Arellano, Dwight Durán y Enrique R. Lamadrid.

Anzaldúa, Gloria. "Compañera, cuando amábamos" en *Borderlands/La Frontera: The New Mestiza*. Aunt Lute Books, 1987, 1999. Reimpreso con permiso de Aunt Lute Books.

Arenas, Reinaldo. Fragmento de *Antes que anochezca: autobiografía*. Tusquets Editores, S.A, 2000. Reimpreso con permiso de Tusquets Editores, S.A.

Brito, Aristeo. Fragmento de *El diablo en Texas*. Copyright Bilingual Press/Editorial Bilingüe, 1990. Reimpreso con permiso del autor.

Delgado, Abelardo. "El inmigrante" y "El Río Grande" en *Chicano: 25 Pieces of a Chicano Mind*. Barrio Publications, 1973. Reimpreso con permiso del autor.

Fernández, Roberto G. "Encrucijada". *La gaceta.* Feb 2002. Reimpreso con permiso del autor.

Goldemberg, Isaac. "Crónicas" y "Autorretrato" en *La vida al contado.* Lluvia Editores, 1992. Reimpresos con permiso del autor.

Gómez Peña, Guillermo. "Lección de geografía finisecular" y "Old Border Letter" en *The New World Border.* City Lights, 1996. Reimpresos con permiso de City Lights Books.

González, Celedonio. Fragmento de *Los primos.* Ediciones Universal, 1971. Reimpreso con permiso del autor.

González, José Luis. "La noche que volvimos a ser gente" en *Mambrú se fue a la guerra.* Editorial Joaquín Mortiz, S. A, 1972.

Hinojosa-Smith, Rolando. "Don Orfalindo Buitureyra" en *Klail City y sus alrededores.* Bilingual/Review Editorial, 1993. Reimpreso con permiso del autor.

Kozer, José. "Está oscuro, mi hermana, está oscuro", "Que mi mujer cubana nacida en Nueva York", "Este señor don gringo está hoy muy académico" en *Por la libre,* 1973 Reimpresos con permiso del autor.

Maldonado, Jesús. "Oda al molcajete"y "Oda al frijol" en *Sal, pimienta y amor.* Endless Despair Press, 1976. Reimpresos con permiso del autor.

Marqués, René. Fragmento de *La carreta.* Editorial Cultural, 1983. Reimpreso con permiso del autor.

Méndez, Miguel. Fragmento de *Peregrinos de Aztlán.* Editorial Justa, 1979. Reimpreso con permiso del autor.

Montes-Huidobro, Matías. Fragmento de *Exilio.* Reimpreso con permiso del autor.

Montesinos, Jaime. "Adherido a las esquinas" en *Entre rascacielos: Nueva York en Nueve Poetas.* Marie-Lise Gazarian-Gautier, ed. Casa de la Cultura Ecuatoriana, 1999. Reimpreso con permiso del autor.

Montoya, José. "El Louie" en *El sol y los de abajo.* Ninja Press, 1992. Reimpreso con permiso del autor.

Novás Calvo, Lino. "La vaca en la azotea" en *Papeles de Son Armadans.* Tomo LXVIII, 1973. Reimpreso con permiso de *Latin American Literary Review.*

Pérez de Villagrá, Gaspar. Fragmento de *Historia de la Nueva México.* Miguel Encinas, Alfred Rodríguez y Joseph P. Sánchez, eds. Reimpreso con permiso de University of New Mexico Press.

Ramos Otero, Manuel. "Hollywood memorabilia" en *Cuentos de buena tinta.* Instituto de Cultura Puertorriqueña, 1992. Reimpreso con permiso de Carmen Beatriz Ramos Otero.

Sánchez, Luis Rafael. Fragmento de *La guagua aérea*. Editorial Cultural, 1998, 1968. Reimpreso con permiso del autor.

Soto, Pedro Juan. "Garabatos" en *Antología de cuentos puertorriqueños*. The Monticello College Press, 1956. Reimpreso con permiso de Monthly Review Press.

Soto Vélez, Clemente. "Horizontes" (fragmento), "Estrella de cinco puntas" y "Poema #3" de *The Blood That Keeps Singing. La sangre que sigue cantando. Selected poems of Clemente Soto Vélez*. Curbstone Press, 1991. Reimpresos con permiso de Curbstone Press.

Torres, Olga Beatriz. "Incomprensible castellano" en *Memorias de mi viaje/Recollections of My Trip*. University of New Mexico Press, 1994.

Ulibarrí, Sabine. Fragmento de "Mi caballo mago" en *Tierra Amarilla: Stories of New Mexico, Cuentos de Nuevo México*. University of New Mexico Press, 1993. Reimpreso con permiso del autor.

Valenzuela, Luisa. "De noche soy tu caballo" en *Cuentos completos y uno más*. Alfaguara, 1998. Reimpreso con permiso de la autora.

Vega, Bernardo. Fragmento de *memorias de bernardo vega*. Ediciones Huracán, 1980.

Villanueva, Tino. "Que hay otra voz" en *Primera causa/First Cause*. Cross-Cultural Communications, 1999. Reimpreso con permiso del autor.

Autores de Arte Público Press:

Bencastro, Mario. Fragmento de *Odisea del Norte*.

Corpi, Lucha. "Marina madre" y "Romance negro" en *Palabras de mediodía/ Noon Words*.

Díaz Guerra, Alirio. Fragmento de *Lucas Guevara*.

Epple, Juan Armando. "Garage Sale" en *Cuentos hispanos de los Estados Unidos*.

Fernández, Roberta. "Amanda" en *Fronterizas: Una novela en seis cuentos*.

Laviera, Tato. "my graduation speech" y "doña cisa y su anafre" en *La carreta made a U-turn*.

Martí, José. "I", "V" y "XXXIX" en *Versos sencillos*.

Medina, Rubén. "Un Poeta que Trabaja de Cocinero o Un Cocinero que Escribe Poesía", "Califas", y "Amor de Lejos . . ." en *Amor de lejos/Fools' Love*.

Mora, Pat. "El desierto es mi madre" en *The Desert is My Mother/El desierto es mi madre* y "En la sangre" en *Chants*.

Paredes, Américo. "Alma pocha" y "Tres faces del pocho" en *Between Two Worlds*.

Pérez, Ramón "Tianguis". Fragmento de *Diario de un mojado*. To be published by Arte Público Press, 2003.

Pérez Firmat, Gustavo. Fragmento de *El año que viene estamos en Cuba*.

Prida, Dolores. "Coser y cantar" en *Beautiful Señoritas & Other Plays*.

Rivera, Tomás. "Primera comunión" en *. . . y no se lo tragó la tierra/ . . . And the Earth Did Not Devour Him*.

Ruiz de Burton, María Amparo. "Cartas a Mariano Guadalupe Vallejo" en *Conflicts of Interest: The Letters of María Amparo Ruiz de Burton*.

Sánchez, Rosaura. "Tres generaciones" en *Cuentos Hispanos de los Estados Unidos*.

Santicilia, Pedro. "A España" en *El laúd del desterrado*.

Sepúlveda, Emma. "Me había acostumbrado" y "Aquí estoy ahora" en *Death to Silence/Muerte al silencio*.

Valdez, Luis. "Soldado Razo" en *Luis Valdez~Early Works: Actos, Bernabé and Pensamiento Serpentino*.

Venegas, Daniel. Fragmento de *Las aventuras de Don Chipote, o Cuando los pericos mamen*.

Vigil-Piñón, Evangelina. "¡es todo!" y "por la calle Zarzamora" en *Thirty an' Seen a Lot*.

Additional books in the Recovering the U.S. Hispanic Literary Heritage Series

Black Cuban, Black American: A Memoir

Evelio Grillo
With an Introduction by
Kenya Dworkin-Méndez
April 30, 2000—224 pages—Trade Paperback
ISBN 1-55885-293-X—$13.95

In this groundbreaking autobiography that spans three worlds, Evelio Grillo recalls a different time and place. Growing up in Ybor City (now Tampa) in the early twentieth century, the young Evelio experienced the complexities and sometimes the difficulties of life in a horse-and-buggy society demarcated by both racial and linguistic lines. Life was different depending on whether you were Spanish- or English-speaking, a white or black Cuban, a Cuban American or a native-born U.S. citizen, well-off or poor. Grillo captures the joys and sorrows of this unique world that slowly faded away as he grew to adulthood during the Depression. He then tells of his eye-opening experiences as a soldier in an all-black unit serving in the China-Burma-India theater of operations during World War II. *Black Cuban, Black American* is destined to become a landmark memoir in this rarely touched theme.

El Coyote, the Rebel

Luis Pérez, With an Introduction by
Lauro Flores
April 30, 2000—256 pages—Trade Paperback
ISBN 1-55885-296-4—$12.95

A soldier at the age of eleven. An honorably discharged veteran at the age of thirteen. A miner, a cotton-picker, a shepherd, and a graduate of Hollywood High. Luis Pérez lived an incredible life and then shaped his story into a vividly realized autobiographical novel.

El Coyote, the Rebel, originally published in 1947, tells how the toddler Luis, son of an Aztec mother and a French diplomat father, ended up in the care of an uncle who soon drank away most of the boy's inheritance. Having run away from cruel treatment, Luis by chance came to fight with the rebel armies in the 1910 Mexican Revolution, received the nickname of "El Coyote" for his cunning, and was wounded in combat. Upon being given a discharge and a twenty-dollar bill, he walked across the border to become an American.

Hispanic Periodicals in the United States, Origins to 1960: A Brief History and Comprehensive Bibliography

Nicolás Kanellos with Helvetia Martell
1998—288 pages—Clothbound
ISBN 1-55885-253-0—$69.95

By all accounts, the most important document for studying the history, literature, and culture of Hispanics in the United States has been the Spanish-language newspaper. Now, a noted cultural historian and a respected indexer-bibliographer have teamed up to provide the first comprehensive history and authoritative source on the production, worldview, and distribution of these periodicals. This useful compendium includes richly annotated entries, notes, and three indexes: by subject, by date, and by geography. The bibliography includes some 1,700 entries in standard bibliographic annotation.